아시아
에서의
냉전

The Cold War in Asia

지은이

선즈화 沈志華, Shen Zhihua

중국의 저명한 역사학자로서 화둥사범대학 종신교수이며 화둥사범대학 냉전사연구센터 센터장이다. 동시에 싱크탱크 태화(太和)의 고급연구원, 중국사회과학원 아태연구소 겸임연구원, 중국사학회 이사, 홍콩중문대학 중국당대문화연구센터 명예연구원, 북경대학 역사학과 겸임연구원, 중국인민대학 역사학과 겸임연구원, 홍콩대학 명예연구원, 미국의 우드로웰슨센터 선임연구원이기도 하다. 주요 연구분야는 국제냉전사, 소련사, 중소관계사, 중북관계 등이다. 한국에 이미 번역 출판된 책으로는 『최후의 천조』, 『조선전쟁의 재탐구』, 『마오쩌뚱 스탈린과 조선전쟁』 등이 있다.

옮긴이

김국헌 金國憲, Jin Guoxian

중국 연변에서 태어났고 연변대학교를 졸업한 이후 한국에 유학 왔다. 이후 숭실대학교에서 한국사를 공부했고, 한국외국어대학교 국제지역대학원에서 『한국의 스포츠적 근대－조선체육회의 연속과 단절』로 한국학 박사학위를 받았다. 현재 중국의 연변대학 조선한국학센터 전임연구원으로 재직하고 있고, 코리아노폰 연구센터의 해외 연구이사이기도 하다. 한반도 분단 문제에 관심을 갖고 한반도평화포럼과 같은 싱크탱크의 활동에 참여하기도 했다. 현재 한국과 중국학자들의 지식을 서로에게 전달하는 '지식의 전달자'가 되는 것을 꿈꾸고 있다.

아시아에서의 냉전

초판인쇄 2023년 6월 20일 **초판발행** 2023년 7월 10일

글쓴이 선즈화 **옮긴이** 김국헌 **펴낸이** 박성모 **펴낸곳** 소명출판 **출판등록** 제1998-000017호

주소 서울시 서초구 사임당로14길 15 서광빌딩 2층

전화 02-585-7840 **팩스** 02-585-7848

전자우편 somyungbooks@daum.net **홈페이지** www.somyong.co.kr

값 42,000원

ISBN 979-11-5905-724-3 93910

아시아에서의 냉전

The Cold War in Asia

선즈화 지음 | 김국헌 옮김

차례

38선의 유래

38선이 한국전쟁과 밀접하게 연관이 있다는 것은 모든 사람들이 아는 사실이다. 하지만 38선은 어떻게 획정되었을까? 38선을 나눈 것 자체는 무엇을 의미하는 것일까? 38선과 한국전쟁 사이의 내재적이고 본질적인 연관은 어디에 있을까? 이런 문제들에 대해 역사적으로 서로 다른 주장들이 있고, 또 이런 주장들은 전후 극동지역 정세와 동향 분석에 중요하게 작용하고 있기에 진일보 연구하고 탐구할 가치가 있다.

중일갑오전쟁 후 일정한 의미에서 중국에 기대하고 있던 조선이라는 왕조는 일본 통치의 영향에 놓이게 되었다. 1910년 일본제국주의가 조선을 합병하면서 조선은 일본에 정복된 지역이 되었다. 제2차 세계대전이 끝날 무렵 연합군수뇌들이 전후 국제질서를 논할 때 조선의 운명도 다루었다. 1943년 11월의 카이로회담에서 루스벨트, 스탈린, 장제스, 처칠이 함께 서명한 '카이로 선언'에서 한국 문제를 이렇게 논의했다. "우리 세 나라는 조선인민의 노예적인 대우에 유의하여 적당한 시기에 조선을 자주 독립시킬 결의를 다짐한다."[1] 곧이어 열린 테헤란회의에서 루스벨트는 스탈린과 또 한 번 조선의 앞날에 대해 논의했다. 스탈린은 '카이로 선언'에서와 같이 조선은 마땅히 독립해야 된다고 말했다. 그는 또 조선이 완전한 독립을 이룩하기 전, 일정한 준비시간이 필요한데, 아마 40년이 걸릴 수도 있다고 했다.[2] 1945년 2월에 있은 얄타회의에서 한반도 문제는 다시 거론되었다. 2월 8일에 있는 루스벨트와 스탈린의 회담에서 소련이 대일작전에 참여하는 조건을 논의한 이후 루스벨트는 탁치 문제를 제기했다. 그는 스탈린에게 조선인민들이 자치를 준비하기 전 "조선은 소련 대표, 미국 대표와 중국 대표들의 탁치가 필요하며", "탁치 기간은 짧을수록 좋다"고 했다. 아마 영국의 외무대신 이든이 이미 1944년 3월에 미국이 제기한 전후 조선과 인도차이나에서의 탁치 방안을 거절했기에, 루스벨트는 "조선의 신탁통치에 영국을 요청할 필요가 없게 되었다"고 생각한 것 같다. 스탈린은 탁치 방안에 동의하면서도 영국을 요청하여 함께 참여하도록 할 것을 건의했다. 그리하여 전후 중국, 미국, 소련, 영국 등 네 나라가 함께 조선을 임시로 신탁통치하는 방안이 얄타회담에서 확정되었다. 하지만 회의 문건은 구체적으로 조선의 탁치 문제를 다루지 않았고, 어느 지역에서 탁치를 실시할지에 대해서는 "이것은 다음에 논의하여 타결할 문제이다"[3]라고만 했다. 투르먼이 대통령에 당선된 이후인 1945년 5월, 홉킨스를 특사로 파견하여 스탈린을 만난 자리에서도 스탈린은 조선에 대한 4개국의 탁치정책에는 변화가 없다고 했다.[4]

하지만 일본의 무조건항복은 극동지역에서의 군사·정치적 환경의 급격한 변화를 초래했다. 이런 상황에서, 즉 4개국이 조선 탁치 문제에서 구체적인 협의를 이루기 전, 미국과 소련은 먼저 한반도에서 일본군대의 항복과 군사점령 문제를 해결해야 했다. 이때 38선을 획정하는 문제가 제기되었다.

북위 38도선은 원래 자연적이고 지리적인 선이었다. 한반도 경내의 300km에 이르는 이 무형의 선이 한반도를 대체로 면적이 같은 두 부분으로 나누고 있지만, 이 선 자체는 군사적으로나 정치적으로나 경제적으로 어떠한 의의가 없었다. 인위적으로, 군사적으로 또 정치적으로 이 선을 이용한 것은 일본과 제정러시아 사이에서 처음으로 제기되었다. 1896년 일본과 러시아는 비밀모의를 통해 조선을 분할하려 했고, 일본은 제정러시아에 38선을 분계선으로 하는 안을 제출했다. 1904년 러일전쟁에 앞서 러시아 황제는 자신들은 38선 이북만 장악하고 38선 이남에서 일본이 어느 곳에 상륙하든 관여치 않겠다고 결정했다. 하지만 이 두 차례 한반도 분할계획은 모두 쌍방의 이해충돌로 실현되지 못했다.

실제로 38선을 군사분계선으로 이용한 것은 일본이 제2차 세계대전 중에 조선에 주차한 병력 배치를 조정하면서 실현되었다. 1945년 2월, 일본은 한반도에 배치한 일본군을 38선을 분계로 하여 두 부분으로 나누고, 38선 이북의 군대는 관동군의 지휘를 받고, 이남의 군대는 대본영에 소속되게 하였다. 이후 소련의 대일 참전에 대비하여 일본대본영은 조선에 주차하고 있던 일본군 전부를 관동군이 지휘하게 하였고 조선총독이 관동군총사령관을 맡는 방안을 제기하기도 했다. 그러나 5월 7일 참모총장 우메즈 요시지로梅津 美治郎가 이 방안을 갖고 쇼와천황을 만났을 때 천황은 이 방안을 거절했다.[5] 이후 38선은 소련이 중국 동북지역과 한반도 북부지역에서 관동군과 작전을 하고, 미국이 한반도 남부와 일본열도에서 대본영이 직접 지휘하는 일본군과 작전을 개시하는 객관적인 근거가 되었다.

38선은 미소 양국에 의해 본격적으로 이용되었고, 이것은 돌발성과 우연성의 산물이었다. 소련이 대일작전에 참여하기 전 미소 양국은 각자의 작전구역을 명확히 구분하지 않았다. 1945년 7월의 포츠담회의에서 미·영·소 3국의 수뇌들은 소련이 대일작전에 참여한 이후 한반도 미소양국 공군과 해군이 한반도 모든 지역에서의 작전범위를 획정하는 데 동의했다. 그 목적은 전쟁 과정에서 오해를 막고 각자가 져야 하는 책임을 명확하게 위한 것이었다. 하지만 지상에서의 작전구역이나 점령 문제에 대해선 아예 논의를 하지 못했다. 미국에게 태평양전쟁의 핵심은 일본 문제를 해결하는 것이었기 때문이었다. 합창의장 마셜이 투르먼 대통령에게 전쟁이 끝난 짧은 시간 내에 맥아더가 한 개의 사단을 파견하여 부산에 상륙할 것과 서울과 청진을 점령하는 권한을 부여할 것을 요구했지만 이것은 모두 대일작전이 끝난 다음의 계획이었다. 포츠담회의에서 소련군 총 참모장은 마셜에게 소련이 대일 선전포고 후 한반도에 진격할 예정인데, 미국이 이번 진격에 협력하여 한반도 해안에서 군사작전을 할 수 있는지 물었다. 마셜은 일본을 완전히 무너뜨리고, 한반도 남부에서의 일본의 군사력을 완전히 소멸하기 전까지 미국은 한반도에 상륙할 계획이 없다고 했다.[6] 투르먼의 회고에 따르면 당시 미국이나 소련의 지상군이 그렇게 짧은 시간 내에 한반도에 진입할 것을 아무도 생각지 못했다. 투르먼은 자신의 회고록에서 국제회의에서 38선을 한반도의 분계선으로 하는 문제는 한 번도 논의된 적이 없다는 것을 확신했다.[7]

소련이 갑자기 대일작전을 선포하고 동시에 일본천황이 무조건투항을 결정한 이 두 사건은 모든 일에 급격한 변화를 가져왔다.[8] 소련군대가 만주와 한반도에 있는 일본관동군에 대거 진공을 펼칠 때, 한반도와 가장 가까운 미군의 지상군은 600마일이나 떨어진 오키나와에 있었다. 일본 전쟁기구의 갑작스런 붕괴는 한반도 권력의 진공상태를 초래했다. 이런 급한 상황에서 미국은 미소 쌍방이 각각 한반도를 점령하고 일본의 투항을 받는 구체적인 분계선 문제를 제기했다.

38선이 분계선으로 획정된 것에 대해선 아래와 같은 여러 가지 설이 있다.

한국외교협회회원 김기조가 제공한 정황은 다음과 같다. 1945년 8월 10일 아침 6시 좌우에 미국은 일본대본영이 발송한 전보를 엿들었다. 전보 내용은 일본이 어전회의에서 무조건항복을 결정하였다는 것이었다. 얼마 후 또 조선에 주둔한 일본군사령관이 대본영에 보낸 전보를 획득하였는데, 전문은 "소련 군대가 대량으로 조선에 들어오고 있다. 만약 미군이 이 지역에 오면 일본군대는 미군에 투항할 수 있다"는 내용이었다. 마셜은 이런 상황을 알게 된 이후 작전국장 헐 준장과 링컨 준장을 급히 만나 소련이 한반도에서 남하하는 경계선을 그을 것을 명령했다. 또 미군이 즉시 한반도 남부에 진군하는 계획을 세울 것을 지시했다. 명령을 받은 링컨 준장이 사무실에서 우연히 『뉴욕타임스』로부터 38선에 대한 계시를 얻었다는 이야기가 있다. 『뉴욕타임스』가 소련군의 진군 상황을 보도하는 기사에 부착된 지도에는 마침 38선 이북지역만 그려져 있었다. 미군의 이 우연한 발견은 미군이 38선을 경계로 하는 근거가 되었다.[9]

슈나벨은 또 다른 정황을 제기하고 있다. 일본의 갑작스런 투항은 미국으로 하여금 투항절차에 관련된 '포고령1호' 초안을 마련했고, 이 명령 첫 단락에 투항지역의 구분 문제가 포함되어 있었다. 육군부대 작전국은 하루빨리 초안을 완성하기 위해 8월 10일 심야까지 근무했다. 토론에서 극동지역에서 연합국은 여러 지역으로 나뉘어 투항을 받기로 하고 이러한 지역의 지리적 경계를 명확히 했다. 정책의 책임자 본스틸 대령에게 첫 단락의 초안을 작성하는 데 30분이란 시간만 주어졌다. 그것은 국무부-육군부-해군부 조정위원회가 그 결과를 급하게 기다리고 있었기 때문이었다. 처음 본스틸은 한반도의 행정구획에 따라 투항지역을 나눌 것을 계획했지만 그의 주변에 마땅한 자료가 없었다. 나중에 그는 북위 38도선이 한반도 중부를 가로지르는 점을 주의하게 되었고, 마침 서울과 그 부근의 수용소 모두가 38선 이남에 있기에, 38선을 투항을 받는 지역을 나뉘는 분계선으로 설정하기로 결정했다.[10]

또 다른 설은 다음과 같다. 일본이 투항을 결정하였고 소련군이 대일 선전포고를 한 이후 대거 한반도에 밀려들어 온다는 소식을 접한 미국 국무부-육군부-해군부협동위원회는 8월 10일 심야 펜타곤에서 긴급회의를 가졌다. 회의 주요 의제는 조선에서의 투항 문제였다. 회의 참석 인사는 국무차관 던, 육군 차관보 맥로이, 해군부대 고급관원 바드 등 5명이었다. 회의에서 던은 미국군대는 최대한 북부지역에서 투항을 받아야 한다고 주장했다. 하지만 마셜의 젊은 참모 시스크 대령은 군부에 급히 투입할 병력이 적은 데다가 시간과 공간적인 요소를 고려하면 미군부대가 소련군이 한반도 북부지역에 도착하기 전 이 지역에 깊이 도달하는 것은 매우 어려운 것이라는 점을 지적했다. 이때 맥로이는 시스크와 다른 대령 본스틸을 제3 휴게실로 불러 "하나의 최대한 북으로 치우친" 하지만 또 "소련의 거절"을 초래하지 않는 경계선을 찾을 것을 요구했다. 이후 38선은 이 회의에서 급하게 두 명의 미군 대령에 의해 제기되었다.[11]

자료의 출처를 볼 때 세 번째 설이 진실과 더 가까워 보인다. 하지만 이러한 세부적인 차이는 우리가 문제를 분석하는 데 실질적인 영향이 없다. 종합하여 보면 위에서 논한 38선을 분계선으로 하는 건의는 미군과 미국 국무부의 동의를 얻었고,[12] 8월 14일 트루먼에 의해 비준되었다. 그 다음 날, 트루먼은 스탈린에 비밀전보를 보내 자신이 비준한 연합군최고사령관 맥아더에게 보낸 일본무장부대의 투항의 세부사항에 관련된 '포고령1호'를 통보했다. 이 명령의 내용 중 하나는 38선을 분계선으로 하여 미소 쌍방이 한반도에서 투항을 받는 지역을 정하는 것이었다. 8월 16일 스탈린은 답신에서 "기본적으로 명령의 내용을 반대하지 않는다"고 하면서 한반도의 분계선 문제에 아무런 이의를 제기하지 않았다. 9월 2일, 맥아더는 동경만의 미주리함에서 일본의 투항서명의식을 거행한 다음, '포고령 1호'를 반포했다. 그 내용은 스탈린의 제의에 따라 조금 수정된 것이었다. 명령에서 "북위 38선 이북의 한반도, 만주, 사할린섬, 쿠릴열도 등지의 일본군 고급지휘관과 육해공군과 보조부대는 소련극동군최고사령관에 투항하고, 류큐열도 등지의 일본군 고급지휘관과 육해공군과 보조부대는 미국태평양지구최고사령관에 투항해야 한다"[13]고 말하고 있다.

이렇게 38선은 미소 양국이 한반도에서 투항을 받고 군사점령을 실시하는 분계선으로 명확하게 규정되었다. 투항명령이 전장에 전달되었을 때, 여러 경로로 진격하던 소련군은 이미 38선을 넘어 서울로 이동 중에 있었다. 하지만 그들은 분계선에 대한 명령을 받은 후 38선 이북으로 재빨리 철수했다. 9월 8일 처음으로 한반도에 도착한 미군 제7보병사단은 인천을 통해 상륙했다. 이것은 미소 양국이 한반도에서 처음이자 마지막으로 행한 명실상부한 합작이었다.

38선의 역사적 작용

대략 300km에 달하는 분계선은 한반도를 가로지나면서 75개의 작은 개울과 12개의 강, 여러 지역의 산과 계곡을 넘었다. 또 181개의 작은 길, 104개의 마을 길, 15개의 도道급 길과 8개의 고급도로, 여섯 갈래의 남북철도노선을 가로질렀다.[1] 이 모든 것은 행정 관리와 경제 발전의 관점에서 또 지리적 관점에서 38선은 하나의 매우 불합리한 분계선임을 보여준다. 하지만 매우 급하게 그어진 이 선이 정치적 고려를 하지 않았음을 말하는 것은 아니다.

비록 미소 양국의 군대는 한반도에 주둔하면서 38선은 양국 군대가 한반도에 주둔하는 동안 획정한 경계선이므로 정치적 의미가 없다고 일치하게 성명했다.[2] 그러나 실제로, 특히 이후의 역사 발전이 말해주는 것은 38선이 투항을 받는 분계선이라는 군사적인 의의는 표면적이고 일시적인 것이었고, 미소 양국이 38선을 확인한 이 자체가 심원한 정치적 의의를 내포하고 있었다.

많은 연구자들은 38선 획정의 군사적 의의를 강조한다. 김기조는 "북위 38도선이 한반도를 두 부분으로 나눈 결정적 요소는 소련군의 남하를 막기 위한 것"이라고 주장한다. 그는 또 남한에 주둔한 미군사령관 하지가 1947년 10월 27일과 11월 7일에 했던 말을 인용하면서 38선으로 한반도를 분할한 것은 일본의 한반도 배치에 따른 것이라 했다. 미국 육군부 작전국 국장 월터 역시

1949년 6월 16일에 분계선은 두 부분으로 나누어진 일본군들 사이에 그은 것이라고 했다.[3] 구소련 학자 스와비니스키도 "일본군의 투항을 받는 것이 한반도를 둘로 나눈 유일한 목적"이지만 냉전 과정에서 38선이 "점차 남북한의 경계"가 되었다고 단언했다.[4] 러시아 한반도 문제 전문가인 토르쿠노포와 유핌체프는 최근에 출판된 저서에서 38선의 획정은 "영구적이지 않고 임시적인 조치이며 그 목적은 한반도에 주둔하고 있던 일본군을 철저히 쳐부수고 그들로부터 항복을 받기 위한 것이다"[5]고 여전히 주장하고 있다. 이와 같이 미소 양국이 38선을 획정한 것이 다만 군사적인 의의를 고려한 것이라는 주장은 설득이 잘 되지 않는다. 미국이 38선 획정을 제기할 때 먼저 고려한 것이 소련군의 남하를 저지할 군사적 의의를 고려한 것임은 의문의 여지가 없다. 하지만 이것은 최종적이고 결정적인 고려가 아니었다. 고립적이고 표면적으로 문제를 보는 것이 아니라면 군사적 의의 배후에 숨겨져 있는 정치적 의의를 함께 지적해야만 된다.

첫째, 우리가 앞에서 논의했던 것처럼 미소 등 연합국의 한국 문제에 대한 고려 자체가 국제정치의 시각에서 출발한 것이다. 다만 당시 일본이 금방 무조건항복을 할 것을 생각지 못했기에, 급격한 상황변화 속에서 급하게 투항과 군사점령을 실시하는 분계선 문제를 제기했다.

둘째, 미국은 한반도 분계선을 제기할 때부터 정치적 고려가 있었다. 1944년 3월부터 미국은 이미 한반도에서의 군사점령 문제를 고려하고 있었다. 비록 한반도 문제가 루스벨트의 전후 극동지역 정책에서의 핵심은 아니었지만, 그는 소련이 전후 한반도를 주도하려는 의도를 저지할 필요를 느꼈다. 루스벨트는 외교적 경로를 통해 이러한 목적을 실현하려 하였고, 국무장관 헐에게 조선한국에서 중국, 미국과 다른 한두 개 나라가 참여하는 신탁통치를 할 수 있다고 했다. 그는 영국에 이 건의를 제출하기도 했다. 미국 국무부의 계획은 심지어 한 발 더 나아가 전후 미국이 조선한국에 통치를 실시할 것을 요구했다. 이것은 미국이 무력으로 한반도 문제를 해결하는 데 결정적 작용을 발휘해야만 되는 것이었다. 국무부는 한 문건에서, 미국이 조선 및 주변지역의 군사행동에 참여하는 것은 미국이 조선내부 사무와 임시정부를 국제적으로 감독하는 데 있어 미국의 중요한 역할을 크게 강화할 것이라고 지적하고 있다. 이 보고는 미국이 상당한 기간 동안 조선에서의 군사적 점령을 예측하면서 또 이 나라에서 상당한 면적을 점령한 소련과 공통으로 군사점령을 할 수 있다고 했다. 5월 국무부의 다른 문건에서는 만약 소련이 독자적으로 조선을 점령하면 이것은 미래 태평양지역의 안전을 위협하는 것이라고 경고했다. 이 문건과 다른 여러 문건들에서 어떠한 점령도 몇 개 구역으로 분할된 지역정부를 통한 통치가 아니라 여러 세력이 참여하는 중앙정부를 통해 실행되어야 한다고 공통으로 제의했다.[6] 이로부터 미국이 군사 문제를 고려할 때 먼저 생각했던 것은 그것의 정치적 결과였음을 알 수 있다.

셋째, 미국이 38선 획정 방안을 제기할 때 김기조가 말한 것처럼 "미국군관의 우연한 발견에 기인"한 것이 절대로 아니었다. 비록 38선 제의가 우연적이고 갑작스런 것이고, 또 일본군의 항복을 받는 문제에서 출발했지만 이것은 우리가 정치적인 시각에서 문제를 생각하는 데 방해가 되지는 않는다. 미군육군 장교들이 분계선을 획정할 때의 전제는 국무부의 "정치적 고려"를 만족하는 것이었다.[7] 38선의 획정은 조선의 옛 수도였던 서울과 인천, 부산 두 개의 중요한 항구가 모두 미군이 투항을 받는 남부지역에 놓이게 하였다. 이것은 우연이 아니었다. 38선 방안을 제출한 시스크 대령은 이것을 이야기할 때, 1950년 7월의 비망록에서 "만약 이 선이 소련에 의해 거절된다면 미군의 실력으로 이런 지역에 도달할 수 없었다. 하지만 우리는 조선의 수도를 미군관할지역 내에 포함시키는 것이 아주 중요했기에, 이 선을 제기했다"[8]고 밝히고 있다. 여기서 수도 서울에 대한 고려는 국무부가 제기한 것이었고 "어떠한 점령도 여러 세력이 참여한 중앙정부를 통해 실행"한다는 방안과 직접적으로 연계되어 있다. 당연히 만약 이러한 두 가지 고려가 모두 실현된다면 미래 조선임시중앙정부의 위치는 미군의 관할구역에 놓이게 되는 것이었다. 이것은 전형적인 정치적 의의가 있는 것이 아닐까? 우리는 이 문제에서 소련이 어떻게 미국과 암투를 벌였는지를 살펴볼 것이다.

넷째, 소련이 38선을 경계로 하는 방안을 받은 것 역시 정치적 고려를 하지 않은 것이 아니다. 실제로 시스크가 예상한 대로 당시 군사태세에 따르면 소련은 38선을 거절하고 37선 혹은 더 남쪽의 하나의 선을 군사적으로 투항을 받는 경계선으로 할 수 있었고 미국도 현실에 기초해 이러한 수정된 안을 받을 수도 있었다. 하지만 스탈린은 그렇게 하지 않았고 주저하지 않고 38선 제의를 받아들였다. 이 점은 당사자였던 시스크만이 아니라 미육군도 놀랐고[9] 이후의 일부 연구자들을 곤혹하게 했다.[10] 제2차 세계대전 후기에 이르러 소련의 군사 실력은 더없이 강화되어 스탈린은 "이번 전쟁은 예전과 다르다. 지금은 누구의 군대가 가는 곳에 누군가가 그 영토를 점령하고 그곳에 그의 사회제도를 실시하는 것이다"[11]고 의기양양하게 말할 때였다. 그렇다면 스탈린은 왜 38선을 받아들였을까? 실제로 정치가로서의 스탈린은 아주 심원한 고려가 있었고, 그가 38선 제의를 받아들인 것에는 교환조건이 있었다. 우리들은 스탈린이 8월 16일 투르먼에게 전보를 보내 미국의 투항 접수 방안을 동의하면서 제기한 두 개의 중요한 수정의견을 주의할 필요가 있다. 하나는 일본에 속해 있던 쿠릴열도를 소련군대에 넘기는 것이고, 다른 하나는 일본 본토에 속해 있던 홋카이도 북부를 소련군대에 넘기는 것이었다. 스탈린은 특별히 두 번째 항을 강조하였는데, 그는 "만약 러시아 군대가 일본 본토 어느 부분에도 점령지역이 없다면 러시아 여론이 나빠질 것이다"고 했다. 스탈린은 마지막에 트루먼에게 "나는 위의 합리적 의견에 어떠한 반대도 없을 것을 희망한다"[12]고 강경한 어조로 말했다. 스탈린이 소련의 일본 부분 영토 점령에 대한 교환으로 미국의 한반도 부분 영토 점령을 교환하려 했음을 알 수 있다. 다만 스탈린이 잊은 것은 미국이 조선을 포기할 수는 있어도 일본을 포기할 수 없다는 점과 소련의 참견을 절대로 용인하지 않을 것이라는 점이었다. 8월 18일 스탈린에 보낸 급비 전보에서 트루먼은 첫 번째 의견 즉 쿠릴열도를 소련군의 투항을 받는 지역으로 하는 것에 동의했지만 스탈린이 제기한 두 번째 의견은 교묘하게 거절했다. 트루먼은 맥아더 장군이 지휘하는 연합군부대는 "소련군대가 포함된" 것이라고 했다.[13] 8월 22일 답전에서 스탈린은 한편으로는 미국이 소련의 요구를 거절한 것에 유감을 표시하면서, 다른 한편으로는 답전을 보내기 전 즉 8월 20일 소련군대에 소련의 육·해군이 전력으로 홋카이도에 진주하는 명령을 하달했다. 그 근거는 홋카이도가 북위 38도 이북에 있다는 것이었다. 스탈린이 명령을 내린 같은 시간 소련 주일 대표 데레비앙코 중장은 맥아더를 방문해 미국의 동의 여부에 관계없이 소련군은 홋카이도에 진주할 것이라고 했다. 맥아더는 즉석에서 강경한 어조로 "나의 허가 없이 병사 한 명이라도 홋카이도에 상륙하면 당신을 포함한 소련 주일 대표 전원을 체포할 것이다"[14]라고 반박했다. 이렇게 소련이 홋카이도에 진주하려던 계획은 좌절되었다. 하지만 소련은 이미 한반도에서 38선을 경계로 하는 것에 동의하였으므로 다시 거둬들일 수 없게 되었다. 스탈린 역시 기정사실을 받아들이고 이 문제는 다음 기회에 해결을 모색할 수밖에 없었다. 이처럼 소련이 38선을 받아들인 것에도 정치적 목적이 있었다. 다만 완전히 실현되지 못했을 뿐이라 말할 수 있다.

이상의 분석을 통해 우리는 아래와 같은 결론을 얻을 수 있다. 38선을 획정하는 것이 미소 쌍방에게 있어서 표면상으로는 군사적 측면에서 제기된 것이지만, 처음부터 심원한 정치적 고려가 있었다는 점이다. 38선을 나눈 것은 한민족이 장기간 분열된 씨앗이 되었다. 또 제2차 세계대전 후기 미소 양국 사이에 이미 대항의 추세가 형성된 상황에서 이 씨앗은 필연코 싹이 트게 되어 있었다. 38선의 획정은 미소 양국이 극동과 한반도에서 벌인 냉전 구조의 기초가 되었고, 38선은 미소 양국 세력이 한반도 대치 과정에서 사실상의 경계가 되었다.

만약 이런 결론이 성립된다면 한국전쟁 발발의 가장 근본적 원인은 미소 세력의 극동에서의 대항이라고 추론할 수 있고, 이것이 38선의 획정으로 표현되었다고 할 수 있다. 역사가 증명하는 것은, 이후의 한반도에서의 긴장 국면과 한민족의 분열도 이 선을 중심으로 전개되었다는 점이다. 또 38선을 중심으로 한 여러 군사행동들이 한반도 충돌과 한국전쟁 전 과정에서 보여지고 있다. 남북한 군사 충돌은 38선을 따라 전개되었다. 북한군이 38선을 넘어 침공을 발동하자 미국이 전면적으로 전쟁에 개입하게 되었다. 연합국군이 38선을 넘어 북으로 진격하는 것이 또 중국으로 하여금 한반도에 출병케 하였다. 중국군대가 정정협의를 받아들이지 않고 38선을 넘자 연합국은 중국군에 '침략자'라는 죄명을 씌웠다. 맥아더 장군 역시도 또다시 38선을 넘는 전쟁 확대를 주장하다가 트루먼 대통령으로부터 파면을 당했다. 정전협상은 38선의 정전으로부터 시작된 것이었다. 마지막으로 전쟁의 결과 역시 대체적으로 38선을 남북한의 분계선으로 하게 되었다. 한 바퀴 돌고 돌아 종점은 다시 시작점이 되었다. 38선은 한국전쟁의 시작과 끝이었다.

논리적으로 말하면, 38선의 출현은 그 이후 남북한의 충돌과 전쟁의 폭발에 하나의 가능성을 제공했다고 할 수 있다. 만약 극동지역에서 미·소의 대항이 없었다면, 만약 한민족 내부의 충돌이 격화되지 않았다면, 만약 세계에서 냉전의 국면이 도래하지 않았다면, 이런 가능성은 현실로 전환되기가 어려웠을 것이다. 아쉽지만 역사는 이런 가설의 반대방향으로 발전했다.

『상하이사범대학학보』 1997 네 번째 호에 발표

한국전쟁 발발의 역사적 진실

새로운 러시아 기밀 해제 문서를 중심으로

냉전과 한국전쟁의 연구에서 한국전쟁 발발의 역사적 진실은 역사학자들이 끊임 없이 논쟁하고 의견이 분분한 부분이다. 90년대 이전 국제학계에는 신구전통新舊傳統학파와 수정修正학파의 구분이 있었다.[1] 한국전쟁에 관련된 러시아 기밀 해제 문서가 속속 공표되면서 이런 학파들 사이의 구분이 모호하게 되었고,[2] 대다수의 학자들은 김일성이 한국전쟁을 일으켰고, 스탈린이 북한의 행동에 파란 신호등을 켜주었고, 마오는 이런 결정에 대해 동의와 지지를 보냈다고 생각하게 되었다.[3] 종합적으로 볼 때, 이런 분석은 역사적 진실에 접근하는 것이다. 하지만 두루뭉술하게 이런 주장만을 견지한다면 이왕의 "공모파共謀派"의 이론을 실증하는 것이 되고 만다.[4] 때문에 필자는 일부 미세한 부분까지, 특히 베이징이 이번 전쟁의 발발에서 처한 지위와 입장에 대하여 보다 세밀하게 탐구할 필요가 있다고 생각된다.[5]

본문은 대량의 비밀 해제된 러시아 기밀문서의 기초 위에,[6] 소련, 북한 그리고 중국이 한국전쟁 발발 과정에서의 작용, 입장, 그리고 3자 사이의 미묘한 관계에 대하여 진일보 분석하는 것이다.

김일성의 적극적인 전쟁 획책

1945년 10월 10일 김일성은 소련 하바롭스크에서 훈련을 받은 66명의 조선인 군관들과 함께 "푸가세브"호 화물선을 타고 원산에 상륙했고, 얼마 뒤 소련군정부의 선택을 받고 북한의 영도자가 되었다.[7] 소련인들은 김일성으로 그 이전까지 그들이 지지해오고 부추기던 민족주의영수인 조만식을 대체하였다. 이것은 모스크바의 대한반도 정책의 변화와 관련된 것이었다.

전후 초기 소련과 미국은 극동지역에서 모순이 있었지만 합작도 필요했다. 세력범위를 획정하면서도 서로간의 직접적인 충돌은 피하려고 했다. 한반도에서 38선을 획정한 것은 이런 상황의 반영이었다.[8] 전후 소련이 한반도에서의 목표는 탁치나 기타방식을 통해 미국과 손잡고 한반도에 소련과 우호적인 관계를 유지할 수 있는 통일된 정부를 수립하는 것이었다.[9] 미국과의 모순이 점차 심화되면서 소련은 한반도북부의 정치, 경제력을 강화하기 시작했다. 이를 기반으로 한민족의 통일을 촉진하고 한반도에서의 보통선거를 통해 수립된 통일정부가 소련에 우호적인 정책을 실시하도록 보증하는 것으로 변화했다. 한반도의 남과 북이 선거를 마치고 단독정부를 수립한 뒤, 소련은 소·미의 한반도 동시철군을 제기하였고, 먼저 일방적인 철군을 실행했다. 그 목적은 소련이 극동지역 평화에 대한 염원을 표시하면서 미군의 철수를 촉구하는 것이었다. 모스크바는 한편으론 공산당을 통해 북한을 통제하는 것에 만족하면서 다른 한편으론 김일성의 남측과 대항하는 능력을 믿었다. 그리하여 한반도에서 미국을 억제하면서도 직접적인 충돌을 일으키지 않는 구상을 실현하려고 했다.[10]

하지만 38선이 획정된 다음, 남북한은 지속적인 긴장과 대립의 관계에 처하게 되었다. 김일성은 처음부터 혁명전쟁의 수단을 통해서만 전체 한반도를 해방하고 통일을 실현할 수 있다고 생각했고, 이승만 역시 군비를 강화하면서 북진을 준비했다. 특히 한반도의 남북쌍방이 각자 단독정권을 수립하고 소련 점령군이 한반도에서 철수한 이후, 한반도의 형세는 더욱 악화되었고 38선 부근에서 마찰과 교전하는 일이 여러 차례 발생했다. 1949년 연초부터 소련 주재북한대사관은 모스크바에 남한이 수시로 진공해 올 수 있다는 긴급전보를 여러 차례 발송했다.[11] 김일성은 자신의 목표를 실현하기 위해서는 반드시 모스크바의 수락과 도움이 있어야 하는 점을 분명히 알았고, 그리하여 소련과 비밀동맹을 맺는 요구를 제기했다. 모스크바로부터의 완곡한 거절을 받은 뒤, 김일성은 스탈린과 직접 만날 것을 요구하면서 소련의 의도와 태도를 직접 알아보겠다고 했다.[12] 하지만 이 시기 스탈린의 전략 구상의 중심은 유럽에 있었다. 그는 한편으로 공상당정보국을 조직하였고 동시에 유고슬라비아의 공산당문제를 해결하여 모스크바를 중심으로 한 사회주의 진영을 구축하여 서방과의 대항에서의 발판을 공고히 하려 했다.[13] 다른 한편으로 미국과 서방국가의 강경한 입장에 직면하자 스탈린은 베를린 위기를 해결하는 과정에서 인내와 후퇴의 입장을 취했다. 쌍방의 전체적인 실력 차이에 대한 인식에 기초하여 소련은 미국과의 공개적인 충돌을 포기하는 것을 선택했다.[14] 이런 상황에서 스탈린은 당연히 북한이 한반도에서 미국의 개입을 초래할 수 있는 전쟁을 일으키는 것에 동의하지 않았다. 3월 초에 있은 김일성과의 회담에서 스탈린은 다만 남북군사력의 대비정황과 38선 부근에서 발생한 소규모 충돌의 결과에 대해 가볍게 물어보았고, 김일성의 신심에 찬 답변에 만족해 하였다.[15] 김일성이 요구한 군사원조에 대해 모스크바는 38선 부근에 배치된 두 개의 경비여단에 장비를 지원하는 것에 동의했고[16] 소련의 해군분대가 계속 청진항에 주둔하면서 북한의 방어를 돕도록 했다.[17] 1949년 여름에 이르자 남북관계의 긴장이 진일보 심화되었다. 특히 미군의 철수를 전후하여 남한의 이승만 정권이 전쟁불사를 외치면서 북측에 대한 군사도발과 변경을 침범하는 일이

잦아졌다.[18] 소련대사 시트코프Терентий Штыков와 김일성의 통보에 따르면 "북방을 공격하는 작전계획은 이미 만들어졌고" 진공 시기는 7월로 예정되어 있었다.[19] 하지만 스탈린은 김일성의 계속되는 요구에 맞춰 평양에 무기장비 원조를 증가하여 북한이 침범을 받지 않는 것을 보증하는 것에 동의하였지만, 진일보한 행동은 취하지 않았다.[20] 모스크바는 심지어 시트코프가 제기한 미국이 철수한 뒤, 소련도 청진항의 해군기지와 평양 등지의 군용비행장에서 철수하는 건의를 비준했다. 이런 시설들이 북한인민군에 이용되어 소련이 국제질서에서 난처한 처지에 놓이지 않으려고 했기 때문이었다.[21] 소련의 이 시기 주장은 북한이 조국통일전선을 만든 뒤, 한반도 전체의 선거를 통해 평화통일을 실현하는 것이었다.[22]

김일성은 자신의 거대한 계획이 모스크바에 의해 막히는 것에 불만족하여, 방향을 돌려 마오쩌둥의 태도를 타진했다. 1949년 5월 김일성은 인민군 정치부주임 김일로 하여금 비밀리에 베이징을 방문해 중국영도자들과 중국인민해방군에 편성된 조선인사단이 북한인민군으로의 소속을 변경하는 문제를 협의했고, 군사행동을 취할 의향이 있음을 드러냈다. "총아래서 정권이 나온다"를 늘 주장하여 오던 마오쩌둥은 김일성의 생각을 자연스럽게 지지했다. 다만 중국혁명이 아직 완전히 끝나지 않았고 통일도 아직 완수하지 못한 상황에서 중공이 북한의 계획에 찬성하는 것은 쉽지 않았다. 마오쩌둥은 필요 시 중공군에 소속된 두 개의 조선인사단을 북한에 넘겨줄 것을 약속했고, 만약 한반도에서 전쟁이 발발할 때 중공은 "힘에 닫는 모든 원조를 제공하고, 특히 위의 두 개 사단의 무기와 보급을 돕겠다"고 했다. 하지만 마오쩌둥은 "조선동지"에게 미국이 군대를 철수하고 일본이 다시 돌아오지 않을지라도 "남한에 침공을 발동하지 말고 보다 유리한 상황을 기다릴 것"[23]을 권고했다.

이런 상황에서 김일성은 단념하지 않았다. 남측으로부터 오는 위협에 대해 김일성은 피동을 주동으로 전환할 것을 주장하면서, 이것은 군사적 수단으로 한반도를 통일할 유리한 시기라고 득의 양양했다. 적극적으로 군대를 동원하여 방어를 하는 한편, 김일성은 7월 초 38선 지역의 각 부대로 하여금 전투준비에 돌입할 것을 명령했고, "중국인민해방군의 조선인사단을 북한에 돌아오도록 결정했다. 이 중에서 선양사단은 신의주에, 창춘사단은 나남에 배치되었다".[24] 준비를 마친 다음 9월 3일 김일성의 개인비서 문일은 소련대사관에 남한이 최근에 옹진반도 38선 이북의 부분지역에 대한 탈취를 시도하면서 해주시 시멘트 공장에 포격을 가했다고 통보했다. 김일성은 남측에 대한 군사행동을 허가하여 옹진반도와 그 동쪽의 개성에 이르는 부분 남한지역을 탈취하여 방어선을 단축할 것을 청구했다. 만약 국제정세가 허락하면, 계속 남측으로 전진할 계획이었다. 김일성은 그들이 2주, 길어야 2달 내에 남한을 점령할 수 있다고 믿었다.[25] 북한에 주재하고 있던 소련대사관 대리 공사 툰킨Tunkin은 비신스키Andrei Yanuarievich의 요구에 따라 정황을 확인한 다음[26] 9월 14일 모스크바에 남북한의 군사력의 상세한 정황, 김일성의 고려, 그리고 본인의 이 문제에서의 관점을 보고했다. 보고에 따르면 김일성은 "남한군대는 전투력이 강하지 못"하고, 북한군대는 "기술장비탱크, 화포, 비행기, 규율, 장병의 훈련소양 및 사기 등 방면에서 남한군대에 우위에 있다고 생각하고 있다". 만약 침공이 순조로울 경우, "계속해서 남쪽으로 전진"할 수 있다고 했다. 김일성과 박헌영은 한반도에서 내전이 발생할 때, 미국이 직접적으로 출병하여 간섭하지 않을 것이라고 생각했다. 하지만 툰킨 본인은 김일성이 계획하고 있는 국지전쟁은 필연코 한반도에서의 내전을 초래할 것이고 북측의 군대는 신속하게 전쟁에서 승리할 정도로 강하지 못하며, 동시에 "군사상으로나 정치상에서 지구적인 내전은 북측에 불리"한 것이라 생각했다.[27] 하지만 시트코프대사는 김일성의 계획에 동의를 표했다. 그는 "남한정부의 정치적 지위는 확고하지 못하며" 한반도의 정세는 북측에 유리하다고 생각했다. 동시에 "미국이 이 충돌에 개입하고 남한을 적극적으로 방조"할 가능성을 배제하지 못한다 했다. 게다가 인민군의 수량과 그들이 보유하고 있는 물질적 역량은 남한군대를 파괴하고 남한에 대한 점령을 보증할 수 없다고 생각했다. 하지만 그는 "한반도 남부에서 유격운동을 전개하며, 이에 여러 가지 도움과 영도를 하는 것은 적당하며", 상황이 유리할 때에 "남한의 38선에서의 도발"을 핑계로 "옹진반도와 개성지구를 점령"할 수도 있다고 했다.[28] 깊은 연구와 토론이 있은 뒤,[29] 모스크바는 김일성의 계획을 부정했다. 9월 24일 소공볼셰비키중앙정치국은 결의를 내렸고 시트코프로 하여금 엄격하게 결의의 내용을 김일성과 박헌영에게 성명하도록 했다. "지금 조선북한의 무장력은 남한과 비교에서 절대적인 우세에 있지 못하기에 현재 남측에 침공을 개시하는 것에 대해 아직 준비를 완성했다고 볼 수 없다. 때문에 군사적인 측면에서 허락할 수 없다." 또 남방에서 유격운동과 군중투쟁이 아직 적극적으로 전개되지 않았고 해방구를 건설하고 인민을 조직하여 의거를 일으키는 공작도 별로 진전되지 않았기에 "정치적으로 보아도 당신들이 건의한 남측에 대한 침공은 준비가 되지 않은 것이다". 이 밖에 옹진반도를 침공하고 개성지구를 점령하는 국지전은 "남북전쟁의 개시"를 의미하는 것이고, 전쟁의 지속은 "미국에게 한반도 사무에 간섭할 여러 구실을 제공할 수 도 있다". 때문에 "지금 한반도통일의 임무를 쟁취하기 위해서 역량을 집중하여 첫째, 유격운동을 전개하여 해방구를 건설하며, 한반도에서 전국민적 의거를 일으켜 반동정권을 뒤집고 한반도통일의 임무를 성공적으로 해결하는 것. 둘째, 더욱 전력을 다해 인민군을 보강할 것"[30]이라고 했다. 분명한 점은 스탈린이 한반도에서 전쟁이 발생할 조건이 아직 무르익지 않았다고 생각한 것이다. 스탈린의 결정은 김일성을 실망케 했다.[31] 그는 모스크바의 의견을 받아들였다. 하지만 여전히 적극적으로 전쟁준비에 매진했다. 10월 14일 38선

부근에서 또 격전이 발생했다. 북한군 제3경비여단은 38선 이북 1.5km 지점의 법음산法音山 고지에 침입한 남한군대에 공격을 발동했고 두 개의 고지를 점령했다. 소련대사와 군사고문이 사전에 논의에 참여하였고 이번 군사행동을 묵인했다. 사후에도 스탈린에 보고를 하지 않아 모스크바는 이에 극히 화를 냈다. 그로미코Громы́ко는 시코토프가 "엄격하고 확고하게" "중앙의 허가 없이 조선북한정부가 남한에 적극적인 행동을 하는 것을 금지한" 데 대한 지시와 "중앙의 38선에서의 정세를 복잡화하는 것을 방지할 것에 대한 지시"를 집행하지 않은 것에 대해 엄하게 질책하면서 그에게 경고를 내렸다.[32]

이로부터 김일성이 군사행동을 하려면 반드시 모스크바의 허가를 기다려야만 함을 알 수 있다.

스탈린의 전쟁계획 참여

하지만 2개월 뒤, 스탈린은 김일성에게 전쟁으로 나아가는 통행증을 발급했다.

1950년 1월 19일 모스크바는 시트코프가 보낸 보고를 접했다. 한 소규모 연회가 있은 뒤, 김일성은 술기운에 취해 소련대사관 직원들에게 격정에 넘쳐 중국이 해방사업을 완수했기에, 현재 문제는 어떻게 조국 남부에 있는 인민들을 해방하느냐 하는 일이라고 말했다. "조선 남부의 인민들을 나를 신임하고 있고, 우리들의 무장력을 기대하고 있다. 유격대는 문제를 해결하지 못한다. 남측의 인민들은 우리들에게 아주 훌륭한 부대가 있다는 것을 알고 있다. 최근 난 밤에 잠을 설치면서 전국을 통일하는 문제를 생각하고 있다. 만약 남측의 인민들을 해방하고 조국을 통일하는 일이 연기된다면, 나는 조선인민들의 신임을 점차 잃을 것이다." 김일성은 "스탈린과 만나, 남측 형세와 이승만 군대에 공격을 발동하는 문제를 토론"할 것을 희망했다. 만약 스탈린과 만날 수 없다면, 그는 마오쩌둥을 만날 것이라 했다. 김일성은 소련의 자신이 옹진반도에 대한 공격을 막은 것을 탓하면서 그렇지 않았다면 인민군은 3일 내에 성공했을 것이라고 했다. "만약 전면적 침공을 개시한다면 며칠 내에 한성에 입성할 수 있다"[33]고 했다. 소련대사관 직원들의 회피하는 태도와 달리 이번에 스탈린은 의외로 태도를 바꾸었다. 일련의 고려가 있은 뒤, 1월 30일 스탈린은 직접 답전을 보냈다. 그는 "나는 김일성동지의 불만을 이해한다. 하지만 반드시 알아두어야 할 점은 그가 남조선에 이처럼 큰 조치를 취하기 위해서는 반드시 충분한 준비가 필요하다는 점이다. 이 일은 반드시 큰 위험을 치르지 않도록 조직되어야 한다. 만약 그가 나와 이야기하고 싶다면 나 역시도 언제든지 그를 접견하고 그와 회담할 수 있다. 이 일을 김일성에게 전달하고 이 일에서 난 김일성을 도울 계획임을 전달하길 바란다".[34] 지금까지 확인된 문서들 중 이것은 스탈린이 처음으로 전쟁문제에서 김일성을 도울 것을 동의한 것이다. 이에 대해 김일성은 아주 만족했고 즉각 언제든지 스탈린의 접견을 받을 준비가 되어 있다고 했다.[35] 그렇다면, 무슨 일이 있었기에 스탈린을 이토록 짧은 시간 사이에 한반도 문제에 대한 태도를 바꾸었을까?[36]

본 연구자는 이 기간 동안 소련외교사의 중대한 사건 즉 마오쩌둥의 소련방문과 중소동맹신조약의 체결이 있었음을 주의하게 되었다. 이번 중소 최고영도자의 협상 결과 스탈린은 중소조약을 새롭게 체결하는 것에 동의했고, 이로 인해 소련은 극동지역에서 중국동북지역을 기반으로 한 정치경제이익을 포기하게 되었다. 중국은 다롄항을 즉각적으로 회수하고, 2~3년 사이에 중장철도와 뤼순항을 회수하기로 되었다.[37] 몽골을 중국에서 독립시켜, 러시아 남부에 넓은 안전지대를 형성하는 것과 제정 러시아의 중국 동북지역에서의 세력범위를 회복하여 소련이 태평양으로의 나아가는 부동항을 소유하는 것을 보증하는 것은 전후 극동지역에서 스탈린의 두 가지 전략목표였다. 이 중에서 중국의 창춘철도와 뤼순, 다롄항을 통제하는 것이 소련이 극동지역전략의 기초가 되는 것이었다. 이미 기정사실이 된 몽골문제를 제외하고 모스크바가 제일 걱정했던 일이 발생했다. 1945년 중소조약에서 담보되었던 소련의 만주에서의 권익을 마오쩌둥이 제기한 신조약으로 인하여 의해 잃게 되자 스탈린은 보완할 조치를 취할 수밖에 없었다. 한반도 중부와 남부의 원산, 인천, 부산과 제주도 등 몇 개의 항구는 이미 1945년부터 소련외교부가 주목한 목표였다. 극동지역에서 소련의 전략적 이익을 확보하기 위해서는 한반도 전체를 모스크바의 세력범위에 넣는 것이 필요했다. 때마침 미국 트루먼 대통령과 애치슨 국무장관이 한국이 미국의 방어범위에 있지 않는다는 연설을 발표했다. 이것은 또 스탈린의 한반도정책의 변화에 조건을 창조했다.[38]

마오쩌둥이 아직 모스크바를 떠나지 않은 시점에 스탈린은 이미 조선한반도 문제해결에 노력하기 시작했다. 북한의 군사력과 인민군대의 조직, 지휘능력을 강화하기 위해, 모스크바는 김일성이 보병사단 세 개를 더 편성하는 것에 동의했다. 또 소련정부가 1951년 제공할 예정이었던 차관을 1950년에 사용할 수 있게 함으로써 새롭게 편성된 부대가 소련 장비를 구매할 수 있게 했다. 스탈린은 또 바실리예프중장을 조선인민군 군사총고문에 임명하여, 소련이 북한에서 철수한 뒤 이 직무를 겸임하고 있던 소련대사 시트코프를 대체했다.[39] 이후 소련은 대규모로 북한에 무기를 공급하기 시작했다. 3월 9일, 조선북한은 소련에 각서를 보내어 “인민군에 장비, 탄약, 기술자재를 보충하고 또 인민군을 강화하기 위해, 1950년에 이전에 소련정부에 제기했던 1.2~1.3억 루블에 달하는 군사기술장비를 조선북한에 제공할 것”을 요구했다. 이에 상응해 북한은 소련에 1.33억 루블에 달하는 황금, 은과 몰리브덴 원석을 제공할 것을 보증했다. 이후 김일성은 필요한 장비의 상세목록을 제기했다.[40] 모스크바는 즉각 북한이 1951년 차관을 먼저 사용하여 무기구매에 이용하는 것에 동의한다고 회답했다. 스탈린은 직접 김일성에 전보를 보내 "조선인민군이 필요로 하는 장비, 탄약과 기술자재"에 대해 소련정부는 "당신의 요구를 완전히 만족할 것"[41]을 결정했음을 알려주었다. 물질적 준비를 하는 동시에 3월 20일 김일성은 4월 초 모스크바를 비밀 방문하여 스탈린과 "남북통일의 길과 방법" 및 "경제발전의 전망"등 문제를 토의할 것을 제기했다. "김일성이 스탈린 동지에게 제청한 도움을 요구하는 문제" 목록에는 "국가 통일남측과 북측의 길과 방법, 무력을 통한 방법을 계획"하기로 명확하게 적혀 있고, 마오쩌둥과의 회동, 그리고 중국과 조약을 체결하는 문제 등이 적혀 있었다.[42] 동의를 얻은 뒤, 김일성과 외상 박헌영은 3월 30일 모스크바로 향했다.[43]

스탈린과 김일성의 비밀 회담의 구체적인 내용에 관련되어 러시아문서의 문자기록을 아직까지 발견하지 못했기에 본 연구자가 인용한 내용은 모두 당사자들의 회고이다. 이에 따르면, 김일성은 회담에서 한반도 남북 모두가 통일을 위해 준비하고 있고, 형세는 북측에 유리하다고 보고 했다. 박헌영은 열정적인 언어로 반이승만정권의 저항운동 형세에 대해 묘사하면서, "20만에 달하는 남조선공산당지부가 준비를 마쳤고 북방의 신호를 기다려 봉기를 일으킬 것이며, 남측 인민들도 토지개혁과 같은 기타 북측이 이미 실시하고 있는 민주개혁을 기대하고 있다"고 했다. 북한 영도자들이 마음을 놓지 못했던 부분은 통일문제에서 전쟁의 형식을 취하는 것에 대해 조선북한인민들이 어떤 반응을 보일지 하는 것이었다. 이에 대해 스탈린은 라블레의 「가르강튀아와 팡타그뤼엘」 중 양떼의 이야기를 했다. 그는 인민들은 양떼와 같고, 그들은 우두머리 양과 같이 가며, 우두머리 양이 어디를 가는지를 생각하지 않는다고 말했다. 모스크바가 걱정했던 문제는 전쟁이 발발하면 미국이 출병하여 간섭을 할지에 관한 문제였다. 김일성의 통역 문일의 회고에 따르면 김일성은 즉각 스탈린에게 미국은 이번 전쟁에 참가하지 않을 것이라 보증했다. 그 이유는, 이번 전쟁은 과감하고 신속한 습격이고, 게다가 20만에 달하는 남조선공산당원이 봉기를 일으킬 것이고, 여기에 남방 유격대원들의 조선인민군대에 대한 지지를 더하면, 진공개시 3일 내에 승기를 취득할 수 있다고 했다. 이렇게 되면, 미국이 간섭할 마음이 있다 해도 군사적 준비와 배치를 할 시간이 없게 될 것이라 했다.[44] 이 밖에, 1966년 소련외교부가 브레주네프 등 영도자들에게 보고했던 "조선한국전쟁에 관한 배경보고"에는 이번 회담에서 김일성이 스탈린에 제기했던 전쟁의 전략적 배치, 즉 북한정부가 3단계로 나눠어 그들의 목표를 실현하는 준비가 적혀있었다. ① 38선 부근에 부대를 집결한다. ② 남측에 통일에 대한 호소를 발송한다. ③ 남측이 평화통일의 건의를 거절하면, 군사행동을 개시한다. 이 보고는 스탈린이 "조선인들의 작성한 방안을 최종적으로 허가한 것은 1950년 3월부터 4월 사이의 김일성이 모스크바를 방문한 기간"임을 확인해 주고 있다.[45]

종합하여 보면, 스탈린은 1950년 1월부터 4월 사이에 김일성이 발동하는 한반도 통일전쟁을 지지하고 돕기로 결정했다고 판단할 수 있다. 즉, 미국이 한반도에서 방어적이고 퇴각적인 정책을 취하는 동안 소련은 전쟁의 획책과 준비에 적극 참여했다.

마오쩌둥은 기성사실을 받아들이다

스탈린과 김일성이 전쟁을 일으키는 일정표에는 한가지 문제가 처리되어야 했다. 즉 한반도에서 군사행동을 하기 위해선 마오쩌둥의 동의를 얻어야만 했다. 몇 개월 이전 류사오치가 소련을 비밀 방문하는 동안, 스탈린은 국제혁명운동에서 중소 두 나라는 보다 많은 의무를 떠안아야 되고, 일정한 분담이 있어야 한다고 건의했다. 그는 중국이 식민지, 반식민지국가들의 민족민주해방운동에 보다 많은 도움을 줄 것을 희망했다. 스탈린은 또 마르크스와 엥겔스가 서거한 뒤 혁명중심이 서방에서 동방으로 전이되었고, 지금은 중국과 동아시아로 전이되었다고 말하면서 중공이 "동아시아 각국의 혁명에서의 책임을 실행해야 한다고 했다".[46] 스탈린은 자신의 말을 번복할 수 없었다.

하지만 신중국이 수립된 초기 전국의 공작중심을 경제건설로 이동했고 군부대는 대규모로 복원을 준비해고 있었다. 군사전략의 목표는 대만을 해방하는 전쟁만 남았다. 당시 중공은 동남연해에 16개 군의 병력을 집결하였고 북한과 인접한 전체 동북지역에는 경비임무를 담당하고 있는 몇 개의 공안사단과 전군이 집단적인 전업을 통해 개간 작업을 하고 있는 42군만 있었다. 때문에 마오쩌둥은 중국의 북방과 인접된 나라에서 미국의 아시아 간섭을 초래할 수 있는 전쟁을 치르고 싶어하지 않았다.[47]

이 점에 대해 스탈린도 내심 잘 알고 있었다. 이미 1949년 여름 중공대표단이 소련을 방문하는 동안 마오쩌둥은 특별히 류사오치로 하여금 중공의 대만을 해방하는 계획을 스탈린에게 전해주고 소련에 원조를 요구하도록 했다. 스탈린이 중공의 요구를 거절한 뒤, 마오쩌둥은 스탈린과의 첫 회담에서 또다시 이 문제를 완곡히 제기했다.[48] 마오쩌둥이 소련을 방문 하기 이전, 스탈린과 마오쩌둥은 한반도 정책에 관련해 의견을 교환했고, 그들은 여러 측면을 고려할 때, 북한이 진공적인 군사행동을 하는 것이 맞지 않다고 생각했다. 마오쩌둥은 전보에서 조선동지들이 무력으로 남한문제를 해결하려 생각하고 있지만 중국영도자들은 그들이 그렇게 하지 말기를 권했다고 말했다고 했다. 스탈린은 답전에서 중국동지들의 의견에 완전히 동의하고 북한은 전쟁을 일으키지 말아야 하며 군사적인 수단으로 한반도를 통일해서는 안 된다고 했다.[49] 이런 이유 때문에 스탈린은 한반도에서 전쟁을 일으킬 생각을 한 뒤에는 당시 모스크바를 방문하고 있었던 마오쩌둥에게 한마디도 하지 않았다.[50] 같은 원인으로 스탈린은 김일성과 군사행동을 취할 것을 결정한 뒤, 이 일이 반드시 마오쩌둥의 동의를 얻어야 하는 상황에서 직접 나서기가 어색하여, 김일성에게 마오쩌둥을 만날 것을 권했다.[51]

실제로 북한의 정치지위는 김일성으로 하여금 동아시아에서 중대한 조치를 취하기 위해선 스탈린에 비해 마오쩌둥의 지지를 꼭 얻어야 된다는 것을 깨닫게 했다. 스탈린이 자신의 의견에 동의하는 상황에서, 김일성은 중국주재 북한대사 이주원으로 하여금 마오쩌둥을 예방할 것을 지시하면서 자신이 중국을 방문하고 싶다는 요구를 제기했다. 3월 말 마오쩌둥은 이주원을 만난 자리에서 김일성의 방문을 동의했다. 김일성의 남한을 진공할 문제를 논의할 것을 예측하고 마오쩌둥은 담화에서 "만약 한반도를 통일하는 구체적인 계획이 있다면 만남은 반드시 비밀리에 진행되어야 한다"고 했다. 마오쩌둥은 또 "만약 제3차 세계대전이 발발한다면 북한도 불가피하게 참전해야 한다"고 하면서 군사준비를 잘 해야 한다고 했다. 이주원이 회담의 상황을 평양에 보고할 때 김일성은 이미 모스크바로 향하고 있었다. 북한 내각부수상 김책은 소련대사관에 부탁해서 이 소식을 김일성에게 전달했다.[52] 여기서 주의할 부분은 이주원의 보고에서는 마오쩌둥이 한반도에서 진공을 발동하는 계획을 동의했다는 보고가 없었다는 점이다. 하지만 김일성이 5월 12일 시트코프와의 만남에서 그에게 마오쩌둥이 이주원을 만났을 당시 "평화적인 방법으로 한반도를 통일하는 것은 불가능하고 통일은 반드시 무력을 사용해야 한다"[53]고 했다고 통지했다. 김일성의 말은 믿음이 가지 않는다. 그가 이렇게 한 것은 스탈린의 고려를 덜어드리고 전쟁문제에 있어서 모스크바의 절대적 지지를 얻기 위함이었다. 실제로 김일성이 모스크바에게 거짓으로 중공이 자신의 군사행동을 지지한다고 한 것은 한두 번이 아니었다. 앞서 제기했던 1949년 5월 김일과 중공영도자의 회담에서 소련공산당 북평대표부 대표 코발료프Kovalev는 중공이 남한의 진공에 대해 반격을 실시하는 것은 지지하지만 북한의 주동적으로 진공은 하지 말 것을 권고했다고 보고했다. 하지만 김일성은 모스크바에게 통보할 때에 의도적으로 말을 얼버무리면서 중공이 미래의 전쟁에서 북한을 원조하기로 했다고 했다.[54] 김일성이 어떤 고려를 했는지 여부와 관계없이, 마오쩌둥은 이 시점까지 북한과 모스크바 사이에 전쟁과 같은 큰 사건에서 일치를 이뤘음을 알지 못했다.[55] 김일성도 중국의 도움을 받지 않아도 된다고 생각했다. 그것은 "그의 모든 요구가 모스크바에서 이미 만족 되었기 때문이었다". 다만 스탈린의 지시대로 마오쩌둥을 만나 "무력으로 국가를 통일할 의도와 모스크바 회담에서 이 문제의 결과를 통보했다".[56]

5월 13일 밤, 김일성 일행은 비밀리에 베이징에 도착했고 즉시 중공 영도자들과 회담을 가졌다. 아직까지 이번 회담에 대한 구체적인 문서자료가 발견되지 않고 있지만, 로신Рощин이 모스크바에 한 보고를 보면 제1차 회담은 순탄하지 않았고, 저녁에 회담은 중단되었다. 로신은 전보에서 "13일 밤 23시 30분, 저우언라이가 소련대사관에 와서 즉시 필리포프스탈린에게 "마오쩌둥이 위탁하여 전달하는" 사항을 보고할 것을 요구했다. "조선북한 동지가 필리포프 동지의 다음과 같은 지시를 통지했다. 현재의 상황은 과거와 다르기에 북조선북한은 행동을 개시할 수 있다. 하지만 이 문제는 반드시 중국동지와 마오쩌둥 본인과 토론해야 한다." "마오쩌둥 동지는 필리포프 동지 본인이 이 문제에 대한 설명을 얻고자 한다." 전보의 마지막에는 "중국 동지는 신속한 회담을 요구한다"[57]고 적혀 있다. 김일성이 말한 것은 분명히 중대한 사안이고 스탈린이 얼마 전까지도 북한의 군사행동 개시를 명확히 반대했기에 중국영도자들은 의심을 갖고 모스크바에 사실여부를 확인을 요구했다.[58] 이때에 이르러야 스탈린은 처음으로 중국영도자들에게 소련이 이 문제에서의 태도에 변화가 있었음을 표명했다. 5월 14일 비신스키Vishynsky가 전해 온 스탈린이 마오쩌둥에게 보낸 전보의 내용은 다음과 같다. "조선북한동지들과의 회담에서 필리포프 동지와 그의 동지들은 국제형세가 변화한 점에 비추어 조선인들의 통일을 실현하는 문제에서의 건의를 동의할 것을 제기했다. 동시에 한가지 보충하기를 이 문제는 최종적으로 중국과 조선 동지들이 함께 해결해야 하고, 만약 중국 동지들이 동의하지 않는다면 이 문제를 어떻게 해결할지 다시 한번 토의되어야 한다. 회담의 구체적인 내용은 조선동지들이 당신에게 상세히 서술할 것이다."[59] 평온한 어투였지만, 실제로는 모스크바의 강경한 태도를 내비치고 있었다. 동아시아지역 혁명사업의 "책임자"로서 마오쩌둥은 자연히 북한의 혁명행동을 지지해야만 했다. 스탈린의 압력 아래, 마오쩌둥은 대만통일 이전 한반도통일 문제를 해결하는 것에 동의했다.[60]

여기에 한가지 설명해야 하는 문제가 있다. 마오쩌둥이 소련을 방문하는 기간 중에 중국군대중의 조선인사단이 장비를 갖고 귀국하는 것을 비준했다. 이것은 중소영도자가 공동으로 전쟁을 준비를 획책한 것이 아닐까?[61] 전쟁 이전 중국군대가 북한에 돌아간 문제를 과거에는 자료부족으로 잘 이해하지 못했다.[62] 하지만 지금은 명확해졌다. 마오쩌둥의 동기로부터 볼 때 조선인사단의 귀국은 한국전쟁과 관계가 없었다. 일본이 한반도를 점령했던 기간 중에 많은 한인들이 중국 동북지역에 들어와 중공의 항일군대에 참가했다. 내전기간 동안 중국 동북지역의 부대에는 또 아주 많은 만주 조선인들이 전사로 참여했다. 항일전쟁이 끝난 뒤, 한인전사들은 속속 귀국했고, 그 중에서 집중적인 것은 무정이 인솔한 1,000명의 조선적 병사사단이었다.[63] 1949년 5월 김일이 북평에 왔을 때 마오쩌둥에게 조선노동당중앙의 편지를 전달하면서 중국인민해방군에 편성된 조선인사단을 북한정부에 넘길 것을 요구했다. 마오쩌둥은 해방군에 있는 3개 조선인사단 가운데 2개의 사단은 선양과 창춘에 주둔하고 있고 나머지 하나는 남하하여 작전 중에 있다고 했다. 중공은 수시로 동북에 주둔하고 있는 두 개의 사단을 장비와 함께 북한에 넘길 준비가 되어 있지만, 다른 하나의 사단은 전쟁이 끝난 다음에야 남방에서 돌아올 수 있다고 했다.[64] 김일이 돌아간 이후 마오쩌둥은 동북의 가오강高岡에게 선양과 창춘에 주차하고 있는 두 개의 조선인 사단을 1949년 7~8월 사이에 귀국시킬 준비를 하라고 지시했다. 이 두 개의 사단 즉 이덕산이 사단장으로 있는 164사단실제 인원 10,821인과 방호산이 사단장으로 있는 166사단실제 인원 10,320인은 당시 모두 동북군에 편성되어 있었으나 1949년 7월에 북한에 들어갔다.[65] 마오쩌둥이 말한 또 하나의 조선인사단의 귀국문제는 6개월 뒤에 제기되었다. 1950년 1월 초 린뱌오는 모스크바에 방문 중인 마오쩌둥에게 전보를 보내어, 16,000여 명의 조선인들로 조직된 부대가 화남지역에 진출한 이후 정서에 파동이 발생하였고 일부가 귀국을 요구한다고 했다. 또 전쟁이 곧 끝날 것이므로 이들을 합치여 하나의 사단으로 혹은 4~5개의 여단으로 하여 귀국시킬 것을 희망한다고 했다. 중국은 곧이어 북한에 연락하여 김일성에게 "작전이 끝났기에 중국인민군대에 남아 있던 조선인 부대가 점차 한가해졌으므로 만약 조선북한정부가 원한다면 돌려보낼 수 있다"고 통지했다. 김일성은 중국군대에 있는 조선인들을 북한의 사단편제에 따라 중국에서 두 개의 여단을 거느리는 한 개의 보병사단으로 조직하고 나머지 장병들은 기동여단과 기계사단에 편입하기로 하고, 동시에 인민군작전부장 김광협을 중국에 파견하여 이 문제를 논의했다. 1월 11일 중앙공작을 주재한 류사오치와 린뱌오는 북한 측에 전보를 보내 조선인사단의 귀국을 동의했다. 이 부대는 북한에서 온 인사가 현지에서 개편을 완성한 뒤, 4월에 여름옷으로 갈아입고 귀국하기로 되었다. 1월 28일 린뱌오는 김일성이 우

한에 사람을 보내 조선인 부대를 접수하기로 되었다는 통지를 받았다.[66]

시간상으로 볼 때, 중국이 조선인 사단의 귀국문제를 처리할 시점에 마오쩌둥은 김일성이 남측에 침공을 발동하는 것을 반대했고 스탈린도 김일성의 군사계획에 동의하지 않은 시점이었다. 때문에 중국군대의 조선인 병사들의 귀국을 두고 중국영도자들이 당시에 전쟁획책에 참여했다고 설명할 수 없다. 1949년 조선인 사단의 귀국을 동의한 것은 마오쩌둥이 북한이 남측으로부터 공격을 받을 것이 걱정되어, 국제주의적인 입장에서 북한의 혁명정권에 대해 동정과 지지를 표시한 것이었다. 1950년 조선인 사단의 귀국을 동의한 것은, 한편에서 조선인 전사들이 귀국할 용의가 있었고 다른 한편에서 중국 영도자들이 이미 군대의 복원과 군비를 절감하는 문제를 고려한 시점이었기 때문이었다.[67] 앨른 휘팅Allen S.Whiting이 아주 오래전에 말했던 결론은 설득력이 있다. 이들 중국혁명을 도왔던 조선인들의 귀국은 자연적인 현상이었다.[68] 하지만 최후의 조선인 사단이 4월 18일 원산에 도착한 시점에[69] 김일성과 스탈린은 이미 전쟁을 할 것을 결심하였다. 때문에 객관적으로 볼 때, 3개의 전쟁에서 단련된 조선인 사단의 귀국은 김일성이 기습작전에서 성공을 취득하는 데 매우 중요한 역할을 했다.

소련과 북한이 연합하여 침공을 개시

이렇게 되어 한국전쟁에 이르는 길 위에 김일성은 막힘이 없게 되었고, 구체적인 작전계획을 확인하고 실시하는 것만 남게 되었다.

인민군총참모부 작전부장 유성철의 회고에 따르면 5월 상순 소련은 북한인민군에 있던 소련군사고문을 대량으로 교체했다. 작전참모들로 개인명의로 북한에서 군사훈련을 책임지던 사람들을 교체했고 북한군대를 위해 "선제공격 작전계획"을 작성했다.[70] 5월 말에 이르러 북한인민군총참모부와 소련군사고문단은 연합하여 모스크바에 보고하기를 조선인민군이 38선에 집결하는 행동은 이미 준비를 마쳤다고 했다. 김일성의 견지 아래, 군사행동의 개시 시점은 1950년 6월 25일로 확정되었다. 곧이어 모스크바는 계획에 따르면 북한인민군은 매일 15~20킬로를 전진할 수 있고 주요군사행동은 22~27일 내에 마칠 수 있다고 보고 받았다.[71]

6월 25일 북한군대는 계획에 따라 38선을 넘었고 남한에 침공을 개시했다. 지금 밝혀진 6월 26일 시트코프가 스탈린의 개인군사대표 자하로프Захаров 대장에게 한 보고는 전쟁개시 전후의 상황을 상세히 설명하고 있다.

> 인민군이 38선 지역에 집결을 시작한 것은 6월 12일부터이고 6월 23일에 집결을 마쳤다. 완전히 총참모부의 계획대로 진행되었다. 각 부대의 이동은 엄밀히 조직되었고 의외의 상황이 발생하지 않았다. 적군의 정찰이 아마 각 부대의 배치 전환을 발견했을 것이지만, 각 부대의 계획과 행동개시 시간은 모두 철저히 지켜졌다.
>
> 각 사단의 작전계획 제정과 지형정찰과정에 모두 소련고문이 참여했다.
>
> 전쟁의 모든 준비 조치는 6월 24일 완수되었다. 6월 24일 각 사단장에 "Д"와 "Ч"의 명령이 발송됐다. 각 부대는 모두 민족보위성의 정치명령을 낭독했다. 남조선(남한)의 군대가 38선을 침범하여 군사침공을 일으켰다고 했다. 조선인민민주주의공화국정부(북한정부)는 조선(북한)인민군이 반격에 돌입할 명령을 반포했다.
>
> 조선(북한)인민군 장병들은 아주 높은 열정으로 반격에 관한 명령을 청취했다. 각 부대는 6월 24일 24시에 출발위치에 도착했다. 군사행동은 현지시간(25일) 4시 40분에 시작되었다. 침공을 개시하기 전, 화포준비가 20~40분간 있었고, 이 중에는 고정위치 목표물 조정과 10분 동안의 포격이 포함되었다. 곧이어 보병이 움직여 신속

하게 침공을 개시했다. 처음 3시간 내에 개별 부대와 군단은 이미 앞으로 3~5킬로를 전진했다. 인민군의 침공은 적들의 예상을 완전히 벗어난 것이었다. 적군은 옹진, 개성과 한성(서울)의 여러 방향에서만 완강하게 저항했다. 비교적 조직적인 저항은 첫날 12시가 지난 다음에야 시작되었다. 전투 첫날 공략한 도시들로는 옹진(옹진 방향), 개성, 송우리(지도1 : 1000000, 1943년 총참모부 인쇄) 등이다. 춘천방향에서 인민군부대는 12킬로를 진격하였다. 동부해안에서는 8킬로를 나아갔다. 첫날 조선민주주의인민공화국 해군 즉 두 개의 상륙부대는 일본해(동해)연안에 상륙했다. 한 상륙부대는 강릉지구에 상륙했고 2개 대대의 해군상륙부대와 1,000명의 유격대원으로 구성되었다. 다른 상륙부대는 울진지구에 상륙했고, 600명의 유격대원이 포함되어 있었다. 상륙부대는 6월 25일 5시 상륙했고 모든 과정은 순조로웠다. 유격부대와 상륙부대는 울진시 및 그 주변의 여러 마을을 점령하였다. 상륙부대가 상륙을 하는 과정에 인민군 군함과 남한군대의 함정이 전투를 벌이기도 했다. 전투결과 남측의 소해함이 격침되었고 다른 한 척의 소해함도 공격을 받아 파괴되었다. 조선민주주의인민공화국해군(북한해군)은 손실이 없었다. 6월 26일 인민군부대는 계속 앞으로 나아갔고, 계속하여 남한 영토의 깊은 곳까지 전투를 밀고 나아갔다. 6월 26일 하루 동안(오른쪽에서 왼쪽으로) 옹진반도, 개성지구를 철저히 소탕했다. 제6사단의 부대는 바다를 넘어 김포비행장 방면의 마을을 점령했다. 한성방면에서 제1, 4사단은 문산, 동두천 등 도시를 점령하고 제2사단은 강원도 도청소재지인 춘천시를 점령했다. 일본해(동해)인근에서 부대의 진격은 계속되고 있다. 주문진항은 이미 공략되었다. 홍천 방면으로 이동 중인 12보병사단과 송우리를 넘어 의정부방향을 진격하고 있는 제3보병사단 및 기계화여단은 하루 동안 연결이 되지 않고 있다.[72]

이상의 정황은 소련이 남한의 군사행동에서의 획책, 준비와 실시과정 모두에 참여했지만, 미국의 간섭과 세계여론의 질책을 피하기 위해 스탈린이 비교적 은폐된 조치를 취했음을 설명해주고 있다. 전쟁 발발 5일 전 시트코프는 김일성이 소련에 침공과 상륙에 필요한 배와 이 배들을 조종하는 10명의 소련고문을 제공해줄 것을 요구한다고 보고했다. 스탈린은 즉각 이런 요구들을 거절한다고 답했다. 그 이유는 미국에 간섭빌미를 제공하지 않기 위해서였다.[73] 침공을 개시하는 시점에 스탈린은 북한인민군의 전선부대에 있던 모든 소련고문을 불러들이는 명령을 내렸다. 후루시초프가 그 원인을 물었을 때 스탈린은 "우리가 증거를 남겨 다른 사람들로부터 우리가 이 일에 참여했다고 지적 받는 것이 싫어"[74]서였다고 답했다.

하지만 마오쩌둥은 전쟁의 준비과정과 구체적인 계획을 전혀 알지 못하고 있었다. 중국이 긴밀하게 대만침공을 준비하여서인지 아니면 미국이 개입을 하지 않을 것을 예상하여 중국의 개입을 필요하지도 희망하지도 않아서인지 스탈린과 김일성은 중국에 대해 소식과 정보를 봉쇄했다. 북한의 한 고급군수관료의 회고에 의하면 전쟁 발발 이전 소련이 원조한 무기는 모두 해상으로, 즉 중국의 철도운수를 거치지 않은 채 북한에 왔고 이렇게 한 특별한 목적은 중국이 북한의 준비공작을 알지 못하게 하기 위해서였다.[75] 한국전쟁이 발발한 최초의 소식을 마오쩌둥은 외신을 통해서 알았다. 전쟁이 발발한 3일 뒤에야 김일성은 한 명의 영관급장교를 베이징에 파견하여 상황을 통보했다. 마오쩌둥은 이에 매우 불만했다. 그는 사후에 스저에게 "그들은 우리의 이웃이나 전쟁 발발을 우리와 상의하지 않았고 이제야 와서 알려준다"[76]고 말했다.

김일성은 신심이 가득 차 의기양양할 때에는 중국이 한반도 사무에 끼어드는 것을 희망하지 않았다. 스탈린도 한반도정책의 전환을 고려할 때 새로운 우방에 대해 두 가지 망설임이 있었다. 하나는 마오쩌둥이 모스크바의 결정을 사전에 반대하는 것이었고 다른 하나는 상황이 어렵게 되었을 때 마오쩌둥이 수수방관하면서 모스크바의 지휘를 따르지 않는 것이다. 때문에 스탈린은 한편으로 중국에게 전쟁을 일으키는 것을 동의할 것을 요구하면서 다른 한편으로 중국에 소식을 봉쇄했다. 이러한 면밀한 안배는 소련의 전략적 정책결정이 순조롭게 받아들여지고 자신들의 전략적 목표의 실현을 보증할 수 있었다. 명확한 것은 만약 전쟁이 순조롭게 진행되었다면, 중국의 동북지역을 잃는다 해도 소련의 극동지역에서의 전략적 이익을 보증할 수 있었다. 만약 위기와 어려움이 발생하면 중국, 이 동맹으로 하여금 책임을 지도록 할 수 있었다. 결과적으로 여전히 소련이 정한 목표를 실현할 수 있었다.

결론 ① 김일성은 1949년 이미 군사수단으로 혁명을 추진하여 통일대업을 완수할 것을 제기했다. 하지만 이때 스탈린의 한반도에서의 목표는 38선을 유지하는 것이었고 미국과 직접 충돌을 피하는 것이었기에 모스크바는 김일성의 전쟁 발동계획을 엄격하게 금지했다. 마오쩌둥도 중국혁명이 아직 최후의 승리를 이루지 못한 상황에서, 북한의 군사행동에 원조를 보낼 수 없다고 했다.

결론 ② 1950년 초 마오쩌둥은 소련을 방문하여 스탈린으로 하여금 새로운 중소조약을 체결하게 만들었고, 그 결과 소련은 태평양으로 나아가는 부동항을 잃게 되었다. 소련의 극동지역에서의 전략적 목표를 유지하기 위해 스탈린은 반드시 한반도 전체에 대한 통제가 필요했고 이것을 통해 중국동북에서 잃은 전략적 손실을 만회하려고 했다. 그리하여 모스크바는 북한이 기습침공을 통해 전쟁을 일으키고 신속하게 한반도를 통일하는 것을 적극적으로 지지하기로 결정했다.

결론 ③ 신중국이 갓 수립된 때이고 대만을 해방하는 전투를 준비하고 있는 중이었기에 마오쩌둥은 북한이 이 시기에 중국의 안전에 위협을 초래할 수 있는 전쟁을 일으키는 것을 희망하지 않았다. 하지만 아시아혁명의 책임자로서, 마오쩌둥은 김일성의 요구를 거절할 수 없었고, 특히 스탈린이 이미 태도를 표명한 상황에서 중국은 기정사실을 받아들일 수밖에 없었다.

결론 ④ 마오쩌둥이 원칙적으로 김일성이 군사행동을 취하는 것을 동의한 시점에, 북한과 소련의 전쟁준비는 이미 마지막 단계에 이르렀지만 베이징에 군사계획과 군사행동의 어떠한 구체적인 사항도 알려주지 않았다. 1950년 6월 25일 새벽, 소련의 대규모 군사적 원조 아래, 김일성은 훗날 사람들이 말하는 한국전쟁을 일으켰다.

이것은 근래 러시아 기밀 해제 문서가 우리들에게 묘사하고 있는 한국전쟁 발발의 역사적 모습이다.

『21세기』(홍콩), 2000.2에 발표

중소조약과 소련의 극동에서의 전략목표

국제정세의 변화

90년대 초 많은 양의 소련 역사문서기록의 기밀 해제와 발표는 국제학계에서 소련사, 특히 소련의 외교정책사에 관련된 새로운 연구의 붐을 일으켰다. 대량의 새로운 연구결과가 발표되었고 동시에 새로운 의문점이 제기되기도 했다.

각국 학자들은 모두 이 점에 주의했다. 즉 러시아 문서기록관 문서들이 보여주는 점은 스탈린이 1950년대 초 소련의 극동정책을 바꿨다는 점이다. 1949년 내내 모스크바는 평화적인 방법으로 한민족의 통일문제를 해결해야 함을 견지했다. 하지만 1950년 초, 스탈린은 갑자기 김일성의 군사적 수단으로 한반도통일대업을 완성하는 건의에 동의했다. 소련 정책변화의 원인에 대한 유일한 문헌근거는 1950년 5월 14일 스탈린이 마오쩌둥에게 보낸 전보에서 말하고 있는 "국제정세의 변화에 근거"[1]했다는 것이다. 스탈린이 말한 "국제형세의 변화"는 무엇을 의미하는 것일까? 즉 소련이 한반도정책을 변화한 주요하고도 근본적인 원인은 무엇일까? 이 문제는 국제학술계에서 여러 가지 추측과 광범위한 토론을 일으켰다.

바자노프Бажанов는 1950년 냉전이 전면적으로 전개된 것이 소련으로 하여금 한반도에서의 전쟁을 받아들이게 만들었다고 단정했다. 스탈린은 나토가 만들어진 것이 소련에 대한 엄중한 위협이라고 생각했다. 한반도 전체에 대한 통제는 미국의 일본에 대한 통제를 상쇄할 수 있었다. 중국공산당의 중국에서의 승리는 북한도 성공을 이룰 수 있는 것처럼 보였다. 스탈린 본인은 또 핵무기 그리고 미국이 중국을 잃은 것에 영향을 받았다. 데니소프Денисов는 지속적으로 스탈린이 말한 "국제형세에 변화가 발생했다"는 것은 우선 중국공산당의 승리를 말하는 것이라 주장했다. 즉 미국이 장제스를 포기했다면 남한을 위해 전쟁을 할 가능성도 없었을 것이라 했다고 했다. 또 소련이 핵무기를 장악했기에 이것은 미국이 소련과의 대결에서 "핵무기라는 이 패"를 사용할 수 없게 되었다. 이종식과 첸잰陳兼은 미국의 한반도 문제에서의 태도 즉 미국의 간섭의 가능성이 스탈린의 정책결정에서의 관건적인 요소라고 했다. 곤차로프는 소련이 핵무기를 장악한 것과 나토가 소련에 영향을 미쳤다는 설명에 동의하지 않았다. 그는 러시아 문건이 설명해주는 것은 트루먼의 1월 5일 담화와 애치슨의 1월 12일의 연설에서 즉 한반도를 미국의 극동지역의 방어선에서 제외한 점이 모종의 작용은 있었으나 이것이 유일한 요소는 아니라 했다. 종합적으로 볼 때, 독일과 유럽의 상황 및 일본에 대한 우려가 일정한 작용을 했을 것이라 했다. 마트라이Mátray는 러시아 문서들이 이러한 결론, 즉 애치슨의 저명한 연설이 스탈린이 결정을 내리게 된 원인임을 지지하지 않는다고 주장했다. 그것은 소련영도자는 그 뒤 몇 주 사이에 있었던 미국의 대 아시아 정책에서의 강경한 신호를 무시할 수 없기 때문이었다. 그는 주요 원인은 스탈린, 마오쩌둥과 김일성이 미국의 아시아에서 특히 일본에서의 정책에 대해 절망했기 때문이라 했다. 메릴Meryl은 전쟁에서 누가 먼저 선제 공격하는 문제가 있음을 지적했다. 스탈린이 북한정권의 생존을 걱정했고 특히 1950년대 초 미국의 남측에 대한 원조상황을 접한 뒤 진공으로 방어를 대체하는 방침에 대해 동의하게 되었다고 했다.[2]

이 밖에 지금 서방에서 영향력이 있는 『불확실한 파트너』라는 책에서 저자는 스탈린이 한반도정책을 변화한 목적이 소련의 완충지대를 확대하여 미래 전지구적인 충돌과정에서 일본에 진격할 수 있는 발판을 마련하는 것에 있었음을 지적했다. 동시에 미국인들의 결심을 시험하여 미국과 중국의 적대적 관계를 심화하고, 가장 중요한 점은 미국의 힘을 유럽에서 전이하는 것이라고 했다.[3] 가버J. Garver는 스탈린이 과거의 조심스러운 정책을 전환환 원인은 주요하게 일본 문제 때문이라 했다. 모스크바는 미국이 일본을 부축하여 일본을 미국의 극동지역에서의 군사기지로 탈바꿈하는 것을 소련이 용납할 수 없었다고 했다.[4] 토르쿠노프Торкунов 등은 그들의 저서에서 "국제정세의 변화"라고 말할 수 있는 것은 중요하게는 중국혁명의 승리 때문이라고 했다. 스탈린은 미국이 대만에서의 장제스의 운명에만 관심을 갖고 한반도의 충돌에는 개입하지 않을 것이라 생각했다. 또 다른 중요한 요소는 소련이 미국의 핵 독점을 깨뜨렸기에 미국이 더 이상 핵을 갖고 소련을 위협할 수 없게 되었다는 점을 들었다.[5]

학자들은 문제의 여러 방면에 대해 논의했고 이런 요소들 모두 스탈린이 1950년 초 소련의 한반도정책을 바꾸는데 영향이 있었다. 하지만 이 요소들 모두가 동등하고 수평적으로 영향을 미친 것이 아니라 서로 다른 층위에서 스탈린의 정책결정에 영향을 미쳤다. 이런 층위들을 정책결정의 전제, 정책결정을 바꾼 동기와 정책결정을 보증하는 조건으로 나뉠 수 있고, 이 중에서 제일 중요한 것은 동기이고 그 다음이 조건이다. 이와 동시에 스탈린의 중대한 정책결정의 변화는 소련과 미국일본을 포함, 중국 이 두 개의 측면과 연계되며 이 두 개의 측면도 동등하고 수평적인 것이 아니었다. 이 중에서 더욱 중요한 것은 중국과의 관계변화였다. 본문은 이런 몇 가지 측면에서 이 문제의 토론에 참여하고자 한다.

정책결정 형성의 전제

논리적으로 볼 때 스탈린이 군사수단으로서 한민족 통일문제를 해결하는 것에 동의한 것은 소련이 한반도가 일종의 전쟁상태에 처하게 되는 것을 받아들인 것이다. 이런 정책결정을 내리는 것에는 두 가지 전제가 있었다. 하나는 소련이 미국과 대항하는 국제환경에 처해 있고 동시에 모스크바는 워싱턴과의 관계 결렬도 마다하지 않으면서 미국과 간접인, 부득이한 경우에는 심지어 직접적인 충돌까지 준비하고 있다는 점이다. 다른 하나는 한반도가 이미 긴장한 군사대치상태에 처해 있었고 또 소련이 통제하고 있는 북한이 이미 전쟁에 대처할 정신적 물질적인 준비를 마쳤다는 점이다. 이 두 전제는 1949년 하반기에 이미 기본적으로 갖춰졌다. 하지만 스탈린은 이 시기에 1945년에 형성된 소련의 극동에서의 전략과 정책을 바꾸지 않았다.

전후 소련 외교정책의 전략목표는 세 개의 층위, 즉 평화공존－세계혁명－국가안전이익이 있었다. 이 세가지 층위구조에서 소련의 국가안전이익은 시종 최고의 위치에 있었다. 전후 국제관계의 여러 시기 여러 지역의 문제를 처리함에 있어서 스탈린은 평화공존을 수호하는 것을 정책의 척도로 하거나, 혹은 세계혁명을 일으키는 것을 외교공세의 목표로 했다. 하지만 이것은 모두 잠시적이고 쉽게 변하는 것이었고 근본적인 목표는 소련의 국가안전이익을 보장하는 것이었고 모든 것은 소련 대외정책의 이 궁극적인 목표에 복속되어야만 했다. 이 점에서 출발하여, 전후제2차 세계대전 이후 몇 년 사이 스탈린 외교정책의 발전과정이, 대국과의 합작을 유지하는 동시에 유한적인 확장정책을 통하여, 점차 동서 두 집단의 대항정책으로 발전하는 것이었음을 알 수 있다. 전후 초기 스탈린이 원했던 것은 서방동맹국들과 전쟁시기에 결성한 파트너관계를 유지하는 것이었다. 예를 들면 유럽과 극동에서 서방국가들과의 합작을 통해 소련이 얄타회담과 포츠담체계에서 획득한 정치권익을 공고히 하고 발전시키는 것이었다. 동시에 얄타체계에서 아직 획정하지 못했거나 조정되지 못한 지역, 예를 들면 근동의 터키와 이란에서 소련은 일종의 유한확장 대외정책을 시행했다. 하지만 두 차례의 근동사건에 대한 고찰을 통해 스탈린의 근동에서 행위의 동기가 소련의 근동에서의 세력범위를 확대하는 데 있었지만, 근본적으로 서방과의 합작정책을 개변하고자 하는 것은 아니었음을 알 수 있다. 때문에 영미의 강경한 태도 앞에서 소련은 퇴각하고 조정하는 방침을 취했다. 소련이 이란에서의 군대 철수는, 중국 동북지역과 북한에서의 군대 철수와 마찬가지로 스탈린의 확장의지는 제한적인 것이고 그가 여전히 서방과, 특히 미국과의 직접적인 충돌을 피하려 했다는 점을 표명하고 있다. 진정으로 스탈린이 전후 정책에 근본적인 변화를 가져오게 만든 것은 1947년 6월에 나온 마샬플랜이었다. 모스크바는 마샬플랜의 목표는 실제행동을 통해 유럽에서 반소집단을 수립하는 것이라 생각했다. 특히 스탈린으로 하여금 참을 수 없게 한 부분은 미국이 마샬플랜을 통해 동유럽국가들을 서방세력의 영향에 놓이게 하고 독일에서 서방 점령지역의 재건을 통해 소련의 숙적을 다시 만드는 점이었다. 때문에 스탈린이 마샬플랜에 대한 궁극적인 반응은 외교정책을 전면 수정하는 것이었다. 이로 인해 소련과 미국, 그리고 서방국가들 사이의 이익충돌은 냉전을 특징으로 하는 전쟁의 변두리 상황에 처하게 되었다. 그 뒤 스탈린의 미국과 서방에 대한 정책은 공격적이고 도전적으로 변해갔다.[6]

미국과 소련 사이의 충돌은 먼저 유럽에서 나타났다. 1948년 6월부터 1949년 5월 사이에 냉전 형성된 이후 소련과 서방 사이에 제1차 위기-베를린 위기가 발생했다. 그 결과 소련은 미국과 서방의 강경한 입장 앞에서 움츠려 들었다. 비록 스탈린은 동서 사이에서 제일 민감한 독일문제에서 모스크바의 결심과 미국에 대한 대항의 태도를 표명했지만, 미국이 실력정책에서 출발해 날카롭게 맞서는 정책을 취할 것을 예상치 못했다. 특히 모스크바는 미국이 베를린문제를 해결함에 있어서의 경제적 역량에 대한 예측이 부족했다. 쌍방의 전체적인 실력 대비에서 소련이 불리한 상황에서 스탈린은 유럽에서 미국과 공개충돌하는것을 포기했다.[7]

이와 동시에 소련과 미국은 극동에서도 긴장과 대립의 상태에 놓이게 되었다. 중국혁명의 승리, 특히 신중국이 선포한 소련 "일변도"외교정책은 미국과 소련이 극동지역에서의 대립을 강화시킨 중요한 요소였다. 비록 이것이 소련이 극동지역에서의 영향을 확대하는 것이었지만, 이 국면은 모스크바가 의도적으로 조성한 것이 아니었다. 한반도에서의 상황은 이와는 완전히 다른 것이다. 모스크바가 통제하고 있는 북한과 워싱턴이 통제하고 있는 남한은 줄곧 긴장과 대립의 상황에 있었다. 특히 남북쌍방이 각각 정부를 수립한 뒤에는 형세가 더욱 악화되었다. 1949년에 이르러 한반도 정세는 아주 긴장되어 전쟁 변두리 상황에 처하게 되었다. 한반도 남북 쌍방은 일촉즉발의 상황에서 모두 적극적인 군사준비를 했고, 38선 부근에서 마찰과 교전이 끊이지 않았다. 특히 소련 점령군이 한반도에서 철수한 뒤, 남한 이승만 정권은 전쟁을 말하면서 지속적으로 북측에 대한 군사적 도발과 변경침범을 했다.[8]

당시 모스크바는 미국이 남한에서 군대를 철수한 것은 "남한군대에 행동의 자유를 주어" "남한 반동파들의 손과 발을 풀어주는 것"[9]에 있다고 평가했다. 때문에 한반도에서 긴장국면이 조성되자 소련은 북한에 대한 군사원조를 강화했다. 1949년 6월 소련은 김일성의 요구에 따라 무역협정서의 형식으로 북한에 군사기술원조를 제공하는 것에 동의했다. 원조물품들로는 각종 군용비행기 100대, 탱크 87대, 장갑차 57대, 자주화포 102문, 접이식 상륙함과 소형 고무보트 44척, 그리고 여러 가지 총과 탄약, 기술장비가 포함되었다.[10] 하지만 당시 소련의 군사원조는 주요하게 북한의 방어력을 보강하는 측면에서 이뤄진 것이었지 침공을 고려한 것은 아니었다.[11] 심지어 일부 소련군부 인사들이 군사행동을 취할 것을 주장했지만 스탈린은 여전히 한반도 긴장 완화를 견지하면서 소련이 이번 충돌에 개입하는 것을 피하려 했다. 이에 모스크바는 시트코프대사의 건의, 즉 미군이 남한에서 철수한 뒤, 소련도 청진의 해군기지에서 철수하며 평양, 강계 등 지역에 공군기지를 설치하는 건의를 비준했다. 그것은 이런 기지들이 북한 군대에 이용되는 것이 소련으로 하여금 수동적인 입장에 처할 수 있기 때문이었다. 이와 동시에 소련은 적극적으로 평화적인 방식으로 한반도를 통일하는 운동을 지지하였다. 그리하여 1949년 6월, "통일조국민주전선"이 성립 되었고 대규모 선전활동을 전개되었다.[12] 이뿐만 아니라 북한의 변계에서 도발이 발생했을 시, 모스크바는 북한인민군이 충돌을 격화하는 행동에 나서는 것을 저지했다.[13]

남측으로부터 오는 위협에 대한 김일성의 반응은 아주 강렬했다. 그는 심지어 군사반격을 통해 한반도의 통일을 실현할 수 있다고 생각했다. 1949년 9월 3일 소련주재 북한대사관 대행 툰킨은 모스크바에 보낸 보고에서 김일성의 개인비서 김일이 남한이 최근 옹진반도 38선 이북지역을 탈취하려 하면서 해주시 시멘트 공장에 대해 포격을 가했다고 통보했다. 이에 김일성은 남측에 군사행동을 취할 것을 요구하면서 옹진반도 및 그 동쪽에서 개성부근에 이르는 남한지역을 빼앗아 방어선을 축소할 것을 요구했다. 또 만약 국제정세가 허락한다면 계속 남측으로 전진할 계획이라 했다.[14] 9월 15일 시트코프대사도 북한영도자의 기본생각 즉 한반도 인민들의 통일요구와 평화적으로 조국을 통일하는 것이 불가능한 형세에서 "만약 지금 군사적인 방식으로 통일을 하지 못한다면 통일문제는 또 얼마나 지연되어야 할 것인지"에 대해 보고했다. 남한의 반동파가 이 기회를 이용하여 "남측의 민주운동세력을 탄압하고" 또 "더욱 강한 군대를 조직하여 조선북한을 공격할 것이며", "북측이 근래에 건설한 모든 것을 훼멸할 것이다"고 했다. 시트코프는 한반도 내부의 정치형세가 북한에 유리하고, 비록 "미국인들이 이번 충돌에서 남한에 적극적으로 도움을 주"는 가능성을 배제할 수 없지만 자신은 여전히 "남한 내부의 유격운동을 발전하면서 여러 가지 지지와 영도를 하는 것은 가능하고 적합한 것"이라고 생각한다고 했다. 유리한 상황하에 "남한의 38선에서의 도발을 이용하여 또 그들이 38선을 파괴한 것에 대한 징벌로서 옹진반도와 개성지역을 점령할 수 있다"고도 했다.[15]

하지만 스탈린은 결연히 한반도에서 군사행동을 개시하는 건의를 거절했다. 9월 24일 소공중앙정치국은 한반도의 정세를 토의하면서 결의를 내렸고, 시트코프로 하여금 엄격하게 결의에 따라 그 내용을 김일성과 박헌영에게 성명할 것을 요구했다. "목전 북조선북한의 무장력이 남조선남한과 비교할 때 절대적 우위에 있지 않는다." 이것은 군사적인 측면에서 아직 준비가 부족함을 말하는 것이다. 남측의 유격운동과 군중투쟁도 적극적으로 일어나지 않고 있고 해방구를 수립하고 인민들을 조직하여 봉기를 일으키는 공작도 많지 않다. 이것은 정치적인 측면에서도 준비가 부족함을 말하는 것이다. 이 밖에 국지에서의 반격작전은 "한반도 남북의 쟁의 시작"을 의미하는 것이다. 전쟁이 길게 늘어지게 되면 "미국이 한반도 사무에 개입하는 것에 빌미를 제공할 수 있다" 때문에 "지금 한반도 통일을 쟁취하는 임무는 최대한 역량을 모을 것을 요구한다. 첫째, 유격운동을 전개하여 해방구를 수립하고 한반도에서 전민적인 봉기를 일으켜 반동정권을 뒤엎어 한반도 통일의 임무를 성공적으로 완수하는 것이다. 둘째, 인민군대를 진일보 강화하는 것이다."[16] 이 결의는 이 시기 모스크바의 방침이 북한이 군사적인 수단으로 통일을 이룩하는 것이 아니라, 남한 내부에서의 인민투쟁을 통하여 한반도를 통일을 이룩하는 것이었음을 표명하고 있다. 볼가닌, 그로미코 등이 작성한 또 다른 지시 초고에서는 시트코프로 하여금 김일성에게 "그들은 아직 평화적인 방법으로 통일을 이룩하는 모든 가능성, 즉 조국전선의 평화통일국가선언과 같은 정치상에서 그들에게 중요한 문건을, 충분히 이용하지 않았다"고 한 점도 주의할 필요가 있다.[17]

북한 영도자는 모스크바의 의견을 억지로 받아들였지만[18] 군사행동의 계획을 완전히 멈춘 것은 아니었다. 10월 14일 38선 부근에서 또 격렬한 전투가 있었다. 소련대사와 군사고문은 사전에 이에 대해 토의했고, 군사행동을 묵인하고 지지했다. 사후에도 모스크바에 보고하지 않았다. 스탈린은 이것에 대해 매우 불만스럽게 생각했다. 그로미코는 시트코프가 "엄격하고 절대적으로", "중앙의 허가 없이 조선북한정부가 남측에 적극적인 행동을 하는 것을 금지"하는 지시와 "중앙의 38선 정세를 복잡화하는 것을 방지하는 지시"를 집행하지 않은 것을 엄하게 질책하면서 그에게 경고를 주었다.[19] 이것은 스탈린이 평화적인 방법으로 한반도 문제를 해결하려고 고민 했음을 진일보 증명하는 것이다.

이 글에서 말하는 정책결정의 전제는 1949년의 소련과 미국이 이미 대항상태에 직면한 국제적 배경과 한반도가 전쟁변두리에 처한 지역적 배경을 말하는 것이다. 그렇다면 이런 배경에서, 스탈린은 왜 군사적 수단으로 한반도 통일을 달성하는 것에 동의하지 않았을까? 앞의 글에서 인용한 러시아 문서자료를 볼 때, 스탈린은 두 가지 근심을 하였다. 하나는 미국이 한반도 충돌에 개입하는 것이고, 다른 하나는 북한이 아직 충분한 준비가 되지 않은 것이었다.[20] 하지만 이런 것 모두가 스탈린 정책결정의 근본원인이 아니었다. 이들 모두는 정책의 동기가 아니라 정책을 실시하는 보증 조건일 뿐이다.

미국의 한반도 충돌 개입여부는 당연히 스탈린이 정책결정을 내리는 데 아주 중요하게 고려한 내용이었다. 하지만 논리적으로 볼 때, 스탈린은 미국이 간섭을 하지 않기에 한반도에서 군사반격을 실시하는 것을 동의하지는 않았을 것이다. 다만 이런 동기가 있은 뒤, 이 동기를 실현하는 조건으로 미국의 간섭문제를 고려했을 수는 있다. 그렇지 않다면 모스크바는 미국이 개입하지 않는 모든 지역에서 군사 대항의 행동을 취했을 것이다. 때문에 미국의 간섭, 이 문제에 대해 스탈린은 전략적 측면이 아니라 책략적인 측면을 주요하게 생각했다. 북한 측이 군사행동을 취할 준비가 되어 있었는지도 스탈린의 정책결정의 동기가 아니었다. 실제로 1950년 초 생각을 바꿀 당시, 소공중앙정치국이 1949년 9월 24일 결의에서 제기했던 준비공작, 즉 해방구를 건설하고 유격운동을 발전하는 등은 강화된 것이 아니라 오히려 약화되어 있었다.[21]

만약 다른 특별한 원인이 없었다면 이런 상황에서 소련은 정책결정을 바꾸지 않았을 것이다.

이로부터 알 수 있는 것은 한반도 문제에서 스탈린이 진정으로 고려한 것은 그가 밖으로 보여준 것과 완전히 같지 않다는 점이다. 바꾸어 말하면, 스탈린은 군사행동을 할 조건이 완비되지 않았다고 생각했을 수 있지만, 보다 근본적으로는 당시 모스크바가 한반도에서 정책을 바꿀 동기가 형성되어 있지 않았기 때문이었다. 스탈린의 정책을 바꾼 동기가 이 글의 앞에서 서술한 소련의 외교정책의 최종 목표인 자신의 국가안전이익을 보증하는 것이었다면, 1950년 초 스탈린의 행동은 당연히 소련이 자신들의 극동에서 전략목표를 실현하는 수요에서 분석되어야 했다.

정책결정을 바꾼 동기

1950년 초반 몇 개월 사이, 스탈린은 소련의 한반도 정책을 근본적으로 바꾸었다.

1월 19일 시트코프는 모스크바에 다음과 같은 내용을 보고했다. 1월 17일 조선외무성에서 있은 한 차례 연회에서 김일성은 중국이 해방사업을 완수한 이후 다음 문제는 지금 어떻게 조국 남쪽의 인민들을 해방하는 것이라고 격정적으로 말했다. 그는 "남조선남한인민들은 나를 신임하고 있으며, 우리의 무장력을 고대하고 있다"고 했다. 또 "최근 난 밤잠을 자지 못하며 어떻게 전국을 통일하는 문제를 해결할지를 고려하고 있다. 만약 남조선남한인민들을 해방하고 조국을 통일하는 일이 지연된다면 나는 조선인민들의 신임을 잃게 될 것이다"고 말했다. 김일성은 스탈린을 만나, 인민군대의 남조선남한인민들을 해방하는 군사적 반격 행위 문제에 관해서 지시와 비준을 받을 필요가 있다고 했다. 담화에서 시트코프는 여전히 소공중앙정치국 9월 24일 결의정신에 따라 김일성에 답했다.[22] 놀라운 것은 스탈린이 이 보고를 들은 뒤 태도를 바꾼 점이다.

1월 30일 스탈린은 직접 답전을 보내어 "난 김일성동지의 불만을 이해하고 있다. 하지만 그 역시도 자신이 남한에 대해 이렇게 중대한 조치를 취하기 위해서는 충분한 준비가 수요됨을 이해해야 한다. 이 일은 반드시 큰 위험을 치르지 않도록 조직되어야 한다. 만약 그가 나와 이 문제에 대해 논하고 싶다면 난 언제든지 그를 접견하고 그와 토론할 준비가 되어있다. 이것을 김일성에게 전달하고 그에게 난 이 일에 있어 그를 도울 준비를 하고 있음을 알려 주길 바란다[23]"라고 말했다. 스탈린의 답변에 대해 김일성은 몹시 감격했고 즉시 모스크바를 방문할 준비를 할 것임을 표시 했다. 김일성은 또 3개의 보병사단을 조직하는 문제를 제기하면서 군대의 총 수를 10개의 사단으로 증가하고, 소련정부가 1951년에 제공할 차관을 1950년에 사용할 수 있도록 하여, 새롭게 창설하려 계획하고 있는 3개 보병사단을 위해 소련장비를 구매할 수 있도록 하는 요구를 제기했다. 이에 모스크바는 즉각 답변을 보내와 김일성의 요구를 완전히 들어주었다.[24] 모스크바는 특별히 바실리예프를 조선인민군 총 고문으로—소련이 북한에서 철수한 뒤, 이 직무는 소련대사가 겸직했다— 임명했다. 동시에 소련은 대규모로 북한에 무기를 공급하기 시작했다.[25] 이후 김일성은 4월 8일부터 25일까지 비밀리에 모스크바를 방문했고 스탈린과 직접적으로 회담을 가졌다. 스탈린은 김일성의 군사반격을 통해 한반도를 통일하는 계획을 마침내 동의했다.

스탈린과 김일성의 비밀회담 내용에 대해 아직까지 러시아 문서기록관에서 관련된 문서를 하나도 발견하지 못했다. 지금까지 나온 연구저서의 주장은 모두 당사자들의 회고만을 인용하고 있는 것이다.[26] 1966년 8월 9일 소련 외교부가 부레쥬네프 등 영도자들에게 제출한 "한반도 전쟁에 관한 배경보고"에서 스탈린이 "조선인한인들의 제출한 방안을 최종 인가한 것은 1950년 3, 4월 사이에 김일성이 모스크바를 방문한 기간 동안이다"[27]라고 하고 있다. 때문에, 확실히 판단할 수 있는 것은 1950년 1월부터 4월 사이에 스탈린이 소련의 한반도 문제에서의 정책을 개변했다는 점이다.

그렇다면 이 짧은 몇 개월 사이에 무슨 일이 발생하였기에 스탈린은 갑자기 생각을 바꾸었을까?

이 시기 극동지역에서 발생한 최대의 사건은 중국공산당이 전국에서 정권을 차지한 것과 스탈린과 마오쩌둥이 회담을 갖고 '중소우호동맹조약'을 체결하여 중소동맹의 태세를 형성한 것이다. 하지만 중국혁명의 승리와 중소동맹의 수립이 스탈린이 한반도와 극동정책에서 유발한 작용은 여러 학자들이 생각한 것처럼 소련에게 극동지역에서의 역량이 강화되었음을 느끼게 하고, 한반도에서 미국과 대항하여 승리를 거둘 수 있다는 확신을 준 것이 아니었다. 이와는 반대로 중국에서의 정권교체와 새로운 중소조약의 체결은 스탈린으로 하여금 극동에서 소련의 기득권에서 손해를 보았고, 심지어 완전히 잃게 될 수 있다고 생각하게 하였다. 때문에 정책을 바꾸어 소련이 전후 확정한 극동지역에서의 전략목표를 지속적으로 가능하게 할 필요가 생겼다. 모스크바에게 신중국의 수립은 칼날의 양면과 같은 것이었다. 한편으로 극동에서 소련의 방어안전지대를 확대하는 것이었다. 이것은 극동에서 소련의 권익을 공고히 하는 것이었다. 다른 한편으로 이 인접된 나라가 강대해지면, 극동에서 소련의 권익에 "위험"을 초래할 수 도 있었다. 마찬가지로, 새로운 중소조약을 체결하는 것도 모스크바에게는 두 가지 영향이 있었다. 중국과 소련이 동맹을 맺는 것은 극동지역에서 소련의 정치력을 공고히 하는 것이었지만, 동시에 스탈린은 1945년 그가 장제스로부터 탈취한 대부분의 정치권익을 내놓아야만 되는 것이었다. 나는 스탈린이 1950년 초 한반도 정책을 바꾸는 문제에서 이 점이야말로 관건이었다고 생각한다.

극동지역에서 소련의 전략목표는 주요하게 두 가지가 있었다. 즉 몽골을 중국에서 철저하게 독립시켜 넓은 "안정방어지대"를 형성하는 것과, 제정러시아 시기 만주에서의 세력범위를 회복하여 소련이 태평양으로 나아가는 부동항을 확보하는 것이다. 이 목표는 주요하게 중국 동북지역의 중장철도와 뤼순, 다롄을 통해 실현되는 것이었다. 소련의 이러한 전략목표는 얄타협정과 '중소우호동맹조약'을 통해 보증되고 실현되었다. 스탈린은 미국과 장제스에게 보답으로 국민당정부가 중국공산당의 혁명활동을 저지하는 것을 지지했다.[28] 스탈린은 국·공사이의 회담과 연합정부 수립을 힘써 추진했다. 또 중국 동북지역에서 군대를 철수하는 것을 누차 미루었다. 할 수 없이 군대를 철수한 뒤에야 적극적으로 중공군의 동북점령을 도왔다. 중국내전 초기에는 회피 정책을 실시했다. 중국혁명이 전면적인 승리할 시점에 이르러서는 적극적인 국·공회담을 주장했다. 이 모든 것은 본질적으로 볼 때, 얄타체계를 유지하고 1945년 소련이 이미 취득한 극동에서의 권익을 보증하는 것이다. 중국혁명이 기본적으로 승리한 뒤, 스탈린은 여전히 어떻게 하면 극동지역에서의 기득권을 보증해야 하는 문제에 직면하게 되었다. 여기서 주요문제는 신중국 영도자가 다른 동유럽 국가들처럼 모스크바의 말을 듣는지 여부였다. 스탈린은 소련의 대중국정책을 다시 처리해야만 하는 난제에 직면했다.

소련과 신중국 사이 국가이익의 충돌은 주요하게 몽골문제, 신강문제와 동북문제에서 나타났고 동북문제는 이 중에서 중심적인 것이었다. 신중국이 수립된 다음 몽골독립의 문제를 처리함에 있어 중공영도자들은 현실을 받아들여 외몽골을 회수하는 것을 견지하지 않았다. 이 문제는 1950년 2월 저우언라이가 모스크바에 도착한 이후 중·소 두 나라는 공보의 형식으로 해결을 약속했다.[29] 중공영도자들은 신강문제에 특별히 관심을 가졌다. 마오쩌둥은 1949년 초 이미 미코얀에게 신강의 중요성에 대해 이야기했고 특별히 이리伊犁 지역의 독립운동이 소련의 지지를 받아 소련제 고사포, 탱크와 비행기가 있는 점을 의도적으로 지적했다. 미코얀은 마오쩌둥에게 소련은 신강의 여러 민족의 독립운동을 주장하지 않으며 신강에 대한 아무런 영토요구가 없다고 명확히 말했다.[30] 이 문제에서의 소련 태도에 대해 중국영도자는 매우 만족해했고 심지어 의외라고 생각했다. 스탈린은 류사오치가 모스크바를 방문할 때 인민해방군이 중국 서부지역을 빨리 해방할 것을 건의했고 이를 위해 물질적 원조를 약속하기도 했다. 신강이 빨리 평화적으로 해방된 것도 이와 관계가 없지 않다.[31] 하지만 스탈린의 너그럽고 도량이 넘친 모습은 장래에 중국영도자와 만남에서 흥정을 하기 위하여 주동적으로 양보를 한 것이라 하지 않을 수 없다. 중국과 소련 사이 진정한 이해충돌문제는 동북문제였고, 1945년 '중소우호동맹조약'의 핵심 내용에 있었다. 바로 이 문제에서 중소관계는 어려움에 부딪혔다.

마오쩌둥은 신중국의 개척자로서 국가의 주권을 수호할 목적에서 자연히 기왕의 불평등조약을 폐지하려 했다. 하지만 스탈린은 소련의 극동지역의 이익을 위해서 기존의 중소조약을 유지하려 했다. 이러한 몹시 민감한 문제에서, 중·소 두 나라는 우선 모두 매우 신중하고 탐색적인 방침을 취했다. 미코얀 본인은 후일 이 문제에 대해 서백파西柏坡를 방문하는 동안 소련은 소중뤼순조약이 불평등 조약임을 인정했고, 일본과의 강화조약이 체결된 다음 이 불평등조약을 취소하고 뤼순에서 소련군대를 철수시키는 것을 제기했음을 소련중앙주석단에 보고했다. 또 중공이 즉각적인 철군이 적합하다고 생각한다면 소련은 그렇게 할 것이라 했다. 하지만 중공영도자는 이 군사기지를 보류하고 중국이 강대해진 뒤 다시 논의하자고 주장했다. 중장철도 문제에서 소련은 이것은 불평등조약이라 생각지 않지만 협상하여 해결할 수 있다고 했다. 이에 마오쩌둥은 사람을 시켜 연구한 뒤 다시 보고하도록 했다. 이것은 중소 쌍방이 처음으로 평화롭게 이 문제를 접촉한 것이다. 미코얀은 모책동이 "자신의 책략적 고려"가 있지만 말하지 것임을 감지했다.[32]

1949년 6~8월 류사오치가 소련을 방문했을 시, 쌍방은 또다시 중소조약문제를 논의했다. 류사오치는 중공중앙을 대표해 소련에 세 가지 방안을 제기했다. 첫째, 신중국이 이 조약이 계속 유효함을 선포하고 아무런 수정을 하지 않는 것. 둘째, 두 나라 정부대표가 다시 새로운 중소우호동맹조약을 체결하는 것. 셋째, 두 나라 정부대표가 문서를 교환하여 잠정적으로 원래의 조약을 유지하지만 적당한 시기에 새로운 조약을 다시 체결하는 것이었다. 스탈린은 중국대표단이 중소조약문제를 제기하는 것을 달가워하지 않았다. 그는 당시 옛

조약 체결 시 소련이 뤼순에 군대를 주차한 이유를 다시 설명한 뒤, 만약 중공이 원하면 소련은 즉각 뤼순에서 군대를 철수할 수 있다고 했다. 동시에 중공 측에서 제기한 3개의 처리방안은 모두 필요치 않으며 이 문제는 마오쩌둥이 모스크바에 왔을 때 해결하면 된다고 했다.[33] 당연히 스탈린은 옛 조약을 유지하는 것을 원했다. 『불확실한 파트너』에서 지적한 것처럼 "소련이 뤼순항에서 즉각 군대를 철수하는 이 선택은 중국인들에게 한 진실한 건의이기보다는 일종의 협박이라 해야 할 것이다. 만약 그들이 이런 선택을 한다면 스탈린은 그들을 믿을 만한 파트너로 생각지 않을 것이고 그들에 대해 상응한 조치를 취할 것이기 때문이었다".[34] 문제는 다시 내버려 둘 수밖에 없었다.

마오쩌둥이 소련을 방문한 것은 명의상으로는 스탈린의 생일을 축하하는 것이었지만 실제 목적은 새로운 중소조약을 체결하는 것이었다. 이 점은 저우언라이가 모스크바에 보낸 전보와 코발료프가 스탈린에게 보고한 내용에서 매우 분명하게 보여진다.[35] 하지만 스탈린은 마오쩌둥을 만난 뒤 이에 대해 명확한 표시를 하지 않았다. 러시아 문서기록관의 회담기록에 따르면, 두 영도자가 12월 16일 처음 정식회담을 가졌을 당시 마오쩌둥은 중소조약문제를 제기했고 스탈린은 토론을 통해 해결할 수 있다고 했다. 곧이어 옛 조약은 얄타협의에 따라 체결된 것이므로 형식상 보류하는 것이 좋다고 했다. 또 "일정 기간 동안 어느 조항도 바꾸지 않는 것"이지만 실제로는 소련이 뤼순에서 병사를 철수하는 것으로 할 수 있다고 했다.[36] 회담 후 마오쩌둥이 류사오치에게 보낸 전보에 따르면 마오쩌둥은 중국사회여론은 국민정부가 이미 타도되었기에 원래 조약 또한 의의를 잃게 되었다고 답했다. 스탈린은 조약수정은 2년 뒤에야 가능하다고 했다.[37]

마오쩌둥은 1차 협상의 결과에 매우 만족하지 않았다. 12월 22일 코발료프를 요청해 이야기하면서 스탈린에 다음 협상에서 중국의 두 가지 고려를 전하라고 했다. 하나는 중소조약문제를 해결하고 저우언라이를 불러 서명까지 하는 것이고, 다른 하나는 계속 협상하는 것으로 협의에 서명을 당분간 하지 않고, 저우언라이가 다음에 모스크바에 왔을 때 서명을 하는 것이었다.[38] 하지만 12월 24일 제2차 회담에서 스탈린은 중소조약문제를 아예 꺼내지 않았고 마오쩌둥은 이에 매우 실망했다.[39] 그 뒤 마오쩌둥은 모스크바의 호화별장에 체류하면서 시간을 보냈다. 이런 대치국면은 1950년 1월 2일에야 타파되었다. 양보를 한 측은 스탈린이었다. 1950년 1월 2일 저녁 8시, 몰로토프와 미코얀은 마오쩌둥이 머문 별장에 와 그에게 중소조약을 체결하는 등에 대해 의견을 물었다. 마오쩌둥은 3개의 의견을 말했다. 첫째, 새로운 중소조약을 체결하는 것, 둘째, 두 나라 통신사에서 간단한 공보를 발표하여 두 나라의 중소우호동맹조약에 대하여 의견 교환을 설명하지만 실제로는 이 문제를 지연하는 것, 셋째, 성명을 체결하며 내용은 두 나라 관계를 요점으로 하는 것이었다. 몰로토프는 즉각 첫 방안에 동의한다고 했다.[40]

그 뒤 마오쩌둥은 중국의 입장을 진일보 설명하면서, 조약을 체결할 때 소련의 이익을 고려하겠다 했다. 1월 6일 비신스키와의 회담 시(출석한 사람들로 코발료프, 페도렌코, 왕자샹王稼祥과 스저師哲가 있었다), 마오쩌둥은 한편으로 자신은 "점점 더 새로운 중소우호동맹조약을 체결해야 된다고 믿는다"고 하면서 "조약 체결의 필요성은 중국인민의 혁명승리와 중소사이에 형성된 완전히 새로운 형식의 관계"에 있다고 했다. 다른 한편으로 또 "모두가 아는 것처럼 적지 않은 중국인들이 지금의 중소조약에 불만을 갖고 있다. 때문에 중·소사이에 새로운 동맹조약을 체결하는 것이 양국 모두에 유리하다"고 설명했다. 비신스키도 스탈린의 최초 입장에 대해 설명했다. 그는 "신조약 문제는 아주 복잡한 것이다. 새로운 조약 혹은 지금의 조약을 수정하는 것이 미국 사람이나 영국 사람들에 이용될 수 있다. 그들이 조약의 특정 부분에 대해 새롭게 심리를 해야 한다고 주장하는 것에 구실을 줄 수 있다. 이렇게 부분을 수정하는 것이 소련과 중국의 이익에 손해를 가져올 수 있다. 이것은 우리가 원하는 것이 아니고 이렇게 되어서도 안 되는 것이다". 마오쩌둥은 즉시 "이런 상황에서 이 문제를 해결하는 방식은 중시되어야 한다"[41]고 답했다. 1월 9일 코발료프와의 회담에서 마오쩌둥은 또 중국은 소련이 얄타, 테헤란과 포츠담회의에서 서명한 협의를 준수할 것임을 표시했다. 구체적인 조약체결의 협상에 대해 마오쩌둥은 다시 중국민주정부는 장제스가 자본주의국가와 체결한 조약을 포함한 모든 현존의 조약을 기점으로 다시 협상을 진행할 것임을 강조했다.[42] 1950년 1월 22일 스탈린은 마오쩌둥과의 제3차 회담에서 명확하게 새로운 중소조약의 체결하는 것에 동의했다.[43] 비록 중소신조약의 구체적 협상에서 어려움과 홍정의 과정이 있었고, 중국이 아주 큰 양보를 했지만 중국은 자신이 원하는 대로 낡은 조약을 폐지했다. 새조약에서 소련은 곧 뤼순, 다롄과 중장철도를 중국에 귀환하기로 했다.[44]

소련은 극동지역에서의 이익의 손실을 최대한 만회하기 위해, 스탈린은 비밀 '보충협약'을 맺기를 고집했다. 보충협약에는 소련의 극동지역과 중앙아시아지역, 중국의 동북과 신강에서 "외국인에게 권리를 양도하지 못하며, 제3국의 자본이나 공민은 직접 혹은 간접적으로 공업, 재정, 상업 및 기타 기업, 기관 회사와 단체활동에 참여하지 못한다"고 규정했다.[45] 비록 마오쩌둥이 이 '보충협정'의 체결에 동의했지만 스탈린은 이렇게 하는 것이 소련의 극동지역에서의 요구가 만족된 것이라 생각하지 않았다. 스탈린이 제정하고 1945년에 실현된 소련의 이 지역에서의 전략목표는 태평양으로의 나아가는 부동항을 획득하는 것이었고, 이것은 극동지역의 러시아 역사전통과 외교와 맞아떨어지는 것이었다. 스탈린은 소련이 대일작전에서 획득한 성과를 제정러시아의 러일전쟁에서의 실패와 비교를 하면서, 1904년 실패는 러시아 역사에서의 오점이라 말했다. 이 오점을 씻어내기 위해 "우리 세대들은 오늘의 이 날을 40년이나 기다렸다"[46]고 했다. 이와 같이 몇 십 년이나 기다렸던 목표를 스탈린은 쉽게 포기할 수 없었다. 때문에 중소조약의 체결을 스탈린으로 하여금 필연적으로 소련의 극동정책을 다시 생각하도록 하였고, 러시아의 이 전통적인 전략목표를 확보하려 했다.

스탈린이 설정한 전후 극동에서의 소련의 목표를 수호하기 위해서는 반드시 동북지역을 일종의 긴장과 대립의 상태, 심지어 전쟁상태에 놓이게 하여야 했다. 때문에 한반도 문제는 모스크바의 의사일정에 올려지게 되었다. 스탈린의 지도에서 오직 한반도야만이 일정한 정도에서 소련의 극동지역의 요구를 만족시킬 수 있었다. 일단 한반도가 전쟁상태에 놓이게 되면, 그 결과가 어떠하든, 소련이 극동지역에서 설정한 목표－태평양으로 나아갈 수 있는 부동항의 확보를 이룰 수 있었다. 전쟁에서 승리할 경우, 소련은 자연스럽게 전체 한반도를 통제하여 인천과 부산 이 두 개의 부동항으로 뤼순과 다롄은 대체할 수 있었다. 이보다 이른 시점인 1949년 3월, 소련은 이미 북한과 협상하여 북한의 아오지와 소련의 극동지역의 크라스키노 사이의 철로를 건설하기로 하였는데,[47] 이것은 일정한 정도에서 중장철도의 작용을 할 수 있었다. 전쟁에서 실패하더라도 스탈린은 여전히 원하는 것을 얻을 수 있었다. 극동지역 정세의 긴장은 중국으로 하여금 소련에 해군을 뤼순, 다롄에 주둔할 것을 요구하게 되고 중장철도 역시도 계속 소련의 관리하에 있게 될 것이었다. 소련의 이러한 이익 요구 때문에 스탈린은 그의 한반도정책을 수정했다. 즉 모스크바가 계속 견지해오던 방어전략에서 일종의 진공전략으로 전환했다.

스탈린은 한반도의 전략적 위치가 소련의 극동안전을 보장함에 있어서의 중요성을 알고 있었다. 이미 1945년 6월 29일 소련 외교부 제2극동부서는 포츠담회의에 참가할 소련협상대표들에 제공한 배경 보고에서 조선한국문제를 해결하는 것의 심원한 의의를 설명했다. "러시아가 일본이 한반도를 지나 아시아대륙으로 확장하는 것을 반대하는 투쟁은 역사적으로 정의로운 행동이다." "일본은 반드시 영원히 한반도에서 축출되어야 한다. 이것은 일본 통치하의 한반도는 소련의 극동지역에 일상적인 위협을 가져올 수 있기 때문이다." "조선한국의 독립은 반드시 조선이 장래에 소련을 침략하는 기지로 되는 것을 방지하는 것에 기초해야만 된다. 이런 침략은 일본 혹은 극동지역에서 소련에 압력을 가하려 하는 다른 나라로부터 올 수 있다. 조선한국의 독립과 소련의 극동지역에서의 안전의 가장 효과적인 보증은 소련과 조선한국이 우호적인 관계를 맺는 것이다."[48] 비록 당시 소련이 단독으로 한반도를 통제하는 것을 제기하지는 않았고, 여전히 이미 패전한 일본을 주요 위협으로 간주하였지만, 소련정부는 대국이 동북아지역에서의 각축을 매우 중요시 했고 특별히 한반도가 아시아로 확장의 디딤판이 되는 것을 막으려 했음을 이 보고는 아주 상세히 설명했다.

소련은 한반도 남부 몇 개의 전략적 요충지를 매우 중시했으며 이를 중국의 뤼순항과 연계 지었다. 1945년 9월 「현재 일본식민지 신탁 통치 문제에 관한 의견」이라는 러시아 문서기록에서는 다음과 같이 제기되었다. 제주도를 중국인들이 통제하는 구역으로 하는 것은 필요하다. 이는 중국인들이 뤼순항의 소련 해군기지의 전략적 지위에 관심을 갖게 할 수 있다. 2년 뒤 점령제도가 끝나면 한반도는 4개국의 신탁통치 지역이 될 것이고, 이 중에서 3개의 전략지역, 부산, 제주와 인천은 반드시 소련군의 지휘하에 놓여져야 한다. 이러한 전략적 지역을 소련에 배정하는 것을 견지하는 것을 통해, 우리는 미국이 태평양에서의 전략지위를 확보하려 하는 것을 이용할 수 있고, 미국의 지위에 압력을 가할 수 있게 된다. 만약 한반도의 이러한 전략적 지역을 소련에 넘기는 건의가 반대를 받게 된다면, 우리는 소련과 중국이 이러한 지역을 함께 통제할 수 있도록 제의할 수 있다.[49] 1945년 9월 또 다른 보고에서는, 4개국이 한반도에서 신탁통치협상을 체결할 때, 유엔의 82조의 규정에 따라 부산, 청진, 제주와 인천은 반드시 분배해야 하는 전략지역으로 규정해야 한다고 했다. 이 들 지역은 소련과 중화민국이 공동으로 뤼순해군기지를 이용 시 안전한 해상 교통로를 확보하는 것에 있어 매우 중요하므로 유엔헌장의 규정대로 그들은 반드시 소련정부가 실시하는 특별 군사통제하에 있어야 한다고 했다.[50]

1945년 '중소우호동맹조약'을 체결함에 따라 소련은 극동지역에서 자산들의 전략목표를 이루었고, 미국과 소련은 한반도에서 38선을 획정했다. 그 뒤에 미소 사이에 대항이 발생했을 시 스탈린의 관심은 우선 유럽에 집중되었다. 때문에 한반도 문제에서 소련은 이미 미국과 갈라섰지만 한반도 남부에서의 전략적 목표에 대한 요구를 포기하고 한반도 북부만을 통제한 것에 만족하면서, 그곳이 극동에서 소련의 안전병풍 역할을 하도록 했다. 마오쩌둥이 소련을 방문하기 전까지 스탈린의 본심은 여전히 기존의 중소조약을 유지하는 것이었다. 이것은 소련이 극동지역에서의 기득권을 보증할 뿐 아니라 베를린위기 이후 미국과 직접충돌을 초래할 수 있는 극동위기를 일으킬 필요가 없었기 때문이었다. 하지만 1950년 초 마오쩌둥과의 협상 이후, 스탈린은 극동에서의 소련 기득권이 곧 상실된다고 생각했다. 그리하여 한반도 남부의 전략적 목표에 대한 확보는 자연스럽게 스탈린이 고려가 되었다.

여기서 한가지 짚어야 하는 것은 러시아는 역사적으로 이렇게 세력범위를 조정하는 전통이 있었다는 점이다. 제정러시아는 1905년 러일전쟁에서 실패한 다음 극동에서의 정책을 조정했다. 외몽골의 독립을 획책했고, 동시에 일본과 타협을 이뤄 "한반도와 몽골을 교환"하는 계획을 추진했다.[51] 스탈린이 서방과 세력범위 혹은 피 점령지 영토에 대한 교환을 통해 소련의 국가안전이익을 보증한 것 역시도 선례가 없는 것이 아니었다. 이 점은 스탈린이 유럽에서만 — 예를 들면 그리스 문제에서 — 있었던 것이 아니라 극동의 한반도에서 시도가 있었다. 1945년 8월 소련은 일본에 선전포고를 한 뒤, 신속하게 군대를 한반도에 진입시켰다. 하지만 당시 한반도와 가장 가까운 미국의 군대는 아직도 몇 백 마일 밖의 오키나와에 있었다. 소련의 극동지역에서 세력 확대를 제한하기 위해, 미국은 38선을 미소가 한반도에서 일본으로부터 투항을 받는 구역으로 나눌 것을 제의했다. 8월 15일 트루먼은 스탈린에게 이 결정을 기초로 한 연합군의 일본무장부대의 투항에 관한 "총 명령 제1호"를 통보했다. 그 다음 날 스탈린은 답신을 보내 동의했다. 당시 이미 38선을 넘어 한성서울으로 진군하고 있던 소련군대는 분계선에 관련된 명령을 접한 뒤 신속하게 38선 이북으로 철수했다. 38선으로 할 것을 제의했던 미국 군관 시스크의 예측대로 였다. 당시 군사태세에 따르면 소련은 완전히 38선을 거절하고 37선 혹은 더 남방의 한 선을 군사적으로 투항을 받는 분계선으로 할 수 있었고, 미국 역시 당시 상황에서 이런 수정안을 받을 수밖에 없었을 것이다. 하지만 스탈린은 그렇게 하지 않았고, 아무런 주저 없이 38선의 제의를 받아들였다. 이 점은 시스크를 포함한 미국 육군부를 놀라게 했다.[52] 실제로 스탈린이 이렇게 한 것에는 깊은 정치적 고려가 있었다. 스탈린은 8월 16일 트루먼에 전보를 보내어 미국의 방안을 동의하는 동시에 또 두 가지 중요한 수정의견을 제기했다. 첫째, 일본에 속하고 있는 쿠릴열도 전부를 소련군대에 넘기는 것과, 둘째, 일본 본토의 홋카이도 북부를 소련군에 넘기는 것이었다. 스탈린은 특별히 두 번째 점을 강조하면서 "만약 러시아 군대가 일본북부의 지역에 아무런 점령구가 없다면 러시아 여론은 매우 놀랄 것이다"고 했다. 스탈린은 마지막에 강경한 어투로 트루먼에게 "난 앞서 서술한 적당한 의견에 아무런 반대가 없기를 절실히 희망한다"[53]고 했다. 분명히 스탈린은 미국이 한반도 남부의 영토를 점령하는 것과 소련이 38선 이북의 일본의 부분 영토를 점령하는 것을 교환하려 했다. 비록 미국의 강경한 입장에 의해 소련의 계획은 실현되지 못했지만, 스탈린의 세력범위에 대한 교환을 통해 자신의 대외전략목표를 실현하려는 의도를 명확히 알 수 있다.

이처럼 소련이 극동지역에서 전략적 이익을 수호하려는 동기가 스탈린이 한반도에서 군사행동을 실시하는 정책을 확정하게 했다. 당연히 이러한 정책을 실시하기 위해서는 보증조건 역시 고려해야만 했다.

정책결정을 보증하는 조건

스탈린은 자신의 정책결정이 실시함에 있어 두 가지 중요한 방면의 반응에 대해 정확하게 판단해야 했다. 이에 대해 반드시 면밀한 고려를 해야 했으며, 이 두 방면의 관계를 잘 처리해야 했다. 이 두 방면은 미국과 중국이었다.

미국과의 관계를 처리함에 있어 스탈린은 세 가지 방침이 있었다.

첫째는 소련과 미국의 직접적인 군사충돌을 최대한 피하는 것이었다. 모스크바는 전 세계적 범위에서 소련이 이미 미국과 대항하는 상태에 놓였고, 충돌, 혹은 전쟁의 발생을 피할 수 없다는 것을 의식했지만, 행동이 조심스러웠던 스탈린은 소련이 이러한 현실을 즉각 마주할 충분한 실력을 갖추지 못했다고 생각했다. 특히 베를린 위기의 결과는 그에게 상대를 이길 확신이 없는 상황에서 소련이 미국과 성급하게 직접적으로 충돌하는 것은 위험하다고 생각하도록 했다. 때문에 김일성이 군사반격 행동을 취하는 주장에 지지를 표했지만, 스탈린은 배후에서 지휘하고 군사원조만 할 뿐 소련의 직접참여는 절대로 허가하지 않았으며, 적어도 미국에 그러한 인상을 주지 않으려 했다. 긴장된 군사대치 상황 중에 1950년 6월 20일 시트코프는 긴급전보를 보내왔다. 그는 북한이 "군함이 필요하다"고 하면서, 또 "10명의 군사고문을 파견하여 함정에서 근무"할 수 있도록 요구했다고 했다. 시트코프는 이 요구가 만족되어야 된다고 생각했다. 6월 22일 그로미코는 답전에서 "당신의 건의를 받아들일 수 없다. 이렇게 하면 간섭에 빌미를 줄 수 있다"[54]고 했다. 전쟁 발발 후 소련의 행동은 더욱 조심스러워 졌다.[55] 덧붙여 말하면 스탈린이 북한의 군사행동에 대해 동의한 것은 일본 위협에 대한 고려는 아니었다. 모스크바는 일본이 미국을 대신하여 남한을 통제하고 북한을 위협하거나 혹은 소련이 한반도를 통제하는 것이 일본으로 진출하는 발판으로 삼는 것이 아니라면 이렇게 정책을 결정하는 것이 소련의 극동이익에 아무런 실질적인 의의가 없는 것이라 생각했다. 실제로 이 두 방면의 가능성 모두가 존재하지 않았다.

둘째, 스탈린은 점차 이런 예상을 받아들였다. 즉 한반도에서 위기가 발생했을 시 미국이 직접적으로 개입하지 않을 것이라는 예상이다. 1949년 여름 한반도가 긴장상태에 처했을 시 스탈린은 미국이 어떤 반응을 보일지 매우 관심 있었으며, 김일성과 소련주재 북한대사관에 이에 대한 예측을 하라고 했다. 당시 북한영도자의 예상은 미국이 직접적인 무장간섭을 하지 않을 것이고 많아야 해군과 공군을 파견하여 지원하고 군사 지휘에 협조할 것이라 했다.[56] 만약 스탈린이 여전히 이 예상에 의심을 품었다면, 1950년 초 미국 정부의 공개적인 언조는 스탈린에게 깊은 인상을 주었다. 전 소공중앙 북한사무책임자였던 트카첸코의 회고에 따르면 애치슨의 1월 12일 담화가 모스크바에 전해진 뒤 스탈린은 이 담화를 자세히 연구했고, 이것이 그의 사상에 중대한 영향을 미쳤다.[57] 얼마 뒤, 1950년 4월 김일성이 모스크바를 방문할 때 스탈린은 같은 문제를 다시 제기했고, 당시 김일성은 더욱 단호하게 답했다. 김일성의 통역 문일에 따르면 김일성은 회담에서 다음과 같은 네 가지 이유로 스탈린에게 미국이 한반도 전쟁에 참여하지 않음을 보증했다. 첫째, 북한은 3일 내에 군사적 승리를 거둘 것이다. 둘째, 20만에 달하는 남한 공산당원들이 봉기를 할 것이다. 셋째, 남한유격대가 인민군의 작전을 지원할 것이다. 넷째, 미국은 이에 대해 준비할 시간이 없을 것이다.[58] 스탈린은 애치슨 선언과 김일성의 판단을 믿었다. 이 비밀회담이 있은 뒤 스탈린은 최종적으로 북한의 군사적 반격행동을 취하는 것을 동의했다.

셋째, 스탈린은 늘 조심스럽게 행동했기에, 당연히 만일 미국이 군사간섭을 한다면 소련이 어떻게 해야 하는 문제도 생각했다. 스탈린의 대책은 만약 이런 상황이 발생하면, 중국이 한반도 문제에서 책임을 지게 하는 것이었다. 김일성과의 회담에서 스탈린은 한반도 문제에서 마오쩌둥의 의견을 청취해야 됨을 반복적으로 강조했다. 카피차Капица의 회고에 따르면 스탈린은 1950년 4월 김일성과의 마지막 회담에서 다시 한번 김일성으로 하여금 마오쩌둥과 상의할 것을 독촉했다. 이 소련 영도자는 "만약 당신들이 큰 저항에 직면했을 시 난 아무런 도움도 줄 수 없다. 당신들은 반드시 마오쩌둥의 도움을 받아야 한다"[59]고 했다. 5월 14일 스탈린은 또 직접 마오쩌둥에게 전보를 보내 그에게 모스크바는 북한의 통일 신현에 대해 동의 했지만 "이 문제는 최종적으로 중국동지와 조선북한동지들이 함께 해결해야 하며, 중국동지들이 동의하지 않은 상황에서 문제는 반드시 다음 토론에서 다시 결정되어야 한다"[60]고 했다. 이에 중국영도자들은 하는 수없이 이 기정사실을 받아들였고, 이런 상황에서 미국이 간섭을 해오면 중국은 북한에 상응한 원조의 책임을 져야 했다.

스탈린이 생각하기에 중국과의 관계를 처리하는 것이 미국을 상대하는 것보다 더 중요했고 더 어려운 것이었다. 극동의 국제정세에서 모스크바는 베이징과의 관계를 처리함에 있어 두 개의 서로 관련되면서 또 서로 모순되는 기본의도가 있었다. 한편으로 스탈린은 소련이 미국과 중국 사이에 발생하는 충돌에 개입할 수도 개입하고 싶지도 않았다. 다른 한편으로 스탈린은 중국이 소련과 미국의 극동지역의 충돌과정에서 동맹의 선봉에 서는 것이 필요했다. 스탈린은 1950년 초 두 가지 측면으로부터 요구를 받고 있었다. 김일성이 한반도를 통일하는 것에 소련의 동의와 원조가 필요했고, 마오쩌둥이 대만을 해방하는 전투 역시 모스크바의 비준을 거치지는 않더라도 소련의 군사원조를 필요로 했다. 극동지역에서 소련의 전략적 이익측면에서 보면, 통일 이후의 한반도 전체는 모스크바의 통제에 놓이게 되지만, 대만해방전투를 통해 극동지역에서의 자신의 지위를 강화한 신중국은 소련에게 잠재적 위협이 될 수도 있었다. 미국의 간섭 측면에서, 대만을 해방하는 전투에 대한 원조는 소련과 미국의 직접적인 군사충돌 가능성을 상대적으로 높게 했다. 자신에 찬 김일성은 소련의 무기장비만을 필요로 했지만 마오쩌둥의 도해작전은 소련의 공군과 해군 원조를 요구 했다. 1949년 해방군이 진먼에 대한 진공이 실패한 뒤 이런 원조는 더욱 필수적이 되었다.[61] 때문에, 우선 한반도에서의 군사행동은 수행하는 것은 마오쩌둥의 행동을 소련의 현실전략에서의 목표에 복종하게 하는 것이기도 했다. 이 점도 스탈린이 고려한 것이었다. 실제로 한국전쟁의 발발은 일거양득의 효과가 있었다. 한편으로 마오쩌둥이 대만을 해방하는 전쟁을 저지했고, 다른 한편으로 중국의군사력과 군사행동을 소련의 전략궤도에 포함시켰다.

베이징과 한반도에서 곧 발생할 군사행동 사이의 관계를 처리하는 것에는 스탈린의 치밀한 고려와 안배가 필요했다. 이 모든 것의 전제는 마오쩌둥의 한반도 문제에 대한 태도를 이해하는 것에 있었다. 지금까지 장악하고 있는 자료들이 표명하는 것은, 신중국이 아직 완전히 자리를 잡지 못한 상황에서, 마오쩌둥은 중국동북변경에서 긴장한 정세 혹은 전쟁상태가 발생하는 것을 희망치 않았다. 스탈린도 중국영도자의 이러한 태도를 잘 알고 있었다. 이 방면 연구에서 네 가지 문제가 해결되어야 한다.

첫째, 마오쩌둥 등 중국영도자와 조선북한노동당중앙대표 김일 사이의 회담 상황이다. 1949년 5월 김일성은 조선북한인민군정치부주임 김일에게 비밀리에 북평을 방문하도록 했다. 김일은 주더朱德와 저우언라이를 4차례 만났고, 1차례 마오쩌둥을 만나는 등 중국영도자들과 중국인민해방군의 조선인들을 중국에서 조선인사단으로 개편하여 북한정부에 넘기는 문제, 한반도 정세, 및 동방정보국을 설립하는 문제 등을 논의했다. 이 문제에 대해 러시아 문서기록에는 두 개의 문건이 있다. 하나는 시트코프가 김일성의 통보를 전달한 것이고 다른 하나는 코발료프가 마오쩌둥의 통보를 전달한 것이다. 하지만 이 두 문건의 통보 내용은 완전히 같은 것이 아니다. 김일성의 통보에서 마오쩌둥은 북한의 군사행동을 지지했을 뿐 아니라 군사원조까지 약속했다. 하지만 마오쩌둥의 통보에서 중국영도자는 조선북한동지들에게 군사행동을 취하지 말 것을 권고하면서 "더 유리한 정세를 기다리며" 중국혁명이 승리한 이후에야 조선혁명투쟁을 원조할 수 있으며 이런 "모든 절차는 모스크바와 협의한 뒤" 행동을 취할 것이라 했다.[62] 이 두 통보의 정확성에 대한 판단은 1949년 9월 12일의 김일성과 툰킨 회담을 참고할 수 있다. 툰킨의 보고에 따르면, 국내 전쟁을 발동하는 문제가 논의되었을 시, "여론과 인민들이 이 사실을 어떻게 볼 것인가"의 문제에서 "김일성은 생각을 정하지 못하였다"고 했다. 이때 김일성은 다음 사실을 이야기했다. "올 봄 마오쩌둥과 조선북한대표 김일의 회담에서 마오쩌둥은 북방이 지금 행동을 취하지 말아야 한다고 말했다. 그 원인은 첫째, 정치적으로 불리하고, 둘째, 중국친구들이 그들의 국내사무에 바빠 그들에게 유력한 도움을 줄 수 없기 때문이라 했다."[63] 이때 김일성이 설명한 내용은 마오쩌둥의 통보한 상황과 일치한 것이다. 다시 말해서 마오쩌둥은 당시 북한의 군사행동을 지지하지 않았고 적어도 중국 내전이 끝난 뒤 논의해야 하며, 이 일은 모스크바와 상의해야 한다고 했다.

둘째, 중국이 해방군내의 조선인사단으로 김일성을 원조한 것이 북한이 무력으로 국가통일문제를 해결하는 것을 지지한 것인지의 문제이다.[64] 항일전쟁과 해방전쟁 동안 아주 많은 조선인들이 중국 동북 경내로 왔고 또 중공의 군대에 참가했다. 항일전쟁이 끝난 뒤 일부 조선적 전사들은 속속 귀국했다. 김일과 중국영도자들의 회담 후 동북지역의 가오강은 마오쩌둥의 선양과 창춘에 주둔하고 있던 두 조선인 사단을 귀국시키는 지시를 받았고, 이들 조선인들은 1949년 7~8월에 귀국했다. 다른 하나의 조선사단은 4월 18일 원산에 도착했다.[65] 이 사실들은 중국영도자들이 북한이 군사적인 방식으로 국가를 통일하는 주장을 지지했음을 말하는 것이 아니다. 앞의 문장에서 이미 설명했듯이 마오쩌둥이 김일과의 회담에서 김일성이 군사행동을 취하는 것을 찬성하지 않은 것에서 볼 때 그가 조선인 사단의 귀국을 동의한 것은 다만 국제주의 입장에서 조선북한혁명정권에 대한 동정과 지지를 보낸 것임을 추론할 수 있다. 당시 중국의 경제상황은 아주 엄중했다. "화폐가치가 하락했고", "물가가 상승하고", "정부의 재정적자는 아주 컸다." "돈의 발행이 너무 많은" 주요 원인은 거대한 군비지출 때문이었다. 1949년 재정 지출에서 군비지출이 제일 많았다. 직접적으로 부대에 지출한 부분은 전체지출의 60%를 차지했고, 전쟁의 지원을 위해 지불한 곡물운수비용 등을 감안한다면 이 비율을 더 클 수도 있었다.[66] 때문에 중국 내전이 끝난 다음 대량의 군대를 복원시키는 것이 중국 영도자들이 고려해야 하는 문제였다. 이런 상황에서 조선인 전사들의 귀국은 실제로 일거양득이었다.

셋째, 마오쩌둥이 모스크바에서 스탈린과 남한에 군사행동을 취할 문제를 토의했는지 여부에 대한 문제이다. 우선 마오쩌둥은 모스크바를 떠나기 전, 이 문제에 대해 스탈린과 의견을 교환했다. 러시아과학원 극동문제연구소 레도프스키Ледовский 교수에 따르면, 그는 러시아연방 문서기록관에서 1949년

10월 중순 마오쩌둥과 스탈린 사이의 두 통의 전보를 보았다고 했다. 마오쩌둥은 조선북한동지들이 군사수단으로 남한문제를 해결하려 하고 있고 중국 영도자는 그들이 그렇게 하지 말기를 권고했다는 전보를 보냈다. 스탈린은 답전에서 중국동지의 의견에 완전히 동의한다고 했다.[67] 지금, 대량의 자료들과 연구결과가 증명하는 것은 모스크바에 있는 동안 마오쩌둥과 스탈린은 한반도 정세에 대해 논의했지만 한반도에서 군사행동을 취하는 문제는 논의하지 않았다는 것이다. 이뿐만 아니라 당시 스탈린이 김일성과의 전보를 통해 이 문제를 논의하고 김일성을 모스크바에 요청했을 시, 마오쩌둥이 모스크바에 있었지만 스탈린은 이런 상황을 중국손님에게 한마디도 하지 않았다.

넷째, 1950년 5월 중순 마오쩌둥과 김일성의 회담에서 중국영도자의 한반도 문제에 대한 태도문제이다. 러시아 문서 기록에 따르면, 김일성은 모스크바에서 귀국한 뒤 스탈린에게 그는 5월 13일 베이징으로 향하며 마오쩌둥에게 모스크바 회담결과를 통보할 것이라 보고했다. 김일성은 또 그는 중국의 원조가 필요치 않으며 그것은 "모스크바에서 그의 요구가 이미 모두 만족되었기 때문이다"[68]라고 했다. 김일성 일행은 현지 시간 13일 5시 20분에 비행기를 타고 베이징으로 향했고, 저녁에 중국 영도자와 회담을 가졌다. 지금까지 회담의 내용에 대한 자료는 발견되지 않았다. 하지만 로신이 모스크바에 한 보고를 볼 때, 제1차 회담을 순조롭지 못했다. 로신은 전보에서 13일 밤 23시 30분 저우언라이가 소련대사관에 와 즉각 필리포프에게 "마오쩌둥이 위탁한 내용"을 전해줄 것을 요구했다. "조선북한동지는 필리포프 동지의 아래와 같은 지시를 통지했다. 현재의 정세는 과거와 다르다. 북한은 행동을 해도 된다. 하지만 이 문제는 반드시 중국동지와 마오쩌둥 본인과 상의해야 한다." "마오쩌둥 동지는 필리포프 동지 본인의 이 문제에 대한 설명을 요구한다." 전보는 마지막에 "중국동지는 신속한 회답을 요구한다"[69]고 적혀 있다. 이로부터 김일성의 말한 상황을 중국

영도자는 믿지 못했음을 말해주고 있다. 그렇지 않다면 즉각 확인할 필요가 없었을 것이다. 이때에야 스탈린은 자신의 태도를 표명하면서 만약 중국동지가 동의하지 않는다면 "문제는 다음 토론에서 해결되어야 한다"[70]고 했다. 이런 상황에서 마오쩌둥은 반대의 의견을 낼 수 없었다. 하지만 김일성이 돌아간 뒤, 중국은 대만해방전투의 준비공작을 서둘렀다. 6월 상순, 쑤위粟裕 는 중공 7차 3중 전회에서 대만해방의 여러 준비공작에 대해 보고하면서 중앙군위에서 직접 대만작전을 조직할 것을 요청했다. 6월 23일에 이르러 중국군대는 이미 3차례 작전계획을 수정하였고, 참전 병력도 16개 군단을 넘어섰다.[71] 마오쩌둥이 자신의 일을 서둘렀음을 알 수 있다.

종합하여 보면 스탈린은 마오쩌둥의 한반도 문제에서의 입장을 잘 알고 있었기에[72] 한반도 문제와 중국관계에서 세 단계의 과정을 거쳤다. 첫째는 김일성과 최후 협상하기 이전 마오쩌둥과 이 문제에 대하여 의견을 교환하지 않는 것이다. 중국이 소련에게 대만 해방을 위한 원조를 요구하는 시점에 스탈린은 마오쩌둥으로 하여금 한반도에서 군사행동을 취하는 것을 동의하도록 설득하는 것이 어려웠기 때문이었다.[73] 둘째, 소련과 북한이 이미 상의를 마치고 결정을 내린 다음 김일성으로 하여금 마오쩌둥에게 의견을 전달하고 중국의 동의를 얻도록 하는 것이다. 중소동맹의 분업과정에서 마오쩌둥은 아시아혁명에 대한 책임을 지고 있기에 이러한 상황에서 중국은 크레믈린 궁에서 내려진 결정에 동의하는 것 외에 방법이 없었다. 셋째, 모스크바와 평양이 상의한 한반도에서 군사반격을 하는 구체적인 내용과 계획에 대해 스탈린은 아무것도 중국에 누설하지 않았다.[74] 한국전쟁 발발 이전까지 모스크바와 베이징은 한반도정세에 대해 더 이상 연락을 주고받지 않았다.

스탈린의 행동으로 볼 때 그는 마오쩌둥에 대해 신뢰가 부족했고 이것은 이 동맹이 균열을 내포하고 있음을 반영하고 있는 것이기도 하다. 실제로 한반도

정책의 전환을 고려할 때 스탈린은 이 새로운 동맹에 대해 두 가지 걱정을 했다. 하나는 마오쩌둥이 사전에 모스크바의 결정을 반대하는 것이고, 또 하나는 상황이 어렵게 되었을 때, 마오쩌둥이 나 몰라라 하면서 모스크바의 지휘를 따르지 않는 것이었다. 스탈린은 이러한 세 단계의 과정을 취함으로 소련의 전략적 결정이 순조롭게 받아들이는 것을 보증하고 또 소련의 전략적 목표의 실현을 보증할 수 있었다. 만약 전쟁이 순조롭게 진행된다면, 동북을 잃더라도 그 결과는 극동지역에서 소련의 전략적 이익을 보증할 수 있었다. 만약 위기와 어려움이 발생해도 중국, 이 동맹에게 책임을 지게 할 수 있고, 그 결과 역시 소련이 정한 목표를 실현할 수 있었다.

소련과 미국의 전 세계적인 냉전이 시작된 배경과 한반도가 전쟁 변두리에 놓이게 된 상황에서 극동지역에서 소련의 전략적 이익을 수호하기 위하여 1950년 초 스탈린은 기존의 아시아에서 침묵하고 수세적이던 입장을 바꾸었다. 냉전의 중심인 유럽과 멀리 떨어진 극동지역에서 군사행동을 확대하는 것을 통해 소련의 영향력을 확대하려 결정했고 모스크바는 이것은 미국과의 직접충돌을 일으키지 않을 것이라 희망하고 그렇게 믿었다.

스탈린은 하는 수 없이 신중국과 '중소우호동맹조약'을 할 체결했고, 이로서 소련은 얄타체계와 1945년의 중소조약을 통해 획득한 극동에서의 권익 — 즉 중장철도와 뤼순, 다롄항을 통해 소련이 태평양으로 나아가는 부동항을 확보하는 것 — 을 잃게 되었다. 스탈린은 한반도가 전쟁상태에 놓이는 것이 그 결과가 어떠하든 모두 극동에서 소련의 정치, 경제적인 이익을 보증할 수 있다고 생각했다. 이것은 그가 군사적 수단으로 한반도를 통일하는 김일성의 계획을 동의한 가장 중요한 원인과 동기였다. 또 이를 통해 중국이 대만을 해방하는 전투를 저지하는 것 역시 스탈린은 고려했을 것이고 적어도 결과적으론 그렇게 되었다.

스탈린이 극동에서의 행한 이 새로운 정책결정의 동기는 주요하게 소련 자신의 정치, 경제이익에서 출발한 것이었다. 국가간의 관계에서 볼 때 주요하게는 중소관계 발전결과를 우려한 것이지 미소관계에 대한 고려나 중·미 관계의 고려에서 출발한 것은 아니었다. 소련의 대미관계의 기본원칙은 자신들이 아직 충분한 준비가 되지 않은 상황에서 냉전의 형식으로 대결을 하되 미국과 직접적인 군사충돌은 피하는 것이었다. 때문에 스탈린은 마오쩌둥으로 하여금 장래의 전쟁에 대해 책임을 지도록 했다. 중국과 미국의 관계를 철저히 끊게 만드는 것은 스탈린의 한국전쟁의 정책결정의 동기가 아니었고, 전쟁 발전과정에서의 결과였다. 스탈린은 처음에 미국이 한반도분쟁에 간섭하지 않을 것이라 생각했다. 이런 상황에서 중국도 전쟁에 참가할 필요가 없었다.

마지막으로 이 글에서 스탈린의 극동정책을 개변한 동기에 대한 판단은 주요하게 역사사료를 기초로 추론을 통해 얻은 것이며 지금까지 이 판단을 증명할 직접적인 문헌증거는 발견되지 않았음을 지적할 필요가 있다. 그리고 또 역사연구에서 소련과 같은 정치체제하에서 국가 영도자가 내린 중대한 정책결정에 대한 동기는 충분한 문헌증거를 발견하기가 어렵다는 것도 지적할 필요가 있다. 가령 명확한 문헌이 있다고 해도, 그 내용이 정책결정자의 진실한 의도를 말하고 있는 것이라 할 수도 없다.

『당사연구사료』 1997 제9호에 발표

극동에서 소련의 전략이익을 보장

한국전쟁 발발 원인과 스탈린의 정책결정의 동기

국제관계사연구에서 정책결정의 동기에 대한 토론이 늘 포함되어 있다. 하지만 냉전국제사연구에서 사회주의 진영의 정책결정에 관련된 문제는 매우 어려운 문제이다. 미국과 서방 진영의 정책결정의 동기는 비교적 쉽게 연구할 수 있다. 그들의 정책결정 과정은 비교적 명확하고 모두 문헌으로 기록되어 있으며 또 정책결정에 참가했던 여러 사람들의 회고록이나 일기를 통해서도 알 수 있다. 문서기록이 비밀해제되고 사료가 개방된다면 연구자는 비교적 쉽게 연구를 진행할 수 있다. 하지만 동방진영의 정책결정의 과정은 완전히 다르다. 여기에는 일반적으로 말하는 "영수領袖외교"가 있고 정책결정에 참여한 인원도 극히 소수이고 심지어 한, 두 명뿐일 때도 있다. 특히 정책결정과정에서 고층의 비밀회의와 회담은 늘 문자기록이 없고 실제로 회의와 회담기록이 있다 해도 현행 문서기록에 관련된 법과 규정에 따라 기밀 해제를 하지 않고 있다. 때문에 정책결정의 동기, 심지어 정책결정의 과정에 대해 연구자는 추론할 수밖에 없다. 이것은 학계에서 소련, 중국 등 기존의 동방진영의 나라의 외교정책결정의 동기에 대하여 여러 가지 설과 논쟁이 끊이지 않는 근본 원인이다. 스탈린이 김일성에게 파란 불을 켜준 것의 동기에 관련된 것 역시 이런 상황에 속한다.

1950년 1월 이전, 스탈린은 극동지역에서 미국과의 충돌을 피하기 위해, 김일성이 군사적 수단으로 한반도 통일문제를 해결하는 것을 줄곧 반대했다.[1] 하지만 1월 30일 그는 갑자기 소련주재 북한대사 시트코프에게 전보를 보내어 김일성이 "남조선남한에 대해 이토록 큰 행동을 취하기 위해서는 충분한 준비가 필요하다. 이 행동은 반드시 너무 큰 모험 없이 조직되어야 한다. 만약 그가 나와 이 문제에 대해 논의하고 싶다면 난 언제든지 그를 접견하여 논의할 준비가 되어있다. 이 일을 김일성에게 전하면서 이 일에서 난 그를 도울 준비가 되어있다는 것을 전달해 주길 바란다"[2]고 했다. 이 소식을 접한 뒤, 매우 만족해 하고 감격해 하였다는 소식을 접한 스탈린은 시트코프에게 보충지시를 발송했다. "김일성 동지에게 다음과 같이 해석하기를 바란다. 지금의 상황에서 당신이 나와 이 문제를 토론하는 것은 시종 비밀이어야 한다. 이 일을 다른 조선북한 영도자나 중국동지에게 알리지 말고 더욱 우리 적들이 알지 못하게 해야 한다."[3] 그렇다면 스탈린은 왜 1월 말 갑자기 한반도정책을 바꾸었을까? 무엇 때문에 당시 모스크바를 방문 중에 있던 마오쩌둥에게까지 이 사실을 숨겼을까? 다시 말해서, 스탈린이 한국전쟁을 동의한 진짜 동기는 무엇이었을까?

애치슨 연설이 스탈린의 신경을 건드렸을까?

과거 서방에서 가장 유행했던 관점은 스탈린이 한국전쟁 발발에 동의한 것은 애치슨이 1950년 1월 12일 연설에서 일본, 류쿠와 필리핀을 연결하면서 이것이 미국의 태평양에서의 방어선이라 한 것에 있다고 했다. 여기서 한반도와 대만은 모두 미국의 보호범위에 있지 않았다. 그 뒤 반년이 지나 한국전쟁이 발발했다. 그리하여 많은 사람들은 애치슨이 김일성에게 "파란 불"을 켜주었다고 지적했다.[4] 이 관점은 성립되기 어렵다.

우선 애치슨에게 책임을 지우는 것은 웃기는 일이다. 극동방어선은 애치슨이 창조한 것이 아니고 그가 처음 선포한 것도 아니었다. 이미 1949년 3월 맥아더는 동경에서 기자들과의 인터뷰에서 "우리의 방어선은 아시아 해안과 일련의 섬들을 이은 것이다. 이 방어선은 필리핀에서 시작하여 류큐 군도의 오키나와를 포함하고 있다. 다음 일본으로 꺾어져 알류산열도와 알래스카에 이른다"[5]고 했다. 애치슨 연설이 주목을 끌었다 해도 스탈린은 이러한 공개적인 선언을 믿지 않았을 것이다. 1956년 9월 미코얀은 마오쩌둥에게 "한국전쟁 발발 이전 우리정보기관이 해독한 적들의 전보에 따르면 맥아더가 남북이 군사충돌 발생시에 미국이 간섭하지 않을 것을 주장하였음"[6]이 워싱턴에 보고되었다고 했다. 이로부터 스탈린의 미국이 간섭하지 않거나 간섭할 틈이 없을 것이라 믿었던 주요 원인은 애치슨의 연설이라기보다는 해독한 미국 전보와 김일성이 "전격전"에 대한 보증이었다고 생각할 수 있다.[7]

다음 저자가 보기에 더욱 중요한 것은 스탈린의 동기를 미국입장에 대한 반응이라 보는 것은 목표자체와 목표를 실현하는 조건을 뒤섞어 이야기하는 것이다. 실제로 스탈린이 한반도 정책을 바꾸기로 한 것은 미국의 태도와 관련되어 있었다. 그는 예전에 남측에 대한 침공은 미국의 간섭을 초래할 수 있었기에, 북측이 무력으로 통일을 실현하려는 것을 여러 번 저지했다. 하지만 지금 미국이 간섭을 아니하거나 할 수 없다면 이런 걱정은 하지 않아도 되고 적어도 위험성은 아주 낮아졌다. 때문에 그는 김일성의 행동을 비준할 수 있게 되었다. 하지만 꼭 보아야 하는 점은 미국이 한반도 전쟁에 간섭할지 여부는 스탈린이 정책을 바꾸는 결정을 내리는 것의 조건이지 목표가 아니라는 점이다. 한번 생각해 보자. 애치슨이 연설에서 똑 같이 대만도 미국의 방어선에 있지 않다고 했지만 스탈린은 왜 중공에 원조를 강화하지 않고 반대로 원조의 속도를 줄였을까?[8] 김일성을 도와 남한을 공격하는 것에 비교하면 중공을 도와 대만을 해방하는 것은 스탈린의 입장에서 볼 때 위험이 적다고 할 수 있다. 대만해협에서 전쟁이 일어난다고 해도 소련과 거리가 멀리 떨어져 있고, 중국 내전의 연속이라는 측면에서 미국도 간섭할 이유가 없었다. 또 마오쩌둥이 대만을 해방하고 김일성이 남한을 공격하는 것은 모두 소련의 동의와 원조가 필요했지만 중공이 대만을 해방하는 전투는 준비를 시작했을 뿐 아니라 먼저 모스크바의 동의와 지지도 먼저 받았다. 그렇다면 왜 김일성이 먼저 기회를 잡았을까? 여기서 유일한 해석은 스탈린이 김일성에게 파란 불을 켜준 배후에 북한에 대한 동정이 아니라 그가 이렇게 해야 된다고 생각한 자신의 이유가 있는 것이고 그가 실현하고자 하는 목표가 있었기 때문이다.

소련대표는 왜 안보리에 돌아가지 않았을까?

최근 몇 년 사이 새로운 관점이 출현되었고, 이런 관점은 앞의 관점과 반대되는 것이다. 이런 관점은 스탈린이 한국전쟁의 발발에 동의한 것은 미국을 끌어들여 아시아를 전쟁상태에, 특히 중국과의 전쟁 상태에 놓이게 하기 위한 것이라는 주장하고 있다. 이것은 한국전쟁을 연구하는 연구자들 머릿속에 늘 있어왔던 의문, 즉 소련대표는 전쟁 발발 시에 왜 안보리에 제때에 돌아오지 않았을까 하는 점에서 나왔다.

모두가 아는 것과 같이 6월 25일 오후미국동부시간에 안보리는 미국의 결의안을 통과했다. 이 결의안은 "북한이 대한민국에 발동한 무장공격"을 질책하면서 즉각 전쟁행동을 멈추고 북방군대는 자신들 변계로 돌아갈 것을 요구했다.

또 유엔의 모든 구성원들에게 유엔의 이 결의안 실시를 조직하는 것을 지지할 것을 요구했다. 이 결의에 따라 미국은 전쟁에 대하여 군사간섭을 하기로 결정했다. 6월 27일 안보리는 또다시 결의안을 통과하여 유엔이 대한민국에게 필요한 원조를 제공하여 무장침공을 격퇴함으로써 이 지역에서의 평화와 안전을 회복해야 한다고 했다. 7월 7일에는 유엔군을 파견하는 결의안을 통과했다.[9] 소련대표가 제때에 유엔에 돌아가지 않았기에 유엔은 위의 결의안을 순조롭게 통과시킬 수 있었다. 그렇다면 스탈린은 왜 이렇게 했을까? 이 문제에 대해 오랜 시기 동안 여러 가지 추측이 있었다. 어떤 사람은 이것은 소련외교의 정책적 실수라 했고 어떤 사람은 모스크바가 고의적으로 그렇게 했다고 했다. 어떤 사람은 이것은 스탈린이 김일성의 침공계획의 성공에 신심이 있었기 때문이라 했고 또 어떤 사람은 이것은 스탈린과 한국전쟁의 발발이 아무런 관계가 없다는 것을 증명하는 것이라 했다. 어떤 사람은 소련이 이렇게 한 것은 중소동맹조약과 관계된 것, 즉 유엔에서 중화인민공화국을 받아들이기 전 중국과 일치를 유지하기 위한 것이라 했다. 또 어떤 사람은 모스크바가 이렇게 한 것은 베이징에 대한 불신임에 따른 것으로 그 목적은 중국과 미국의 대항을 초래하기 위한 것이라 했다.[10]

2005년 러시아학자는 이 문제와 직접 연관되는 중요한 문서기록, 즉 스탈린 자신의 이 문제에 대한 해석을 공개했다. 체코슬로바키아 대통령 고트왈드는 프라하주재 소련대사와의 회담에서 이 행동의 정확성에 대해 의문을 제기했었다. 그는 "민주진영이 안보리를 떠날 필요가 없다"고 했다. 1950년 8월 27일 고트왈드에 보낸 전보에서 스탈린은 소련이 이렇게 한 이유와 고려에 대해 상세히 해석했다.

우리가 안보리에서 퇴장한 목적은 네 가지이다. 첫째, 소련과 신중국의 단결과 일치를 표명하기 위해서이다. 둘째, 미국 정책의 황당성과 어리석음을 강조하기 위해서이다. 미국이 국민당정부라는 허수아비를 중국의 안보리의 대표로 승인하면서 중국의 진정한 대표는 안보리에 진입하지 못하게 했기 때문이다. 셋째, 안보리에서 두 대국대표가 결석한 상황에서 내려진 결정은 불법이라고 생각했기 때문이다. 넷째, 미국이 마음 놓고 안보리 다수를 이용하여 더 많은 어리석은 일을 하도록 하여 대중과 여론에 미국정부의 진실된 면목을 폭로하기 위해서이다.

난 우리가 이미 이런 목적을 모두 이루었다고 생각한다.

우리가 안보리에서 퇴장 한 뒤 미국은 한반도 군사간섭에 뛰어들어 군사, 도의적 측면에서 그들의 명성은 추락되었다. 지금 정직한 사람 어느 누구도 미국이 한반도에서 폭력 가담자, 침략자의 역할을 하고 있고 군사상으로도 그들이 선전하는 것처럼 강대하지 않다는 것에 의심치 않게 되었다. 이 밖에 알 수 있는 것은 미국의 주의력을 유럽에서 극동으로 옮겼다는 것이다. 국제역량의 대비 관점에서 볼 때 이 모든 것이 우리에게 유리한 것이 아닐까? 당연히 그렇다.

만약 미국정부가 극동에서 계속 묶이게 되고 중국이 조선(북한)을 해방하고 본토의 독립을 쟁취하기 위한 투쟁에 나서게 된다면, 이것은 어떤 결과를 가져올까?

먼저 미국도 기타 나라와 마찬가지로 충분한 무장력을 소유한 중국의 상대가 아니다. 미국은 이 전쟁에서 빠져나올 수 없을 것이다. 다음, 미국이 여기에 묶이게 되면 짧은 시간 내에 제3차 세계대전을 진행할 수 없게 된다. 그러면 제3차 세계대전은 기약 없이 미뤄지게 되고 이것은 유럽의 사회주의를 공고히 하는데 시간을 벌게 된 것이다. 미국과 중국의 투쟁이 아시아와 전체 극동지역에 유발한 혁명은 더 말할 것도 없다. 국제역량대비의 관점에서 볼 때 이 모든 것이 우리들에게 유리한 것이 아닐까? 당연히 그렇다.

이로부터 보아 소련이 안보리에 참여하지 않은 것은 표면상으로 보이는 것처럼 간단한 문제가 아니다.

종합하여 말하면 우리는 "민주진영이 안보리를 떠날 필요가 없다"는 이런 말을 할 이유가 없다. 떠나거나 떠나지 않거나 하는 것은 구체적인 상황에 의해 결정된 것이다. 우리들은 다시 안보리를 떠날 수 있고 또다시 돌아갈 수도 있다. 이 모든 것은 국제정세에 의해 결정된다.

어떤 사람은 우리는 왜 지금 또 안보리에 돌아갔는지에 대해 물을 수도 있다. 그 목적은 미국정부의 침략정책을 까발리고 그들이 안보리의 기치를 들고 자신들의 침략행위를 덮는 것을 방지하기 위해서이다. 지금 미국이 이미 한국전쟁에 말려들었기에, 안보리에서 이러한 목적을 가장 쉽게 이룰 수 있다. 나는 이 모든 것이 아주 명백한 것이므로 다시 해석할 필요가 없다고 생각한다.[11]

이 문서를 알린 러시아학자 레도프스키는 이 문서기록을 다음과 같이 해석했다. 첫째, 스탈린은 한반도에서 미국이 무장간섭을 할 것을 예측했지만, 미국이 이렇게 하는 것을 저지하지 않으려 했다. 그 목적은 미국인들이 한반도에 무장간섭을 하는 조건을 창조하고 미국이 한국전쟁에 깊게 빠지도록 하여 그들의 극동지역에서의 실력을 약화하고 유럽에서의 전략적 지위를 파괴하며 동시에 새로운 세계대전의 발발을 연기하기 위해서였다. 둘째, 스탈린은 공산주의 중국이 "북한군대를 도와 미국의 간섭을 대처하는" 능력과 의지가 있다고 생각했다. 모스크바의 생각으로 마오쩌둥은 중국의 안전을 위해 미국이 북한을 통제하는 것을 절대로 용납하지 않을 것이고 더욱이 그들이 중국의 동북변경에 진입하는 것을 허락하지 않을 것이기 때문이었다.[12] 사모킹은 스탈린이 한국전쟁을 일으키기로 결심한 것은 미국을 극동에서의 군사충돌에 끌어들여 중국과 미국이 군사대항을 하도록 하여 아시아에서 미국을 소모하려고 한 것에 그 목적이 있다고 생각했다.[13] 러시아학자들이 스탈린 전보의 표면적인 내용에 대한 이해는 틀리지 않았다고 할 수 있다. 스탈린 역시도 사람들이 이렇게 받아들일 것을 원했다. 즉 모스크바가 이런 행동을 한 것은 신중하고 치밀하게 계획된 것이고 그 목적은 미국으로 하여금 한국전쟁에 깊게 빠져들고 또 그 뒤 미국과 중국을 대항케 하여 소련이 유럽과 국제역량의 비교에서 유리한 전략적 지위를 확보하기 위한 것이라는 점이다. 러시아학자들의 이러한 이해는 전략결정을 신화화한 것이다. 이런 관점에서 볼 때, 1950년 소련이 유엔안보리에서 탈퇴하고 스탈린이 김일성의 진공계획을 동의하고 나아가 전쟁 발발 뒤 안보리에 돌아가지 않은 것 모두가 스탈린이 치밀하게 설계하고 순서와 계획에 따라 실시된 것이었다. "높은 곳에서 멀리 내다보거나" 아니면 "마음이 교활하거나" 이 모든 것은 스탈린의 책략에 포함되는 것이었다. 하지만 이러한 논리적 전제와 이미 알고 있는 역사적 사실을 사이에는 여러 가지 의심할 부분이 발생하게 된다.

첫째, 실제로 소련이 유엔안보리에서 탈퇴한 것은 자신들의 의도대로 중국과 동맹관계를 맺기 위한 것이지 아직 발생하지 않은, 심지어 고려하지도 않은 전쟁을 생각하여 결정한 것은 아니었다. 마오쩌둥이 1949년 12월 소련을 방문했을 때, 쌍방은 처음에 새로운 중소조약을 체결할지에 대해 서로 의견을 달리했고 협상도 교착상태에 처했다. 마오쩌둥의 고집스러운 태도와 서방여론의 중소관계상황에 대한 추측에 의해 형성된 압력 때문에 스탈린은 양보를 할 수 밖에 없었고, 새로운 조약을 체결하는 것에 동의했다. 이 시기 미국의 정책결정자들도 어떻게 중미관계를 처리해야 하는지를 두고 격렬하게 논의하고 있었고 결과 국무부가 주장한 장제스를 포기하고 공산당중국과 관계 수립을 시도해야 한다는 의견이 우위를 점하게 되었다. 1월 5일 트루먼은 유명한 대만문제에 관한 연설을 했다. 성명에서 대만은 중국의 영토라고 하면서, 만약 대만해협에서 군사충돌이 발생하면 그것은 중국의 내전이며, 미국은 간섭하지 않겠다고 했다.[14] 중소협상의 관건적인 시각에 미국의 이러한 공개적인 천명은 모스크바를 자극했고 중국과의 관계를 진일보 강화할 필요를 느끼게 했다. 신조약의 체결을 동의한 뒤, 1월 6일 비신스키는 마오쩌둥에게 중국이 "유엔안보리에 국민당 대표가 안보리에 있는 것은 불법적인 것이며 응당 안보리에서 배제되어야 한다는 성명 하나를 제기할 것"을 제의했다. 동시에 소련도 중국의 주장을 지지하는 성명을 발표할 것이며,"국민당 인사가 안보리에 있는 한 소련대표는 안보리에 참가하지 않을 것"이라 했다. 마오쩌둥은 즉시 "이 조치에 완전히 찬성"함을 표시하면서 이 성명의 사본을 안보리 여러 구성원들에 보내면 좋겠다 했다.[15] 1월 8일 마오쩌둥의 지시대로 저우언라이는 유엔대회 주석 로물로, 사무총장 리Lie를 통해 안보리 구성원들에 다음과 같이 전했다. 국민당대표가 안보리에 남아 있는 것은 불법적인 것이므로 응당 그들을 안보리에서 퇴출시켜야 한다.[16] 1월 10일 소련대표 말리크는 국민당대표를 안보리에서 퇴출하는 제안을 제출했다. 1월 13일 소련이 제출한 제안이 부결되자 말리크는 소련의 안보리 퇴장을 선포하면서 보이콧을 실행했다. 동시에 소련이 결장한 상태에서 안보리에서 통과된 모든 결의안은 모두 불법이며 소련에 대해 구속력이 없음을 지적했다.[17] 그날 저녁 재차 있었던 마오쩌둥과의 회담에서 비신스키는 중국에게 유엔 안보리에 자신들의 대표를 파견하는 것을 통해 "그들을 압박하여 이 문제를 구체적인 의사일정에 올리도록 해야 한다"고 건의했다. 마오쩌둥이 이렇게 하는 것이 안보리의 지지를 받지 못할 것을 걱정하자 비신스키는 중국이 지속적으로 압력을 계속 가하는 것이 "중요한 역사적 의의가 있음"을 지적했다. 소련이 안보리 참석을 거부하면 "실제로 유엔사무의 마비를 초래하게 될 것"이고 지금 안보리 일부 국가들은 이런 국면이 초래되는 것을 매우 걱정하고 있다고 했다.[18] 이로부터 알 수 있는 것은 소련이 안보리에서 퇴장한 이 행동은 중국영도자들과 충분히 협상한 다음 취한 준비된 행동이라는 것이다. 그 목적은 일부 학자들이 생각하는 것처럼 의도적으로 중국을 국제사회에서 고립시키는 것이 아니라, 이와는 반대로 스탈린이 이렇게 한 것은 마오쩌둥에게 그가 중소가 동맹을 결성하는 것을 얼마나 중시하는지를 표시하기 위한 것이었다. 소련은 중국이 유엔에 들어가는 것을 전력으로 도와 국제정치의 힘의 대결에서 사회주의진영에 크게 유리하게 하려 했다. 그렇게 되지 않는다면, 소련은 중국과 함께 "어려움을 함께 하는 것"으로 유엔을 마비상태에 놓이게 하려 했다. 당연히 스탈린이 이렇게 한 것은 또 다른 하나의 목적이 있었다. 즉 마오쩌둥에게 감동을 주어 중소조약 협상과정에서 양보를 얻어내려는 것이었다. 어찌 되었든 이 시기까지 한반도통일문제는 아직 모스크바의 의사일정에 들어와 있지 않았다.

둘째, 실제로 스탈린이 김일성이 남한을 공격하는 것에 동의한 전제는 미국이 간섭하지 않거나 간섭할 겨를이 없다는 것에 있었다. 이 문제에 대해서 앞의 글에서 이미 상세히 서술했다. 위에서 서술한 역사적 사실에 근거하면 아래의 추론은 내릴 수 없게 된다. 즉 스탈린이 소련대표가 유엔안보리회의에서 퇴장하기 이전 한국전쟁을 계획했다는 것과, 스탈린이 김일성의 진공계획을 비준 한 당시 이미 미국이 이 전쟁에 간섭할 것을 예상하거나 희망했다는 점이다.

셋째, 우리는 기본적인 역사사실을 보아야 한다. 즉 미국이 한반도에 출병한 뒤 얼마 지나지 않아, 마오쩌둥은 중국군대의 한반도출격을 주장했고 심지어 김일성도 이것을 원했다는 점이다. 김일성은 이에 관해 모스크바의 태도를 여러 번 탐색했지만 1950년 10월 이전까지 스탈린은 아무런 대답을 하지 않았다. 미군이 성 밑에 이르고 북한의 생존이 매우 위급한 시점에 이르러서야 스탈린은 중국에 출병을 요구했다.[19] 때문에 전쟁 발발 이전 스탈린이 중국이 한반도에 출병하여 미국과 작전하는 것을 예상했다고 말하는 것은 완전히 역사사실에 위배되는 것이고 허황하고 터무니 없는 주장이다.

그렇다면 소련대표는 왜 안보리에 제때에 돌아가지 않았을까? 실제 상황은 그리 복잡하지 않았다. 소련은 다만 상황이 명료화되기 이전까지 자신들은 밖에 머물려고 했다. 전쟁이 발발한 그날, 즉 6월 25일 오후, 모스크바주재 미국대사 코크Cork가 워싱턴의 지시대로 소련 외교부장관 비신스키를 긴급하게 만날 것을 요청했지만 돌아온 대답은, 오늘은 일요일이어서 외교부 책임자들이 모스크바에 있지 않다는 것이었다.[20] 이튿날 유엔사무총장 리는 소련외교부에 전보를 보내 안보리가 6월 25일 통과한 결의를 통보했다.[21] 6월 26일 밤미국시간 27일 정오 유엔에 주재하고 있던 소련 외교관은 롱아일랜드에 위치한 스톡홀름호텔에서 사적인 오찬회를 진행했다. 이것은 소련이 안보리를 보이콧한 기간 동안 정기적으로 진행했던 사교활동으로 안보리 기타 성원국들과 정치적 연계를 유지하기 위한 것이었다. 당시 리는 미국대표 그로스Gross와 소련대표 말리크사이에 앉아 있었다. 점심이 곧 끝날 시점에 리는 말리크에게 그는 곧 다른 외교관들과 함께 안보리에 돌아가 회의를 할 예정인데, 소련대표가 참가 할지 여부를 물었다. 동시에 리는 귀국의 이익을 위해서 당신이 출석하는 것이 좋을 것 같다고 말했다. 이 말을 들은 그로스는 화들짝 놀라, 테이블 아래서 발로 리를 건드리면서 더 이야기하지 말 것을 암시했다. 소련대표가 회의에 출석하게 된다면 반대표를 던질 것이 분명했기 때문이다. 하지만 말리크는 머리를 절레절레 흔들면서 자신은 가지 않을 것이다 했다.[22] 6월 27일에도 미국대사는 소련 외교부장관을 만나려고 온종일 노력했으나 성공하지 못했다. 오후 5시 코크는 사람을 통해 소련외교부에 미국정부의 비망록을 전달하면서 소련정부가 북한정부에 압력을 넣어 군사침공을 멈추게 할 것을 요청했다.[23] 6월 29일 리는 소련에 27일에 있었던 안보리 결의안을 통보했다.[24] 이때에 이르러서야 모스크바는 정식으로 반응을 하기 시작했다. 외교부 제1부부장인 그로미코는 그날 미국대사를 만났고 그에게 소련정부의 한반도사건에 관련된 미국비망록에 대한 성명을 넘겼다. 성명에서 전쟁에 대해 책임져야 하는 측은 남조선남한당국이고 소련정부는 계속하여 한반도 내정을 간섭하지 않는 원칙을 지킬 것이며, 소련정부가 유엔안보리에 참석하지 못하는 것은 미국이 중국의 출석을 거부하기 때문이라고 했다. 그 결과 안보리는 어떠한 합법적 효력이 있는 결정을 내릴 수 없게 되었다[25]고 말했다. 동시에 소련정부는 리에게 모스크바는 유엔의 27일 결의안을 거절한다고 통지했다.[26]

스탈린 역시 소련대표가 안보리에 있지 않는 것에 대한 결과를 당연히 알고 있었다. 미코얀의 회고에 따르면 그는 스탈린에게 말리크로 하여금 안보리에 돌아가도록 할 것을 건의했다. 스탈린은 "내가 보기에 소련대표는 안보리회의에 참가할 필요가 없다"[27]고 대답했다. 스탈린의 이러한 아무런 내색도 하지 않는 평온한 반응을 그가 어떠한 대비도 다 하였다고 볼 수 있지만 동시에 그는 아무것도 대비하지 못하고 있었다고 풀이할 수도 있다. 모스크바는 당시 밖에 머물 수밖에 없었다. 소련대표가 안보리에 돌아가면 양난의 처지에 처할 수 있었다. 거부권을 사용하지 않는다면혹은 기권 북한 내지 사회주의 진영을 배반하는 것이고 거부권을 사용한다면 평양의 배후에 모스크바가 있음을 승인하는 것이 되어 미국과 세계여론의 직접적인 압력을 받을 수 있었다. 이 모든 것은 스탈린이 원하는 결과가 아니었다. 때문에 소련은 안보리의 "요청"리과 "기대"고트왈드에 침묵과 회피의 태도를 취했다.[28] 2개월 뒤 소련은 안보리에 돌아갔고 현실은 모스크바로 하여금 소련의 퇴장이 유엔성원국들이 안보리결의안을 집행하는 것에 대해 아무런 영향이 없었고 오히려 자신이 유엔 밖에 있으므로 인하여 국제사회에서 역할을 할 수 없게 되었음을 인식하게 하였다. 어떻게 해석하든지 소련대표가 안보리에 돌아가지 않은 것이 스탈린이 전쟁발발 이전 미국의 참전을 희망하고 중국의 참전을 예견했다는 것을—비록 몇 개월 뒤 그가 실제로 이렇게 설계했다 해도—증명하지 못한다.[29] 실제로 8

월 27일 전보에서 스탈린이 설명한 것은 한국전쟁 이전의 생각이 아니라, 미국이 이미 출병하여 간섭한 이 기정사실에 대한 반응과 고려였다. 사후의 해석을 사전의 동기로 해석하는 것은 논리적으로 성립될 수는 있지만 역사의 기본사실에 위배되는 것이다. 이 사례는 우리들로 하여금 문서기록을 완전히 믿어서는 되지 않는다는 것을 알려준다. 만약 연구자가 분석을 가하지 않고 사료의 저자나 당사자들의 말만을 믿는다면, 그들이 무의식 중에 파놓은 함정에 빠지게 된다.

스탈린은 정말로 아시아혁명을 추진했을까?

스탈린의 정책적 동기에 관해서 다음과 같은 관점을 자주 접하게 된다. 많은 학자들은 스탈린이 말하는 "국제정세가 이미 바뀌었다"는 말은 진영 사이의 역량 대비가 사회주의 측에 유리하게 되었다는 것을 말하는 것이라 생각하고 있다. 구체적으로, 소련이 이미 원자탄 시험과 제조에 성공하여 미국의 핵독점을 무너뜨린 점, 중국혁명의 승리가 무장으로 정권을 탈취하는 길을 개척한 점, 중·소동맹의 수립과 중국의 사회주의 진영에 가입한 점을 들고 있다. 여기서 제일 중요한 요소는 중국혁명이 무장투쟁의 방식으로 승리를 이룩한 점이었다. 이것은 김일성을 고무하였고 스탈린에게도 자극이 되었다. 그리하여 소련은 중국혁명을 지지하고 인정하기 시작했고, 심지어 중국혁명의 경험을 선전하고 퍼뜨리기도 했다. 그 표현으로, 류사오치가 세계노동자연합회 아시아-오세아니아노동대회에서 한 연설에 대해 동의하고 심지어 『진리보』가 그것을 발표하도록 한 점, 일본공상당의 "평화적인 정권탈취" 노선을 비평하면서 그들이 미국점령당국과 공개투쟁을 전개할 것을 격려한 점, 문장을 통해 중공의 권력탈취의 경험을 강조하면서 인도 등지의 공산당이 중국의 길을 걸을 것을 격려한 점 등이 있다. 어떤 연구자들은 이와 같은 사실을 기초로 스탈린이 냉전이래 신중하고, 보수적이고 방어적인 정책을 바꾸어 아시아혁명을 추진하면서 제국주의 진영에 공격을 가하기 시작했다고 판단했다. 한국전쟁이 그 시작이라고 했다.[30]

이런 관점은 얼핏 보면 논리적이고 역사적 근거도 있기에 말이 되는 것처럼 보인다. 하지만 자세히 들여다보면 맹점이 여전히 많다고 생각된다. 아래와 같은 의문이 있을 수 있다. 소련의 냉전전략은 진실로 세계혁명을 발동하여 제국주의와 "최후의 투쟁"을 하려 했을까? 1950년 초 스탈린은 진심으로 중국의 혁명노선에 동의했고 실제로 중국의 무장투쟁을 통해 정권을 탈취하는 경험을 선전하고 널리 알리려고 했을까?

이것은 소련의 냉전전략 책략의 전반에 대한 판단과 관련되어 있다. 저자는 소련이 최초 집행한 방침은 "먼 곳에선 방어하고 가까운 곳에선 공격하는" 방침, 즉 미국과 서방에 대해선 보수적이고 방어적인 책략을 취하고 힘을 모아 진영 내부를 숙청하고 사상과 행동을 통일하는 것을 통하여 서방과의 대항에 있어서의 기반을 안정화하는 것이었다고 생각한다. 스탈린은 그리스 국내에서 무장투쟁을 영도하고 있었던 그리스 공산당의 정보국회의의 참가 요청을 거절했고, 도나우강 유역과 북유럽 여러 나라 공상당대표대회를 소집할 것에 대한 건의를 부결했다. 또 티토가 그리스 형명문제에서 너무 과격한 행동을 한다고 하면서 유고슬라비아를 내쫓았다. 이 모든 것은 소련이 냉전전략은 공격성을 띠고 있지 않으며 미국과의 직접충돌을 피하거나 뒤로 미루려고 했음을 표명하는 것이었다.[31]

유럽 이외의 지역에서도 스탈린은 지나치게 서방을 자극하여 소련이 고립된 처지에 놓이게 되는 것을 피하려 했다. 예를 들면 1947년 9월 12일 소공중앙이 세계청년민주동맹에 파견한 대표 체체트키나는 자신이 동남아 국가들을 방문한 것에 대한 상세한 보고를 제출했다. 보고에서 여러 나라 인민들이 반제반봉건 투쟁을 열정적으로 벌이고 있기에 공산당과 청년동맹의 영향은 날로 확대되고 있음을 지적했다. 그들은 소련이 도의와 선전의 측면에서 방조하는 것에 만족하지 않고 "더욱 중요한 문제"를 필요로 하고 있다고 했다. 때문에, 체체트키나는 동남아각국공산당연합조직을 만들어 인니 등 국가에 상설무역대표부를 설치하여 이들 나라에 도움을 줄 것을 건의했다. 결과 이 보고는 소공중앙 대외정책부로부터 엄중한 질책을 받았고 체체트키나 역시 청년연맹에서의 직위를 잃게 되었다. 12월 10일 중앙서기처에 올린 보고에서 대외정책부는 이런 건의는 "사고를 거치지 않은 것이며", "거의 모두 적절하지 않은 것"[32]이라고 지적했다. 1948년 2월 동남아청년대표대회가 캘커타에서 열렸다. 대외정책부는 소련대표단에 내린 지시를 통해 동남아청년반제투쟁의 임무를 확정했다. 완전히 합법적인 투쟁 범위 내에서, 정치권리를 쟁취하는 투쟁, 노동 보장의 요구, 사회보장의 제공, 토지개혁의 추진, 지주의 약탈감소, 교육받을 권리, 결사의 자유 등 내용이었다.[33] 1948년 4월 팔레스타인, 터키와 이라크 공산당이 아랍국가공산당대표회의를 제의했지만, 소공중앙은 이 제의를 거절했다. 그 원인은 "이 조치가 반대파들의 공산당인들에 대한 새로운 진압을 야기할 수 있고, 베오그라드에 있는 공산당 정보국과 소련에 대해 왜곡하는 빌미를 줄 수 있기 때문이라 했다.[34] 또 어떤 학자는 1948년 6월 말레이시아 공상당이 발동한 무장봉기는 모스크바의 지시와 도움을 받지 못하였고, 말레이공산당은 그 전까지 중공과 연락을 주고 받았음을 논증했다.[35] 아시아에서 가장 오랜 기간 동안, 그리고 영향이 제일 큰 무장투쟁은 인도지나공산당이 영도하는 베트남 혁명이었다. 우리는 여기에서도 모스크바의 그림자를 전혀 볼 수 없었다. 코민테른이 해산되기 전, 즉 1938년 호치민이 모스크바를 떠난 이후, 베트남혁명가는 소련공산당과 점차 멀어졌고 중국공산당과 점차 가까워졌다. 1945년 9월 2일 베트남민주공화국임시정부가 성립을 선포한 이후, 스탈린은 프랑스에 주재 소련대사의 보고를 받았지만 아무런 반응을 내놓지 않았다. 베트남 정황과 관련된 최초의 문장은 소련이 베트남민주공화국을 승인한 다음, 즉 1950년에 이르러서야 『진리보』와 『소식보』에 실렸음을 한 연구는 지적하고 있다.[36]

수많은 고증을 거친 역사사실이 표명하는 것은 공산당정보국이 성립된 다음 소련의 아시아 정책은 낙후한 국가들이 제국주의 압박과 약탈에 반항하기 위해 일어날 것을 호소하는 것에 국한되었고(여기서 제국주의는 주요하게 미국이다), 그들이 무장투쟁을 하도록 지지하거나 고무하지 않았다는 것이다. 정보국과 소련외사부문의 선전자료에서 투쟁적인 어휘가 분명히 많아졌지만, 소공은 아시아 여러 나라 공산당과의 관계를 강화하지 않았고 더욱이 어떠한 무장폭동의 지시도 없었다. 1948년 이후 아시아 여러 나라들에서 무장봉기가 연이어 일어났다. 이것은 지다노프의 보고에 고무되고 격려를 받은 것임이 틀림 없지만 이 모든 폭력행위는 모스크바와 직접적인 관계는 없었다.[37]

다음과 같은 상황은 중요치 않은 것이 아니다. 중국혁명이 곧 전면적 승리를 이룩할 시점에 마오쩌둥은 스탈린에게 동방의 여러 나라가 공산당정보국을 수립하는 문제를 또 한 번 제기했다.[38] 1949년 5월 26일의 회답에서 스탈린은 마오쩌둥에게 다음과 같이 귀띔했다. 인민해방군이 인도지나, 미얀마, 인도변경에 접근하면 이들 나라, 심지어 인도네시아와 필리핀까지 혁명의 상황을 초래할 수 있다. 제국주의자들에게 이것은 그들이 이들 나라를 잃는 것을 의미한다. 때문에 제국주의자들을 모든 방법을 동원해 봉쇄를 할 것이고 인민해방군과 무장충돌을 일으켜 (중국의) 화남지역을 자신들의 세력범위에 넣으려 할 것이다. 이뿐만 아니라 영국과 미국은 남방으로 진격하는 인민해방군 주력의 후방－칭다오에 상륙부대를 파견할 수도 있다. 이런 위험성은 상당이 엄중하다. 또 영국과 미국은 다른 기타 항구, 예를 들면 텐진의 탕구항을 통해 인민해방군의 후방에서 상륙할 수 도 있다. 때문에 스탈린은 중공이 급하게 남쪽으로 진격하여 인도지나, 미얀마, 인도변경에 이르지 말 것과, 남측으로 진격하는 인민해방군 주력에서 두 개의 우수한 부대를 뽑아 텐진과 칭다오로 이동하여 적들의 상륙을 대비할 것을 건의했다. 스탈린은 또 지금은 동방공산당정보국을 설립하는 것이 적절하지 않음을 명확하게 표시했다.[39] 이것은 스탈린이 중국혁명의 승리에도 불구하고 아시아혁명을 낙관적으로 예측하지 않았음을 의미하는 것이다.

그렇다면 몇 개월 지난 뒤, 소련의 대외정책은 중국혁명이 전면적 승리를 취득함에 따라 근본적으로 바뀌었을까? 많은 상황은 겉으로 볼 때와 깊게 들여다 볼 때가 다르다.

예를 들면 1949년 8월 29일, 소련의 원자탄 폭발의 성공은 미국의 핵 독점을 깨뜨렸고 백악관을 놀라게 했고 미국내의 분쟁을 일으켰다.[40] 하지만 실제로 제일 걱정하고 긴장한 것은 스탈린이었다. 미국의 상황과 마찬가지로 소련이 원자탄을 시험폭발 했을 시 후속된 비축이 없었다. 스탈린이 가장 피하고 싶었던 상황은 핵무기 시험 성공이 미국을 자극한 상황에서, 소련에 사용할 수 있는 원자탄이 없는 상황이었다. 때문에 9월 23일, 미국신문에서 소련의 핵실험을 폭로한 다음에야 『진리보』는 마지못해 성명을 발표하여 이 사실을 승인했다. 동시에 소련의 수중에 아직도 원자탄이 있다고 둘러댔다.[41] 실제로 1953년 말에야 소련은 첫 원자탄을 부대에 인도하였고, 원자탄이 사용된 군사연습은 1954년 9월에야 처음으로 실시되었다.[42] 중소동맹의 수립으로 이처럼 큰 중국이 사회주의진영에 가입하는 것은 소련집단의 힘을 배로 강화하여 공산당 세력을 유라시아대륙에서 하나로 연결되게 하는 것이었다. 하지만 반드시 보아야 하는 점은 동맹조약의 체결이 중·소양국의 안전과 발전에 황금 보호막을 쳐 주었지만 동시에 그들 사이에서 민족이익의 충돌을 야기했고 마오쩌둥과 스탈린은 마음속에 서로에 대한 의심, 걱정, 원망을 심어놓은 점이다.[43] 만약 이 점을 볼 수 없다면, 연구자는 표면현상에 속게 되고, 뒷날 중·소 사이에 발생한 여러 가지 일들을 해석할 수 없게 된다. 스탈린이 중국혁명과 중공의 경험에 대한 태도 역시 이러했다.

먼저 아시아-오세아니아 노동자회의 사건을 보자

중화인민공화국이 수립을 선포한 이후, 10월 7일 공산당정보국기관보는 논설에서 다음과 같이 지적했다. 중국혁명의 승리는 인류역사의 한 이정표이며 세계적인 역사적 의의가 있다. 중국인민들의 운명에 영향 줄 뿐 아니라 동방과 서방 모든 인민들의 운명에도 영향을 주게 될 것이다. 신중국은 식민지 및 부속 국가 인민들의 "충실한 친구이고 믿음직한 보루이다". 중국혁명의 승리는 "세계노동인민의 최후승리와 공산주의의 승리를 가속화했다".[44] 이러한 예찬의 단어들은 실질적 문제, 즉 중국혁명은 어떤 노선을 걸었는지를 설명해 주는 것이 아니었다. 이틀 전 『진리보』에 발표된 또 한편의 축하성격의 문장은 중국혁명의 승리를 10월 혁명의 영향과 레닌, 스탈린 사상의 인도에 귀결시켰다. 노동계급이 농민에 대한 영도작용을 강조하면서, 마오쩌둥과 중공이 농촌으로부터 도시를 포위하고 무장으로 정권을 탈취 했던 경험은 강조하지 않았다.[45] 하지만 한 개월 뒤 신문의 논조는 갑자기 바뀌었다.

11월 16일, 세계노동자연합대회 아시아-오세아니아 회의가 베이징에서 개막되었다. 중국은 주최국이자 첫 대회의 의장국이었다. 류사오치는 대회 개막 연설에서 중국혁명의 경험을 널리 선전했다. 그는 중국혁명의 경험을 다음과 같이 요약했다. 무장투쟁을 전개한 것은 중국인민이 승리할 수 있었던 기본노선이고 "이 노선은 마오쩌둥의 노선이다". 또 "수많은 식민지와 반식민지 인민들이 독립과 해방을 쟁취하는 데 있어 불가피한 노선이다"[46]. 류사오치의 연설은 소련대표단을 포함한 수많은 대표단의 반대를 야기했다. 그들은 이것은 노동자대회이지 정치대회가 아니라고 했다. 게다가 여러 자본주의국가들 대표들이 참가한 점을 들면서, 이 회의에서 무장투쟁을 통해 정권을 탈취하는 것과 같은 정치구호를 제기하는 것은 타당하지 않다고 했다. 협상이 있은 뒤, 여러 나라 대표들은 류사오치의 연설을 공개하는 것에 동의하지 않았다. 류사오치는 이에 결연히 반대했지만, 다수의 의견에 복종하겠다고 했다. 11월 18일 중국대표 류닝이刘宁一는 대회발언에서 무장투쟁을 통해 정권을 쟁취하는 것과 같은 정치구호를 제기하지 않았다. 이 상황을 접한 다음 스탈린은 즉시 소련대표단 솔로브요프에게 전보를 보냈다. 스탈린은 류사오치의 연설을 반대한 것은 엄중한 정치적 착오를 범한 것임을 지적했다. 소련 영도자는 류사오치의 이 연설이 정확하고 적시적인 것이라 생각한다고 했다. 전보는 솔로브요프로 하여금 즉시 중국대표단에 소련은 중국 측의 류사오치가 한 연설내용에 동의함을 통지하고, 모스크바의 이러한 입장을 다른 나라 대표단에 통보할 것을 명령했다. 스탈린은 "당신들은 즉시 마오쩌둥 동지가 나의 이 전보 전문을 알게 해야 한다"고 특별히 강조했다. 며칠 뒤인 11월 21일, 중국전국노동자총회 부주석 리리산李立三은 중국노동자운동의 보고에서 다시 한번 대다수 인민들의 지지를 얻고, 혁명적인 무장투쟁을 전개하고 공산당의 영도를 견지한 것이 중국노동자 계급이 혁명의 승리를 이끌 수 있었던 근본원인이라 했다. 그 다음 날 『인민일보』는 이 보고를 발표하면서 1면에 류사오치가 행했던 6일 전 개막연설을 실었다. 하지만 회의가 끝날 시에 다시 분쟁이 생겼다. 류사오치가 세계노동자대회집행위원회가 작성한 결의안 초안에 결연히 반대했기 때문이다. 그는 이 결의안이 무장투쟁을 전개하는 문제를 회피했다고 했다. 집행위원회의 건의에 따라 류사오치는 새로운 결의안을 작성했고, 노동자조직의 기본임무는 반정부적인 무장투쟁을 조직하고 지지하는 것이라 했다. 세계노동자연합회 서기장 루이·샐러론과 집행위원회는 류사오치가 작성한 초안은 말이 되지 않는 것으로, 이 결의안이 공표된다면 모든 자본주의국가에서 세계노동자연합회는 활동을 할 수 없게 되고, 집행위원회도 파리에서 모스크바로 옮겨야 될 것이라 했다. 최종적으로, 중국대표단은 여전히 수정된 결의안 내용에 만족하지 못했지만, 마지못해 집행위원회가 수정한 결의안에 찬성표를 던졌다. 12월 1일 회의가 폐막되었다. 여러 나라 노동자총회에 보고하는 결의안과 아시아 여러 나라 노동자총회와 노동자에게 고하는 글에서, 무장으로 정권을 탈취하는 구호가 제기 되지 않았지만, 간접적으로나마 중국노동자들의 투쟁경험 — 민족통일전선, 노동자농민연맹, 무장으로 제국주의 압박에 저항, 인민무장의 창설 등 — 을 배울 것이 제기되었고, 중국대표는 회의 개최 초기에 반대했던 집행위원회의 다른 건의, (세계노동자총연맹) 아시아국가 연락국을 설립하는 건의를 동의했다. 류사오치는 후일 이 건의를 동의한 것은 집행위원회가 "연락국은 아시아국가들의 상황을 제일 잘 이해하고 있는 중국동지들이 영도할 수밖에 없다"고 했기 때문이라 설명했다. 12월 하순 소련은 류사오치가 회의에서 한 연설과 그가 작성하고 심의를 했던 결의안 초안의 번역문을 요구했다. 1950년 1월 4일 『진리보』는 류사오치의 개막연설을 실었다.[47]

이 이야기는 스탈린이 중국혁명의 보편적인 의의를 인정했고 무장투쟁을 세계노동자연합공작의 노선으로 하는 것에 동의한 것처럼 생각할 수 있다. 하지만 이것이 스탈린의 진실한 생각을 말해주고 있는 것이 아니었다. 그가 류사오치의 연설을 발표하는 것에 동의한 것은 부득이 한 것이었으며 따로 목적이 있었다. 러시아학자 레돕스키가 지적한 것처럼 세계노동차연합총회의 충돌은 스탈린을 난처하게 했다. 소련노동자대표단의 이번 회의에서 모든 원칙과 노선 모두는 그들이 모스크바를 떠나기 전 스탈린이 비준했던 것이었다.

하지만 그들이 생각지 못했던 것은 중공이 회의에서 갑자기 무장투쟁의 문제를 제기한 점이었다. 이에 대해 스탈린은 반드시 선택해야만 했다. 마오쩌둥이 곧 소련을 방문하게 되는 시점에서, 스탈린은 그를 난처하게 할 수 없었고, 하는 수 없이 자기사람을 비판했다. 『진리보』에서 20일 뒤 갑자기 류사오치의 연설을 실은 것 역시, 마오쩌둥에 대한 일종의 정치적 태도였다. 소련은 극동에서 믿을 수 있는 친구가 필요했기 때문이었다.[48] 자세히 살펴보면, 스탈린은 신문에 류사오치의 개막연설을 싣는 것에는 동의했지만, 회의 결의안을 둘러싼 다툼에 대해서는 의견을 표명하지 않았다. 이것은 스탈린이 진심으로 중공의 설명에 동의한 것이 아님을 말하고 있다. 류사오치의 연설은 그냥 하나의 주장에 불과하지만 공표된 결의안은 아시아 국가들의 노동운동에 지도적인 역할을 하는 것이었다. 『진리보』가 1월 2일 류사오치의 연설을 실은 목적에 관련해서 레돕스키가 지적한 것이 맞다. 하지만 스탈린이 이렇게 한 것은 또 하나의 깊은 의미가 있었다. 즉 마오쩌둥을 만족하게 하여, 소련이 뤼순, 다롄과 중장철도협정과 관련된 다음 협상을 순조롭게 하기 위해서였다.

다음 일본 공산당의 평화노선의 비판에 대해 살펴보자

1950년 1월 『진리보』와 정보국기관지는 일본공산당의 "평화 전환론"을 비평했다. 이것은 주요하게 소련과 미국의 일본을 둘러싼 문제였고 중국혁명과 중공의 경험과 직접적인 관계가 없었다. 미국이 38선 문제를 제가할 당시, 스탈린은 소련군대가 일본 본토에 상륙할 기회가 있기를 희망했다. 이 일이 미국에 의해 거절된 이후, 스탈린은 이것을 계속 마음에 두고 있었다. 냉전이 폭발된 이후 미국과 소련이 일본에서의 충돌은 더욱더 심화되었고 주로 일본에 대한 강화조약을 통해 반영되었다. 미국의 정책결정자들은 대일강화의 시간과 방식에 대해 서로 다른 의견이 있었지만, 소련에 대한 입장은 분명히 날로 더 강경해졌다.[49] 전후 초기 소련은 일관되게 1945년 체결된 포괄적 협정의

범위 내에서 대일강화문제를 협상할 것을 견지했다. 극동지역의 소련의 안전보장에서 출발해 스탈린은 얄타 협정을 기초로 하루빨리 대일강화조약을 체결할 것을 여러 차례 건의했다. 하지만 미국은 이런 건의에 대해 상대도 하지 않았다. 소련은 또 중국을 일본 문제 토론에 참여시키려고 계속하여 국민정부에 우호적인 제스처를 보냈다.[50] 하지만 장제스 정권의 패망과 더불어, 도움을 받을 수 없게 되었고, 중국공산당 역시 당시에는 일본 문제에서 목소리를 낼 겨를이 없었다. 그리하여 모스크바는 일본내부의 힘－일본공산당에 의거해 미국과 투쟁할 수밖에 없게 되었다. 하지만 이 시기 일본공산당은 평화노선을 집행했고, 미국점령군과 합작을 주장했다. 이 상황이 어찌 스탈린은 급하게 하지 않을 수 있었을까? 이런 정서는 정보국의 문장에서 확연히 보여진다.

문장은 중국혁명이 승리한 이후 미국이 관심을 일본으로 향했음을 먼저 지적했다. 미국은 여러 가지 핑계를 들면서 대일강화조약의 체결을 미루면서 "미군의 일본에 대한 장기점령을 합법화"하려 한다. 민주운동을 탄압하고, 공산당과 노동자조직을 타격하고, 일본경제를 통제하고, 일본군벌을 재무장하고, 공군과 해군기지를 광범위하게 건설하는 것은 미국이 일본을 "소련과 아시아 여러 나라 민주운동을 반대하는 군사모험의 주요한 기지로 삼으려"는 것이다. 이런 상황에서 일본인민들은 "반드시 명확한 행동강령이 있어야 하며" 단결하여 미국제국주의와 결연히 투쟁해야 한다. 이어서 문장은 일본공산당의 현행노선을 비판했다. 문장은 노사카 산조野坂參三 등 일본 공상당의 영도자들은 "전후 일본은 평화적으로 사회주의로 전환하는 모든 필요한 조건이 만족되었음을 증명"하려 하고 있으며 심지어 미군의 점령이 일본이 민주화를 실현하는 것에 도움이 된다고 생각하고 있음을 지적 했다. 문장은 이런 일본 공산당의 "평화적인 혁명" 노선에 대해, 이런 이론은 미국 제국주의를 아름답게 장식하고 선전하는 것이며, 반민주적이고 반사회주의라고 엄격하게 비판했다.[51]

전문을 볼 때, 어느 한 곳에서도 중국혁명을 본보기로 하지 않았고 중공의 무장으로 정권을 탈취한 경험을 지적하고 있지 않다. 그 어디에서도 왜 이 문장이 소련이 중공의 혁명노선을 보급하려 한 예인지 읽어낼 수 없다. 스탈린의 불만은 일본공산당이 소련공산당이 1947년 정보국회의에서 제기한 새로운 강령을 집행하지 않은 것, 미국점령군과 투쟁을 전개하지 않는 것, 그리고 계속하여 평화적이고 합작하는 방침을 정한 것에 있었다. 어떻게 투쟁을 전개할 것인지에 대해 정보국회의와 이 문장모두에서 명확한 지시가 없었고, 적어도 중공과 같이 무장투쟁을 해야 한다는 명확한 지시는 없었다. 스탈린이 중공에게 문장의 발표를 요청한 것은 대개 노사카 산조가 장시기 동안 연안에 거주하였고 중국과 관계가 밀접했기에 중공이 설득에 도움을 줄 것을 희망했기 때문이었다. 중공이 나선 것이 노사카 산조, 도쿠다 슈이치德田秋一 등이 잘못을 인정하는 것에 도움을 주었지만 또 일부 오해—혁명투쟁은 중국식의 무장폭동이다—를 일으키기도 했다. 정보국 문장에서 명확하게 투쟁방식을 지적하지 않았기에 사정을 더욱 복잡하게 만들었고 일본공산당 내부의 혼란을 야기했다. 처음에 도쿠다와 노사카 모두는 정보국의 비판에 동의하지 않았고, 미야모토 겐지宮本显治, 시카 요시오志贺义雄 등은 비판을 받아들여야 한다고 했다. 중공의 문장이 발표된 다음 도쿠다 등도 방향을 바꾸어 중공의 폭력투쟁을 전개했던 것을 배워 정권을 탈취해야 된다고 했다. 미야모토 등 파는 이에 불만을 품고 새로운 중앙을 설립하기도 했다. 일본 공산당은 이로 인하여 두 개의 큰 계파로 나누어지게 되었고, 이것이 오히려 반미투쟁을 힘을 약화시켰다.[52] 이것은 아마 스탈린이 생각지 못한 결과일 것이다.

정보국이 문장을 발표하여 인도도 중국식의 혁명노선을 걸을 것을 격려했다는 것 역시 하나의 오해이다.

1월 27일 정보국기관지는 「식민지와 부속국가 인민들의 해방투쟁의 거대한 진전」이라는 논설에서 중국혁명의 승리와 중공이 영도하는 무장투쟁을 대대적으로 칭찬하면서 베트남, 남한, 말레이시아, 필리핀과 인도네시아 등 나라에서 진행되고 있는 유격활동과 무장투쟁을 예로 들었다. 보기에는 중국의 노선을 선전하는 것 같지만 보다 자세하게 문장의 단어 사용을 살피면 논설에서 중국인민이 승리를 이룩한 것은 레닌, 스탈린의 "전략, 책략과 학설이 승리를 거둔 명확한 증명"이라 했다. 이것은 공이 소련에 있음을 말하는 것이다. 더욱 중요한 것은 논설에서 인도공산당의 임무를 이야길 할 때 "중국과 기타 나라의 민족해방운동의 경험"이라 모호하게 말하면서, 노농연맹의 강화, 토지개혁의 실행, 국가독립의 쟁취, 통일전선의 건립 등을 강화해야 한다고 했다. 그러나 중국혁명의 진수인 무장투쟁은 제기하지 않았다.[53] 이 논설이 인도공산당을 중국식 혁명노선으로 나아가게 했지만 이것은 정보국의 지시를 받은 결과가 아니라 인도 공산당내부투쟁의 결과에 따른 것이었다.

인도 공산당내부에서는 오랜 시기 동안 치열한 파벌투쟁이 있었다. 1947년 9월 공산당정보국회의 이후, 라니디베Ranadive를 수령으로 한 급진파가 우위를 점하게 되었다. 1948년 2월 인도공산당 대표대회에서 라니디베가 합법적 투쟁을 주장한 조시Josie를 대신해 총서기가 되었고, 그는 인도가 "혁명충돌"의 단계에 진입했음을 제기했다. 라니디베는 유고슬라비아 혁명이론의 영향을 받았다. 하지만 그 해 6월 유고슬라비아와 소련 사이에 균열이 발생하여 티토가 비판을 받고, 이에 더해 인도공산당이 조직한 폭동이 정부의 진압을 받게 되자 라니디베는 압력을 받기 시작했다. 이때 안드라Andhra지역의 당조직은 중국혁명이론을 받아들여야 한다고 주장하면서, 마오쩌둥의 "신민주주의"를 "인도의 지침"으로 해야 한다고 했다. 라니디베는 안드라파가 분열을 조작한다고 지적하면서 중공의 이론과 경험을 공격했다. 1949년 6월 소공이 중공을 지지한다는 소식이 인도에 전해지고 소련의 신문에 류사오치가 아시아-오세아니아 노동자대회에서의 연설이 실리게 되자 라니디베는 정세가 자신에게 불리함을 알게 되었다. 그리하여 정보국이 식민지 문제에 관련된 사론이 발표된 다음 라니디베는 즉각 반성을 하였고, 정보국의 결론을 받아들인다는 공개적인 성명을 발표했다. 자신이 철저하게 전향했음을 보여주기 위해, 라니디베는 성명에서 마오쩌둥과 중공을 찬양하면서, 더 나아가 정보국 논설에서 언급되지 않은 내용–"필요한 국내조건이 허가되면 인민해방군을 조직한다"는 내용을 이야기했다. 그럼에도 불구하고 라니디베는 1950년 5월 안드라파가 발동한 "궁중혁명"에서 직무에서 해제되었고 안드라서기처의 중요한 구성원이었던 라오Rao가 새로운 총서기가 되었다. 라오가 정권을 잡은 뒤 당내에 보낸 "비밀 문서"에서 인도공산당 새로운 중앙위원들은 중공의 이론과 방침에 완전히 찬동하며 모스크바가 "인도를 폭력을 사용할 수 있을 정도로 성숙한 나라의 하나로 열거"했다고 거짓보고를 했다. 곧이어 무장폭동을 조직했다. 몇 개월 뒤, 인도의 농민봉기는 전국으로 확산되었다. 라오의 이러한 행동이 당내와 노동자총회로부터 많은 반대와 항의를 받았고 조시, 지단Guidan, 가오스Gaosh 등이 모두 나서서 라오를 보이콧하면서, 그의 좌경모험주의를 반대했다. 인도공산당이 분열의 위기에 빠졌을 시, 정보국으로부터 지시를 받았는지, 이미 3년 이나 침묵하고 있던 영국 공산당이 부득이하게 다시 책임을 지게 되었다. 10월 영국공산당 정치국은 인도공산당에 서한을 보내 인도공산당의 행동노선이 실제에서 이탈했음을 비판하면서 "악성종양과 같은 트로츠키-티토주의"를 철저히 청산한 것을 요구했다. 서한에서는 문제의 중요 근원은 인도공산당이 1월 정보국의 문장을 곡해한 것에 있으며 무장투쟁을 인도공산당이 당면한 주요문제라고 잘못 생각한 것에 있다고 지적했다. 혁명이 무장투쟁을 배제하지 못하지만 지금 목전에 중요한 것은 합법적인 투쟁을 통해 대선에 참가하는 것을 준비하는 것이라 했다. 1951년 1월, 인도공산당은 중앙전체회의를 열고 중앙위원과 정치국을 다시 선거했다. 라오는 잠시 동안 총서기 자리에 유임되어 당대표대회의 선거를 기다리게 되었다. 그 뒤 영국공산당은 다시 서한을 보내, 인도공산당이 네루정부와 합작하여 그가 제국주의 진영에서 벗어나도록 도울 것과 평화운동을 전개하는 것의 중요성을 역설했다.[54]

이 시기에 이르러서야 스탈린은 그의 진짜 생각을 말했다. 1951년 2월 스탈린은 모스크바에서 인도공산당 대표를 접견했다. 회담에서 스탈린은 선진적인 자본주의국가에서 유격전쟁을 전개하는 것은 큰 의미가 없다고 명확하게 지적했다. 중국혁명의 노선이 중국인들에게는 하나의 좋은 길이지만 그것이 인도에는 적합하지 않다고 하면서, 인도공산당은 "중국유격대처럼 소련과 같이 의지할 수 있는 이웃이 있는 것이 아님"[55]을 지적했다. 스탈린이 보기에 중국혁명의 노선과 무장투쟁의 경험은 보편의의가 있는 것이 아니었고, 중국에서 폭력혁명을 할 수 있었던 것 역시 소련의 원조가 있었기에 가능했다.

위에서 서술한 사건들을 보다 상세하게 고찰하면 모스크바가 중국혁명의 길과 무장으로 정권을 탈취하는 모델에 대한 칭찬은 일시적인 필요에 의해서였지, 내심 인정한 것이 아님을 발견할 수 있다. 스탈린이 보기에 중국혁명이 승리를 거둘 수 있었던 것도 소련공산당의 지도와 원조의 결과 때문이었다. 때문에 그가 진심으로 중공의 경험을 보급하는 것은 가능하지 않는 일이었다. 실제로 정보국 기관지와 『진리보』에서의 중국혁명에 대한 선전은 두 가지 상황을 만났을 때 아시아국가들에서 혁명폭풍을 일으켰다. 하나는 아시아국가들 공산당 내부투쟁에 이용되어, 상대를 타도하는 도구가 된 경우였다. 다른 하나는 문장의 표면적인 의미를 너무 중시하여 이 시기 소련공산당의 언론을 진짜로 믿은 경우였다. 종합하여 보면 어느 행동 하나도 모스크바가 시키거나 비준한 것이 아니었다.

이로부터 볼 때, 스탈린이 한반도 정책을 바꾼 것은 하나의 예외라고 할 수 있다. 지금까지 본 사료에 따르면 소련은 아시아에서 두 개 나라—중국과 북한—의 무장투쟁에 대해 실질적인 원조를 했다. 중국혁명에서 모스크바는 동북지역에서 비밀리에 제공한 원조를 제외하면 기본적으로 방관하는 태도를 취하고 있다가 중공이 승리하는 대세가 확정된 다음에야 중국혁명에 대해 관심을 갖고 도움을 주었다. 북한의 상황은 근본적으로 다른 것이었다. 군사행동 자체가 스탈린과 김일성이 함께 획책한 것이었고, 북한의 군대를 소련군대가 손수 훈련시켰고, 무기장비도 모두 소련이 제공했다. 중국혁명의 승리는 스탈린에겐 하나의 이외였지만 한반도 전쟁은 스탈린이 모의한 것이었다. 전쟁의 발발을 놓고 보면, 이 전쟁은 김일성의 전쟁이라기보다는 스탈린의 전쟁이라 해야 할 것이다. 그렇다면 스탈린은 왜 이 전쟁을 발동하는 것에 동의했을까?

스탈린의 진짜 목적은 무엇이었을까?

지금까지의 역사서술은 이 문제의 답함에 있어서 두 가지 전제를 제공하고 있다. 첫째, 스탈린이 한반도 정책을 바꾼 시간은 1950년 1월이라는 것이다. 둘째, 스탈린이 김일성이 행동을 취하는 것에 동의한 것은 소련 자신의 수요가 있었기 때문이라는 것이다. 때문에 문제는 1개월도 안 되는 시간 내에 스탈린은 무엇을 잃었기에 반드시 한반도에서 군사행동을 취하는 것을 통해 보상을 얻으려 했을까 하는 물음으로 바뀌게 된다. 여기서 한 시점에 대하여 특별히 유념할 필요가 있다. 1월 26일 중국 측은 뤼순항, 다롄항과 중장철도에 관련된 새로운 협정초안을 제시하면서 2년 내에 중국동북의 모든 주권을 회수할 것을 요구했다. 1월 28일 소련은 수정을 거친 협상안을 중국 측에 보내

오면서 기본적으로 중국의 요구를 받아들였다. 1월 30일 스탈린은 시트코프에게 전보를 보내 김일성의 군사계획에 동의하며 필요한 도움을 줄 수 있다고 했다. 중소동맹조약의 체결이 소련으로 하여금 아시아에서의 전력적 거점을 잃게 하였다. 스탈린이 김일성의 남한에 대한 침공에 동의한 것은 이번 군사행동을 통해 소련의 극동지역에서 전통적인 전략거점 확보를 다시 재건하고 보장받기 위해서였음을 저자는 추론한다.

뤼순, 다롄과 중장철도, 즉 소련내지에서 태평양으로 나아가는 부동항이 소련에 대한 중요성은 앞의 글에서 이미 상세히 서술했다. 그렇다면, 한반도를 장악하고 통제하는 것을 통해 손실을 보상받을 수 있었을까? 스탈린은 왜 갑자기 한반도와 요동반도를 바꿀 생각을 했을까? 실제로 한반도가 러시아의 아시아 전략에서 차지하고 있는 중요성은 지도에서 일목요연하게 보여지고 있다. 일찍이 19세기 말 러시아 사람들은 이 점을 인식했다. 1897년 11월 11일러시아 달력, 아시아에서 태평양으로 나아갈 출해구出海口를 찾고 있던 외교대신 무라비요프는 차르 니콜라이 2세에게 보낸 서신에서, "난 뒷날 우리의 자유항은 요동반도 혹은 한반도 동북의 한 켠에 있어야 한다고 생각한다"고 했다. 차르는 이 편지에 친필로 "완전히 정확하다"[56]고 적었다. 이것이 말해주는 것은, 한반도는 본래부터 제정러시아의 선택대상이었고, 뒷날 목표를 요동반도로 한 것은 대개 너무 멀리 떨어져 있는 점을 고려한 것일 수 있었다.

중국 외교관 역시 한반도가 지역정치에서 차지하는 전략적 의의를 알고 있었다. 얄타밀약에서 소련이 뤼순항을 조차하려 한 소식이 전해지자 중국 사람들도 매우 다급했다. 1945년 4월 11일, 중국의 주미대사 구웨이쥔顾维钧의 추궁하에 얄타회의에 참가했던 미 해군상장 레이히Leahy는 소련이 최후 단계에서 대일작전에 참가할 용의가 있으며 그 목적은 조차의 방식으로 다시 뤼순과 다롄을 점령하는 데 있는 것 같다고 알려주었다. 이에 구웨이쥔은 매우 다급해 하면서 즉시 소련이 이렇게 하는 것은 19세기 말 열강들이 요동반도를 쟁탈했던 결과를 초래하게 될 것임을 지적했다. 그러면서 구웨이쥔은 특별히 미국에 "소련이 진짜로 해군의 부동항을 요구한다면, 한반도 동북연안에 분포된 일본인들이 건설한 3개의 항구 중 하나를 선택하도록 하면 된다. 이 항구 모두는 철로를 통해 중국 동북지역과 연결되어 있다. 소련은 한반도 동북연안에 더욱 적합한 해상통로를 건설할 수 있다. 그러면 소련의 연해지역, 및 블라디보스토크와도 연결할 수 있다"[57]고 건의했다.

일본에 선전포고를 하기 전 소련외교부 역시 이 문제, 즉 만약 중국이 뤼순항의 조차를 거절하면 어떻게 할 것인지를 고려하였다. 6월 29일 소련외교부 제2극동부서는 보고에서, 한반도의 전략적 위치는 소련의 극동지역의 안전에 매우 중요한 위치에 있음을 지적했다. 이렇게 서술한 이유는, 마치 구웨이쥔의 관점을 중복한 것과 같았다.[58] 같은 해 9월 미·소는 이미 38선을 한반도에서 통제범위를 하는 선으로 그었지만, 여전히 탁치를 통한 조선한국의 독립과 통일에 기울고 있었다. 그리하여 소련 외교부는 스탈린에게 조선한국에서 탁치가 시작되면, "그곳의 3개의 중요한 전략적 요충지 부산, 제주와 인천은 반드시 소련군사지휘관의 관리하에 있어야 한다", "만약 조선한국에서 이런 지역을 소련에 넘기는 건의가 반대에 부딪치게 된다면, 소련과 중국이 공동으로 이 전략지역을 관리할 수도 있다"고 건의했다. 외교부의 또 다른 보고는 다음과 같이 지적했다. "4개국이 조선한국에서 탁치를 시행하는 협약을 체결할 때, 유엔헌장 제82조의 규정에 의거하여, 부산, 청진, 제주와 인천은 반드시 전략적 지역으로 하여야 한다. 이들 지역에 대한 확보는 소련과 중화민국이 공동으로 뤼순 해군기지를 사용하고, 안전한 해상교통로를 확보하는 데 있어 매우 중요하다." "그들은 반드시 소련정부가 실시하는 특수한 군사통제하에 있어야 한다."[59] 당시 체결한 '중소우호동맹조약'을 통해 소련은 극동에서의 전략목표를 기본적으로 실현했고, 그 뒤 미·소 사이에 발발한 냉전으로, 스탈린의 관심이 유럽에 집중하게 되면서, 소련은 한반도에서 미국과 직접적으로 충돌할 필요도 없었고, 충돌하는 것을 원하지도 않았다.

마오쩌둥이 소련을 방문하기 이전까지 스탈린의 본심은 기존의 중소조약을 유지하는 데 있었다. 그렇게 되면 소련이 동북아시아에서의 기득이익을 보증할 수 있고, 한반도에서 미국과 충돌을 초래할 수 있는 위기를 일으킬 필요도 없었다. 때문에 스탈린은 김일성이 38선에서 일으키는 시비를 여러 번 저지했고, 마오쩌둥에게 평화가 10~15년 동안 유지될 수 있다고 보증했다. 하지만 스탈린은 소련의 극동지역에서의 이익이 손실을 보게 될 것을 예감하게 되자, 한반도의 전략적 목표를 확보하는 것을 의사일정에 올려놓게 되었다. 스탈린이 1945년 체결한 중소조약의 폐지를 동의한 시점에서 얄타협정은 더 이상 문제가 되지 않았다. 1월 22일 회담에서 마오쩌둥이 중소조약을 바꾸는 것이 얄타회의 결정과 연계됨을 제기하자, 스탈린은 "그러면 그것을 지옥에 가라고 해라" "우리는 이미 그것에 개의치 않는다"[60]고 말했다. 이 시기 바다로 나아가는 항구문제를 해결하는 방안이 이미 스탈린의 머리 속에 있었을 것이다.

한반도를 요동반도로 대체하는 것에 대해, 여기서 지적되어야 하는 점은 러시아의 대외정책에서 세력범위를 "교환"하는 수법이 역사적으로 전통이 있다는 점이다. 제정러시아는 1905년 일러전쟁에서 패한 다음 극동정책을 조정했다. 당시 몽골의 독립을 획책하면서 일본과 "조선한반도으로 몽골을 '교환'"하는 계획을 추진했다.[61] 스탈린 역시 서방과 세력범위와 피점령국의 영토를 교환하는 것을 통해 소련의 국가안전과 이익을 보증하려 했고, 그 선례도 찾을 수 있다. 1944년 10월 스탈린과 처칠의 발칸문제에서의 교환은 모두가 다 아는 일례이다.[62] 한반도에서 스탈린의 이러한 시도가 있었다. 1945년 8월 미국이 38

선을 분계로 미소가 한반도에서의 군사통제범위를 제안했을 때 스탈린은 흔연히 동의했다. 그 목적은 미국이 한반도 남부의 영토를 점령하는 것과 소련이 38선 이북의 일본 부분 영토를 점령하는 것을 교환하려 했기 때문이다. 비록 맥아더의 강경한 입장으로 소련의 계획은 실현되지 못했지만, 스탈린이 세력범위의 교환을 통해 자신의 대외전략목표를 실현하는 수단으로 하는 의도는 쉽게 보여지고 있다.[63]

스탈린은 늘 사유가 치밀하고 일을 조심스럽게 했기에, 그는 당연히 군사침공의 두 가지—순조롭거나 순조롭지 못한— 경우를 생각했다. 스탈린이 애치슨의 연설에 대한 이해처럼 김일성의 한반도에서 행동이 미국의 이익에 해를 끼치지 않기에 미국이 출병하여 간섭하지 않을 수도 있었다. 전쟁이 승리한 상황에서 소련은 한반도 전체를 통제하게 되고, 인천, 부산 그리고 기타 남한의 항구는 뤼순과 다롄항을 대체하는 작용을 하게 될 수 있었다. 교통선 문제에 대해서는 한편으로 구웨이쥔이 말한 것처럼 북한의 철로는 중장철도와 연결되어 있었고, 다른 한편으로 소련과 북한 철로의 연결을 위해, 쌍방은 1949년 3월 이미 크라스키노로부터 아오지에 이르는 58킬로밖에 되지 않는 철도노선을 건설하는 것을 확정했다.[64] 만약 전쟁에서 지더라도 소련은 여전히 뜻을 이룰 수 있었다. 동북아의 긴장된 정세는 중국이 소련군대가 뤼순, 다롄에 주차하는 것을 요구할 것이고, 중소 쌍방의 협정에 따라 전쟁이나 위기의 국면에서 소련군대가 중장철도를 사용할 권리가 있기 때문이었다. 그리하면 태평양으로 나아가는 철로는 자연스럽게 계속 소련을 위해 복무할 수 있게 되었다. 때문에 스탈린은 한반도에서 무장충돌이 발생 시에 그 결과가 어떠하든 모두 소련이 극동지역에서 설정한 전략목표—태평양으로 나아가는 부동항을 확보하는—를 보증할 수 있다고 예견했다.

그 이후 사건의 발전을 스탈린의 예상과 맞아떨어졌다. 한국전쟁의 발발로 중국은 중장철도를 개방하지 않을 수 없게 되었고 소련이 계속하여 뤼순기지에 주둔할 것을 요구했다. 1950년 7월 11일, 소련정부의 요구대로 중공중앙은 소련의 군사수송에 대해 중장철도와 동북의 공중항로를 전면적으로 개방하는 지시를 내렸다.[65] 뤼순항을 돌려주어야 하는 날짜가 가까워진 1952년 9월 소련해군의 철수를 미뤄줄 것을 중국이 주동적으로 요구하자, 스탈린은 다시 협정을 체결할 것을 요구했다.[66] 협상을 거쳐 중소 쌍방은 각서를 교환하는 방식으로 "중화인민공화국이 건의하고 소련정부가 동의하기를, 중·소는 뤼순항에 관련된 협정 제2조에서 규정하고 있는 소련군이 뤼순항에서 철수하는 기한을 연장하고, 공동으로 중국 뤼순항의 해군군사기지를 이용하고 그 시점은 중화인민공화국이 일본과, 소련이 일본과 강화조약을 체결할 시점까지 한다"[67]고 확정했다. 비슷한 시기에 1950년 협정에 따라 소련이 중장철도를 되돌려주어야 하는 시점도 다가 왔다. 중장철도를 돌려주는 연합공보를 체결하는 시점에 몰로토프는 중국대표에게 소련군대의 중장철도 사용을 허가하는 비망록이 아직도 유효함을 특별히 일깨워주었다. 저우언라이는 이 점을 확인해 주었다.[68] 이렇게 되어 소련은 원했던 대로 태평양으로 나아가는 부동항을 유지하게 되었다.

마지막 문제, 스탈린은 왜 급하게 한반도에서 군사행동을 시작하려고 했을까? 위에서 서술한 역사적 사실로부터 보아 전쟁의 준비는 매우 촉박했다. 1950년 상반기 남한내의 유격대 활동은 저조기에 있었고 회복될 기미도 없었다. 소련의 무기장비도 금방 도착하여 북한부대가 아직 그 사용법을 배우지도 못했다. 비행기 조종사가 부족하여 북한 공군부대는 참전할 수도 없었다. 인민군부대의 작전훈련도 몇 개월밖에 되지 않았고 원만하게 완성된 것도 아니었다. 이런 문제를 김일성이 보아내지 못한다 해도, 소련군사고문들도 보아내지 못했을까? 김일성이 아무것도 따지지 않고 선제적으로 침공을 발동하려 하는 것을 이해할 수 있다고 해도, 조심스럽고 사고가 면밀한 스탈린은 왜 이 자신이 완전히 확신하지 못했던 전쟁을 일으켰을까? 합리적인 해석은 오직 한 가지이다. 즉, 스탈린이 중요시 했던 것은 전쟁을 일으키는 것이었고, 전쟁의 결과가 아니었기 때문이었다. 그 결과가 어떠하든 소련은 태평양으로 나아가는 항구와 부동항을 통제할 수 있기 때문이었다.

종합하자면, 스탈린은 마오쩌둥과 동맹문제를 처리하는 과정에서 경제이익에서 충돌이 있었을 시, 극동에서의 소련의 전략이익에 대하여 면밀하고 전체적인 고려를 하고 있었다. 이러한 예상, 계획의 결과, 소련은 군사, 정치동맹을 통해 중국을 모스크바의 동방집단에 가입하게 하였고 극동에서의 소련의 전략적 지위를 보증할 수 있었다. 이것은 스탈린이 마오쩌둥에 대한 보복이라 말하지 않을 수 없다. 원래 스탈린은 중국을 도와 대만문제를 해결하고 다음 조선한국문제를 고려하는 것에 동의했다. 그 뒤 갑자기 김일성을 비밀리에 접견하여 한반도 통일문제를 토론한 것은 중공이 대만을 진공하는 문제를 뒷전으로 한 것이었다. 이렇게 보면 미국학자 크리스텐선Christensen이 새로운 시각에서 스탈린이 한국전쟁에 동의한 행동에 대한 해석은 비교적 합리적이라 할 수 있다. "스탈린은 마오쩌둥이 티토주의자 혹은 아시아의 레닌이 될 수 있다고 의심했다. 이것은 김일성이 동아시아공산주의운동을 움직이게 하는 노력을 가능케 했다."[69]

한국전쟁의 전세가 역전되자, 마오쩌둥과 중공은 엄중한 시험에 직면하게 되었다. 아시아의 티토인지 아니면 소련의 충실한 동맹인지 모든 문제의 초점은, 중국이 위급한 시기에 조선북한에 출병할지 여부에 집중되었다.

『화동사범대학학보』 2012 제4기에 발표

미국은 한국전쟁에 어떻게 개입하게 되었을까? 그 과정과 근거

한국전쟁의 발발은 미국의 한반도정책, 나아가 극동정책에 급격한 변화를 야기했다. 1950년 초 미국 정부는 공개적으로 한반도는 미국의 극동방어선 밖에 있다고 했고 미국이 한반도 문제에서의 모든 계획 역시 한반도에서 발을 빼는 것을 기본으로 했다. 이러한 정책은 트루먼이 1월 5일의 성명과 애치슨의 1월 12일 연설, 그리고 국가안전위원회 제68호 문건을 이론적 근거로 하고 있고, 이 정책실시의 방안은 2월 동경에서의 참모장연석회의에서 제정한 "비풋볼" 작전계획이었다.[1] 하지만 전쟁이 발발한 뒤 미국은 5일 사이 일련의 정책결정을 내렸고, 그 강도가 점차 높아져 최종적으로 한국전쟁에 전면적으로 개입하게 되었다.

한국전쟁의 발발이 워싱턴으로선 의외였다. 하지만 미국의 반응은 매우 신속하고 급격했다. 처음 전쟁 소식을 접한 뒤 놀랐고 당황스러웠지만, 전면적인 전쟁개입이라는 최종 결정을 하기까지 전후 불과 며칠밖에 걸리지 않았다. 우리는 시간표를 열거하는 것을 통해, 미국정부의 정책결정이 단계적으로 높아지는 과정과 미국이 어떻게 한국전쟁의 늪에 빠지게 되었는지를 보아낼 수 있다.[2]

6월 24일, 토요일

저녁 9시가 조금 넘은 시점에, 워싱턴의 AP통신본사는 남한에 주재하고 있던 기자로부터 한반도에 전쟁이 발발했다는 긴급전보를 받았다. 전보는 북한군대가 침공을 개시했고, "개성을 이미 잃었다"고 했다. 국무부는 이 소식을 접한 다음 한성서울에 있는 미대사관에 즉각 전보를 보냈다. 거의 비슷한 시점인 9시 26분, 국무부는 무초의 전보를 받았다.

> 한국군대의 보고에 따르면(이 보고는 한국의 군사고문단에 소속된 전방고문들의 보고에 의해 부분적으로 확인되었음) 북한 부대가 오늘 새벽 대한민국 영역의 여러 거점을 침범했다. 행동을 개시한 시점은 대개 오전 4시였다. 옹진은 북한 화포의 포격을 받았다. 6시를 좌우하여 북한보병은 옹진, 개성과 춘천 등지에서 38선을 넘었다. 보고에 따르면 해병대가 이미 동해안의 강릉 남부에 상륙했다. 개성은 오전 9시에 이미 함락되었고, 북한의 탱크 10대가 이번 전투에 참가했다. 북한부대는 탱크를 선봉으로 하고 있고, 보고에 따르면 춘천에 거의 접근했다. 강릉지구의 전투는 불분명하나, 북한부대가 이미 도로를 끊은 것 같다. 우리는 오늘 오전 한국군사고문단 고문들과 한국의 관리들과 함께 목전의 정세에 관련하여 토의했다.
>
> 침공의 성격과 이번 침공을 발동한 방식으로 볼 때, 이것은 대한민국에 대한 전면적인 침공일 가능성이 크다.[3]

마침 주말이었기에, 미국의 여러 관리들은 휴가를 하거나 외출을 하고 있었다. 트루먼 대통령도 가족과 함께 미주리주의 인디펜던스에 있었고 국무장관 애치슨, 주유엔대사 오스틴은 각각 메릴랜드주와 버몬트주에 있는 각자의 집에 있었다. 국무부 극동사무고문 덜레스는 동경에서 아직 귀국하지 않았다. 전화를 받고 국무부에 모인 인사는 유엔사무 국무차관 존·힉슨, 극동사무 국무차관 디안·힉스, 순회대사 필립·제섭, 유엔정치안전사무처부처장 웨인하우스와 국무부 극동사무처 관원 베이컨 등 인사들이었다. 군부의 수뇌들은 트루먼과 애치슨의 회고에 따르면, 국방부장관 존슨Johnson과 합참의장 브래들리는 동경에서 워싱턴으로 가는 도중에 있었다.[4] 육군장관 프랭크 페이스Frank Pace 외에, 당시 다른 장관과 합창의장은 연락이 닫지 않았다.

22시 전후, 애치슨은 전화를 통해 통지 받았다. 힉슨은 한반도에서의 충돌상황을 보고한 뒤, 다음 날 오전에 유엔안보리회의를 소집하여 정전을 호소할 것을 건의했다. 애치슨은 이에 동의했고, 유엔부대사 에른스트·그로스Ernest Gross 로 하여금 유엔사무총장 리를 찾아가게 했다. 애치슨은 국무부로 하여금 페이스를 통해 국방부와 신속하게 연락을 취해 공통으로 대응방안을 연구할 수 있도록 했다.

22시 20분, 애치슨은 트루먼과 통화를 했다. 애치슨은 무초의 전보내용과 안보리소집을 건의한 것을 대통령에게 보고했다. 트루먼은 동의를 표하면서 워싱턴에 즉각 돌아가겠다고 했다. 야간 비행은 큰 위험성이 있고 또 한반도 정세에 관련된 진일보 소식이 없기에 애치슨은 트루먼에게 다음 날 움직일 것을 권했다.

23시 30분, 힉슨은 리에게 전화를 걸었다. 리는 다음 날 오후 2시에 안보리 긴급회의를 진행하는 것에 동의했다. 당일 합참에서 당번을 맡고 있던 클리프턴Clifton 중령은 신문사들로부터의 문의를 받고 한국상황에 대한 소식을 알게 되었다. 하지만 상황이 진일보 명랑해 지는 것을 기다리는 것 외에 군부는 아무것도 할 수 없었다. 이튿날 새벽이 되는 시점까지 첫 번째 전보 이외에 무초와 한성서울대사관에서 새로운 소식이 날라오지 않았기에 늦은 밤 육군참모차장 토머스 팀버맨Thomas Timberman 준장이 사회를 본 임시 "지휘소"는 국무부에서 온 여러 지시와 정보를 태평양 저쪽에 있는 맥아더 사령부에 전달하는 역할만 했다. 미 국방부 전체가 한 일은 클리프턴 중령의 명의로 언론계에 아주 짧은 성명—미국정부는 한국에서 전쟁이 폭발한 것과 미국군대가 전쟁에 개입되지 않았음을 알고 있다—을 발표한 것밖에 없었다.

6월 25일, 일요일

자정이 넘은 2시 30분, 힉슨은 마침내 그로스Gross와 연락이 되었고 그에게 웨인하우스와 베이컨이 작성한 안보리에 제기할 초안을 구술했다. 내용을 확정한 다음 안보리긴급회의를 소집하는 요구와 미국의 의안을 다른 안보리 구성원들에게 전보로 알렸다. 그 뒤, 웨인하우스는 의안을 갖고 비행기 편으로 뉴욕에 날아갔다.

국무부는 아침에 남한으로부터 온 진일보한 소식을 받았다. 하나의 탱크종대를 핵심으로 한 대규모 침공이 한성서울과 김포비행장을 향해오고 있으며, 남한의 무기장비로 대항하는 것이 매우 부족하다는 내용이었다. 금방 메릴랜드에서 워싱턴에 차로 도착한 애치슨은 한국에서 전면전이 일어났고 상황이 매우 위급하다고 판단하고 다시 트루먼에게 전화를 했다. 트루먼은 워싱턴에 돌아갈 것을 즉각 결정하고, 그날 저녁 블래어빌딩에서 국무부와 국방부의 유관인사들이 참가하는 회의를 소집했다. 트루먼은 애치슨에게 해륙공 삼군장관과 합참이 즉각 연구를 하여 그가 돌아올 때까지 하나의 방안을 제기하도록 했다.

10시 35분, 합참의 군사정보처는 맥아더사령부에서 보내온 한 통의 상황보고를 받았다. 이 보고는 형세를 비교적 낙관적으로 보고 있었다. 이 보고는 남북 쌍방의 군사력의 대비를 매우 잘못 예측하고 있었다. 보고에서 북한 침공부대는 3개 사단에 불과하며, 남한의 방어부대는 4개 사단이며 또 다른 5개 사단이 전방에 나아가고 있다고 했다. 보고는 지금까지 잃은 지역은 컨틴전시 플랜에 포함되어 있는 지역에 해당하며 아무 일도 아니라고 했다. 맥아더는 비록 "북한이 투입한 역량과 전략적 의도로 볼 때" 그들의 진격은 "맹렬"하고 전술상으로도 돌발적이지만 어찌하든 그들의 최종목적은 명확하지 않다고 했다. 맥아더는 이미 남한에 무기장비를 운송할 것을 명령했지만, 만약의 경우를 대비하여 필리핀에 있는 제7함대의 주력을 한반도에 이동시킬 것을 건의했다. 군부는 예전부터 한반도가 미국에 전략적으로 의의가 없다고 생각했고, 또 몇 개월 전에 이미 침입에 대비하는 비상계획을 작성했었다. 그 내용은 일단 전쟁이 발생하면, 미국은 빠른 시일 내에 모든 군사인원, 외교관과 평민들을 철수하고, 필요시 공군을 동원하여 엄호한다는 것이었다. 이 시기 합참회의에서 위기에 대한 태도는 이 비상계획을 집행한다는 것이었다.

11시 30분 애치슨은 트루먼의 요구에 따라 군부인사가 참여한 회의를 소집했다. 국무부에서 회의에 출석한 것은 모두 수뇌 급 인사들인 애치슨, 베버Weber와 힉스였지만 국방부에서 대표로 나온 인사는 육군참모총장 로턴·콜린스와 부참모총장 토머스 팀버맨뿐이었다. 군부가 이 회의를 중시하지 않았음을 알 수 있다. 회의에서 행동계획에 대한 건의는 다음과 같았다. 미국 공군과 해군은 한성서울, 김포비행장, 인천항 주위에 방어선을 설치하여, 미국평민들의 안전한 철수를 확보한다. 맥아더가 미국군사고문단의 건의에 따라 남한에 무기장비를 제공할 수 있도록 하여 이전의 군사원조계획의 한계를 벗어날 수 있도록 한다. 한국부대가 전투력이 있는 한, 미국의 군사고문은 철수를 하지 말아야 한다. 미국의 한반도에 있는 모든 군사행동이 맥아더의 직권범위에 포함된다. 만약 유엔안보리가 한반도에서 연합행동을 취하는 것을 통과하면, 맥아더에게 제7함대를 포함한 모든 역량을 동원하여 "정세를 안정시키고 가능한 상황에서 38선을 분계선으로 회복"하는 "권한을 부여하고 지시"한다. 비록 이 모든 건의들이 합참의 모든 구성원의 의견을 전화로 청취한 것이었지만, 뒷날 합참의 문건에서 이 계획은 국무부에서 제출한 것이라고 적혀있었다.

오후 2시 트루먼의 전용기 독립호는 캔자스에서 이륙했다. 너무 촉급한 나머지 대통령의 보좌관 두 명이 비행기에 탑승하지 못하기도 했다. 트루먼은 비행기에서 전보를 이용하여 애치슨에게 저녁 7시 30분 국무부와 국방부의 관련된 인사들이 블래어빌딩에 모여 저녁을 함께 할 것과 긴급회의를 소집할 것을 통지했다. 트루먼의 전용기가 이륙할 시점에 뉴욕의 유엔안보리 긴급회의는 정식으로 시작되었다. 리는 남한에 있는 유엔위원회의 보고를 인용하여 북한이 이미 유엔헌장을 파괴했기에 안보리는 조치를 취하여 이 지역의 평화와 안전을 재건해야 한다고 했다. 곧이어 그로스는 미국의 의안을 읽었다. 안보리가 북한의 적대행동을 정지하고 군대를 38선 이북으로 철수하도록 명령할 것을 요구했다. 애치슨의 회고에 따르면 미국이 작성한 결의안 초고는 "북한의 대한민국에 대한 무장침공은 이유 없는 침략행위를 '구성'"한다는 것이었다. 하지만 기타 다른 안보리 성원국들은 그때까지 상황에서 이러한 결론을 내는 것에 회의를 표했다. 그들은 "평화에 대한 파괴를 구성"한다는 표현이 보다 적합하다고 했다. 미국은 이 의견에 따라 의안을 수정했다. 그리하여 오후 6시 이전, 짧은 시간의 정회를 통한 고려가 있은 뒤 안보리대표들은 미국의 건의안을 받아들였다. 오직 유고슬라비아만이 기권했다.

오후 5시가 넘어 트루먼은 워싱턴에 도착했고, 곧바로 블래어빌딩에 갔다. 소집되어 회의에 참가한 국무부 관리는 애치슨, 베버, 힉스, 힉슨, 제섭Jessup, 국방부 관리는 존슨, 육군장관 페이스, 해군장관 프란시스·매튜즈Francis Matthews, 공군장관 토마스·휜드레이터Thomas Findlater, 육군참모총장 로턴·콜린스, 공군참모총장 호이트·반덴버그Hoyt Vandenberg, 해군참총장 포레스트·셰먼Forres Sherman 및 브래들리 등 모두 13인이었다. 회의 시작 이전 존슨은 브래들리로 하여금 그가 맥아더로부터 가져온 대만전략에 관련된 중요한 비망록을 읽게 했다. 애치슨은 이것은 국무부와 국방부 사이의 의견분규라 생각했다. 군부는 늘 한국 문제에 관심이 없었고, 또 국무부가 장제스를 버리기로 한 정책에 불만을 품고 있었다. 트루먼이 말미를 돌렸기에 이 문제에 대해 토론이 진행되지 않았다.

저녁 7시 45분, 만찬 뒤 회의는 정식으로 열렸다. 트루먼은 먼저 애치슨이 발언할 것을 요청했다. 애치슨은 국무부정보사에서 제공한 한국 문제의 분석 보고에 따라 남북한의 정세에 대해 설명했다. 이 보고는 예측하기를 북한 군대는 7일 내에 한성서울을 함락하고, 그 다음 72시간 내에 남한에 "평화적 해결 건의" 즉 이승만의 투항을 제기할 것이라 했다. 만약 미국이 나서지 않으면 남한은 곧 붕괴하게 될 것이라 했다. 그 다음, 애치슨은 미리 준비된 건의를 읽었다. 애치슨에 따르면 이것은 그날 오후 그가 혼자 사무실에서 생각해낸 행동방안이었다. 때문에 그 내용은 오전에 토의한 내용과 비교하면 조금 수정이 있었다. 귀납하면 모두 세 가지라 할 수 있다. 첫째, 맥아더는 군인가족을 비롯한 미국공민들이 한국을 떠나게 해야 하며, 이를 위해서 미국공군을 출동하여 김포, 인천 등 비행장과 항구를 공격해야 한다. 하지만 미국공군부대는 38선 이남에서만 활동해야 한다. 둘째, 맥아더에게 공중투하 혹은 기타 방법으로 한국군대에 군사용품과 보급을 제공할 것을 명령한다. 셋째, 제7함대가 즉각 필리핀해군기지에서 출발하여 북상하여 대만해협에 진입할 것을 명령하여, 전쟁이 이 지역까지 확대되는 것을 막아야 한다. 동시에 제7함대는 대만에 대한 어떠한 침공도 저지할 것이며 대만이 대륙을 침공하는 것도 막을 것이다는 성명을 발표하는 것이다. 트루먼은 즉시 제7함대에 북상할 것을 명령하지만 이 함대가 지정된 지점에 도착하기 전까지 성명을 발표하지 말아야 한다고 보탰다.

이어진 토론에서 모든 사람들은 서로 다른 구체적인 사정을 이야기하면서 위의 몇 개항의 건의들을 지지했고 이상의 행동을 취하는 것에 동의했다. 셔

먼과 반덴버그는 해군과 공군만을 동원하면 즉각 상황을 대처할 수 있고, 미국의 공중타격과 해상 화포의 포격을 통해 전쟁을 끝낼 수 있다고 했다. 콜린스Collins는 이에 회의를 표했지만 대다수 사람들은 미국이 지상부대를 사용하는 것에 반대했다. 트루먼은 또 군사방면의 여러 문제에 대해 상세하게 물었고 최종적으로 애치슨이 건의한 3가지 건의를 받아들이기로 했다. 트루먼은 3군 참모장들에게 필요한 준비를 잘 하여, 유엔이 북한에 행동을 취할 것을 호소하면 즉시 명령을 내려 미국부대를 사용할 수 있도록 해야 한다고 했다. 동시에 콜린스의 건의를 받아들여 맥아더로 하여금 남한에 조사소조를 파견하여 원조의 방식과 극동에 있는 미군사력을 어떻게 사용하면 좋은지에 대하여 실제 조사를 진행할 것을 요구했다. 트루먼은 또 제7함대를 맥아더의 지휘하에 놓이게 하였고 그 기지를 일본의 사세보기지로 설정했다. 회의는 23시 좌우에 끝났다.

25일의 상황으로 볼 때 미국의 군부는 한국 문제에서 적극적이지 않은 태도를 보였고, 오히려 국무부가 비교적 주동적이었다. 국무부가 건의에서 대만 문제를 제기했기에 한국 문제에 관련된 이러한 건의들이 군부의 반대를 받지 않았다. 비록 공군을 투입하여 전쟁에 개입할 것을 결정했지만, 그 목적은 한국에서 철수하는 기정의 방안을 달성하는 데 있었다. 미국군대를 사용하여 북한의 공격을 저지하고 남한정권을 구하는 것은 아직까지 확정되지 않았고 적어도 명확한 것은 아니었다. 그 원인은 전쟁의 전개상황에 대한 보다 정확한 이해가 없었기 때문이었다.

6월 26일, 월요일

한국에서 날아온 소식은 백악관을 실망케 했다. 남한군대는 계속 패배했고, 북한부대는 점점 다가왔다. 미국군사고문단은 이승만부대가 한강, 즉 38선과 한성서울사이의 유일한 천연장벽을 지킬 수 있을지에 대해 의심을 하게 되었다. 무초대사는 맥아더의 반대에도 불구하고— 맥아더 장군은 놀랄 필요나 급할 필요가 없다고 생각했다—새벽 2시에 자신은 계속 한성서울에 남지만 대사관은 한성서울에서 철수할 것을 결정했다. 이승만은 정부를 한성서울이남 240킬로에 있는 대구로 옮기기로 결정했다. 조금 늦게 맥아더가 보내온 전보는 트루먼을 놀라게 했다.

> 남한 제3사단과 제5사단이 산발적으로 한성(서울)부근의 전투에 투입된 결과, 적들의 침입을 저지하지 못했다. 이러한 침입은 과거 이틀 동안 적들의 주요한 행동 방향이었다. 그 목적은 수도 한성(서울)을 탈취하는 데 있다. 적들의 탱크는 한성(서울)근교에 진입하고 있다. (…중략…) 현재 이렇게 신속하게 악화되는 상황하에서, 극동사령부는 한국에 파견된 군사소조로 하여금 돌아올 것을 명했다.
>
> 남한 부대는 북한의 맹공을 막을 수 없다. 적들에게 유리한 요소는 탱크와 전투기를 보유한 것에 있다. 전투상황의 지표에서, 남한의 사상자 수가 말해주는 것은 그들에게 충분한 저항력이 부족하고, 전투의지도 부족하다는 점이다. 우리의 예상에 따르면, 얼마 지나지 않아 전부 붕괴될 것이다.[5]

오후 3시 15분 남한 대사 장면은 트루먼에게 이승만이 원조를 요구하는 편지를 전달했다. 트루먼의 회고에 따르면, 장면은 "매우 우울했고 금방 눈물을 흘릴 것 같았다". 상황은 이미 매우 엄중해졌다.

저녁 9시 트루먼은 재차 블래어빌딩에서 긴급회의를 소집했다. 어제 회의와 비교하면 이번 회의의 기분은 매우 무거웠다. 먼저 브래들리가 한국상황에 대해 보고했다. 남한군대는 지금 전면적으로 철수 하고 있고, "유효한 저항능력과 투지"를 거의 잃었고, 한성서울이 "매우 위급하며", 북한 탱크가 이미 "성

밑까지 왔고", 이승만의 부대는 곧 "완전히 와해될 것"이라 했다. 반덴버그가 보고하기를 미국 공군은 이미 소련제 야크형 비행기를 격추했다고 했다. 트루먼이 건의를 묻자, 애치슨은 다음과 같이 건의했다.

- 공군과 해군은 한국군대에 전면적인 지원을 한다. 목전 활동을 38선 이남으로 제한한다.
- 제7함대에게 명령하여 대만이 침공 받는 것을 저지하고, 국민당에게도 대륙을 침공하지 말 것을 알려준다. 제7함대에게 만약 필요하면 그들이 이렇게 하는 것을 저지하도록 한다.
- 필리핀에서의 미국군대를 강화하고, 필리핀 군대에 대한 원조를 가속화한다.
- 인도지나에 대한 원조를 증가하여, 프랑스인들에게 우리가 강대한 군사사절단을 보낼 것임을 알려준다.
- 만약 이상의 내용에 동의하면, 대통령께서는 당신의 지시에 따라 준비된 성명을 발표하고, 그 성명의 내용에는 행동에 대한 건의가 포함되어야 한다.
- 내일 오전에 열릴 안보리회의에서, 우리들은 새로운 결의안을 제기하여, 유엔 회원국들에게 한국을 도와 무장침공을 배격하고 이 지역의 평화를 회복할 것을 호소해야 한다.[6]

이러한 건의들은 모두의 동의를 받았고, 트루먼대통령의 비준을 얻었다. 하지만 미국이 해군과 공군을 출동하여 남한군대의 작전을 원조하는 것이 유효한지에 대해서는 여전히 의견이 달랐다. 해, 공군은 비교적 낙관적이었지만, 육군참모장은 이에 깊은 회의를 표했다. 트루먼은 그러자 미국 지상부대의 상황에 대해 물었고, 콜린스와 브래들리가 여러 번 계산한 결과에 따르면, 미국의 병력은 확실히 부족했다. 만약 지상부대를 출동하게 된다면, 국민경위대를 동원해야 되고, 국회의 자금 지출을 요구해야 했다. 트루먼은 즉각 이에 대해 연구할 것을 명령했다.

회의는 1시간밖에 진행되지 않았고, 트루먼은 즉시 해군과 공군이 남한군대를 지원하는 것과 제7함대를 대만해협에 파견하는 명령을 하달했다. 트루먼은 존슨으로 하여금 맥아더에게 전화로 극동의 해, 공군 역량을 동원하여 남한을 지원하지만, 38선 이남에서 활동해야 한다는 통지를 하도록 했다. 회의 후 페이스는 즉시 맥아더에게 작전명령을 하달했다. 38선 이남의 "모든 군사목표에 모두 공군을 출동할 수 있다" "해군은 모든 해안과 수역 및 항구에서 자유롭게 행동을 취할 수 있다".

한국전쟁이 발발한 이튿날, 미국은 전쟁에 개입하는 첫 발걸음을 내디뎠고, 동시에 중·미 사의가 투쟁으로 나아가는 것에 있어서도 견실한 주춧돌을 놓았다. 주목할 점은, 미국정부가 지상부대를 통해 전쟁에 개입할 의도가 있었지만 능력 부족 때문에 해·공군의 출동에 희망을 걸면서 즉각적인 행동을 취하지 않았을 뿐이라는 점이다. 또 지적되어야 하는 점은, 미국 대통령과 육군장관이 명령을 하달 할 시점은 유엔안보리가 아직 회의를 열어 남한을 지원하는 결의안을 통과시키지 않은 시점이었다는 점이다. 미국국회 역시 이 문제에 대해 토론을 진행하지 않았다. 이것은 미국정부가 취한 군사행동이 어떠한 표면적인 합법성도 없다는 것을 의미한다. 하지만 백악관은 이러한 것에 개의치 않았다. 맥아더는 명령을 받은 뒤, "원조조치"를 즉각 남한에 선포하여 "사기를 고무"할 수 있도록 할 것을 허락해달라고 요구했다. 그러나 국무부는 동의하지 않았다. 베버는 대통령이 국회와 연락을 취하기 전까지 이 소식을 공개할 수 없다고 답했다. 이것이 "국회가 정부를 지지하는 것에 영향"을 줄 수 있기 때문이라고 했다. 하지만 맥아더는 만약 남한군대에 흥분제를 놓지 않으면, 몇 시간이 지나지 않아 전쟁이 끝날 것이라 했다. 이러한 맥아더의 견지 때문에 베버와 페이스는 그의 요구를 동의해 주었다. 다만 조건은 트루먼이 공고를 발표하기 이전까지 영어로 이러한 결정을 방송하지 않는다는 것이었다.

6월 27일, 화요일

오전 트루먼은 국무부와 국방부의 주요 구성원들을 대동하고 국회영수들과 회담했다. 애치슨이 개략적으로 상황을 설명한 다음, 트루먼은 국무부가 그에게 보고한 회담 후 발표하게 될 성명 초안을 읽었고, 국회영수들의 이 성명에 대한 의견을 청했다. 국회영수들은 트루먼 정부의 행동에 일치적으로 지지하는 태도를 보였다. 참의원 위리Willy가 미국군대가 지금 개입된 정도에 대해 묻자, 존슨은 맥아더가 명령을 받은 다음 즉각 공군과 해군부대를 파견했다고 명확하게 대답했다. 참의원은 미국의 군사력이 이미 한국에 있고, 대통령께서 이러한 역량으로 족하다고 생각하신다면 된다고 말했다. 티딩Tydings 참의원은 그가 영도하는 병역위원회는 이미 그날 오전에 병역법의 기한을 연장하기로 결정했고, 대통령에게 국민경위대의 역량을 소집할 권한을 부여하는 건의를 했음을 보고했다. 문제가 정치로 향하자, 트루먼은 지금 취하고 있는 행동은 유엔이 한반도지역에서의 평화를 위해 노력하는 것을 지지하는 것에 있다고 해석했다. 대만에 대해서, 그의 명령은 보조적인 것으로 그 목적은 다른 새로운 전투가 발생하는 것을 막는 데 있다고 했다. 회담 시 미국이 유엔에 제출할 의안에 대해서도 논의했고, 일부 단어의 사용을 제외하면 이 의안도 이들 국회의원들의 일치적인 동의를 얻었다. 그날 공화당영수 토머스·듀이ThomasDewey는 전화를 통해 애치슨에게 그의 성명을 읽었다. 그 내용은 정부의 한국에서의 행동에 대하여 지지를 보증한다는 것이었다.

회의 뒤, 트루먼은 언론계에 성명을 발표했다. 미국은 이미 해군과 공군부대를 파견하여 남한부대에게 엄호와 지지를 제공하고, 제7함대를 대만해협에 진주할 것을 명령했으며, 이것은 대만에 대한 침공과 대만이 대륙에 대한 침공을 저지하기 위한 것이라 했다. 트루먼이 두 번째 명령을 내린 행동의 근거는 대만의 미래지위가 아직 불명확하기에, 태평양의 안전이 완전히 회복된 이후, 혹은 대일강화문제가 해결된 이후, 혹은 유엔의 심의를 거친 이후까지 기다려야 함에 있다고 했다.

오후 3시 좌우, 유엔안보리는 회의를 소집하여 미국이 제출한 "유엔성원국들이 대한민국에 무장침공을 저지하고 이 지역에서 국제적인 평화와 안전에 필요한 원조를 제공할 것에 관한 건의"를 토론했다. 회의는 몇 시간이나 토론이 진행되었다. 또 몇 시간 동안 되는 정회를 갖고 인도와 이집트 대표 등 각자 정부의 지시를 기다릴 수 있게 했다. 늦은 밤 11시 50분, 소련대표가 여전히 유엔에 돌아오지 않은 상황에서, 안보리는 7표 찬성, 1표(유고슬라비아) 반대, 2표(인도와 이집트) 기권으로 미국이 제출한 "긴급제재안"을 통과시켰다.

6월 28일, 수요일

3군 참모장은 한반도 정세에 대해 밤샘 토론과 연구를 한 다음 이 같은 결론을 내렸다. 해군, 공군에만 의거해서는 남한의 위급한 정세를 되돌릴 수 없다는 결론과, 전투기의 폭격은 낮에는 북한의 탱크종대를 분쇄할 수 있지만 10만여에 달하는 보병에 대해서 그 숫자의 1/4밖에 되지 않는 남한부대가 그 침공을 저지할 수 없다는 결론을 내렸다. 오전에 있었던 회의에서, 합참은 부속기관인 연합전략위원회에 다음과 같은 연구를 지시했다. 만약 지금 한국에서 취하는 행동의 효과가 미약하다면, 군사적 측면에서 어떠한 대책을 취해야 하는지를 48시간 내에 방안을 마련하여 제출할 것을 요구했다. 이 위원회는 공군이 38선 이북에서 행동을 취할 것과 "지상부대의 파견"을 포함한 다른 행동을 포함할 것을 고려해야 한다고 했다.

오후 5시, 트루먼은 백악관에서 국가안전위원회 회의를 소집하여 한반도 정세를 연구했다. 공군장관 핀레터는 남한군대에 "충분한 공중지원"을 제공하기 위해서, 공군이 38선 이남에서만 활동해야 한다는 제한을 취소할 것을 요구했다. 트루먼은 결정하지 못했고 공군창모장 반덴버그에게 이 문제를 어떻게 하면 좋을지 물었다. 미국공군은 "부득이하게" 북한공군기지와 석유저장시설을 폭격해야 했지만 그는 아직까지 이러한 결정을 내리고 싶어하지 않았다. 반덴버그는 문제의 민감성을 인식했다. 북한 공군기지가 38선 이북 약 60킬로에 위치해 있기에, 미국비행기가 "실수로 변경을 넘었다"는 것을 핑계로 이에 대해 폭격을 실시할 수 없기 때문이었다. 애치슨과 존슨 대통령 역시 이렇게 하는 것을 별로 원하지 않았다. 트루먼은 최종적으로 "우리는 그렇게 하지 않을 것이다"고 했다. 하지만 트루먼은 24시간도 되지 않아 태도를 바꾸게 되었다. 이미 그 전에 맥아더는 극동공군의 부사령관 패트리지Patridge에게 보낸 전보에서 이미 "즉각 북한 비행장을 부셔버리되" 이것을 퍼뜨리지 말 것을 명령했다. 이것은 맥아더가 한국전쟁이 발발한 이후 처음으로, 하지만 마지막도 아닌 대통령이 그에게 수여한 권한을 초월한 것이었다.

6월 29일, 목요일

맥아더가 한국에 파견한 존 처치John Church준장이 이끈 조사단이 보내온 소식은 만약 미국군대가 전투에 투입되지 않는다면 전쟁 이전의 분계선 상태를 회복할 수 없다고 했다. 북한군대는 이미 한성서울을 공략했고, 그곳에 있는 이승만 군대를 숙청했고, 지금 계속하여 남하하여 남한임시정부의 소재지 수원을 향하고 있다고 했다. 존슨의 긴급제의에 따라 트루먼은 오후 5시에 재차 부통령 바클리Barkley, 국무장관, 국방부장광, 3군 장관과 참모총장, 재정부장관 그리고 중앙정보국국장 등 인사가 참가한 국가안전위원회 회의를 소집했다. 회의에서 존슨은 먼저 맥아더에게 보낼 지시에 대한 건의를 논했다. 존슨은 공군의 행동을 보증하기 위한 안전한 기지를 확보하기 위해서라도 지상부대의 사용이 필요하다고 했다. 일본 기지에서 이륙한 전투기는 목표 지역에서의 행동시간이 극히 제한적이며, 그들이 지원하고 있는 남한부대와 연락이 닫지 않는다고 했다. 존슨은 또 해군과 공군의 행동을 38선 이남에 제한하는 것에 불만하면서 이것이 북한의 보급품과 지원부대를 순조롭게 남쪽으로 수송되게 한다고 했다. 총체적으로 존슨은미국군대는 남한에 적어도 한 개의 거점이 있어야 한다고 했다. 트루먼은 이러한 행동은 미국이 소련과 전쟁을 하려는 의도가 아니라, "북한을 38선 이북에 되돌리는 것에 있음"을 표명해야 한다고 했다. 동시에 이러한 행동은 미국이 "지나치게 한국에 함몰되어 우리들이 다른 기타 지역에서 발생하는 비슷한 상황을 돌볼 수 없는 상황"에 이르지 않는 것을 보증해야 한다고 했다. 페이스는 38선 이북에서 군사행동을 하는 것을 허락하는 문제에서 특별히 신중해야 하고 이 행동에는 명확한 제한이 있어야 한다고 했다. 애치슨은 회의에서 국무부의 소련 행동에 대한 예측을 간략히 보고했다. 국무부는 "중국인들은 간섭할 가능성이 있지만, 소련은 그렇지 않을 것이다"고 분석했다.

트루먼의 지시에 따라 합참은 그날 오후 6시 59분 맥아더에게 84681호 명령을 내렸다. 그 요점은 첫째, 맥아더가 한국에서 지상부대를 사용하는 것을 허락하며, 이는 전쟁에서 떨어져 있는 부산의 항구, 비행장과 교통시설을 보장하는 것을 목표로 해야 한다. 둘째, 해군과 공군의 극동에서의 모든 역량을 동원하여 38선 이북의 모든 군사목표를 타격하는 것을 허락하지만, "특별히 주의할 것은 북한에서의 행동은 정확하게 만주와 소련변경에서 멈춰야 한다"는 점이다. 셋째, "만약 소련군대가 적극적으로 한국에서의 우리들의 작전행동에 대하여 공격한다면 당신 부대는 자위를 할 수 있지만 정세가 악화되는

행동을 취해서는 안되며, 워싱턴에 상황을 보고해야 한다".[7]

이날 미국의 행동은 또 앞으로 나아갔다. 해군과 공군의 출동목적은 미국평민들의 철수를 보호하는 것에 있지 않고, 북한의 군사목표를 타격하고, 특히 38선 이북의 군사목표까지 여기에 포함시켰다. 이 밖에 미국은 지상부대를 한국에 투입하기로 결정했다. 비록 이것은 보호를 위한 것이었지만 이로서 전투에 참여하는 것과 한발치만 남게 되었다.

회의 뒤 얼마 지나지 않아서 애치슨은 장제스의 제의를 백악관에 가져왔다. 장제스는 남한에 3만 3천 명의 군대를 투입할 용의가 있으며, 미국이 운수와 보급을 제공할 것을 제의했다. 트루먼은 이에 동의를 표했지만 애치슨은 반대했다. 그 이유는 "이 부대가 대만을 보위하는 것이 한국을 보위하는 것보다 더 유용하다"는 이유에서였다. 트루먼은 다음 날 회의에서 재차 이 문제를 제기하여 여러 사람들의 의견을 들어볼 것을 지시했다.

6월 30일, 금요일

맥아더는 직접 비행기를 타고 남한을 시찰한 후, 자정이 넘은 1시에 국방부에 2,000자가 넘는 전보를 발송했다. 전보에서 남한부대는 이미 "반격할 능력을 완전히 상실했고" 지금 한성서울이남의 전선을 지키는 유일한 희망은 "한국의 작전지역에 미국의 지상부대를 투입하는 것"이라 했다. 맥아더는 즉시 약 2,000명 정도의 부대를 파견하고, 곧이어 일본에서 두 개 사단의 병력을 빼내서 초기의 반격에 사용할 것을 건의했다. 국방부 당직자는 콜린스를 잠에서 깨웠고, 급히 사무실로 오도록 했다. 그는 즉시 맥아더와 전보를 통한 회담을 가졌다. 맥아더는 즉각적으로 그의 건의에 답할 것을 요구하면서, 전선에서 미국의 원조가 급하게 수요됨을 다시 강조했다. 콜린스는 하는 수 없이 육군장관 페이스를 깨웠다. 페이스는 대통령에게 물어볼 것을 약속했고 그날 아침

5시에 트루먼에게 물었다. 페이스가 구술한 맥아더의 전보를 들은 뒤, 트루먼은 몇 가지만 묻고는 페이스에게 명령하기를, 즉시 맥아더에게 통지하여 먼저 1개 연대의 병력을 전투에 투입하는 것에 동의한다고 했다.

오전 8시 30분 트루먼은 재차 블래어빌딩그룹을 소집하여 한국에 지상부대를 투입하는 문제와 장제스의 한국에 군대를 파견하는 건의를 토론했다. 트루먼은 여전히 장제스의 건의를 받아들이는 것에 기울었다. 시간이 매우 긴급한 상황에서 장제스의 부대는 5일 내에 즉각 배를 태고 출발할 수 있기 때문이었다. 하지만 애치슨과 3군 참모총장 모두 장제스가 한국전쟁에 개입되는 것을 반대했다. 이들의 가장 중요하게 생각한 이유는 이렇게 하면 중국공산당 군대가 한반도에 간섭하거나 혹은 대만을 침공할 수 있다는 점이었다. 트루먼은 이들의 의견을 받아들여 장제스의 건의를 완곡히 사절하기로 했다. 그 뒤, 맥아더가 한국에서 지상부대를 투입하여 전투에 참가하는 요구는 아무런 막힘이 없이 순조롭게 통과되었다. 트루먼은 곧 발표될 명령을 비준했다.

오전 11시, 백악관은 국회영수들과 회의를 가졌다. 트루먼은 국회영도자들에게 간략한 소개를 한 뒤, 그가 금방 미국의 지상부대가 한국전쟁에 개입하는 것을 명령했음을 선포했다. 장시간 동안의 긴장과 침묵이 있은 뒤, 단 한 명의 공화당 참의원만이 대통령이 국회와 상의도 없이 지상부대를 사용하기로 결정한 것에 대해 의의를 표시했다. 트루먼은 시간이 급함을 이유로 이 질책에 답했다. 국회의 양원은 압도적 다수로 트루먼의 결정에 대해 지지를 표시했다.

오후 1시 22분, 합참은 맥아더에게 84718호 명령을 하달했다. "84681명령에서의 육군 사용을 제한한다는 규정을 취소하고" 맥아더로 하여금 그가 지휘하는 육군을 한국에서의 전투에 투입하는 것을 허락했다. 다만 "지금의 상황에서 일본의 안전을 위협하지 않은 한"이라고 했다. 이 밖에, "국무장관은 지금 장제스 위원장이 부대를 제공하겠다는 건의는 응당 사절해야 한다는 명령을 받고, 그(장제스)에게 통지했다".[8]

이렇게 하여 트루먼 정부는 매우 쉽게 미국이 전면적으로 전쟁에 개입하는 마지막 발걸음을 내디뎠다. 7월 5일 제24사단 제1여단 스미스 특수임무부대가 오산에서 전쟁에 투입됨에 따라 미국은 정식으로 한국전쟁에 참여하게 되었다. 일반적으로 지상부대를 전투에 투입하는 것은 전쟁 상태를 의미하는 것이지만 트루먼은 먼저 선전포고를 하지 않았다. 이것은 미국 역사에서도 매우 드문 경우였다. 또 국회의 동의도 얻지 않았다. 기왕의 상황에서 이것은 국회의 강렬한 저항과 저지를 받을 수 있는 경우였다. 트루먼은 미국이 직면했던 전쟁이냐 평화냐의 선택을 해버렸다. 하지만 미국국회와 여론은 마음 편하게 이 기정사실을 받아들였다. 미국은 이렇게 한 걸음 한 걸음 한국전쟁의 수렁에 빠져들게 되었다.

한반도는 원래 미국의 극동 환형방어선 밖에 있었었고, 미국군부가 여러 차례 제정한 한반도에서 전쟁이 발생시의 인턴전시 플랜 역시 신속하게 한반도에서 일본으로 철수하는 것이었다. 즉 한반도에서 몸을 빼는 것이 미국의 기정된 국가정책이었다. 그러면 왜 전쟁이 발발한 며칠 사이 미국 정부는 그들이 오랜 기간 정밀하게 제정한 정책을 완전히 바꾸고 몸을 사리지 않고 전면적으로 한국전쟁에 개입했을까?

미국이 한국전쟁에 개입하는 정책결정의 과정은 매우 복잡한 문제였다. 여기에 몇 가지 명확히 해야 하는 전제가 있다.

첫째, 한국전쟁이 발발한 당시 미국은 북한이 침공을 발동한 의도가 어디에 있는지를 명확하게 알지 못했고, 이번 침공이 소련의 인가와 지지를 받은 것이라는 비교적 일치된 관점을 제외하면 정부의 여러 연구부처와 정보부처의 생각과 의견이 일치되지 못했다는 점이다. 이번 침공의 목적은 남한을 점령하기 위한 것일까, 아니면 남한을 발판으로 일본을 공격하기 위한 것일까? 이것은 극동지역, 예를 들면 대만, 베트남, 필리핀에 제한된 것인지 아니면 성동격서로 미국이 극동에 병력을 집중하는 시기를 틈타 소련이 서구를 진공하려는 것일까? 북한 단독 행위인지 아니면 소련, 심지어 중국이 함께한 오랫동안 획책한 총체적 전략의 전초전일까? 이러한 문제들은 심지어 인천상륙 시까지도 완전히 일치된 인식을 이루지 못했다. 이러한 전쟁의도에 대한 불분명한 이해는 정책결정을 맹목적이게 했다.

둘째, 미국정계와 군부 모두는 전쟁의 발발에 대해 매우 놀랐다. 비록 앞서 서술한 것처럼 여러 정보기구에서 군사충돌의 흔적을 여러 주관부서에 보고했지만, 냉전상황에서 긴장된 정세는 보편적으로 존재했고 남북한군사충돌이 이미 1년 넘게 이어졌기에 정계나 군부 모두가 이 문제를 진지하게 생각하지 않았다. 심지어 전쟁이 이미 일어난 상황에서 합참과 맥아더는 여전히 대수롭게 생각하지 않으면서, 이것은 결정적인 전투가 아니라 생각했다.[9] 전쟁에 대한 심리적 준비가 부족하고, 혹은 다만 전쟁 시 일본으로 철수하는 준비만을 했던 것이 갑자기 발생한 상황에서 미국을 당황케 했고, 이것은 정책결정에서 실수를 피할 수 없게 하였다.

셋째, 전쟁 발발의 가능성을 고려한다고 해도 미국군부는 남한군대가 그 어떠한 침공도 막아낼 수 있다는 전에서 출발해야만 했다. 전쟁 이전, 미국정부의 한국 문제에 관련된 논쟁은 남한에 원조를 더 주어야 하는지, 얼마나 원조해야 하는지 등 문제에 있었고, 미국이 직접 출병하여 참전해야 한다는 생각은 한 번도 없었다. 군부는 보편적으로 군사물품을 더 주면, 남한군대가 전선을 안정화할 수 있다고 생각했다. 전쟁이 시작된 첫 날에도 맥아더는 덜러스와 그의 조수들에게 남한군대가 충분히 대응할 수 있다고 장담했다.[10] 이것은 미국이 군사적으로 준비가 되어있지 않았음을 말해주고 있다. 그리하여 쉽게 첫 번째 결정을 내린 것이 두 번째 결정을 쉽게 내리게 만들었다. 전쟁의 전체 과정에서 볼 때, 미국의 정책결정이 군사정세에 의해 끌려 다닌 측면이 있다.

넷째, 군사이론적인 측면에서 볼 때, 원자탄을 손에 쥐고 있고, 여기에 제2차 세계대전의 경험과 전후 대량의 군인을 감축한 상황에서, 미국의 군사전략이론은 공중핵타격에 너무 집중되었고, 과도하게 해, 공군의 역량에 의뢰하게 되었다. 전후 미국의 군사전략은 소련이 미국 혹은 서구에 갑자기 발동하는 전면침공에 대처하는 것에 집중했고, 이런 침공은 전략적 공군력의 강력한 반격에 직면하게 되어 있었다. 리지웨이는 다음과 같이 말했다. "한국전쟁 이전, 우리들의 모든 군사계획은 전 세계를 뒤엎을 전쟁에서 어떻게 싸울 것인가에 집중되었고, 이런 환경에서 아주 멀리 떨어져 있고 방어가 준비되지 않은 반도를 방어한다는 것은 매우 어리석은 일이었다." "유한전쟁이라는 것은 우리들에게 비교적 낯선 개념이었다."[11] 그 결과 소련이 움직이지 않은 상황에서 미국은 판단실수로 인하여 태평양 건너편에 있는 아주 작은 땅을 위해 군대를 일으켜, 국민을 고생시키고 물자를 낭비하는 재난과 같은 전쟁에 말려들게 되었다.

이러한 맹목적인 인식, 판단에서의 실수, 그리고 심리적으로나 군사적으로 준비가 부족한 상황에서 미국정부는 급작스럽게 전쟁에 돌입하는 중대한 결정을 내렸다. 때문에 이것이 일정한 우연성을 띠었다고 말하지 않을 수 없다. 하지만 우리는 또 이런 우연성 배후에 있는 여러 우연성이 교차하는 과정에서 여전히 존재하는 필연성과 미국이 전쟁에 개입하게 된 역사적 기초도 보아야 한다.

먼저, 전후 세계는 사회주의와 자본주의 양대 진영으로 분열되었고, 두 개의 서로 대립하고 적대시하는 이데올로기가 존재했다. 미국은 스스로를 자본주의 세계의 영수라고 생각했기에 전체 자본주의 세계를 보위하는 책임과 임무를 짊어지게 되었다. 소련은 사회주의 진영의 영수로서 미국은 소련이 자신들이 전후 수립한 군사적 우세를 이용하여 — 이런 우세는 원자탄을 소유함으로써 더욱 위험하게 되었다— 그들이 일관적으로 선전하는 목표인 전인류의 해방을 실현하려 한다고 생각 했다. 또 얄타체계가 대체적으로 미·소 양국 혹은 양대 진영의 세력범위를 대체적으로 나누었고, 트루먼주의의 제기는 미·소냉전의 유희규칙을 확정했다. 그리하여 미국은 남한에 대한 침공이 사회주의진영이 자본주의 진영에 대한 공공연한 도전이라고 생각했다. 1950년대 초 미국의 한 갤럽조사에서 75%의 사람들은 소련이 "전 세계를 통치하는 권력"을 도모한다고 조사된 것은 이런 심리의 표현이었다.[12]

트루먼주의를 내놓음으로써 미국의 대외정책에는 다음과 같은 기조가 세워졌다. 서방세계의 영수로서 미국은 반드시 소련이 발동하는 그 어떠한 침공이나 정세 긴장을 초래하는 것을 막아내야 한다. 그리스에서 베를린까지, 이란에서 중국까지, 시베리아에서 극동까지 전후 몇 년의 상황은 이러한 바탕 위에 전개된 것이었다. 비록 군사전략적인 측면에서 한반도가 미국의 극동방어선 밖에 있었지만, 정치전략적인 측면에서, 남한은 미국의 세력범위 안에 있었고 미국이 보호하는 서방세계의 전진기지였다. 미국의 세계범위에서의 이러한 위신을 지키기 위해, 또 "자유세계의 영수"라는 체면을 잃지 않기 위하여, 군사적으로 경제적으로 미국에게 별로 중요하지 않은 한반도는 미국이 서방세계를 "공산주의 침략"에서 보호하는 상징이 되었다. 1949년 중국을 "잃은 뒤", 남한이 극동에서의 이러한 상징은 더욱 중요하고 대표성을 띠게 되었다.

트루먼은 한국전쟁을 회고할 때 이렇게 말했다.

> 우리들의 당시 마음은, 반드시 하나의 자유국가에 대해 실행하는 무장 침략행동을 제지해야 하며, 이것은 평화를 유지하는 데 매우 중요하다는 것이었다. 우리는 모두에게 한국의 정세는 여러 가지로 중요하며, 그것은 이러한 정세가 서방세력의 결심을 보여줄 수 있기 때문이라 알렸다. 지금 세계 다른 지역에서 새로운 행동을 제지하는

> 유일한 방법은 단호한 행동을 취하는 것에 있다. 우리들이 보건대, 만약 우리들이 행동을 취하지 않아 우리들이 지지하에 수립되고, 유엔이 보장하는 자유국가를 보호하지 않는다면, 부단 아시아에서만이 아니라, 유럽, 중동과 기타 지역과, 소련과 가까이 있는 지역에 있는 여러 인민들의 우리들에 대한 믿음에 좋지 않은 영향이 있을 것이다.[13]

애치슨은 이것을 보다 명확하게 말했다.

> 이것은 한차례 공개적이고, 적나라한 국제적으로 공인된 우리들의 남한에 대한 보호자 지위에 대한 도전이다. 남한은 미국의 점령하에 있는 일본의 안전에 중요한 지역이다. 우리들의 응전능력을 감안할 때, 이 도전을 회피한다면 미국의 권력과 위신은 극대한 손실을 보게 될 것이다. 나는 위신의 의의는 권력 투하의 그림자로서, 거대한 위협이라는 측면에서 중요성이 있다고 생각한다. 때문에 우리들은 소련의 한 괴뢰가 우리들의 방어화력권내에서 이 중요한 지역을 정복하게 할 수 없고, 안보리에서 몇 마디 하는 것에 그칠 수 없으며, 태도만을 표시하고 아무런 반격을 하지 않아도 안 되는 것이다. 보아하니 우리들은 반드시 결심을 내려 무력을 사용해야 한다.[14]

당연히 트루먼과 애치슨은 미국이 한국전쟁에 개입을 결정했던 주요한 정책결정자로서 몇 년이 지난 다음 이런 주장을 하는 것에 미국의 이 전쟁에 개입했던 잘못된 결정에 대하여 변호하는 뜻이 얼마간 가미되어 있는 것이다. 이것은 그 뒤 전쟁의 전개가 완전히 미국의 생각을 벗어나게 되었고, 미국의 여론과 민심도 전쟁이 아직 끝나지 않았을 때 이미 초기의 전쟁에 대한 열정에서 끝나지 않는 이 전쟁에 대한 원망과 혐오로 바뀌게 되었기 때문이었다. 하지만, 당시 미국의 정책결정에는 아주 큰 이데올로기적인 요소가 가미되어 있었다. 국회가 트루먼의 전쟁에 개입하는 결정이 순조롭게 통과한 이후 오리

건주 공화당 참의원 모스Morse는 아주 대표성이 있는 말을 했다. "대통령의 역사적인 성명은 세계에의 자유를 사랑하는 사람들에게 명확하게 우리는 공산당이 자유세계를 침략하는 것에 참지 않는다는 것을 보여주었다."[15]

다음, 미국이 냉전에서 확정한 원칙은 억지 정책이었다. 이 정책에서 출발하여 미국은 소련이 자신의 세력범위에 대한 그 어떠한 확장행동도 반드시 저지해야 했다. 한반도에서 발생한 침공행위를 미국은 소련이 획책한 전면적 침공의 첫 걸음 내지 시험성의 성격을 띤 침공이라 생각했다. 그리하여 미국은 반드시 억제를 해야 했다.

전쟁이 발발한 이튿날, 국무부 정보부의 분석관은 다음과 같은 결론을 내렸다. 북한이 사전에 모스크바의 지시를 받지 않고서 이 전쟁을 발동할 수 없다는 것이었다. 때문에 이 행동은 반드시 소련의 행동으로 보아야 하며, 과거 18개월 간 소련의 대외정책을 지배했던 군사역량을 점차 증강하는 조치의 한 부분이라 했다. 하지만 이번에 소련이 한 차례 전면전쟁의 모험까지 생각했다고 분석했다.[16] 애치슨도 "거의 확정할 수 있는 것은 침공은 소련이 발동, 지원, 그리고 종용한 것"[17]이라 생각했다.

이처럼 미국이 남한에 대한 침공을 소련의 전략공격의 첫 걸음이라 생각했기에, 이 행동에 대한 결과를 매우 엄중하게 생각했다. 6월 25일 블래어빌딩 회의 이후, 애치슨은 트루먼에게 델러스가 동경에서 발송한 전보를 넘겼다. 델러스는 "한국이 아무런 이유가 없는 상황에서 무장침공과 유린을 받는 것에 대해 아무것도 하지 않는다면, 일련의 재난적인 결과를 가져올 것이고, 나아가 세계대전을 초래할 가능성도 매우 높다"[18]고 분석했다. 그 다음 날, 트루먼은 남한군대가 곧 붕괴에 이를 것이라는 맥아더의 전보를 받고, 그의 고문들에게 "만약 공산당이 한국에서 성공하게 된다면, 일본을 홍군과 비행기 공격이 가능한 거리에 놓이게 하고, 오키나와와 대만은 앞뒤에서 공격을 받게 되는 상황에 처하게 된다"고 말했다. 또 "지금 한국정세의 발전은 내가 보기에, 베를린사건이 더 대규모로 다시 일어난 것과 같다. 공산당들은 우리의 군사적으로 약점인 곳을 침공하고 있다. 우리들은 반드시 그들의 침공에 대비하여야 하며 세계대전에 말려드는 것을 방지해야 한다"[19]고 했다. 이러한 고려에서 출발하여, 미국은 즉시 해·공군이 한국전재에 참가하는 것을 결정하였고, 대만해협에 해군함대를 파견하였으며 필리핀과 인도차이나에 원조를 제공하였다. 심지어 공군에게 소련의 극동에서의 모든 공군기지를 무너뜨리는 계획을 제정할 것을 명령했다. 이러한 모든 조치는 미국이 지상부대를 투입하기 이전에 발생한 것이었다.

미국 당국이 관심을 두었던 것은 한국전쟁 자체라기보다 이 전쟁의 결과에 있었다. 많은 서방학자들은 미국이 한국전쟁에 개입한 원인을, 이러한 개입이 소련이 다른 지역에서의 군사행동을 방지함에 있어 매우 필요한 것이었다고 한다. 그들은 미국의 정책결정은 반드시 뮌헨종합증의 영향을 받은 것이고, 30년대의 실패한 유화정책을 피하려 했기 때문이라고 했다. 이런 분석은 그들에게 있어서는 매우 자연스러운 것이었다. 브래들리는 당시의 상황을 회고하면서, "그때에 우리들은 매우 단순하게 세계상의 모든 공산당의 행동은 모두 스탈린이 모스크바에서 지령을 내려 조종하는 것이라 생각했다. 그날 밤 우리들은 스탈린이 자신들의 위성국가가 극동지역에서 전면침공을 발동하는 것을 위해 그의 유럽에서나 중동에서의 계획을 잠시 포기했을 것이라 추측했다. 한국에 대한 이번 침공은 첫 걸음이고, 다음은 아마 대만이 될 것이고, 그 다음은 인도차이나, 필리핀이 그 목표가 될 수 있을 것이다"[20]고 말했다.

히틀러가 서방국가들의 유화정책 고무하에서, 한 발짝 한 발짝 유럽을 잠식한 모습은 아직도 사람들의 기억에 깊게 남아 있었다. 이것은 사람들로 하여금 극동에서의 도미노상황을 연상케 했다. 이러한 두려운 결과에 대한 걱정은 미국이 한국에 출병하게 된 원인의 하나이다. 그렇지 않다면 미국이 왜 아무런 준비가 되지 않은 상황에서 억지로 이미 포기하기로 했던 반도에 병력을 투입했는지를 이해할 수 없다. 트루먼이 미국의 한국전쟁에 전면적인 개입을 결정한 이후의 마음은 다음과 같았다. 그는 사무실의 거대한 지구의 앞에 다가서서 한국을 짚으면서 "이것은 극동에서의 그리스이다. 만약 지금 우리의 태도가 강경하면 다음의 골치 아픈 일들이 일어나지 않을 것이다"[21] 고 말했다.

더불어 미국정부가 전쟁이 발발한 며칠 사이에 신속하게 한국정책을 바꾼 것의 다른 중요한 원인은 국내정치투쟁의 결과였다. 미국의 양당제와 의회제 그리고 여론은 정부의 대외정책의 제정에 중요한 영향을 미치고 있다.

비록 대만 정책과 비교하면 국무부의 한국 문제에서의 태도는 조금 강경했지만 총체적으로 볼 때 미국 민주당 정부의 대외정책 기조는 극동에서 발을 빼고, 전략중심을 유럽에 놓는 것이었다. 때문에 한반도에서 군사행동을 취하는 것은 생각도 하지 않았다. 미국정부가 중국에서 발을 빼기로 정책을 결정한 이후, 특히 소련의 원자폭탄이 성공하고 중·소가 동맹을 맺은 이후, 미국 공화당은 정부의 극동외교정책에 대한 불만의 바람을 일으키면서 미국이 중국을 "잃은" 책임을 민주당의 외교정책 탓으로 돌렸다. 매카시는 이 기회에 국무부에 대량의 공상당이 있다고 지적하면서 선동하였다. 국무부에 있던 중국 문제 전문가들은 거의 모두 숙청되었고, 애치슨은 가장 먼저 영향을 받았고 큰 압력을 받게 되었다. 심지어 마샬도 그 영향에서 벗어날 수 없었다. 이뿐만 아니라, 애치슨의 대만문제에서의 태도도 군부의 지적과 공격을 받았다. 이런 배경하에서, 전쟁이 발발한 처음 몇 개월 동안, 애치슨을 중심으로 한 국무부는 매사에 언행을 조심했고, 공화당 강경파들로부터 공력을 받지 않기 위해 노력했다. 대통이었던 트루먼은 국내상황, 특히 국회의 여론동향을 중시했으며, 이 중에서도 국회 여러 위원회 위원장의 태도를 주의했다. 그것은 이들이 국가의 입법과 법안 통과에 결정적인 작용을 하고 있었기 때문이었다. 이들 대다수는 공산당국가에 대해 강경한 입장을 취할 것을 주장하는 사람들이었다. 공화당 의원들은 민주당의 외교정책을 맹렬하게 공격했고 트루먼은 여론을 가라앉게 하기 위해 양보를 할 수밖에 없었다. 공화당의 외교정책의 주요 발언자의 한 사람이었던 델러스가 국무부에 들어간 것도 이러한 타협의 결과였다. 만약 민주당 정부가 1950년 상반기 동안 공화당과 타협하는 것으로 여론에 영합하고 국내정치를 안정화하려 했다면, 한국전쟁의 발발은 마침 이러한 기회를 제공한 것이었다. 실제로 한국 문제에서 무력을 사용하는 주장은 국무부부에서 공화당을 대표했던 델러스가 제일 먼저 제기했다.

한국전쟁이 발발했을 당시 델러스는 금방 남한을 방문한 뒤 동경에 체류하고 있었다. 그는 전쟁의 소식을 듣자, 상황을 아직 완전히 확인하지 않은 상황에서 그의 보조원 앨리슨과 함께 애치슨에게 보내는 전보를 작성했다. 전보에서 그는 특별히 "남한은 자신의 역량으로 침공을 저지하고 격퇴할 수 있을 것이다. 만약 이렇게 된다면 이것은 가장 좋은 결과이다. 하지만 그들에게 힘에 부친 상황이 발생하면, 비록 이렇게 하는 것이 소련이 상응한 행동을 일으키는 모험이 있더라도, 우리는 미국의 군대를 사용하여야 한다고 생각한다"[22]고 했다. 이로서 델러스는 처음으로 문자형식으로 미국이 무력을 사용하여 한국전쟁에 개입해야 함을 제기한 사람이 되었다. 애치슨은 델러스의 의견을 매우 중시했고, 자세히 읽은 뒤 이 전보를 단독으로 트루먼에게 전달했다. 이 전보의 의견은 공화당 강경파의 입장을 반영한 것이었기에 트루먼과 애치슨이 그 다음 날 블래어빌딩에서 해군과 공군을 전투에 투입하기로 한 결정에 중요한 영향을 미쳤다.

트루먼의 미국이 전면적으로 한국전쟁에 개입하기로 한 결정은 국회와 사회여론에서 큰 반향을 일으켰다. 이것은 다른 측면에서 트루먼 정부정책이 공화당과 국회의 압력과 영향을 받았음을 증명하는 것이다. 태프트가 트루먼이 국회의 동의를 거치지 않은 것이 국회의 전쟁선포권을 침범한 혐의가 있다고 지적한 것을 제외하면, 트루먼의 결정은 국회의 일치된 동의를 얻었다. 지난날 가장 신랄하게 정부의 극동정책을 비판했던 공화당 참의원 해리는 "대통령의 지금 이렇게 하는 것이 유일하게 취할 수 있는 영광의 길", "대통령이 마침내 우리의 일부 건의를 받아들였다. 그는 인내의 한도를 획정했고, 태평양문제에서 주저하던 모습에서 벗어났고 이것은 전국의 모든 사람들을 마음 놓게 했다"[23]고 말했다. 트루먼의 결정은 여론의 지지를 얻었다. 『뉴욕 타임스』는 트루먼의 결정은 "하나의 중대하고 두려움을 모르는 행동"이라 했고 『크리스천사이언스모니터』는 "워싱턴에서 이렇게 대부분의 사람들이 일치하게 정부의 결정에 만족한 것을 보지 못했다"는 문장을 실었다. 심지어 주식시장의 주가도 함께 상승했다.[24]

무력을 사용하여 한국전쟁에 직접 개입하는 것은 트루먼 정부로 하여금 1949년 이래 만들어진 정치적 난관에서 벗어나도록 했다. 하지만 이것은 잠시적인 것이었다. 얼마 뒤, 미국군대의 전쟁에서의 패배는 트루먼 정부를 더욱 큰 정치적 위기에 빠지게 하였다.

마지막으로, 미국이 한국전쟁에 개입하기로 한 것은 소련의 전쟁에 대한 태도와 직접적이고 가장 밀접하게 관계되어있다. 미국은 비록 전쟁이 한반도에서 발생했지만 그의 진정한 상대는 모스크바에 있다고 생각했다. 앞서 말한 것처럼, 미국의 정책결정은 소련을 상대로 한 것이었고, 때문에 전체 전쟁 과정에서 소련의 일거일동 모두가 미국에게 신호를 보내는 것이라 생각되었다. 실제로 미국은 거의 모든 결정에 앞서 소련의 행동과 태도를 연구했다.

스탈린 자신은 전쟁을 일으키길 원하지 않았고, 더욱이 미국과 직접적으로 싸우기를 원하지 않았다. 이것은 소련 대외정책의 기본원칙이었다. 하지만 북한이 신속한 침공에서 승리하게 되고, 또 김일성이 말한 것처럼 미국이 출병하기 이전 한반도의 통일을 실현할 수 있다면, 이 또한 좋은 일이었다. 궁극적으로 스탈린이 보기에 한반도는 소련의 군사기지인 뤼순항과 150리 떨어져 있었고, 소련의 항구도시인 블라디보스토크와는 25리밖에 떨어져 있지 않지만 미국과는 태평양을 사이 두고 있었다. 때문에 스탈린은 북한의 군사행동을 적극적으로 지지했다. 다만 소련은 공개적으로 한반도 문제에 간섭하려 하지 않았고 더욱이 미국과 세계여론에 지탄을 받는 구실이나 증거를 남기려 하지 않았다. 그리하여 소련은 곳곳에서 조심스러운 태도를 취했고, 이 점은 오히려 미국이 군사행동을 하는 것을 격려하는 것이 되었다.

전쟁 발발 다음 날 국무부는 주 소련대사관에 한 통의 전보를 보내어 코크대사로 하여금 즉각 소련의 외교부장 비신스키를 만나 정식으로 그에게 북한이 전쟁을 발동한 소식을 통보하고, 소련이 북한의 침입 부대를 철수하도록 영향을 가할 것을 요구했다. 하지만 오후 6시 48분 미국의 주 소련대사관 참사관 바버Barbour는 전보에서 소련외교부의 고급관리 하나도 찾을 수 없었고, 중요한 인물 모두가 도시에 있지 않다고 보고했다.[25] 이것은 소련이 회피의 태도를 취한다는 인상을 주게 했다. 6월 29일 중앙정보국 국장 힐렌쾨터Hillenkoetter는 아직까지 소련이 북한을 지원하려는 어떠한 흔적도 없고, 극동의 소련군도 아무런 동정이 없다고 보고했다.[26] 6월 30일 미국은 소련의 외교각서에 대한 회답을 받았다. 여기서 소련은 한반도에서 발생한 사건은 한반도 내부사무의 일부분이며, 자신들은 외국이 다른 나라의 내정을 간섭하는 것을 반대한다고 했다. 이러한 초연한 태도는 정책결정을 하고 있던 미국정부로 하여금 큰 시름을 놓게 했다. 국무장관 애치슨은 이 각서는 소련이 전쟁에 간섭하지 않음을 표명하는 것이라 생각했다.[27] 소련의 이러한 태도는 미국 지상부대의 참전에 길을 열어놓게 되었다.

소련이 유엔을 대하는 태도 역시 한국전쟁 연구에서의 의문시되는 문제의 하나였다. 또 이것은 미국이 소련의 참전태도를 분석하는 근거가 되기도 했다.

많은 연구자들은 소련대표가 1950년 1월 유엔안보리에서 퇴장한 것이 하나의 큰 외교적 착오였다고 주장한다. 그것은 이로 인하여 소련이 유엔에서 역할을 할 수 없게 되어 미국이 한반도 문제를 처리하는 것을 저지할 수 없었기 때문이라 했다. 전후 안보리에서 소련대표는 늘 거부권을 사용했고 심지어 일부 사소한 일에서도 그렇게 했다. 때문에 만약 소련이 안보리에 있었다면 거부권을 이용하여 미국의 한반도에서의 행동을 저지할 수 있었다. 이 밖에 여러 나라들이 소련과 함께 유엔에서 퇴장하지 않았다면 전쟁 초기 미국이 유엔에서 그렇게까지 마음대로 행동하지 못했을 것이라 주장한다. 여기서 소련이 반년 전에 이미 한반도에서 전쟁이 발발될 것을 예견하고 표면상으로 회피하는 태도를 취했다면 이것은 사실을 과장한 것이 된다. 하지만 한국전쟁이 발발한 뒤 소련이 유엔에 돌아가는 것에 냉담한 태도를 보인 것은 연구자들이 주목할 필요가 있다. 당연히 중대한 문제에 있어 소련의 반응이 이렇게 느린 점을 당시 미국 정책결정자들도 특별히 주의하게 되었다.

이것은 도리가 없는 것이 아니다. 1950년 8월 1일 소련대표 말리크가 안보리에 돌아가기 전, 유엔은 한국 문제에 관련하여 모두 세 개항의 결의안이 있었다. 즉 6월 25일(미국 동부시간 아래도 같음) 즉각 전쟁행위을 중지하고, 북한에게 38선 이북으로 철수할 것을 요구하는 결의안, 6월 27일 통과된 유엔회원국들은 응당 남한에 가능한 원조를 제공하여 무장침공을 격퇴하고 이 지역의 국제적 평화와 안전을 회복해야 한다는 결의, 7월 7일 통과된 유엔군을 한국에 파견하여 참전하는 결의안이다.

첫 번째 결의는 절차적인 것으로 미국의 출병에 별로 실질적인 의의가 없었고 촉박한 시간 때문에 소련이 유엔에 다시 돌아갈 겨를이 없었다. 소련이 안

보리에 돌아갔을지라도 이러한 평화를 호소하는 일반적인 결의안에 거부권을 행사하기가 어려웠을 것이다.[28]

두 번째 결의안은 매우 관건적인 것이다. 이것은 이미 명확한 경향성이 있었고 미국이 자신들의 해, 공군을 출동하여 남한에 원조를 제공하는 정책의 법률적 근거가 되는 것이었다. 하지만 이 중요한 결의가 통과하기 몇 시간 전, 소련대표는 안보리에 돌아가 거부권을 행사할 유리한 시기를 포기했다. 6월 27일 오후, 리, 말리크, 그로스는 함께 오찬을 가졌다. 후식을 먹은 뒤, 리는 말리크에게 그는 곧 다른 외교관과 함께 안보리에 가서 한국 문제에 대한 회의를 할 예정이라면서 다음과 같이 물었다. "같이 가실까요? 제 생각에 귀국의 이익은 당신이 출석하는 것을 요구합니다." 당시 그로스는 뒤로 물러서면서 얼굴이 하얗게 변해버렸다. 이번 회의에서 통과할 결의안이 미국이 취할 행동에 합법적인 외피를 씌우는 것이었기 때문이었다. 만약 말리크가 회의에 참석하면 당연히 거부권을 행사할 것이고, 그렇게 되면 미국이 정성을 들여 획책한 계획이 무너지게 될 수 있기 때문이었다. 그는 책상 밑에서 리의 다리를 부딪쳐 더는 이야기하지 말 것을 암시하려 했다. 이때 말리크는 머리를 절레절레 흔들면서 "아니, 난 가지 않을 것입니다"[29]고 했다. 분명히 말리크는 국내의 지시를 받았을 것이다. 그로미코의 회고에 따르면 한국전쟁이 발발한 다음 그는 스탈린에게 소련대표는 6월 말 안보리에 돌아가서 거부권을 행사하는 것을 통해 유엔이 북한에 불리한 결의를 내지 못하게 해야 한다고 건의했지만 스탈린은 이 건의를 거절했었다.[30]

어찌했든 소련은 제때에 안보리에 돌아가지 않았고 미국은 유엔이라는 이 도구를 마음대로 이용하여 자신들의 정책결정에 복무하도록 했다. 소련의 행동은 객관적으로 미국이 손쉽게 한국에 출병하는 계획을 실시하게 만들었다.

세 번째 결의안의 통과 결과는 더욱 엄중했다. 소련의 결석으로 미국이 획책한 대로 결의안이 통과되었다. 이것은 미국이 유엔군의 명의하에 전쟁에 개입할 수 있게 했고, 미국이 38선을 넘어 북진하는 것에 빌미를 제공했다. 유엔군이라는 이 기치가 있었기에 미국은 유엔이 제기한 남북한의 통일을 이유로 38선을 넘을 수 있었다. 이 행동의 더욱 엄중한 결과는 전쟁을 압록강 변까지 번지게 했고, 중국으로 하여금 조선에 출병케 만든 것이었다. 이로써 미국은 전쟁의 늪에 더욱 깊게 빠져들게 되었다.

『세계역사』 1995 제3호에 발표

38선을 넘다

미국이 한국전쟁을 확대한 전략적 결정

한국전쟁 대적 쌍방의 일련의 중대한 군사행동은 모두 38선을 둘러싸고 전개되었다. 38선에서 시작된 군사충돌이 한반도내전을 일으켰다. 유엔군이 38선을 넘어 북으로 진격한 것이 중국으로 하여금 한반도에 출병케 하였다. 중국인민지원군이 38선을 넘자 유엔은 지원군에게 "침략자"라는 죄명을 씌웠다. 맥아더 역시 다시 38선을 넘어야 한다는 주장을 하다가 트루먼 대통령에 의해 파면되었다. 정전협상 역시 38선에서의 정전을 시작으로 개시되었다. 전쟁의 최후 결과 역시 대체로 38선을 남북한의 분계선으로 했다. 여러 차례 반복되었지만 종점은 다시 시작점이 되었다. 이것은 38선을 둘러싸고 진행된 한국전쟁의 시말이다. 이 글은 미국군대가 유엔군이라는 명의 아래 38선을 넘는 군사행동의 결정과정과 실시과정을 분석하는 것이다. 미국군대의 이러한 매우 결정적 의의가 있는 전략적 결정은 미국 정부가 공들여 획책한 한국전쟁에서의 전략적 의도에 대한 중대한 변화를 표시하는 것이었다. 이것은 미국 정부가 한국전쟁에서 범한 가장 엄중한 전략적 착오였으며, 전쟁이 격화되어 미국군대가 오랜 시일 동안 소모전에서 빠져 나오지 못하게 된 근본원인이었다.

38선을 넘는 문제의 제기와 이에 대한 논쟁

미국의 전쟁행위가 38선 이남에만 제한되어야 하는지에 대한 문제는 이미 6월 29일, 즉 전쟁이 발발한 4일이 되는 시점에 처음으로 제기되었다. 이것은 미국이 한국전쟁에 참여하는 전반적인 전략 의도와 관계되는 것이었다. 당시, 육군장관 페이스의 의견은 미국의 군사행동은 38선 이남에만 제한되어야 하고, "38선 이북에서 군사행동을 하는 권한을 부여하는 문제에 있어 특별히 신중해야 하며, 우리는 이러한 행동에 대해 응당 명확하게 제한을 가해야 한다"는 것이었다. 하지만 애치슨은 공군이 임무를 완수할 때 이러한 제한을 받지 말아야 하며, 38선을 넘어서는 안 되는 경계선으로 해서는 되지 않는다고 했다. 합동참모본부 전략계획부서의 린제이Lindsey는 이 문제를 토론할 때 맥아더의 의견을 전했다. 그는 미국의 행동이 38선의 제한을 받지 않을 것을 요구했다. 국가안전위원회 비서 제임스·라이저는 만약 중공군의 정규군이 한국을 침공한다면 미군이 38선 이북에서 행동할 수 있다고 했다. 케넌은 이 관점에 동의했고 그가 작성한 국가안전위원회 제73호 문건에서 만약 중국이 한국전쟁에 개입한다면 그것은 전쟁의 확대를 의미하는 것으로 "상황의 발전에 따라 행동을 해야 한다"고 지적하고 있다. 트루먼은 전략적인 측면에서 출발해 이 문제에 대한 생각을 발표했다. "내가 희망하는 것은 모든 필요한 조치를 취하여 북한사람들이 38선 이북으로 돌아가게 하는 것이다. 하지만 난 우리들이 너무 깊게 한반도에 개입되지 않는 것을 보증하여 다른 지역에서 발생하는 비슷한 사건을 돌볼 수 없는 상황에 이르지 않기를 희망한다." 트루먼은 페이스의 의견에 동의하면서 "모든 38선 이북에서 진행되는 군사행동은 군수품의 공급을 파괴하는 것에만 제한되어야 한다. 난 우리 모두가 한국에서 군사행동을 하는 것이 그곳의 평화를 회복하고 원래의 경계를 회복하 데 있음을 모두

가 명확하게 알고 있기를 희망한다"고 했다.[1]

여기서 6월 29일 미국이 한국에서 군사행동을 취할 때 고려를 명확하게 알 수 있다. 첫째, 공군이 38선 이북의 수송선을 폭격하여 군수품의 공급을 파괴할 수 있지만, 이것은 우리가 말하는 38선을 넘는다는 개념이 아니라는 것이다. 둘째, 만약 중국이 한반도에 출병하면 미국부대는 38선을 넘어 이들과 작전할 수 있다고 했다. 여기서 중국이 먼저 출병하는 것을 전제조건으로 했지만 뒷날 이러한 인과관계는 뒤바뀌게 되었다. 셋째, 제일 중요한 것은 이 시기 미국의 전략적 목표는 북한군대를 38선 이북으로 돌아가게 하여 원래의 분계선을 회복하는 것이었다는 점이다.

하지만 군사정세의 변화에 따라 미국은 최초의 전략적 의도를 완전히 바꾸게 되었다.

38선을 넘는 문제는 한국정세가 대체적으로 안정된 상황에서 다시 제기 되었다. 7월 중순, 트루먼은 콜린스와 반덴버그를 동경에 보내 맥아더를 만나게 했고, 이를 통해 전쟁상황에 대한 직접적인 판단을 하려고 했다. 회의에 참가한 인사는 맥아더의 참모장 알몬드Almond 소장과 금방 한국에서 돌아온 제8집단군 사령관 워커Walker 중장이 있었다. 콜린스는 자신은 반드시 맥아더의 요구를 정부의 총체적인 군사계획과 결합하여 하기에 맥아더가 언제 대규모 반공을 발동할지를 알아야 한다고 했다. 맥아더는 반격하는 날짜는 아직 확정할 수 없지만 자신의 목표는 북한을 38선 이북에 돌아가게 하는 것에 있지 않고 그들을 소멸하고 나아가 한국을 통일하는 것에 있다고 답했다. 맥아더는 자신은 북한 전체를 점령하지 않을 수 없으며, 이를 위해 8개 보병사단이 더 필요하다고 강조하여 말했다. 반덴버그가 중국인들이 참전하면 어찌할 것인지를 묻자, 맥아더는 그들을 북한에서 소멸하면 된다고 답했다. 맥아더는 마지막으로 "우리는 이 지역에서 이기든지 아니면 모든 지역에서 지는 문제이다. 만약 우리가 여기서 이긴다면 우리가 모든 지역에서 이길 수 있는 기회도 증가되는 것이다"[2]고 말했다. 이 담화의 시간은 7월 12일 오전 9시였고 처음으로 주동적으로 38선을 넘는 문제가 제기되었다. 그 다음 날 이승만은 공개적으로 남한군대는 38선에 머물지 않을 것임을 공개적으로 선포했다.[3]

이와 동시에 미국 국내에서도 일부 인사들이 38선을 넘는 문제를 제기했다. 7월 14일 델러스는 국무부정책설계부처에 넘긴 한 건의 비망록에서 38선은 정치적인 분계선이 아니며 미국의 목표는 한국을 통일하는 것에 있다고 했다. "만약 분계선을 지울 기회가 있다면 우리는 당연히 그렇게 해야 한다"고 하면서, 북한 군대가 여유롭게 38선으로 퇴각하게 하는 것은 "바보 같은" 일이라고 적었다. 비망록에는 또 "만약 우리에게 분쇄할 힘이 있다면 반드시 북한부대를 분쇄해버려야 한다. 이렇게 하기 위해서 38선을 넘어야 한다면 그렇게 해야 한다. 이것은 위협을 없애는 유일한 길이다"[4]고 적혀 있었다.

이 시기 트루먼의 의견은 전쟁 상황이 7월 중순보다 명료화되기 이전까지 이 문제에서 침묵하는 것이었다. 이승만의 공개적인 선언에 대해 미국 국방부 대변인은 라디오에서 미국의 임무는 북한부대를 38선 이북으로 내쫓는 것에 있다고 말했다. 미군은 그곳에 정지할 것이고 남한군대도 그렇게 하도록 할 것이라고 했다. 애치슨도 급히 무초대사에게 전보를 보내 이 문제에 대한 공개적인 토론을 최대한 막도록 했다.[5]

하지만 미국정부 내부에서, 특히 국무부내에서 이를 둘러싼 치열한 논쟁이 일어났다. 국무부의 소련문제전문가 케넌과 찰스·볼렌Charles Bohlen, 그리고 그들의 관점의 영향을 받은 정책설계부문 책임자였던 바울·니채는 최대한의 자제를 주장했다. 그들은 맥아더에게 유엔사령관 명의로 만약 북한군대가 38선 이북으로 철수한다면 그의 군대는 38선을 넘지 않을 것임을 선포하도록 명령해야 한다고 했다.[6] 니채는 델러스의 비망록을 접한 다음 정책설계부문

회의를 소집하여 치열한 토론을 하였고, 7월 22일 "미군이 38선을 넘는 문제에 관한 미국정책문제"라는 보고 초안을 작성했다. 보고는 먼저 문제의 엄중함을 다음과 같이 제기했다. "유엔부대가 북한부대를 38선 부근으로 내쫓은 다음 미국과 안보리 결의를 지지하는 다른 유엔성원국이 취하는 결정과 행동 그리고 크레믈린 궁의 결정과 행동은 이 충돌이 한반도 경내에만 국한될 것인지 아니면 충돌이 확대되어 제3차 세계대전을 초래할 위험이 있는지를 결정하게 된다." 보고는 이와 관련된 몇 가지 상황을 분석했다. 만약 중국과 소련 모두가 개입하지 않는다면 북한은 자동적으로 철수할 것이고, 비록 원하지 않는 것이지만 질서있게 철수할 수 도 있고, 군대가 대패하여 대오를 이루지 못할 수도 있고, 또 38선에서 완강하게 저항할 수 도 있다고 했다. 하지만 보고는 "미국은 이러한 가능성, 즉 미국이 38선에 닿지 않은 상황에서 중국과 소련 부대가 이미 38선 이북에 진입했고 나아가 38선 이남에서 작전하는 북한부대를 지지하는 상황"을 더욱 고려해야 한다고 지적했다. 이런 상황에서, "중공과 소련군대와의 충돌 위험이 크게 증가할 것"이라 했다. 그 이유는 "크레믈린궁이 북한에 자신들이 통치나 통제할 수 없는 정권이 수립되는 것을 절대로 받아들일 수 없기" 때문이라고 했다. 보고서는 이런 충돌적인 상황이 초래할 모험이 "정치적으로 얻을 수 있는 이점에 비해 너무 크기"에 군사상에서 일정한 진전이 있은 다음에는 정치적으로 해결하는 것으로 전환해야 한다고 했다. 즉 "되도록 이른 시간 내에, 받아들 수 있는 조건에 기초하여 충돌을 멈추어야 한다"고 하면서 미국이 한반도의 남부를 점령하는 상황에서 정치적 압력을 가해 한반도를 통일하는 문제를 제기해야 한다고 했다. 보고는 또 반드시 동맹국의 태도를 고려해야 하며, 북한이 하는 수 없이 38선으로 철수한 다음 대다수의 동맹국 특히 아시아와 중동국가들은 유엔군이 무력으로 한국을 통일하는 것에 지지하지 않을 것이라 했다. 보고는 동시에 남한은 당연히 미군이 단숨에 북방을 점령할 것을 요구할 것이고 미국의 여론 역시 문제가 "최종적으로 해결"될 것을 희망하고 있지만, 이러한 정서가 퍼진다면 미국이 정책을 집행함에 있어 엄중한 문제에 직면하게 될 것이라고 경고했다.[7]

브래들리는 뒷날 회고를 하면서, 30여 년이 지난 시점에서 이 문서를 다시 보면 여기에 탁월한 식견이 넘쳐나고 있지만 아쉽게도 광범위하게 받아들여지지 못했다고 했다.[8] 하지만 아쉬운 점은 이뿐만이 아니다. 문제는 논점이 명확하고, 여러 가지를 고려한 보고가 마지막에 꼬리를 남긴 점이다. "만약 군부가 38선 이북에서의 승리를 확신한다면 미군의 북진을 도모해야 하고 유엔에서 상응한 결의와 지지를 얻도록 해야 한다"[9]고 적혀 있다. 이것은 만약 군사적으로 승리를 확신하고 여기에 유엔이라는 간판이 있다면 미국은 38선을 넘어 북한을 점령해야 한다는 것이다. 이 마지막 부분은 아주 민감한 정치적 문제를 군인들이 해결하도록 만들었다. 곧이어 우리는 맥아더가 어떻게 군사상의 필승의 약속으로 백악관의 정객들의 코를 끌고 다녔는지를 볼 수 있게 된다.

정책설계부처의 보고는 정부 내에서 맹렬한 공격을 받았다. 먼저 한국사무를 주관하는 동북아국의 국장 앨리슨이 강렬한 반대를 표했다. 7월 23일, 앨리슨은 즉시 니채에게 비망록을 보내어 니채의 보고를 "관점에서 결론"에 이르기까지 모두 동의하지 않는다고 했다. 그는 비망록에서 "전체 보고의 기조는 북한정권의 합법성을 암시하는 것에 다름 아니다. 38선 이북지구는 사실상의 독립된 국가이다. 이것은 사실에 부합되지 않을뿐더러 도의에도 부합되지 않는다. 북한정권은 소련이 한 손으로 만든 것이고 이것은 인민들의 의지에 위배되는 것이고, 유엔의 세 차례의 결의와 맞서는 것이다……. 이 보고를 따르면 우리는 충돌 이전의 상태로 돌아갈 것이다"고 적었다. 앨리슨은 또 남한은 38선을 인정하지 않고 지금이 통일의 절호의 기회라고 생각한다고 말했다. "이에 대해 미국의 한국에 있는 외교관 모두가 동의하고, 이렇게 하지 않는다면 한국 사람들은 미국의 용감하고, 지혜롭고, 정의감이 있는 전통에 실망할 것이다"라고 말했다. 소련과의 충돌에 대해 앨리슨은 그러한 가능성이 존재하지만 보고에서처럼 유화정책으로 "소련을 자극"하는 것을 피해서는 되지 않는다고 주장했다. 미국이 아무리 조심스럽게 행동 해도 중국, 소련과의 충돌 위험이 없어지는 것이 아니라고도 했다. 앨리슨은 38선을 넘을 것을 단호하게 주장하면서 다음과 같이 주장했다. "이것이 한 차례의 전지구적인 전쟁을 의미하는 것이지만" "미국 사람들로 하여금 이 점을 알게 해야 한다. 우리들이 왜 이렇게 해야 하며 이렇게 하는 것의 의미가 무엇인지를 알게 해야 한다. 기왕 법률적으로 도의적으로 정당성이 모두 우리 쪽에 있다면 우리는 왜 머뭇거려야 할까?"[10]

애치슨은 앨리슨처럼 충동적이지 않았지만 그의 기본 관점은 앨리슨과 일치했다. 애치슨은 "38선을 넘지 말아야 한다는 금지령을 내리지 말아야 한다. 하나의 분계선으로 그것은 아무런 정치적 합법성이 없다"고 했다. 합참도 철저하게 북한군대를 파괴하여 다시 남한을 공격하는 것을 막아야 한다고 하면서 다음과 같이 결론 내렸다. "우리는 북한군대를 남한에서 소멸하기를 희망한다. 동시에 우리는 맥아더를 38선에 제한할 필요가 없다고 생각한다. 우리는 전체 한반도를 점령하여 자유선거를 진행할 수 있는 것을 보증할 수 있기를 강력하게 요구한다." 합참회의에서는 또 문제해결의 구체적인 방법이 제기되었다. "소련과 중공이 개입할 수 있는 가능성을 최대한 낮추기 위해 우리들은 한국부대로 하여금 38선 이북에서 지상작전을 실시하도록 하고 미국은 계속 공군과 해군지원을 하는 것이다."[11]

7월 31일 국방부도 그들의 의견을 가져왔다. 즉 "한반도에서의 행동에 관련한 비망록"이다. 비망록은 세 가지 가설을 전제로 했다. 첫째, 미국이 충분한 역량을 동원하여 한반도 전체를 점령하는 것을 목적으로 모든 중요한 전략지역의 군사지위를 강화하는 것이다. 둘째, 소련이 북한조선과 기타 지역에서 간섭을 하지 않는 것이다. 셋째, 대통령이 선포하고 국회가 동의하고 유엔이 행동을 취하도록 하여, 통일되고, 자유롭고 독립적인 한국을 수립하는 것을 미국 작전의 목표로 하는 것이었다. 실제로, 여기엔 단지 소련의 간섭문제만 있었다. 첫 번째의 군사전제나, 세 번째의 정치전제 모두 미국 자신이 할 수 있는 것이었다. 다시 말하면 소련이 군대를 보내 간섭하지 않는다면 유엔군은 38선을 넘어 전체 한반도를 점령할 수 있었다. 국방부는 또 군사적인 측면에서 다른 하나의 구체적인 방안을 제출했다. 즉 북위 40도와 39도 사이의 교통요충지와 평양을 포함한 중심도시를 점령한 다음 "비 군사지구"를 그어 다시 "정치적 해결"을 하는 것이었다.[12]

대다수 사람들의 의견은 38선을 넘어야 한다는 것이었다. 다만 소련이 병사를 보내 간섭하는 것을 판단하는 것만 남았다. 소수파 의견의 주요한 대표자로서 케넌 역시 뒷걸음칠 수밖에 없었다. 케넌은 한국전쟁이 발발한 다음 국무부에 고문으로 임명되었다. 자신의 의견이 여러 사람들의 비난의 중심이 되자 크게 실망하고 국무부를 떠나 프린스턴 대학에 교수로 갔다. 대학에 부임하기 전8월 21일 그는 애치슨에게 편지 한 통을 남겨 전 세계적인 전략의 관점에서 볼 때, 미국은 응당 하루빨리 한국에서 발을 빼야 하는 문제를 제기했다. 케넌의 기본적 논거는 미국의 힘이 "한국을 영원히 소련 영향 밖에 놓이게 할 수 없다는 데 있었다". 장기적인 시각에서, 해결할 수 있는 방법은 역사상 일본이 한반도에서 했었던 소련과 대항하는 역할을 회복하는 방법이 있다고 했다. 케넌은 "러시아와 미국 이 두 나라의 영향 아래 한국은 진정한 독립을 얻을 수 없다. 우리의 이익을 고려하면, 일본이 한반도를 통제하는 것이 러시아가 통제하는 것보다 유리하다. 하지만 지금 일본이 너무 약하기에 러시아와 경쟁할 수 없다. 우리는 반드시 일본에 희망을 걸어야 한다. 일본의 실력과 명성이 회복된 이후, 한반도에서 다시 역할을 발휘할 수 있게 해야 한다"고 주장했다. 지금 문제를 해결하는 방법은 "러시아와 실제적인 외교 접촉을 통하여" 미국군대와 북한군대가 동시에 남한에서 철수하고, "유엔이 한반도에서 적어도 1년 내지 2년의 유효한 통제를 실시하도록 하는 것이다. 이를 위해 유엔은 다른 아시아 국가의 부대로 하여금 이 임무를 실행하게 할 수 있다"[13]고 주장했다. 케넌의 출발점과 목적이 어떠하든 이 건의는 외교책략으로 볼 때 미국이 한국 문제의 어려움에서 벗어날 수 있는 원대한 식견이 있는 견해였다. 하지만 당시 이 편지는 시의에 적합하지 못했기에 애치슨 역시 서랍에 방치하고 문서로서 보존만 했다.

이런 상황에서 미국은 유엔에서 시탐적인 자세를 취하기 시작했다. 8월 10일 유엔주재 미국대사 오스틴은 안보리 발언에서, 워싱턴의 관심은 우선 하나의 자유롭고, 통일되고 독립된 한국을 건설하는 것에 목적이 있다고 했다. 이것은 실제로 사람들에게 미국이 당시 38선을 넘는 문제를 고려하고 있음을 암시하는 것이었다.[14]

미국 정부 내의 토론에 호응하여 남한도 38선을 넘을 것을 호소하기 시작했다. 8월 2일 남한의 외교부장관은 성명을 발표하여 유엔은 응당 계속 전진하여 만주변경에 이르러야 한다고 주장했다. 8월 20일, 장면대사도 메사추세츠주에서의 공개 연설을 통하여 일부 사람들이 한국에서, 적어도 북한에서 임시적인 유엔 탁치를 건의하면서 선거를 통해 연합정부를 세워야 된다고 건의한 것을 공격했다. 장면은 한국정부는 "38선을 합법적인 군사, 정치와 경제의 분계선으로 하는 것을 승인하지 않는다"고 하면서 북한군대가 "무조건 투항"할 것을 요구했다. 그는 또 한국정부는 유엔군이 하루빨리 한국에 모든 행정관리권을 넘길 것을 희망한다고 성명했다.[15]

정부 내의 토론과 유엔연설의 출발과 다르게 맥아더가 38선을 넘을 것을 주장한 것은 북한에 대한 반격의 기초 위에서 만들어 진 것이었다. 이 시기 맥아더는 온갖 노력을 다해 국방부와 합참에 그의 인천에서 상륙하는 "크로마이트 작전"계획을 설득하는 중에 있었다. 비록 군부 수뇌부 모두가 인천상륙작전에 반대와 회의를 표시했지만 맥아더는 여러 사람들의 반대를 물리치고 혼자 고집스럽게 행동했다. 합참에 비밀로 한 채로 8월 12일 상세한 상륙작전방안을 제정했다. 이런 정서 속에 8월 17일 맥아더는 미국에서 돌아오는 도중에 동경에 들른 구웨이쥔을 만나 매우 자신 있게, 남한에 있는 북한군대가 지금 즉각 북한으로 철수하지 않는다면, 나중에 모두 전멸될 것임을 조금도 의심하지 않는다고 했다. 맥아더는 심지어 북한을 소멸하면 소련은 유엔군이 38선을 넘는 것에 동의하지 않을 수 없을 것이고 한국은 다시 통일될 것이라 믿었다.[16]

합참과 맥아더가 인천상륙작전에 대해 긴밀하게 토의하고 준비하는 시점에 국가안전위원회도 38선을 넘는 문제에 대해 마지막으로 의결하고 있었다. 사람들은 이미 반격을 실시하는 것과 38선을 넘는 이 두 차례 행동 사이의 필연적인 연계를 예상했다. 8월 25일 제섭, 힉스, 힉슨, 매튜스 등 국무부의 고급관리들은 국가안전위원회 관리들과 진지하게 "38선을 넘는 문제"에 대하 논의했다. 회의는 국가안전위원회가 7월 상순에 제정한 두 문건을 기초로 토론을 진행했다. 이중 7월 1일의 제73호 문건은 만약 중국이 공개적으로 개입하지 않는다면 미군은 여전히 "북한군대를 타격한다는 명의"하에 계속 작전하는 것이고, "지금 한국에서 임무를 맡고 있고 혹은 임무를 맡을 유엔부대가 유효한 저항을 하고 있다면 이 작전행동은 계속되어야 하며" 심지어 "공중과 해상에서의 적절한 행동을 통해 북한 이외에 중공을 대처하도록 확대할 수도 있다"고 했다. 7월 10일 제76호 문건은 만약 소련군대가 출동한다면 미군은 38선을 넘지 말아야 하며 "미국이 담당하는 의무와 집행하고 있는 작전계획을 최소한으로 줄여야 하며 38선을 넘는 것은 우리가 감당할 수 있는 최대한의 임무이다"고 규정하고 있었다. 여러 차례의 연구와 토론이 있은 뒤, 회의는 국가안전위원회가 다음과 같은 결정을 내릴 것을 건의했다. 미국군대는 응당 38선을 넘어야 하며 중국과 소련 변경과 일정하지만 명확한 거리를 유지해야 한다. "만약 정보에서 중국과 소련이 대규모 조직적인 저항을 조직했다고 하면, 유엔군총사령관은 워싱턴에 보고하기 전까지 계속 전진을 명령할 수 없어야 한다."[17]

9월 9일, 즉 트루먼이 "크로마이트작전"인천상륙 계획을 비준한 다음 날, 국가안전위원회는 국무부의 보고와 위의 회의에서의 건의에 따라 "북한에 대한 행동방침 보고"를 작성했다. 이 보고는 트루먼의 9월 11일 비준을 거쳐 국가안전위원회 제81호 문건으로 확정되었다. 이 문건의 요점은 아래와 같다.

첫째, 미국군대는 38선을 넘을 수 있는 "합법적 기초"가 있다. 중국과 소련이 한국전쟁에 개입하지 않는다면, 맥아더로 하여금 북한을 점령하도록 해야 한다. 하지만 이것은 반드시 사전에 대통령의 비준을 받아야 하고 동맹국과 협상을 거쳐야 한다.

둘째, 만약 중국과 소련이 동시에 개입한다면 맥아더는 북한에서 지상전투를 벌이지 말아야 하며 38선을 지키면서 북방에 계속해서 폭격을 실시해야 한다.

셋째, 만약 중국이 개입한다면 중국군대와 전면전쟁을 전개하는 것은 피하지만, 맥아더에게 적극적으로 중국군대와 싸우는 동시에 한반도 이외의 지역에서 해, 공군의 전투가 가능케 할 수 있도록 하는 것을 고려할 수 있다. 이와 동시에 안보리에 "중공을 침략자라고 규탄"하는 결의안을 제기해야 한다.

넷째, 만약 중, 소가 모두 개입하지 않고 북한군대가 무너지게 된다면 동맹국과 협상한 다음 북한군대에게 "투항 조항"을 제기하고, 만약 거절당하면 괴멸해버려야 한다. 하지만 중국과 소련변경지역에서는 한국군대만을 사용하고 미국군대는 사용하지 말아야 한다.

다섯째, 재조직과 개혁을 완수한 이후, "한국정부는 유일한 합법정부"임을 승인한다.

여섯째, 한국이 "안정되고", "통일되고", 또 "진정으로 독립된 국가"를 이룩하기 전, 유엔군은 계속 한국에 남아있어야 한다.[18]

이처럼 매우 고심하고, 여러 가지를 치밀하게 고려한 문건은 미국이 38선을 넘어 군사행동을 함에 있어 두 가지 매우 중요한 전제조건을 확정했다. 첫째, 중국과 소련군대가 한국전쟁에 개입하지 않는 경우였다. 만약 중국 혹은 소련군대가 개입한다면 미국부대는 응당 38선 일대를 지켜야 한다고 했다. 둘째, 38선을 넘는 문제는 응당 동맹국과 협상하여야 하고 한국의 통일과 독립을 실현하는 것을 정치기초로 해야 했다. 이것은 38선을 넘는 행동이 유엔으로부터 위임과 비준을 얻어야 함을 의미하는 것이었다. 하지만 전쟁 상황의 변화는 미국이 틀린 정책결정의 방향으로 점점 멀리 가게 만들었다.

전쟁 상황의 변화가 정치적 결정을 추동

합참이 제81호 문건의 내용에 근거하여 작성한 명령을 맥아더에게 하달한 그날, 즉 9월 15일, "크로마이트작전"계획이 실시되었다. 인천상륙은 매우 어려운 조건하에서 일거에 성공을 거두었다. 맥아더는 한차례의 군사기적을 창조했고 이것은 그에게 최고의 영광을 가져다 주었다. 맥아더가 이로 인하여 얻게 된 명성과 위상은 다시 정부 정책을 결정하는 과정에 있어서 그의 발언권에 무게를 더하게 만들었다. 리지웨이가 회고한 것처럼 "사람들은 맥아더장군의 일관되게 정확한 것에 대하여 점차 미신적인 상황까지 발전했다. 심지어 그의 상사까지 자신이 맥아더의 어떠한 결심에 의심을 하는 것이 옳은 지를 의심할 정도였다".[19] 이러한 상황 속에서, 즉 이런 상황을 정치적 결정에 가져왔기에 백악관과 국방부 모두 미군이 38선을 넘는 것은 당연한 것이고 그렇게 해야만 하는 것으로 생각하게 되었다.

군사상의 빛나는 승리는 맥아더와 합참으로 하여금 모든 것을 대수롭지 않게 생각하게 하였고, 심지어 대통령과 국회도 기쁨과 즐거운 분위기에 빠져들게 만들었다. 이 시기, 국가안전위원회의 제81호 문건의 두 개의 38선을 넘는 전제조건은 이미 잊혀져 버렸다.

미 해병대가 한성서울을 포위공격 하는 시점에 맥아더사령부의 관리들은 콜린스Collins에게 새로 부임한 국방부장관 마샬이 정식으로 미군이 38선을 넘을 수 있다는 명령을 내리도록 요청할 것을 여러 차례 건의했다. 하지만 마샬은 먼저 국무부의 의견을 들어야 했고 트루먼 대통령의 재가를 받아야 했다.[20] 이 시기 트루먼의 마음은 맥아더보다 더 급했다. 국회선거 이전 한국전쟁을 끝낼 수 있다면 이것은 민주당의 국회의석 증가에 큰 도움이 되는 것이었다. 구웨이췬이 당시 획득한 "비밀 소식"에 따르면 "미국 당국은 국회선거가 곧 도래하고 한국의 전세가 이미 호전되었기에 그들은 전쟁이 빨리 끝나기를 희망하며 이로서 여론에 영향을 주어 선거에서 승리하려"[21]했다. 그리하여 미국정부는 한편으로 유엔에서 유엔군이 38선을 넘을지를 결정해야 한다는 여론을 조성하고, 다른 한편으로 합참의장이 맥아더를 위해 준비한 미군의 38선을 넘는 명령을 급급하게 비준했다. 9월 27일 맥아더에 보내는 제92801호 명령이 발송되었다.

당신의 군사목적은 북한의 무장부대를 분쇄하는 것이다. 이 목적을 달성하기 위해 당신에게 38선 이북에서 상륙작전, 공수작전, 지상작전이 모두 포함되는 군사행동을 할 수 있는 권한을 수여한다. 다만 이런 행동을 할 때 주요하게 소련과 중국공산당의 군대가 북한에 들어오지 않았고, 들어올 준비를 한다는 성명이 없고, 북한에서 우리의 행동에 위협을 하지 않는 상황에서 말이다. 하지만 어떠한 상황에서도 당신의 군대는 만주, 소련과 북한의 경계지역을 넘어서는 안 되며 정책적인 이유에서 소련과 접경한 한반도 동북의 여러 도와 만주와 접경하고 있는 지역에서는 한국 사람이 아닌 지상부대를 사용할 수 없다. 또 당신들의 38선 남북에서 작전하는 것에 대한 허가는 만주와 소련의 영토에서의 공군과 해군이 행동하는 것이 포함되지 않는다.

만약 38선 이남에서 공개적으로 혹은 은밀하게 소련군대가 대량으로 투입되었을 때, 당신은 수세를 취해야 하며 상황을 확대하는 그 어떠한 행동을 해서도 되지 않는다. 만약 당신의 군대가 38선 이북에서 작전하고 그들이 대량으로 소련군대를 투입하였을 때에도 당신은 같은 행동을 취해야 한다. 당신은 목표지역에 소련 혹은 중국공산당 군대가 발견된 것만으로 38선 이북에 대한 공군, 해군의 행동을 정지해서는 되지 않는다. 하지만 만약 소련 혹은 중국공산당이 사전에 성명으로 그들이 북한을 다시 점령하겠다는 의도를 공개적으로 혹은 함축적으로 발송하고 그들의 군대가 공격을 받아서는 되지 않는다고 경고했다면, 당신은 이 일을 워싱턴에 넘겨야 한다.[22]

이 시기 한반도 운명은 득의양양하고 거침이 없었던 맥아더가 좌지우지하는 것처럼 보여졌다. 그는 명령에서 38선 이북에 대한 작전계획을 합참에 보고하고 비준을 받아야 한다는 지시에 매우 불만스러워 했다. 이것은 합참이 군사행동의 최후 비준권을 유지하기 위한 것이라 생각했다. 하지만 맥아더는 9월 28일 작전계획을 보고했다. 맥아더는 전보에서 다음과 같이 말했다. 만약 북한의 무장부대가 우리가 1950년 10월 1일 발표한 성명에 따라 무조건 투항을 하지 않는다면 나는 북한에 진입하여 군사행동을 취할 것이며 그들을 완전히 소멸하는 군사목표를 완수할 것이다. 맥아더의 계획은 제8군단을 서해안에서 개성, 사리원 일선에 따라 전진하도록 하여 평양을 공략하고, 제10군단을 동해안에 파견하여 원산에서 상륙작전을 하는 것이었다. 전보에서는 또 지금 소련 혹은 중국의 주력부대가 한반도에 들어온 흔적이 없다고 했다.[23]

합참은 9월 29일 이 계획을 비준했다. 같은 날 맥아더로 하여금 계획을 보고한 것에 대한 불만을 누그러뜨리기 위해 국방장관 마샬은 남한부대가 38선을 넘는 문제에 대해 맥아더에게 한 통의 비밀전보를 보냈다. "보고에 따르면, 제8군단은 한국부대의 38선에서의 새로운 소집을 위하여 정지할 것을 선포했다. 이 점에 대해 우리는 당신이 38선 이북으로 나아갈 시 전술상으로나 전략상에서 모두 아무런 제한을 받지 않음을 알고 있기를 희망한다. 앞서 지적한 성명은 유엔을 난처한 상황에 처하게 할 수 있다. 유엔에서 사람들은 38선을 넘는 문제에 대해 반드시 투표를 해야 하는 상황이 나타나지 않기를 바란다. 사람들은 당신이 군사상에서 이렇게 할 필요가 있음을 증명하기를 바란다."[24] 이것은 맥아더로 하여금 소문을 내지 않고, 먼저 행동을 취한 다음 보고해도 됨을 알려준 것과 같은 것이었다. 그 목적은 유엔에게 기정사실을 조성하여 유엔군이 38선을 넘도록 하는 계획이 유엔에서 받아들여지도록 하는 것이었다. 이렇게 하는 것은 정부부처가 장악하고 있는 권리를 전지지휘관에 넘기는 것이기도 했다. 케넌도 뒷날 "워싱턴은 국내정치적 원인 때문에(한반도) 지역의 평화와 운명을 한 대리인의 손에 놓이게 했다"[25]고 평가했다.

이튿날, 국방부와 합참은 재차 맥아더에게 권리를 부여하여 그가 소문내지 않고 자유롭게 행동할 수 있도록 했다. 맥아더는 9월 30일 전보에서 "군사적인 측면에서, 38선은 우리가 부대를 사용하는 것에 영향을 주는 요소가 아니다. 우리부대의 보급이 우리가 신속하게 나아가는 것을 방해하는 주요 문제이다. 적군의 실패를 이용하가 위해, 우리 부대는 수시로 38선을 넘어 탐색적인 진공을 하거나 그 지역의 전술목표를 점령할 수 있다. 당신들은 나의 북한에서의 총체적인 작전계획을 알고 있을 것이다. 적들이 투항 하기 이전, 나는 우리가 한반도 전체에서 군사행동을 할 수 있다고 생각한다". 전보는 마지막에 성명을 발표하여 그의 계획을 공표할 것을 요구했다. 합참은 전보를 받은 다음, "나는 우리가 한반도 전체에서 군사행동을 할 수 있다고 생가 한다"는 이 의미가 깊은 말—이것은 미군이 압록강 변에 갈 수 있다는 것의 의미하는 것이다—에 대해 아무런 이의를 제기하지 않았고[26] 오히려 성명을 발표하는 문제를 매우 민감하게 생각했다. 마샬은 즉각 전보를 보내, "이러한 성명을 발표하는 것은 현명하지 못한 것이다"고 했다. 이와 동시에 전보에서 "계속 작전을 실시하며, 새로운 해석과 성명을 내놓지 말 것이며, 행동으로 말할 것을 요구"하는 지시를 내렸다. 회신은 "정부는 북한부대를 격퇴하는 임무를 완수하기 전, 38선 문제를 둘러싸고 풍파가 일어나는 것을 피하려 함"을 다시 한 번 강조했다. 맥아더를 오랜 기간 동안 추종한 휘트니 장군은 뒷날 회고에서 이 전보가 맥아더를 "매우 놀라게 했고" 동시에 "대통령 본래의 의도가 유엔의 다른 나라들에 기정사실을 보여줌에 있는 점을 마음에 들어 했다"[27]고 말했다.

유엔군이 38선을 넘는 문제는 이렇게 결정되었다. 몇 개월 동안 백악관과 국방부의 여러 부서에서 이 문제를 갖고 여러 차례 치열한 논쟁이 있었고 구체적으로 논증했고, 심지어 여러 가지 가능한 상황에 대해서도 고려했다. 하지만 인천상륙이 일거에 성공하면서 위에서 서술한 여러 노력은 의미가 없는 것이 되었고, 군인들이 취득한 승리에 비하면 정치인들이 논의는 빛을 잃게 되었다. 결과적으로 군사가 정치를 지휘했는지 아니면 정치가 군사를 이용 하는지 말할 수 없는 상황이 되었다. 결과적으로 미국부대는 38선을 넘었고 전쟁을 확대한 행동은 대중들의 질타를 받게 되었다. 이에 대하여 전선에 있는 지휘관이 전부 책임지는 것은 사람들을 신복하게 하지 못하는 것이다.

맥아더는 혹시 알지 못했지만, 그와 합참이 빈번하게 전보를 왕래하는 동안, 유엔은 38선을 넘는 문제에 대한 의안을 토론하기 시작했다. 소련대표가 이미 성공호에 돌아왔기에, 그들은 거부권을 통해 38선 이북에서의 모든 군사적 행동의 합법성을 잃게 할 수 있었다. 미국 정부는 한편으로 맥아더에게 소문 내지 말고 그가 하고 싶은 일을 하며, 다른 한편으로 영국을 우두머리로 하는 8 개국에 하나의 제안을 제기했다. 이 제안은 모든 적당한 조치를 취하여 한국정세의 안정을 보증할 것을 요구하고, 유엔의 지휘 아래 선거를 통하여 하나의 통일되고, 독립적이며 민주적인 한국정부를 수립해야 한다고 했다.[28] 이로써 미국 정부는 38선을 넘어 군사행동을 하는 것에 하나의 합법적이라는 모양을 갖추려 했다. 이 제안에 포함된 명확한 뜻은, 유엔군이 무력을 사용하여 북한을 점령하는 것을 허락하여 한반도 통일을 실현하는 것이었다.[29]

10월 7일, 유엔대회에서 8개국 제안이 통과된 당일, 맥아더는 유엔군이 38선을 대거 넘어 북으로 향하는 것을 명령했다. 같은 날, "중국공산당 군대가 북한에서 간섭을 할"것을 감안하여, 국방부는 트루먼에게 9월 27일 맥아더에 내린 명령을 수정할 것을 건의했다. 이 건의는 트루먼의 비준을 거친 다음 10월 9일, 명령으로 맥아더에게 발송되었다.

> 오늘 이후 중국공산당이 만약 사전에 성명을 발표하지 않은 상태에서 한반도의 어느 지역에서든 공개적으로 혹은 은밀하게 대량의 부대를 사용하면, 당신은 자신의 판단에 의해 당신이 통제하고 있는 부대가 승리를 이룰 수 있다고 생각되면 계속 행동을 할 수 있다. 모든 상황에서, 중국 경내의 목표에 대해 어떠한 군사행동을 취하려든, 반드시 사전에 워싱턴의 비준을 받아야 한다.[30]

이 명령은 맥아더가 북한에서 그 어떠한 행동도 가능케 하는 대문을 열어놓았다. 중국 경내의 목표에 대한 공격이 워싱턴의 비준을 얻어야 하는 것 이외에, 전체 한반도에서의 군사행동의 권리는 이미 백악관과 국방부에서 유엔연합사로 넘어왔다. 이것은 찬란한 군사적 승리가 유발한 결과였고, 다시 군사상에서의 대패를 초래했다. 미군이 38선을 넘은 것은 이미 큰 잘못을 한 것이었다. 이것은 중국의 전쟁에 대한 개입을 초래했다. 맥아더가 자신이 하고 싶은 대로 할 수 있게 한 것은 이 착오를 더욱 되돌릴 수 없는 지경에 이르게 만들었다. 맹목적으로 발동한 "추수감사절 공세"는 실제로 중국군대와의 대결전이 되었고, 트루먼의 특사였던 에버렌·해리먼은 이에 매우 허심탄회하게 말했다. "지금 회고해보면, 1950년 9월 인천 상륙이 성공한 다음 38선을 넘은 것은 착오였다. 하지만 북한 부대의 붕괴가 너무 철저하여 우리를 멈출 수 없게 만들었고, 퇴각하는 도중에 있는 그들의 부대를 소멸하도록 했다. 매우 분명한 것은 우리들은 평양 이북의 아주 좁은 지역에서 멈추지 못했다. 이것은 비극적인 착오이다. 영국 사람들도 다른 사람들도 우리에게 그렇게 할 것을 건의했다."[31]

이 "비극적인 착오"의 본질은 미국의 군사행동이 한국전쟁을 새로운 단계로 상승하게 만든 것이었다. 미국 정부는 이미 확정했던 군사목표와 정치목표를 철저하게 바꾸었다. 북측의 진공에 대한 반격, 38선을 분계선으로 회복하는 것에서, 북측을 침공하고, 경계선으로서의 38선을 없애버리는 것으로 바뀌었다. 전후 몇 년 동안 미국이 외교적 수단으로 달성하지 못한 목표, 혹은 미국이 이미 완전히 포기하기로 한 목표가 지금 거의 실현될 수 있는 것처럼 보였다. 하지만 승리에 취해 판단이 흐려진 미국 사람들은 그들이 처음 이 문제를 토론할 때 생각했던 제한 조건과 제약하는 역량, 즉 중국과 소련군대의 한국전쟁에 개입을 잊고 있었다.

미국의 정책결정에 영향을 미친 요소들

미국 국가안전위원회의 38선을 넘는 문제에 관련된 토론의 여러 문건을 볼 때, 미국의 정책결정을 억제하는 힘은 시종 소련과 중국군대가 출병하여 한국전쟁에 참여하는 문제였다. 당연히 동맹국의 태도 역시 미국의 정책결정시 반드시 고려하는 요소였지만, 일정한 측면에서 이것은 서방집단 내부사무라 생각할 수 있다. 소련과 중국 이 두 억제력이 미국의 38선을 넘는 군사조치에 대한 반응은 완전히 달랐다. 하지만 미국정부의 판단은 오직 하나, 이 두 억제력 모두가 발생하지 않는다는 것에 있었다.

워싱턴은 전쟁 개입 초기부터 소련의 동향에 대해 매우 주의하여 관찰했다. 앞서 서술했듯이 소련의 의도에 대한 판단은 미국 정책결정에서 중요하고도 가장 우선적인 요소였다. 마찬가지로 전쟁상황이 미국에 유리하게 돌아선 뒤에도 워싱턴은 38선 문제를 고려할 때, 모스크바의 일거일동에 매우 관심을 기울였다.

비록 스탈린이 김일성의 남측에 무장침공 하는 계획에 대해 동의하고 원조를 하였지만,[32] 그는 막후에서 이번 행동을 지휘하려고 결심했다. 일단 전투가 시작되자, 소련은 자신들과 관계 없듯이 초연적인 태도를 취하였고, 특히 표면상에서 소련이 배후에서 북한을 지지한다는 인상을 주지 않으려고 했다. 전쟁 발발 5일 전, 북한에 주재하고 있던 소련대사 시트코프가 스탈린에게 올린 보고에서 김일성이 침공에 필요한 상륙용 배를 제공할 것과 10명의 소련고문들이 이 배를 조종할 것을 요구한다고 했다. 6월 22일 스탈린은 전보를 보내어 이런 요구를 거절했다. 그는 이렇게 하면 미국이 전쟁에 개입하는 것에 빌미를 줄 수 있기 때문이라 했다.[33]

한국전쟁이 발발한 다음 스탈린은 북한군대에 있던 고문들을 귀국시킬 것을 명령했다. 북한군대의 최전선 지휘소에서 침공계획의 집행정황을 이해하는 것을 책임지고 있던 두 명의 소련군 중령도 부대가 곧 38선을 넘는 시점에 명을 받고 국내로 돌아갔다. 스탈린은 이에 대해 다음과 같이 해석했다. "우리의 고문들이 계속 그곳에 있는 것은 너무 위험하다. 그들은 포로가 될 수 있고, 우리는 우리가 이번 일에 참여했다고 지적 받을 수 있는 증거를 남기고 싶지 않다. 이것은 김일성의 일이다."[34] 북한인민군의 신속한 침공이 저항에 부딪히자 7월 8일 김일성은 러시아어로 스탈린에게 한 통의 친필 편지를 보내, 소련으로 하여금 25~35명의 소련군사고문을 인민군최전선참모부와 제2집단군 참모부에 보낼 것을 부탁했다. 김일성은 "우리들의 군사간부들이 아직 현대화 군대를 지휘하여 작전할 임무를 맡을 능력이 부족함"을 그 이유를 설명했다. 이미 시트코프는 김일성과의 회담에서 모스크바가 이 부탁을 받아들일 수 있도록 하겠다고 약속했다. 스탈린은 답전에서 시트코프를 엄하게 꾸짖으면서, "당신이 명심해야 할 것은 당신은 소련정부의 대표이지 조선북한정부의 대표가 아니다"라고 했다. 하지만 김일성이 직접 나서서 부탁했기에 스탈린은 이 요구를 들어주었다. 동시에 그는 이 고문들이 포로로 잡혔을 시 소련이 군사적으로 이 충돌에 개입했다는 인상을 주지 않게 하기 위해서『진리보』의 기자로써 파견했다.[35]

당연히 이러한 내막과 사정에 대해 당시 미국 정보기구는 알지 못했고 소련이 표면상에서 보여주는 행태가 백악관이 모스크바의 의도와 동향을 분석하는 기초가 되었다. 예를 들면 6월 29일 외교각서에서 말하고 있는 것처럼 "타국의 내정에 불간섭"하는 원칙, 유엔주재 소련대표가 전쟁이 시작된 다음에도 성공호에 오랫동안 돌아오지 않은 점이나, 소련폭격기가 한반도 부근의 해역에서 미국 공군에 의해 격추되었지만 모스크바가 이에 침묵하는 태도 등등이다. 이런 것은 미국에게 소련이 어떠한 상황에서도 한국 문제에 출병하여 간섭하지 않을 것임을 알려주는 것이었다. 실제로 이 억제력은 존재하지 않았다. 때문에 미국의 판단은 틀린 것이 아니었다.

7월 28일 소련주재 미국대사 코크는 보고에서 소련의 신문과 정부의 성명에서 볼 때, 소련은 북측의 형세가 불리한 상황에서 반응을 할 것 갖지 않다고 말했다. 소련은 조심스럽게 자신들의 위신을 이번 한국전쟁에 맡기지 않았다. 코크는 북측이 긴급한 상황에 놓이게 되더라도, 소련은 자신이 직접 군대를 보내거나 그가 지배할 수 있는 군대를 보대 싸우지 않을 거이라 생각했다. 코크의 관점은 매우 정확했다. 상황이 이러했지만 그는 백악관에 38선을 넘지 말 것을 권고했다.[36] 9월 26일 트루먼이 받은 보고에는 모스크바주재 영국대사는 소련이 주요하게 선전에 공을 들이며, 혹시 다른 지역에서 일을 일으켜 서방의 주의력을 분산시킬 수는 있지만, 체면을 찾아오거나 위협을 제거하기 위해 한 차례의 총체적인 전쟁을 하지는 않을 것이라 생각한다고 적혀 있었다.[37]

미국은 소련이 한국전쟁에 전면적으로 개입하여 전면 전쟁을 일으키지 않는 근본원인은 핵 타결능력에서 열세에 체해 있었기 때문이라고 분석 했다. 중앙정보국은 8월 소련은 지금 "전쟁계획을 가속하여 실행하며 특히 석유가공, 공장 이전 계획의 완수, 비행기 생산, 비행장 건설, 및 대량의 비축물자 등 방면에서 분명하게 드러나고 있다"고 보고했다. 연구자들은 "1950년 남은 시간 동안, 소련 영도자들은 전면전쟁이 일어날 위험이 있다고 생각한다. 그 이유는 한국사건의 처리 혹은 일부 지역에서 취하는 행동 때문이다"라고 결론 내렸다. 하지만 소련에 위협되는 하나의 중요한 요소는 그들에게 "핵이 있는 조건에서 1950년에 대규모로 작전을 실시"할 능력이 없다는 데 있었다.[38] 국방장관 존슨은 이 분석에 고무되었고 사석에서 참의원 외교위원회 위원들에게 소련이 유럽과 아시아 모두에서 전쟁을 발동하지 않을 것이라 했다. 그 이유는 러시아는 우리들의 지금 보유하고 있는 원자탄 수량이 그들을 훨씬 능가

하고 있음을 이미 알고 있기 때문이라 했다.[39]

우리가 앞에서 분석한 백악관의 38선을 넘는 결정 과정이 표명하는 것처럼, 미국 정책결정의 기초는 소련이 한국전쟁에 출병하여 간섭하지 않을 것이고, 심지어 이와 관련된 어떠한 표시나 자세도 취하지 않을 을 확신하는 것에 있었다. 이런 상황에서 소련의태도만이라도 하나의 제약적인 힘을 형성할 수 있을 수 있었다.

미국이 모스크바의 태도에 매우 관심을 기울였고 판단도 매우 정확했다면, 중국에 대해서는 매우 가볍게 보았고 판단 역시 매우 틀렸다. 전쟁 초기 백악관은 중·소가 동맹을 맺은 이후, 베이징이 모스크바의 의견을 따를 것이라 생각했기에 소련의 태도가 중국의 동향을 말해주는 것이라 생각했다. 동시에 신중국군대는 몇 년간 전쟁을 했기에 몹시 지쳐있어 전쟁을 할 수 없을 것이라 생각했다. 또 상대가 가장 현대화된 장비를 갖추고 해상과 공중에서 절대적 우위를 점하고 있는 미국이기에 중국은 반드시 출병을 원하지 않을 것이라 생각했다. 하지만 이것은 큰 판단 실수였다. 브래들리는 회고에서 "합참과 기타 모든 사람들이 하나의 중대한 착오를 범했다. 우리들은 중공이 우리가 38선을 넘는 것에 대한 반응에 대해 매우 틀린 판단을 내렸다. 군사고문의 직책은 적의 능력을 판단하는 것이지 적의 의도를 판단하는 것이 아니다. 이 문제에서 우리 참모장들은 지나치게 중공의 의도에 대한 여러 판단의 영향을 받았다. 역사학자들이 지금 지적하고 있는 것처럼, 이런 판단을 했던 그런 사람들은 이토록 많고 명확한 경고신호를 못 본체 했다. 그리하여 틀린 판단을 내릴 수밖에 없었다".[40]

브래들리의 분석은 일정한 도리가 있다. 일반적으로 군사적인 측면에서는 상대의 능력에 대해 판단하고 정치적 측면에서는 상대의 의도에 대해 판단한다. 하지만 정치적 판단은 늘 군사판단에 영향을 주게 된다. 그리하여 정치에서의 의도에 대한 판단 착오는 군사상에서 능력에 대한 판단 착오로 이어지게 되었다. 중국이 한국전쟁에 출병을 하는 문제에서 미국의 판단을 두 개 단계로 나뉠 수 있다. 인천상륙이전, 미국은 이 문제에 대해 비교적 조심스러운 태도를 보였다. 하지만 분석 대다수가 중국의 의도에 대한 판단에 집중되었다. 즉 국제관계와 국제정치의 측면에서 중국이 출병할 가능성에 대해 판단했다. 인천상륙 이후, 비록 중국이 여러 방면에서 더욱더 명확한 경고신호를 보냈지만, 미국은 앞 단계의 정치적 판단에 기초하여 중국의 경고를 못들은 척 했고, 심지어 군사능력에 대한 분석을 하는 것도 중시하지 않았다.

정치적 측면에서 미국의 중국 의도에 대한 판단은 출발부터 틀렸다. 전쟁 초기 중국과 소련이 동맹관계를 맺었기에 백악관은 중국은 이미 소련의 품에 안기게 되었고 중국이 정식으로 소련집단에 가입하게 되었다고 생각했다. 이 판단에서 출발하여 미국은 소련이 전쟁의 확대와 새로운 전면전쟁 혹은 세계전쟁이 발생하는 것을 원하지 않기에, 이를 바탕으로 중국이 대규모로 한국에서의 군사충돌에 개입하는 것을 허락하지 않을 것이라 추론하고 판단했다. 브래들리의 회고에 따르면, 당시 국가안전위원회는 중공부대를 이용하여 북한을 점령하는 가능성은 존재하지만, 정치적으로 볼 때, 이런 가능성이 높지 않다고 일치적으로 생각했다. 그것은 "우리는 중국이 북한에 간섭하는 것이 소련이 북한에 간섭하는 것과 같다고 생각했다. 이것은 러시아 사람들이 세계대전으로 나아가는 것을 의미하는 것"[41]이기 때문이었다. 전쟁 기간 동안, 중앙정보부는 많은 양의 서로 모순되거나 혹은 모호한 보고를 제공했다. 하지만 10월 12일 한 통의 보고는 국방부와 국무부 정보부분이 일치하여 칭찬을 받았다. 이 보고는 앞선 시기의 분석, 즉 중국은 대개 전쟁에 참가하지 않을 것이라는 분석을 다시 한 번 긍정했다. 중앙정보부는 "비록 중국공산당이 여전히 한반도에 큰 규모의 간섭을 진행할 가능성이 있지만, 지금까지의 알고 있는 모든 요소들을 고려할 때, 이런 결론을 내릴 수 있다. 즉 소련이 전지구적인 전쟁을 발동하는 결정을 하지 않는 한, 중국은 대체로 1950년에는 간섭을 하지 않을 것이다. 이 시기 간섭은 대체로 북한사람들에게 비밀지원을 하는 것에 국한될 것이다"[42]고 결론을 내렸다. 이 측면에서 볼 때, 일본학자 나카지마미네오中島嶺雄의 말이 맞다. "미국의 정세에 대한 잘못된 예측이 한국전쟁의 기초를 놓았다. 이것은 중국과 소련의 단결이 바위처럼 굳건하다는 터무니없는 믿음에서 출발했다."[43]

한국전쟁이 발발한 다음 중국이 취할 군사행동에 대한 미국의 초점은 한반도에 있기보다는 대만에 있었다고 할 수 있다. 미국은 중국이 군사행동을 취하더라도 그 방향은 대만을 향하고 한반도에 향하지 않을 것이라 생각했다. 국무부에는 이런 관점이 있었다. 즉, 중공은 한반도 상황이 어떠하든지 8월에 대만을 침공할 것[44]이라고 생각했다. 군부의 관점도 이와 비슷했다. 브래들리는 다음과 같이 이야기했다. "우리는 북한이 발동한 전쟁은 모스크바가 선동한 것이기에 이것은 러시아 사람들의 문제이지 중국 사람들의 문제가 아니다고 생각했다. 그리하여 우리는 소련이 중국에 비해 북한에 간섭할 가능성이 더 크다고 생각했다. 만약 중공이 결정적인 군사행동을 취한다면, 대만을 목표로 할 가능성이 매우 크다. 우리는 중공이 쉽게 손을 써서 소련을 도와 북한문제를 해결하지 않을 것이라 생각했다."[45] 이러한 걱정에서 맥아더는 8월 초 장제스와 대만에서 만났다. 트루먼은 매우 놀라 8월 6일 급히 해리먼을 특사로 동경에 파견하여 맥아더를 만났다. 해리먼의 회고에 따르면 떠나기 전 트루먼은 두 가지 일을 당부했다. 하나는 맥아더에게 장제스와 섞여 미국을 중국대륙과의 전쟁에 끌어들이게 하지 말 것을 알려주는 것이다. 다른 하나는 가능하다면 맥아더의 모든 조건을 만족해 주는 것이었다.[46] 이것 역시 당시 미국이 중국군대의 동향에 있어서 주요하게 대만방면에 관심이 집중되었음을 설명해주고 있는 것이다.

미국은 한편으로 중국이 한국전쟁에 참가할 가능성이 크지 않다고 생각하였지만, 다른 한편으로는 조치를 취해 가급적으로 중국과 전면적인 충돌을 피하려 했다. 예를 들면, 중국이 미국비행기가 중국의 영토를 침범하고 폭격한 것에 항의한 다음, 미국정부는 유엔이 이 문제에 대해 조사를 진행하는 것에 동의했고 인도대사 파니커에게 이 건의를 중국정부에 전달하게 했다. 동시에 미국은 파니커를 통해 중국이 제기하는 미국이 중국의 영토를 폭격한 것에 대한 그 어떤 정당한 요구를 미국은 가능하면 다 만족할 것[47]임을 표시했다. 이 밖에 중국정부의 제7함대가 대만해협에 진주한 것에 대한 강렬한 반응에 대해 미국정부도 주목하고 있었다. 그리하여 베이징을 위로하는 목적에서 트루먼은 8월 31일 기자회견에서 공개적으로 미국해군은 대만해협에서 철수할 것임을 밝혔다. 기자가 유엔군이 한국에서의 평화와 안전을 회복한 이후, 미국의 제7함대가 대만해협에서 물러날 것인지를 물었다. 트루먼은 "한국전쟁이 끝난 다음 제7함대는 당연히 대만해협에 체류할 필요가 없다. 그가 그곳에 있는 것은 한국에서 작전하고 있는 유엔군의 측면을 보호하기 위해서이다"[48]고 답했다. 트루먼은 맥아더가 "크로마이트작전" 계획을 발송한 이튿날 공개적으로 제7함대를 대만에서 철수하는 문제를 거론했다. 이것은 중국정부에 소식을 전하는 것으로 중국이 미국이 38선을 넘는 문제에서 격렬하게 반응하는 것을 방지하기 위해서였다. 미국은 심지어 중국이 한반도에 출병하면 미군은 전투에서 물러날 수 있다는 고려까지 했다. 브래들리에 따르면, 합참은 "일단 중국이 간섭하면 우리는 한국에서 군대를 철수하여 비풋볼작전계획을 실시할 것을 준비"하기로 했다. 브래들리는 영국의 참모총장에게 이 정책을 간략히 설명하기도 했다.[49]

이상의 정황은 한국전쟁 초기 미국은 중국이 군대를 보내 한국 문제에 간섭하는 것을 실제로 걱정했다는 것을 말해주고 있다. 하지만 분석이 있은 뒤 중국이 출병을 하지 않을 것에 점점 더 기울어졌다. 인천상륙의 성공과 유엔군이 그 뒤 한국에서의 작전에서 큰 군사적 우세를 거둔 것은 미국 사람들로 하여금 그들이 38선을 넘어 최종적으로 한국전쟁을 승리적으로 끝내는 것이 얼마 남지 않았고 쉽게 이룰 수 있다고 생각하게 하였다. 이때 백악관, 특히 국방부는 중국이 한반도에 출병하는 것을 그리 중시하지 않았다. 심지어 중국이 보낸 여러 차례 경고를 들은 체 않으면서 아무렇지 않게 생각했다.

미국의 중국이 한반도에 출병할 가능성이 크지 않다고 판단한 근거의 하나는 중국군사행동의 방향이 대만에 있다는 것이다. 하지만 인천상륙 전후 여러 방면의 정보와 분석은 미국정부로 하여금 중공군대가 단시간 안에 대만에 대한 침공을 발동할 가능성이 높지 않음을 믿게 했다. 이미 8월 8일, 케넌은 애치슨에게 한 부의 비망록을 제출했다. 여기에는 "만약 우리가 6월 27일 성명과 같은 반응을 하지 않았다면, 중공군대는 이미 대만을 점령했을 것이다"고 했다. 또 "장래 6주 사이에 그들이 침공을 시도할 가능성은 크지 않게 되었다"고 하면서, "이러한 기도가 이 시기 동안 실시되지 않는다면, 지금의 상황 전개에서 볼 때, 다시 시도하려는 것은 거의 불가능한 것이다"고 지적했다.[50] 얼마 후 해리먼은 동경을 방문했고, 트루먼에게 맥아더의 생각을 보고했다. 맥아더는 중공군대가 지금 대만을 침공하지 않을 것임을 확신하고, 그가 획득한 정보와 사진은 중공의 군사력이 고도로 집중되지 않고 있음을 설명한다고 했다.[51] 약 2개월이 지난 뒤, 중앙정보국 역시 매우 거만하게 중공군대가 1950년에는 대만을 침공하지 않을 것이며, 그것은 미국과 전쟁을 할 위험이 있기 때문이라 했다. 또 이 전쟁에서 중공은 군사적으로 이길 수 없다고 했다.[52] 순리대로 분석한다면 중공군대가 대만을 침공할 수 없는 상황에서, 중국이 군사적으로 어떠한 행동을 취하려 한다면 당시 상황에서 한반도만이 가능했다. 더욱이 이러한 소식도 계속 전달되었다. 하지만 승리에 젖어 있었던 미국인들은 이점을 중요시하지 않았다.

9월 21일 즉 인상상륙이 있은 6일 뒤, 워싱턴은 인도에 주재하고 있는 미국 대사 허드슨Hudson의 극비 전보를 받았다. 전보에서 중국에 주재하고 있는 인도 대사 파니커가 중국의 총리 저우언라이를 만났고, 만약 미국군대가 38선 이북지역을 침범하면 중국은 개입할 수 있다고 생각한다고 보고했다.[53]

9월 24일 『뉴욕 타임즈』는 홍콩에서 온 속보를 실었다. 중국 사람들이 지금 한국전쟁을 논의하고 있으며 유엔군이 38선을 넘었을 때의 대책에 대해 논의하고 있다고 했다. 기자는 "중국 공산당군대가 압록강 변에 배치된" 상황이라 보도했다. 중국이 공식적으로 중국인민해방군에 있는 일부 조선인 병사들이 귀국하여 참전한 사실을 승인한 것에 대해 신문은 이것은 "의도적인 것으로, 만약 유엔군이 중국 동북의 변경까지 올라온다면 중국군대 역시 한반도에 전개될 것임을 경고하는 것"[54]이라 평론했다. 이 보도에 대해 미국은 공식적으로 어떠한 의미있는 반응을 내놓지 않았다.

9월 25일 중국인민해방군 총참모장 네룽전은 파니커와 저녁을 함께하면서 그에게 중국인민은 미국인들이 중국과 북한의 변경까지 오는 것에 손을 놓고 가만히 있지 않을 것이라 말했다. 두 날 뒤 이 소식이 영국의 외교관을 통해 미국국무부에 전달되었지만 미국국무부는 "이것은 중국의 공갈과 위협적인 선전에 불과한 것이라"[55]고 일치하게 생각했다.

9월 30일, 저우언라이는 국경절을 경축하는 대회의 연설에서 미국정부에 "중국인민을 평화를 사랑하지만 평화를 보위하기 위해 예로부터 그리고 영원히 침략전쟁에 맞서는 것을 두려워하지 않는다. 중국인민은 절대로 외국의 침략을 용인하지 않을 것이며 제국주의자가 우리들 이웃을 자기 마음대로 침략하는 것에 대해 가만히 있지 않을 것이다"라고 엄정하게 경고했다. 이것은 중

국 정부가 공개적으로 발표한 정식 성명이었다.[56]

남한군대가 38선을 넘은 뒤, 중국군대의 한반도 참전과 관련된 정보, 소식, 분석은 끊임없이 백악관과 국방부에 전달되었다. 10월 3일 국무부는 모스크바, 스톡홀름, 뉴델리 등 여러 지역에 온 전보를 받았다. 전보는 모두 동일한 사건을 보고하고 있었다. 저우언라이가 외교부장의 명의로 그날 새벽에 파니커를 접견하여 그에게 만약 유엔군이 38선을 넘으면 중국은 군대를 파견하여 북한을 원조할 것이라 말했다고 했다. 동시에 만약 남한 사람들이 38선을 넘으면, 중국은 행동을 취하지 않을 것이라 했다. 트루먼은 파니커는 다만 공산당의 전달자일 뿐이고, 저우언라이의 위협은 다만 유엔이 곧 표결하는 8개국의 제안을 저지하기 위한 것이라 생각했다. 애치슨은 이것이 한 차례 중요한 경고라 생각했지만, 또 "이것은 공식적인 정책에 대한 성명이 아니다"[57]고 말했다.

같은 날 네덜란드 외교대신 스티그Stieg는 미국대사에게 확실한 소식에 따르면 중국은 지금 중대한 군사행동을 준비한다고 말했다. 그 다음 날 네덜란드는 또 베이징주재 네덜란드 대표가 중국은 싸우기를 원치 않지만, 만약 미군이 38선을 넘어 북방에 깊게 들어온다면 중국은 "위급하다고 생각하고" 행동을 취할 수 있다고 보고했음을[58] 미국에 통보했다. 이와 동시에 중앙정보부는 중국의 동북지역에 잠입한 국민당 특무가 제공한 정보에서 만주와 북한의 변경을 따라 중공군대가 배치된 수량을 비교적 정확하게 획득했다. 중앙정보국은 이런 정보와 다른 정보를 취합한 다음 유엔군에게 중국공산당의 군대는 곧 압록강을 넘을 것[59]임을 명확하게 경고했다.

하지만 일련의 경고와 정보에도 미국정부는 여전히 아랑곳 하지 않았다. 이는 참으로 이상한 것이었다. 미국 정부가 왜 이렇게 중요한 문제에서 이토록 막연한 태도를 취했는지를 한마디로 해석하기가 어렵다. 여기에는 동방의 소통방식과 정보를 전달하는 수단에 대하여 이해를 못한 것도 있지만, 중국군대의 작전능력에 대한 평가부족도 있었다. 또 중소관계의 상황에 대한 잘못된 판단이 있었고, 중국 최고층의 의도에 대한 맹목적인 인식이 있었다. 총체적으로 말하면 1950년 10월 중순까지, 즉 베이징이 어떻게 출병하여 항미원조를 할 것을 긴박하게 토론하고 한반도에 입성할 부대가 이미 준비를 마친 상황에서도 워싱턴은 승리를 취득할 수 있다는 망상과 희열에 도취되어 있었다. 정치적으로 미국은 여전히 소련이 모험을 감수하면서 중국을 전쟁에 참여시킬 엄두를 내지 못하고 그리지도 않을 것이라 생각했다. 중앙정보국 전문가들의 의견은 이러했다. "소련 영도자는 한반도에서 잃은 것을 되찾기 위해 직접적인 군사간섭을 하고, 전쟁이라는 엄중한 위험까지 부담하는 것이 가치가 있다고 생각하지 않을 것이다. 우리는 러시아와 중공이 한반도에 간섭하는 것이 세계대전의 위험까지 무릅써야 한다고 생각한다. 중국은 단독으로 군사적인 간섭을 할 능력이 없다. 때문에 소련과 중국은 한반도에 간섭을 하지 않을 것이다."[60] 군사적인 측면에서 미국은 여전히 중국군대는 근본적으로 미국군대와 싸울 능력이 없기에 출병하지 않을 것이라 생각했다. 맥아더가 웨이크아이랜드 회담에서 트루먼에게 했던 말들이 이점을 잘 반영하고 있다. 맥아더는 중국 사람들은 "간섭할 가능성이 제일 적다. 많아야 그들은 5,6만 명을 한반도에 파견할 것이다". 하지만 그들은 공군이 없다. 만약 남하한다면, "그들을 반드시 커다란 사상을 입게 될 것이다"고 했다. 또 설령 소련 비행기가 중국의 지상부대를 지원한다고 해도, 걱정할 필요가 없다고 하면서, 그것은 "러시아 공군과 중국공산당의 지상부대는 근본적으로 협력할 수 업기 때문이다"고 했다. 맥아더는 "만약 중국인들이 평양으로 진군하면 그곳에는 피의 살육이 있을 것이다"[61]라고 오만하게 단언했다.

이 시기 미국의 상태는 이미 일촉즉발의 상황이어서 화살을 쏘지 않을 수 없었다. 어떠한 소식이나 권고에도 중국과의 전쟁이 이미 눈앞에 와 있다는 것을 아무도 믿지 않았다. 사람들은 심지어 일부 사람들이 이러한 상황을 의도적으로 조성한 것이 아닌지를 의심했다. 맥아더에게 이것은 완전히 가능한 일이었다. 맥아더가 명을 받고 군대를 지휘하여 북진하는 전제는 중국이 출병하지 않는 것이었고 출병할 것이라는 성명이 없는 상황이었다. 때문에 맥아더는 오히려 중국이 출병하지 않는다는 판단을 더 믿고 싶어 했다. 눈앞에 다가온 전면적인 승리와 이로 인하여 얻게 될 영광을 일부 소식과 전언 때문에 물거품이 되게 할 수 없었다. 트루먼도 이 시점에서 중국이 출병하지 않을 것이라는 판단을 더 받아들이고 싶어 했다. 앞에서 말했던 것처럼 전면적 승리로 한국전쟁을 끝내는 것은 곧 있을 국회선거에서의 민주당의 지위와 관계가 매우 컸다. 중국이 출병하는 상황, 즉 정부는 자신들의 판단 실수에 대한 지적을 받아들일 수 없었다. 이것은 트루먼이 미군이 이미 38선을 넘은 다음 많은 사람들을 대동하여 웨이크아이랜드에서 맥아더를 만난 진실된 목적일 수 있다. 비록 트루먼 자신은 회고에서 이번 행동의 목적이 맥아더로부터 전쟁에 관련된 "최신의 정보와 판단"을 얻기 위한 것이라 했지만 회담에 참가한 휘트니는 "맥아더에게 제기한 모든 문제에 대해 워싱턴은 이미 장군의 모든 관점을 장악하고 있었다. 이러한 일들은 워싱턴과 동경 사이의 통신연락을 통해서도 원만하게 해결될 수 있는 것이다"[62]고 기록했다. 맥아더의 중국이 출병하지 않을 것이라는 매우 긍정적인 보증이 있은 뒤, 트루먼은 매우 만족해 했다. 중국이 진짜로 출병할지 여부는 백악관이 가장 근심하는 문제가 아니었다.

만약 미국정부가 38선 일대에서 냉정을 찾고 승리에 흐트러졌던 생각들을 다시 다졌다면 문제에 대해 완전히 다른 판단을 했을 것이고 결과도 실제 발생한 것처럼 나쁘지 않았을 것이다. 국무부의 극동문제 전문가 알렉시스·존슨은 비교적 명석했다. 그는 저우언라이의 10월 3일 새벽의 경고를 매우 중요시 했고 국무부에 "우리는 이 성명을 완전히 허장성세로 보아서는 되지 않는다. 미국의 전술로써, 해상과 공군지원이라는 "우산" 아래 완전히 한국부대로 북한을 정복하는 가능성을 논의하는 것이 매우 필요한 것이다"고 건의했다. 브래들리는 "불행한 것은 존슨의 의견이 응당한 중시를 받지 못했다"[63]고 매우 유감스러워 하면서 감탄했다.

우리는 이런 가설을 해볼 수 있다. 만약 미국군대가 38선을 넘지 않고 공군만으로 남한부대의 침공을 지원했다면 중국군대는 아마 압록강을 넘지 않았을 것이다. 또 만약 미국군대가 영국인들이 건의대로 평양-원산일선에서 더 전진하지 않았다면, 아마 중국군대는 진출을 했지만 싸우지는 않은 상황이 전개되어, 양군이 평양-원산 일선에서 대치하는 상황이 출현 되었을 수 있다. 다른 측면에서 우리는 또 이런 가설을 할 수 있다. 만약 제약요소로서 소련 혹은 중국이 공개적으로 성명을 발표하여 미군이 38선을 넘으면 소련 혹은 중국이 북한에 출병하여 원조할 수 있다는 태도를 명확히 했다면, 그때 유엔군은 아마 38선에서 머물렀을 것이다. 어찌하든 결과는 모두 뒷날 실제 상황과 크게 달랐을 것이다. 하지만 거만한 맥아더는 거침없이 대거 북으로 밀고 나아갔고 심지어 9월 28일 작전계획에서 미군은 중국과의 변계에 진입할 수 없다는 원칙을 위배했다. 유엔군은 고삐 풀린 야생마처럼 압록강변으로 향했다. 한국의 제3군 제6사단이 압록강에 도달했을 때, 중국군대는 이미 항미원조의 첫 번째 전투를 시작했다. 동시에 중국정부는 중국인민지원군을 한반도에 보내 작전 함을 정식으로 선포했다. 중국군대의 대규모 개입은 미국으로 하여금 한국전쟁에서 빠져 나오지 못하게 하였고, 미국정부는 그들이 빚은 이 쓴술을 마실 수밖에 없게 되었다.

1996 제6기 『세계역사』에 발표

중국의 한반도 출병의 정책결정 과정

1950년 10월 25일, 중국정부는 중국인민지원군을 한반도에 파견하여 작전에 참가한다고 선포했다. 이로써 중국은 "항미원조 보가위국"이라는 명의 아래 한국전쟁에 참여하게 되었다. 객관적인 결과로 볼 때, 중국의 참전으로 인해 한국전쟁은 실질적으로 중국과 미국 사이의 한 차례 큰 전쟁이 되었고 한반도는 세계 양대 진영의 대항과 충돌의 전쟁터가 되었으며 이것은 미·중·소 3각 관계, 그리고 극동정세의 틀과 발전방향을 최종적으로 확정하게 만들었다. 그리하여 중국의 한반도 출병의 정책과정 및 그 원인에 대한 연구는 전후 국제관계와 냉전사연구에서 여러 나라 학자들이 가장 관심 있는 테마의 하나가 되었다.

국외 연구자들의 한 관점은 한국전쟁이 발생하기 이전, 중국영도자들이 한국전쟁의 획책과 준비에 참여했고, 심지어 중국이 한반도에 출병한 것 역시 사전에 스탈린과 김일성과 맺은 협의 때문이라는 것이다.[1] 소련의 한국전쟁에 관련된 자료들이 공표된 다음 한국에서 "동아시아공산주의 3각 동맹 이론"이 나타났다. 이 이론은 한국전쟁 그리고 중국의 출병은 마오쩌둥, 스탈린과 김일성이 준비한 것이라 했다.[2] 하지만 소련 자료를 분석한 뒤 저자가 얻은 결론은 이와 달랐다. 사람들은 여전히 중국이 관련된 자료를 세상에 밝히는 것을 기대하고 있지만 중국에서 근년에 이미 출판된 대량의 문헌과 회고록에 근거해 생각을 다음과 같이 정리할 수 있다. 중국이 당시 한반도 문제에서의 행동은 피동적인 것이었고, 마오쩌둥이 김일성의 군사수단으로 한반도 통일문제를 해결하는 것에 동의한 것 역시 부득이한 것이었으며, 병사를 파견하여 한반도에서 작전하는 것은 더욱 부득이한 것이었다는 점이다.

중국은 한반도 충돌에 개입할 의지가 없었다

한반도는 제2차 세계대전이 끝날 무렵 극동에서 미·소 양국이 세력범위를 다투는 주요한 장소의 하나가 되었다. 그 결과 38선이 그어졌고 한반도는 둘로 나뉘어 졌다. 미·소 군대가 한반도에서 철수 한 이후, 한반도에서의 충돌은 남북 두 개의 독립된 정부 사이의 한민족 내부 투쟁이 되었고 미·소 양국은 막후에서 이것을 조종했다. 남북 쌍방 모두 무력을 사용하는 방법으로 민족을 다시 통일하는 문제를 해결하려고 했다.[3] 양대 진영으로 나뉘어진 세계구조하에서, 소련점령군이 육성하고 배양한 북한의 영도자였던 김일성은 자연스럽게 소련에 도움을 요청하게 되었다. 동시에 항일전쟁을 통해 긴밀한 관계를 맺은 중국공산당에도 도움을 요청했다. 하지만 전쟁의 획책에 있어서, 중국과 소련, 북한 사이의 관계는 그리 간단한 것만이 아니었다.

많은 학자들은 한국전쟁이 발발하기 전 중국이 대량의 조선적 병사들을 귀국시킨 문제를 제기하면서 이것은 중국이 참여했거나 적어도 북한의 군사행동을 지지한 것임을 설명한다고 주장한다. 이 방명의 상황은 대체로 다음과 같다. 1949년 1월 리리산李立山, 저우보중周保中과 최용건 등은 소련고문의 참여하에 하얼빈에서 한차례 회의를 열어 중국군대의 조선적 병사들의 귀국문제를 논의했다. 회의는 1949년 연말까지 중국의 제4야전군에 소속된 28,000명의 조선적 병사들을 귀국시키기로 결정했다. 1949년 5월 김일성은 조선인민군정치부주임 김일을 북평에 파견했다. 김일의 이번 방문 목적은 중공군에 있는 조선적 사병들로 구성된 여러 사단을 북한에 넘길 것을 요구하는 것이었다. 마오쩌둥은 이 요구에 동의했고, 1949년 7~8월, 제4야전군의 조선적 병사들을 중심으로 구성된 164, 166사단은 북한으로 돌아갔다. 이 전사들은 귀국 후 조선인민군 제7사단이 되었다.[4] 1950년 1월, 김일성은 또 조선인민군 작전부장 김광협을 중국에 파견하여 중국군대에 있는 14,000명의 조선적 병사들을 북한에 보낼 것을 요구했다. 협상이 있은 뒤, 중국 측은 조선적 병사 전부를 북한인민군에 넘기는 것에 동의했다. 곧이어 김광협은 이들 병사들이 무기를 갖고 돌아갈 것을 요구했다. 네룽전은 중앙에 보고했고, 1월 22일 동의한다는 답변을 받았다. 이들 조선적 병사들은 허난성河南省의 정저우鄭州에 집결한 뒤 기차를 통해 귀국했고, 4월 18일 원산에 도착했다.[5] 객관적으로 보면 이들 조선적 병사들이 인민군에 가입한 것이 북한군의 군사 실력을 크게 증가했고 김일성이 이 요구를 제기한 것 역시 이러한 목적 때문일 수 있다. 하지만 마오쩌둥의 주관적 의도는 이와 관계가 없었다. 1949년 말과 1950년 초 김일성이 전쟁을 통해 한반도의 통일하는 문제에 대해 마오쩌둥은 근본적으로 동의하지 않았다.

1949년 3월 김일성은 모스크바를 방문할 때 무력으로 통일문제를 해결할 가능성을 논의했다. 스탈린은 남한을 침공할 "필요가 없다"고 하면서 남한군대에 반격하는 상황에서만 38선을 넘을 수 있다고 말했다.[6] 스탈린의 거절을 받은 후, 김일성은 중국의 지지를 얻는 것에 희망을 걸었다. 같은 해 5월 김일은 북평을 비밀방문을 할 때 중공영도자들에게 남북한이 함께 공존할 수 없음을 설명하면서, 무력으로 남한문제를 해결하는 문제의 절박성을 강조했다. 마오쩌둥은 이 자리에서 "김일성은 유격전과 지구전을 진행할 일체 필요한 준비를 마쳐야 한다"고 말했다. 마오쩌둥은 또 일본이 남한을 도와 작전할 가능성이 있으며, "필요하면 중국이 군대를 파견하여 북한을 원조할 수 있다"고 했다. 하지만 마오쩌둥은 김일성의 즉각적으로 무력으로 한반도를 통일하는 계획에 대해 지지하지 않았다. 그는 "김일성이 근래에 남한을 침공할 필요가 없으며, 전체적인 구조를 볼 때 국제정세가 우리에게 불리하며, 중국공산당이 지금 장제스 군대와 싸우고 있는 중이기에 평양을 원조할 수 없다"고 말했다. 마오쩌둥은 남한이 침략해 오면 반드시 반격해야 하지만 남방을 침공하지는 말며 이것은 미국과 일본의 간섭을 일으킬 수 있기 때문이라 했다.[7] 이것은 마오쩌둥은 김일성의 계획을 마음에 두지 않았음을 말해준다. 그가 여기서 말한 북한을 원조하는 두 가지 조건은, 하나는 북한의 주동적인 침공이 아니라 침략을 받은 상황이었고, 다른 하나는 중국이 통일대업을 이룬 다음이었다. 이것은 중국이 조선적 병사들의 귀국을 동의한 것과 김일성의 출발점이 근본적으로 다르다는 것을 말해주고 있다.

일부 연구자들은 마오쩌둥이 모스크바를 방문했을 시, 스탈린과 한국전쟁 문제를 논의했다고 말한다. 일부는 심지어 당시 회의에서 이미 협정을 맺어 소련이 무기를 제공하고 중국이 군대를 보내 김일성의 진공을 발동하는 것에 도움을 주기로 했다고 말한다. 또 전쟁을 일으킨 것도 스탈린, 마오쩌둥, 김일성이 모스크바에서 함께 확정한 것이라 말한다. 근래에 관련된 자료와 회의록에서 일부 정황이 드러나게 되었고 우리들은 중국이 1950년대 초 한국전쟁의 획책문제에 참여했는지 판단할 수 있게 되었다.

자료를 보면 마오쩌둥은 소련에 있는 동안 스탈린과 한국 문제에 대해 논의했다. 곤차로프 등의 저술에 따르면 1989년 소공중앙은 외교부에게 전쟁에 관련된 문서기록을 찾을 것을 명령했고, 1956년 4월 마오쩌둥과 미코얀의 담화기록을 발견했다. 이 기록에서 마오쩌둥은 소련을 방문했던 기간 동안 스탈린과 논의했던 한국 문제에 대해 회고했다.[8] 하지만 소련문서기록을 볼 때, 마오쩌둥은 소련 방문 동안 스탈린과 김일성의 계획을 토의한 것이 아니었다. 마오쩌둥은 김일성의 침공계획에 동의하지 않았고 중시하지도 않았다. 그가 걱정했던 것은 상반된 상황이 출현하는 것이었다. 회담에서 마오쩌둥은 스탈린에게 한국 문제는 북방이 남한을 침공하는 문제가 아니라 남방이 북방을 침공하는 문제라고 했다. 남한의 역량이 북방에 비해 훨씬 크고 미국군대도 그곳에 있기에, 당시 문제는 북방이 주동을 취하면서 시시각각 대비를 해야 하는 것이라 했다.[9] 러시아학자 페트로프는 기록문서에 김일성의 계획에 대한 기록이 나와 있지 않다고 했다. 그는 스탈린과 마오쩌둥이 회담에서 한국 문제를 토의했을 지라도 아마 가장 일반론적으로 말했을 수 있다고 했다. 그것은 마오쩌둥이 소련을 방문한 시점에 스탈린이 김일성에게 파란 불을 켜주는 것을 결정하지 못했기 때문이었다. 또 당시 마오쩌둥의 관심도 신강, 티베트 등을 해방하는 것에 집중되었고, 특히 대만문제에 있었다. 당시 마오쩌둥은 한국 문제는 스탈린의 책임이라 생각했다.[10]

1월 30일 스탈린은 김일성의 소련방문을 동의했고, 마오쩌둥은 2월 17일 소련을 떠났다. 이때 김일성은 아직 모스크바에 도착하지 못했을 수 있다. 도착했더라도 금방 도착했을 것이다. 또 스탈린, 마오쩌둥, 김일성이 3방 회담을 가졌다는 아무런 증거가 없다. 이 점에 관련해 곤차로프 등은 1992년 천잰을 방문했다. 천잰에 따르면 그 자신은 마오쩌둥의 번역을 담당했던 스저師哲의 회고록의 수고를 보았다. 수고에서 스탈린은 마오쩌둥에게 "김일성이 나에게 그가 남방에 행동을 취하려고 함을 알려주었다. 김은 젊고 용감하지만, 그는 자신에게 유리한 요소를 너무 높게 평가한다"고 말했다. 스탈린이 마오쩌둥의 의견을 묻자, 마오쩌둥은 "우리는 여전히 김동지를 도와야 한다"고 답했지만, 이어서 "조선(북한)은 지금 복잡한 상황에 처해 있다"[11]고 했다. 만약 스저의 이 회고가 정확하다면, 우리가 확정할 수 있는 것은 마오쩌둥이 모스크바에 있을 때 이미 김일성이 "대남행동을 취할" 요구를 갖고 스탈린을 만나러 갔음을 알고 있었고, 마오쩌둥의 어투로 볼 때, 그는 여전히 이러한 행동을 취하는 것에 회의적인 태도를 보였다.

또 이런 정황이 있다. 1950년 1월 9일, 북한주재소련대사 시트코프는 스탈린에게 한 통의 전보를 보냈다. 김일성은 남한을 침공하는 문제를 다시 제기했고 스탈린과 면담을 요구했다. 볼코고노프의 문장은 이 전보의 내용을 인용하면서 스탈린이 "한 주 동안이나 생각을 정하지 못했다"고 했다. 이어 스탈린은 마오쩌둥에게 용어가 치밀한 한 통의 비밀 전보를 보냈다. 그 내용은 "만약 승리를 취득할 충분한 확신이 있다면, 이 문제를 토의할 수 있다"는 것이었다. 문장은 또 베이징과 협상한 이후, 2월 9일 스탈린은 한반도에서 한차례 대규모군사행동을 준비하는 것에 동의했다고 말하고 있다.[12] 이것 역시 중국이 1950년 초에 이미 전쟁의 계획에 참여했음을 표명하고 있다. 하지만 이러한 주장에 풀리지 않는 점들이 있다. 첫째, 시트코프의 전보를 통해 스탈린이 이미 마오쩌둥이 이에 반대의견을 갖고 있음을 알고 있었다면 그가 아무런 상의도 없이 갑작스럽게 마오쩌둥에게 이 문제에 대해 토의를 진행할 것을 통지했을 리가 없다. 둘째, 당시 마오쩌둥이 모스크바에 있는 상황에서(마오쩌둥은 1월 14일 레닌그라드를 방문하고 17일 이미 모스크바에 돌아왔다) 스탈린은 왜 전보를 통해 마오쩌둥과 연락했을까 하는 점이다. 셋째, 2월 9일 김일성은 답방을 오는 도중에 있었다. 때문에 아직 상의도 하지 않은 상태에서 스탈린이 한반도에서 "한차례 대규모 군사행동을 취할 수" 있었을까 하는 점이다. 이로부터 볼코고노프가 인용한 이 자료들은 착오가 있는 것임을 알 수 있다.

최근 많은 문장들이 소련이 공표한 기록문서들을 인용하여 1950년 5월 김일성이 비밀리에 베이징을 방문했고, 북한이 침공을 발동하는 것을 마오쩌둥이 완전히 지지하게 되었음을 설명하고 있다. 하지만 이 사실 역시 중국이 한국전쟁의 획책에 참여했음을 증명하지는 못한다.

김일성과 회담한 이후, 스탈린은 비록 무력으로 한반도를 통일하는 계획을 허락하고 지지했지만 그는 이것에 대한 책임을 절대로 지고 싶어하지 않았다. 스탈린은 김일성의 계획에 동의를 표시한 다음, 북한 친구들은 응당 마오쩌둥과 더 많이 토의할 것을 요구 했다. 그것은 동방의 문제에서 마오쩌둥은 깊은 이해가 있기 때문이라 했다.[13] 시트코프 역시 김일성에게 무력으로 한반도를 무력으로 통일하는 문제에서 마오쩌둥의 의견을 들어야 한다고 두 차례나 귀띔했다. 김일성은 중국주재 북한대사 이주원을 통해 자신이 한반도 통일문제 때문에 중국을 방문하여 마오쩌둥과 논의하기를 희망함을 알렸지만 구체적인 내용은 한마디도 하지 않았다. 마오쩌둥은 북한대사에게 자신은 김일성의 방문을 환영하며 만약 김일성이 한반도 통일에 대해 이미 구체적인 계획이 있다면 이러한 방문은 비밀적이어야 한다고 알려주었다. 만약 아직 구체적인 계획이 없다면 좋게는 한 차례 정식방문을 하는 것이 좋다고 했다. 마오쩌둥은 또 북한은 지금 우선적으로 군사적인 준비를 잘 하며 자신의 역량을 강화하여 전쟁에 대비해야 한다고 일깨워 주었다.[14] 이쯤에서 마오쩌둥은 이미 김일성의 대체적인 의도를 알았지만 김일성의 구체적인 계획을 알 지 못했고 김일성과 스탈린 담화에 대해서도 알지 못했음을 말해주는 것이다. 1950년 5월 김일성은 베이징을 비밀 방문했다.

김일성이 극비로 중국을 방문한 것에 대해 여러 가지 설들이 있다. 어떤 사람들은 김일성이 소련을 방문한 다음 중국을 방문하지 않았다고 하고 있고,[15] 어떤 사람들은 중국을 방문한 시간이 4월이며 김일성이 소련방문을 마치고 귀국하는 도중, 혹은 4월 7일부터 26일 사이라 하기도 한다.[16] 스저의 회고 그리고 최근에 드러난 소련문서자료에 의해 우리는 김일성이 소련을 방문한 다음 베이징을 비밀방문을 했음을 알 수 있다. 구체적인 시간은 1950년 5월 13일부터 16일까지 였다.[17]

김일성과 박헌영은 베이징에 도착한 날 밤에 마오쩌둥과 회담을 가졌다. 북한영도자는 먼저 스탈린과의 회담결과를 통보했다. 스탈린이 이미 김일성의 계획에 동의했으며 그것은 국제 정세에 변화가 발생했기 때문이라 했다. 지금 한반도를 통일하는 것이 가능해 졌지만 이 문제는 최종적으로 중국의 동의를 얻어야 한다고 했다. 마오쩌둥은 매우 겸손하게 의견을 말하면서 이상조가 이미 여러 차례 자신과 이 문제를 논의했고 자신은 매번 지금은 불가능하다고 말했다고 했다. 김일성은 소련이 이미 우리를 도와 많은 준비를 했고 스탈린도 동의를 했다고 했음을 거듭 설명했다. 중국의 동의만 필요할 뿐 자신들은 그 어떤 도움도 필요하지 않다고 했다. 이에 대해 마오쩌둥은 이것은 매우 중요한 문제이므로 자신이 소련대사를 통해 스탈린에게 확인할 필요가 있다고 했다. 마오쩌둥은 곧 회담을 중지하고 중국주재소련대사를 급히 접견하여 스탈린에게 김일성의 말에 대해 알아보라고 했다.[18]

5월 14일 밤 소련대사는 스탈린의 전보를 갖고 마오쩌둥을 만났다. 전보에서 스탈린은 김일성의 말의 내용이 정확함을 확인해 주었다. 볼코고노프의 글에 이 전보의 내용이 발표되어 있다. "조선(북한)동지들과의 회담에서 필리포르동지는 이러한 관점을 표시했다. 국제정세에 변화가 발생함에 따라 우리들은 조선(북한)동지가 조국통일을 실현하는 건의를 동의했다. 이점에 대해, 반드시 중국과 조선(북한)동지들이 최후 결정을 내려야 된다. 만약 중국 동지들이 다른 의견이 있다면 문제의 해결은 반드시 미뤄져야 하고 다시 새롭게 토론되어야 한다. 조선(북한)동지들이 당신에게 회담의 상세한 내용을 전해줄 것이다."[19] 이 전보의 어투는 부드러움 속에 강경함이 들어있었다. 중국의 의견을 물어보는 것 같지만 실제로는 책임을 중국에 넘겨 마오쩌둥으로 하여금 태도를 표시하게 하였다. 중국이 동의하지 않으면 한반도의 통일이 미뤄지게 되고, 중국이 동의하면 "최종 결정"은 중국과 북한이 함께 내린 것이 되었다. 마오쩌둥은 동의를 하지 않을 수 없게 되었다. 마오쩌둥은 소련대사에게 그는 한반도의 상황을 주의했고, 북한 동지들의 예측, 즉 미국 세력이 점차 남한에서 철수하고 있고, 한반도의 정세가 이미 큰 변화가 발생했다는 점에 완전히 동의한다고 했다. 동시에 그는 여전히 중소조약처럼 중국과 북한 사이에 신속하게 우호동맹호조조약을 체결할 필요가 있다고 했다.[20] 마오쩌둥은 중국이 직접 북한에 원조를 제공하려면, 외교와 정치적인 측면에서 일정한 준비가 필요하다고 했다. 하지만 신심에 가득 찬 김일성은 마오쩌둥이 그의 계획에 동의하는 것만을 필요했고 중국이 제공하는 원조는 필요치 않았다.

5월 15일 마오쩌둥은 다시 김일성과 회담을 가졌다. 마오쩌둥은 김일성에게 그가 본래 계획했던 것은 우선 대만을 해방하는 것이고 이후 한반도 문제를 해결하는 것이라 명확하게 말했다. 하지만 한반도를 통일하는 문제가 이미 모스크바의 비준을 얻었으니 자신도 먼저 한반도를 통일하는 것에 동의한다고 했다. 다만 마오쩌둥은 일본군대의 참여 가능성 문제를 다시 제기했고, 심지어 미국군대의 간섭문제를 제기했다. 마오쩌둥은 일단 2,3만 명의 일본 군대가 전쟁에 투입된다면 전쟁의 전제 과정이 연장될 것이라 말했다. 만약 미국군대가 전쟁에 참가하면 중국은 군대를 파견하여 북한을 지원할 것이라 했다. 김일성은 마오쩌둥이 말하는 위험을 대수롭지 않게 생각했다. 그는 일본군대가 참전하는 상황이 거의 있을 수 없고, 미국이 2,3만 명의 일본군대를 파견해도 전세를 되돌릴 수 없을 것이라 했다. 미국이 참전할 가능성에 대해 김일성은 "그것은 거의 불가능하다"고 단언했다. 스탈린이 이미 그들에 제국주의는 간섭하지 않을 것이라 말했기에 이것을 고려할 필요가 없다고 했다. 하지만 마오쩌둥은 여전히 다음과 같이 말했다. 제국주의의 일들을 우리가 결정할 수 있는 것이 아니다. 우리는 그들의 참모장이 아니기에 그들이 마음속에서 무엇을 생각하는지를 알 수 없다. 때문에 준비를 해 두는 것은 필요한 것이다. 우리는 압록강 변에 3개 군단을 펼칠 것이다. 제국주의가 만약 간섭하지 않고 방해하지 않으며 38선을 넘지 않는다면 우리도 간섭하지 않을 것이다. 만약 제국주의가 간섭하고 38선을 넘는다면 우리는 꼭 싸우러 갈 것이다. 김일성은 이에 한편으로 감사를 표시하면서도 한편으로는 완곡하게 거절했다. 5월 16일, 즉 마오쩌둥과 김일성 회담의 마지막 날, 모스크바에서 전보를 보내왔다. 중국과 북한이 하나의 우호동맹조약을 체결하는 것에 동의하지만 전쟁이 발발하기 이전이 아니라 한반도가 성공적으로 통일된 다음에 할 수 있다고 했다.[21]

이것은 김일성이 전쟁 발발 전 비밀리에 중국을 방문한 것과 마오쩌둥이 김일성의 침공계획을 알고 동의하게 된 대체적인 과정이다. 저자는 다음과 같은 결론을 내렸다.

첫째, 김일성이 베이징을 방문한 것은 다만 스탈린의 명을 받고 그가 무력으로 한반도를 통일하는 계획을 동의할 것을 중국에 요구하기 위한 것이며 그는 중국의 원조가 필요하다고 생각 하지 않았다.[22] 때문에 그의 침공계획을 중국에 알려주지 않았다. 이후 중국은 김일성과 소련군사고문이 제정한 구체적인 계획을 알지 못했다. 스저는 회고에서 전쟁이 발발한 3일 후, 김일성은 영관급 군인 한 명을 베이징에 보내 정황을 통보했다고 했다. 마오쩌둥은 이에 매우 불만해 하면서 스저에게 "그들은 우리의 이웃이다. 전쟁이 발발도 우리와 논의하지 않고 이제서야 알려준다"[23]고 말했었다.

둘째, 김일성의 구체적인 계획에 대해 마오쩌둥은 알지도 못했고 알고 싶어 하지도 않았다. 그는 한반도에서 곧 일어나게 될 일을 심중에 두지 않았다. 비록 중국과 북한 정부가 1949년 10월 6일 외교관계를 수립했지만, 전쟁이 발발한 시점까지 중국은 평양에 아직 정식으로 대사관을 설치하지 않았고 북한 대사로 임명 된지 얼마 되지 않은 니즈량倪志亮 동지는 병으로 우한武漢에서 휴양하게 되었다. 평양에 유일하게 있던 기구는 동북행정위원회에서 내보낸 상업대표부였고 그 주요책임자 원스전温士祯 역시 심양에서 요양 중이었다.[24] 마오쩌둥이 제기한 북한을 원조하는 것도 북한의 영토가 침범을 받는 것을 조건으로 한 것이었다. 또 이 점은 당시 김일성의 고려에 전혀 없었다.

셋째, 당시 중국이 처한 국내 상황과 국제 환경에서 볼 때, 마오쩌둥은 이 시기에(중국이 대만을 해방하는 전투를 준비하는),[25] 이 지역에서(중국은 동북에 거의 아무런 정규부대가 없었다)[26] 중국의 안전과 안정을 위협하는 전쟁이 발발하는 것을 원하지 않았다. 중국이 김일성의 계획에 동의한 것은 대체적으로 어쩔 수 없이 피동적으로 받아들인 것이었다. 이처럼 마오쩌둥은 김일성의 전쟁준비와 획책에 근본적으로 참여하지 않았다.

이것은 매우 명확한 것이었다. 1949년은 중국공산당이 국민당과 결투를 벌이는 결정적인 시점이었고, 마오쩌둥에게는 한국 문제를 고려할 틈이 없었다. 신중국이 성립된 다음, 중국정부는 신속하게 전쟁의 상처를 치료하고 정상적인 생산과 생활을 회복하고 전국의 정치상황을 안정화하는 막중한 임무에 직면하게 되었다. 전국 범위의 임무로부터 볼 때, 대규모전쟁은 중국영도자들의 의사일정에 놓일 수 없었다. 1950년 6월 6일 마오쩌둥은 다음과 같이 말했다. "새로운 세계대전은 막을 수 있다. 국민당 반동파들이 산포하는 전쟁에 대한 유언비어는 인민들을 속이는 것이고 근거가 없는 것이다." 한국전쟁이 발발하기 하루 전날, 『인민일보』는 마오쩌둥이 전국정치협상회의 제2차 회의에서 했던 폐회사를 실었다. 그는 "전쟁의 관문을 이미 기본적으로 건넜다"[27]고 선포했다.

중국이 한국전쟁의 발발에 아무런 정치적 준비, 군사적 준비와 심리적 준비를 하지 않았던 것은 전쟁이 발발하기 전 중국은 확실하게 한반도의 충돌에 대해 간섭하거나 참여할 의사가 없었음을 설명하는 것이다.

전쟁 초기 군사방어전략

한국전쟁의 발발은 중국정부의 특별한 중시를 받지 못했다. 전국범위에서의 공작중심이 이로 인해 바뀌지지도 않았다. 토지개혁은 7기 3중 전회에서 확정한 전국의 공작중심의 하나였고, 6월 30일, 즉 미국이 전면적으로 한국전쟁에 개입을 결정한 그날 중국은 토지개혁법을 반포했다. 이로서 전국범위에서 기세가 넘치는 군중운동이 전개되었다. 대만을 해방하는 계획도 미국이 제7함대를 대만해협에 진주시킴으로 인해 즉각 포기된 것은 아니었다. 샤오진광肖勁光의 회고에 따르면 6월 30일 저우언라이는 중앙의 정세분석을 그에게 전달하면서 다음과 같이 말했다. "정세 변화는 우리가 대만을 침공하는 것에 어려움을 더하고 있다. 미국이 대만을 막아서고 있기 때문이다 (…중략…) 육군은 계속 제대를 하지만 해, 공군의 건설은 계속 강화해야 한다. 대만을 침공하는 시간을 뒤로 미룬다."[28] 이것은 대만을 침공하는 것은 군사상 어려움에 직면했기에 뒤로 미룬 것이지 한국전쟁에 참여 때문이 아니었음을 말해주고 있다. 전군에서 진행하던 제대공작도 전쟁 때문에 멈추지 않았다. 6월 초 중공중앙 7기 3차 전원회의에서 재정경제상황을 호전시키기 위해 중국인민해방군은 주력을 보존하는 기초에서 대규모 제대를 진행하기로 결정했다. 540만 군대를 두 차례로 나누어 제대시키고 전군의 규모를 280만에서 300만 사이로 압축하기로 했다.[29] 어떤 책에서는 트루먼이 전력으로 이승만을 지지한다고 선포한 다음, 중공영도자들이 형세의 엄중함을 인식하여 6월 30일 100만 부대에 대한 복원을 취소했다고 지적 한다.[30] 하지만 당시 군위부주석 저우언라이를 도와 군대의 복원과 재편을 도왔던 레잉푸雷英夫의 회고에 따르면, 6월 29일 저녁 그는 이미 작성된 제대공작에 관련된 문건을 저우언라이에게 올려 최후로 검열을 받을 시 한국전쟁의 발발을 감안하여 계획을 바꾸어 제대를 정지하고 전쟁준비에 돌입하는 것이 어떠한지를 대담하게 제기했다. 하지만 저우언라이는 "제대공작은 원 계획대로 진행한다", "한국전쟁 상황에 대해서 총참모부, 외교부는 긴밀하게 주시한다"고 지시했다. 6월 30일 예정된 계획대로 중앙복원위원회는 군위주석 마오쩌둥, 정무원총리 저우언라이가 공통으로 서명한 '군위, 정무원의 1950년 제대공작에 관한 결정'을 하달했고, 중국에서 규모가 가장 컸던 한 차례의 제대공작이 정식으로 시작되었다.[31] 이런 상황은 전쟁초기, 중국영도자들의 관심은 아직 한반도 문제에 전이되지 않았음을 설명한다.

미국이 전면적으로 한국전쟁에 개입한 이후, 특히 유엔대회가 모든 가능한 수단으로 한국을 원조한다는 결의가 통과된 이후, 중국은 한반도에서의 전쟁상황을 중시하기 시작했다. 이때, 마오쩌둥은 한편으로 중앙군위에서 전략배치를 조정하여 동북의 변방을 강화할 것을 토론케 했고, 다른 한편으로 중국이 어떻게 한국전쟁을 대하여야 하는 문제를 고려하기 시작했다. 하지만 미국군대가 인천에 상륙하기 이전, 중국군사배치의 기본방침은 기본적으로 전략적 방어였다. 설마 부득이한 상황에서 한반도에 출병해야 함을 고려했을 시에도, 이것은 전술적인 측면에서 출발한 것이었다.

7월 7일, 마오쩌둥의 제의에 근거해, 중앙군위는 중남해 거인당居仁堂에서 국방을 보위하는 것을 토론하는 제1차 회의를 열었다. 회의의 주제는 동북변방군을 조직하고 편성하는 문제를 토론하는 것이었다. 회의는 7월 말까지 4개

군, 3개 포병사단을 전부 안동, 지안輯安, 번씨本溪등 지로 이동하여 집결하는 결의를 내렸다. 또 쑤위粟裕를 동북변방군사령관 겸 정위로 하고, 쇼화肖华를 부정위로 하는 지휘기구를 조직하기로 했다. 동시에 보급, 병력보충, 정치동원을 하기로 했다. 마오쩌둥은 그날 밤 즉시 집행할 것을 비준했다.[32] 그 뒤에 쑤위가 병 때문에 부임하지 못하게 되자, 7월 중순 제13군단 사령관 덩화邓华가 그의 38, 39, 40, 42군을 이끌고 동북에 방어 하러 나서게 되었다. 동북변방군의 총 병력은 약 26만 명이었다.[33] 회의에 참가한 인원, 회의 결의에서 볼 때, 이 시기 중국의 중점은 동북변방을 강화하고 적들이 쳐들어 오는 것을 막는 것에 있었다.

한반도의 정세변화에 따라 중국영도자들의 고민은 더욱 깊어졌다. 8월 4일 즉 북한인민군의 진공이 저항에 부딪치고 미국과 한국의 부산방어선이 이미 안정화된 시점에 중공은 정치국회의를 열었다. 마오쩌둥은 회의에서 "만약 미제가 승리하면 득의 양양하게 되고 우리를 위협하게 된다. 북한을 돕지 않을 수 없다. 반드시 도와야 한다. 지원군의 형식으로 하되, 시기를 선택해야 한다. 우리는 준비를 하지 않을 수 없다"고 지적했다. 저우언라이도 "미제가 북조선(북한)을 눌러 버리는 것은 평화에 불리하고 그들의 기염을 높이는 것이다. 승리를 쟁취해야 하며 중국의 요소를 더해야 한다. 중국의 요소를 더하면 국제적으로도 변화가 생길 것이다. 우리는 이러한 원대한 구상을 하지 않으면 안 된다"[34]고 말했다. 8월 5일 마오쩌둥은 동북군구사령관 겸 정위 가오강에 보낸 전보에서 "변방군 여러 부대는 이미 집결했다. 8월 내에는 작전임무가 없을 것이지만 9월 상순에는 작전을 할 수 있도록 준비해야 한다"고 하면서, "전체 부대는 이번 달 내에 모든 공작을 완수하고 출동하여 작전하는 것을 대기하라"고 지시했다. 8월 18일 또 가오강에게 전보를 보내 "변방군의 훈련과 기타 준비공작을 완성하는 시간을 9월 말까지 연기할 수 있다. 당신은 독촉을 가하여 반드시 9월 30일 이전 모든 준비공작을 마쳐야 한다"[35]고 했다.

이와 동시에, 총참모부 작전참모들은 한국전쟁의 상황에 대해 여러 차례 반복적인 연구가를 한 뒤, 미국은 "인천에서 상륙할 가능성이 매우 크다"고 판단했다. 8월 23일 밤, 레이잉푸가 이 결론을 저우언라이에게 보고하였고, 즉각 마오쩌둥의 접견을 받았다. 마오쩌둥은 상세하게 보고를 듣고, 상황을 물어본 뒤, 미군이 인천에서 상륙하는 것은 확실하게 조심할 필요가 있는 큰 전략적인 문제임을 지적 했다. 그리고 즉시 세 가지 조치를 취할 것을 결정했다. 첫째, 동북변방의 여러 군의 전투태세와 준비공작을 점검하며, 9월 말 이전까지 모든 준비공작을 완성할 것을 엄격하게 명령하고, 수시로 출동하여 작전할 수 있음을 보증해야 한다 했다. 둘째, 적들이 인천에서 상륙할 가능성과 조선(북한)인민군의 가장 최악의 상황에 대한 준비, 예를 들면 주력부대를 철수하여 인천에 대한 방어를 강화하는 것 같은 조치를 해야 하는 것 등을 조선(북한)과 소련측에 제공하여 그들로 하여금 참고 할 수 있게 했다. 셋째, 총참모부와 외교부는 수시로 밀접하게 한반도 전쟁의 상황변화를 주시할 것[36]을 요구했다.

전쟁 상황에 대한 엄중한 예상은 중국으로 하여금 군사배치를 다시 조절하게 하였고 한반도에 들어가서 작전하는 문제를 명확하게 제기하기 시작했다. 8월 26일 저우언라이는 제2차 국방보위회의를 소집했다. 이전 회의와 비교하면 이번 회의에는 직접 작전지휘에 참여하는 간부급 인원이 참가했다. 저우언라이는 한국전쟁의 복잡한 상황과 미군이 인천에 상륙하는 어려운 상황에 맞닥칠 수 있음을 통보했다. 저우언라이는 특별히 중국이 한반도에 출병할 가능성이 점차 커지는 것을 강조하면서, "만약 출병하게 되면, 주요 대상은 미제국주의이며 이승만 괴뢰군이 아니라"[37]고 했다.

정세가 날로 복잡해지는 것을 감안하여, 8월 말에서 9월 초까지 중국은 대규모로 전략배치를 조정했다. 마오쩌둥은 동북에 이미 집중된 4개 군의 기초

위에 또다시 8개 군을 증가하는 것을 고려했다.[38] 중앙군사위원회는 네룽전의 건의에 따라 화동지역에서 대만을 침공할 준비를 하고 있던 제9병단과 서북지역에서 복원을 준비하고 있던 제19병단을 진푸津浦와 룽하이隴海철도연선 지역으로 이동시켜 동북변방군과 협동할 수 있게 하였다. 중남지역의 제50군을 동북지역으로 이동시켜, 동북변방군을 4개 군에서 5개 군으로 증가했다. 동시에 중앙군사위원회는 특전사건설을 가속화하는 결정을 내렸고, 즉각 4개의 비행연대團, 3개의 기동여단旅, 18개의 고사포 연대團와 10개 군단軍에 포병대를 증편하기로 했다. 대도시와 공업기지의 안전을 보장하기 위해 중앙군위는 방공계획을 제정하고, 3개의 항공병사단, 15개의 고사포 연대와 1개의 조명탄 연대를 동북지역과 연해지역의 대도시에 배치하여 대공 방어를 담당하게 하였다. 그리고 동북지역과 남부지역의 일부 공업장비와 전략비축물품을 북으로 이동하기로 결정했다.[39] 9월 7일 심야, 외교부는 긴급하게 차이청원을 불러들여 저우언라이에게 한국전쟁의 상황을 보고하게 했다. 저우언라이는 만약 상황이 급히 변화하여 우리가 한반도에 출병하여 작전하게 된다면 어떤 어려움이 예상 되는지를 묻기도 했다.[40] 이런 문제를 물었다는 것은 당시 중국 영도자들이 이미 한반도에 출병하는 문제를 고려하고 있었음을 말해주는 것이다.

비록 이러했지만, 당시 미국군대와 맞서고, 특히 한반도에 진출하여 작전하는 것은 중국영도자들에게는 만일의 상황에 대비한 것이었고, 전체적인 전략적 방어의 한 부분으로서 고려한 것을 뿐이지, 이미 확정된 방침은 아니었다. 8월 26일 국방회의에서 저우언라이는 마오쩌둥의 지시를 전달하면서, 우리의 군사건설은 응당 하나의 장기적인 계획이 있어야 한다고 했다. 여러 군종은 먼저 3년 계획이 있어야 하며, 공군, 포병, 장갑병 등은 훈련을 열심히 하여 내년 봄에 참전할 수 있도록 준비해야 한다고 했다.[41] 마오쩌둥은 8월 27일 가오강, 펑더화이, 덩샤오핑, 덩즈휘이, 라오수스饒漱石 등에게 보내는 전보에서 "시국에 대비"하는 문제를 이야기했지만, 그 목적은 여전히 이들 지방책임자들과 3년계획문제와, 11월 혹은 12월에 있을 당의 4중 전회와 정치협상전국위원회의에 있을 토론을 준비하라는 것이었다.[42] 이로부터, 당시 국가정책의 측면에서 볼 때, 한반도에 출병하는 문제는 아직 의사일정에 올려 놓여지지 않고 있었음을 알 수 있다.

동시에 지적해두어야 하는 것은 한반도에 출병하는 것이 중국정부가 원해서 하는 일이 아니라는 점이다. 중국이 한반도에 출병하는 것은 당연히 먼저 북한정부의 요청이 있어야 했다. 하지만 당시 중국과 북한의 관계가 매우 조화로운 것이 아니었다. 소련외교관의 회고에 따르면, "전쟁 초기, 평양주재 중국대표와 조선인민민주공화국의 공식기구 사이의 관계는 매우 긴장"되어 있었고, 어떤 때에는 심지어 소련대사관이 조정자로 나서야 했었다.[43] 김일성은 전쟁 전에 중국에 아무런 구체적인 계획을 알려주지 않았고 전쟁이 발발한 다음에도 여전히 중국 영도자들에게 소식을 봉쇄했다. 8월에 덩화가 중국이 북한에 관찰원을 파견하여 전쟁상황을 파악할 것을 요구 했지만 김일성은 이것을 거절했다. 한 북한의 고위급 병참장교의 회고에 따르면, 전쟁이 발발하기 전, 모든 소련제 무기는 모두 중국을 통한 철도운수가 아니라 해로를 통해 북한에 들어왔다. 이렇게 한 목적은 중국의 정보인원들에게 북한의 준비공작을 알 지 못하게 하기 위해서라고 말했다.[44] 차이청원이 대사관 공작원으로 7월 초 북한에 도착했을 시, 저우언라이가 김일성에게 쓴 친필서신을 갖고 있었다. 이 편지에서 특별히 "이 사람은 믿을 수 있다"고 했다. 북한 측은 차이청원에게 매우 높은 대우를 해주었고, 그와 김일성 사이에 직통전화를 놓았지만, 북한의 구체적인 상황에 대해 누구도 그에게 알려주지 않았다. 총정치부 부부장 서휘와 인민군 제2집단군 사령 무정은 모두 중국에서 돌아간 사람들이었다. 하지만 이들의 중국 사람들과의 대화는 매우 큰 제한을 받았다. 그리하여 9월 초 차이청원이 귀국했을 시, 네룽전은 그의 한국전쟁에 대한 보고가 너무 간단하고, "우군"의 상황을 너무 적게 다루었다고 했다.[45] 이것은 김일성이 부득이한 상황이 아니었으면 중국에 원조를 요청하지 않으려 했음을 말해주는 것이다. 이런 상황에서, 중국은 출병하는 문제를 이야기할 필요가 없었다.

마오쩌둥의 네 차례 출병결심

9월 15일 미국은 인천에서 상륙했고, 일거에 성공했다. 한반도 정세가 급속히 악화하는 상황에서 한반도에 출병하는 것이 응급방안으로 중국영도자들의 앞에 놓이게 되었다. 9월 17일 중앙군위는 즉각 5명의 선견소조를 북한에 보내 상황을 파악하고 지형을 조사하여 작전을 위한 준비를 하기로 했다. 이 건의는 원래 동북변방군이 이미 제기한 것이었지만 저우언라이는 그동안 묵혀두고 비준하지 않았다. 이 시기에야 무관武官을 증파하는 방식으로 선견소조를 파견하기로 하고 차이청원과 함께 평양으로 보냈다. 선양瀋陽을 지나갈 때, 가오강은 차이청원에게 마오쩌둥으로부터 받은 한 통의 편지를 보여주었다. 편지에서, "출병을 하지 않으면 안되겠다. 반드시 단단히 준비를 하라"고 말하고 있었다.[46]

전쟁상황이 악화되자 김일성은 부득이하게 소련에게 구조를 요청했고 소련을 통해 중국이 한반도에 출병하여 작전하는 것을 요청했다. 9월 27일, 스탈린이 북한에 파견한 개인군사대표 마트베에프는 스탈린에게 비밀전보를 보냈다. 그는 "인민군의 손실이 막대하다"고 보고하면서, "장비와 탄약의 배급이 엄중하게 부족하며, 연료가 부족하여 수송이 거의 마비되었다. 병사와 탄약보급의 조직이 너무 낙후하다. 부대의 지휘계통은 위로부터 아래까지 모두 엉망이다"고 북한의 엄중한 상황을 보고했다. 이런 상황에서, 김일성과 박헌영은 9월 29일 연명으로 스탈린에게 편지를 보내, 스탈린이 "특별한 원조"를 해줄 것을 간절히 요구했다. 즉 "소련의 직접 접인 군사원조를 얻고자 했다". 김일성은 또 스탈린에게 "만약 어떠한 이유에서 이점을 이룰 수 없다면, 우리를 도와 중국과 기타 민주국가들로 이루어진 국제지원부대를 조직해줄 것"[47] 요구했다. 10월 1일, 스탈린은 시트코프와 마트베에프에게 전보를 보내어 즉각 김일성을 만나 그의 다음과 같은 의견을 전달해줄 것을 요구했다. 38선 이북에서 적들과 장기적인 투쟁을 할 것, 예비군을 급히 준비하고 남방에서 유격전을 전개할 것, 소련은 필요한 물자를 원조할 것 등 내용이었다. 동시에 스탈린은 김일성이 요구하는 군대를 파견하여 원조하는 문제를 중국에게 넘겼다. "무장원조를 하는 문제에 있어 우리가 더욱 선호하는 형식은 인민지원부대를 조직하는 것이다. 이 문제에 대해 우리는 반드시 먼저 중국동지들과 의논해야 한다."[48] 이러한 상황이 발생하기 이전 스탈린은 이미 이 문제에 대한 고려가 있었다. 스저는 회고록에서 인천상륙 이후, 스탈린은 전보에서 중국이 선양에서 단둥丹東 일선에 배치한 병력이 얼마이고 한반도에 병사를 보낼 수 있는지를 물었다[49]고 밝혔다. 김일성의 구원전보를 받은 다음 스탈린은 10월 1일 또 마오쩌둥에게 전보를 보냈다. 전보에는 "만약 당신이 긴급한 상화에서 부대를 파견하여 조선북한사람들을 지원해야 한다고 생각한다면 당신은 응당 5, 6개의 사단을 즉각 38선으로 보내 우리 조선북한동지들이 당신 부대의 엄호하에 38선 이북지역을 보위하는 전투를 조직할 수 있게 하여야 한다. 중국군대는 지원군으로 하는 것을 고려할 수 있고 당연히 중국인이 지휘한다"[50]고 적혀 있었다. 김일성은 스탈린으로 하여금 그를 대신하여 중국에 도움을 요청하였고, 동시에 직접 사람을 베이징에 보내 구원을 요청하기도 했다. 10월 1일 박헌영은 김일성이 마오쩌둥에게 보내는 편지를 들고 베이징에 왔고 직접 마오쩌둥, 저우언라이에게 중국이 한반도에 출병하여 참전하는 요청을 제기했다.[51]

며칠 사이 정세가 급변했고 상황이 매우 위급하게 되었다. 소련은 출병을 부추기고 북한은 출병을 요청했다. 이에 더해 중국의 전쟁 전망에 대한 근심은 마오쩌둥으로 하여금 즉시 결정을 내리게 만들었다. 10월 2일 새벽 2시, 마오쩌둥은 중앙군위의 명의로 가오강과 덩화에게 전보를 보냈다. 가오강은 즉시 회의하러 베이징에 올 것을 요구했고, 덩화에게는 "변방군의 준비공작을 앞당겨 마치고 수시로 출동할 수 있도록 대기하며 원래 계획대로 새로운 적과 싸울 것을" 명령할 것을 요구했다. 같은 날 마오쩌둥은 스탈린에게 전보를 보내, 중국은 이미 "지원군의 명의로 일부 군대를 조선북한경내에 보내 미국 그리고 그의 주구 이승만의 군대와 작전하고 조선북한동지를 원조"하기로 결정했다고 통보했다. 전보에서 중국은 이미 동북에 이동한 12개 사단이 10월 15일 행동을 시작할 것이고 북조선북한의 적당한 지역(38선에 이르지 않더라도)에서 방어전을 진행하고 소련무기가 도달한 다음 인민군과 함께 반격을 할 것이라고 통보했다.[52] 이것은 마오쩌둥이 처음으로 중국이 한반도에 병사를 보내 전쟁을 할 것임을 명확하게 밝힌 것이다.

하지만 10월 2일 오후 중공중앙서기처가 중남해 이넨탕頤年堂에서 회의를 열어 이 문제를 논의할 때 의견분규가 발생했다. 그리하여 중앙정치국확대회의를 열어 다시 토론하기로 했다. 마오쩌둥은 펑더화이에게 임무를 맡기기로 결심하고 저우언라이로 하여금 시안西安에 급히 비행기를 보내 펑더화이가 베이징에 와서 회의에 참석할 수 있도록 했다.[53] 10월 4일 중남해의 펑저원丰泽圆 에서 열린 정치국확대회의에서도 여전히 의견 일치를 이루지 못했다. 회의에서 여러 사람들은 출병하는 것에 동의하지 않았다. 출병을 하지 않거나 지금 출병하지 말아야 하는 이유는, 국내에서 전쟁의 상처가 아직 치료되지 않았고,

부분지역은 아직 해방이 되지 않았으며 해방구에서 아직 토지개혁을 진행하지 않은 점이었다. 또 우리군의 무기장비가 미군에 비해 현저히 낙후한데다 제공권과 제해권이 없고, 장시기 동안의 전쟁 때문에 일부 간부와 병사들에게 평화를 원하고 전쟁을 싫어하는 정서가 있다는 것이었다.[54] 정치국 회의의 토론에 대하여 다른 이야기도 있다. 어떤 글에서, 회의는 며칠 동안 계속되었고, 출병을 하는 문제에서, 가오강, 린뱌오는 파병하여 미국과 작전하는 것을 강력히 반대했다고 했다. 또 어떤 글에서는 가오강이 회의에서 소련사람들처럼 적극적으로 한반도에 출병할 것을 주장하였고, 출병에 반대하는 저우언라이와 첨예한 변론을 했다고 제기했다.[55] 실제 상황이 어떠했는지는 장래에 중국 문서자료가 공표되어야 정확히 알 수 있다. 하지만 한 가지 명확한 것은 회의의 토론이 매우 치열했다는 점이다. 마오쩌둥이 이미 출병을 결정한 상황에서 여전히 많은 반대 의견이 나타난 것은 정치국 확대회의에서 출병에 반대하거나 또는 잠시 출병하지 않는 의견이 우세였음을 설명하는 것이다. 네룽전은 회고록에서, 당시 당내 다른 의견은 "부득이한 상황이 아니면 이 전쟁을 하지 않는다"[56]는 것에 모였다고 했다.

날씨 때문에 펑더화이는 10월 4일 오후에야 베이징에 도착했다. 회의장에 도착한 다음 펑더화이는 "회의장 분위기가 간단치 않음을 발견" 했고 의견 차이가 매우 큼을 알게 되었다. 그날 오후 펑더화이는 발언을 하지 않았다. 다음날 오전 9시 좌우, 덩샤오핑은 마오쩌둥의 부탁을 받고 직접 베이징호텔에 가서 펑더화이를 중남해로 모시고 왔다. 마오쩌둥이 의도적으로 펑더화이를 통해 회의의 대치국면을 타개하려 했음을 읽을 수 있다. 이야기 중에 마오쩌둥은 단도직입적으로 "우리에게 실제로 매우 엄중한 어려움이 존재한다. 하지만 우리에게는 또 어떤 유리한 조건이 존재하는가?"라고 물었다. 펑더화이가 마오쩌둥의 출병주장을 지지하고 자신이 출병을 이끌 수 있다고 하자 마오쩌둥은 매우 감격해 하면서 말했다. "이러면 나는 마음을 놓을 수 있다. 지금 미군이 이미 여러 길로 나뉘어 38선으로 접근하고 있다. 우리는 급히 출병하여 주동을 쟁취해야 한다. 오늘 오후 정치국은 계속 회의를 할 것이다. 당신이 생각을 펼칠 것을 요청한다." 오후의 정치국회의에서 출병하여 북한을 원조하는 것을 논의할 때, 여전히 두 가지 의견이 있었다. 이때, 펑더화이가 발언하였고, 마오쩌둥의 주장을 절대적으로 지지했다. 펑더화이의 발언은 중요한 작용을 했다. 회의는 마오쩌둥의 주장에 동의했으며, 출병하여 북한을 돕기로 결정했다. 회의가 끝난 뒤 마오쩌둥은 펑더화이에게 "당신에게 10일의 준비시간을 줄 것이다. 출병시간은 초보적으로 10월 15일이다"[57]고 명확하게 말했다.

10월 6일 저우언라이는 쥐런탕居仁堂에서 중앙군위회의의 사회를 보았다. 회의는 당중앙의 한반도에 출병하는 결정을 전달하고 지원군의 출동에 필요한 여러 가지 일들을 연구하고 안배했다. 린뱌오는 회의에서 북한을 구하기 위해 중국을 거들 나게 해서는 안 된다고 말했다. 장비가 너무 차이 나기 때문에 미국과의 작전에서 승리를 장담할 수 없고, 미국은 원자탄 혹은 대규모 공중폭격을 중국대륙에 가할 수 있다고 했다. 그러면서 그는 출병하지 않은 것이 가장 좋다고 주장했다. 만약 꼭 출병해야 한다면, "출병은 하나 싸우지 않는" 방침을 취해야 하고, 조선북한에 주둔하지만 기회를 보면서 행동해야 한다고 했다. 저우언라이는 이런 관점을 비판했다. 출병하여 북한을 돕는 결심은 이미 내려졌고 지금은 어떻게 집행하는 문제를 연구할 때라고 했다.[58] 이 시점에 스탈린은 또 전보를 보내와서 중국의 출병을 재촉했다. "중국이 전쟁에 휘말려 드는 것은 중국과 호조동맹조약이 있는 소련도 전쟁에 휘말려 드는 것이다. 우리는 이에 두려워해야 할까? 나의 관점은 우리는 두려워할 필요가 없다는 것이다. 그것은 우리가 힘을 합치면 미국과 영국보다 더 강하기 때문이다." "만약 전쟁이 피할 수 없는 것이라면, 그것을 몇 년을 기다린 뒤가 아니라 지금 하는 것이 낫다. 그 때 일본의 군국주의는 다시 회복되고 미국과 하나의 동맹을 이룰 것이다."[59] 여기에는 마오쩌둥에 대한 하나의 자극이 포함되었다. 비록 그가 10월 7일 스탈린에 보낸 전보에서 중국의 출병에 대해 일부 여지를 남겼지만,[60] 사실상 이미 한반도에 출병하는 결정을 내렸다. 10월 8일 마오쩌둥은 중국인민지원군을 조직하는 명령을 반포했고 펑더화이를 지원군의 총사령관 겸 정위로 하고 제13군단 소속의 4개 군과 변방포병사령부 및 그 소속의 3개 포병사단을 이끌고 출동 명령을 대기하라고 했다. 병참 보급에 관련된 것은 가오강이 통일적으로 안배하도록 했다. 같은 날 마오쩌둥은 전보를 통해 이 결정을 김일성에게 통지했다.[61] 이것은 마오쩌둥이 두 번째로 한반도에 파병하는 것을 결정한 것이다.

중국이 한반도에 출병하는 것에는 참으로 많은 어려움이 있었다. 이 중에서 군사방면의 어려움은 주요하게 중국군대의 장비가 낙후하고, 현대화 작전에 필수적인 공군이 없는 것에 있었다.[62] 마오쩌둥은 10월 2일 전보에서 스탈린에게 중국에 대량의 군사장비인 탱크, 중화포 및 기타 경중무기 그리고 몇 천 대의 차량을 제공해 줄 것을 요구했다. 동시에 소련이 중국군대가 한반도에서 작전하는 것에 공군지원을 할 것을 요구했다.[63] 출격한 뒤, 승리를 이루기 위하여, 그리고 스탈린이 전보에서 말한 "연합작전"을 구상하기 위해, 중국은 저우언라이가 소련에 가서 스탈린과 소련공군의 지원과 무기장비를 제공하는 문제를 논의토록 했다. 하지만 공군을 출동하는 문제에 있어 스탈린은 너무 신중했고, 오락가락한 태도를 보였다. 이로 인하여 중국이 한반도에 출병하는 문제는 또다시 우여곡절을 겪게 되었다.

저우언라이는 10월 8일 베이징을 떠났지만 도중에 정류하였기에 10일에야 모스크바에 도착했다. 이후 볼가닌의 배동하에 전용기를 타고 흑해변에 있는 스탈린의 휴양지에는 11일에 도착했다. 그날 오후 양국은 회담을 가졌다. 스저의 회고에 따르면, 회담의 내용은 주요하게 다음과 같았다. 첫째, 스탈린은 소련이 출병하지 못하는 이유를 설명했다. 스탈린은 소련이 북한을 돕는 것을 생각했지만, 소련군대가 이미 전부 북한에서 철수했음을 성명했기에 전쟁터에 나타날 수 없고 더더욱 미국과 직접 대항할 수 없다고 했다. 둘째, 스탈린은 중국에게 출병을 권고했다. 중국이 출병하면 소련은 무기와 장비를 제고하겠다고 했다. 셋째, 저우언라이는 중국의 출병에 있어서의 어려움을 이야기했다. 중국인민들은 오랜 시간 동안 전쟁의 고통을 받았고, 수많은 국내의 민생문제들이 아직 해결되지 못했으며 전쟁이 끝난 지 얼마 되지 않았기에 지금은 회복과 건설을 해야 한다고 했다. 넷째, 스탈린은 만약 중국이 출병하지 않으면, 김일성에게 하루빨리 압록강을 넘을 것을 통지하여 실력을 보존하도록 해야 한다고 했다. 주력부대를 중국에 철수시켜 다시 싸울 준비를 할 수 있도록 통지해야 한다고 했다.[64] 회담이 있은 뒤, 그날 밤 7시에 스탈린과 저우언라이는 연명으로 중공중앙에 전보를 보내어 회담의 결과를 통보했다. 회담 내용은 아직 공개되지 않았지만, 스저의 회고를 통해 위에서 서술한 내용, 그리고 중국과 소련은 모두 잠시 출병하지 않고 김일성으로 하여금 압록강 이북에 철수토록 하는 내용이 포함되어 있을 수 있다. 이 밖에 13일 마오쩌둥이 저우언라이에게 보낸 전보를 보면, 또 이런 내용이 포함되었음을 알 수 있다. 즉 지금 소련공군은 준비가 되지 않았기에 출동할 수 없고, "반드시 2개월 내지 2개월 반을 기다려야만 공군이 지원군의 한반도에서 싸우는 것을 지원할 수 있다"는 내용이다.[65] 정황은 아마 이러했을 것이다. 저우언라이는 소련이 공군을 출동하여 중국인민지원군과 협동 작전하는 목적을 이루지 못했기에 스탈린과 함께 잠시 출병하지 않기로 했다. 중국영도자들은 출병문제에 있어 치열한 토론을 했었고, 소련공군의 엄호가 있는지 여부는 출병했을 시 승리할 수 있는 관건적인 문제였다.

모스크바와 베이징은 5시간의 시차가 있었다. 스탈린과 저우언라이가 연명으로 전보를 보낸 것은 베이징시간으로 12일 자정이었다. 이것을 소련대사관이 중공중앙판공청에 보내서 마오쩌둥에게 넘겨진 것은 대략 12일 오후였다.[66] 마오쩌둥은 소련이 공군을 출동하지 않을 것이라는 소식을 접한 다음 급히 두 통의 전보를 발송하여 동북에 있는 펑더화이와 가오강, 그리고 화동에 있는 라오수스, 천이陳毅에게 지시했다. "10월 9일 명령을 잠시 시행하지 않는다." "13병단 각부는 여전히 원위치에서 훈련하고 출동하지 않는다." "숭스룬松時輪병단은 여전히 원 위치에서 머물면서 훈련한다." 동시에 가오강과 펑더화이로 하여금 베이징에 와서 논의 할 것을 요구 했다.[67] 총참모장대리였던 네룽전은 전보전달에 지연이 있을 것을 걱정하여 그날 저녁 7시에 군사위원회 작전 당직실에 도착해 직접 전화로 안동에서 건널목을 살피고 있던 펑더화이에게 정황에 변화가 있어 베이징에 와서 면담할 것을 통보했다.[68] 10월 13일 정오 펑더화이와 가오강은 베이징에 도착했다. 오후 마오쩌둥은 이년탕頤年堂에서 중앙정치국긴급회의를 소집하고 출병과 출병하지 않는 것의 이해관계에 대해 재차 토론했다. 펑더화이는 소련이 공중지원을 제공하지 않는다는 것을 들은 후 매우 화를 내면서 지원군 총사령관직을 내려놓겠다고 했다. 마오쩌둥은 다시 회의를 주도하면서, 펑더화이와 기타 회의 참가자들을 설득했다. 비록 소련공군이 전쟁 시작단계에 한반도에 진입하지 않지만 스탈린이 이미 중국영토에 대한 공중보호를 약속했고 중국에 대량의 군사장비를 제공하기로 했다고 했다. 회의는 최종적으로 소련공군의 지원이 잠시 없더라도 미군이 대거 북진하고 있는 상황에서 그 어떠한 어려움이 있던지 반드시 출병하여 북한을 도와야 한다고 결정했다. 그 뒤 마오쩌둥과 펑더화이, 가오강은 지원군이 한반도에 진입한 이후의 작전방안에 대해 상세히 연구했다.[69] 회의가 끝난 뒤, 마오쩌둥은 즉시 저우언라이에게 전보를 보내, "정치국 동지들과 논의한 결과, 우리군이 한반도에 출동하는 것이 유리하다고 일제히 판단했다"고 알려주었다. 공군의 엄호가 없기에 마오쩌둥은 초기에 다만 남한부대와 작전하는 것을 결정했다. 그 다음 날 마오쩌둥은 또 저우언라이에게 전보를 보내어 구체적인 작전 배치와 방안을 통보했고, 지원군이 출동하는 날짜를 10월 19일이라 했다.[70] 이것은 마오쩌둥이 한반도에 출병하기로 한 세 번째 결심이다.

10월 15일 평양이 위태롭자, 김일성은 박헌영을 선양에 파견하여 펑더화이를 만나 중국이 빨리 출병할 것을 요구했다. 펑더화이는 그에게 중국은 이미 최후의 결정을 내렸고, 10월 18일 혹은 19일에 부대가 차례로 도강할 예정이라고 했다. 같은 날 마오쩌둥은 가오강과 펑더화이에게 전보를 보내 지원군의 출동 날짜를 앞당길 것을 요구했다. 전보에서는 "우리 군의 선두부대는 가장 좋기는 17일에 출동하고" "제2군은 18일에 출동하고 나머지는 그 뒤에 연이어 출동하여 10일 내에 도강을 마쳐야 한다"고 말했다.[71] 펑더화이와 가오강은 전보를 받은 다음 즉각 16일 오후에 안동에 도착하여 사단급 이상 간부회의를 소집하고 중앙의 결정을 선포하고 도강 이후에 대한 전술적 요구를 제기했다.[72]

이처럼 중국군대의 화살이 이미 시위에 놓여져 쏘지 않으면 안 될 상황에서 모스크바에서의 상황은 또 한 번 변했다. 중국의 결정을 알게 된 다음 스탈린은 10월 14일 시트코프에게 긴급 전보를 보내어 "일정한 기간 동안의 망설임 끝에 중국 사람들이 한반도에 그들의 군대를 파견하기로 결정했다. 나는 조선북한에 유리한 이러한 결정에 매우 만족한다. 이 문제에 있어서 당신은 예전에 우리의 고급관리들과 중국영도자들 사이 회담에서 내려졌던 건의에 대해 고려할 필요가 없다"[73]고 말했다. 여기서 "건의"가 말하는 것은 소련과 중국이 맺은 일단 중국군대가 전쟁에 개입하면 소련이 공중지원을 한다는 협의를 말한다. 스탈린은 이미 목적을 이뤘기에 자연스럽게 소련이 감당해야 하는 위협을 가장 낮추려 했다. 하지만 중국 측은 이것에 매우 큰 희망을 걸고 있었다.

비록 마오쩌둥은 또 한 번 출병을 결정했지만 소련이 중국에 장비를 제공하는 것을 차관의 방법으로 하고 2개월 반 뒤에 소련공군이 출동할지에 대해 자신이 없었다. 하지만 이 두 가지는 매우 중요했다. 만약 현금으로 소련무기를 구입해야 된다면, 지원군의 전체적인 전략배치에 영향을 줄 수 있었다. 그리하여 마오쩌둥은 13일 저우언라이에게 보낸 전보에서 "모스크바에 며칠 더 체류"하면서 이 문제를 소련영도자들과 협의할 것을 지시했다. 마오쩌둥은 차관의 방법이 가능하다면 우리군은 마음 놓고 한반도에 진입하여 장기전을 진행할 수 있고 동시에 국내의 대다수 사람들의 단결을 유지할 수 있다고 했다. "소련이 2개월 혹은 2개월 반 이후에 지원군이 한반도에서 작전하는 것에 공중 도움을 주고" 우리의 대도시 몇 개를 보호한다면, "우리는 어떠한 공습도 두렵지 않다"고 했다. 저우언라이는 그날 밤 급히 몰로토프를 만나 그로 하여금 즉시 스탈린에게 마오쩌둥의 전보 내용을 전달해 줄 것을 요구했다.[74] 10월 14일 소련정부는 중국에 원조하는 군사장비에 대해 신용차관의 방식으로 하는 것과 16개 연대의 제트기를 출동하여 중국지원군을 엄호할 것을 승낙했다. 저우언라이는 또 휴양지에 있는 스탈린에게 전보를 보내어 소련이 전투기 이외에 폭격기를 출동하여 중국군대의 작전에 도움을 줄 수 있는지, 공군을 출동하여 한반도에서 작전하는 것 이외에 공군을 중국연해의 여러 대도시에 파견할 수 있는지, 그리고 무기장비 이외에 자동차, 중요한 공병자재를 신용대출로 주문할 수 있는지 등을 물었다.[75] 이때 스탈린은 생각을 바꾸었다. 그는 모스크바에 있는 몰로토프에게 전화를 걸어 소련공군은 압록강변까지만 갈 수 있고 지원군을 도와 한반도에서 작전할 수 없다고 했다.[76] 저우언라이는 어찌할 도리가 없었고, 16일 모스크바를 떠나 귀국했다.

소련이 공군을 한반도에 보내 작전하지 않는 다는 것은 중국군대가 한국전쟁에서 유력한 공군지원을 받을 수 없음을 의미했다. 이것은 중국으로 하여금 다시 출병문제를 고려하지 않을 수 없게 만들었다. 그리하여 마오쩌둥은 17일 오후 5시에 재차 급히 전보를 보내어 펑더화이와 가오강에게 계획이 변경되었음을 알렸다. 본래 선두부대가 17일 출동하기로 한 것을 "19일 출동"하는 것으로 했고, 18일에 "정식 명령이 있을 것"이라고 설명했다. 전보는 또 펑더화이와 가오강 두 사람이 재차 비행기로 베이징에 와서 논의할 것을 요구했다.[77] 마오쩌둥은 18일 또 한 번 중공중앙회의를 주재하면서 한반도에 출병하는 문제를 연구했다. 금방 베이징에 도착한 저우언라이는 며칠 사이 스탈린, 몰로토프 등과의 회담상황을 소개했고, 펑더화이는 지원군의 출국전의 준비상황을 소개했다. 마오쩌둥은 최종적으로 "지금 적은 이미 평양을 포위했다 며칠만 지나면 압록강에 도착할 것이다. 우리는 어떠한 어려움이 있더라도 지원군이 도강하여 북한을 원조하는 것을 바꿀 수 없다. 시간상으로도 더는 미룰 수 없다. 원래의 계획대로 도강한다"고 결정했다.[78] 회의 후, 마오쩌둥은 저녁 9시에 덩화 등 지원군 영도자들에게 전보를 보내어 부대가 원래의 계획대로 10월 19일 저녁 안둥과 지안 두 지역에서 압록강을 넘어 한반도에서 작전 할 것을 명령했다.[79] 이것은 마오쩌둥의 네 번째이자 마지막으로 내린 결심이다.

중국영도자의 심층 우려

이상의 중국이 한반도 충돌에 개입하고 최종적으로 지원군을 한반도에 보낸 과정을 분석하고 귀납하면 중국이 한반도에 출병한 것은 매우 부득이한 것이었음을 보아낼 수 있다.[80] 마오쩌둥의 우려는 다음과 같은 세 가지가 있었다.

첫째, 정치적 측면에서 신중국이 사회주의 진영에서 고립되는 것을 피하기 위해서였다.

중국공산당은 정권을 탈취하기 이전 "일변도"의 외교와 정치 방침을 선포했다. 즉 전후 형성된 자본주의와 사회주의 양대 진영의 대치 속에서 신중국은 사회주의 진영에 참여하는 태도를 표명했다. 신중국이 성립된 초기 마오쩌둥은 소련에 가서 협상을 진행했고, 여러 어려운 여건 속에서 "중소우호동맹호조조약"을 체결했다. 비록 이 조약에 여전히 중국에 불리하고 불평등한 요소가 포함되어 있었지만, 소련 그리고 여러 사회주의 국가들의 국제원조와 지지를 획득했다. 이 밖에 중국과 소련 양당의 회담에서, 소련은 계속하여 아시아에서 공산주의동맹을 조직할 것과 신중국에게 아시아에서 공산주의 운동의 책임과 의무를 맡을 것을 요구했다. 때문에 북한의 공산주의 정당이 어려움에 처하게 되고 스탈린과 김일성이 함께 중국이 출병하여 원조를 요구하는 상황에서 마오쩌둥은 자신의 사회주의 진영에서의 지위와 명성을 고려하지 않을 수 없었다. 당시 정세는 소련, 북한 그리고 여러 동유럽 사회주의 국가들 모두가 중국정부의 결정을 손꼽아 기다리고 있는 상황이었다. 전쟁이 발발한 다음 스탈린이 중국에 보낸 한 통의 전보에서 중국을 북한의 유일한 희망이라고 말하고 있었다.[81] 당시 소련주재 중국대사관에서 근무했던 중국외교관리는 조선북한정세가 역전된 다음, 소련과 동유럽 국가들의 영도자들과 사회여론은 모두 중국이 응당 북한에 출병해야 한다고 생각했다고 회고했다. 중국 정부가 지원군 파견을 선포한 다음, 이들 국가의 신문은 일제히 환호했고, 심지어 군중들의 거리유세를 조직했다.[82] 이로부터 중국공산당이 받았던 압력을 보아낼 수 있다.

다른 한편으로 비록 중국이 사회주의 진영에 가입했고 중국과 소련이 동맹조약을 체결했지만 스탈린은 마오쩌둥에 대한 믿음이 없었다. 스탈린은 과거부터 마오쩌둥은 민족주의자라고 생각하여 신중국이 티토의 길을 걸을 수 있다고 의심했다. 중국이 이 시기에 한반도에 출병하지 않는 것은 스탈린의 관점과 의심이 정확함을 증명하는 것이며 중국은 사회주의 진영에서 완전히 고립될 처지에 처하게 되었다. 이 점에 대해 마오쩌둥 본인은 매우 감회가 깊었다. 그는 1956년 9월 유고대표단과의 담화에서 다음과 같이 말했다. "당시, 어떤 사람들은 세상에 두 개의 티토가 있다고 했다. 한 명은 유고에 있고 한 명은 중국에 있다." 중국은 출병하여 "항미원조를 하여 미제를 타격한 다음에야 이 모자를 떼어낼 수 있었다. 1958년 7월 마오쩌둥은 또 유딘을 만나 스탈린은 늘 중국 사람들은 진정한 마르크스주의자가 아님을 의심했고, "한국전쟁이 일어난 다음에서야 그의 생각이 바뀌었고, 동유럽과 다른 형제당의 우리에 대한 의심도 바뀌었다"[83]고 말했다.

갓 성립된 신중국은 가난하고 낙후한 대국이었다. 정치, 경제, 군사 등 방면에서 모두 국제원조가 필요했고, 이것은 매우 분명한 사실이었다. 미국정부는 장제스를 지지하여 내전을 치른 것을 통해 이미 중공과 대립의 상태에 처하게 되었다. 한국전쟁이 발발한 다음 제7함대를 대만해협에 진주한 것은 미국이 신중국을 적대시함을 공개화하고 명랑화한 것이었다. 때문에 중국이 소련을 우두머리로 하는 사회주의 국가에서의 지위가 매우 중요했다. 이것은 마오쩌둥의 첫 번째 층위의 우려였다.

두 번째로 군사적 측면의 우려로서, 중국의 동북지역에서 중국과 미국의 피할 수 없는 전쟁을 치르는 것을 피하려 했다.

마오쩌둥이 보기에 미국이 38선을 넘은 것은 절대로 북한 정권을 소멸하는 것에만 그 목적이 있지 않았고 이것을 발판으로 중국의 영토에 대해 진일보 침투하는 것에 있었다. 때문에 중국과 미국 사이의 전쟁은 불가피하다고 생각했다. 미국이 중국을 넘보는 야심에 대해 마오쩌둥은 시종 경계하였다. 이데올로기의 측면이나 미국의 "안전 전략"의 측면에서 마오쩌둥은 미국은 절대로 중국에서의 영향을 잃는 것을 달갑게 생각하지 않을 것이고, 기회를 찾아 극동의 이 대륙을 통제하려 할 것이라 생각했다. 신중국이 수립되기 이전, 마오쩌둥은 미국이 중국 내전에 개입하는 것을 걱정했고, 이를 대비하여 충분한 군사배치를 하기도 했다. 한국전쟁의 상황이 변함에 따라, 마오쩌둥의 관심도 북한정권과 강 하나를 사이에 둔 중국 동북지역에 향하게 되었다. 맥아더가 전쟁을 말하는 것이 중국에게 동북지역이 침입을 받을 수 있다는 걱정을 더하게 만들었다. 맥아더가 대만을 방문하고, 미국이 장제스에 대한 군사원조를 강화한 것은 마오쩌둥으로 하여금 미국은 중국공산당 사람들과 계속하여 적대적인 상태에 처하기를 원한다는 생각을 확정하게 만들었고 미국이 대만을 근거지로 대외 확장의 침략정책을 실행하고 있다고 생각하도록 했다. 이것은 사람들에게 일단 미국이 북한을 점령하게 되면 북한을 근거지로 하여 군사확장 정책을 시행하게 되지 않을까라는 의문을 자연스럽게 하게 하였다. 대만은 대륙과 하나의 해협을 사이에 두고 있지만 한반도는 중국과 하나의 강을 사이에 두고 있었다. 게다가 미국의 극동에서의 군사력 대부분이 한반도에 집중해 있었다. 마오쩌둥은 미국이 북한을 점령한 다음 계속하여 압록강을 넘어 중국 동북지역에 진입하여 동북이 전쟁터가 되는 것을 걱정했다. 저우언라이는 8월 26일 국방회의에서 마오쩌둥의 지시를 전달하면서 마오쩌둥의 이러한 우려를 충분히 설명했다. "많은 기미가 보여주는 것은 미제가 곧 제3차 세계대전을 발동하는 것이 불가능 한 것이 아니라는 것이다. 하지만 그들이 전반적으로 원하는 것은 하나하나의 국지전을 확장하는 것을 통해 세계대전을 일으키는 것이다. 우리는 그들이 발동하는 국지전을 하나하나 싸워 이겨야 한다."[84] 마오쩌둥이 보기에 전쟁은 하나하나 연이어 발발할 것이기에, 미국이 압록강을 넘는 것을 기다려 싸우기보다는 지금 싸우러 나아가 한반도 경내에서 전쟁을 멈추는 것을 쟁취하기로 했다.

뒷날 미국에서 해제된 문서자료를 볼 때, 미국군대가 38선을 넘은 것은 중국을 목적으로 한 것이 아니었고 미국은 중국과 작전하려는 계획이나 의도가 없었다.[85] 이로써 중국 영도자들의 정세 발전에 대한 판단과 미국이 북한을 침공한 의도에 대한 판단에 착오가 있었음을 알 수 있다. 미국 정부 내부의 토론과 의견 분규를 당시 베이징은 알 수 없었다. 맥아더가 기세 등등하게 전쟁을 부르짖는 것과 장제스 집단의 준동에 비하면 애치슨 등 사람들의 성명과 보증은 아무런 가치가 없었고 심지어 다른 마음이 있는 것처럼 보였다. 훗날 저우언라이는 "우리가 얻은 정보에 따르면, 그들은 중국은 진정시킨 뒤 38선을 넘고, 38선을 넘은 다음 다시 중국을 무너뜨리려 했다. 그리하여 9월 30일 성명에서, 미제가 북한을 침략하는 것에 우리는 가만히 있을 수 없다고 했다"고 말했다.[86] 맥아더의 걷잡을 수 없는 언행이 오해를 초래하게 만들었든 아니면 마오쩌둥의 정보에 대한 판단이 틀린 것이었든, 중국영도자들은 미국이 북한을 침공한 다음 반드시 중국동북지역을 다음 침공의 목표로 한다고 굳게 믿었고, 그리하여 미국과의 일전을 하기로 결심했다. 이것은 중국 영도자들의 두 번째 층위의 우려였다.

세 번째, 미국이 전쟁을 중국에 옮기는 기회를 틈타 소련이 중소동맹조약에 따라 군대를 중국 동북지역에 진주하는 것을 피하기 위해서였다.

마오쩌둥을 걱정하게 한 것은 미국만이 아니라 소련도 있었다. 마오쩌둥이 이렇게 추론한 것에는 이유가 있다. 미국이 북한을 점령한 이후 압록강을 넘을 수 있었다. 전쟁이 일단 중국 동북영내에서 일어난다면, 소련은 중소동맹에 의거해 동북지역에 병사를 출동할 수 있었다. 그 결과 동북지역은 미국이 점령한 것이 아니면 소련이 통제하게 되는 상황이 발생할 수 있었다. 이것은 동북의 전쟁에서 누가 이기든지 중국은 동북에서의 주권을 잃게 됨을 의미하게 되는 것이었다. 마오쩌둥은 제2차 세계대전이 끝날 무렵, 소련이 대일작전을 빌미로 중국의 동북에 출병하여 장제스로 하여금 성하지맹城下之盟을 체결토록 하여 중국이 중동철도와 뤼순旅順, 다롄大連의 주권을 잃게 한 것을 잊지 않고 있었다. 류사오치와 마오쩌둥이 소련을 방문한 기간 동안 스탈린과의 주요 분규와 논쟁한 부분도 동북문제였고 이것은 중소 쌍방 모두가 매우 관심을 갖는 문제였다. 마오쩌둥은 중소조약에서 확정한 소련이 중동철도와 뤼순, 다롄을 반환하는 기일은 중국이 "호랑이 입에서 사냥물을 빼내온" 것이며 억지로 챙겨온 것임을 마음속으로 알고 있었다. 미·중이 전쟁하는 기회를 이용하여 스탈린이 중소동맹을 빌미로 동북지역에 다시 오지 말라는 법은 없지 않는가? 이에 더해 소련의 여러 행동들이 중국 영도자의 이러한 우려를 더하게 만들었다. 한국정세가 매우 위급한 상황에서, 평양의 소련대표단 단장 자하로프는 김일성에게 중국에 구원을 청요할 것과 전투력을 상실한 부대를 만주에 전이하여 개편할 것을 건의했다.[87] 스탈린은 저우언라이와의 회담에서 북한 동지들을 조직적이고 계획적으로 철수하게 해야 하며 그들의 주요 역량, 무기, 물자, 부분 공작원, 간부들을 중국동북지역에 철수하여 이후에 다시 북한에 진입하는 것을 준비 하도록 해야 함을 제기했다.[88] 스탈린은 베이징에 보낸 전보에서 중공중앙에 "김일성동지가 중국동북에서 망명정부를 조직하도록 해야 한다"[89]고 직접 통지했다. 소련은 여러 차례 북한정부와 그 인원을 중국 동북으로 철수시킬 것을 제기하면서 그곳을 기지로 하여 반공의 계획을 시행해야 한다고 했다. 이것은 한국전쟁의 불길을 중국에 옮기는 것과 같은 것이었다. 중국이 선택할 수 있는 것은 한반도에 출병하여 미국과 한반도에서 싸워 적을 국토 밖에서 막는 것과, 북한의 잔여부대를 중국경내에 철수토록 하여 새롭게 무기 등을 정비한 뒤, 다시 한반도로 보내는 두 가지 경우가 있었다. 여기서 후자를 선택하면 미국이 북한군을 쫓는다는 명의 아래 중국동북지역을 침입할 가능성과 위험성이 매우 큰 것이었다. 이렇게 되면, 중국이 출병하지 않아도 중국과 미국 사이의 전쟁은 불가피한 것이었고 이 상황에서 전쟁터는 중국 경내가 되었다. 문제를 복잡하게 하는 것은 미국이 일단 중국경내에 진입하면 소련이 몇십만의 극동군을 중국의 동북에 파견하여 중국을 원조하여 작전할 수 있는 점에 있었다. 그렇게 되면 중국과 소련이 미국과 싸워 이긴다고 해도 중국에게는 소련군대를 철수시켜야 하는 어려움이 발생하게 되는 것이었다. 또 소련이 중동철로와 뤼순, 다롄을 반환하는 날짜가 미뤄질 수도 있었다. 심지어 미국 정보기구도 일단 미국이 중국경내에서 군사행동을 하면 소련은 "중소조약에 따라 적당한 군사원조를 제공할 것이다"[90]고 예측했다. 소련군대가 중국동북에 진입하는 것을 걱정한 것이 중국 영도자의 세 번째 층위의 우려였다. 두 가지 해로운 것에서 약한 것을 취한다고, 중국은 부득이하게 한반도에 출병하게 되었다.

우리가 이러한 결론을 내리게 된 것은 중국인민지원군이 북한을 원조한 것에 대한 중대한 역할과 의의를 무시하거나 없애려 하는 것이 아니다. 중국이 한반도에 출병하여 작전한 것의 직접적인 결과는 조선민주주의인민공화국북한을 구했고, 북한인민들과 깊은 우의를 맺게 되어 중국동북지역에 우호적인 이웃을 만든 것이었다. 더욱 중요한 것은 신중국이 두려워하지 않는 영웅기개로 건국초기의 매우 어려운 조건 아래에서 세계 제일의 강국과 맞서 싸워 고군분투하여 제2차 세계대전 이후 안하무인이던 미국을 협상테이블에 앉게 한 것이었다. 이것은 신중국의 국제적 지위와 명성을 대대적으로 높였고, 특히 여러 약소국가들에게 강권에 두려워하지 않는 본보기를 보여주었다. 하지만 이 모든 것은 중국 출병의 결과였다. 본문의 연구 중심은 한반도에 출병한 것은 중국이 극히 어려운 조건 아래에 부득이하게 내린 정책결정이라는 것이다.

『당사연구자료』 1996 제1기에 발표

항미원조전쟁 정책결정에 있어서의 소련 요소

근래 러시아 역사문서가 대량으로 기밀 해제되고 공개됨에 따라 소련이 한국전쟁에서의 작용과 역할문제는 점차 여러 나라 연구자들에 의해 알게 되었다. 중국의 참전 즉 항미원조전쟁은 본질적으로는 중국과 미국 사이의 전쟁이다. 동시에 잊지 말아야 하는 것은 이것이 냉전 발발 이후, 소련을 우두머리로 하는 사회주의 진영과 자본주의 진영 사이의 처음으로 되는 진정한 군사 대결이라는 점이다. 때문에 항미원조전쟁 전체 진행 과정에서, 특히 여러 차례의 관건적인 시기에 있어서의 소련 요소를 무시하지 못한다. 본문은 중국이 한반도에 출병한 이후 소련이 항미원조 정책 과정에서의 역할과 지위문제에 관련된 아직 완전히 성숙되지 않은 생각을 이야기할 것이다. 학계 여러분의 가르침을 바란다.[1]

저자가 수집한 한국전쟁에 관련된 러시아 기밀 해제 자료 중에서 가장 많은 부분은 모스크바와 베이징, 평양 사이에 오간 전보들이다.[2] 이런 역사문헌들을 통해 전쟁의 전략적 배치부터 구체적 전투의 전술적 배치까지, 협상의 원칙과 방침에서부터 토론의 기술과 방법까지, 언제 싸우고, 언제 멈추고, 언제 전진하고 언제 후퇴하는지에 대해 베이징과 평양은 모두 모스크바에 의견을 물었고 그 의견에 따랐다. 중국과 북한 사이에 혹은 전방 지휘관과 후방 정책결정자 사이에 의견 분규와 모순이 일어났을 때에도 모스크바가 나서서 중재를 했다. 종합하면 마오쩌둥의 주장이 항미원조 정책결정 과정에서 선명한 인도작용이 있었지만 최종 결정은 스탈린과 그의 계승자들이 내린 것이었다.

38선을 넘는 정책결정

중국인민지원군은 한반도에 진입한 이후, 두 차례 매우 성공적인 기동작전을 전개했고 매우 현저한 성과를 거두었다. 평양을 점령했을 뿐 아니라 전선을 38선 부근까지 밀고 나갔다. 이때 즉각 38선 이남으로 향하는 제3차 전투를 시작 해야 하는지에 대해 의견분규가 발생했다. 전방 총사령관이었던 펑더화이는 두 차례의 전투를 겪은 부대가 너무 피로하고 부상자가 증가하고 있기에 휴식과 보강이 필요하다고 했다. 게다가 보급이 아직 보증되지 못했고 대부분의 부대원에게 아직 겨울 옷이 지급되지 못했으며 탄약과 식량도 배급되지 못하고 있었다. 게다가 앞으로 나아갈수록 이러한 상황은 더욱 어려워질 수밖에 없었다. 그리하여 펑더화이는 1950년 12월 8일 전보에서 만약 적에게 "섬멸적인 타격을 할 수 없다면" 38선을 넘더라도 혹은 한성서울을 점령하더라도 그렇게 하는 것이 옳지 못하다고 했다. 응당 38선 이북의 몇십 리 되는 곳에 군대를 멈추고 내년 봄에 다시 싸워야 한다고 했다.[3] 네룽전 역시 펑더화이의 전보를 받은 뒤 부대가 2개월 넘게 작전하여 매우 피로하고 물자와 장비의 소모가 매우 크기에 조정과 보충하는 것이 시급하다고 했다. 게다가 최전선 병력에서 중국군대가 절대적 우위에 있는 것도 아니었다. 그리하여 마오쩌둥에게 2개월을 미룬 후, 다음 전투를 발동할 것을 건의했다.[4]

하지만 모스크바는 정치적 고려에서 출발해 군사행동을 멈출 수 없고 "쇠뿔도 단김에 빼야 한다"는 의견을 보내왔다. 12월 5일 소련 외교부장관 그로미코는 중국대사 왕쟈샹王稼祥을 만났다. 왕쟈샹이 소련 측에 지금 조건에서 미국 사람들이 한반도 문제에서 중국과 소련에 협상을 요청해오는 문제를 물어보았다. 그로미코는 아직까지 미국 측으로부터 평화적으로 한반도 정세를 해결하려는 건의가 없었다고 답하였다. 이어 왕쟈샹은 "정치적 고려에서 볼 때, 중국군대가 성공적으로 계속하여 남하하는 상황에서, 38선을 넘어야 하는지"를 물었다. 그로미코는 "현재의 한반도 정세를 감안하면 "쇠뿔도 단김에 빼라고" 하는 옛말이 매우 합당하다"고 답했다.[5] 비록 그로미코가 사전에 발표한 성명이 개인의 생각이라고 말하고 있지만 소련의 외교정책과정에 대해 이해하고 있는 사람은 이것이 스탈린의 뜻임을 보아낼 수 있다.

같은 날, 소련공산당 중앙정치국은 중국주재소련대사에게 보내는 전보에 대하여 토론하고 통과했다. 소련은 중국대표가 유엔의 강단에 서는 것을 원하지 않는다고 했다. 전보는 로신으로 하여금 즉시 저우언라이에게 비신스키의 보고를 통보할 것을 요구했다. 이 보고에 따르면 미국 사람들은 곧 소위 "중화인민공화국 중앙인민정부가 조선한반도을 간섭"하는 문제를 유엔대회에서 토론하기로 할 것이다. 소련대표는 이 문제를 의사일정에 올리는 것을 반대할 것이다. 하지만 이 문제가 의사일정에 포함될 경우를 대비하여, 소련정부는 반드시 중국정부의 의견을 알아야 한다고 했다. 전보는 "만약 저우언라이가 소련정부가 이 문제에서 어떠한 입장인지에 대하여 물으면, 당신은 응당 이번에 안보리에서 맥아더의 보고를 토론했던 것과 마찬가지로 소련정부는 중국대표가 유엔대회에서 이 문제를 토론하는 것에 출석하지 않는 것이 더욱 적합한 것이라 생각한다고 말해야 한다"[6]고 강조했다.

비록 정전문제에서 중국은 이미 생각이 있었지만 소련정부와 일치를 유지하는 것이 필수적이었다. 12월 7일 새벽 3시, 저우언라이는 긴급하게 로신을 만나 다음과 같이 말했다. 근래에 유엔 사무총장 리와 인도, 영국, 스웨덴대표가 여러 차례 중국대표 우슈췌앤伍修權에게 중국의 정전조건에 대해 물어왔다. 주도권을 장악하고 또 적극적임을 표하기 위해 중국정부는 자신의 조건을 제공하고자 한다. 저우언라이는 서면으로 작성된 중국정부의 5개항의 조건, 즉 모든 외국군대가 한반도에서 철수한다 / 미국군대가 대만해협과 대만에서 철수한다 / 한반도 문제는 한반도인민들이 결정한다 / 중화인민공화국 대표가 유엔에 참가하며 장제스 대표를 내쫓는다 / 4개국 외교장관회의를 소집하여 대일강화를 준비한다 등 조건을 넘겼다. 저우언라이는 "한반도에서 군사행동을 정지하는 이상의 조건을 우슈췌앤에게 송달하기 전 중국정부는 소련정부와 상의하려고 하며 소련정부가 이 문제에서 자신들의 의견을 제출 하기를 요청한다"고 했다. 또 중국정부는 당일 답변을 얻기를 희망한다고 했다.[7]

소련정부는 즉시 답전을 보내왔다. 스탈린은 중국이 제기한 5항의 조건에 "완전히 동의"하며 동시에 "우리는 이 조건들이 만족되지 않으면 군사행동을 멈추지 말아야 한다고 생각한다"고 강조했다. 다른 한편으로 소련은 또 중국이 이러한 조건을 제기하지 말고 미국과 유엔이 먼저 조건을 제기하기를 기다릴 것을 건의했다. 스탈린은 심지어 중국이 이 문제를 어떻게 답해야 하는지에 대한 구체적인 초안까지 작성하기도 했다.[8] 중국과 행동을 함께하기 위해 소공중앙정치국은 같은 날 결의를 내리고 유엔에 있는 소련대표단에 통지했다. 비신스키의 한반도에서 군사행동을 정지하는 건의는 정확하지 않은 것이다. 소련대표단의 방안에 두 가지 조항을 더 넣어야 한다. 즉 중국조항에서의 제1항과 제3항이다.[9]

소련의 전보를 받은 뒤, 12월 8일 저우언라이는 즉시 중국의 유엔특별대표 우슈췌앤과 그의 고문 쵸오관화喬冠華에게 전보를 보냈다. 그들에게 협상에서 "상대가 조급해 하지만 우리는 급해하지 않는 태도"를 취할 것을 지시했다. 전보의 내용은 스탈린의 말과 완전히 일치했다.[10] 이러한 배경에서 마오쩌둥은 펑더화이의 잠시 진공을 멈추자는 의견을 받아들일 수 없었다. 마오쩌둥은 즉각 제3차 전투를 일으켜 신속히 38선을 돌파할 것을 명령했다. 12월 13일 마오쩌둥이 펑더화이에게 전보를 보내어 다음과 같이 말했다. "지금 미, 영 등 여러 나라들은 우리 군이 38선 이북에 정지하여 그들이 군대를 정비하고 다시 전투할 수 있게 하기를 요구한다. 때문에 우리군은 반드시 38선을 넘어야 한다. 만약 38선 이북에서 멈추게 되면 정치상에서도 매우 크게 불리하게 된다."[11] 여기서 마오쩌둥이 말하는 "정치"는 영, 미만을 말하는 것이 아니었다. 소련과 북한 등 사회주의 진영의 국가들의 의견도 말하고 있었다. 그가 12월 29일 전보에서 말하고 있는 것처럼 만약 이 전투를 하지 않고 "한겨울 동안 우리 군대가 휴식을 취하고 아무런 행동이 없으면 여러 자본주의 국가들은 많은 추측을 하게 되고 민주진영의 여러 나라들 역시 영문을 몰라 여러 가지 의논을 할 수 있었다".[12]

스탈린의 분규조정

38선을 넘은 정책결정은 이미 내려졌지만 전투를 어떻게 전개해야 하는지는 여전히 문제였다. 마오쩌둥의 전보를 받은 뒤, 펑더화이는 지원군총사령부의 지휘관들과 공동으로 정황에 대해 연구하고 다음과 같이 결정했다. 겨울 동안 휴식과 조정을 하려던 계획을 포기하고 부대원들이 연속적인 전투로 인해 극도로 피곤한 상황과 병력, 보급이 부족한 상황을 극복하면서 제3차 전투를 발동하여 38선을 돌파한다. 펑더화이는 지금의 정치상황이 우리가 싸우는 것을 요구하고 모주석께서 우리에게 싸울 것을 명령했다. 하지만 우리가 지금 싸우는 것에 많은 어려움이 있으므로 매우 신중해야 하고 능력껏 하여야 한다. 정치적으로 우리가 38선을 넘을 것을 요구하므로 우리는 결연히 38선을 넘어야 한다. 그 다음에는 온건하게 나아가는 방침을 취할 수 있다.[13] 12월 19일 펑더화이는 실제 상황에 근거하여 마오쩌둥에게 다시 전보를 보내어 전방부대가 직면한 매우 큰 어려움을 이야기했다. 동시에 다음의 내용을 지적했다. "두 차례 대승을 거둔 다음 신속하게 승리하는 것과 맹목적으로 낙관하는 정서가 여러 방면에서 증가하고 있다. 소련대사는 미군이 곧 도망칠 것이라 하면서 우리 군이 신속히 전진할 것을 요구하고, 북한 측도 이러한 요구가 있다. 내가 보기에 한국전쟁은 상당히 장기적이고 어려운 것이다. 적들이 진공에서 방어로 전환하여 전선이 축소되고 병력이 집중되었고 깊이가 강화되어 연합작전에 유리하게 되었다." "정치적으로 볼 때, 적들이 한반도를 즉각 포기하는 것은 그들 진영에 매우 불리하다. 만약 2, 3개의 사단을 소멸하면 몇 개의 교두보 진지에서 철수할 수는 있지만 즉각 한반도에서 철수하지는 않을 것이다. 우리군은 지금 온건하게 전진하여 부대가 원기를 너무 잃지 않도록 해야 한다. 내가 8일 당신에게 보낸 전보에서 잠시 '38선'을 넘어 작전하지 않고 충분히 준비를 한 다음 내년 봄에 다시 전투를 하는 것을 제기 하였다. 당신의 13일의 전보를 받은 뒤, 지금은 당신의 지시에 따라 '38선'을 넘는 작전을 하고 있다. 의외의 변고가 없다면 전쟁에서 지는 일은 없을 것이지만 침공이 저항을 받거나 승리하지 못할 가능성은 여전히 존재한다."[14]

마오쩌둥 자신도 많은 전쟁을 경험한 군사가 였다. 전방부대로 하여금 매우 어려운 조건 아래에 38선을 넘어 작전하도록 압박한 것은 그의 본의가 아니었다. 때문에 그는 정치적 요소를 고려하면서도 군사상에서 펑더화이가 제기한 장기적인 타산을 하고 온건하게 전진하는 전략적 배치에 대해 즉각 지지를 표시했다. 12월 21일과 26일의 전보에서 마오쩌둥은 펑더화이가 제기한 전쟁방법, 즉 38선을 넘은 이후 병사들을 거두어 들여 전군의 주력(인민군 포함)을 몇십 리를 후퇴한 뒤, 휴식을 취하는 것에 대해 완전한 동의를 표시했다.[15]

북한주재 소련대사 라주바예프는 이 안배에 매우 불만이 있었다. 그는 중국과 북한 연합군이 이번 전투를 마친 뒤 2개월을 휴양하는 동안 남한 인민들과 유격대가 진압을 받는 상황을 어떻게 해결할지를 물었다. 또 베이징은 38선이 이미 존재하지 않는다고 선포했는데, 38선을 넘어선 다음 후퇴하는 것을 정치적으로 어떻게 해석할 것인지를 물었다. 계속 작전하는 것이 유리한 것인지 아니면 2개월 뒤 눈이 녹아 길이 미끄러운 시기에 작전하는 것이 유리한 것인지 등등을 물었다.[16] 하지만 전쟁 상황은 펑더화이가 예상했던 대로 발전했다. 제3차 전투에서 38선을 넘어 한성서울을 점령했지만 유엔군은 계획적으로 철수했다. 중국과 북한 연합군은 일부 지역을 점령했지만 적들에게 별로 타격을 입히지 못했다.[17] 실제 전투력에서 중국지원군은 이미 강노지말强弩之末의 상태였다. 그리하여 펑더화이는 1951년 1월 8일 지원군부대에 진공을 멈추고 전군이 휴식과 조정할 것을 명령했다.

지원군이 계속하여 진공하는 것을 멈춘 명령에 대해 중국주재소련군사고문 자하로프는 먼저 강력한 반대를 표시했다. 1월 9일 오전, 그가 중국인민해방군 총작전실로부터 전투가 이미 끝났고 한반도에 있는 부대가 진공을 멈추었음을 알게 된 다음 즉시 매우 불만해 하면서 이해할 수 없다고 했다. 그는 세상 어디에 싸움에서 이긴 군대가 적을 쫓아 승리의 결과를 확대하지 않는 경우가 있는가 하고 물었다. 이것은 적들에게 숨쉴 기회를 주어 싸움의 기회를 잃게 되는 착오를 범하게 되는 것이라 했다. 비록 네룽전이 인내심을 갖고 해석했지만 자하로프는 여전히 자신의 의견을 견지했다. 북한의 김일성과 박헌영은 즉각 펑더화이와 만날 것을 요구하면서 지원군의 결정에 매우 만족하지 않았다. 그들은 부대의 휴식 조정이 너무 길어서는 안 되며 계속하여 남진할 것을 주장했다. 이러한 상황을 알게 된 이후 마오쩌둥은 1월 11일 급히 펑더화이에게 다음과 같은 전보를 보냈다. 중국인민지원군은 인천 그리고 한강 이북에서 2, 3개월의 휴식과 정돈을 하면서 인천, 한성서울 그리고 38선 이북의 수비를 담당한다. 북한측이 휴식과 정돈이 필요 없이 계속 전진 할 수 있다면 인민군이 전진과 적들을 격파하는 것에 동의한다. 이에 대한 지휘는 북한 정부가 직접 맡는다. 10일과 11일에 있은 펑더화이와 김일성의 회담에서 중국과 북한 쌍방의 인식은 일치하지 않았고 논쟁이 발생했다. 결과적으로 김일성은 하는 수 없이 지원군이 휴식을 하는 것에 동의했고 즉시 이 상황을 소련 대사에게 보고했다. 라주바예프는 스탈린에게 펑더화이가 "우경 보수주의를 범하여 군대를 움직이지 않고 계속 추격하지 않는다"고 고발했다. 이와 동시에 마오쩌둥도 스탈린에 전보를 보내 한국전쟁의 실제 상황을 설명하면서 2, 3개월의 휴식과 정돈이 있어야만 "남한문제를 최종적으로 해결" 하고 "최후의 승리를 취득하는 것을 보증"할 수 있다고 했다. "그렇지 않으면 우리는 북한군대가 1950년 6월부터 9월 사이에 범한 착오를 다시 범하게 될 것이다"고 했다. 이러한 분규에 대해 스탈린이 최종적으로 결정을 내려 쌍방의 모순을 해결했다. 스탈린이 라주바예프에게 보낸 전보에서 "펑더화이는 오랜 경험이 있는 원수로서 금후 모든 것을 펑더화이의 지휘에 따르기 바란다"고 지적했다. 동시에 펑더화이는 당대의 천재 군사가라고 칭찬했다.[18]

이렇게 스탈린이 나서서 조정을 했기에 중국과 북한 군대가 제3차 전투 이후 휴식과 조정을 취하는 문제는 해결되었다. 1월 16~18일 다시 펑더화이와 만났을 때, 김일성은 북한인민군이 독자적으로 남진하는 것은 모험적이므로 북한노동당 정치국은 토론에서 중국 측이 제기한 이후에 있을 진공을 더욱 잘 실행하기 위해 2개월의 시간을 이용하여 휴식과 조정을 하는 건의는 정확하다고 결론 내렸다고 했다.[19]

유엔 제안의 거절

마오쩌둥과 스탈린이 동의한 것은 잠시 휴식과 정리를 갖는 것이지 정전과 강화를 주장하는 것이 아니었다. 그들이 확정한 전략 목표는 미국군대 전부를 남한에서 내쫓는 것이었다. 하지만 현실에서 이 목표를 실현하는 것이 중국과 북한 연합군에게 힘에 부친 것이었다. 하지만 유엔의 한국전쟁정전3인위원회의 새로운 안건이 1951년 1월 11일에 제기되고 13일에 유엔대회를 통과되자 중국정부는 이것을 거절했다. 이 안건은 다음과 같은 5개 부분으로 구성되었다. 즉시 정전을 실현한다. 정치회의를 통하여 평화를 회복한다. 외국 군대는 단계적으로 철수하며 적당한 배치를 통해 한반도인민들이 그들의 정부를 선출하도록 한다. 한반도의 통일과 관리를 위한 안배를 한다. 정전 이후 한 차례의 영국, 미국, 소련과 중국공산당중국이 참가하는 회의를 열어 극동문제—이 중에는 대만지위와 중국의 유엔에서의 대표권 문제가 포함된다—를 해결하기로 한다. 몇 시간 전에야 미국에 통지된 이 새로운 안건은 미국정부를 진퇴양난의 처지에 놓이게 하였다. 미국 국무부장관 애치슨이 지적한 것처럼 이 안건에 동의하는 것은 "한국 사람들의 신임을 잃게 되고 국회와 여론의 분노를 일으키게 될 것이고", 동의하지 않으면 "유엔 대다수의 지지를 잃게 되는" 것이었다. 국무부가 최후에 이 안건을 지지하기로 한 것은 "중국 사람들이 이 안건을 거절할 것을 간절히 희망하고 믿었기 때문이었다".[20] 미국 정부의 처지와 반대로 이 안건은 중국과 북한에 여러 가지 도움이 되는 것이었다. 미국에 거주하고 있는 중국학자 천잰이 지적한 것처럼, 즉시 정전하면 지원군은 합법적으로 38선 이남지역을 차지하게 되는 것이고 정전이 깨지더라도 그들은 귀중한 시간을 얻는 것으로 새롭게 진공하는 능력을 조직할 수 있었다.[21] 하지만 마오쩌둥과 스탈린의 협상의 결과 중국정부는 1월 17일 절대적인 선

철군, 후 정전을 이유로 유엔의 제안을 거절했다. 이로서 애치슨은 한숨을 놓게 되었고 중국은 자신들에게 절대적으로 유리한 상황에서 정전을 실현하는 기회를 잃게 되었다.

중국이 새로운 정전건의를 거절한 것이 적들에게 반격의 빌미를 주었다. 중국과 북한의 부대가 휴식과 정돈을 하는 동안 유엔군은 즉시 대규모 반격을 발동하여 중국과 북한 연합군은 매우 위급한 상황에 처하게 되었다. 펑더화이는 적들의 반격에 놀라지 않았지만 적들이 패주에서 반격하는 전환이 이토록 신속한 것은 그의 예상을 벗어난 것이었다. 중국과 북한 고급지휘관들은 회의에서 정세에 대해 분석을 한 뒤, 중국과 북한 연합군은 급히 휴식과 보급이 필요하며 그리하여야만 다시 싸울 수 있다고 했다. 북한 측과 협상이 있은 뒤, 펑더화이는 1월 27일 마오쩌둥에게 전보를 보냈다. 1951년 1월 11일 "유엔의 3인 위원회"의 결의에 따라 "제국주의의 내부모순을 확대하기 위해 중국과 북한 양 군이 일정한 기간 동안 정전하는 것을 지지하고 인민군과 지원군이 오산, 태평리 단구리 선에서 북으로 15 내지 30리 철수하는 소식을 내보낼 수 있는지를 물어보았다. 만약 소식을 내보낼 수 있다면 베이징에서 내보내기를 바란다"고 했다. 하지만 마오쩌둥은 정세에 대해 여전히 낙관했다. 그는 그 다음 날 펑더화이에게 부대의 휴식과 조정을 중지하고 계속 남진할 것을 명령했다. "우리 군은 반드시 제4차 전투를 준비하고 발동해야 한다. 그 목적은 2~3만 명의 미군과 괴뢰군을 소멸하고 대전-안동일선을 점령하는 것이다." 마오쩌둥은 또 명확하게 "중국과 북한군대가 북으로 15~30리를 철수하고 군사행동을 정지하는 것에 동의한다고 발표하는 것은 우리에게 불리하게 된다. 이것은 적들이 지금 우리군대가 북으로 일정한 거리를 철수하여 그들이 한강에 대해 봉쇄를 할 수 있을 시 군사행동을 정지하기를 바라기 때문이다"고 지적했다. 이와 동시에 마오쩌둥은 자신의 답전을 스탈린에게 보고하면서, "이렇게 하는 것이 국제정세의 측면에서 적합한지"여부를 물었다. 스탈린은 재차 마오쩌둥의 주장을 지지했다. 그는 "국제적인 관점에서 볼 때, 적들이 인천과 한성서울을 점령하지 못하게 하고 중국과 북한의 연합부대가 적들의 침공부대에 중대한 타격을 주게 하는 것은 완전히 적합한 것이다"[22]고 답했다.

실제로 마오쩌둥과 스탈린이 생각한 제4차 전투의 목표는 당시 조건에서 근본적으로 실현될 수 없는 것이었다. 유엔군의 거센 공격 아래 중국과 북한 연합군은 북으로 철수하지 않을 수 없었다. 펑더화이는 귀국하여 직접 마오쩌둥을 만나 지원군의 어려운 처지를 설명하여 마오쩌둥으로 하여금 다음과 같은 인식을 하게 하였다. "적들을 대부분 소멸하지 않으면 한반도에서 철수하지 않을 것이고, 적들을 대부분 소멸하기 위해서는 시간이 필요하다. 때문에 한국전쟁은 장기화될 가능성이 있다." "이런 상황에서 우리군은 적들을 38선 남북지역에 끌어들이고 우리의 두 번째 지원부대 9개 군이 모두 도착하는 시점에 다시 힘있는 새로운 전투를 진행해야 한다." "전반적으로 미국과 계속하여 작전하는 상황이다. 미군은 계속하여 대량으로 배급을 확충하여 우리군과 장기소모전을 계획하고 있다. 이런 상황에서 우리군도 장기적인 소모작전을 준비해야 하며 몇 년 동안 미국 사람 몇 십만 명을 묶어 두어 그들로 하여금 어려움을 알고 퇴각하게 만들어야만 한국 문제를 해결할 수 있다." 마오쩌둥은 이것을 모스크바와 협의를 했고, 스탈린은 동의를 표시했다.[23] 하지만 이후에 있었던 몇 개월의 전투에서 지원군은 최선을 다했지만 거대한 희생과 손실을 입게 되었고 미국의 진공을 38선에서 저지하는 것에 그쳤다.[24]

정전협상제안의 제기

전쟁이 교착된 국면에 놓이게 되자 스탈린은 협상의 문제를 고려하기 시작했다. 유엔주재 소련대표 말리크와 부대표 짜라프킨은 5월 초 미국과 접촉을 시작하면서 소련은 협상을 진행할 용의가 있음을 내비쳤다. 5월 18일 이미 프린스턴대학으로 자리를 옮긴 소련문제 전문가 케넌이 워싱턴에 불러들여졌다. 애치슨과 만났고 소련 측과 협상을 할 임무를 맡았다. 5월 31일 케넌은 개인 명의로 말리크를 만나 "미국은 유엔이나 다른 위원회에서, 혹은 기타 다른 방식으로 중국공산당과 만나 한국전쟁을 끝내는 문제를 토론"할 것임을 제기했다. 6월 5일 말리크는 제2차 회담에서 케넌에게 답하기를 "소련정부는 평화를 희망하고 평화적인 방법으로 한국 문제를 해결하는 것을 희망하며 빠르면 빠를수록 좋다. 하지만 소련군대가 한반도 충돌에 참여하지 않았기에 소련정부는 정전문제에 관련된 그 어떠한 토론에도 참가할 수 없다"고 했다. 말리크는 이어서 만약 케넌 선생이 자신의 개인의견을 듣기를 원한다면 미국정부는 북한, 중국과 이 일에 대해 접촉해야 한다고 했다. 케넌은 말리크가 회담시 광범위한 극동문제, 예를 들면 대만과 대일강화 등 문제를 제기하지 않은 것에 주목했다. 비록 당시 미국국무부가 모스크바의 속마음을 이해하지 못했지만, 이것은 소련정부가 중국이 제기한 조건을 전제로 평화협상을 진행하는 것을 고려하지 않음을 표명하는 것이었다.[25]

이와 동시에 중국 측도 전쟁을 더 이상 계속하는 것에 어려움이 있었다. 1951년 5월 하순 마오쩌둥의 주재 아래 중공중앙은 중국의 한국전쟁에서의 전략에 대해 전면적인 회고를 진행했다. 총참모장 대리였던 네룽전은 회고록에서 이번 회의의 과정과 결과를 요약했다. "제5차 전투가 있은 뒤 중앙은 다음 단계에는 어떻게 해야 하는지를 연구했다. 회의에서 대다수의 동지들은 아군이 38선 부근에 머물며 한편으로 협상을 하고 한편으로 싸우면서 협상으로 문제를 해결하는 것을 쟁취해야 한다고 했다. 나도 당시 이 의견에 동의했다. 나는 적들을 한반도 북부에서 몰아내는 정치적 목적은 이미 이루었고, 38선에서 그만두는 것은 전쟁 이전의 상태를 회복하는 것이므로 이것은 여러 측이 모두 받아들일 수 있다고 생각했다." 회의는 이 방침을 확정했다.[26] 마오쩌둥은 당연히 이것을 북한과 소련이 받아들여야 함을 알고 있었다. 김일성은 6월 3일 베이징에 도착하여 마오쩌둥과 협의를 진행했다. 이어 마오쩌둥은 스탈린에게 김일성과 가오강을 만난것을 요구했고, 동시에 소련에서 휴양하고 있는 린뱌오가 회담에 참가할 수 있을 것을 희망했다. 스탈린의 동의를 얻은 뒤, 6월 10일 김일성과 가오강은 소련이 파견한 전용기를 타고 모스크바로 날아갔다.[27] 가오강과 김일성은 스탈리과 생각을 교류한 뒤, 6월 13일 마오쩌둥에게 회보 했다. 스탈린도 전보를 보내와 "우리는 지금 정전하는 것은 좋은 일이라 생각한다"[28]고 했다. 하지만 중국은 얼마 전 매우 유리한 조건에서 유엔의 정건 건의를 거절했기에 지금의 불리한 국면에서 주동적으로 정전의 요구를 제기하기가 어려웠다. 마오쩌둥은 부득이하게 스탈린에게 다시 도움을 요청했다. 6월 13일 가오강과 김일성에게 보낸 답전에서 마오쩌둥은 한편으로 중국이 양보할 수 있는 조건을 표명하면서 다른 한편으로는 스탈린을 매우 난처하게 하는 문제를 제기했다.

정전협상을 제기하는 문제에 관해서 우리는 우리 자신이 이 문제를 제기하는 것이 북한과 중국에게 모두 적절하지 않다고 생각한다. 이것은 최근 2개월 사이 북한군과 중국지원군 모두가 수세에 처해 있기 때문이다. 이렇게 하는 것이 가장 좋다고 생각된다.

첫째, 적들이 제기하기를 기다리는 것이다.

둘째, 가장 좋기는 소련정부가 케넌의 성명에 근거하여 미국정부에게 정전문제를 알아보는 것이다.

이상의 두 가지 방법을 동시에 취할 수 있다. 즉 한편으로 소련정부가 알아보면서, 다른 한편으로 만약 적들이 정전문제를 제기하면 북한과 중국이 동의를 표시하는 것이다. 좋기는 당신들이 의견을 교환하면서 필리포프동지와 공통으로 해결하기를 바란다.

셋째, 정전조건 : 38선을 변계로 하는 것을 회복한다. 북한과 남한 사이의 넓지 않은 지역을 떼어내어 중립지역으로 한다. 중립지역을 북한 영토에서만 떼어내는 상황이 발생하는 것은 절대로 용납할 수 없다. 남북한 서로 모두에게 교착됨이 있어야 한다. 중국이 유엔에 가입하는 문제에 대해서 나는 이 문제를 조건으로 제기하지 않아도 된다고 생각한다. 이것은 중국은 지금 유엔이 실제로 침략자들의 도구가 되었다고 말하고 있기에 중국이 지금 유엔에 가입하는 것이 특별한 의의가 있는 것이 아니기 때문이다.

응당 고려해야 하는 부분은, 대만문제를 조건으로 제기하는 것이 가치가 있는지 여부이다. 그들과 흥정을 하기 위해서 우리는 응당 이 문제를 제기해야 한다고 생각한다.

미국이 대만문제를 단독으로 해결해야 함을 견지한다면 우리는 상응한 양보를 할 수 있다.

평화적 사업을 위해서 우리는 우선 한반도 문제를 해결해야 한다. 필리포프 동지에게 이것을 제기하고 그의 지시를 받기를 바란다.[29]

가오강과 김일성은 즉시 마오쩌둥의 이 전보를 스탈린에게 전달했다.[30] 비록 앞서 말리크가 미국 측에 소련이 나서 협상문제를 제기할 수 없음을 표시하였지만, 스탈린은 마오쩌둥의 요구를 들어주기로 결정했다. 6월 23일 말리크는 유엔 라디오 연설을 통해 작전쌍방의 즉각적인 정전을 건의했다. 그 다음 날 스탈린은 마오쩌둥에게 전보를 보내와 "당신은 응당 말리크의 발언을 통해 우리가 정전문제를 제기하기로 한 승낙이 이미 이뤄졌음을 알 수 있다"[31]고 했다. 6월 27일 소련주재 미국대사 커크는 그로미코의 회담을 한 뒤, 말리크의 연설이 소련정부의 관점을 대표한다는 것을 확인했다. 6월 30일 유엔군 총사령관 리지웨이는 방송을 통해 정식으로 정전건의를 제기했다. 7월 1일, 중국과 북한은 리지웨이의 건의에 대해 적극적인 반응을 내놓았다.[32] 이로써 한국전쟁은 길고도 험난한 "한편으로 협상하고 한편으로 싸우는" 단계로 접어들었다.

마오쩌둥은 6월 30일 스탈린에게 보낸 전보에서 "말리크의 연설이 우리로 하여금 평화협상을 함에 있어 주동권을 얻는 것을 보증했다"고 했다. 동시에 또 "만약 협상이 시작되면 가장 좋기는 당신께서 직접 그들을 영도하시어 불리한 상황이 나타나지 않게 하기를 바란다"[33]고 지적 했다. 스탈린이 중국과 북한이 진행한 정전 협상을 "직접 영도"하지 않았다. 하지만 러시아 문서자료를 통해 전체 협상 과정에서 모스크바와 베이징 사이에는 전보 왕래가 빈번했고 중국과 북한측이 취한 모든 구체적인 조치와 확정한 모든 구체적인 방안이 스탈린의 지시와 비준을 거쳤음을 보아낼 수 있다.

협상과정에서 스탈린의 마오에 대한 지지

1952년 정전협상이 교착국면에 처하게 되었을 때 중국과 북한 사이에 또 의견분규가 발생했다. 북한 측은 양보를 하여 신속하게 정전협정을 달성할 수 있기를 희망했고 마오쩌둥은 불리한 조건에서 양보를 해서는 안 된다는 점을 견지했다. 이때 또 스탈린이 나서서 마오쩌둥의 의견을 지지하면서 김일성에게 한편으로 협상하고 한편으로 싸우는 방침을 계속하도록 설득했다.

1952년 1월 말, 북한 측은 이미 "더 이상 전쟁을 계속하기를 원치 않는다"[34]는 의견을 내놓았다. 하지만 정전협상은 전쟁포로 문제로 발생한 논쟁 때문에 늘어지게 되었다. 7월 14일, 김일성은 마오쩌둥에게 응당 미국 측의 조건을 들어주어 정전을 실현해야 한다고 했다. 마오쩌둥은 7월 15일의 전보에서 적극적으로 김일성을 설득했다. 적들의 무차별 폭격과 군사압력 때문에 도발적이고 기만적인 건의를 받아들이는 것은 중국과 북한 모두에게 정치적으로나 군사적으로 모두 극히 불리한 것이라 했다. 전쟁이 계속되는 것이 북한인민군과 지원군에게 진일보한 손실을 가져다 주지만, 중국과 북한 인민들이 "전쟁에서 자신들의 실력을 강화하고 세계의 평화를 사랑하는 인민들을 고무하여 그들로 하여금 침략전쟁을 반대하게 하면, 전 세계에서 평화를 보위하는 운동의 발전을 추동"할 수 있다고 했다. 전쟁은 미국의 주요 역량을 동방에 집중시켰고 또 계속하여 손실을 입게 하였다. 이것은 소련의 건설과 세계민족운동이 발전할 수 있게 하는 것이다. "이것은 새로운 세계대전의 발발을 미루게 하는 의미가 있다"고 했다. 마오쩌둥은 중국이 "전력을 다하여 북한인민들이 어려움을 타개할 수 있도록 노력"하는 동시에 김일성에게 "만약 우리가 당신의 문제를 해결할 수 없다면, 우리는 당신과 함께 필리포프 동지한테 가서 이 문제를 해결할 수 있도록 도움을 청할 것이다"고 알려주었다. 마오쩌둥은 또 중국의 이 건의와 방침을 "필리포프 동지에게 알릴 것이고 그의 의견을 청구할 것이다"고 말했다. 비록 김일성이 7월 16일 답전에서 중국의 의견을 받아들인다고 했지만, 그는 소련대사와의 논의에서 "개성에서 우리는 빨리 정전협정을 체결하고 정정을 실현하여 제네바조약에 따라 모든 전쟁포로를 교환해야 한다. 이런 요구는 모든 평화를 사랑하는 인민들의 지지를 얻을 것이고, 우리들을 개성의 수동적인 국면에서 벗어나게 할 것이다"[35]고 자신의 주장을 견지했다.

이에 대해 스탈린은 명확하게 마오쩌둥에 대한 지지를 표시하면서, 중국의 "정전 협상에서의 입장은 완전히 정확한 것이다"[36]라고 했다. 8월 20일 스탈린은 저우언라이와 회담을 진행했다. 저우언라이가 중국과 북한 사이에 전쟁포로를 돌려보내는 문제에 있어 분규가 있음을 표시하자, 스탈린은 재차 "마오쩌둥이 맞다. 이번 전쟁은 미국의 원기를 상하게 했다. 북한사람들은 전쟁에서 희생을 입는 것 외에 아무것도 잃은 것이 없다", "당연히 북한사람들을 이해해야 한다. 그들의 희생은 매우 크다. 하지만 그들에게 이것은 매우 큰 일이고 노력이 필요하며 인내가 필요함을 알게 해야 한다"[37]고 했다. 스탈린이 중국의 의견을 지지한 것은 마오쩌둥의 용기와 영웅기개가 마음에 들어서가 아니라 그에게는 더 심원한 모략이 있었기 때문이다. 미국의 인력, 물력과 정력精力을 오랜 시간 동안 동아시아에 소모케 하는 것은 소련이 유럽에서 미국과 대항함에 있어 유리한 것이고 아무런 손해 볼 일이 없는 것이었다. 중소 영도자의 모스크바 회담이 있은 뒤, 1952년 10월 8일 한반도정정협상은 무기한 정회가 되었다.

마오가 모스크바의 지휘를 수용

전쟁상황의 발전에 대한 예측과 정치심리적 요소에서 출발하여 중국영도자는 미국인들과의 전쟁을 장기화하려고 결심했다. 12월 16일, 펑더화이는 공군당위회의에서 한국전쟁은 명년에 더 확대될 수 있다고 하면서, 우리의 방침은 한편으로 싸우고 한편으로 건설하는 것임을 지적했다.[38] 그 뒤 마오쩌둥은 스탈린에게 전보를 보내어 "우리는 이후 상당한 기간 동안(예를 들면 1년), 한반도에서 군사행동이 더욱 빈번해 질것이라 생각한다"고 말했다. 마오쩌둥은 또 "적들은 우리의 후방인 서해안이나 동해안 일대에서 상륙작전을 발동할 수 있다"고 예측했다. 마오쩌둥은 스탈린에게 중국은 이미 국내에서 새롭게 병사를 모집하기 시작했고 "내년에 인민지원군 부대에 25만 명의 보충인원을 보낼 것이며" 또 해군부대를 한반도에 파병하여 작전할 것이라 했다. 총체적으로 "중국은 모든 힘을 다하여 이 전쟁을 이길 것이다"고 했다. 마오쩌둥의 생각은 또다시 스탈린의 긍정과 지지를 받았다.[39] 그리하여 1953년 2월 7일 마오쩌둥은 정치협상회의에서 신심 가득히 선포했다. "항미원조투쟁은 반드시 계속 강화되어야 한다." "우리는 즉시 정전을 실현하고, 남은 문제를 장래에 해결할 것을 원한다. 하지만 미제국주의는 이렇게 하는 것을 원치 않는다. 그러면 하는 수 없이 계속 싸워야 한다. 미제국주의가 계속 싸우려고 한다면 우리도 그들과 계속 싸울 준비가 되어 있다. 미제국주의가 손을 떼는 것을 원하는 시점까지, 중국과 북한인민들이 완전히 승리를 이룰 때까지 계속 싸워야 한다."[40] 하지만 1개월 뒤 스탈린이 서거했다. 소련이 한국전쟁에서의 입장은 중대한 변화가 생겼고 베이징은 부득이하게 모스크바의 결정을 따를 수밖에 없었다.

스탈린의 장례식이 끝나기 바쁘게 그의 계승자들은 국제관계의 완화를 핵심으로 하는 새로운 대외정책방침을 이야기하기 시작했고, 이 방침의 시작은 한국전쟁문제를 해결하는 것이었다. 3월 13일, 말리크는 라주바예프에게 유엔군부대 총사령관 클라크에게 3주 전 한반도의 교전쌍방의 부상자와 포로를 교환하는 문제에 관련하여 김일성과 펑더화이에게 보낸 편지를 넘길 것을 지시했다.[41] 3월 19일 소련부장회의는 결의를 내려 소련정부가 마오쩌둥과 김일성에게 보내는 편지와 유엔대회에 참가하는 소련대표단에 대한 지시를 비준했다. 중국과 북한영도자에게 보낸 편지에서 소련정부는 한국전쟁의 문제에서 "만약 지금까지 추진하던 노선을 계속하여 집행하고, 이 노선에 대해 지금의 정치 상황과 우리 3국 인민들의 가장 심원한 이익과 고려가 변화한 상황에서 출발하지 않는다면 그것은 정확하지 못한 것이다"고 지적했다. 소련의 새로운 영도자는 지금의 상황에서 과거에서부터 기계적으로 계속하여 추진되어 오던 노선을 집행할 수 없기에 일종의 주동적인 정신을 보여주어야 한다고 했다. 다르게 말하면 중국인민과 북한인민의 근본이익을 바탕으로 적들의 주동적인 정신을 이용하면서, 동시에 기타 평화를 사랑하는 인민들의 이익에 맞게 중국과 북한 인민들이 전쟁에서 벗어날 수 있는 출구를 찾아야 한다고 했다. 이에 따라 모스크바는 구체적인 안배를 했다.

첫째, 김일성과 펑더화이에게 클라크장군이 2월 22일에 한 부상을 입은 포로에 대한 호소에 긍정적인 회답을 할 것을 요구한다.

둘째, 김일성과 펑더화이가 회답을 발표한 이후, 중화인민공화국의 권위 있는 대표(좋게는 저우언라이동지)가 베이징에서 성명을 발표한다. 중점적으로 부상을 입은 포로를 교환하는 건의에 적극적인 태도를 표명하는 동시에 적극적으로 전체 포로 문제를 해결할 것임을 밝혀 한국전쟁의 정전과 강화조약을 체결하는 시점이 도래했음을 보증해야 한다.

셋째, 베이징이 이상의 성명을 발표하는 동시에 조선민주주의인민공화국정부수상 김일성은 평양에서 정치성명을 발표하여야 한다. 중화인민공화국대표의 이상의 성명의 정확성에 대한 충분한 지지를 표시해야 한다.

넷째, 우리는 이렇게 하는 것이 적합하다고 생각한다. 즉 베이징의 성명과 평양의 성명이 있은 다음, 소련외교부가 베이징과 평양의 태도를 완전히 지지한다는 태도를 표하는 것이다.

다섯째, 이상의 4항의 조치와 함께, 뉴욕에 있는 소련대표단은 유엔대회에서 취할 수 있는 모든 필요한 행동을 취하여 새로운 정책방침의 실시를 지지하고 추진하는 것이다.

소련부장회의는 유엔대회에서 소련대표단과 폴란드 대표단이 상의하여 "새로운 세계대전을 방지할 것에 관련한 폴란드 건의안 초안에서 한국 문제와 관련된 부분을 다음과 같이 수정하도록 했다. 원 제안의 제6조(모든 전쟁포로를 조국으로 돌려보낸다)를 아래 문구로 대체했다. 6. 즉각 쌍방의 정전협상을 재개하고 부상포로문제를 중점으로 협상을 타결한다. 전체 포로문제를 해결하는 것을 중심으로 협상을 타결하며 한국전쟁을 끝내는 것에 장애가 되는 것을 없앤다".[42]

3월 21일 밤, 소련의 새로운 영도자들은 모스크바에서 스탈린 장례식에 참가한 저우언라이와 회담을 갖고 모스크바의 새로운 방침을 제출했다. 저우언라이는 즉시 마오쩌둥에게 보고했다.[43]

북한은 소련의 결의에 완전히 동의함을 표시했다. 평양에 가서 모스크바의 지시를 전달한 쿠즈네초프와 페도렌코는 보고에서 김일성은 지금 정세에서 더 이상 지연하는 것은 북한과 중국 그리고 사회주의 진영에 모두 불리하고 미국 사람과 더 이상 송환하는 포로의 숫자를 논의하는 것은 의의가 없다고 했다. 소련의 건의는 "가장 현명하고 정확한 것"이며 "반드시 신속하게 실현되어야 한다"[44]고 했다. 중국 영도자가 소련의 입장에 대한 반응이 어떠했는지 아직 설명해 줄 수 있는 역사문헌이 발견되지 않고 있다. 하지만 실제 행동으로 볼 때, 베이징은 모스크바의 안배에 따라 클라크의 편지에 답했고, 저우언라이는 성명을 발표했다. 4월 26일 판문점 협상은 다시 시작되었다.

중국 측이 이 시기에 전쟁을 정지하고 싶어 하지 않았다는 것은 근거가 있다. 1953년 여름, 중국지원군은 전장에서 병력이 절대 우위에 있었다. 군대가 강하고, 탄약과 배급이 충족하며, 병사들의 사기가 높았다. 전방 진지가 더욱 강화되었고 상륙을 저지하는 만반의 준비가 되어 있었다. 중공중앙군위가 지원군 총 지휘부에 내린 지시는, 정전은 협상장의 일이기에, 군대는 "전투만을 생각하며, 멈추지 말 것"이며, "모든 것은 기존의 계획대로 진행한다"였다. 중국과 북한 연합군은 최종 협상 단계에서 3차례의 진공을 발동하여 적군의 군사목표 104곳을 공격했고, 240평방킬로의 토지를 점령했다.[45] 마오쩌둥은 중국인민정부위원회 제24차 회의에서 "만약 이렇게 싸우고, 또다시 2차, 3차, 4차로 싸워 나가면 적들의 전체 방어선은 무너지게 될 것이다"고 말했다.[46] 그 뒤, 마오쩌둥은 소련대사에게 비슷한 뜻을 전달했다. 순전히 군사적인 관점에서 볼 때, 1년 정도의 시간 동안 계속하여 미국 사람을 타격하는 것은 가능한 것이었다.[47] 하지만 마오쩌둥은 모스크바가 제정한 총 방침에서 벗어날 생각이 없었다. 진행 과정이 어려웠던 판문점 협상은 끝내 결과가 있었고 7월 27일 한반도 정전협정에 사인을 했다.

이것은 마오쩌둥이 마지막으로 모스크바의 지휘를 들은 것이다. 스탈린이 이미 없고 한국전쟁도 끝났기에 소련이 사회주의 진영에서, 아시아에 대한 특히 중국에 대한 영도지위는 이로부터 저물기 시작했다.

『당대중국사연구』 2000 제1기에 발표

항미원조전쟁에서의 소련공군

중국이 한반도에 출병하는 정책결정과정에서 베이징과 모스크바는 소련이 공군을 출동하여 지원군과 협동하여 작전하는 문제를 두고 치열한 토론과 논쟁을 벌였다. 이것은 얼마 전 맺은 중국과 소련의 동맹관계에 대한 한 차례 준엄한 시험이었다.[1] 하지만 마오쩌둥은 다수의 의견을 물리치고 극히 어려운 조건에서, 즉 소련공군이 출동을 늦추고 또 중국군대와 협동 작전을 할 수 없다고 하는 상황에서, 결연히 중국인민지원군의 한반도 작전을 결정했다. 이것은 스탈린을 감동케 했고 또 놀라게 했다. 이 일이 스탈린의 마오쩌둥과 중공에 대한 인식을 바꾸었다. 이 점에 대해 마오쩌둥 자신은 깊이 체감했다. 몇 년이 지난 이후 마오쩌둥은 중국주재 소련대사 유딘을 만났을 때, "스탈린이 중국공산당을 믿게 된 하나의 중요한 원인"은 "한국전쟁이 발발했을 시, 중국인민지원군이 한반도에 진출하여 작전한 것"이었다고 말했다.[2]

스탈린이 마오쩌둥을 신임하게 된 것은 한국전쟁을 이길 수 있다는 신심을 회복하는 것에 있어 중요한 상징이었다. 또 자신이 정한 한계치를 훨씬 넘기는 수준의 소련공군을 지원군으로 출동시켜 협조했다. 1950년 10월 10~11일의 저우언라이와 스탈린의 회담에서, 모스크바는 공군을 출동하는 문제에서 두 가지 의견을 피력했다. 스탈린이 먼저 제기한 것은, 소련은 아직 준비가 되지 않았기에 "2개월, 혹은 2개월 반의 시간을 기다려야만 공군을 출동하여 지원군의 한반도작전을 지원할 수 있다"[3]는 것이었다. 이에 마오쩌둥은 스탈린에게 보낸 전보에서, "우리는 공군이 빨리 도착하기를 희망한다. 어찌하였든 2개월을 넘지 말아야 한다"[4]고 했다. 마오쩌둥은 중국이 먼저 출병하는 것을 결정하고 이후 소련공군 출동하는 것을 기다려 다시 작전을 진행하려 했다. 그러자 스탈린은 몰로토프로 하여금 저우언라이에게 소련공군은 압록강 이북의 중국경내만을 수비할 것이며, 2개월, 혹은 2개월 뒤에도 한반도에 진입하여 중국군대의 작전을 엄호하지 않을 것이라고 통지했다.[5] 하지만 중국인민지원군이 압록강을 넘고 첫 전투를 시작하자, 상황에 변화가 발생했다. 소련공군은 즉시 한반도에서의 공중전에 투입되었고, 얼마 후에는 작전반경을 압록강 상공에서 청천강, 대동강 일선까지 밀고 나아갔다.

전쟁 초기, 미국 공군은 44개의 극동지역에 주둔하고 있던 항공대대의 총 657대의 전투기를 투입하여 북한과 상대했다. 하지만 북한인민군은 당시 아직 제트기가 없었고, 20대의 성능이 낙후한 전투기만 있었다. 고사포도 매우 적어, 미국 공군의 전략폭격기는 심지어 낮에도 전투기의 엄호가 없는 상황에서 작전비행을 할 수 있었다. 미 항공병이 평양부근의 북한 공군기지에 대해 여러 차례 밀집폭격을 한 뒤, 북한인민군의 공군은 실제로 이미 완전히 파괴되었고, 작전능력을 전부 잃게 되었다.[6] 당시 중국공군의 작전부대는 아직 조직도 되지 않은 시점이었다.[7] 중국의 십여만 대군과 대량의 군사물자가 좁고 긴 북한의 산지에 몰려들자, 미국 비행기는 마치 무인지경인 마냥 폭격을 가하였다. 이것이 중국군대에게 가져다 준 심한 타격과 어려움을 우리는 상상할 수 있다.

이러한 관건적인 시각에, 한국전쟁에서의 첫 번째 공중전이 발생했다. 소련공군부대의 13개 사단은 1950년 8월부터 12월까지 중국의 동북, 화북, 화동과 중남지역에 진주했고, 이 중에서 벨로프 항공사단은 스탈린의 건의에 따라다 8월에 동북지역에 도착하여 방공임무를 담당하게 되었다.[8] 이것은 한국전쟁에 참가한 소련공군의 첫 번째 부대였다. 1950년 11월 1일, 소련비행기는 한반도 상공에 나타났다. 중국에 있던 소련의 총 군사고문 자하로프가 스탈린에게 보낸 전쟁상황 보고에 따르면, 이날 한반도 비행단의 6대의 야크-9형 비행기는 "처음으로 안주지역에서 전투 임무를 수행했다. 이번 전투에서 두 대의 B-29폭격기와 한 대의 P-51 전투기를 격추했다. 전투임무를 수행했던 두 대의 야크-9형 비행기는 돌아오지 못했다". 참전한 소련비행기는 안둥-신의주 지역에서 전투에 투입되었고 "우리 비행사들은 미그-15비행기로 두 대의 F-82를 격추했고, 다른 두 대는 고사포에 의해 격추된 것이다. 모두 4 대의 비행기를 격추했다. 공중전에서 우리측은 비행기 손실이 없었다". "벨로프동지의 미그-15는 선양과 안신鞍山의 비행장에서 뜬 것이고 각 비행장에서 각각 8대의 비행기가 떴다."[9] 스탈린의 마음속에서, 공군을 출동하여 중국군대를 원조하는 것은 가장 민감한 문제였다. 하지만 소련공군은 지원군이 10월 25일 첫 번째 지상전투를 개시한 7일 만에 비록 압록강 상공이기는 하지만 전투에 투입되었다. 이것은 스탈린이 마오쩌둥의 출병에 대한 정책을 지지하기로 결심했음을 말하는 것이다. 첫 번째 공중전에서 성공을 거둔 뒤, 소련공군은 선양 지역에 주둔하고 있던 제151과 제324 두 전투기 사단을 기초로 벨로프소장이(이후 로보프가 이어받았다) 지휘하는 제64 독립전투기 항공군을 조직했다. 소련 항공군의 주요임무는 압록강 위의 다리, 발전소와 땜, 그리고 중국과 북한 변경 남쪽에 있는 75킬로 내에 있는 북한영토의 교통선과 비행장이 적들의 공습을 받지 않게 하는 것이었다. 이 시기, 제64 항공군은 선양과 안산의 기지에서 중국과 북한변경의 안둥비행장으로 옮겼다.[10] 11월 중반까지, 소련비행사는 이미 23대의 미국 비행기를 격추하는 우수한 전과를 거두었다. 동시에 스탈린은 두 차례 나누어 벨로프에게 120대의 미그-15 신형 전투기를 증파하기로 결정했다.[11] 미그-15 비행기의 성능은 미국의 F-86 비행기와 대적할 수 있었다. 이것을 제외하면, 소련공군이 한국전쟁에서의 총체적 실력은 미국과 많은 차이가 있었다. 비행기 조종사와 정비인원의 수가 미국에 비해 많이 적었고, 지상의 내비게이션, 무선교란, 레이더정찰, 통신연락 등 기술장비 모두가 낙후했고, 심지어 비행사들에게 제공되었던 서비스와 생활조건도 미국에 많이 미치지 못했다. 하지만 소련이 공격형 제트기를 투입한 것은 한반도 공중전 상황에 매우 큰 영향을 미쳤다. 특히 "공중의 보루"라고 불리던 B-29 전략폭격기에 극대한 위협이 되었다. "제64 항공군의 조종사와 B-29의 여러 차례 교전은, 매번 모두 미국 사람들의 엄중한 손실로 끝났고 이러한 큰 타격은 그들에게 매우 큰 고통과 자극을 주었다. 4개의 엔진으로 구성된 폭격기는 가격이 매우 비쌌고, 또 10~12명의 조종사 모두가 비행기와 함께 목숨을 잃었기 때문이다. 미국 사람들이 인정한 것처럼, 제트기가 폭격기를 호위하는 것은 폭격기의 안전을 보장하지 못했다." 1950년 11월 말에 이르러 미국의 극동공군사령부가 골머리를 앓은 문제는 압록강 지역에서 전략적 폭격을 감행하는 미국의 비행기에 확실한 안전보장을 할 수 없는 점이었다. 예를 들면, 11월 6일 극동주재 미국공군사령관 스트레이트마이어Stratenleyer 장군은 자신들의 폭격기 군단에 압록강에 있는 6개의 전략적 다리와 10개의 북한 변경도시를 부숴버릴 것을 명령했다. 하지만 소련공군의 가입은 미국 공군이 임무를 완수할 수 없게 만들었다. 과거 미국 비행기는 300미터 저공에서 폭격을 할 수 있었고, 반복적으로 폭격할 수 있었다. 하지만 지금 소련의 방공화포의 대공사격은 폭격기로 하여금 6~7,000미터 이상의 고도에서 폭격을 할 수밖에 없게 하였고, 이것은 폭탄 투하의 정확성을 크게 낮추었다. 게다가 성능이 좋은 미그-15 비행기의 참전은 미국 폭격기로 하여금 목표지역에서 매우 짧은 시간만 머물 수 있게 하였다. 이것도 미국 공군이 폭격임무를 저지했다. 전쟁이 시작된 이래 미국 공군의 공중우세는 처음으로 의심을 받게 되었다.[12]

하지만, 미국은 한반도에서 여전히 강대한 공중 역량이 있었다. 특히 중국 군대가 남으로 추진함에 따라 후방의 보급선은 점차 길어졌고, 미국의 공중 폭격과 습격의 위험도 날마다 심각해졌다. 소련공군이 압록강 상공에서만 작전하는 것이 중국군대의 물자와 병사보급을 보증할 수 없었다. 중국과 북한 군대의 후방 교통 수송선을 엄호하기 위해, 소련정부와 논의한 뒤, 1951년 1월 10일부터 소련공군이 두 개의 사단을 출동하여 지안에서 강계, 안둥에서 안주에 이르는 두 철도수송선을 엄호하여 보급을 보증할 수 있도록 하였다.[13]

하지만 전쟁 상황의 계속되는 변화는 소련공군으로 하여금 작전 반경을 진일보 남쪽으로 확장하게 만들었다. 제3차 전투에서, 중국과 북한 군대는 이미 38선을 넘었다. 하지만 소련공군은 기지가 중국경내에 있기에 비행거리가 제한되었고 진일보 남하할 수 없었다. 그리하여 중국과 북한연합군의 강계, 안주일선 이남지역 물자수송, 인원 이동은 완전히 적들의 공군 위협 아래 놓이게 되었다. 1951년 초 중국과 북한 연합군이 배급을 기다리면서, 정돈하고 휴식을 취하려 할 때, 유엔군은 대규모 반격을 발동했다. 지상에서의 행동에 맞추어 미국 극동공군사령부는 중국과 북한 군대의 후방에 있는 전략목표를 폭격하는 방안을 만들었다. 북한을 11개 지역으로 나누고 172개의 목표, 이 중에는 45개의 철도다리와 12개의 육로다리, 13개의 터널, 39개의 철도중추와 63곳의 물자공급중심 등이 포함되어 있었다. 안둥-신의주 일대는 가장 중요한 "A구역으로, 평균 매일 12~24차례의 B-29가 이 지역을 폭격했다.[14] 소련군의 통계에 따르면 1951년 4월, 미국 공군은 1,416차례폭격기 420차례, 전투기 996차례 출동했고, 5월에는 3,500차례 비행이 있었다. 이 중에서 폭격기는 300차례낮에는 230차례, 야간에 70차례, 전투기, 주요하게는 제트기가 3,200차례 출동했다.

미국 공군의 주요 공격방향은 안주지역의 나루터, 평양지역의 건설 중에 있는 비행장, 안주, 평양 등지의 도로, 철도 그리고 평양 이남지역의 여러 목표가 있었다. 폭격기는 B-29와 B-26가 위주였고, 주요하게는 작은 군단으로 단독 행동을 했고, 비행고도는 3~4,000미터였다.[15]

이런 상황에서 이미 몇 백킬로나 되는 중국과 북한 연합군의 보급선은 엄중하게 파괴되었고, "병사, 무기, 식량의 보급 모두가 없게 되었다". 지원군 전사들은 심지어 "맨발로 눈길에서 행군"[16]했다. 적기에 의해 엄중하게 파괴된 후방의 수송문제를 해결하기 위하여, 1951년 2월 24일, 네룽전, 펑더화이는 자하로프에게 소련이 두 개의 공중 사단을 한반도 경내로 옮겨, 38선 이북의 수송선을 엄호할 것을 요구했다. 자하로프가 거절하자, 펑더화이는 매우 불만해 하면서, 26일과 28일 두 차례나 저우언라이와 함께 마오쩌둥을 찾아 상의하였고, 스탈린에게 직접 이 요구를 제기해야 한다고 했다.[17] 마오쩌둥은 3월 1일 스탈린에게 전보를 보내 다음과 같이 말했다. "지금 한반도에서의 작전은 매우 어려우며, 적들의 화력이 여전히 너무 강하다. 우리측의 수송능력이 약하여, 3~40퍼센트의 물자가 폭격으로 없어진다. 적군은 점차 보충을 얻게 되어 6, 7만 명이 6월 말에 한반도에 도착하게 된다. 하지만 우리측은 공중엄호가 없다." 또 중국은 10개의 항공병 대대를 한반도에 파견할 수 있지만 북한경내에 가용할 비행장이 없는 것이다. 주요한 문제는 "공군의 확실한 엄호가 없으면", 비행장을 수리하고 복구하는 것도 할 수 없다고 했다. 마오쩌둥은 소련공군이 중국과 북한 변경에서만 작전하는 것에 비해, 한반도 깊게 들어가는 것이 스탈린에게 또 다른 난제임을 알고 있었다. 그리하여 그는 조심스럽게, "펑더화이 동지의 의견은 다음과 같다. 소련항공병이 평양-원산 그리고 이 선 이북에 대한 엄호 임무를 부담하고, 동시에 소련항공병이 지금 머물고 있는 비행장에서 한반도 경내의 비행장으로 이동하는 것이 가장 좋은 것이다"고 말했다. "만약 이상의 조처를 취하지 않으면, 조선북한경내에 있는 비행장은 수리와 복구가 불가하고, 중국항공병도 한반도에 가서 작전할 수 없게 되므로 탱크와 화포의 이동도 매우 어렵게 된다. 하지만 이 문제의 해결은 반드시 국제정세에 따라 결정되어야 된다. 우리는 이렇게 하는 것이 가능한 지를 알지 못하고 있다."[18] 이번에, 스탈린은 이전처럼 우유부단하지 않았고, 즉시 마오쩌둥에게 답전을 보냈다. "만약 당신이 안둥지역에 두 개의 중국공군사단을 남기는 것이 그곳의 발전소와 수송선을 엄호할 수 있다고 생각하면, 나는 벨로프장군이 지휘하는 제151과 제324 두 개의 전투기사단을 한반도 경내로 이동시켜 중국과 북한의 후방을 엄호하는 것에 동의한다. 만약 북한에 이미 하나의 강철판으로 된 비행기 활주로가 있다면, 소련은 두 개의 강철판으로 된 활주로를 더 제공할 수 있다." 스탈린은 또 주동적으로 "만약 당신이 동의한다면, 우리는 당신에게 고사포를 제공하여 비행장을 엄호할 수 있게 할 것이며, 고사포의 포탄을 제공할 수 있다"고 말했다. 3월 15일 스탈린은 자하로프로 하여금 마오쩌둥과 저우언라이에게 "앞의 전보에서 당신이 제의한 벨로프의 공군기지를 한반도에 있는 당신 부대의 후방에 이동하는 것" 이외에 "곧 도래하게 될 큰 전투를 맞이하여, 당신들에게도 가능한 많은 전투기가 전방에 있어야 한다. 때문에 다른 하나의 대형 전투기 사단을 안둥에 보낼 것을 결정했다. 이로써 원래 안둥에 예정했던 두 개의 중국전투기 사단은 전방으로 보내질 수 있게 되었다"고 전하도록 했다 마오쩌둥은 이에 "매우 감사하다"고 했다.[19] 이런 정황들이 설명하는 것은 스탈린이 소련공군을 사용하는 문제에 있어 중국이 출병하기 이전에 비해 매우 큰 개선이 있었다는 것이다. 만약 마오쩌둥과 중국군대에 대한 신심과 믿음이 없었다면 그는 이렇게 하지 않았을 것이다.

그러나 북한경내에 비행장을 수리하고 건축하는 일은 계속된 미국 폭격기의 파괴를 받게 되었고 소련공군은 한반도에 진주하지 못하게 되었다.[20] 하지만 중국과 북한의 변경 지역인 묘구廟溝, 대보大堡와 대호산大狐山에 세 개의 새로운 비행장이 건설되었고 많은 소련공군 후속부대는 중국과 북한 후방을 엄호하는 전투에 참여할 수 있게 되었다. 제64항공군의 비행장과 공중에서 당번을 맡은 전투기의 수량도 2~3개의 항공연대에서 4~5개의 항공연대으로 증가했다.[21] 총체적으로 볼 때, 1951년 봄 소련전투기의 한반도 상공에서의 군사행동은 매우 효과적이었다. 압록강 대교를 엄호하는 임무를 완수했으며, 중국과 북한 연합군의 수송선을 일정하게 보호했다. 비록 비행거리의 제한으로 미국항공병의 북한 중부와 동부 지역의 비행장과 교통수송선에 대한 폭격과 습격을 저지하지 못했지만, 한반도 서북지역 압록강에서 청천강에 이르는 상공에서 "미그-15전투기는 미국 비행사들이 점점 두려워하는 적이 되었다".[22]

1951년 8월 개성에서의 정전협상이 중단된 이후, 미국은 다시 대규모 폭격을 시작했다. 8월 18일부터 북한의 교통중추시설에 밀집된 공습을 실시했다. 8월 상반기 미국의 비행강도는 매일 174 차례였지만, 하반기에는 매일 248차례나 이러렀다.[23] 이때, 제64항공군은 3개의 항공사단151, 303, 324-R, 2개의 고사포사단82와 92R, 무기는 자동으로 위치를 확정하는 고사포, 경보와 지휘를 할 수 있는 레이더기지, 1개의 항공보급사단, 2개의 독립 탐조등 항공대, 그리고 병원과 기타 보급소대로 구성되었다. 하지만 비행기 총수는 매우 적었고, 안둥지역에 배치된 성능이 우수한 신형 미그비행기는 190대밖에 되지 않았다. 이 중에서 전투태세의 미그 비행기의 양은 더욱 적었다. 하지만 이 공군이 대적해야 하는 주한미군의 공군은 여러 기종의 전략, 전술과 해군항공병의 비행기 모두 1,500대나 있었다. 비록 이러했지만, 소련공군은 9월 1일부터 미국공군의 적극적인 행동에 반격을 가했다. 9월 19일 공중전에서 미그 비행기는 3대의 "F-86" 비행기와 3대의 전투기를 격침했다. 10월 23일의 공중전에서, 8대의 B-29비행기는 비록 34대의 F-86, 55대의 F-84의 엄밀한 호위를 받았지만 여전히 3대나 격추되었다. 10월 24일 당일 34대의 미국 비행기가 순천대교를 폭격할 때 40대의 미그 비행기가 출격하여, 미국은 또 한 대의 F-84비행기와 한 대의 B-29비행기를 잃었다. 10월 30일, 56대의 전투태세에 있던 미그-15비행기 중에서 44대가 21대의 B-29비행기와 200대의 그것을 호위하는 공격기로 구성된 미국 비행기 군단에 맞서 적들이 12대의 B-29비행기와 4대의 F-84비행기를 잃게 하였다. 그 결과 소련의 미그 비행기가 활동하는 압록강과 청천강 상공에서 제64항공군은 이미 현저한 우위를 점하게 되었고, 미국 군인들은 이 지역을 "미그회랑"이라 부르기도 했다. 소련공군의 용맹 무쌍함은 미국비행기가 이 지역에서 선정한 목표에 대해 유효한 폭격을 할 수 없게 만들었고, 하는 수 없이 역량을 집중하여 평양지구의 목표를 폭격하게 하였다. 미그 비행기의 북한 서북부 지역에서의 공중우세는 미극동공군으로 하여금 낮에는 B-29전략폭격기의 사용을 금지하도록 만들었고, 이런 상황은 전쟁이 끝날 때까지 이어졌다.[24] 소련군의 총참모장 시테멘코의 보고에 따르면 1950년 11월 1일부터 1951년 12월 6일 사이, 소련공군이 격추한 적기는 모두 569대이 중에서 59대는 고사포에 의해 격추이고 자신들은 63대의 비행기를 손실 보았다.[25]

제64항공군의 또 다른 임무는 중국과 북한의 연합 공군을 도와주는 것이었다. 이들의 비행사들을 훈련하고 또 이들의 작전에 협조하는 것이었다. 중국과 북한의 연합공군은 1951년 가을 이후 작전에 참가했다. 언어 장애 때문에, 중국과 북한 공군, 그리고 소련공군은 혼성편대와 연합작전을 하지 못했다. 하지만 쌍방은 작전방침에서 협조했고, 병력을 통일적으로 운용하는 문제 등은 시종 협의를 거쳤다. 제64 항공군의 조종사들은 적들의 F-86전투기의 엄밀한 엄호하에 있는 여러 폭격기를 격퇴하는 책임을 맡고 필요한 상황에서 중국과 북한 연합공군을 증원하는 책임을 맡았다. 이들은 전방에서 주로 소규모의 적들과 전투를 했다. 소련 전투기는 또 중국과 북한 공군에 원조를 제공해

야 했다. 예를 들면 위급한 상황에서 중국과 북한 조종사가 운전하는 비행기를 쫓아오는 F-86비행기를 가로막는 것 같은 것이다. 심지어 중국과 북한 연합공군의 전방 비행장인 안둥, 묘구, 대보, 대호산의 비행기 총수가 제64 항공군의 미그 비행기 수를 넘었을 때에도 소련조종사들은 계속하여 비교적 복잡한 임무를 완수해야 했다. 예를 들면 1952~1953년 겨울, 복잡한 기후조건은 아직 기술이 숙련치 못한 중국과 북한 연합공군의 조종사들이 전투에 나아갈 수 없게 하였고, 이것은 제64 항공군의 작전임무를 가중시켰다. 1953년 소련 항공군의 전투비행 월 평균 차수는 전년에 비해 33%나 증가했다.[26]

반드시 지적해야 할 부분은 소련공군의 한반도에서의 작전이 모스크바의 여러 제한을 받은 점이다. 이러한 제한은 심리상에서 그리고 작전기술적 측면에서 소련비행기 조종사들에게 어려움을 조성했다. 명령에서 그 어떠한 비행기도 소련영토에서 출발하여 작전에 투입해서는 안 된다고 했다. 소련비행기는 비행체의 모든 표시를 지워야 했고, 일부 비행기는 중국비행기로 위장해야만 했고, 일부는 북한 비행기의 색으로 칠해야 했다. 모든 소련 비행기 조종사들은 중국의 군복을 입어야 했으며, 그들이 한반도 상공에서 작전에 참여했음을 누설하지 않음을 선서해야만 했다. 소련비행기 조종사들은 또 어떠한 경우에도 공중에서 통화 시 러시아를 사용하지 말라는 명을 받았다. 제일 중요한 점은 소련비행기 조종사는 절대로 포로가 되어서는 안 된다는 내용이었다. 때문에 소련비행기는 유엔군이 통제하는 지구와 전방에 가까운 지역의 상공, 그리고 황해상에서의 비행이 엄격히 금지되었다. 미그 비행기는 평양-원산일선을 넘어 적기를 쫓는 것이 엄격하게 금지되었다. 비록 1951년 전선이 이미 38선 부근에서 안정되었지만 북위 39도 선을 넘지 못하게 되었다.[27] 이 모든 것이 설명하는 것은, 스탈린은 소련공군을 사용하는 문제에서 시종 그가 처음에 제정한 원칙, 즉 소련공군이 전방에서 중국군대와 협동하여 작전하는 것을 허락하지 않는다는 원칙을 놓지 않았다는 점이다.

스탈린은 한 전보에서 공군원수 크라소브스키와 벨로프장군에게 중국의 비행기 조종사들을 훈련하는 진도가 너무 늦음을 질책하면서, "중국군대는 공군의 엄호하에 전투를 진행할 수 없다. 때문에 응당 신속하게 8개의 중국공군 전투기 사단으로 조직된 집단군을 조직하여 그들을 전방에 파견해야 한다. 지금 이것은 당신들의 가장 중요한 임무이다"고 했다. 동시에 "벨로프의 하나의 사단을 중국동북에 가까운 지역으로 이동하며, 두 개의 사단을 북한의 후방에 놓이게 해야 한다. 이를 통해 중국의 공격기 사단이 전방에 더 가까워질 수 있도록 두 개의 비행장을 비워 두어야 한다. 이것은 절대로 필요한 것이다. 응당 이렇게 배치해야 한다. 즉 중국인들이 전방에서 그들 자신의 공군에만 의존케 해야 한다"[28]고 말했다. 제64 항공군의 보고에 따르면, 1951년 4~5월의 가장 치열한 전투에서, 중국과 북한군대는 "항공병의 지원이 없었기에, 적들의 우세한 병력의 침공 아래 철수할 수밖에 없었다". 적군의 공중타격을 받지 않기 위해, 반격의 "대다수는 야간과 나쁜 기후조건하에서 실시되었다".[29] 당시 한반도의 공중전에 참가했던 수많은 소련군인들은 "그들의 공군과 중국, 북한의 지상부대는 아무런 합작이 없었고" 심지어 군사고문을 통해서도 이러한 공작이 진행되지 않았음을 강조한다. 연락의 결핍으로 북한의 고사포가 소련 비행기를 향해 사격하는 일이 벌어졌고, 소련 비행기 조종사가 중국 비행기를 격침하는 사건이 일어나기도 했다. 소련공군은 작전에서 지상부대의 작전과 협동할 수 있는 폭격기를 출동하지 않았고, 그러한 준비도 하지 않았다. 로보프는 인터뷰에서 "우리는 폭격기가 없었다. 우리의 한 대의 폭격기도 미군함대에 대해 폭격을 가한 적이 없었다". 그 원인은 "그것이 우리의 임무가 아니었기" 때문이라 말했다.[30] 중국의 자료가 말해주는 것도, 유일한 폭격 즉 지상부대의 상륙작전과 협동하는 서해안의 대화도大和島 등지의 미국과 한국의 정보시설에 대한 폭격은 중국공군 제8사단이 독자적으로 완성한 것이었다(군대의 소련고문은 전투 이전에 이미 귀국했다).[31]

하지만 응당 지적해야 하는 것은 비행기술의 한계 때문에, 중국과 북한 연합군이 전방에 나아가 작전하는 경우가 매우 적었다는 점이다. 그들은 날씨가 좋은 상황에 보병작전에 협동하였고, "날씨가 나쁜 상황에는 작전을 실시하지도 않았다".[32] 1951년 12월에 이르러, 중앙군사위원회는 실제 정황에 근거하여, 지원군 공군의 임무에서 지상부대를 직접 지원하는 것을 요구를 하지 않았다. 청천강 이북 지역의 제공권을 탈취를 확보하고 중요한 교통 수송선, 군사목표와 공업목표를 보위하는 것을 중점적으로 하고, 간접적으로 지상부대의 작전에 협동하고 지원하는 것으로 하였다.[33]

스탈린이 우려했던 것은 소련공군의 참전 사실이 폭로된 뒤, 미·소 사이의 모순이 격화되는 것이었다. 여기서 주의할 점은 워싱턴과 모스크바 모두 같은 우려를 했다는 점이다. 그리하여 미국 사람들도 소련 사람들과 함께 소련공군이 참전한 비밀을 지켰다. 실제로 미 공군은 아주 일찍 그들의 진정한 공중에서의 적수는 북한 사람이나 중국 사람이 아님을 알고 있었다. 미국 비행기 조종사들은 공중에서 유럽인의 얼굴을 보았고, 무선통신에서 러시아어를 들었다. 이런 정황이 보고된 이후, 미국 정책결정기구는 이에 대해 침묵을 지키고, 소식을 봉쇄하였다. 이것은 여론을 자극하여 정부가 보복행동에 나설 수밖에 없는 상황을 초래하여 전쟁이 승화되는 것을 피하려 했기 때문이었다. 정책기구에서 있었던 러시아의 참전 소식을 대중에게 알려야 하는지를 둘러싼 토론에서 미국 국무부 정책계획국 국장 니체가 작성한 초한에서 이에 대해 결론이 내려졌다. 니체는 이후 인터뷰에서 "만약 우리가 진상을 공개했다면, 대중들은 우리로 하여금 상응한 행동을 취할 것을 요구했을 것이다. 그 상황에서, 우리가 할 수 있는 일은 전쟁을 확대하는 것밖에 없었고, 소련과 더욱 엄중한 충돌에 개입될 수밖에 없었다". 아이젠하워정부 역시 이 소식을 "서랍 속에 봉쇄" 했다. 만약 "흘러 나갔다면, 러시아와 개전해야 하는 거대한 압력이 형성될 수 있었기 때문이었다".[34] 워싱턴과 모스크바의 이러한 묵계가 소련공군이 한국전쟁에 참가한 역사를 40년이나 침적하게 했다.

사실이 어찌했든, 소련공군은 중국의 항미원조에서 무시 할 수 없는 작용을 했다. 전체 전쟁 기간 동안, 12개의 소련공군 사단이 공준전에 투입되었다. 교대로 전쟁에 참여한 공군 총수는 72,000명이나 되었고, 1952년 가장 많을 때에는 25,000~26,000명이나 되었다. 소련공군의 전투기는 모두 1,097대의 적기를 격추했고, 고사포는 모두 212대의 적기를 떨어뜨렸다. 러시아연방 총참모부의 통계수치에 따르면 한국전쟁에서 소련의 항공병 손실은 335대의 비행기와 120명의 조종사였다. 이 전쟁에서 소련군인의 총 손실은 299명이었다.[35]

종합하면, 소련공군은 한국전쟁에 참여했을 뿐 아니라 공중전에서 중국과 북한군대의 주력부대 역할을 하였다. 비록 스탈린이 시종 중국영도자의 최초의 요구, 즉 소련공군과 중국지상부대의 협동작전을 만족시키지 않았지만, 중국 영도자는 이후 이에 대해 이해를 표시했고, 이 문제를 더 이상 제기하지 않았다. 마오쩌둥은 소련에 공군 원조를 요구한 여러 차례 전보에서 소련비행기가 후방의 교통 수송선을 엄호하는 문제를 특별히 주의하여 제기했다. 앞서 인용한 전보의 어투에서 알 수 있듯이, 그는 이 문제를 이야기할 때, 매우 조심스러운 태도를 보였다. 이것은 마오쩌둥이 실제로 스탈린의 어려움을 이해했음을 말해주는 것이기도 하다.

『중국당사党史연구』, 2000, 제2기에 발표

한국전쟁 초기 소련공군출동 문제에 대한 재고찰

러시아연방 국방부 기밀 해제 문서를 기초로

최근 몇 년 동안, 러시아 기록문서들이 해제됨에 따라 소련과 미국 공군이 한국전쟁에서 서로 대치하고 싸우고 목숨을 건 격투를 벌였던 문제는 이미 논쟁할 필요가 없는 사실임이 드러났다.[1] 반세기 넘는 냉전역사에서, 이것은 미·소 사이에 처음이자 유일하게 정면으로 맞선 전쟁 행위였다. 비록 쌍방 모두가 암묵적으로 이 사실을 40여 년 동안 은폐했지만 말이다.[2] 그렇다면, 매사에 조심스럽게 행동했던 스탈린은 언제부터, 그리고 무엇 때문에 소련공군을 전쟁에 투입했을까? 소련공군은 언제, 그리고 어떻게 참전했을까? 이러한 문제들은 오랫동안 여러 나라 학자들이 파헤치려 했던 역사적 의문이었다.

비록 십여 년 전부터 학자들이 이 문제를 둘러싸고 열띤 토론을 해오고 있지만, 기록문서의 부족은 사람들에게 숲만 보고 나무를 보지 못하는 느낌을 주었다. 저자도 다른 여러 학자들과 마찬가지로, 당시 볼 수 있었던 것은 주요하게 여러 회고록, 인터뷰였고, 관련된 문서기록은 아주 적었다. 때문에 역사 과정의 연속적인 측면에서 볼 때, 끊겨진 부분이 매우 많았고, 자신이 알고 있는 사료에 근거해 추론할 수밖에 없었다. 예를 들면, 저우언라이가 소련을 방문한 날짜, 중·소 영도자가 회담을 가졌을 때 중국이 자신들의 이미 내린 결정을 알려주었는지에 관련된 문제, 흑해 회담의 구체적인 시간과 최종 결과, 스탈린은 중국에 어떠한 보장을 했는지 등등이다.[3] 소련이 중국에서 공군부대의 편제, 작전배치와 참전과정에 대한 기왕의 연구는 매우 상세하지 못했고 애매모호했다. 최근 몇 년 동안, 중국과 러시아의 한국전쟁에 관한 기록문서의 진일보 해제, 특히 러시아연방 국방부문서의 대량 출현은, 연구자로 하여금 이상의 일련의 문제에 대해 비교적 명확한 답을 할 수 있게 했고, 이 시기의 역사과정에 대해 비교적 온전하게 서술할 수 있게 되었다.[4]

소련공군이 참전과정은 중국의 출병문제와 긴밀하게 연관된다. 이 과정은 소련이 미국에 대한 정책과 입장을 반영했다기보다는 중·소동맹사이의 미묘한 관계를 보여준 것이라 하겠다. 소련공군이 한국전쟁에 참전한 구체적인 과정을 통해 우리는 중국과 소련 사이, 중국과 북한 사이, 더 나아가 사회주의 진영의 동맹관계에 대해 더욱 구체적이고 더욱 깊게 관찰할 수 있었다.

스탈린은 소련공군의 동원을 보증했다

한국전쟁이 발발하기 이전, 소련공군은 이미 중국에 진주했다. 1949년 말, 장제스가 대만으로 패주한 뒤, 그들은 공군 우세를 이용하여 지속적으로 내지에 비행기를 보내 폭격과 소요를 일으켰다. 제일 엄중한 한 차례는 1950년 2월 6일 상하이에 대한 폭격이었다. 소련 영사관이 모스크바에 한 보고에 따르면, 17대의 중형폭격기가 이번 습격을 감행했고, 그 결과 상하이는 대ᄎ면적의 정전, 단수, 모든 기업의 생산중지가 발생했다. 상하이당국과 주민들의 정서가 매우 저조해졌고, 시민들은 불안해 했다. 심지어 공업과 기업을 내지로 옮기는 결정을 내리기도 했다. 장제스는 이에 매우 고무되었고, 고급장성회의에서, 폭격을 확대할 것을 요구하면서 폭격의 목표를 베이징, 텐진, 한커우, 난징, 칭도, 광저우 그리고 기타 일부 도시까지 확대하는 것을 비준했다. 이 행동을 협조하기 위해, 미국 사람들은 신속하게 국민당을 도와 저우산군도에 있는 타이산臺山 비행장을 정비하기로 결정했다.[5] 이때 마오쩌둥은 모스크바에서 중소동맹조약을 협상하는 중에 있었다. 보고를 접한 뒤 스탈린에게 공군원조를 요청했다.[6] 이후 소련은 바티츠키중장이 이끄는 방공집단군을 쉬저우徐州와 상하이에 보냈다. 이 중에는 제106 전투기사단, 제52고사포병사단, 근위고사탐조등대대, 그리고 한 개의 독립된 무전기술연대 등 총 127대의 비행기가 포함되었다. 이들은 제트기는 40대, 피스톤전투기 41대, 공격기 10대, 수송기 10대 등으로 구성되었다. 한 달이 되지 않은 시점인 3월 7일, 첫 소련공군부대제351 전투기항공대가 쉬저우비행장에 진주했고, 경계와 순찰임무를 책임졌다. 그 뒤의 공중전에서, 소련공군은 분명한 우세를 차지했다. 3월 8일부터 8월 1일까지 총 230차례의 출동했고, 7차례의 공중전에서 적기 6대를 격침하였고 자신들은 아무런 손실이 없었다. 제106항공사단은 상하이와 그 주변지역을 보위하는 전투임무를 훌륭하게 완수했다. 이 지역 상공에 침입하려는 모든 적기를 격침했고, 폭탄 한 발도 그들이 방어하는 지역에 떨어지지 않게 하여 지상에 있는 고사포부대를 거의 "실업"하게 만들었다.[7]

한국전쟁이 발발한 뒤, 스탈린과 김일성을 놀라게 한 것은 미국이 즉시 간섭정책을 취하고 우선 공군과 해군부대를 투입한 점이었다.[8] 미국은 참전한 뒤, 즉시 북한인민군에 중대한 손실을 조성했고, 그 선봉에는 공군과 해군이 있었다. 소련군 총참모부 작전관리총국의 보고에 따르면 전쟁시작부터 7월 3일까지 북한은 이미 36대의 비행기와 5척의 함정이 격침되었다.[9] 이때 스탈린은 전쟁 발전 상황이 순조롭지 못할 수 있음을 의식했고, 어떻게 북한에 직접적인 군사원조를 증가해야 하는지를 고려했다. 동시에 이러한 원조의 출발점이 모스크바가 아니었어야 했다.

전쟁 발발 이전 소련의 원조는 주요하게 북한 군대를 훈련시키고, 무기장비를 제공하고, 작전계획을 작성하는 것이었다. 스탈린은 소련군대가 38선을 넘는 것과 직접 전쟁에 개입하는 것을 절대 금지했다. 예를 들면, 전쟁 발발 5일전 북한 주재 소련대사 시트코프가 보고에서 침공과 상륙의 수요 때문에, 김일성이 이미 북한에 도착한 두 척의 함정에 10명의 소련운전기사와 고문을 제공할 것을 요구한다고 했다. 모스크바는 즉시 이 요구를 거절한다고 답변을 보냈다. 이것은 미국의 간섭에 빌미를 제공하지 않기 위한 것이라고 했다.[10] 침공이 시작되는 시점에, 스탈린은 북한인민군 전방부대에 있던 모든 소련고문을 국내로 불러들이는 명을 내렸다. 후루시초프가 그 원인을 묻자, 스탈린은 "우리가 증거를 남겨, 그들이 우리가 이 사건에 참여했다고 고발하지 못하게 하기 위해서다"[11]고 답했다. 소련고문의 지도가 없게 되자, 계속하여 남진하던 북한군대는 완전히 혼란에 빠졌다. 시트코프는 부득이하게 스탈린에게 인민군의 매개 군단에 두 명의 소련군사고문을 파견할 것을 요구했고, 군사총고문 바실리예프가 군관소조를 이끌고 전선부대와 함께 한성서울에 가서 사령부에 상주할 것을 희망한다고 했다.[12] 소련고문을 파견하는 요청에 대해 스탈린은 아예 답하지 않았고, 다만 바실리예프가 "평양에 있는 것이 더 적합하다"[13]고만 답했다. 비록 그 뒤, 김일성의 직접적인 요청에 따라 스탈린은 소련고문이 북한경내에 진입하는 것에 동의했지만, 소련대사가 자의적으로 북한인들에 행동에 동의한 것에 분노하면서 소련대사는 소련정부에 책임질 것이며, 소련고문이 포로가 되지 않도록 해야 한다고 했다. 동시에 이들 고문은 "전방 사령부에 파견하지만 전투부대가 아니며" 이들은 "『진리보』의 기자"로서 파견된 것이지 군인으로 파견한 것이 아님을 명확하게 지적했다.[14] 스탈린은 필요하면 중국군대가 원조를 제공하는 것을 생각했다.[15] 당연히 언제, 그리고 어떻게 원조를 제공할지는 전쟁 상황의 발전에 달려 있었다.

미국의 참전은 동시에 중국영도자들의 관심을 불러일으켰다. 7월 2일 저우언라이는 소련대사 로신을 접견하였고, 중국영도자의 북한정세에 대한 판단을 소련정부에 통보했다. 동시에 미군의 상륙을 방지하기 위해 북한인민군은 남진을 가속하여 남방의 여러 항구를 점령하는 동시에 인천 등지에서 공고한 수비부대를 건립해야 한다고 했다. 저우언라이는 만약 미국 사람들이 38선을 넘으면, 중국군대는 지원군의 방식으로 북한인민군의 제복을 입고 미군과 작전 할 것임을 강조했다. 이를 위해 중국은 선양지역에 3개군, 12만 명의 병력을 집결시켰다고 했다. 마지막으로 저우언라이는 소련공군이 이들 부대에 대한 공중엄호를 책임질 수 있는지 물었다.[16] 중국 동북변방군은 실제로 이 일이 있은 며칠 뒤에야 정식으로 조직되었고, 8월 5일을 기한으로 집결을 마치도록 명을 받았다.[17] 정식으로 결정을 하기 전 저우언라이가 이렇게 말한 것은 스탈린에게 중국영도자는 북한을 돕기를 원하지만,[18] 동시에 그에게 소련공군이 중국출병의 조건의 하나임을 인식하게 하기 위해서였다.

스탈린은 이에 대해서 즉시 반응을 내놓았다. 7월 5일 보내온 전보에서, "우리는 즉시 9개 중국사단을 중국과 북한 변경에 집결하여 적들이 38선을 넘을 시, 지원군이 북한에 들어가 작전하는 것을 준비하는 것은 정확한 것이라 생각한다. 우리는 모든 힘을 다해 이들 부대에게 공중엄호를 제공할 것이다"[19]고 답했다. 중국으로부터 진일보한 소식이 없자, 7월 13일 스탈린은 재차 로신으로 하여금 저우언라이 혹은 마오쩌둥에게 다음과 같이 전달하도록 했다. "우리는 지금 당신들이 중국과 북한 변계에 9개의 중국사단을 배치하기로 결정했는지를 모른다. 만약 당신들이 이미 이런 결정을 했다면, 우리는 당신에게 124대의 제트식전투기로 구성된 항공사단을 파견하여 이들 부대를 엄호할 것이다. 우리는 우리의 조종사들이 중국 조종사를 2~3개월 훈련시킨 뒤, 전부의 장비를 당신의 조종사에게 넘기게 할 것이다. 우리는 상하이에 있는 항공사단도 이렇게 하도록 할 계획이다."[20] 이 두 건의 문건은 중국정부가 하루빨리 결심을 내리고, 한반도에 출병을 준비토록 하기 위하여 소련정부는 중국을 도와 공군을 훈련시키기로 하고, 중국에게 공군장비를 제공하는 것 외에, "북한작전구역에 진입"한 중국부대에 엄호를 제공하기로 했음을 말해주고 있다. 즉 소련공군은 중국육군과 동시게 작전하기로 되어 있었다.[21] 하지만 스탈린은 여기에 조건을 하나 걸었다. 즉 중국의 출병당연히 소련공군의 출동의 시기는 "적들이 38선을 넘는 시점"이라는 것이다.

모스크바는 중국의 출병을 급해하지 않았다

미국 공군의 폭격이 평양을 매우 긴장하게 만들었다. 7월 7일 김일성은 시트코프를 접견하였고 소련군사고문이 빨리 한성서울에 입성하여 여러 군단의 군사지휘에 참여할 것을 재차 요청했다. 그렇지 않으면 인민군은 "실패"와 "붕괴"에 직면할 것이라 했다. 김일성은 또 자신은 아주 많은 전화를 받았고, 그 내용 모두가 미군의 공습이 초래한 엄중한 파괴에 관련한 것이며, 철로 중심지와 여러 다리들이 파괴되었다고 말했다. 시트코프의 관찰에 따르면, 김일성은 전쟁이 발발한 이래, 처음으로 "마음이 혼란해 보였고, 조금 우울해 보였다".[22] 스탈린은 또다시 중국을 주의하게 되었다. 그는 7월 8일 로신에게 보낸 전보에서 다음과 같이 지시했다. "마오쩌둥에게 북한 사람들이 북한에 중국대표가 없음을 원망하였음을 전달해 주기를 바란다. 연락과 신속한 문제 해결을 위해 응당 빨리 대표를 파견해야 한다. 당연히, 이것은 마오쩌둥이 북한과 연락할 필요가 있다고 생각하는 정황에서 말이다."[23]

실제로 중국은 이 시기 적극적으로 준비를 진행하고 있었다. 대규모로 부대를 동북에 집결하는 동시에, 중국영도자들은 작전계획을 준비하고 있었다. 7월 12(혹은 13)일, 저우언라이는 북한주재 중국대표로 하여금 김일성에게, 중국은 한반도에 대한 미국의 간섭을 절대로 용인하지 않을 것이며 중국정부는 이 전쟁에서 북한에 가능한 모든 도움을 제공할 것임을 전달할 것을 부탁했다. 북한측의 수요를 제때에 만족하기 위하여 김일성으로 하여금 도움을 요청할 때 망설이지 말라고도 했다. 동시에 중국에게 "비례척도가 1대 10만, 1대 20만, 1대 50만이 되는 북한 지도 500장을 제공할 것과, 전방의 전생상황을 통보"할 것을 희망했다. 이와 함께 "가능한 빨리 조선북한인민군 군복의 양품"을 보내줄 것을 요구했다. 김일성은 곧바로 소련대사에게 이 정황을 보고했다. 회담에서 김일성은 무거운 심정으로 미군의 참전, 특히 미국 공군의 습격 때문에 "조선북한의 수많은 도시와 공업기업이 파괴되었으며, 군대도 계속하여 폭격을 당하고 있으며, 인민군이 앞으로 나아가는 것에 어려움이 있음"을 이야기했다. 김일성은 또 "미국 등 나라가 이미 이승만 측에서 전쟁에 참가했다면, 민주국가인 체코슬로바키아, 중국 등도 그들의 군대로 자신들을 도울 수 있다"고 했다. 시트코프는 의도적으로 이 문제를 회피하면서, 당신들에게 지금 제일 중요한 문제는 내부의 모든 역량을 동원하여 군대를 강화하고 해방구를 공고히 하여 조선북한인민들 사이에서 자신들의 영향력을 확보하고 증강하는 것에 있다고 했다.[24]

7월 19일, 김일성은 또 베이징에 있는 그의 대표와 마오쩌둥의 회담 정황을 보고했다. 마오쩌둥은 미국의 참전은 장기적일 것이고 한반도에 더 많은 병력을 투입할 것이라 했다. 회담에서 마오쩌둥은 김일성에게 "적들에 대한 공격을 멈출 것을 부대에 명령하여 자신들의 주력을 보존할 것"을 건의했다. 또

"북한에 30,000정의 보총, 2,000정의 기관총, 200정의 중기관총, 300문의 81구경 박격포와 1,000필의 당나귀를 제공하며, 이 물자들은 7월 25일부터 수송될 것이다"고 했다. 김일성은 또 한국전쟁의 전쟁 상황을 알기 위하여, 마오쩌둥은 저우언라이를 북한에 파견하기로 했지만, 비행기 탑승이 어려워 김일성이 군사대표를 중국에 파견할 것을 요구했다고 통보했다. 이외에 마오쩌둥은 만약 북한이 원조가 필요하다면, 중국은 "자신들의 군대를 북한에 파견할 수 있다. 중국 측은 이미 4개 군, 총 32만 명이 준비되어 있다"고 말하면서, 김일성으로 하여금 8월 10일 이전, 자신의 의견을 통보하기를 희망한다고 했다. 김일성이 모스크바의 이 문제에 대한 의견을 묻자, 시트코프는 그에 대해 알지 못한다고 답했다. 김일성은 또 자신은 마오쩌둥이 스탈린과 이미 이 일에 대해 상의했을 것이라 예상했다고 했다. 이것이 마오쩌둥 혼자의 생각일 줄은 예상치 못했다고 했다. 시트코프는 재차 이에 대해 아무것도 알지 못한다고 했다. 마지막으로 소련대사는 전보에서 모스크바가 될수록 빨리 중국의 출병에 대한 입장을 보내와 자신이 김일성에 답할 수 있을 것을 요구했다.[25] 스탈린은 이에 대해 계속 답하지 않았다. 스탈린은 김일성, 시트코프에 비해 더 인내심이 있었다. 가장 위급한 상황이 아니면, 모스크바는 중국군대가 전쟁에 개입하는 것을 원하지 않았고, 여러 차례의 탐색이 있은 뒤, 김일성도 스탈린의 이러한 고려를 알게 되었다.

7월 18일 모스크바는 소련대사관의 한반도정세에 관련한 장편의 종합보고를 받았다. 그 중심 내용은 북한 영도자와 주민들이 초기의 두려운 정서에서 벗어나 승리의 믿음을 회복했다는 것이었다. 보고는 미국 공군의 습격을 받은 초기에 북한 사람들은 소련과 중국의 무장원조 없이 미국의 무장간섭을 이길 수 없다고 생각했다. 하지만 인민군의 계속 남하함에 따라, 특히 7월 5일과 11일 미국부대와의 교전, 그리고 그들에게 심한 타격을 가하고 많은 미국 병사들을 포로로 잡은 뒤, "인민의 전투정신은 또다시 고무되었다"고 말하고 있었다. 적극적으로 전선에 나아가겠다고 하는 인원 수가 급격히 증가했고, 며칠 사이에 74.5만 명의 지원병 부대를 조직했다. 여러 도시, 특히 한성서울은 매우 빨리 정상적인 생활을 회복했고, 인민정권기관이 수립 되었고 지역의 자원을 동원하여 전방을 도왔다. 인민군의 승리는 남측에서의 유격운동을 다시 활성화했다. 보고의 결론은 북한 사람들이 신속하게 최후의 승리를 이룰 수 있다는 신심을 회복했다는 것이었다.[26] 8월 북한주재 소련대사관은 모스크바에 또 한 차례 같은 결론의 보고를 제출했다. 다만 북한의 간부와 군중들이 소련이 제때에 공군을 파견하여 미국 비행기의 폭격을 저지 하지 않은 것에 불만 정서를 보이고 있음을 부언했다.[27] 전쟁상황에 대한 낙관적인 예측은 아마 스탈린이 북한에 직접적인 군사원조를 제공하지 않은 원인의 하나일 것이다. 다른 한편, 마오쩌둥은 한반도 출병에 대하여 급한 마음을 표출했고, 이것이 스탈린의 의심을 일으켰을 수 있다. 즉 중국 출병으로 자신들이 북한에서의 지위와 영향을 확대할 수 있었고, 이것은 장기적인 관점에서 볼 때, 소련에 불리한 것이었다.[28]

마오쩌둥은 실제로 출병문제를 심각하게 고려했다. 특히 소련이 공중원조를 승낙한 다음에는 더욱 그러했다. 7월 22일, 마오쩌둥은 7월 13일의 스탈린의 전보에 답하면서, "당신들이 우리군을 엄호할 제트기사단을 우리는 선양지역에 배치할 계획이다. 이 중 두 개 연대는 안산에, 한 개 연대는 랴오양遼陽에 배치하여, 우리의 안둥지역에 있는 혼성항공병 여단의 여러 전투기 연대와 함께 우리군의 선양, 안둥, 무순撫順공업지역에 대한 엄호의 임무를 수행할 수 있게 할 계획이다"고 했다. 동시에 마오쩌둥은 중국 비행사들을 훈련하는 문제도 이야기했다. 1951년 3~4월간 소련항공사단의 모든 무기를 인수하고 이에 대해 개조와 훈련을 완수하려고 계획하고 있다고 했다. 이에 대하여 소련은 동의를 표했다.[29] 실제로, 이 날 하루 앞선 7월 21일 소련 부장회의는 이미 관련된 결의를 내렸다. 이 결의에 따라 7월 22일 소련군사부장관 바실렙스키는 중국에 있는 군사총고문 클라소브스키와 바티츠키에게 상하이를 지키고 있는 바티츠키 비행단의 비행기를 전부 중국에 넘길 것을 지시했다. 8월 1일, 상하이에 있던 방공집단군 편제가 취소되었고, 전부의 장비를 상하이-쉬저우지역에 넘겨 중국 혼성항공여단이 훈련할 수 있도록 개조하기로 했다. 8월 10일, 소련 제151 전투기사단은 최종적으로 선양, 랴오양, 안산 등지에서의 집결 임무를 마쳤다.[30]

중국 출병의 건의가 계속하여 북한으로부터 답변을 받지 못하게 되자 마오쩌둥은 다른 통로를 통해 모스크바에게 이 구상을 제기하기로 결정했다. 8월 19일과 28일, 마오쩌둥은 두 차례 베이징에서 『마오쩌둥선집』의 편찬을 돕고 있던 소련 철학자 유딘원사에게 한반도 전쟁상황에 대해 이야기했다. 마오쩌둥은 이 일이 발전할 두 가지 가능성에 대해 이야기했다. 만약 미국이 한반도에서 지금의 병력만을 사용한다면, 그들은 얼마 지나지 않아 한반도에서 쫓겨나게 되고 다시는 되돌아오지 못할 것이다. 하지만, 만약 미국이 한반도에서 승리를 이루려고 결심하면, 그들은 30~40개 사단의 규모로 증병할 것이다. 이런 상황에서 북한사람들만으로 대처할 수 없고 그들은 중국의 직접적인 원조가 필요할 것이다. 이러한 원조를 통해 미국의 30~40개 사단을 소멸할 수 있다. 만약 이 방안이 실현될 수 있다면, 제3차 세계대전의 발발을 미룰 수 있게 되고, 이것은 소련과 중국 모두에게 유리한 것이다.[31] 마오쩌둥의 이 말은 당연히 모스크바에게 한 말이다.[32] 하지만 스탈린은 이에 움직이지 않았다. 비록 김일성으로부터 지속적으로 이 방면의 요청이 있었지만 말이다.

김일성은 국제적인 공군원조를 기대했다

8월 중순 이후, 인민군의 낙동강일선에 대한 공격이 저지당하게 되자, 김일성은 재차 조급하고 실망한 정서를 내비쳤다. 8월 19일, 김일성의 개인비서이자 소련국적을 갖고 있던 북한 사람 문일은 김일성의 부탁을 받고 시트코프를 만났다. 문일은 병상에 누워 있는 김일성이 지금 전방부대가 겪고 있는 어려움, 즉 미국 비행기의 끊이지 않는 집단 폭격으로 인하여 공격이 멈추게 된 것 때문에 "가슴이 타고" 정서가 매우 저조하다고 했다. "김일성은 국제공군을 파견하여 조선북한인민군부대에 엄호를 제공할 것을 요청한다. 그렇지 않으면 전투의 조건은 더욱 어렵게 될 것이다"고 말했다. 하지만 모스크바의 지시가 없었기에 시트코프는 회피의 태도를 취할 수밖에 없었고, 북한인민군으로 하여금 "신속하게 부대병력을 보충하고, 예비역 부대를 투입하여 계속 전진할 수 있도록 해야 한다"고 건의했다. 시트코프는 "근래 김일성의 정서가 매우 저조하고" 인민군이 "전방에서 버틸 수 있는지에 대해 조금 걱정하고 있다"[33]고 보고 했다. 북한 공군의 손실이 지대하여 적들과 작전할 수 없기에,[34] 김일성은 소련으로부터의 공군지원을 기대할 수밖에 없었다.

8월 26일, 김일성은 전화로 소련대사에게 그가 장악한 정보에 따르면, 미국 사람들이 인천이나 수원지구에서 상륙을 실시할 것이라고 통보했다. 북한은 필요한 조치를 취하여 상술한 지역에 대한 수비를 강화할 것이라 했다. 소련 사람들이 계속 회피하고 있는 문제를 직접 제기하는 것을 피하기 위하여, 그날 밤, 김일성은 또다시 문일의 입을 빌려 시트코프에게 말했다. "중국 동지들이 지원군을 조선북한에 파견하는 문제를 제기하고 싶다. 지금 인민군이 전방에서의 상황이 너무 어렵다." 김일성은 이에 대한 모스크바의 의견을 알고 싶어 하고, 몇 차례나 스탈린에게 편지를 쓰려고 싶어 했다. 김일성이 또 이 문제를 노동당 정치국에서 토론할 예정이라 했다. 시트코프가 이 화제에 대해 이야기하고 싶어 하지 않자 문일은 급히 화제를 돌려, 이상의 문제는 모두 그 자신이 주장한 것이고 김일성이 그에게 이 문제를 이야기하도록 부탁한 것은 아니라 했다. 시트코프는 최근에 김일성은 자신만의 실력으로 전쟁을 이기는 것에 점차 자신을 잃었다. 그리하여 여러 차례 소련대사관에 중국군대가 와서 북한을 돕도록 요청 하는 문제의 동의여부를 물었다. 하지만 이번 문일을 통해 입김을 탐지한 다음 김일성은 이 문제를 다시는 제기하지 않았다고 보고했다.[35] 여기서 김일성이 말한 미국이 인천에서 상륙한다는 정보는 명백히 중국이 제공한 것이었다. 10월 2일 마오쩌둥이 작성한 스탈린에게 보낸 전보 초안에 다음과 같이 적혀 있었다. "금년 4월, 김일성동지가 베이징에 왔을 때 우리는 그에게 외국 반동군대가 조선북한을 침략할 가능성을 엄중하게 주의할 것을 알려주었다. 7월 중순, 7월 하순과 9월 상순, 우리는 또 세 차례나 조선북한동지들에게 적들이 바다로부터 인천, 한성서울으로 진격하여 인민군의 후방을 절단하는 위험을 주의해야 한다고 했다. 이를 대비하여 인민군은 충분한 준비가 있어야 하며, 북으로 적당하게 철수하여 주력을 보존하고 장기전에서 승리를 쟁취해야 한다고 했다."[36] 마오쩌둥이 이렇게 한 것은 그의 경험으로 김일성에게 주의를 준 것이고, 승리를 위해서라면 이 시기 반드시 중국군대의 원조에 의거해야 됨을 알려준 것이었다. 김일성도 이를 이유로 모스크바에 중국이 출병하는 문제를 제기했다.

스탈린은 더는 모른 체할 수 없었다. 그는 김일성이 제기한 국제원조의 요구를 거부했다. 8월 28일 전보에서 스탈린은 김일성에게 "소련공산당 중앙은 외국 간섭자들이 아주 빨리 한반도에서 쫓겨날 것임을 조금도 의심치 않는다"고 먼저 말했다. 이어 스탈린은 김일성을 "국외 간섭자들과의 투쟁에서 계속적인 승리를 거두지 못한 것 때문에 불안해 하지 말며, 승리는 어떤 때에는 좌절, 심지어 국부적인 실패를 동반한 것이다. 이러한 전쟁에서 지속적인 승리는 없다"고 위안했다. "러시아 사람들도 1919년 영, 프, 미의 무장간섭 때문에 매우 어려운 입장에 놓이게 되었고, 지금의 조선북한동지들보다 더욱 곤란한 처지에 처하게 되었다"고 말했다. 마지막에 스탈린은 김일성에게 "만약 필요하다면 우리는 북한 공군에게 공격기와 전투기를 제공할 수 있다"[37]고 답했다. 스탈린의 의견을 직접 들은 뒤, 김일성은 "매우 기쁘게 생각하면서 여러 차례 감사를 표시"했다. 또 이 편지의 중요성을 매우 강조하면서 응당 정치국위원에게 전달해야 한다고 했다. 자신을 곤경에서 벗어나게 하기 위하여 김일성은 "일부 정치국 위원들의 정서가 좋지 않다. 이 편지의 내용을 아는 것이 그들에게 도움이 된다"[38]고 보충했다. 8월 31일, 김일성은 스탈린에게 한 통의 격정에 넘치는 편지를 보냈다. 편지에는 다음과 같이 적혀 있었다. "경애하는 지도자님, 우리는 당신의 가르침을 감사하게 생각합니다. 조선북한인민들이 투쟁의 관건적인 시각에 당신은 큰 지원을 얻었습니다."[39] 스탈린의 주장을 완전히 깨달은 다음 김일성은 중국에 원조를 요청하는 문제를 더 이상 고려하지 않았고, 모든 희망을 모스크바에 기탁했다.[40]

스탈린은 이때 더욱 조심스러워졌다. 그는 북한에 공군 원조를 제때에 제공하지 않았을 뿐 아니라 본래 중국군대에 제공하려던 엄호의 임무도 중지시켰다. 8월 28일, 바실렙스키는 8월 27일 미국 비행기가 중국 동북의 주민거점과 기차역에 공습과 사격을 실시한 것을 감안하여, 군사부는 이미 그곳에 집결한 제151 전투기 항공사단이 동북변방군제13병단을 공중에서 엄호하는 전투임무를 담당할 것을 요청했다고 보고해다. 보고는 사단장 벨로프에게 하달하는 명령의 초안을 비준할 것을 요구했다. 이 명령의 내용은 다음과 같았다. "첫째, 중국비행기 조종사들에게 재훈련 임무를 완수하는 동시에, 금년 9월 1일부터 제151전투기항공사단은 지상의 반공고사포부대의 배합 아래 통화通化, 테링鐵

嶺, 랴오양과 안둥 등지에 있는 인민군 제13병단에 공중 엄호를 제공한다. 둘째, 엄호 임무를 집행하는 과정에서, 제151전투기항공사단은 조선인민민주공화국북한국경선을 넘어서는 안 된다. 셋째, 제13병단 사령부안둥에 위치와 함께, 인민해방군 지상 반공고사포 부대와의 협동 작전 계획을 제정한다. 이 사단의 항공엄호계획은 반드시 (소련의) 선양 주재 총영사관을 통해 가장 빠른 외교우편으로 소련군 총참모부에 보고되어야(검토받아야) 한다. 넷째, 공중전에 관련된 보고는 반드시 매일 20시 이전 즉시 핫라인을 통해 비밀암호로 형식으로 소련군 총참모장에 보고되어야 한다." 그 다음 날, 부장회의 부주석 볼가닌은 이 문건에 다음과 같이 적었다. "바실렙스키에게 돌려 보낸다." 그 뒤 이에 대하여 아무런 후속 조치가 없었다.[41] 8월 31일, 바실렙스키는 또다시 보고를 올려, "제151 전투기항공사단이 중국비행사들을 훈련시키는 동시에 해당 지역의 인민해방군에게 공중 엄호를 제공할 것을 명령할 필요가 있는지"를 물어보면서 이 임무는 (소련)정부가 결정에 근거한 것이라고 설명했다. 이번에 볼가닌은 아예 보고에서 질문에 관련된 부분을 그어버렸다.[42] 볼가닌이 이렇게 한 것은 당연히 스탈린이 허락한 것이고 심지어 스탈린이 그렇게 하도록 한 것이다.

이뿐만 아니라, 스탈린은 선양 지역에 배치한 공군의 병력을 빼내서 뤼순해군기지를 강화하는 배치를 결정했다. 9월 13일 소공중앙정치국의 결의에 따라 군사부는 제151 전투기항공사단이 1951년 2월 1일 선양 지역에서 중국비행기 조종사들에 대한 재훈련임무를 끝낸 다음, 두 개 연대와 지휘기관을 뤼순기지로 옮겨 10월 6일 블라디보스토크에서 옮겨 온 제303항공사단 제117연대와 한 개의 항공기계대대와 함께 새로운 미그 15전투기 항공사단을 조직할 것을 명령했다.[43] 중국에 있는 소련항공군에 대한 이번 배치는 9월 4일 미국 비행기가 뤼순기지에서 훈련하는 도중에 있는 폭격기에 대한 공격하고 격침한 사건과 관계된다.[44] 이것은 스탈린이 뤼순항에 대한 중시를 충분히 말해주는 것이고,[45] 곧 출병하여 작전하는 중국부대에 대한 엄호가 이 시기 이미 소련공군의 임무 일정에 들어 있지 않았음을 말해주는 것이다. 하지만 급격히 변화하는 한국전쟁 상황은 스탈린의 이러한 배치를 흐트러지게 했다.

마오쩌둥은 급히 한반도에 출병하여 원조하려 했다

9월 14일부터 18일까지 스탈린은 연이어 전쟁상황을 보고 받았다. 미국군대가 인천에서 상륙했고, 한반도 정세에 중대한 변화가 발생했다. 소련 총참모부의 보고에 따르면, 9월 13일 미군은 인천지역에서 소규모 정찰성격의 상륙작전을 실시했고, 전방의 상황에도 아직은 중대한 변화가 없었다. 9월 15일, 미군은 약 150척에 달하는 함정을 집결하여, 함정의 화포와 비행기의 엄호하에 인천지역에서 상륙을 실시했다. 주력은 미10군이었다. 인민군은 한 개의 해병대 연대와 두 개의 변방 대대가 지키고 있었다. 도로와 통신이 중단되었기에 분산적으로 인천과 한성서울지역으로 이동한 부대의 상황은 명확하지 않다. 미국은 상륙이 성공한 다음, 한성서울로 진격했고, 인민군의 방어선은 돌파되었다. 이와 동시에 남부전선의 미국과 한국 연합군은 맹렬한 반격을 개시하였고 성공을 거두었다. 9월 17일, 미국 상륙부대는 이미 한강을 넘었고, 한성서울교외에서 치열한 전투를 벌이고 있다. 미국 공군의 맹렬한 폭격으로, 중국변경에서 전방에 이르는 모든 철로와 교량이 공격을 받았고, 교통도 마비되었다.[46]

한반도 정세의 변화에 대해 중국영도자들은 즉시 반응을 내놓았다. 9월 18일, 저우언라이는 로신과 군사고문 코토프, 콘노프Коннов를 접견했다. 저우언라이는 북한이 군사 문제에서 중국에 정보를 아주 적게 제공하는 것을 불만

했다. 또 중국이 일부 군사기술 간부를 조선북한에 파견하여 전쟁의 상황을 관찰하려 했지만, 지금까지 평양의 아무런 답변이 없다고 했다. 중국 사람들은 북한인민군의 작전계획을 전혀 모르고, 전쟁의 실제 상황에 대해 모른다고 했다. 정식으로 공표된 소식에 따르면, 저우언라이는 만약 조선북한이 충분한 예비부대10만 인가 부족하다면, 즉시 주력을 북으로 철수시켜 돌격집단을 구성하여 결전 시 사용할 것을 건의했다. 저우언라이는 또 마오쩌둥의 명의로 소련정부가 더욱 정확한 정보를 제공할 것을 요청했다. 마지막으로 저우언라이는 오랜 시간 동안의 대규모 전쟁 준비를 하지 않았기에, 지금 서방국가들은 소련과 중국이 한반도에서의 군사충돌에 참여하는 것을 매우 걱정하고 있음을 의도적으로 지적했다. "응당 이러한 두려운 심리를 이용하여, 우리의 계획과 방향을 증명하는 행동을 취해야 한다. 이 측면에서 볼 때, 중국군대를 남방에서 동북지역으로 옮긴 것이 영국과 미국 정부를 두렵게 하기에는 족하다." 저우언라이는 이러한 의견이 빠른 시간 안에 소련정부에 전달되고 답변을 받기를 바란다 했다.[47] 20일 모스크바는 답을 보내, 북한이 제때에 군사정보를 제공하지 않은 것을 옳지 않다고 했다. 하지만 이것은 그들이 어리고, 경험이 없기 때문이라 했다. 중국이 북한의 작전상황에 대한 건의, 즉 인민군의 주력을 북으로 철수하여 한성서울방어선을 세우는 것에 대해 소련도 동의한다고 했다. 하지만 저우언라이가 제기한 중국의 출병문제에 대해 스탈린은 아무런 대답을 하지 않았다.[48] 9월 21일, 류사오치는 재차 로신에게 중국영도자들은 "중국혁명이 아직 끝나지 않았다"고 생각하지만 만약 미국이 북한에서 우세를 점한다면, "중국은 조선북한동지를 도와줄 의무가 있음"[49]을 표시했다.

모스크바에 북한을 원조하는 문제를 제기하는 동시에 저우언라이는 북한의 의견도 물었다. 9월 19일, 저우언라이는 중국에 있는 북한대사 이주원을 접견하여 그에게 하루 전 로신과의 회담내용과 같은 내용을 이야기했다. 그리고 미국이 인천에 상륙한 상황에서 "조선북한정부는 지금 중국정부에 어떠한 요구가 있는가"를 물었다. 이주원은 그날 바로 김일성의 "조선인민은 장기적인 전투를 준비한다"는 말을 전해왔다. 이 밖에 북한으로부터의 아무런 소식이 없었다.[50] 20일 김일성은 소련대사에게 저우언라이와의 담화 내용을 보고하고 중국과 조선북한 사이에 하나의 약속이 있다고 했다. 즉 만약 적들이 후방에서 상륙하게 되면, 중국 사람들은 그들의 군대로 조선북한을 도울 것이라 했다. 이어 김일성은 시트코프에게 중국 사람들에게 어떻게 답하면 좋을지를 물었다. 소련대사의 "아무 것도 말해 줄 것이 없다"는 외교적 답변을 들은 뒤, 김일성은 즉각 중국군대는 매우 우수하고, 작전경험이 많지만, 미국 비행기가 끊임없이 폭격을 가하는 환경에서 그들이 어떤 모습을 보일지는 알 수 없다고 말했다. 함께 자리에 있던 북한사람들 모두가 이 말을 거들면서 "만약 중국군대가 한반도에서 참전하나 공군이 그들을 엄호하지 않는다면 그 상황에서 전투는 여전히 매우 어려울 것"이라 말했다. 외무상 박헌영은 "중국이 한국전쟁에 참전하기를 희망한다"고 명확하게 말했다. 모스크바의 지시가 없었기에 시트코프는 "이 문제의 답을 피했다".[51]

9월 21일, 북한노동당정치국은 회의를 열고, 저우언라이의 제의를 어떻게 답할지를 토론했다. 박헌영, 김두봉최고인민회의의장과 박일우내무상는 모두 북한은 자신의 힘으로 미국을 이길 수 없기에 중국정부에 군대를 한반도에 진주할 것을 요청해야 한다고 했다. 하지만 김일성은 "우리는 사람이 많기에 온전히 자신의 힘으로 모든 일을 잘 할 수 있다고 예상한다고 했다. 우리가 요구한 무기를 소련은 우리에게 주었다. 우리는 무엇으로 중국 사람들에게 도움을 청할 수 있을까?"라고 물었다. 그는 또 "소련과 중국은 미국 사람들이 조선북한을 완전히 점령하지 않도록 할 것"임을 믿는다고 했다. 마지막으로 김일성은 "잠시 중국정부에 원조를 요청하는 결의를 통과하지 말고, 스탈린 동지에게 편제를 써 중국군대의 원조 문제에 대해 그의 의견을 물을 것"을 건의했다. 김일성은 "만약 소련에 물어보지 않고 자의적으로 중국군대의 도움을 청하면, 소련은 자신들이 고문과 무기로 북한을 도운 것이 부족한지를 원망하면서 물을 것"임을 강조했다. 그리고 만약 조선북한이 새로운 부대의 조직을 가속화하면, 중국에 도움을 요청할 필요가 없다고 했다. 토론한 결과, 회의는 아무런 결의안도 통과하지 못했다.[52] 이제 김일성은 완전히 스탈린의 안색을 보고 행동했다. 하지만 스탈린은 이 시기 이미 중국의 출병문제를 고려하기 시작했다.[53] 다만 최후의 관건적인 시점, 즉 적군이 38선을 돌파하기 전까지 스탈린은 중국의 참전을 피하고 싶어했다. 9월 26일 스탈린이 북한에 파견한 군사대표는 북한에 수송된 3,400대의 차량은 그에 맞는 운전기사 없다고 했다. 이 문제를 해결하기 위해 "김일성으로 하여금 중국 친구들이 조선북한에 1,500명 이상의 운전기사를 파견하도록 건의"할 것에 관한 지시를 요구했다. 4일 뒤에야 스탈린은 다음과 같이 답했다. "당신은 이렇게 김일성에게 건의할 수 있다. 다만 이것을 모스크바의 의견이라고는 하지 말라."[54] 상황은 정말로 가장 위급한 시점에 이르렀다.

인천 상륙 이후 얼마 뒤, 스탈린이 소련공군을 출동하여 평양을 보호하려는 생각을 하였다. 스탈린의 지시에 따라 9월 21일 보고에서, 바실렙스키는 147항공사단의 제84연대의 40대의 야크9형 비행기가 평양을 보호할 수 있고, 항공연대는 이틀이면 도착할 수 있다고 했다. 하지만 전면적인 전투준비를 마치려면 8~10일이 수요된다고 했다.[55] 이틀 뒤, 바실렙스키는 제32 전투기항공사단의 제304 연대를 파견하기로 바꾸었고, "10월 3일 이 연대는 평양을 보위하는 전투임무를 수행할 수 있다"고 보고했다. 하지만 바실렙스키는 마지막에 "첫 공중전이 있은 뒤, 우리나라 조종사들이 평양을 보위하는 전투는 미국인들이 알게 될 것이다. 공중에서의 모든 지휘는 러시아어 무선으로 진행되기 때문이다"[56]고 보고했다. 군사부장의 이 말이 스탈린을 환기시켰거나 아니면, 한국전쟁의 정세의 급격한 변화가 스탈린으로 하여금 다시금 대책을 고려하게 만들었다. 결론적으로, 가장 중요한 위기의 대목에서 소련전투기는 평양의 상공에 나타나지 않았다.

9월 30일 모스크바는 시트코프의 보고를 받았다. 서울한성이 아마 이미 함락되었고, 인민군 주력부대가 북으로 철수하는 길도 이미 끊어져 연락이 되지 않는다고 했다. 김일성은 적군이 38선을 넘는 것을 걱정하고 있지만 조선북한은 이미 새로운 부대를 조직하여 유효한 저항을 할 수 있는 상황이 아니다고 했다. 정치국은 스탈린에게 보내는 편지를 토론하고 통과했다. 그 내용은, 소련에 공군지원을 요구하는 것이다. 동시에 마오쩌둥에 보내는 편지의 초안도 포함되었다. 여기에는 구원을 암시하는 내용이 있다. 그들은 지금 불안해 하며 신심이 부족하며, 어찌할 바를 모르고 있다고 했다.[57] 그날 밤 김일성의 구원편지가 도착했다. 편지는 스탈린의 "직접적인 군사원조"를 간절히 요청했다. 만약 불가하다면, "우리를 도와 중국과 기타 인민민주국가들이 국제지원부대를 조직할 수 있도록 할 것을 요청했다".[58] 이러한 긴급한 정황에서 모스크바는 끝내 중국군대에 파란 불을 켜주었다. 10월 1일 스탈린은 마오쩌둥에게 전보를 보냈다. "나는 지금 모스크바에서 멀리 떨어진 곳에서 휴양하고 있어, 한반도정세에 대해 잘 알지 못한다. 하지만 오늘 모스크바가 나에게 한 보고에서, 나는 조선북한동지들이 어려움에 빠졌다는 것을 알게 되었다." 북한의 위험한 상황, 즉 북한에 이미 저항할 수 있는 부대가 없고, 38선으로 향하는 도로에 아무런 방어시설도 없음을 통보한 다음, 스탈린은 중국군대가 지원군의 방식으로 한반도 전쟁에 참가하여 38선 이북 지역에서 방어를 조직할 것을 요구했다. 모스크바의 이전 중국출병문제에 대한 이전의 여러 반응을 고려해서 스탈린은 마지막으로 가까운 척하면서 말했다. "나는 조선북한동지들에게 이 일을 이야기하지 않았고 이야기할 생각도 없다. 하지만 나는 그들이 이 일을 알게 된 이후 매우 기쁘게 생각할 것임을 의심치 않는다."[59]

마오쩌둥은 전보를 받은 뒤, 한시도 지체 없이 그 다음 날 출병에 동의하는 답전의 초안을 작성했다. 하지만 이 주장은 중공영도자들의 회의에서 질의를 받게 되었고, 마오쩌둥은 부득이하게 모스크바에 중국은 잠시 출병하지 않고 관련된 문제는 다시 토론할 것이라고 답했다. 마오쩌둥과 펑더화이의 적극적인 주장 아래 10월 5일 오후, 중공중앙정치국확대회의는 파병하여 한반도에서 작전하는 결의를 내렸다. 그 다음, 중국인민지원군이 정식으로 만들어졌고 부대는 전쟁 준비의 마지막 단계에 돌입했다.[60] 출병하는 결정은 이미 내렸지만, 중국영도자들의 망설임과 걱정도 이해할 수 있는 것이었다. 출병 시기와 관해서, 인천상륙 이전 중국군대는 후방에서 방어를 도와 인민군주력부대가 전방에서 승리를 취득하는 것을 보장할 수 있었다. 인천상륙 이후 중국군대가 38선에 방어선을 쳐 적군이 계속하여 북진하는 것을 저지할 수 있었다. 하지만 10월 초 인민군은 주력을 모두 잃었고 38선도 이미 돌파된 상황에서, 중국군대가 한반도에 들어가 작전하는 유리한 기회는 더 이상 없었다. 이러했기에 맥아더는 웨이크 아이랜드에서 자신 있게 트루먼에게 지금 중국은 절대로 한반도에 출병하지 못할 것이라 했다. 출병한다면 "그들에게 이것은 한 차례 대학살과 같은 것이다"고 했다. 하지만 맥아더는 또 다른 한 가지 가능성을 지적했다. 즉 중국이 지상부대를 투입하고 소련이 공군을 출동하여 "연합작전"을 하는 점을 지적했다.[61] 이것이 바로 마오쩌둥과 중국 영도자들이 기대했던 것이었다.

작전의 관점에서, 미군에 비교해서 중국군대의 최대 약점은 무기장비가 낙후하고 공군지원이 없는 것이었다. 마오쩌둥은 처음부터 이 점에 주의했고 스탈린에게 알렸다. 10월 2일 작성한 전보 초안에서 마오쩌둥은 탱크, 중화기와 몇 천대의 차량을 포함한 대량의 무기장비 목록을 나열했을 뿐 아니라, "적들에게는 제공권이 있고, 우리의 지금 훈련 받고 있는 공군은 1951년 2월에 이르러야 300 대의 비행기가 작전에 투입할 수 있기에" 중국군대가 출동 시 소련이 공군지원을 할 것을 요구했다.[62] 만약 이 전보가 스탈린에게 발송되지 못하여 스탈린이 그 내용을 알 수 없었다면, 다른 측면에서 내비친 신호는 매우 명확한 것이었다. 10월 7일, 북한에 파견한 스탈린의 개인비서 마트베에프는 박일우가 10월 5일 이미 베이징에서 귀국했고, 그는 베이징에서 마오쩌둥과 중공영도자들의 두 차례 접견을 받았으며 10시간 동안이나 이야기했음을 보고했다. 마오쩌둥은 우리는 힘이 닫는 대로 조선북한을 도울 것이지만 군대를 파견할 수 없다 하면서, 그 원인은 첫째, 중국이 출병하는 것은 소련을 전쟁에 끌어들이게 되는 것이고 이것은 제3차 세계대전을 초래할 것이라 했다. 둘째, 중국군대는 비록 인원이 매우 많지만, 현대화된 무기장비, 공군과 해군이 없기 때문이라 했다.[63] 마오쩌둥과 소련사람들의 대화는 더욱 직접적이었다. 10월 6일 마오쩌둥은 로신과의 대화에서 그는 스탈린이 제기한 중국과 소련 양국이 함께 미국과 싸우자는 말에 매우 기쁘고 위안이 된다고 했다. 동시에 싸우려면, 즉시 행동을 취해야 함을 강조했고, 그는 금방 끝낸 정치국회의에서도 이렇게 말했다고 했다. 중국이 출병하는 문제에 있어 마오쩌둥은 중국군대의 기술장비가 매우 낙후하여 "완전히 소련의 원조를 기대함"을 강조했다. 담화에서 마오쩌둥이 "특히 주목했던 것은 공군문제였다". 그는 중국이 출병하려면 "반드시 공군부대가 있어야 하고" 그 임무는 한반도에 파견한 중국지상부대에 대한 엄호, 전방에서의 작전활동 참여, 중국의 중요한 공업중심, 상하이, 텐진, 베이징, 선양안산과 무순에 대한 엄호에 있다고 했다. 마오쩌둥은 마지막으로 중국의 이러한 상황과 전부의 생각을 회보하기 위하여 즉시 저우언라이와 린뱌오를 소련에 파견할 것이라 말했다.[64] 이로부터 알 수 있는 점은 저우언라이가 소련에 협상을 떠나기 전 스탈린은 그의 목적과 요구에 대해 명확하게 알고 있었다는 점이다.

10월 8일, 마오쩌둥은 김일성과 스탈린에게 각각 정식으로, 중국은 이미 지원군을 조직하여 조선북한을 원조하기로 결정했고, 부대는 대략 10월 15일부터 조선북한에 들어갈 것이라 했다. 그 뒤, 모스크바와 평양 사이에도 서로 소식을 주고받았다. 중국이 끝내 출병을 결심한 것은 모두를 안도하게 하였고 김일성은 너무 흥분한 나머지 중국군대가 북한에서의 집결시간, 지점과 방식까지 모두 안배 했다.[65] 하지만 이 모든 것은 이미 늦은 감이 없지 않았고, 이 시기 스탈린은 일종의 불길한 예감이 있었다. 그는 이미 소련경내에 진입한 저우언라이와 린뱌오를 그는 불안한 마음으로 기다리고 있었다.

스탈린이 지원군에게 공중엄호를 제공하는 것을 거절하다

10월 11일, 저우언라이 등은 모스크바를 거쳐 코카서스지역의 흑해변에 있는 스탈린의 휴양지에 도착했고, 그날 오후 소련영도자와 협상을 가졌다. 이번 회담과 관련된 기록이 아직 공개되지 않았기에 지금 우리가 볼 수 있는 것은 일부 당사자들의 회고록과 인터뷰만이다. 다행히도 얼마 전 러시아가 회담결과인 스탈린과 저우언라이가 마오쩌둥에게 보낸 전보를 공표했고 회담 이후 중국, 소련, 북한 사이의 여러 건의 전보를 더하면 지금 흑해 회담의 상황을 대체적으로 명확하게 알 수 있다. 저우언라이는 중공중앙정치국회의에서 토론한 북한 정세와 출병하여 북한을 원조하는 문제를 소개했다. 중국이 출병에 있어서의 매우 크고 실제적인 어려움을 설명하면서, 소련의 무기장비 원조와 공군지원이 필요함을 강조했다. 스탈린은 중국이 항미원조에서 수요되는 비행기,

탱크와 대포 등 모든 군사장비를 만족할 수 있지만, 소련공군은 아직 준비가 되지 못했기에 2개월 혹은 2개월 반 뒤에야 출동할 수 있다고 했다. 반복적인 토론이 있은 뒤, 쌍방은 지금 모두가 준비가 되지 않은 상황이므로 북한을 포기하고 하루빨리 김일성에 퇴각을 안배할 것을 통지하기로 했다. 회의 후 스탈린, 저우언라이는 연명으로 마오쩌둥에게 전보를 보냈다. 만약 1개월 내에 상당한 수량과 훌륭한 장비로 구성된 부대로 북한을 직접 원조하지 않는다면 38선 이북의 북한 군대는 버틸 힘이 없고 북한은 미국에 의해 점령되게 된다. 하지만 엄호 임무를 맡을 공군이 적어도 2개월 뒤에야 준비를 마칠 수 있고, 중국 부대를 무장하고 훈련하는 것에 적어도 6개월이 수요된다. 그 때 조선북한을 원조하는 것은 이미 의미가 없게 됨으로 중국이 출병하지 않기로 결정했다. 전보는 마지막에 마오쩌둥의 결정을 기다린다고 적혀 있었다.[66]

저우언라이가 중국이 출병하지 않는 의견을 받아들인 것은 소련이 중국의 출병하는 조건을 완전히 만족하지 않았기 때문이며, 이것은 마오쩌둥이 사전에 펑더화이에게 보증한 것이고 저우언라이와도 상의한 것이었다. 펑더화이는 10월 9일 선양에서 지원군 군단이상의 간부회의를 소집하고 당시 상황과 중앙의 의도에 대해 설명했다. 비록 "여러 가지 준비가 충분치 않지만, 시간을 쟁취하기 위하여" 먼저 두 개 군을 10월 15부터 출동하여 희천, 덕천 일선에 집결하기로 결정했다고 했다. 하지만 토론 과정에 여러 문제가 제기되었고, 특히 공군문제가 논의되었다. 회의가 아직 끝나지 않은 상황에서, 펑더화이와 가오강은 마오쩌둥에게 긴급전보로 "우리 군이 출전할 때, 군위는 얼마나 되는 전투기와 폭격기를 파견하여 엄호할 것인지? 언제 출동하고 누가 책임질 것인지?" 등을 물었다. 회의 뒤 또 "육지와 하늘 사이 연락에 대한 규정이 없고, 군사위원회의 규정에 따라야 한다고 하니, 신속하게 처리해주기 바란다. 그렇지 않으면 실수로 인한 손해가 발생할 수 있다" 는 전보를 보냈다. 지원군본부의 여러 영도자들도 공군의 배합이 없는 상황에서 출병하는 것은 얻는 것보다 잃는 것이 많다고 생각했다. 그리하여 "3개월 내에 새로운 장비가 확보되어야만(더욱이 소련공군이 출동해야만) 원래의 계획대로 진행할 수 있다. 그렇지 않으면 출동의 시간을 미뤄야 한다는 의견도 고려하여야 한다"[67]고 건의 했다. 이것은 중국군대가 출동하기 전, 공군의 엄호에 대한 보증이 있었지만, 구체적인 방식과 시간은 알지 못했음을 말해주고 있다. 그러나 지금 저우언라이는 스탈린으로부터 아무런 확정된 보증도 얻지 못했으니 자연스럽게 북한을 포기하는 것에 동의했다. 이 시점에 스탈린이 공군 출동을 지연시킨 것은 매우 면밀한 사고가 있었다.

스탈린의 소련공군이 충분한 준비가 되지 않았다는 것은 그저 핑계였다. 앞서 서술한 것처럼 선양 지역에 집결한 벨로프 항공사단은 이미 모든 준비를 마쳤고, 10여일 전 바실렙스키는 스탈린에게 연해주변강지역에서 평양으로 제32 전투기 항공사단의 제304연대와 두 개의 고사포 대대 및 그 보조부대를 이동하는 것에 5~6일이면 가능하다고 보고했다. 또 10월 3일이면 "평양을 보위하는 전투임무를 집행할 수 있다고 했다".[68] 스탈린이 10월 11일 소련공군이 중국 육군과 동시에 출동할 수 없다고 한 진정한 원인을 분석하면 대략 세 가지가 있다.

첫째, 스탈린은 비록 후방에서 공중지원은 할 수 있지만 소련공군이 전방에서 미군과 직접충돌 하는 것을 계속하여 엄격히 금지했다. 10월 2일 새벽 스탈린이 받은 보고에 따르면, 남한 선두부대는 이미 38선을 넘어섰다.[69] 이것은 한반도 북부가 전쟁구역이 되었다는 말이었다. 스탈린은 이로 인해 더욱 조심스러워 졌고, 그는 소련이 미국과 직접적이고 공개적으로 대항하는 흔적을 나타내고 싶어하지 않았다. 미국 비행기가 소련변경의 비행장에 대한 공습에 보여준 모스크바의 반응이 충분히 이 점을 말해주고 있다. 10월 8일 두 대의 미국 전투기는 소련의 연해주 지역에 침입해 저공비행 하면서 변경으로부터 100킬로나 되는 한 군용비행장에 기관총 사격을 가하여 7대의 비행기를 파손했다. 이에 대해 소련은 아무런 군사측면의 반응이 없었고, 심지어 외교적인 항의가 퇴짜를 맞은 상황에서도 침묵하고 별다른 행동을 취하지 않았다.[70] 이로부터, 북한이 점차 전쟁의 최전선이 되는 관건적인 시점에 저우언라이가 소련에 와 소련공군이 한반도 출동에 대한 명확한 태도를 표시할 것을 요구하자, 스탈린은 자연스럽게 미루는 태도를 보였음을 예상할 수 있다.

둘째, 스탈린은 중국의 출병에 대한 결심과 앞으로 승리를 이룩할 수 있는 점에 대해 회의적이었다. 미국군대가 38선을 넘지 않은 상황에서, 스탈린은 적극적으로 중국군대의 출병을 부추겼고 공군을 출동하여 협조할 뜻이 있음을 표시하면서 한국전쟁의 상황을 안정화 시키려 했다. 하지만 미군이 이미 38선을 넘어 북으로 향하고 있고 중국이 출병하는 문제에 있어 우유부단하자 스탈린은 점차 신심을 잃었다. 마오쩌둥이 훗날 말한 것처럼, "그 시기, 중국이 동요했기에 스탈린 역시 힘이 빠지게 되었다!"[71]고 말했다. 스탈린이 소련공군이 2개월 늦게 출동한 것임을 표시한 것은 중국군대가 한반도에서 자리를 잡을 수 있는 지를 보기 위해서였다. 그리하여 시간과 공간적으로 모스크바에게 일정한 여지를 남기려 했다.

셋째, 스탈린은 비밀외교통로를 통하여 평화적으로 문제를 해결 하기를 희망했다. 38선이 돌파되는 긴급한 상황인 9월 27일, 뉴욕에 있던 소련 외교부장관 비신스키는 전보로, 소련에 가까운 미국 기업가인 랭커스터Lancaster가 유엔주재 소련대표에게 자신과 미국국무장관 보좌관 혹은 유엔주재 미국대사와의 회동을 마련하여 평화적인 방식으로 한국 문제를 해결하는 것을 논의할 수 있게 할 수 있도록 했다고 보고했다. 소공중앙정치국은 그날 회의를 소집하여 미국과의 접촉에 동의하고 그들의 의견을 들어볼 것에 관련한 결의를 내렸다.[72] 상황이 진일보 악화되자 소련은 또 새로운 행동을 취했다. 10월 4일, 유엔 사무처에 있던 소련 기관원 코사레프는 유엔주재 스웨덴 대표 한스·오이겐을 초대하여 오찬을 하면서, 그가 중재자로서 미국정부에 말을 전하길 바랬다. 만약 맥아더가 38선에서 양보를 한다면, 소련은 북한에 권고하여 무기를 버리고 유엔위원회가 북한에 들어가 선거를 치르게 할 수 있게 하도록 하겠다고 했다.[73] 만약 이러한 비밀외교가 성과를 거두었다면 중국의 출병이 불리한 상황을 맞이하거나 혹은 출병하지 않더라도 위기는 지나갈 것이고, 소련은 미국과 개전하는 모험을 할 필요가 없는 것이었다.

흑해로부터의 전보를 받은 뒤 마오쩌둥은 깊은 고민에 빠졌다. 10월 12일 오후 3세 30분, 스탈린과 저우언라이의 전보를 본 뒤 마오쩌둥의 처음 반응은 "그들의 결정에 동의한다"는 것이었다. 저녁 10시 22분 마오쩌둥은 전보를 통해 중국군대는 아직 출발하지 않았고, "한반도에 진입하는 계획의 집행을 정지"한다는 명령을 내렸음을 알렸다. 스탈린은 평양에 전보를 보내, 흑해 협상의 결과를 김일성에게 통지하고 그로 하여금 즉시 철수를 조직하라고 했다.[74] 마오쩌둥의 태도는 그가 전보에서 말한 것처럼 단호하지 않았다. 그가 펑더화이 등에게 보낸 지시는 실제로 "10월 9일의 명령을 잠시 집행하지 않고" 부대는 "잠시 출동하지 않는다"는 것이었고, 논의를 위해 펑더화이와 가오강 두 사람을 베이징으로 불렀다.[75] 마오쩌둥이 자신의 전부 생각을 스탈린에게 알리지 않은 것은 이러한 조건 아래에서 계속하여 출병하는 것이 또다시 중국영도자들에게 받아들일 수 있는지가 확실치 않았기 때문이다. 하지만 13일의 정치국 확대회의의 토론을 거친 다음 마오쩌둥은 스탈린에게 중국의 결심을 표시했다.

회의가 끝난 이후인, 10월 13일 21시 마오쩌둥은 즉시 로신을 불러 중공중앙은 재차 토의를 한 뒤, "우리는 응당 조선북한사람들을 도와야 한다"[76]고 결정했음을 선포했다. 이 시점에 김일성은 이미 스탈린의 철수에 관한 통지를 받았다. 비록 의외였지만 그대로 집행할 것을 표시할 수밖에 없었다.[77] 모스크바가 받은 보고에 따르면 평양의 정부기관, 외교사단은 8일부터 이미 철수를 시작했지만 질서가 혼란스럽고 정서가 매우 저조하였으며 소련이 제때에 방조를 하지 않은 것에 대해 원망이 있다고 했다.[78] 그러자 스탈린은 긴급하게 김일성에게 전보를 보내, "중국 동지들이 새로운 결정을 한 것에 감안하여 어제 당신에게 보낸 전보에서 제기한 북조선북한에 대해 소개를 진행하고 조선북한군대가 북으로 철수하는 것의 시간을 조금 뒤로 미루기를 바란다"[79]고 알렸다. 14일 새벽 로신으로부터 중국의 출병에 관한 보충보고를 받은 뒤 스탈린은 재차 김일성에게 "앞서 당신에게 통지한 중국과 소련 영도자 회담에서 제기한 응당 철수해야 한다는 건의를 철회"[80]한다고 알렸다. 하지만 로신은 보충보고에서 공군문제를 특별히 지적했다. 마오쩌둥은 "우리 동지들이 이전에 결정을 내리지 못했던 것은 그들이 국제 상황에 관하여, 소련공군의 지원에 관하여, 공중에서의 엄호 문제에 관하여 잘 알지 못했기 때문이다. 지금 이와 관련한 모든 문제가 명확해졌다". "주요 문제는 우리는 우리를 엄호할 수 있는 우리의 공군이 필요하다는 것이다. 우리는 공군이 빨리 도착하기를 바란다. 아무리 늦어도 2달 이내여야 한다"고 했다. 마오쩌둥은 또 차관의 형식으로 소련의 원조와 무기장비를 얻기를 바란다고 했다. 저우언라이는 반드시 스탈린과 이런 문제를 다시 논의해야만 했다[81]고 했다.

마오쩌둥은 13일 22시 저우언라이에게 보낸 전보에서 중국이 재차 출병하게 된 안배와 요구를 매우 상세하게 이야기했다. 그 내용은 다음과 같다. 첫째, 중국군대가 한반도에 들어간 뒤 "괴뢰군과만 싸우고" 근거지를 건설하면서 사기를 진작시키고, 소련지원공군과 무기장비가 도착한 다음 미군과 싸운다. 둘째, 조차의 방법으로 소련의 무기장비 제공을 쟁취한다. 셋째, 반드시 소련이 2개월 또는 2개월 반 안에 지원공군을 출동하여 우리의 한반도에서의 작전을 협조하며, 베이징, 텐진, 선양, 상하이, 닝싸寧夏, 칭하이青海 등 지역을 엄호한다.[82] 14일 3시, 마오쩌둥은 전보를 보내와 저우언라이에게 재차 당부했다. 주요문제는 2개월 내에 소련이 전방에 지원공군을 보내는 것과 후방의 여러 대도시에 대한 엄호를 할 수 있는지 문제와 무기장비를 조차의 방법으로 해결하는 것[83]이라고 했다. 14일 21시, 마오쩌둥은 전보로 저우언라이에게 이미 10월 19일 12개 보병사단, 3개의 포병사단 총 26만 명을 한반도에 파견하기로 결정했고, 이것을 즉시 스탈린에게 통지할 것을 요구했다.[84] 평양이 위급한 상황을 감안하여 10월 15일 새벽 마오쩌둥은 또 지원군을 앞당겨 출동할 것을 결정했다. 즉 17일과 18일 각각 한 개의 군을 출동하여 10일 이내에 전군의 도강을 완수하는 것이다.[85] 마오쩌둥은 최후의 결정을 내렸고, 반복적으로 문제의 핵심은 소련공군의 출동임을 지적했다. 중국 사람들의 입장과 요구는 스탈린으로 하여금 태도를 표명치 않으면 안 되게 하였다.

이 시각 저우언라이는 이미 모스크바에 도착했고 소련측에 마오쩌둥의 요구를 전달했다. 몰로토프는 스탈린의 실제 의도를 알지 못한 채로 매우 두루뭉실하게 소련은 먼저 16개 연대의 전투기를 출동하여 중국군대를 엄호할 수 있다고 답했다. 저우언라이가 진일보로 "폭격기를 출동하여 한반도에서 중국군대의 작전과 배합할 수 있는지"와 한반도 이외에 "공군을 더 파견하여 중국의 여러 해안의 대도시에 주차할 수 있는지", 그리고 소련공군과 중국지원군의 "지휘관계는 어떻게 해결"하는 등 문제를 묻자 스탈린은 명확하게 소련공군은 출동한다고 해도 압록강까지만 가고, 지원군의 한반도 출병에 배합하여 작전할 수 없다고 답했다.[86] 이것은 중국영도자들 머리에 찬물을 끼얹는 것과 같았다. 마오쩌둥은 17일 긴급 전보로 펑더화이, 가오강으로 하여금 베이징에 와서 의논하도록 했고 출병날짜를 미루기로 했다. 18일의 의논이 있은 뒤,

중국은 여전히 19일 한반도에 출병하기로 결정했다.[87] 마오쩌둥은 최종적으로 결단하면서 말했다. "지금 적들이 이미 평양을 포위했다. 며칠 지나면 압록강에 도달할 것이다. 우리는 어떠한 어려움이 있더라도 지원군이 도강하여 조선북한을 원조하는 것은 더 이상 바꿀 수 없다. 시간도 더는 미룰 수 없다. 여전히 원래의 계획대로 도강한다. 미국과 싸워 이기지 못하더라도 싸워야 한다. 그들은 우리에게 빚을 지게 되고, 우리가 싸울 수 있는 시기에 다시 싸우면 되는 것이다."[88]

소련공군이 압록강을 넘어 전투에 투입되다

모스크바는 실제로 수수방관하지 않았다. 스탈린은 언제나 두 가지 경우 모두를 준비하고 있었다. 중국이 고군분투를 결심한 상황에서 소련공군도 긴박하게 조정과 집결을 하고 있었다. 군사부의 명령에 따라 10월 14일부터 소련공군은 연이어 제144, 제17, 제328과 제20 전투기 항공사단을 조직하여 중국으로 향할 준비를 했다.[89] 10월 19일, 즉 중국이 출병한 그날, 바실렙스키는 중국에 파견할 공군과 탱크병의 준비정황과 구체적인 시간을 보고했다. 11월 3일 이전, 이미 동북에 배치한 제151전투기 항공사단을 두 개의 사단으로 확대 개편하고, 11월 28일 이전 새롭게 조직된 4개의 전투기 항공사단을 선양에 집결한 뒤 12월 15일 전투준비에 들어가는 것이었다. 또 11월 30일 이전 각 군구로부터 소집한 10개의 탱크연대가 선양에 도착하고, 12월 1일 이전, 새롭게 조직된 3개의 공격항공연대가 선양에 집결하도록 했다. 소련총참모부가 이번 조직과 집결활동을 책임졌다.[90] 10월 24일, 즉 지원군이 한반도에 진입한 뒤 첫 전투가 있기 전날, 여러 항공사단과 탱크연대의 조직공작을 마쳤

고 계획에 따라 중국으로 수송되기 시작했다.[91]

비록 충분한 준비를 했지만, 소련공군부대는 작전명령을 접하지 못했다. 중국에 있던 군사고문 코로트코프가 후일 인터뷰에서 한 말은 믿을 만 하다. 스탈린이 마오쩌둥을 믿지 못했기에 공군부대에 작전명령을 하달하는 것을 계속 미루면서 중국군대가 진정으로 전투를 시작할 때까지 기다렸다.[92] 10월 25일 지원군이 유엔군과 마주쳐 전투가 있은 다음에야 스탈린은 중국공산당은 민족주의자가 아니며 "친미주의자가 아니라는 것"을 믿었다.[93] 그리하여 11월 1일, 소련공군은 처음으로 압록강 상공에서 전투에 투입되었다. 이날 벨로프 항공사단의 미그15비행기는 선양과 안산 두 비행장에서 각각 8차례 출동하여 안둥-신의주 상공에서 2대의 미국 F-82비행기를 격추시켰고, 고사포도 2대의 비행기를 떨어뜨렸다. 소련은 공중전에서 손실이 없었다.[94] 11월 1~12일의 처음 몇 차례 전투에서, 미국 비행기 총 21대를 격추했다. 이 중에는 2대의 B-29 전략폭격기가 포함되었다.[95]

11월 2일, 총참모장 시테멘코는 스탈린에게 지원군 여러 부대가 계속하여 진공을 발동하여 승리를 취득한 것과 제2의 보충부대제9병단 3개 군이 속속 동북으로 이동하는 정황을 상세히 보고했다. 11월 6일의 보고는 더욱 상세하게 유엔군의 손실이 엄중한 것과 지원군이 순조롭게 나아가는 정황을 보고했다.[96] 이것은 스탈린의 신심을 더욱 증가했다. 그는 11월 15일 중국에 소련은 벨로프사단에 120대의 미그15 전투기를 증파할 것이며 이를 계기로 군대에 일급 지휘기관제64전투기 항공군을 설립하기로 했음을 통지했다. 11월 20일, 소련 부장회의는 중국경내에 두 번째 항공부대를 파견할 것을 결의했다.[97] 계획에 따라, 중국에 이미 있던 제151전투기 사단과 안산에서 새롭게 조직된 제19전투기 사단을 제외하고, 11월부터 그 다음해 초까지 12개의 전투기 사단과 2개의 공격기 사단, 2개의 폭격기 사단이 잇따라 중국에 진주하게 되었다. 이

들은 동북지역 및 베이징, 상하이, 칭다오, 광정우 등 중국의 중심도시 주변에 배치되게 되었다.[98]

11월 30일 소공총참모부의 보고에 따르면 군의 지휘기구와 인원은 전부 선양에 도착했고, 여러 항공사단도 속속 도착하거나 도착하는 중에 있었다. 이 밖에 중국에 공급하려는 화포, 탄약, 차량 및 기타 장비들도 속속 수송을 시작했고, 일부는 이미 목적지에 도착했었다.[99] 공군총참모부의 보고에 따르면 12월 4일 전, 중국에 파견된 공군은 이미 11개 전투기 사단제17, 20, 28, 50, 65, 144, 151, 297, 309, 324, 328사단, 2개의 폭격기 사단제162, 186사단, 그리고 제64공격항공군지휘기관, 제6비행기술학교의 부분 인력, 합치면 장군 5명, 군관 5,058명, 부대병력 총 17,950명이 되었다. 이와 동시에 중국의 공군을 조직하기 위하여, 중국에 넘긴 각종 비행기 1,653대에 달하였다. 이중에서 전투기는 900대 350대의 미그15, 372대의 미그9, 40대의 라(La)-11, 130대의 라-9, 공격기 117대일류신 10, 폭격기 132대투(Tu)-2, 교련기 412대, 수송기 44대, 통신기 56대 등이었다. 이 밖에 각종 차량 1,871대가 있었다.[100]

1951년 1월 9일, 제64 공격항공군의 보고는 소련이 처음 2개월 투입한 전투 상황을 전면적으로 밝히고 있다. 작전임무를 수행한 부대는 8월 11일 선양, 안산과 랴오양비행장에 주둔한 제151사단, 11월 1일 랴오양에 주둔한 제28사단, 11월 20일 상하이에서 안산으로 이동한 제50사단, 총 6개의 전투기연대였고 매개 연대에는 30대의 미그 15비행기가 포함되었다. 11월 27일, 이 3개의 사단은 제64 항공군으로 병합되었다. 전투지역에 접근하기 위해 12월 3일과 25일, 제50사단의 두 개의 연대는 각각 안둥비행장에 배치되었다. 9월 3일부터 각 부대는 매일 전투임무를 시행했다. 소련공군의 최초 임무는 미국공군이 중국경내의 목표에 대한 공습과 정찰을 방지하는 것이었다. 특히 압록강대교와 안둥발전소의 안전을 보호하는 것이 포함되었다. 하지만 모든 전투기는 압록강을 넘지 못한다고 규정했다. 이 금지령이 실제 작전에서 매우 불리하고 또 집행이 어려운 점을 고려하여 부대는 11월 6일 새로운 명령, 즉 작전 시 한반도영공에 진입할 수 있다는 명령을 받았다. 12월 3일, 안둥을 기지로 하는 제50사단은 한발 더 나아가 새로운 임무, "한반도에 있는 중국지원군의 후방을 보호", 특히 압록강에서 청천강에 이르는 수송선을 보호하는 명령을 받았다. 이 밖에, 이들 부대와 그 뒤의 여러 사단은 모두 하나의 중요한 임무 즉 중국공군을 조직하고 훈련하는 것을 돕는 임무가 있었다. 소련공군의 도움 아래, 중국의 첫 전투기부대제4사단는 12월 12일 조직을 마쳤고 즉각 소련비행사의 인솔하에 실전훈련에 투입되었다. 두 개월간의 전투에서 소련공군의 3개 사단은 비행기를 총 1,079번 출동했고, 적기 68대를 격침했다. 이 중에는 B29 전략폭격기 12대가 포함되었다. 소련공군은 비행기 9대만 손실 보았고 희생된 조종사는 7명이었다. 소련비행기가 출동한 다음 전체 작전기간 동안 적기는 중국경내의 보호받는 목표 그리고 안둥 나루터, 발전소 등에 한 차례도 접근하지 못했다. 하지만 당시 중국과 북한 변경에 한 개의 비행장밖에 없어, 소련이 병력을 주둔하는 것에 한계가 있었고 레이더와 통신시설의 부족 등 원인으로 한반도경내의 지원군후방 수송선은 효과적인 보호를 받지 못했다.[101]

1951년 봄, 중국 공군이 전쟁에 참여한 뒤, 한반도에서의 후방과 지원군의 보급선이 진일보 보호를 받게 되었고, 6월 초, 묘골비행장을 사용할 수 있게 된 다음부터, 소련공군이 안둥에 배치된 병력은 두 개의 사단으로 증가되었고 "전투기의 작전기동성이 크게 증가되었고, 이것은 적의 공군이 안주 이북 지역에서의 활동을 감소하게 만들었다".[102] 이후부터 뒷날 사람들이 이야기하는 압록강에서 청천강 상공에 이르는 "미그회랑"[103]이 형성되었다. 하지만 스탈린이 규정한 소련군대는 전방에 나아가 싸울 수 없다는 금지령은 여전히 존재했다. 공중전에서 모스크바는 64항공군의 작전범위에 대해 제한했다. 즉 남쪽으로는 평양-원산일선을 넘지 못하고, 동서 양쪽으로는 해안선을 넘지 못한다고 했다. 벨로프에 따르면, 이것은 "전투에서 우리들의 지도원칙이고 반드시 엄격히 준수되어야 하는 것이었다". 이러한 제한들은 미그 비행기로 하여금 자신의 훌륭한 성능을 충분히 발휘할 수 없게 하였다.[104] 스탈린이 중국주재 군사총고문에게 내린 지시는 더욱 명확했다. "절대적으로 필요한 것"은 "중국 사람들이 전방에서 그들의 공군에만 의지해야 한다는 것이다".[105]

전체 한국전쟁 기간, 소련공군은 교대를 통해 선후로 10개 항공사단과 4개의 고사포사단을 참전케 했다. 항공사단은 비행기를 총 64,300차례 출동했고, 공중에서 체류한 시간은 49,449시간이나 되었다. 공중에서 18,72차례의 전투가 있었고, 적기 1,106대를 격침했으며, 자신들은 비행기 조종사 120명, 비행기 335대를 손실 보았다. 고사포사단은 적기 153대를 격침하였고, 자신들은 68명의 인명 피해를 입었고 고사포 6문, 탐조등 1대의 손해를 보았다. 중국과 북한 연합공군이 전투에 투입된 것은 10개의 항공사단중국 7개, 북한 3개, 총 전투비행 22,300차례가 있었고 공중에서 전투 366차례 있었다. 적기 271대를 격침하고, 자신들은 비행기 조종사 126명, 비행기 231대의 손실을 입었다.[106]

이상으로 스탈린이 소련공군을 출동하는 문제에서의 고려와 정책결정에 대해 한차례 정리를 했다. 전쟁 이전 소련공군은 이미 중국에 왔었다. 이것은 중소조약에서 규정된 동맹국에 대한 책임 때문이었다. 미국의 참전은 중국과 소련영도자들 모두 중국의 출병문제를 생각하게 했다. 이를 위해 스탈린은 소련공군이 출동하여 중국의 지상부대를 공중에서 엄호해줄 것을 약속했지만 구체적인 출동시간과 방법을 설명하지 않았다. 마오쩌둥은 빨리 출병하여 전쟁을 빨리 끝내기를 바랬다. 하지만 스탈린은 중국군대를 사용하는 것에 급해하지 않았다. 이것은 소련이 공군을 출동하는 문제와 한반도에서의 지위와 영향에 관련된 문제였기 때문이었다. 38선이 돌파되는 위급한 상황에서 마오쩌둥은 즉시 출병하여 북한을 원조할 것을 결정했지만, 스탈린은 소련과 미국의 직접적인 군사충돌이 발생하는 것을 걱정했고, 마오쩌둥의 출병에 대한 진심과 효과를 의심했기에 공군을 출동하는 것을 거절했다. 중국지원군이 결연히 독자적으로 출동하고, 미국과 한국 군대와 작전한 뒤, 소련공군은 즉시 전투에 투입되어 중국의 영공을 보호했을 뿐 아니라, 압록강을 넘어 지원군의 후방에 엄호를 제공했다. 마지막으로, 또 가장 중요한 점은 스탈린의 변하지 않은 원칙, 즉 압록강은 넘거나 넘지 않거나, 소련공군은 후방에서만 활동하고 전방에 나아가 중국 지상부대와 협동작전을 하지 않았다는 점이다. 중국, 소련, 북한 사이의 동맹관계에 대해 확실히 보아낼 수 있는 것은, 중국이 출병하기 이전, 모스크바는 중국을 계속하여 경계하고 있었고, 김일성은 스탈린의 말을 무조건 듣는 상황이었다는 점이다. 중국이 출병한 다음, 이런 상황에는 매우 큰 변화가 발생했다.

『사회과학연구』 2008 제2호에 발표, 약간의 수정이 있었음

스탈린, 마오쩌둥과 한국전쟁 재논의

러시아 문서 기록의 최신 증거에 근거하여

지난 세기 90년 이래 한국전쟁 연구는 시종 국제학계의 초점이었고, 냉전사연구에서 가장 활발하고 깊이있게 진행된 과제의 하나였다. 계속되는 연구를 통해 마치 양파를 벗기듯이 한국전쟁의 역사적 진실도 점차 밝혀지고 있다. 그 원인은 주요하게 이 시기 여러 나라들의 문서자료, 특히 러시아 문서자료가 비교적 완전하고도 전면적으로 밝혀지고 있기 때문이다.

이 전쟁이 끝난 50주년 되는 시점에 저자는 3권으로 된 중국어판 『한국전쟁－러시아문서기록관의 기밀문건』타이베이 : 중앙연구원근대사연구소, 2003.을 편집하고 출판했다. 이 문헌자료집에는 한국전쟁에 관련된 러시아 문서 700여 건이 수록되어, 그 수량이 당시 여러 나라 출판물에서 보여지는 러시아어, 영어, 한국어 문서들을 크게 초과했다. 이러한 문서자료를 기초로 저자는 『마오쩌둥, 스탈린과 한국전쟁』광저우 : 광둥인민출판사, 2003, 수정본 2013 출판이라는 책을 쓰고 출판했다. 역사연구자의 책임은 역사의 진실을 밝히는 것이고 역사 본래의 면모를 그대로 드러내는 것이다. 이것을 위해서 반드시 계속하여 원시적인 문서자료를 발굴하고, 정리하고 해독해야 한다. 이렇게 해야만 사람들은 점차 역사의 진실에 접근할 수 있다. 근래에 또 대량의 한국전쟁에 관련된 문서자료들이 드러났다. 이들 역사자료에 대한 분석과 해독을 한 뒤, 저자는 과거연구에서의 일부 중점 문제에 대해 일정한 보충과 설명을 진행하고, 소련과 중국이 한국전쟁에서의 관계와 역할을 다시 논의하고자 한다.[1]

1949년 중국과 소련이 한국 문제를 해결함에 있어서의 공통된 입장

기왕의 연구에서 마오쩌둥과 스탈린이 1949년 한반도통일을 해결하는 문제에서의 입장에 대해 여러 나라 학자들은 이미 기본적인 합의를 이뤘다. 하지만 일부 구체적인 부분에 대해 여전히 잘 알지 못하고 있기에 역사의 구슬을 완전히 잇지는 못하고 있다.

그 해 봄에 전해온 소식에 따르면 미군이 곧 한반도 남부에서 철수하고 이승만 정권은 적극적으로 북방을 침공할 준비를 하고 있었다.[2] 이를 대비해 김일성은 한편으로 스탈린에게 대량의 무기장비원조를 요구했고(6월 초 소련은 북한의 요구를 들어주었다[3]), 다른 한편으로 마오쩌둥에게 병력의 지지를 요구했다. 5월 초, 북한인민군정치부주임 김일은 북평에 도착하여 김일성의 요구를 전달했다. 마오쩌둥은 중공군대에 있는 조선족 부대가 전부 무장을 한 채 북한에 가는 것에 동의했다. 이것은 남방이 발동하는 침공을 방지하기 위한 것이었다. 동시에 "북한 동지들에게 남조선남한을 침공하지 말며 보다 유리한 정세를 기다리라고 권고했다". 동시에 북방이 침공을 하면 미국의 간섭을 불러오게 되고, 중공군대의 주력이 이미 남하했기에 "신속하고 유력한 지지를 보낼 수 없다"[4]고 했다.

6월 말, 미국이 한반도에서 철수한 뒤, 38선 부근의 정세가 갑자기 긴장해졌고 남한의 침공이 마치 눈앞에 다가온 것 같았다.[5] 이때, 무기(소련으로부터)

와 병력(중국으로부터)의 확보에 대해여 유력한 보증을 받은 김일성은 "선수를 치는 것이 유리"함을 고려하기 시작했다. 9월 3일, 김일성은 소련대사관에 주동적으로 침공하는 계획을 제기했다. 즉 한 발 앞서 "대남군사행동을 취하여 옹진반도 그리고 옹진반도 동쪽으로부터 개성부근의 일부 남조선남한지역을 탈취하여 점령"하려 하니 모스크바가 이 행동을 비준해 줄 것을 희망했다. 이에 대해 북한주재 소련대사이자 군사총고문이었던 시트코프는 지지를 표시했다.[6] 9월 하순 소련공산당중앙정치국이 북한의 청구에 대해 논의 하고 답변을 보내왔다. 김일성의 계획을 비준하기를 거절한다고 했다. 모스크바는 답전에서, 남방에 침공을 발동하는 것은 쌍방 사이에 전쟁이 발발하는 것을 의미하는 것이다. 하지만 이에 대해 "북조선북한은 군사적으로나 정치적으로 모두 준비가 되어 있지 않다"고 했다. 동시에 "반드시 지적해야 되는 점은 만약 군사행동이 북측이 주동적으로 일으킨 것이고 지구적인 전쟁으로 전환된다면, 이것은 미국 사람들에게 여러 가지 방식으로 한반도 사무에 간섭하는 빌미를 제공하게 될 것이다"고 지적했다. 소련은 북한에 "최대한 역량을 집중하여" "남조선남한에서 유격운동을 전개하고, 해방구를 수립하고 전국민무장봉기를 준비"할 것을 건의했다. 동시에 군사역량을 강화하여 남측이 침공을 발동했을 시 반격을 할 수 있어야 한다고 했다.[7] 이것은 스탈린도 마오쩌둥처럼 김일성이 조국통일을 실현하는 주장에는 동의하지만 직접적인 군사침공의 수단을 사용하는 것은 반대했음을 말해주는 것이다.

이후 한 개월 남짓한 기간 동안 사건의 발전과정에 대해서는 문서증거가 부족하다. 기존에 발견된 러시아 기밀 해제 문서에는 단지 11월 5일 스탈린이 마오쩌둥에 보낸 전보만이 있다. 이 전보에서 "당신이 10월 21일 조선북한문제에 대한 전보 내용을 감안하여 우리는 당신에게 반드시 통보할 필요가 있다고 생각한다. 우리는 당신이 말한 문제의 그러한 의견을 지지하며 동시에 우리는 이러한 정신에 따라 조선북한친구들에게 우리의 권고를 제기할 것이다"[8]고 이야기되고 있다. 하지만 마오쩌둥이 도대체 어떤 의견을 말했고, 모스크바가 북한에 어떠한 권고를 했는지에 대해서는 아무런 설명이 없었다.

2005년에 이르러서야 러시아학자가 일부 기밀 해제문서를 공표했고 이 역사의 구슬을 연결할 수 있게 되었다. 이 문서는 몰로토프가 10월 26일 스탈린을 위해 작성한 초고로서 외교부 부부장인 그로미코의 명의로 마오쩌둥에게 보낸 전보이다. 전문은 아래와 같다.

베이징

코발료프에게

마오쩌둥 동지에게 필리포프 동지의 10월 21일 전보에 대한 답변 내용을 전달해 주기를 바란다.

"마오쩌둥 동지에게

우리는 당신의 의견에 동의한다. 지금 조선인민군은 (아직) 침공활동을 실시해서는 되지 않는다. 우리도 조선친구들에게 지적하기를, 그들이 조직한 조선인민군이 남방에 대한 침공은 아직 실천에 옮길 수 없다고 했다. 그것은 군사적 측면이나 정치적 측면에서 이러한 침공이 모두 충분한 준비가 되어있지 않기 때문이라 했다.

우리가 보기에 지금 조선친구들은 조선의 통일을 쟁취하는 과정에서 응당 자신의 역량을 집중하여 유격운동을 전개하고 조선 남부지역에서 해방구를 수립하고 전면적으로 조선인민군을 강화하는 공작에 두어야 한다.

필리포프"

전보로 시행 결과를 알리기 바란다.

그로미코[9]

이로부터 판단할 수 있는 것은 9월 하순 모스크바의 거절을 받은 뒤, 북한은 또 중국에 무력의 수단으로 민족을 통일하는 문제를 동의하고 지지할 것을 설득하려 했지만 똑같이 거절을 받았음을 알 수 있다. 평양과 접촉하는 기간 동안 혹은 그 후 시기인 10월 21일 마오쩌둥은 스탈린에게 전보를 보내어 중국의 의견을 표시했고, 모스크바에 의견을 물어 일치한 입장을 취하려 했다.[10] 조심스러움에서 출발하여 11월 5일 마오쩌둥에게 전보를 보낼 때, 스탈린은 몰로토프가 작성한 초고를 인용하지 않고, 앞서 인용한 어투가 매우 간단한 전보초안을 사용했다. 비록 이러했지만 몰로토프의 초안은 아주 명확하게 당시 중국과 소련 양국의 영도자들이 북한의 통일문제에 있어서의 일치된 입장을 반영하고 있다. 즉 김일성이 즉시 군사적 수단으로 남북한의 통일문제를 해결하는 것에 동의하지 않는다는 입장이었다. 이것은 적어도 11월 초까지 마오쩌둥과 스탈린 모두가 김일성에게 파란 불을 켜주지 않았음을 말해주고 있다.[11]

두 번째 조선인부대의 귀국 경과

중국군대의 조선인부대의 귀국정황에 관련하여 이미 알고 있는 것은 1949년 5월 김일성이 북평에 사람을 파견하여 중공으로 하여금 린뱌오부대의 조선인 사병들의 귀국을 요구했다는 것이다. 마오쩌둥은 김일과 회담을 가진 뒤 동북의 가오강에게 선양과 창춘長春에 머물고 있던 두 개의 조선인사단의 귀국을 준비하라고 지시했다. 이 두 개의 사단 즉 이덕산이 사단장으로 있는 164사단과 방호산이 사단장으로 있는 166사단은 당시 모두 동북군의 편제에 속해있었다. 미군이 한반도에서 철수한 뒤인 7월 상순, 김일성은 이 두 개 사단을 북한으로 불러들이려고 결정했다. 선양사단을 신의주에 배치하고 창춘사단은 나남에 배치하기로 했다. 귀국할 당시 164사단의 실제 인원은 10,821명이었고 166사단의 실제 인원은 10,320명이었다. 회담 시 마오쩌둥은 지금 남방에서 작전하고 있는 다른 하나의 조선인부대에 대해 필요하면 그들도 귀국할 수 있게 하겠다고 약속했다.[12] 이 두 번째 조선인부대의 귀국정황에 관련하여 이미 일부 사료가 있지만 연속적이지 못하여 여러 연구자들이 그 역사적 과정에 대한 서술에 차이가 발생하고 있다.[13] 최근 해제된 러시아와 중국 문헌사료 그리고 이미 발굴된 사료를 연결하여 보면 상황을 비교적 명확하게 알 수 있다.

1949년 12월 25일, 중국인민해방군 중남군구의 린뱌오, 덩즈휘이邓子恢, 탄전譚震은 연명으로 중앙군위에, "최신 통계에 따르면 인민해방군 각 부대에서 복역하고 있는 조선인은 모두 16,000명 정도이다. 일부 인민해방군 부대에 분산된 조선인들을 제외하면 그들로 조직된 부대는 4개 대대, 27개의 중대, 9개의 소대가 있다. 현재 복역하고 있는 지휘관은 사단급 2명, 연대급 5명, 대대급 87명, 중대급 598명, 소대급 400명, 분대급 1,900명이 있다. 이들 모두는 인민해방군에서 단련과 교육을 받았고 중국동지들의 방조 아래 커다란 진보를 이루었다. 이중에서 많은 이들은 우리군의 작전, 무장역량의 수립과 정치공작을 전개하는 경험을 배웠다. 우리는 이들 중 대다수는 간부가 될 수 있다고 생각한다. 우리 부대가 남하한 뒤, 이들 사이에 일정한 동요가 있었고 일부는 귀국을 요구하기도 했다. 하지만 절대 대다수 사람들은 명령에 복종했고, 결연히 남방으로 출발했다. 지금 전투가 곧 끝나게 된다. 조선북한인민들의 이익을 위해서 우리는 이들 훈련 받은 간부들을 조선북한에 돌려보내려 한다(남겠다고 하는 이는 남게 할 수 있다). 중앙에서 이들을 귀국하게 할 수 있는지 여부와 조선(노동)당 측에서 지금 이들의 귀국을 희망하고 있는지를 토론하고 답하기를 바란다. 만약 답변이 긍정적이라면, 우리는 이들을 집중하여 하나의 정규사단 혹은 4, 5개의 정규연대를 조직하고, 짧은 훈련이 있은 뒤 이들을 귀국할 수 있도록 하겠다." 29일, 총참모장 네룽전은 당시 모스크바를 방문하고 있는 마오쩌둥에게 이 전보를 전달하면서 그의 지시를 요구했다.[14]

마오쩌둥은 이 정황을 소련측에 알렸다. 1950년 1월 8일, 스탈린은 북한주재소련대사에게 전보를 보내어 린뱌오가 반영하고 있는 정황을 알리면서 그로 하여금 김일성을 만나 "조선인민민주주의공화국정부의 린뱌오의 이번 건에 대한 태도를 알라보라"[15]고 했다. 1월 9일, 시트코프는 김일성을 만났다. 김일성은 그가 중국무역대표가 보내온 중국정부의 한 통의 편지를 받았다고 보고 했다. 편지에서 "전쟁행동이 끝났기에, 중국인민군대에 있는 조선인부대는 점차 한가하게 되었다. 만약 조선정부가 원한다면 당신에게 넘길 수 있다"고 적혀 있었다. 김일성은 어떻게 중국 측에 답해야 하는지를 물었다. 시트코프가 스탈린의 지시를 통보하자 김일성은 "자신은 이들 부대를 조선으로 귀환시킬 것을 희망한다. 며칠 내에 조선북한은 3명의 대표를 중국에 파견하여 이 문제에 대해 중국정부와 협상할 것이다"고 말했다. 김일성의 의견은, 첫째, 중국인민군대의 앞에서 서술하고 있는 조선인들을 먼저 북한부대의 편제에 따라 중국에서 1개의 보병사단과 두 개의 보병 연대로 조직하고 나머지 사병들은 모터기동연대와 기계화 여단의 보충역으로 하는 것이다. 둘째, 북한에 주둔하는 것이 어려움으로 김일성은 중국정부가 1950년 4월 이전까지 이들 사단과 두 개의 연대를 중국에 남게 하고 싶다고 했다.

북한 측의 요구를 접한 다음 1월 11일, 류사오치는 중앙군위의 명의로 린뱌오 등에게 전보를 발송했다. "제4야전군의 모든 조선인 부대와 조선인 간부들을 조선에 파견하여 공작하는 것에 동의한다. 중공중앙은 이미 조선북한중앙과 이야기되었고 그들은 곧 참모정치인원 3인을 중국에 파견하여 부대의 재편을 마친 뒤, 4월 정도에 여름옷으로 바꿔 입고 조선북한으로 돌아갈 것이다. 먼저 1천여 명을 선발하여 조선북한에 돌아가 기계화 병종兵種에 대해 학습한다.” 같은 날, 또 중공중앙의 명의로 동북인민정부 평양대표부 부주임 원스전文士桢으로 하여금 김일성에 전할 것을 지시했다. “당신들이 즉시 3명을 중국에 파견하여 조선인부대를 접수하는 것에 동의한다. 이 3인은 베이징의 중국인민군사위원회와 총참모장 네룽전과 교섭하기 바란다. 조선인부대가 중국에서 개편을 마친 뒤 여름옷으로 갈아입고 조선북한에 돌아가는 것에 동의한다.”[16]

1월 14일 조선인민군 작전부장 김광협 등은 베이징에 도착하여 네룽전과 이 일을 교섭했다.[17]

1월 22일 류사오치는 마오쩌둥에게 전보를 보내어 “제4야전군에 있는 조선적 전사와 간부는 모두 14,000여 명이다. 김일성은 그들의 작전부장 등 3인을 접수를 위해 파견왔다. 그들의 요구는 이 부대의 전사들을 한 개의 사단으로 개편하고 직속부대 전부에게 무기를 소지하게 할 것을 요구한다. 그 수량은 아래와 같다. 보총 12,000정, 경기관총 440문, 중기관총 180문, 권총 120정, 박격포 132문, 반탱크포 72문, 105류탄포 36문, 그리고 약간의 탄약 등 이다. 린뱌오에게 상황에 따라 배정하도록 하려고 한다. 이렇게 하는 것이 적합한지에 대해 주석님이 지시하기를 바란다.” 마오쩌둥은 “그렇게 하는 것에 동의한다”고 지시했다. 28일 류사오치는 린뱌오에게 마오쩌둥의 지시를 전달했다.[18]

한국학자의 연구에 따르면, 이 부대는 4월 18일 북한의 원산에 도착했다.[19] 러시아학자는 연구에서 지적하기를, 이들 귀국한 조선인 간부들 중, 많은 사람들은 뒷날 북한 군대의 중요한 영도자와 지휘자가 되었다. 최용건은 민족보위상국방부장관, 무정은 북한인민군포병부사령관, 최인은 부총참모장, 김한섭은 총참모부 작전부장, 최광은 제1보병사단 사단장, 이광무는 제4보병사단 사단장, 김찬덕은 제5보병사단 사단장, 방호산은 제6보병사단 사단장, 만영은 항공병사단의 사단장을 맡았다.[20]

이 군대와 군사간부들이 북한에 돌아간 것은 평양의 군사실력과 전투능력을 크게 증가케 했다. 하지만 이상의 역사적 고찰은 베이징이나 모스크바 모두 그 목적이 한 차례의 침공을 발동하기 위한 것이 아니라 다만 혁명도의에서 출발한 것이었음을 말해주고 있다. 앞서 서술한 것처럼, 당시 마오쩌둥과 스탈린 모두가 군사적 침공의 수단으로 한반도 통일문제를 해결하는 것을 반대하고 있었다.

소련대표는 왜 제때에 안보리에 돌아가지 않은 것일까

전쟁이 발발한 뒤, 소련대표는 제때에 안보리에 돌아가지 않았다. 그리하여 6월 25일 오후미국동부시간 안보리는 미국의 결의안을 순조롭게 통과시킬 수 있었다. 이 결의안은 "북조선이북한이 대한민국에 발동한 무장침공"을 규탄하고, 즉각 전쟁행동을 정지하고, 북방군대는 변경의 자신들 측으로 철수할 것을 요구했다. 또 유엔의 모든 구성원들에게 유엔이 이 결의안을 실시하는 것을 지지할 것을 요구했다. 이 결의에 근거하여 미국은 전쟁에 직접 군사간섭을 하기로 결정했다. 6월 27일 안보리는 재차 결의안을 통과했다. 유엔으로 하여금 대한민국에 필요한 원조를 제공하여 무장침공을 물리치고 이 지역의 국제평화와 안전을 회복할 수 있도록 했다. 7월 7일 유엔군을 파견하는 결의안이 통과되었다.[21] 그렇다면 소련대표는 왜 제때에 유엔에 돌아가서 유엔안보리가 사회주의 진영에 분명하게 불리한 결의안을 통과하는 것을 저지하지 않았을까? 한국전쟁에 관련된 연구에서 이것은 시종 풀리지 않은 수수께끼였다.

연구자들의 이에 대한 이해는 서로 달랐다. 어떤 사람은 이것은 소련외교의 정책적 실수라 했고 어떤 사람은 모스크바가 고의적으로 그렇게 했다고 했다. 어떤 사람은 이것은 스탈린이 김일성의 진공계획의 성공에 확신이 있었기 때문이라 했고 또 어떤 사람은 이것은 스탈린과 한국전쟁의 발발에 아무런 관계가 없다는 것을 증명하는 것이라 했다. 어떤 사람은 소련이 이렇게 한 것은 중소동맹조약과 관계된 것, 즉 유엔에서 중화인민공화국을 받아들이기 전 중국과 일치를 유지하는 것이라 했다. 또 어떤 사람은 모스크바가 이렇게 한 것은 베이징에 대한 불신임에 따른 것으로 그 목적은 중국과 미국의 대항을 초래하기 위한 것이라 했다.[22] 하지만 관련된 문서증거가 부족하여, 사람들 대다수는 간단하게 의논을 발표할 뿐 이에 대해 전문적인 연구를 진행한 것은 아주 드물다.

얼마 전 러시아학자가 이 문제와 직접 관련된 하나의 중요한 문서기록 피력했고 여러 나라 학자들의 주의를 불러일으켰다. 소련정부가 안보리에서 있었던 미국정부가 작성한 한국 문제 결의안에 초안에 대한 토론에 참석하기를 거부한 것을 많은 나라들은 이해를 하지 못했다. 체코슬로바키아 대통령 고트왈드는 프라하주재 소련대사와의 회담에서 이 행동의 정확성에 대해 의문을 제기했다. 그는 "민주진영이 안보리를 떠날 필요가 없다"고 했다. 고트왈드에게 보낸 전보에서 스탈린은 소련이 제때에 안보리에 돌아가지 않은 행동의 이유와 고려에 대해 상세하게 설명했다.

극비

프라하, 소련대사

구두로 고트왈드에게 아래의 내용을 전달하기를 바란다. 만약 그가 서면자료가 필요하다고 하면 그에게 한 부를 줄 수 있다.

"소련이 6월 27일 안보리에서 퇴장하고 소련이 퇴장한 다음 발생한 일에 대해서 우리는 고트왈드 동지와 일부 다른 생각이 있다.

우리가 안보리에서 퇴장한 목적은 네 가지다. 첫째, 소련과 중국의 단결과 일치를 표명하기 위해서다. 둘째, 미국 정책의 황당성과 어리석음을 강조하기 위해서다. 미국이 국민당정부 이 허수아비를 안보리의 중국대표로 승인하면서 중국의 진정한 대표가 안보리에 진입할 수 없었기 때문이다. 셋째, 미국이 마음 놓고 안보리 다수를 이용하여 어리석은 일을 하도록 하여 대중과 여론에 미국정부의 진실된 면목을 폭로하기 위해서이다.

난 우리가 이미 이런 목적을 이루었다고 생각한다.

우리가 안보리에서 퇴장 한 뒤 미국이 한반도 군사간섭에 뛰어들어 군사, 도의적 측면에서 그들의 명성은 추락되었다. 지금 정직한 사람 모두가 미국이 한반도에서 폭력 가담자, 침략자의 역할을 하고 있고 군사상으로도 그들이 선전하는 것처럼 강대하지 않다는 것에 의심치 않게 되었다. 이 밖에 명확한 것은 미국의 주의력이 유럽에서 극동으로 옮겨졌다는 것이다. 국제역량의 대비 관점에서 볼 때 이 모든 것이 우리에게 유리한 것이 아닐까? 당연히 그렇다.

만약 미국정부가 극동에 계속 묶이게 되고 중국으로 하여금 조선(북한)을 해방하고 본국의 독립을 쟁취하기 위한 투쟁에 나서게 한다면, 이것은 어떤 결과를 가져올까?

먼저 미국도 기타 나라와 마찬가지로 풍부한 무장력을 소유한 중국의 상대가 아니다. 미국은 이 전쟁에서 빠져나올 수 없을 것이다. 다음, 미국이 여기에 묶이게 되면 짧은 시간 내에 제3차 세계대전을 진행할 수 없게 된다. 그리하면 제3차 세계대전은 기약 없이 미뤄지게 되고 유럽의 사회주의를 공고히 하는데 시간을 벌 수 있게 된다. 미국과 중국의 투쟁이 아시아와 전체 극동지역에 유발한 혁명은 더 말할 것도 없다. 국제역량대비의 관점에서 볼 때 이 모든 것이 우리들에게 유리한 것이 아닐까? 당연히 그렇다.

이로부터 보아 소련이 안보리에 참여하지 않은 것은 표면상으로 보이는 것처럼 간단한 문제가 아니다.

종합하여 말하면 우리는 "민주진영이 안보리를 떠날 필요가 없다"는 이런 말을 할 필요가 없다. 떠나거나 떠나지 않거나 하는 것은 구체적인 상황에 의해 결정된 것이다. 우리들은 다시 안보리를 떠날 수 있고 또다시 돌아갈 수도 있다. 이 모든 것이 국제정세에 의해 결정되는 것이다.

어떤 사람은 우리는 왜 지금 또 안보리에 돌아갔는지를 물을 수 있다. 그 목적은 미국정부의 침략정책을 계속해서 까발리고 그들이 안보리의 기치를 들고 자신들의 침략행위를 덮는 것을 방지하기 위해서다. 지금 미국이 한국전쟁에 말려든 시점에 안보리에서 이런 목적을 가장 쉽게 이룰 수 있다. 나는 이 모든 것이 아주 명백한 것이므로 다시 해석할 필요가 없다고 생각한다."

필리포프

1950년 8월 27일[23]

이 문서를 알린 러시아학자 레돕스키는 이 문제에 대해 다음과 같이 해석했다. 첫째, 스탈린은 미국이 한반도에서 무장간섭을 할 것을 예측했고 미국이 이렇게 하는 것을 저지하고 싶지 않았다. 그 목적은 미국인들이 한반도에서 무장간섭을 하는 조건을 창조하여 미국이 한국전쟁에 빠져 나오지 못하게 하는 것이다. 이를 통해 그들의 극동지역에서의 실력을 약화하고 유럽에서의 전략적 지위를 파괴하며 동시에 새로운 세계대전의 발발을 연기하려 했다. 둘째, 스탈린은 공산주의 중국이 "조선북한군대를 도와 미국의 간섭을 대처하는" 능력과 의지가 있다고 생각했다. 모스크바의 생각으로 마오쩌둥은 중국의 안전을 위해 미국이 북한을 통제하는 것을 절대로 용납하지 않을 것이고 더욱이 그들이 중국의 동북변경에 진입하는 것을 허락하지 않을 것이기 때문이었다. 그리하여 마오쩌둥은 필연적으로 출병하여 미국군대와 싸울 수밖에 없다고 했다.[24] 스탈린 전보의 표면적인 내용에 대한 러시아학자의 이해는 틀리지 않았다고 할 수 있다. 스탈린 역시도 사람들이 이렇게 받아들이기를 바랬다. 즉 모스크바가 이런 행동을 한 것은 신중하고 치밀하게 계획된 것이고 그 목적은 미국으로 하여금 한국전쟁에 깊게 빠져들고 또 그 뒤 미국과 중국을 대항케 하여 소련이 유럽과 국제역량의 비교에서 유리한 전략적 지위를 확보하기 위한 것이라는 것이다. 스탈린의 이런 해석 혹은 러시아학자의 이런 이해는 기왕 일부 연구자들의 이 문제에 있어서의 하나의 관점 즉, 소련이 한국전쟁이 발발한 다음 관건적인 시각에 안보리에 돌아가는 것을 거절한 것은 "미국이 극동사무에 말려드는 기회를 이용하여 워싱턴과 베이징 사이에 분규가 발생하도록 한다"는 관점에 영합한 것이다. 그것은 스탈린은 이미 미국이 한반도에 출병하는 것이 반드시 중국군대의 개입을 초래할 수 있고, 그렇게 되면 "미국과 중국 사이의 직접적인 대항을 조성하게 되는 것"임을 예상했기 때문이었다.[25]

이런 관점에서 1950년 소련이 유엔안보리에서 탈퇴하고 스탈린이 김일성의 침공계획을 동의하고 나아가 전쟁 발발 뒤 안보리에 돌아가지 않은 것 모두가 스탈린이 치밀하게 설계하고 그 순서와 계획에 따라 실시된 것이었다. 하지만 이러한 논리적 전제와 이미 알고 있는 역사적 사실 사이에는 여러 의문이 발생하게 된다.

첫째, 소련이 안보리에서 퇴장한 것은 중국과의 동맹관계를 강화하기 위한 것이지 아직 발생하지 않은 전쟁에 대한 고려에서 출발한 것은 아니었다.

마오쩌둥이 1949년 12월 소련을 방문했을 때, 쌍방은 새로운 중소조약을 체결할지에 대해 서로 의견을 달리했고, 그리하여 협상도 교착상태에 빠지게 되었다. 마오쩌둥의 고집스러운 태도와 서방여론의 중소관계상황에 대한 추측에 의해 형성된 압력 때문에 스탈린은 양보를 할 수밖에 없었고, 새로운 조약을 체결하는 것에 동의했다.[26] 이 시기 미국의 정책결정자들은 어떻게 중미 관계를 처리해야 하는지를 두고 격렬하게 논의하고 있었고 결과적으로 국무부가 주장한 장제스를 포기하고 공산당중국과 관계 수립을 시도해야 한다는 의견이 우위를 점하고 있었다. 1월 5일 트루먼은 유명한 대만문제에 관한 연설을 했다. 성명에서 대만은 중국의 영토라고 하면서, 만약 대만해협에서 군사충돌이 발생하면 그것은 중국의 내전이며, 미국은 간섭하지 않겠다고 했다.[27] 중소협상의 관건적인 시각에 미국의 이러한 공개적인 천명은 모스크바를 자극했고 중국과의 관계를 진일보 강화할 필요를 느끼게 했다. 1월 6일 비신스키는 마오쩌둥에게 중국이 "유엔안보리에서 국민당이 안보리를 대표하는 것은 불법적인 것이며 응당 안보리에서 배제되어야 한다는 성명을 제기할 것"을 제의했다. 동시에 소련도 성명을 발표하여 중국의 주장을 지지할 것이며, "국민당이 안보리에 있는 한 소련대표는 안보리에 참가하지 않을 것"이라 했다. 마오쩌둥은 즉시 "이 조치에 완전히 찬성"함을 표시하면서 이 성명의 사본을 안보리 여러 구성원들에 보내면 좋겠다 했다.[28] 1월 8일 마오쩌둥의 지시대로 저우언라이는 유엔대회주석 로물로, 사무총장 리, 그리고 안보리 구성원들에 다음과 같은 전보를 보냈다. 국민당대표가 안보리에 남아 있는 것은 불법적인 것이므로 응당 안보리에서 퇴출되어야 한다.[29] 1월 10일 소련대표 말리크는 국민당대표를 안보리에서 퇴출하는 제안을 제출했다. 1월 13일 소련이 제출한 제안이 부결된 뒤, 말리크는 소련의 안보리 퇴장을 선포하면서 보이콧을 실행했다. 동시에 소련이 결장한 상태에서 안보리가 통과한 모든 결의안은 모두 불법적인 것이며 소련에 대해 구속력이 없다고 했다.[30] 그날 저녁 다시 있었던 마오쩌둥과의 회담에서 비신스키는 중국은 유엔 안보리에 자신들의 대표를 파견하는 것을 통해 "그들로 하여금 이 문제를 구체적인 의사일정에 올리도록 압박해야 한다"고 건의했다. 마오쩌둥이 이렇게 하는 것이 안보리의 지지를 받지 못할 것을 걱정하자 비신스키는 중국이 지속적으로 압력을 가하는 것이 "중요한 역사적 의의가 있음"을 지적했다. 그것은 소련이 안보리 참석을 거부하면 "실제로 유엔사무의 마비를 초래하게 될 것"이고 지금 안보리 일부 국가들은 이런 국면이 초래되는 것을 매우 걱정하고 있다 했다.[31]

이로부터 알 수 있는 것은 소련이 안보리에서 퇴장한 이 행동은 중국영도자들과 충분히 협상한 다음 취해진 준비된 행동이라는 것이다. 그 목적은 일부 학자들이 생각하는 것처럼 의도적으로 중국을 국제사회에서 고립시키는 것이 아니라, 이와는 반대로 스탈린이 이렇게 한 것은 마오쩌둥에게 그가 중·소가 동맹을 결성하는 것을 얼마나 중시하는 것을 표시하기 위한 것이었다. 소련은 중국이 유엔에 들어가는 것을 전력으로 도와주어 국제정치의 힘의 대결에서 사회주의진영에 크게 유리하게 하려 했다. 그렇게 되지 않는다면, 소련은 중국과 함께 "어려움을 함께 하는 것"으로 유엔을 마비상태에 놓이게 하려 했다. 당연히 스탈린이 이렇게 한 것은 또 다른 하나의 목적이 있다. 즉 마오쩌둥으로 하여금 감동을 받도록 하여 중소조약 협상과정에서 양보를 얻어내려는 것이다. 어찌 되었든 이 시기까지 한반도통일문제는 아직 모스크바의 의사일정에 들어와 있지 않았다.

둘째, 스탈린이 김일성이 남한을 공격하는 것에 동의한 전제는 미국이 간섭하지 않거나 간섭할 겨를이 없다는 것에 있었다.

이상의 정황으로부터 스탈린이 중국과 유엔대표권 문제를 협상할 시점은 한국전쟁이 발발했을 때 소련이 국제무대에서 어떻게 이 일을 받아들여야 하는지를 고려하지 못했을 시점이였고, 심지어 당시는 한반도에서 전쟁을 일으키는 문제를 고려도 하지 않았을 때였다. 실제정황은 소련이 안보리에서 퇴장한 6일 뒤, 즉 1월 19일, 스탈린은 소련주재 평양대사관의 편지를 받았다. 편지에 따르면 김일성은 한 차례의 연회 중에 재차 무력의 수단만이 한반도 통일문제를 해결할 수 있다고 하면서 스탈린은 만날 것을 요구했다. 이에 대해 스탈린은 계속하여 답하지 않고 있었다. 1월 26일, 모스크바에 있는 중국대표단은 소련에 중국 측의 다롄, 뤼순, 중장철도 협정에 관련된 방안을 제기했다. 이 방안은 소련의 방안을 완전히 뒤집은 것이었다. 1월 28일 소련 측은 중국대표단에 중국방안에 기본적으로 동의한다고 답했다. 하지만 반복적으로 수정된 여러 문안으로 볼 때, 이러한 선택은 어쩔 수 없이 내려진 것이었다. 1월 31일 스탈린은 평양에 북한의 계획에 동의한다고 답하면서 김일성이 모스크바에 와 면담할 것을 요구했다. 중소동맹조약을 체결하고 마오쩌둥은 모스크바를 떠났다. 일정 기간의 준비가 있은 뒤인 4월 10일 김일성은 극비리에 모스크바에 도착했고 스탈린과 십여 일 동안 논의를 가졌다. 회담 중에 스탈린은 반복적으로 김일성에게 승리의 확신이 있는지, 미국이 간섭할 것인지, 만약 미국이 간섭한다면 어떻게 대응할 것인지에 대해 물었다. 김일성의 확신에 찬 대답을 받은 뒤, 스탈린은 전력을 다해 북한의 군사계획을 지지하는 것에 동의했다. 스탈린은 마지막으로 김일성으로 하여금 베이징에 가서 마오쩌둥의 이 계획에 대한 의견을 물어보라고 했다. 김일성이 떠난 뒤, 5월 3일 스탈린은 마오쩌둥에게 김일성이 모스크바에 왔었음을 통보했고 구체적으로 논의된 문제는 후일 알릴 것이라 했다. 그 뒤, 모스크바의 독촉하에 김일성은 13일 극비로 베이징에 도착했고, 그의 계획을 이야기했다. 마오쩌둥은 처음에 매우 뜻밖이어서 급하게 모스크바와 연락을 취했다. 스탈린이 14일 보내온 답전에서 북한의 계획이 이미 모스크바의 동의를 얻었다고 했다. 하지만 최후의 결정권이 중국과 북한에 있다고 했다. 마오쩌둥은 김일성의 행동에 지지를 표시할 수밖에 없었다.[32]

이상의 역사적 사실에 근거하여 저자는 스탈린은 중국과 소련이 동북에서의 권익에 대한 협정에 불만했고(이 중에서 중요한 내용은 소련이 중장철도와 뤼순을 잃게 된다는 것이다), 또 소련이 태평양으로 나아가는 항구와 부동항을 확보하기 위하여 — 이것은 극동에서 소련 전략이익의 받침목이였다 — 북한의 침공계획을 동의한 것이라 추론했었다. 이것의 전제조건은 김일성이 미국이 간섭하지 않거나 혹은 간섭할 틈이 없는 정황에서 신속하게 승리를 이뤄야 하는 것이었다. 중국으로 하여금 이 행동에 동의하도록 한 것은 하나는 중소동맹과 중국이 아시아 혁명에서의 책임을 고려한 것이고 다른 하나는 만일 미국이 간섭하게 되면 중국이 북한에 지원을 제공할 것을 기대한 것 때문이었다.[33] 이것은 다만 추론에 따른 것이지만 이것의 기초는 이미 알고 있는 역사적 사실에 근거한 것이다. 위에서 서술한 역사과정에 근거하면 아래와 같은 추론은 절대로 할 수 없다. 첫째, 스탈린은 소련대표가 안보리에서 퇴장할 때 이미 한국전쟁을 발동할 것을 계획했다는 것이다. 둘째, 스탈린이 김일성의 침공계획을 동의할 때 이미 미국이 이번 전쟁에 간섭할 것을 예측하고 심지어 간섭을 희망했다는 것이다. 셋째, 스탈린은 미국이 전쟁에 개입하면 중국은 한반도에 출병하여 미국과 작전할 것을 이미 계산했다는 점이다.

셋째, 한국전쟁이 발발한 다음 소련의 반응은 매우 느리고 평온했고, 동시에 이러지도 저러지도 못하는 어려움에 직면하게 되었다.

전쟁이 발발한 그날인 6월 25일 오후, 모스크바주재 미국대사 코크가 워싱턴의 지시대로 소련외교부장관비신스키를 긴급하게 만날 것을 요청했지만 돌아온 대답은, 오늘은 일요일이어서 외교부 책임자들이 모스크바에 있지 않다는 것이었다.[34] 6월 26일 밤미국시간 27일 정오 유엔에 주재하고 있던 소련 외교관은 롱아일랜드에 위치한 스톡홀름호텔에서 사적인 오찬회를 진행했다. 이것은 소련이 안보리를 보이콧한 기간 동안 정기적으로 진행한 사교활동의 하나로서, 안보리 기타 성원국들과 정치적 연계를 유지하기 위함이었다. 그날 유엔사무총장 리는 미국대표 그로스와 소련대표 말리크 사이에 앉아 있었다. 점심이 거의 끝날 시점에 리는 말리크에게 그는 곧 다른 외교관들과 함께 안보리에 돌아가 회의를 할 예정인데, 소련대표의 참가여부를 물었다. 동시에 리는 귀국의 이익을 위해서 당신이 출석하는 것이 좋을 것 같다고 말했다. 이 말을 들은 그로스는 낯빛이 하얗게 변했고, 테이블 아래서 발로 리를 건드리면서 더 이야기하지 말 것을 암시했다. 소련대표가 회의에 출석하게 된다면 반대표를 던질 것이 분명했기 때문이다. 하지만 말리크는 머리를 절레절레 흔들면서 자신은 출석하지 않을 것이라 했다.[35] 6월 27일에도 미국대사는 소련 외교부장관을 만나려고 온종일 노력했으나 성공하지 못했다. 오후 5시 코크는 사람을 통해 소련외교부에 미국정부의 비망록을 전달하면서 소련정부가 북한정부에 압력을 넣어 군사진공을 멈추게 할 것을 요청했다.[36] 6월 29일 리는 소련에 27일에 있었던 안보리 결의안을 통보했다.[37] 이때에 이르러서야 모스크바는 정식으로 반응을 하기 시작했다. 외교부 제1부부장인 그로미코는 그날 미국대사를 만났고 그에게 소련정부의 한반도사건에 관련된 미국비망록에 대한 성명을 넘겼다. 성명에서 전쟁에 대해 책임져야 하는 측은 남조선남한당국이고, 소련정부는 계속하여 한반도 내정을 간섭하지 않는 원칙을 지킬 것이며, 소련정부가 유엔안보리에 참석하지 못하는 것은 미국이 중국의 출석을 거부하기 때문이라 했다. 그 결과 안보리는 어떠한 합법적 효력이 있는 결정을 내릴 수 없게 되었다고 했다.[38] 동시에 소련정부는 리에게 통지하기를 모스크바는 유엔의 27일 결의안을 거절한다고 했다.[39]

소련정부의 이토록 느리고 평온한 반응, 그리고 이 후 내려진 공개적 성명이 표명하는 것은 첫째, 소련은 이 돌발적인 전쟁에 별로 놀라지 않았다는 것이다. 둘째, 모스크바는 소련대표의 결석으로 인하여 안보리가 내린 모든 결의가 모두 합법성을 갖지 못하게 되었다고 생각했다는 점이다(이 점에서 스탈린이 말한 것은 진실이었다. 하지만 이것은 이미 아무런 의의가 없었다). 셋째, 중요한 것은 모스크바는 이 일에서 방관적인 태도를 취할 수밖에 없었다는 점이다. 만약 소련대표가 안보리에 돌아가면 반드시 이러지도 저러지도 못하는 곤경에 빠지게 될 것이기 때문이었다. 거부권을 사용하지 않는다면 북한, 그리고 사회주의진영에 대한 배신이 되는 것이고, 거부권을 사용하는 것은 평양의 배후에 모스크바가 있음을 승인하는 것이 되고 그러면 미국과 세계여론과 직접 대립하게 되는 것이기 때문이었다. 이 모든 것은 스탈린이 원하는 결과가 아니었다. 때문에 소련은 안보리에 돌아올 것에 대한 "초청"리과 "기대"고트왈드에 침묵과 회피의 태도를 보였다. 그 뒤 소련이 안보리에 돌아간 것은 현실이 모스크바로 하여금, 소련의 결석이 안보리 구성원들이 안보리 결의를 집행하는 것에 아무런 영향을 미치지 못했고 도리어 자신을 유엔밖에 놓이게 하여 국제사회에서 역할을 발휘할 수 없게 되었음을 의식했기 때문이다.

이로부터, 스탈린의 사후적 해석은 완전히 진심이 아니고, 사람들의 이목을 가리는 것이며 잘못을 감추려는 것임을 알 수 있다. 만약 연구자가 분석을 가하지 않고 문서기록의 저자 혹은 당사자들의 말을 따른다면 문서기록의 저자가 의식적으로 혹은 무의식적으로 파놓은 함정에 빠지게 될 수 있다.

중국이 한반도에 출병하는 정책결정의 복잡한 과정

기왕의 연구들에서 중국의 출병에 대한 정책결정의 복잡한 과정에 대해 이미 대체적으로 이야기했다. 즉 10월 1일 스탈린의 중국이 출병하여 북한을 원조할 것을 요청하는 전보를 받은 뒤, 19일 지원군의 첫 부대가 압록강을 넘는 기간 동안 중국영도자들은 여러 번 토의를 했고, 저우언라이, 린뱌오를 소련에 파견하여 스탈린과 직접 협의하기도 했다. 이 기간 동안 3차례의 반복이 있었다. 하지만 여전히 일부 세부적인 부분은 명확하지 않다. 예를 들면 9월 15일 미국이 인천에 상륙한 뒤, 중국은 도대체 어떤 계획이 있었는지, 중국과 북한 변계에 집결하고 있던 군대를 출동하려고 했었는지, 10월 5일 오후 중국이 한반도에 파병하기로 결정한 뒤, 이 결정을 모스크바에 통지했는지(이 문제는 저우언라이가 소련을 방문한 목적을 어떻게 판단할 지에 관련된 것이다) 등이다. 이에 대한 문헌증거는 아직 없다. 또 중국과 소련 영도자가 흑해회담에서 어떠한 협의를 달성했는지에 대해서도 문서자료가 부족하고, 당사자들의 회고 역시 서로 다르기에 연구자들의 이번 회담의 상황 그리고 결과에 대해 여러 추측과 논쟁을 일으켰다.[40]

러시아가 공표한 문서기록은 이러한 공백을 채워주었다. 연구자로 하여금 예전의 끊어진 역사의 구슬을 다시 잇게 만들었고 중국이 출병문제에서 직면했던 어려움과 마오쩌둥이 결심을 내리게 된 배경을 정확하게 보아낼 수 있게 했다.

새로운 러시아문서기록은 미국이 인천에서 상륙한 뒤, 북한주재 중국대사는 즉시 북한에 중국 측이 장악하고 있는 미 10군과 이승만의 1개 여단이 서해안에 상륙할 것이라는 정보를 통보했다. 동시에 저우언라이는 북한대사 이주원을 접견하여 북한정부의 중국에 대한 요구를 물었다. 북한영도자들의 이해에 따르면, 이것은 "중국부대를 파견하여 조선북한인민을 원조하는 것을 보증"함을 표명한 것이었다. 9월 20일 소련대사와의 회담에서 김일성과 김두봉최고인민상무위원회 위원장은 중국군대는 비록 용맹하고 싸움을 잘 하지만 미국의 강대한 공중 우세 때문에 공군의 엄호가 없으면 중국군대가 참전하더라도 별로 도움이 되지 못한다고 했다. 소련대사의 의도를 알기 위하여 외무상 박헌영은 "비록 그들은 자신의 힘으로 통일을 완성해야 하지만, 만약 중국군대가 와서 지원하게 되면 상황은 크게 달라질 것이다"고 말했다. 이에 대해 시트코프는 아무런 의견을 표시하지 않았고 다만 이것은 북한 내부사무라고 말했다.[41]

9월 21일 북한노동당정치국은 회의를 열고 중국의 출병을 요청하는 문제에 대해 연구했다. 2시간 반의 토론 과정에 서로 상반되는 두 가지 의견이 있었다. 박헌영, 김두봉, 박일우내무상는 "상황이 위급하고 자신의 힘에만 의거해서는 미군과 싸우기가 어려우니 응당 중국정부에 군대 원조를 청구"해야 한다고 했다. 김일성은 명확히 반대를 표시했다. 그는 중국의 참전은 제3차 세계대전을 일으킬 수 있고, 중국이 출병한다 해도 문제를 해결할 수 없기에 응당 새롭게 인민군부대를 창설하는 것에 희망을 걸어야 한다고 했다. 그는 또 소련군사고문단과 무기의 원조가 있음에도 중국에 방조를 요청하면, 모스크바로 하여금 "수치심"이 생기게 할 수 있음을 강조했다. 그러므로 응당 중국정부에 구원을 요청하는 것을 잠시 미루고, 스탈린의 의견을 들어보아야 한다고 했다.[42]

이때, 마오쩌둥은 실제로 즉각 출병하여 북한을 도와줄 의도가 있었다. 9월 17일 중앙군위는 즉각 5명의 선견소조를 북한에 주재하는 무관 차이청원과 함께 북한에 파견하여 정황을 알아보고 지형을 조사하면서 작전준비를 하기로 결정했다. 선양을 지날 때, 차이청원은 마오쩌둥의 한 통의 편지를 가오강에게 넘겼다. 편지에는 "보아하니 출병하지 않으면 안 될 것 같다. 반드시 준비를 다그치기를 바란다"[43]고 말하고 있었다. 하지만 평양의 태도는 중국이 주동적이고 명확하게 참전을 요구할 수 없게 만들었다. 이렇게 며칠이 지나자 상황은 더욱 위급하게 변했다. 시트코프는 모스크바에 다음과 같이 보고했다. "근래에 정세가 날로 복잡해졌다. 적들은 이미 완전히 제1방면군의 6개 사단과 2개 여단을 차단하였다. 또 원주를 진공하여 제2방면군의 7개 사단도 차단했다. 한성서울은 이미 함락되었다. 38선으로 나아가 효과적으로 적들과 싸울 부대는 이제는 없다." "정치적 상황도 매우 복잡하다. 적들은 북조선북한 경내에 낙하산부대를 투하하여 소련이 어떤 물자를 원조했는지를 정찰하고 파괴활동을 조직하고 있다. 반동세력이 북조선북한에서 머리를 쳐들기 시작했다." 보고는 또 김일성과 박헌영은 "매우 불안해하며" "지금의 정세에 대해 당황스러워하며 신심이 없어 한다"고 말했다. 비록 이러했지만 김일성은 여전히 중국의 출병을 명확하게 요청하는 것을 원하지 않았다. 9월 28일, 북한노동당은 정치국회의를 열고 스탈린에게 보내는 편지에 대해 논의하고 의결했다. 소련이 공군으로 북한을 원조할 것을 요청하기로 했다. 회의는 또 마오쩌둥에게도 편지를 보내기로 결정 했지만 구조를 암시하는 것에 그쳤다.[44]

10월 1일 스탈린이 명확하게 소련은 아무런 직접적인 군사원조를 줄 수 없다고 답한 이후에야 김일성은 중국의 도움을 요청하는 것으로 돌아섰다. 같은 날 마오쩌둥은 스탈린의 중국 출병을 건의하는 전보를 받았고, 중국대사관도 김일성의 중국이 파병하여 한반도에서 작전할 것을 요청하는 구조편지를 받았다. 10월 2일 마오쩌둥은 스탈린에게 보내는 답전의 초안에서 즉시 출병에 동의를 표시했고, 동시에 소련이 무기와 장비를 원조해줄 것을 요구했다. 하지만 그날 열린 중공중앙서기처 확대회의에서 다른 의견이 있었고, 대다수 영도자들은 출병문제에 대해 신중하게 고려할 것을 주장했다. 회의는 10월 4, 5일에 재차 정치국확대회의를 열어 토론하기로 결정했다. 마오쩌둥은 하는 수 없이 그날 밤 소련대사 로신을 만나, 중국이 지금 출병하는 것에 어려움이 있어 다시 회의를 열어 논의해야 한다고 했다. 10월 5일 오후, 마오쩌둥과 펑더화이의 적극적인 추동 아래 중공중앙정치국 확대회의는 파병하여 한반도에서 작전하는 것을 결정했다.[45]

10월 6일밤 마오쩌둥은 로신을 만나 그는 스탈린의 국제정세에 대한 분석에 동의하고, 중국과 소련이 응당 힘을 합쳐 미국과 싸워야 하지만 중국군대의 무기장비가 너무 낙후하고 특히 공군이 없으므로, 저우언라이와 린뱌오를 파견하여 스탈린에게 직접 정황을 설명하고 싶다고 했다.[46] 여기서, 마오쩌둥은 명확하게 스탈린에게 중국은 이미 출병을 결정했음을 알리지 않았다. 문맥을 통해 저우언라이의 목적이 소련이 무기장비의 제공하는 문제와 공군지원의 문제를 해결하기 위한 것임을 알 수 있다. 스탈린이 자신의 뜻을 오해할 수 있다고 생각해서였는지, 10월 8일 지원군을 조직하는 명령을 하달한 이후인 그날 밤 10시 30분, 중국주재소련대사관은 마오쩌둥으로부터 또 한 통의 전보를 받았다. 이 전보에서 "우리의 당중앙전체회의는 당신의 의견에 동의했다. 나는 이미 펑더화이를 중국인민지원군사령관 겸 정위로 임명했다. 가오강 동지가 지원군의 후방보급을 책임진다. 그들은 이미 오늘 오전10월 8일 비행기를 타고 봉천선양으로 떠났다. 부대는 대략 10월 15일쯤 한반도에 들어갈 것이다. 나는 이미 지원군을 파견하여 한반도에 들어가 작전하는 결정을 김일성 동지에게 통지했다. 저우언라이 동지와 린뱌오 동지는 오늘 아침 8시 비행기 편으로 당신이 위치하고 있는 곳으로 출발했다. 그들의 행선에 대해 비밀로 해주기를 바란다"고 알렸다. 로신은 즉시 전보를 발송했고, 동시에 설명하기로 "내가 항공사로부터 받은 소식에 따르면, 저우언라이 일행은 17시 43분에 이르쿠츠크에 순조롭게 도착했다"[47]고 했다.

이 문건에 따라 이전의 여러 당사자들의 서로 다른 주장에 대해 판단을 내릴 수 있다. 스저와 페도렌코 모두 저우언라이는 중국이 출병하지 않는다는 의견을 갖고 스탈린을 만났다고 했다. 이들의 기억은 틀린 것이고 저우언라이의 비서였던 캉이민康一民의 주장이 더 사실에 맞는 것임을 알 수 있다. 캉이민은 저우언라이의 이번 출장의 목적이 소련에 중국의 출병결정을 알리고, 동시에 무기장비의 원조문제를 논의하기 위한 것이라 했다. 하지만 이번 회담의 결과에 대한 캉이민의 회고 역시 틀렸다. 그는 회담의 결과에 대해 이번 회담은 매우 순조로웠고, "쌍방은 항미원조의 문제에 대해 일치한 의견을 이뤘다"고 회고 했다. 결과에 대해서는 스저의 회고가 더욱 사실에 부합된다. 즉 쌍방은 "즉각 출병하지 않는 준비와 안배를 하기로 결정"했다는 것이다. 저자는 예전에 여러 사료들을 논리적으로 분석하고 이런 결론을 내렸었다. "중국과 소련 영도자들이 흑해 회담에서의 초보적인 결과는 중국이 잠시 군대를 파견하여 한반도에 들어가 작전하지 않는 것이고 동시에 김일성으로 하여금 북한으로부터 철수할 것을 건의했다."[48] 지금 이러한 판단을 확정할 수 있다. 러시아가 얼마 전 공표한 한 부의 매우 중요한 문서기록, 즉 10월 11일 스탈린과 저우언라이가 연명으로 보낸 전보의 전문은 아래와 같다.

극비

제4784호 비밀전보

우선발송

베이징주재소련대사관은 즉시 마오쩌둥 동지에게 전달하기를 바란다

귀국의 대표는 오늘 도착했다. 우리 소령공산당 영도자 동지와 귀국대표는 귀국이 알고 있는 문제들을 함께 토론했다.

우리는 의견을 교환한 다음 아래 사실을 명확히 했다.

1. 중국이 파견하려고 계획하는 지원군은 준비가 되지 않았고, 장비가 낙후하고 대포가 부족하며 탱크가 없다. 엄호 임무를 집행할 항공병은 적어도 두 개월 뒤에야 도착할 수 있고, 위의 군대에 대해 무장하고 훈련하는 것은 적어도 6개월이 수요된다.

2. 만약 1개월 내에 상당한 수량과 훌륭한 장비를 갖춘 부대로 직접 원조를 제공하지 않는다면, 38선 이북의 조선(북한)군대가 버틸 힘이 없기에 조선(북한)은 미국에 점령될 것이다.

3. 때문에 조선인들에게 제공하는 합당한 지원군은 반년 뒤, 즉 조선(북한)이 이미 미국에 점령되어 조선(북한)이 이미 원군을 수요하지 않는 시점에야 갖춰질 것이다.

이상의 원인과 저우언라이 동지가 보고한 중국의 참전이 국내에 초래할 불리한 요소를 고려하여 우리는 다음과 같이 일치하게 결정했다.

1. 비록 국제정세가 유리하지만 중국군대는 아직 준비를 마치지 못했으므로 조선(북한)변경을 넘지 않음으로써 불리한 상황에 빠지는 것을 피하기로 했다.
2. 만약 부대가 이미 변경을 넘었다면, 중국변경과 가까운 산지대에서만 활동하며 깊게 들어가지 말아야 한다.
3. 일부 조선(북한)군대는 평양과 원산이북의 산지에서 방어를 조직하고 일부 군대는 적들의 배후에서 유격전을 벌이는 것으로 전환한다.
4. 전쟁 중에 입대한 우수한 조선인과 지휘관을 차례로 조용히 만주로 이동시켜 그곳에서 그들을 조선인사단으로 편성한다.
5. 빨리 평양과 북조선(북한) 산지대 이남의 중요한 근거지에 대한 소개를 진행한다.

중국동지가 필요로 하는 중국군대를 새롭게 무장하는 탱크, 대포와 비행기 등 장비에 대해 소련은 충분히 만족할 것이다.

당신의 결정을 기다린다.

싸인 : 필리포프

저우언라이

1950년 10월 11일

집행 정황을 보고하기 바란다.

1부를 프린트 하여 스탈린 동지에게 보낸다.[49]

이 문서기록은 이전에 알지 못했던 혹은 명확하지 않았던 문제에 대해 답했다. 첫째, 저우언라이 일행이 모스크바 시간 11일 흑해에 있는 스탈린 휴양지에 도착했고 그와 회담을 가졌다는 것이다. 둘째, 스탈린은 중국에 무기장비를 제공하는 것에 동의했지만 소련공군은 적어도 2개월 지나야 출동할 수 있다고 했다. 이것은 저우언라이가 중국이 먼저 육군을 출동하는 것을 거절한 이유이다. 셋째, 문서를 1부만 프린트 한 점으로부터 스탈린은 다른 소련영도자들이 사건의 대해 아는 것을 원치 않았다는 것이다. 넷째, 스탈린과 저우언라이는 이미 중국군대가 한반도에 나아가 작전하지 않기로 논의했지만 최후의 결정은 마오쩌둥이 내리도록 했다. 과거에 사람들은 마오쩌둥이 13일 정치국회의에서 중국이 여전히 출병하기로 결정한 것은 알 고 있었지만, 그 이전에 마오쩌둥이 출병하지 않는다는 의견을 받은 점에 대해서는 알지 못했었다. 러시아 문서기록은 이러한 정황을 말해주고 있다.

베이징 시간 10월 12일 15시 30분, 로신은 마오쩌둥을 만나 그에게 스탈린과 저우언라이가 연명으로 보낸 전보를 넘겼다. 마오쩌둥은 즉시 로신으로 하여금 스탈린에게 "당신들의 결정에 동의"함을 전달할 것을 부탁했다. 22시 12분 로신은 마오쩌둥이 스탈린에게 발송해줄 것을 요구하는 두 번째 전보를 받았다.

> 필리포프 동지와 저우언라이 동지에게
>
> 나는 10월 11일 전보의 의견에 동의한다.
>
> 우리측 군대는 아직 출발하지 않았고 나는 중국군대가 한반도에 진입하는 계획을 집행하는 것을 정지하는 명령을 내렸다.
>
> 조선(북한)동지에게 상황에 따라 새롭게 병력을 배치하고 새로운 계획을 집행해야 하는 일에 대해 나는 이미 가오강에게 부탁하여 조선(북한)동지에게 해석하도록 했다.[50]

실제로 가오강이 해석하기 전 스탈린은 마오쩌둥의 첫 번째 전보를 받은 뒤 즉시 김일성에게 회담의 결과를 통보했고 철수와 소개를 안배했다. 이러한 북한사람들을 실망케 하는 결정에 대한 책임은 자연스럽게 중국에 돌렸다.

시트코프와 바실리예프 동지 :

김일성에게 아래 내용을 읽어주기를 바란다

“어제 소공중앙정치국대표는 중공중앙대표 저우언라이, 린뱌오와 중국군대를 파견하여 조선(북한)을 원조하는 문제에 대한 회의를 열었다.

저우언라이의 보고를 통해 다음과 같은 사실을 알게 되었다. 원래 계획대로 조선(북한)에 지원하려는 중국군대는 아직 준비가 되지 않았다. 탱크가 없고, 얼마 되지 않는 양의 대포만 있고, 지금 육군에 대한 공중의 엄호는 적어도 2개월 뒤에야 제공된다. 또 탱크와 대포를 배치하고, 탱크병과 포수를 훈련하는 것에 적어도 6개월의 시간이 수요된다는 사실이다.

저우언라이가 통보한 정황을 감안하여 회의는 중국이 6개월 뒤에야 출병하여 원조할 수 있다고 일치하게 생각했다.

하지만 이러한 원조는 이미 너무 늦었고, 그때에 미국군대는 이미 북조선(북한)을 점령했을 수 있으므로 회의는 다음과 같은 결론을 내렸다. 중국군대의 장비가 낙후하고 준비가 부족한 상황에서 지금 조선(북한)에서 승리를 거둘 수 없고, 오히려 이와 반대로 위험한 상황에 처할 수도 있다.

이런 정황을 감안하여, 중국과 소련 쌍방의 중앙대표가 참가한 이번 회의에서 건의하기를 :

즉시 평양 등 중요한 거점에 대하여 소개를 시작하며 당황해 하지 않는다.

조선인민군은 한편으로 싸우고 한편으로 북방으로 철수하면서 적군을 견제하여 그들이 신속하게 북방으로 침투하는 것을 방지한다.

일부 군대는 원산과 평양 이북의 산지에 집결하여, 그곳에서 견고한 방어진지를 구축한다. 다른 일부 군대는 소규모로 나누어 적들의 후방에 진입하여 유격전을 벌인다. 새로운 보충역량을 조직하기 위해 입대한 조선인들을 차례차례 중국경내의 만주로 진입하도록 하여 그곳에서 사단을 조직한다.(중국동지는 이에 동의를 표했다)

이미 도착했지만, 조선(북한)군대가 아직 사용하지 않은 소련제 무기로 만주에서 조직될 조선사단을 무장한다.

6. 소련에서 비행을 학습했던 모든 조선인을 파견하여 비행임무를 집행한다. 만주에서 그들을 항공병부대로 편성하며 모든 비행기는 소련이 제공한다.
7. 모든 소련고문은 소련에 돌려보내거나 그들을 만주에서 새롭게 조직하는 조선인 사단을 조직하는 것에 이용할 수 있다. — 이것은 김일성이 상황을 보면서 결정할 수 있다.

그리고 당신에게 통보할 것은, 마오쩌둥이 이번 회의에서 형성된 의견에 동의했고 찬성했다는 점이다.

폰시

1950년 10월 12일[51]

평양이 모스크바의 철수를 조직하는 지시를 받은 뒤, 베이징에서 상황이 또 크게 변화했다. 13일 오후 마오쩌둥은 중남해에서 중공중앙정치국 긴급회의를 소집하고, 출병문제에 대해 다시 토론했다. 토론의 결과 중국은 재차 파병하여 한반도에서 작전하기로 결정했다. 이 회의에 대한 상세한 정황은 지금 아직 문헌증거가 없다. 아마 회의기록이 없을 수도 있다. 하지만 러시아가 공표한 문서기록, 즉 10월 13일 로신이 스탈린에게 보낸 제2406호 전보는 중요한 사실을 피력하고 있다.

필리포프

10월 13일 21시 마오쩌둥은 나를 불러 아래의 사항을 선포했다.

중공중앙은 재차 필리포프 동지가 최근 보낸 전보와 나의 결정을 토론했다. 우리 영도자 동지들은 우리는 응당 조선인을 도와야 한다고 했다.

이상에서 서술한 원인을 감안하여, 마오쩌둥 동지는 즉시 저우언라이를 모스크바에서 멈추게 하였고 그에게 당신과 조선(북한)문제를 논의할 새로운 지시를 하달했다. 지금 담화의 상세한 내용을 이 전보와 함께 발송한다.[52]

여기서 특별히 주의할 점은 마오쩌둥이 중공중앙이 재차 "나의 결정"을 토론했고, "응당 조선인을 도와야 한다"고 생각했다는 점이다. 이것은 본래 출병을 강하게 주장했던 사람은 마오쩌둥 본인임을 말해주고 있다. 소련이 이미 공군을 제때에 출동할 수 없다는 것을 표명하고 중소영도자들이 이미 일치하게 북한을 포기하는 결정을 내린 상황에서, 마오쩌둥이 개인적으로 미국인들과 고군분투 하기로 "결정"을 내렸음을 말해주고 있다.

여기서 또 이런 문제를 제기할 수 있다. 중소영도자들이 흑해 회담 이후 중국이 잠시 출병하지 않은 결정을 내린 주요한 원인은 소련공군이 아직 준비가 되지 못했고 제때에 출동할 수 없었기 때문이라는 것이다. 하지만 스탈린은 원래 중국이 육군을 출동하고 소련이 공군을 출동하여 엄호할 것을 약속했다. 소련의 벨로프 항공사단은 이미 8월에 중국동북에 도착하여 방공의 임무를 맡고 있었다.[53] 그렇다면, 스탈린은 왜 저우언라이가 소련을 방문한 시점에 갑자기 생각을 바꾸었을까?

소련이 공군을 출동하여 한반도에서 작전하는 것을 거절한 원인

스탈린은 실제로 공군을 출동하여 중국군대를 엄호할 것을 약속했었다. 앞서 7월 2일, 저우언라이는 미국이 전쟁에 개입한 것을 감안하여 "마오쩌둥은 한성서울을 보호하기 위하여 인천지역에 강대한 방어부대를 만들어야 한다. 미

해병대가 그곳에서 상륙할 수 있다고 생각한다"고 소련대사에게 알렸다. 저우언라이는 또 다음과 같이 강조했다. "만약 미국 사람들이 38선을 넘으면, 그때에 중국군대는 조선인민군 제복을 입고, 미군을 반대하는 지원군 행동을 취할 것이다. 이를 위해, 중국영도자는 이미 선양지역에 3개 군단, 병력 12만 명을 집결했다." 이어서 저우언라이는 "소련공군이 공중에서 이들 병력에 대한 엄호를 제공할 수 있는지"[54]를 물었다. 7월 5일 스탈린은 이에 대해 이렇게 답했다. 그는 로신으로 하여금 저우언라이게 소련은 "있는 힘"을 다하여 한반도에 나아가 작전하는 지원부대에게 "공중엄호를 제공할"[55] 것임을 전달할 것을 요구했다. 스탈린은 7월 13일, 로신을 통해 중국영도자에게 전달된 전보에서 재차 다음과 같이 명확하게 표시했다. "우리는 아직 당신이 이미 중국과 조선북한변경에 9개의 중국사단을 배치했는지에 대해 알지 못한다. 만약 당신이 이런 결정을 이미 내렸다면, 우리는 당신에게 124대의 제트기로 구성된 전투기사단을 배치하여 이들 부대에 대하여 엄호를 할 것이다." "우리는 우리 비행사들이 중국비행사들을 2, 3개월 훈련시킨 다음, 전부 장비를 당신들의 비행사에게 넘기도록 할 것이다. 우리는 상하이에 있는 항공사단도 이렇게 하도록 할 것이다."[56] 7월 22일, 로신은 마오쩌둥의 이 문제에 대하여 스탈린에게 보낸 전보를 전달했다. 전보에서는 "당신들의 우리군을 엄호하기 위한 제트기사단을 우리는 선양 지역에 배치하려고 한다. 이 중에서 두 개의 연대를 안산에 배치하고, 한 개 연대를 랴오양에 배치하면, 우리군의 안둥지역에 있는 혼성항공여단의 여러 전투항공병 연대와 배합하여 우리의 선양, 안둥, 푸순撫順공업지구에 대해 엄호를 진행할 수 있다"고 적혀 있었다. 마오쩌둥은 또 중국은 1951년 3~4월 이전 "소련의 두 개의 항공병사단의 전부 무기장비를 접수하는 일을 완수할 수 있다고 했다".[57]

소련이 항공엄호의 제공을 보증하는 것은 마오쩌둥이 펑더화이로 하여금 출정하도록 설득할 수 있었던 중요한 이유였다. 그가 저우언라이를 파견하여 스탈린과 면담하도록 한 주요 목적 역시 스탈린으로 하여금 명확하게 공군지원을 보증하는 것을 확인하기 위해서였다. 하지만 마오쩌둥은 이러한 보증을 얻지 못했다. 그렇다면 스탈린은 왜 중요한 시점에 입장을 바꾸었을까? 과거 연구자들은 다음과 같이 추론했다. 10월 8일, 즉 미국군대가 38선을 넘은 그 다음 날, 맥아더는 두 대의 전투기를 파견하여 소련의 연해주 수카야시 부근의 한 비행장을 습격했다. 이 사건은 스탈린에게 보낸 미국의 경고로 받아들여졌고, 그를 더욱 신중하게 만들었다.[58] 러시아문서자료가 밝히고 있는 소련이 이 사건에 대한 반응 그리고 그의 행동이 증명하는 것은 이러한 추측이 정확하다는 것이다.

한국전쟁에 개입한 뒤, 미국의 군용비행기는 극동지역에서 여러 차례 소련의 영공을 침입했다. 소련의 국가안전부 변방부대 관리총국의 국장이었던 스타하노프Stakhanov 중장은 10월 4일 조사보고에서 이에 대해 상세하게 이야기했다.

> 여러 차례의 조사가 증명하는 것은, 소련외교부 각서초안에서 미국비행기가 소련변경을 파괴한 사실은 (다만 올해 8월 27일의 파괴를 제외하면) 실제로 존재한다는 것이다. 이미 국가안전부는 소련외교부에 변경을 파괴한 사실이 실제로 확인됨을 통보했다.
>
> 올해 7월 8일 18시 20분, 베링해협Bering Sea 방향의 아라캄체천 제도Arakamchechen island 상공 대략 1,000미터 고도에 두 대의 미국전투기가 나타났다. 그들은 채플린봉Cape Chaplin 상공을 넘어 미국의 세인트로렌스St. Lawrence Island섬 방향으로 사라졌다.
>
> 18시 50분, 세인트로렌스섬 방향으로부터 두 대의 전투기가 나타났다. 그들은

300미터 고공에서 프로비데니야 베이Provideniya Bay, 센트리 봉Century Cape을 넘어 추크치반도Chukchi Peninsula상공에서 서북방향으로 사라졌다.

18시 53분, 두 대의 전투기는 세인트로렌스섬 방향에서 소련의 국경선을 넘어, 소련의 아나디리베이Anadyr Bay 수역의 상공에서 사라졌다.

19시 20분, 아나디리 베이 방향의 대략 1,000미터 상공에 두 대의 전투기가 나타났다. 그들은 아친 봉Cape of Achin과 센트리 봉을 넘어 세인트로렌스섬 방향으로 사라졌다.

변방에서 근무하고, 초소를 지키는 상등병 카몰리코브Kamolikov와 상등병 루스주로프Russdjurov가 비행 상황에 대해 관찰했다.

7월 17일 14시 28분, 서북방향의 미터 고도에서 비행하는 두 대의 미국 비행기가 웰렌Uelen 부근에서 소련의 변경을 넘었다. 14시 30분, 데주뇨프 곶Cape Dezhnyov 이북 12해리 지점에서 비행기는 머리를 돌려 알래스카방향으로 사라졌다.

상등병 아나니인Ananiln의 지휘하에 변방근무자는 비행기의 비행상황에 대해 관찰했다.

올해 7월 20일 15시 29분 홋카이도방향의 500 미터 고공에서 비행하던 두 대의 미국 비행기는 소련변경을 침입한 다음 사우전드제도에 소속된 소련의 페르필레프군도Perfíliev island에 나타났다. 포클론스키Polonsky 와 시코탄섬Shikotan 상공을 넘은 이후 비행기 머리를 서쪽으로 돌렸다. 15시 46분 남쿠릴열도 마을의 상공을 넘어 쿠릴시크Kurilsk 동남해안을 따라 홋카이도 방향으로 사라졌다.

전초부대 군관 굴락Gulak, 중위 골럽Golub, 사우전드제도를 지키고 있는 전체 변방근무부대, 변방함대 군인과 공중 관찰초소가 비행기의 비행정황에 대해 관찰했다.

올해 7월 23일 11시 45분, 두 대의 미국 비행기는 채플린봉 지역에서 소련변경에 침입했다. 11시 50분 100미터 고도로 추크치 봉과 프로비데니야베이 상공을 비행했다. 이후 아나디리베이 수역의 상공에서 사라졌다.

12시, 이들 비행기는 머리를 돌려 프로비데니야 베이와 추크치 봉 상공을 넘어 알래스카 방향에서 사라졌다.

초소의 군관 코쉬Korsh 상위, 사비체프Savichev 중위와 라브렌티예프Lavrentiev 중위, 상등병 류밍과 코스트쿠신, 상사 시호프체프Shikhovtsev, 변방근무초소와 공중 관찰초소 모두가 비행기의 비행에 대해 관찰했다.

올해 8월 1일 17시 14분, 두 대의 미국 전투기는 소련국경선을 침입해 50 미터 상공에서 소련의 아나디리베이 수역을 비행했다. 센트리 봉과 추크치봉 상공을 넘어 비행기는 17시 25분에 채플린봉 상공 500미터에 나타났다. 이후 비행기는 세인트로렌스 섬 방향으로 날아갔다.

비행기의 비행상황에 대해 관찰한 군관은 브로다브키Borodavka 중령과 체르노프Chernov 중령, 초소의 군관 스코코프Skokov, 중위 라브렌티예프, 상사 폴란스키Polanski, 하사 빌리칼료프Billykrilalev와 쿠테왈스Kutevalls, 상등병 쿠릴로프Kurilov, 베코프Bekov, 쿠리천kuritsen, 폴류스키호Plyuskih, 포포프Popov, 그리고 프로비데니야 베이 지역 초소의 전체 인원이다.

올해 8월 4일 14시, 홋카이도방향 1,500미터 고공에서 비행하던 엔진 두 개를 장착한 폭격기는 사우전드군도 아누친제도Anuqin Island 지역을 비행한 뒤, 가야마카이치오 베이의 상공에 나타났다. 아누친, 유리Yuri와 젤레네이섬을 지나 동북방향으로 사라졌다.

비행기의 비행정황에 대해 관찰한 인원들로는 상위 굴락, 중위 스모렌초프Smolentsev, 보시야코프와아누친, 유리와 젤레네이섬 지역의 변방초소의 전체인원, 그리고 변방함대의 사병들과 그 지역의 주민들이다.

올해 8월 27일 9시 45분 사우전드군도의 이투루프섬Iturup Island에서 비행하던 미국의 "B-29" 비행기의 정황에 대해 변방부대 분대의 근무인원은 기록을 하지 않았고, 소련외교부에 통보하지도 않았다.

같은 날 8시 23분부터 45분 사이 변방초소의 근무인원은 제한된 시야조건 때문에 모터의 소리에 근거해 확인되지 않는 비행기가 아누친, 유리, 젤레네이, 포클론스키와 시코탄섬에서 비행하는 정황을 기록했다. 그리고 1950년 8월 29일 제 C-4437호 편지를 보내는 방식으로 외교부에 통보했다.[59]

미국공군의 위에서 서술한 도발적인 행위에 대해 모스크바는 계속하여 침묵했다. 9월 4일에 이르러 뤼순에서 이륙하여 비행훈련을 하던 소련 폭격기(폭탄이나 어뢰를 장착하지 않음)가 11대의 미국 전투기의 포위를 받아 격추되자 소련정부는 정식으로 항의했다. 하지만 미국의 거절을 받았다. 그 이유는 폭격기를 격추한 것은 유엔으로부터의 명령을 받았기에 미국은 소련의 항의를 받아들일 수 없다고 했다.[60] 조심을 가하기 위해, 외교부가 진일보 항의조치를 하기 전, 소공중앙은 변방군에 소련국가안전부와 해군총참모부가 제시한 통보를 "재차 확인"할 것을 요구했고, 영공을 침범한 것이 "확실한 것"인지와 위에서 통보한 것의 "정확한 정도"에 대해 설명하라고 했다.[61] 그리하여 상술한 스타하노프 중장의 보고가 있게 되었다. 하지만 10월 4일 이 실증보고를 받은 뒤, 소련외교부는 새로운 항의를 하지 않았다. 이것은 매우 민감한 시점이었다. 미국군대가 곧 38선을 넘을 예정이었고, 스탈린은 중국으로 하여금 하루 빨리 한반도에 작전할 것을 재촉하고 있었다. 모스크바는 이 시기에 미국과 소련 사이의 충돌이 격화되는 것을 원치 않았다.

비록 소련이 계속하여 참고 물러섰지만 유엔대회는 여전히 10월 7일 결의안을 통과시켜 유엔군이 전체 한반도를 점령하는 것을 비준했다. 미국군대는 이를 근거로 당일 북한으로 진입했다. 심지어 10월 8일 오후 4시 두 대의 미국

F-80 전투기는 소련의 연해주지역의 영공에서 저공비행을 진행하고 수카야 강 지역의 변경에서 100킬로미터나 떨어진 군용비행장에 기관총으로 사격을 가했다. 이에 대한 소련의 반응은 여전히 매우 평온했다. 비행기를 발진하여 적과 맞서지 않았고 지상의 기관총이나 고사포로 반격을 가하지도 않았다.[62]

10월 9일 22시 45분 그로미코는 미국대사에게 전화하여 두 시간 뒤에 만날 것을 요구했고 그에게 각서를 넘길 것이라 했다. 코크는 자신이 감기 때문에 지금 누워 있다고 했고 그로미코는 하는 수 없이 23시 30분 공사 바르부에르 Balbul를 접견하는 것에 동의했다.[63]바르부에르를 만났을 때 그로미코는 항의 각서를 읽었다. 하지만 바르부에르는 자신이 이 각서를 받아들일 수 없음을 성명하면서, 소련은 반드시 유엔에 이 문제를 제기해야 한다고 했다. 그 이유는 한반도지역에서 행동하는 것은 유엔의 무장력이기 때문이라 했다. 비록 그로미코가 소련비행장에 도발적인 사격을 한 것이 미국공군의 비행기임을 강조했지만 미국인들은 여전히 각서를 받아들일 수 없음을 견지했다. 어찌할 도리가 없는 상황에서 소련외교부는 각서를 미국 대사관에 우편으로 보냈다. 하지만 10월 10일 미국대사관은 외교우편을 통해 이 각서를 돌려보냈고 새로운 내용이나 문자설명을 보태지도 않았다. 문서기록으로로 보관된 외교각서에서는 소련인들이 표시한 "모스크바주재 미국대사관이 1950년 10월 10일 11시 30분에 외교우편을 통해 돌려보냈다"는 설명이 적혀 있었다. 실제로 미국에 의해 돌려보내진 이 각서의 내용은 간단하고 온화한 언어로 씌어진 소련정부의 입장을 표명하는 내용이었다. "소련비행장을 습격한 괴수를 엄격하게 처벌하고 미국정부가 다음과 같은 보증을 할 것을 기대한다. 필요한 조치로 금후 이러한 도발적인 행동을 일어나지 않게 한다."[64]

미국 공군이 취한 행동은 도발적인 행동이었다. 저공비행을 한 미국 조종사는 소련비행장의 표시를 보지 않았을 수 없었고, 아마 소련의 태도를 시험하는 것일 수도 있었다. 미국군대가 38선을 넘은 뒤, 만약 모스크바가 강경한 입장을 취하려 했다면, 이번 비행기 사격을 이용하여 미국에 경고했을 것이고, 심지어 소련이 한국전쟁에 개입하는 빌미로 했을 수 있다. 하지만 모스크바는 이처럼 나약한 입장과 조심스러운 태도를 보였고, 이것은 스탈린이 수치를 참으면서라도 이 위급한 시점에 미국과 맞서지 않으려 했다는 것을 보여주고 있다. 10월 19일 미국은 소련비행장에 대한 사격을 승인했고 이것은 미군의 "공중에서 틀린 인도와 잘못된 계산의 결과"라고 했다. 또 "이 비행기의 인도사가 이미 면직되었고, 동시에 상응한 조치를 취하여 두 명의 착오를 범한 조종사에 대해 규율 처분을 진행했다"고 통보했다. 미국정부는 "금전적으로 소련의 재산에 미친 모든 손실을 보상할 계획"이라 표시했다. 비록 공중사격이 소련에게 매우 큰 손실을 가져다 주었지만 모스크바는 아무런 반응을 내놓지 않았다.[65]

이로부터 추정할 수 있는 것은 미국군대가 아직 38선을 넘지 않았을 때, 한국전쟁을 안정화하기 위해서 스탈린은 적극적으로 중국의 출병을 부추겼고 공군을 출동하여 협조할 수 있음을 표시했다. 하지만 미군이 이미 38선을 넘어 계속 북진하고 중국이 출병문제에서 결정을 내리지 못하게 되자 스탈린도 신심을 잃었다. 완전히 승리할 확신이 없는 상황에서 스탈린은 소련과 미국의 직접적이고 전면적인 군사충돌만이라도 피하려 했다. 이런 상황에서 저우언라이가 소련에게 한반도에 나아가 작전하는 중국군대에게 공군지원을 하는 문제에서 태도를 명확하게 표시할 것을 요구하자 스탈린은 자연스럽게 미루는 태도를 보였다. 13일 마오쩌둥이 중국 육군이 먼저 출동하는 것을 재차 통보하면서 소련이 2개월 뒤 공중지원을 제공하는 것에 대해 보증을 요구하자 스탈린은 부득이하게 소련공군이 출동한다고 해도 한반도상공에 진입하여 작전하지 않을 것이라고 명확하게 말했다. 이것은 중국군대가 반드시 혼자 작전해야 함을 의미하는 것이었다. 실제로 11월 초 지원군이 유엔군에 첫 진공을

발동하고 승리를 취득할 시점에야, 소련공군은 압록강 상공에 나타났다.[66]

이로서, 중국이 한반도에 출병하는 전 과정에 대해 매우 상세하게 서술했다. 당연히 한국전쟁의 역사에 대해 아직 풀리지 않고 명확하지 않은 부분이 있다. 예를 들면 세균전 문제, 전쟁포로문제 등이다. 하지만 관련된 여러 나라 문서기록이 속속 개방되면서 전체 발전과정과 대부분의 역사의 구체적인 부분은 이미 연구자들에 의해 알게 되었다. 그리고 확정할 수 있는 것은 최종적으로 "모든 것이 밝혀지는" 날이 멀지 않을 것이라는 점이다.

『史學集刊』 2007 제5기에 발표

대일강화와 한반도정전협상

대일강화문제는 한국전쟁과 마찬가지로 아시아냉전사 연구에서의 중대한 과제의 하나이다. 이것은 미국, 소련, 중국 등 전승국의 대일정책의 변화 및 이들 국가와 일본 사이의 관계와 관계될 뿐 아니라 동아시아냉전이 최종적으로 형성되었음을 표시하는 것이기도 하다. 여러 나라 학자들이 지속적으로 대일강화문제를 중요시했지만 연구는 대체로 미국, 영국, 일본 등 서방 동맹국의 정책 변화와 정치적 고려에서 출발한 것에 집중되었다.[1] 철의 장막 다른 한 켠 — 사회주의 진영에서 연구한 학자는 많지 않다. 그 원인은 주로 관련된 역사자료가 부족하기 때문이다. 냉전이 끝난 뒤, 러시아 문서가 기밀 해제 되고 중국의 문서가 개방되고 공표됨에 따라 소련, 중국이 대일강화문제에서의 정책이 점차 그 모습을 드러내고, 관련된 연구들도 용솟음치고 있다.[2]

이와 동시에 냉전국제사학계에서 한국전쟁에 관한 연구도 진일보 발전이 있었다. 역사자료의 발굴과 더불어 기존의 과제 — 전쟁의 기원, 국제적 배경, 핵위협 그리고 전투의 진전 등에 대해 진일보 연구한 기초 위에 학자들은 새로운 중요한 문제 — 정전협상에 대해 흥미를 갖게 되었다.[3] 실제로 한국전쟁은 3년이 넘는 시간을 겪었지만 이 중에서 2/3의 시간은 정전협상을 하면서 보냈다.

이런 현상은 국제전쟁사에서도 드물다.[4] 그리하여 연구자들은 모두 동일한 문제, 즉 교전쌍방 모두가 전쟁을 지속할 수 없다는 것을 알았고, 대화와 협상의 방법으로 충돌을 끝내려고 했다면, 왜 협상의 장에서 화해를 위한 양보를 하지 않았을 것인지에 대해 생각하게 된다.

대일강화조약과 한국전쟁의 관계에 대해 기왕의 연구자들이 모두 주의한 점은 한국전쟁의 발발이 미국으로 하여금 최종적으로 대일강화의 방침을 바꾸게 하였다는 점이다.[5] 이러한 결론은 성립되는 것이다. 저자가 연구에서 발견한 점은 강화조약과 전쟁 사이에 또 다른 관계, 즉 미국이 대일강화방침을 바꾸고 대일강화를 실현 한 다음, 한국전쟁 쌍방도 상응하게 자신들의 한국정전협상에서의 입장과 대책을 바꾼 점이다. 이것은 대일강화조약을 체결한 방식과 결과가 한국전쟁협상이 지연된 여러 원인중의 중요한 요소라는 점이다.

한국전쟁상황의 변화와 미·소강화방침의 대항

1950년 6월 25일 북한인민군의 대거 38선을 넘는 행동은 미국으로 하여금 아시아정책을 전면적으로 바꾸도록 했다. 이것은 또 미국 정책결정자들이 대일강화문제에서의 최후의 장애물을 제거한 것이 되기도 했다. 합참의장 브래들리는 전쟁이 발발한 다음 날 트루먼 대통령에게 "한국, 일본, 오키나와, 대만, 필리핀과 동남아 모두 하나의 문제의 서로 다른 측면"이라 하면서 그들의 지위는 "상호의존"하는 관계라 했다. 그러면서 미국은 "서로 협동하는 전면적인 극동정책이 급하게 필요하다"고 했다.[6] 그리하여 미국의 해공군과 육군은 전쟁 발발 3일 후 차례로 참전하게 되었다. 트루먼은 "대만지위 미정론"을 꺼내 들었고, 미국 해군 제7함대는 이 기회를 틈타 중국의 대만해협에 침입했다.

이와 동시에, 일본 문제 역시 돋보이기 시작했다. 전쟁은 일본의 지위를 급격히 상승 시켰고, 미국이 극동에서의 군사력의 부족은 일본을 재무장하는 것을 더욱 필요하게 하였다. 7월 8일, 극동동맹군총사령관 맥아더는 일본정부가 7만 5,000명의 국가경찰예비대를 조직하는 것을 허락했고, 8,000명의 해상보안대 대원을 증가했다. 며칠 뒤, 그의 전문위원회는 또 경찰예비대를 신속하게 4개의 보병사단으로 편성하고 미국제 무기로 무장할 계획을 제기했다.[7] 국무원 고문 델러스는 동경에서 귀국한 뒤 즉시 국무원으로 하여금 강화 준비공작을 빨리 할 것을 재촉했다. 그는 7월 19일 건의에서 "한국전쟁의 발발로 인하여, 대일강화가 더욱 중요해 졌고, 중요해 지지 않은 것이 아니다"고 했다. 동시에 "더욱 심원한 측면"에서 강화문제를 고려해야 한다고 주장했다. 그 다음 날, 또 하루빨리 일본과 강화하는 것과 일본을 재무장하는 것이 불가분한 관계임을 강조했다.[8] 이 시기, 미국의 군인과 외교관의 입장은 완전히 일치했다. 그 뒤 몇 주 사이, 국무부와 국방부는 여러 번 협상을 거친 뒤, 대일강화의 선결조건에 대해 협의에 이르렀고 함께 양해각서에 서명했고 9월 7일 대통령에게 제출했다. 과정으로부터 볼 때, 양해각서는 이미 소련을 완전히 제치고, 외교적 경로를 통해 극동위원회에서 우호적인 국가와 비밀리에 예비협상을 하도록 되었다. 내용으로 볼 때, 비망록은 미국이 응당 외국군대가 일본에 체류하는 비준권과 지휘권을 가져야 함을 강조하면서도 일본의 자위권과 필요한 규모의 군대를 유지하는 권리를 부정하지 않았다. 비망록은 국가안전위원회 제60/1호 문서로 트루먼의 비준을 받았다. 한국전쟁에서 유리한 상황을 기다려 강화를 시행하는 것만 남았다.[9]

9월 15일 맥아더의 인천상륙은 일거에 성공했고, 근본적으로 한국전쟁의 상황을 바꾸어 놓았다. 대일강화문제도 즉각 워싱턴의 의사일정에 올려졌다. 비밀스러운 연락과 준비가 있은 뒤, 10월 26일 밤 델러스는 유엔주재소련대표 말리크를 만나 그에게 "대일강화7원칙"이라 불리는 미국의 비망록을 넘겼다.[10] 회담 중에, 델러스는 다음과 같은 세 가지를 강조했다. 첫째, 만약 소련이 대일강화조약의 체결에 참가한다면 쿠릴열도 남부, 사우전드군도는 소련에게 할양할 것이다. 둘째, 극동위원회 구성원 중에서 일부 나라가 대일강화조약 체결에 참가하지 않더라도 미국은 대일강화협상을 진행할 것이다. 셋째, 대만의 지위는 잠시 동결하고 유엔으로 하여금 새롭게 고려하도록 건의한다. 말리크는 미국의 화해방안 자체에 대해 아무런 반응을 내놓지 않았다. 다만 대만지위동결에 반대하며 이 문제를 유엔에 교부하는 것에 동의하지 않으며 관련된 국제협의를 지켜야 한다고 주장했다. 말리크는 "대문문제는 온전히 중국의 내정이다"[11]고 강조했다.

이 시기 한반도 정세는 매우 미묘한 상황이었다. 스탈린과 김일성의 요청과 독촉 아래 마오쩌둥은 결연히 파병하여 참전하는 것을 결정했다. 10월 19일, 중국인민지원군은 비밀리에 압록강을 넘었다. 승리에 조바심이 난 미국인은 앞으로 나가는 것에만 매진했다. 10월 말 중국군대와 교전한 뒤에도 여전히 중국이 전쟁에 개입한 것을 믿지 않았다. 배후에 있던 스탈린은 이런 상황을 마음속으로 즐겼다. 미국이 제기한 강화의 건의에 대해 모스크바는 빨리 답하지 않았다. 한편으로는 전쟁상황의 변화를 기다렸고, 다른 한편으로는 베이징의 의견을 듣기 위해서였다.

마오쩌둥은 매우 어려운 조건에서 한반도로의 파병을 결정했고, 북한과 사회주의진영을 어려움에서 구했으며 스탈린의 중공에 대한 의구심을 대부분 없앴다. 중국과 소련의 동맹관계는 이 시기 매우 긴밀해 보였다. 개방된 지 얼마 되지 않은 중국외교부의 문서자료에는 이 시기 중소 쌍방이 대일강화를 둘러싸고 오간 대량의 문서가 있었다. 중국주재 소련대사관의 일등비서였던 카피차가 회고록에서 적었던 동맹으로서 당시 중·소가 대일강화문제에서 긴밀한 연락과 합작을 유지했다는 말을 확인할 수 있었다.[12] 예를 들면 1950년 3월 맥아더가 일본에서 형을 집행 중에 있던 주요 전범을 석방할 것을 선포하자, 소련은 항의성명을 발표하기 전 중국에 통지했다. 저우언라이는 5월 12일 외교부의 관련부서로 하여금 한 통의 성명을 작성하여 소련의 성명에 대해 지지하며, 소련성명이 발표한 다음 날 신문에 실리도록 했다.[13] 또 같은 해 9월 1일, 중국은 모스크바에 맥아더가 장제스와 대만에서 협상을 하고 있다는 믿을 수 있는 정보를 통보했다. 정보에 따르면 미국과 장제스는 대만이 대일강화조약을 체결하기 전 일본영토의 일부분이기에 연합군사령부의 지휘를 받는 문제에 대해 협의를 이루었다. 대만에 장기적으로 미군이 주둔하고 제7함대가 대만해협을 봉쇄하는 것을 책임진다고 했다.[14] 이번에 미국이 정식으로 대일강화의 건의를 제기했기에 소련은 자연스럽게 중국과 협상을 진행했다.

미국과 소련대표가 협상을 마친 뒤, 소련은 비망록의 형식으로 중국에 미국이 건의한 내용을 통보했다. 동시에 소련의 답변 초안을 보내왔다. 소련 비망록의 중국어 번역본에 저우언라이는 다음과 같이 적었다. "밤에 로신은 이 문서를 보냈다. 미국정부가 소련에 넘긴 것이다. 소련은 아직 답하지 않았다. 즉시 연구하고 의견을 제출하기 바란다." 소련의 비망록은 완곡한 어휘와 온화한 어조였고, 직접적으로 미국의 건의에 대해 어떠한 반대 의견도 표시하지 않았다. 다만 6가지 문제를 제기하면서 "해석을 얻기를 원한다"고 했다. 비망록은 마지막에 "소련정부는 중화인민공화국정부가 어떠한 방식으로 이 문제에 대한 관점을 표시할지를 알기를 희망한다"[15]고 적었다. 소련의 답변에 대해 중국은 별다른 의의를 제기하지 않았다.[16]

11월 20일, 말리크는 위의 태도를 갖고 델러스를 만났다. 미국 사람들에 따르면, 말리크는 처음부터 "여유로웠고, 소련과 미국 양국 사이의 우의와 이해를 논했다". 앞선 회담에서 공식적인 태도와 다르게 이번에 소련사람들은 일종의 우호적인 분위기를 조성하려 했었다. 예를 들면 말리크가 미국정부는 신중국정부가 대일강화에 참가하는 것에 어떤 입장인지를 물었을 때, 델러스는 "지금까지 회담은 외교적 회담이다. 때문에 미국은 자국정부가 승인한 정부－국민정부와 토론을 진행한다"고 답했다. 소련의 이 문제에서의 입장은 원래 매우 명확했다. 하지만 말리크는 이에 대해 반응을 보이지 않았고 화제를 다른 곳으로 옮겼다. 이것은 델러스로 하여금 회담 이후 중국이 대일강화에 참가하는 대표권문제에서 소련을 너무 염려할 필요가 없다고 판단토록 했다.[17] 카피차에 따르면 모스크바는 강화문제에 의도적으로 구체적인 의견을 발표하지 않은 것이었다.[18] 그 원인은 당시 한국전쟁의 전쟁상황의 변화와 관계되었다. 스탈린은 너무 빨리 미국과 대일강화문제를 토론하고 싶어하지 않았다. 말리크의 웃음 뒷면에서 모스크바는 한국전쟁에서 더욱 사람을 흥분케 하는 보고가 전해오기를 기다리고 있었다.

이때, 중국군대는 이미 첫 전투에서 승리를 거두었다. 마오쩌둥은 전쟁상황의 전개에 대해 매우 확신이 있었다. 그는 12월 3일 김일성을 만났을 때 다음과 같이 지적했다. "적들은 정전을 요구할 수 있지만, 우리는 반드시 적들을 한반도에서 철수케 해야 하며 이러기 위해서는 먼저 38선 이남으로 철수하도록 해야만 정전을 협상할 수 있다고 생각한다. 가장 좋게는 우리가 평양을 확보한 뒤, 서울까지 확보해야 한다. 적들을 소멸해야 하면 우선적으로 괴뢰군을 소멸해야 한다. 이것은 미제가 병사를 철수하도록 하는 것에 더욱 유리할 것이다."[19] 이 주장은 스탈린과 일치했다. 12월 4일, 소련 외교부 부부장 그로미코는 중국대사 왕쟈샹과의 담화에서 중국 사람들은 반드시 지금의 기회를 최대한 이용해야 함을 강조하면서, 중국군대에게 '쇠뿔도 단김에 빼라'는 말처럼, 38선을 넘어 계속하여 추격해야 한다고 건의했다.[20] 그 다음 날, 저우언라이는 미국과 소련이 앞에서 서술한 두 차례 비망록과 관련된 '대일강화문제에 대한 성명'을 발표했다. 이것은 중국정부가 처음으로 전면적으로 대일강화문제에서의 관점과 입장을 표명한 것이다. 성명에서 베이징은 "반드시 대일강화의 준비, 제정, 조인에 참여해야 하며", 대만, 펑후열도, 사할린 남도 및 사우전드 군도의 귀속은 이미 카이로선언과 얄타협정으로 해결되었기에 "새롭게 토론할 이유가 전혀 없다"고 했다. 성명은 또 미국이 공개적으로 일본을 무장하고 일본을 미국의 식민지로 하려 하는 것을 질책했다.[21] 이런 의견은 자연히 소련의 입장을 반영한 것이다. 다만 모스크바가 직접 나서지 않았을 뿐이다.

중국은 당연히 한국전쟁을 대만과 대일강화문제를 해결하는 것을 촉진하는 것에 이용하는 문제를 고려했다. 국제사회에서 정전에 대한 호소가 넘치는 도중에 12월 7일 베이징시간 3시에 저우언라이는 소련대사 로신을 만나 그에게, 근래 유엔과 인도, 영국 등 나라들이 계속하여 중국이 어떠한 조건에서 한반도에서 군사행동을 정지할 것인지를 물어오고 있다고 했다. 중국정부는 이 문제에서 불리한 위치에 처하지 않고, 주동권을 자신의 손에 장악하는 동시에 적극성을 표시하기 위하여 다음과 같은 조건을 제시하려고 한다고 알렸다. 즉 모든 군대가 한반도에서 철수한다. 미국군대가 대만해협과 대만에서 철수한다. 한국 문제는 한국 사람들이 자체적으로 해결한다. 중화인민공화국 대표는 유엔에 참가하며 유엔에서 장제스 대표를 축출한다. 4개국 외교장관회의를 개최하여 대일강화를 준비한다는 등 조건이었다. 저우언라이는 즉시 소련정부의 생각을 알고 싶다고 했다. 그날 보내온 답전에서 모스크바는 저우언라이가 제기한 정전조건에 완전히 동의한다고 하면서 동시에 "이러한 조건을 만족하지 않으면, 군사행동을 멈추지 말아야 한다"고 생각한다 답했다. 하지만 소련정부는 또 중국이 즉시 이러한 조건을 선포하지 말며, 한성서울을 해방한 다음 "자신의 전부의 패를 보여 줄 것"[22]을 요구했다.

이로부터 스탈린은 한반도 전쟁에서 완전히 주동권을 장악한 뒤에야 미국과 대일강화를 토론하려 했음을 알 수 있다. 때문에 12월 27일 미국국무부의 답변을 모스크바는 한 부를 복사하여 베이징에 전달하면서 아무런 공개적인 반응을 내놓지 않았다.[23] 1950년 11~12월 지원군이 발동한 제2차 전투에서 미국 사람들을 크게 패하였고 국방부와 백악과 모두 점차 침울한 분위기에 빠졌으며 심지어 전면적인 철수문제까지 토론했다.[24] 그 뒤 지원군은 38선을 넘어 한성서울을 점령했다. 이때 유엔에서는 정전협상에 대한 호소가 더욱 높아졌고, 제시한 조건도 중국에 더욱 유리하게 되었다. 만약 중국(소련의 동의를 얻은 뒤)이 1951년 1월 13일 유엔의 제안을 받아들여 정전협상을 진행했다면, 한국전쟁에서의 유리한 상황을 안정화 시킬 수 있었을 뿐 아니라 일본 문제의 처리에서도 커다란 영향을 미쳤을 것이다. 하지만 무대 앞의 중국과 무대 뒤의 소련 모두 한 번 놓치면 다시는 돌아오지 않은 이 기회를 잡지 못했다. 1월 17일 중국이 유엔의 제안을 거절한 뒤, 미국은 전면적인 반공을 제기했고 강노지말强弩之末의 중국군대는 부득불 패퇴하여 38선 이북으로 물러났다.[25] 한국전쟁은 또다시 역전이 발생했다. 대일강화문제도 자연히 중국과 소련이 원하는 것과 다른 방향으로 발전해 갔다.

미국은 대일강화를 실현하기 위하여 정전협상을 지연했다

전쟁에서의 유리한 위치는 미국으로 하여금 강화문제에 있어 강경한 태도를 취하도록 하였다. 3월 12일 영국대사관은 미국 국무부에 보낸 비망록에서 얄타협정에 근거하여 "일본은 응당 사할린 남부와 사우전드 군도를 소련에 양도해야 한다"고 지적했다. 워싱턴은 "미국이 사우전드 군도의 변계를 정확하게 확정하는 것은 일본정부와 소련정부가 양자협정을 통해 해결해야 하는 의

제이며 국제법정에 상정하여 법률로 판단 받아야 하는 문제라 생각한다"[26]고 답했다. 3월 30일 미국이 다시 소련대사관에 보낸 외교 각서에서는 일본의 여러 섬에 대한 위탁관리문제 그리고 일본이 단독으로 혹은 집단적인 자위권을 향유한다는 조항을 중복했을 뿐만 아니라 이번 조약에 참여하지 않는 국가에 어떠한 법률에 기초한 권리와 이익을 부여하지 않을 것임을 강조했다. 특히 영토문제와 관련된 조항에서, 미국의 태도에 변화가 있었다. 카이로 선언과 포츠담공고에서의 대만과 펑호열도를 중국에 귀환하는 규정에 대해 일본이 이들 영토를 포기한다는 것만을 제기하고 이들의 귀속문제는 제기하지 않았다. 또 얄타협정에서 규정된 소련에게 쿠릴열도 남부와 사우전드군도를 귀속하는 문제를 표면상으로는 여전히 인정하고 있었지만 그 조건으로 "이 규정은 오로지 소련이 조약을 체결하고 비준하는 조건에서만 효력이 발생한다"[27]고 했다. 어떤 학자는 이것이 표명하는 것은 미국이 소련을 대일강화협상의 과정에 참여시키려 노력했음을 말하는 것이라 했다. 이렇게 하는 것이 서방국가들의 극동지역에서의 장원한 이익에 부합하기 때문이라 했다.[28] 이러한 관점은 설득력이 떨어진다. 외교각서를 보내기 전, 델러스는 3월 21일 국무부에서 강화조약을 토론할 때, "만약 소련이 조약의 규정을 거절한다면, 우리는 조약에서 쿠릴열도와 사우전드 군도에 관련된 조항을 완전히 삭제하는 것을 고려해야 한다"고 지적했다. 이와 관련해 델러스는 장제스의 미국 "대사"였던 구웨이쥔顾维钧과의 담화에서 더욱 확실하게 말했다. 조약에서 사우전드 군도와 쿠릴열도에 관련된 조항은 "얄타협정의 자구를 그대로 인용한 것이다". 이는 미국이 "소련이 대일강화조약에 참여하지 않을 것을 알기 때문이다. 그렇기 때문에 얄타협정의 원문을 바꾸지 않음으로써 소련에게 대일강화조약에 참여하지 않은 빌미를 주기 위해서다".[29] 이로부터 미국은 실제로 소련이 참여하지 않을 것을 알았고 심지어 그런 상황을 희망했음을 알 수 있다.

소련은 실제로 이러한 상황에서 대일강화조약을 체결하려 하지 않았다. 한국전쟁 상황의 또 한 차례 변화는 스탈린을 매우 실망케 했고, 곧이어 미국의 강화방안에 대해 반대와 저항하는 입장을 취했다. 이 시기 모스크바가 희망을 걸 수 있는 것은 일본 공산당과 중국 공산당만이었다.

우선, 스탈린은 일본공산당으로 하여금 결연히 미국의 일본에 대한 점령과 주군駐軍정책을 배척하면서 폭력혁명노선을 받아들일 것을 요구했다. 1951년 4월, 박해를 받아 중국에 이주한 도쿠다 아키카즈德田秋一와 노이타산조오野板参三 등 일본공산당의 영도자들은 모스크바의 부름을 받았다. 스탈린의 도움과 독촉 아래 도쿠다 아키카즈 등은 모스크바의 주장을 받아들였고 과거의 생각을 반성했다. 그리면서 "평화적인 방법으로 일본의 해방과 민주개혁을 실현하는 것은 완전히 틀린 생각"임을 인정하고 새로운 혁명강령을 제정했다.[30] 6월 13일 소련공산당 중앙정치국회의는 일본의 새로운 계획을 위하여 10만 달러의 재정적 원조를 제공하는 결의를 내렸고 소련정보위원회로 하여금 일본공산당에 넘길 것을 위탁했다.[31]

동시에 소련은 중국과 어떻게 미국의 강화방안을 막을지에 대해 논의했다. 5월 6일 스탈린은 마오쩌둥에 전보를 보내어 소련의 강화문제에서의 입장을 명확하게 표시했다. 미국이 단독으로 강화초안을 작성하는 것을 질책하면서, 강화조약초안에 응당 중국의 대만과 팽호열도에 대한 주권을 명확히 할 것을 요구하고, 류큐군도와 일본의 기타 섬을 미국에 넘겨 관리하는 것을 반대하며 반드시 일본 무장력의 규모를 제한해야 한다고 했다. 소련정부는 7~8월 사이에 4개국 외무장관회의를 소집하여 대일강화조약 초안을 작성할 것을 건의했다. 대일강화조약 초안의 내용은 응당 다음과 같은 내용을 규정해야 한다고 했다. 일본은 동맹을 결성하여 대일작전에 참여했던 국가와 작전해서는 안 되며, 강화조약을 체결한 뒤, 모든 점령군은 응당 1년 이내에 일본영토에서 철수해야 하며, 어떠한 국가도 일본에서 군대와 군사기지를 소유하지 말아야 한다 등 내용이었다. 마오쩌둥은 당일 답전을 보내어 이에 대대 완전히 동의함을 표시했다.[32] 5월 7일 소련 외교부는 "소련의 미국의 대일강화조약 초안에 대한 의견서"를 소련주재 미국대사에게 넘겼다. 5월 22일, 저우언라이는 정식으로 로신에게 한 통의 외교각서를 보냈다. 이 각서에서 중국정부는 소련정부가 대일강화조약에서의 구체적인 건의에 대해 완전히 지지함을 표시했다.[33] 5월 24일, 소련은 한 통의 강한 어조를 사용한 문건을 발표했다.[34] 6월 10일, 소련정부는 재차 미국에 외교각서를 보내어 미국의 강화조약 초안의 목적은 일본의 군국주의를 회복하는 것임을 지적하면서 반드시 1951년 7월 혹은 8월에 모든 대일작전에 참여했던 나라들의 대표가 출석하는 강화회의를 열어야 한다고 재차 강조했다.[35] 6월 25일, 북한외무성도 소련에 외교각서를 보냈다. 이 각서에서 "강화조약을 준비하는 과정적인 측면이나 강화조약의 목적과 실질적인 측면 모두에서" 북한은 "완전히 소련정부의 대일강화의 입장을 지지하고 동의함"을 표시했다.[36]

워싱턴이 급하게 강화를 실현하고 소련이 명확하게 미국의 방안을 배척하는 시기에 한국전쟁의 상황은 중국군대의 완강한 저항으로 다시 교착국면에 빠지게 되었고 쌍방 모두 협상의 뜻을 내비쳤다.[37] 6월 5일, 국무부에 다시 돌아가 고문을 맡게 된 커넨과 말리크는 정전협상의 가능성에 대해 논의했고 소련은 정전협상에 대한 절박한 의사를 표했다. 커넨이 주목한 점은 말리크가 만남에서 대만과 대일강화 등 극동의 국제문제를 전혀 언급하지 않은 점이었다. 커넨은 이것은 소련정부가 극동에서의 보다 광범위한 문제를 해결하지 않더라도 정전을 갈망하는 것이라 판단했다.[38] 미국 사람들의 추측은 맞았다. 소련은 확실히 먼저 한국전쟁에서 정전을 실현하고 다음 대일강화문제를 해결하는 것을 희망했다. 이렇게 하는 것은 중국과 소련측에 더욱 유리한 것이었다. 미국의 책략은 이와 반대로 먼저 대일강화를 실현하고 다음 한반도정전문제를 논의하는 것이었다.

군사상에서 우세를 점하게 되면 자연히 외교에서도 주동권을 장악하게 된다. 1951년 봄과 여름의 군사적 우세를 이용하여 미국은 일본정부에게 신중국과 조약을 체결하지 않을 것을 약속하도록 압박 하였을 뿐 아니라 영국정부로 하여금 "그 어느 중국정부도 다자협상에 참가하지 않는다"는 입장을 받아들이게 하였다. 이로서 영국과 미국이 중국의 조약 체결의 권리를 두고 벌이던 분쟁은 끝났다.[39] 7월 3일 미국과 영국은 대일강화의 공통 초안을 제정했다. 동시에 신속하게 강화회의를 개최할 것을 독촉하는 동시에 미국은 다른 하나의 중요한 조치인 정전협상을 지연하는 조치를 취했다. 이것은 만약 이 시기 한국전쟁에서 협상을 이룩하고 극동지역에 평화의 상황이 출현되면 중국과 소련은 "평화의 공신"이 되는 것이기 때문이다. 이렇게 되면 미국은 베이징이 대일강화에 참가하는 것을 거절할 수 없게 되고, 다른 동맹국을 설득하여 계속하여 일본에 군대를 주둔하고 일본을 재무장하는 것에 동의할 수 없기 때문이다.[40] 그리하여 7월 10일 개성협상이 시작되자 미국대표는 계속하여 협상에 여러 어려움을 조성했다. 비록 중국과 북한이 계속하여 양보하여, 협상과정과 정전구역을 획정하는 문제에서 대체적으로 상대가 제기한 방안을 받아들였지만 미국은 여전이 문제를 만들어갔다. 예를 들면, 8월 18일 유엔군이 하계공세를 발동한 것이나, 8월 19일 정전협상에서 북한측의 군경이 무장습격을 받은 점, 8월 22일 미국 폭격기가 내봉장来凤庄에 있는 중국과 북한 대표단의 거처를 폭격한 점 등이다.[41] 그 결과 개성협상은 23일 중단될 수밖에 없었고 이것은 미국이 이루려는 목적이었다. 이처럼 미국이 최후통첩을 하는 방식으로 미국과 영국의 공통초안을 소련대표에게 넘길 시에 모스크바는 이미 진퇴양난의 처지에 놓이게 되었다.

미국정부가 7월 6일 소련에 넘긴 (공통초안) 비망록은 협상의 여지가 없는 태도로 지적하기를, 이 수정을 거친 초안은 "대일강화에 참여하는 동맹국이 기본적으로 받아들일 수 있는 조건을 반영한 것"이라 했다. 7월 20일 좌우에는 일본과 전쟁상황에 처했던 모든 국가들에 이 초안을 보냈다. 또 매우 짧은 시간 안에 소련정부의 의견을 얻기를 희망한다고 했다. 더욱 모스크바를 격분케 한 것은 초안의 영토조항에 있었던 중요한 개정이었다. 3월 30일 초안에서 여전히 일본은 소련에 남쿠릴열도 그리고 이와 인접한 섬을 귀환하고 사우전드 군도를 이첩한다고 되어 있었지만 7월 13일 초안에서는 일본이 이들 영토에 대한 권리와 요구를 포기한다고만 되어있었고 이들의 귀속문제는 전혀 다루어지고 있지 않았다. 소련의 답을 기다리지 않은 채, 7월 20일 미국과 영국의 대사는 동시에 소련 외교부를 방문하여 영미의 연합각서, 1951년 9월 4일 샌프란시스코대일강화국제대표회의의 초청장, 강화조약초안의 정식문서, 그리고 기타 다른 문서를 넘겼다. 외교각서에서는 이번 회의는 영국과 미국이 공통으로 작성한 초안에 기초하여 열리는 것이며 미국과 영국정부는 소련정부가 이 초청을 받아들일지에 대해 알려줄 것을 요구한다는 내용이었다. 비록 각서에서 강화조약 초안에 대하여 의견을 제출할 것을 건의하기는 했지만, 동시에 그 어떠한 의견이 있더라도 최종문서는 8월 13일 공표할 것이라 했다. 미국대사 코크는 구두성명에서 강조하기를 국제회의를 여는 것은 조약을 제정하기 위한 것이 아니라 8월 13일 공포할 초안에 대해 서명을 하기 위한 것임을 강조했다.[42]

스탈린은 확실히 난처한 상황에 처하게 되었다. 회의에 참가하는 것은 미국에 머리를 숙이는 것이 되며, 출석을 거부하면 또 외교적으로 고립된 상황에 처하게 되는 것이었다. 이러지도 저러지도 못하는 상황에서 소련정부는 어찌할 바를 몰랐다. 7월 21일 그로미코는 스탈린에게 응당 샌프란시스코회의에 출석해야 함을 건의했지만 8월 10일 새롭게 작성한 외교각서에서는 또 소련이 이번 회의에 참가하지 말아야 하는 이유를 설명하고 있었다. 반복적인 고려를 거친 뒤, 8월 10일 소공중앙은 결정을 내렸다. 1947년 마샬 계획에 대해 논의했던 파리회의에 출석했던 방침과 똑 같은 것이었다. 소련의 입장은 샌프란시스코회의에 출석하지만 동시에 미국과 영국의 초안에 대해 비평하며 수정을 요구하는 것이었다. 특히 중화인민공화국대표가 반드시 회의에 참가해야 함을 강조하면서 이러한 수정의견이 통과를 위해 노력하며, 그렇게 되지 않는다면 강화조약의 서명을 거절하는 것이었다. 그 뒤, 소련은 8월 12일 중국에 이 입장을 통보하면서 다음과 같이 해석했다. 소련은 위에서 서술한 회의에 참석하는 것을 거절하기가 어렵다. 하지만 회의에서 반드시 중국대표를 요청해야 하는 문제를 제기할 것을 약속한다.[43] 얼마 뒤, 소련은 또 중국정부에게 일본의 배상금과 무기의 규모를 제한하는 건의를 통보했다.[44] 소련의 결정에 대해 중국은 이해하는 편이었다. 8월 15일, 저우언라이는 대일강화조약의 준비, 제정, 그리고 체결에서 만약 중화인민공화국의 참가가 없다면 그 내용과 결과가 어찌하든 모두 불법적이고 무효한 것이라는 성명을 발표했다. 같은 날, 저우언라이는 중국주재인도대사 파니커를 만나 다음과 같이 말했다. 인도정부가 샌프란시스코회의에 출석할지 여부는 당연히 인도 자신이 결정할 일이다. 만약 인도가 회의에 참가하고, 시종 원래의 주장을 견지한다면, 이것 역시 합리적인 것이다.[45]

샌프란시스코강화조약과 중국, 소련의 정전협상에서의 강경한 입장

샌프란시스코회의의 과정은 사람들이 예상했던 것처럼 매우 간단했다. 소련대표 그로미코는 먼저 대일강화의 건의에 대한 연설을 발표했고 중국대표가 참가할 수 없다면 대일강화를 토론할 수 없다고 했다. 거절을 당하자 소련대표는 또 강화조약 초안을 수정하는 건의를 제기했지만 미국은 여전히 토론을 허락하지 않았다. 이런 상황에서 소련, 폴란드, 체코 등 나라의 대표는 강화조약에 서명을 거부할 수밖에 없었다.[46] 중국 사람들은 이미 강화회의의 결과를 예견했고, 샌프란시스코강화조약에 관련된 성명을 미리 준비했다. 9월 3일 샌프란시스코강화회의가 아직 개최되지 않은 시점에 있었던 한 차례 보고에서 저우언라이는 우리는 이 회의를 승인할 수 없다고 선언 했다.[47] 샌프란시스코협약 서명의식儀式과 거의 비슷한 시기인 베이징시간 9월 7일 저녁 중국외교부는 샌프란시스코강화조약의 승인을 거절하는 성명의 문서를 소련대사관에 넘겼다.[48]

샌프란시스코강화조약이 체결된 다섯 시간 이후 미국국무장관 애치슨과 일본수상 요시다시게루吉田茂는 샌프란시스코 군인구락부에서 이미 준비를 마친 일미안전조약에 서명했다. 12월 24일, 요시다시게루는 또 덜러스의 압력하에 장제스에 편지를 보내 조약을 체결할 것을 건의했다. 이후 여러 차례의 협상을 거친 다음 쌍방은 1952년 4월 28일, 즉 샌프란시스코강화조약이 효력을 발생하기 7시간 전, "일화강화조약"을 맺었다.[49] 이렇게 미국 사람들은 그들이 원하는 대로 동아시아 집단안보체계의 구상을 완성했고, 곧이어 한국전쟁문제를 해결하는 것에 착수했다. 하지만 극동외교무대에서 완전히 피동적인 상황에 처했던 소련과 중국은 판문점협상테이블에서 이상하리만큼 강경한 입장을 보였다.

샌프란시스코강화조약의 서명을 거절했기에 소련의 대일정책 그리고 일본에서의 지위는 매우 난처한 경지에 처하게 되었다. 먼저 맞이한 것은 극동위원회와 동맹국이 대일관제위원회를 철수하는 문제였다. 강화조약이 아직 효력을 발생하기 이전, 소련외교부는 이미 이 방면에서 어려움이 발생할 것을 예상했지만 아무런 적극적인 조치를 취하지 않고 기다리기만 했다. 1952년 2월 21일, 그로미코가 스탈린에게 한 보고에서 다음과 같이 말했다. 대일강화조약이 여러 나라에서 차례로 비준을 받은 뒤, 미국은 공개적으로 극동위원회와 동맹국의 대일관제위원회를 철수하는 것을 선포할 것이다. 이에 대해 일본주재 소련대표는 "우리측은 응당 주동적으로 일본 점령에 대한 중지를 발표하고 점령에 관련된 모든 기구를 철수할 것을 성명해야 한다" "동시에 하루빨리 일본영토에서 모든 점령군을 철수해야 하며 소유권을 일본인민에게 넘길 것을 요구해야 한다"고 건의했다. 하지만 외교부는 지금 이러한 정식성명을 발표하는 것이 적합하지 않다고 했다. "그것은 왜 단독으로 대일강화조약을 승인하지 않는 소련이 지금 1945년 12월 동맹국이 결정하여 성립한 동맹국위원회와 극동위원회를 철수할 것을 건의하는지를 사회여론에 잘 설명할 수 없기 때문이다"고 했다. 그리하여 소련은 미국이 행동을 취한 다음에야 규탄성명을 발표할 수밖에 없었다. 그로미코는 또 "지금 소련과 일본이 정상적인 외교관계를 수립할 수 없기에" 소련은 응당 "일본정부와 협정을 이뤄, 일본에 있는 소련대표처가 무역대표단의 형식으로 존재할 수 있게 해야 한다"고 했다. 동시에 응당 사전에 중국에 이를 통보하고 이것은 소련정부가 샌프란시스코강화조약을 승인하지 않은 입장을 바꾼 것이 아님을 설명해야 한다고 건의했다.[50] 하지만 책략적으로 볼 때, 무역대표단을 설치하는 문제에서 외교부는 너무 적극성을 나타내지 말아야 하며 일본측이 주동을 취하기를 기다려야 한다고 했다.[51]

1952년 4월 23일, 동맹국대일관제위원회는 동경에서 마지막 회의를 열고 활동의 정지를 선포했다. 미국의 극동위원회대표도 사무총장에게 공문을 보내어 강화조약이 실효를 발생한 뒤 극동위원회를 해산할 것을 제의했다. 다른 방법이 없었던 소련대표는 사전에 준비했던 성명에서 미국을 질책한 것 외에 다른 행동을 하지 않았다.[52] 같은 날, 일본정부대표는 "동맹국의 대일관제위원회가 해산되었기에 소련대표부는 외교관의 특권을 잃게 되었으므로 지금 어떻게 이 문제를 처리해야 되는지를 연구 중에 있다"는 성명을 발표했다. 주일미군사령부는 소련대표부에 강화조약이 효력을 발행하는 시점부터 소련의 외교사절단은 즉시 무선 교신을 사용할 권리를 잃게 된다고 통고했다. 이에 소련외교부는 반드시 빨리 무선교신의 사용을 정지하여 "일본당국의 가능한 도발을 피해야 한다"고 생각했다. 그 이전에 만일을 대비하여 소련외교부와 군사부는 이미 대표에게 기밀문서와 비밀번호를 모두 소각할 것을 지시했다.[53] 하지만 소련인들은 "일본당국이 소련의 동경대표부를 축출하는 아무런 조치를 취하지 않고 있음"을 알게 되었고, 일본의 정치계와 실업계 역시 "일본과 소련의 관계를 원만하게 해결할 것"을 희망했다. 일본정부는 한편으로 일소문제를 해결하며 있어 소련측의 제의를 기대하였고, 다른 한편으로 일본 실업계를 통해 비공식적인 접촉을 했다. 소련외교부는 기회가 있음을 감지하고 소련대표 키스렌코에게 귀국을 급해하지 말며 일본측과의 접촉을 유지할 것을 요구했다.[54] 5월 20일 소련공산당중앙은 상응한 결의를 통과했다.[55] 하지만 소련의 의도는 또 한번 좌절되었다. 아마 미국의 압력을 받았는지, 5월 30일 일본정부는 정식으로 소련대표단에게 강화조약의 효력이 발생했기에 대표단은 이미 합법적 지위를 잃게 되었음을 통지했다. 비록 항의했지만 매우 난감한 상황에서 6월 27일 키스렌코와 대다수 수행원들은 부득이하게 동경을 떠나게 되었다.[56]

모스크바를 더욱 골머리를 앓게 했던 것은 일본이 미군을 위해 무기를 생산하는 문제였다. 대일강화조약의 효력이 발생하면서 동맹군사령부는 원래 전쟁배상금으로 상정했던 850개의 공장을 정식으로 일본에 넘겼다. 이 중에서는 비행기 제조공장 314개, 군수품공장 131개, 무기연구소 25개가 포함되었다. 한국전쟁 기간, 일본은 미국의 극동에서의 "무기 공장"으로 미군에 대량의 무기탄약을 제공했다. 그 가치는 총 1.1억 달러에 달했다.[57] 이것은 스탈린을 매우 불편하게 했지만 소련은 이에 아무것도 할 수 없었다. 3월 20일 소련외교부는 동맹국사령부가 3월 12일 일본정부가 무기탄약 및 군함과 비행기를 생산하는 것을 비준했다고 보고했다. 이에 대해 키스렌코는 위와 같은 행동에 대해 항의를 해야 한다고 했다. 하지만 외교부는 아래의 이유를 들면서 항의하는 것이 적합하지 않다고 했다. 첫째, 소련은 예전에 일본이 제한된 자아방어를 위한 육, 해, 공군부대를 가질 수 있고, 일정한 양의 무기를 생산할 수 있다고 성명했었다. 둘째, 미국에 대해 항의를 제기하는 것은 상응한 효과를 거둘 수 없을 뿐 아니라 오히려 소련이 일본의 무장력을 소유하는 것을 금지한다는 공격에 이용될 수 있다.[58]이틀 뒤, 소련공산당중앙은 외교부의 의견에 따라 키스렌코에 보내는 지시를 비준했다.[59]

이로서 유엔에서 거부권을 사용하는 것 외에 소련은 극동문제에서 영향력을 완전히 잃게 되었다. 9월 8일 유엔안보리가 10대 1의 표결로 일본의 회원국의 신청을 지지하자 말리크는 거부권을 사용했다.[60] 대만문제에서도 중국과 소련이 할 수 있는 것은 소련군대가 뤼순항에서 철수하는 기한을 연장하는 것밖에 없었다.[61] 외교상에서 완전히 피동적인 위치에 처하게 된 소련과 중국은 반격을 결심했고, 영향을 미칠 수 있는 곳은 한국전쟁밖에 없었다. 그곳에서 중국과 미국은 여전히 서로 필적한 관계에 처해 있었고, 스탈린의 유일한 희망은 평화협상을 지연하여 전쟁도 평화도 아닌 상황을 유지하여 미국의 힘을 극동에 끌어들이고 그곳에서 소모하는 것이었다.

샌프란시스코회의가 끝난 뒤, 미국은 즉시 한반도 평화협상을 추진했다. 1951년 10월 5일 미국대사 코크가 소련 외교부장관 비신스키와의 면담에서 워싱턴은 "한국 문제는 지금 즉시 해결해야 하는 가장 첨예하고 위험한 국제문제"임을 강조하면서 국제긴장을 완화하고 미소관계를 개선함에 있어 "한국

정전협상은 매우 중대한 의의가 있음"[62]을 강조했다. 10월 25일 정전협상은 판문점에서 다시 시작되었고 급속히 군사분계선 문제에 합의를 이뤘다. 그리하여 마오쩌둥과 김일성은 낙관적으로 협상대표단에 "연내에 정전협상을 달성하도록 노력하기를 바란다"는 지시를 내렸다.[63] 하지만 얼마 지나지 않아 중국 측의 입장은 명확한 변화가 생겼다. 12월 28일, 마오쩌둥은 판문점에서 협상을 지휘하고 있던 중국 외교부 부부장 리커눙李克農에게 전보를 보내어, 지연됨을 두려워 말며, 좀 더 오랜 기간 동안 지연할 것을 준비하며 이렇게 해야만 문제가 해결될 수 있다고 했다. 또 우리가 지연하는 것을 두려워하지 않고, 급해하지 않는다면 적들은 다른 방법이 없을 것이라고 했다.[64] 며칠 뒤, 저우언라이는 리커눙, 챠오관화에게 전보를 보내어 다시 한번 지연함을 두려워하지 않아야 함을 강조했다.[65] 1952년 1월 14일과 15일, 마오쩌둥은 또 리커눙에게 지시하기를 반드시 "기정한 방침을 견지하고 조금도 동요하거나 머뭇거리지 말며", "주동적이고 적극적으로 적들에 반격해야 한다"[66]고 했다. 협상이 제3항을 둘러싸고 논쟁이 풀리지 않을 때, 미국합참은 중국에게 비행장을 수리하고 복구하는 것을 허락하는 문제에서 양보를 하기로 하고 중국과 북한 측에 고위층 회담을 가질 것을 제안했다.[67] 하지만 중국 측의 태도는 더욱 강경해 졌다. 2월 24일, 저우언라이는 리커눙에게 전보를 보내어 "지금 협상에서 우리 측은 비행장을 건설하는 것에 대한 제한하는 문제, 자발적으로 송환하는 문제와 소련이 중립국감찰기구에 참가하는 문제에서 절대로 양보를 해서는 안 된다. 만약 상대가 계속 주장을 꺾지 않는다면 우리는 이러한 대치를 지속하는 편이 오히려 낫다"[68]고 했다.

중국이 협상에서의 입장이 급히 협상을 달성하는 것에서 지연을 두려워 않는 것으로 돌아선 기간은 전후 2개월도 되지 않았다. 이것은 자신들의 군사실력이 부대의 순환배치와 소련이 원조한 무기장비를 받음에 따라 강화되었기 때문일 수 있으며, 또 이것은 완전히 협상전략에서 기인할 것일 수 있다. 이 문제의 답은 중국문서의 진일보한 개방을 기다릴 수밖에 없다. 하지만 한 가지는 매우 명확하다. 즉 이러한 강경한 입장이 모스크바의 격려와 지지를 얻었다는 점이다. 북한주재 소련대사 라주바예프가 모스크바에 중국 측의 강경한 태도와 지연책략을 상세하게 보고했을 때,[69] 스탈린은 매우 칭찬했다. 스탈린은 2월 3일 마오쩌둥에 보낸 전보에서 "당신이 취한 결연한 입장은 이미 적극적인 결과를 가져왔고, 적들을 압박하여 진일보 양보할 수 있도록 할 수 있다"[70]고 말했다.

4월 28일, 즉 대일강화조약의 효력이 발생한 그날, 정정협상의 쌍방은 "비밀"회의를 가졌다. 미국 측은 회의에서 중국과 북한측이 전쟁포로문제에서 미국 측의 "자원송환"주장을 받아들이고 소련을 중립국으로 제청하는 것을 주장하지 않으면 미국은 비행장을 건설하는 제한을 포기할 수 있다고 했다. 미국이 실질적인 양보를 한 뒤, 중국과 북한은 응당 소련을 중립국에 제청하는 요구를 철회하는 것에 동의해야만 했었다. 5월 2일 중국과 북한은 상응하게 일련의 해결방안을 제기했다. 전쟁포로 전부를 송환하고 비행장건설문제에서 미국이 북한내정을 간섭하는 것을 포기하는 조건으로 쌍방이 모두 받아들일 수 있는 폴란드, 체코슬로바키아, 스위스, 스웨덴을 중립국으로 제청하기로 했다. 이리하여 협상에서의 제3항 의제의 해결을 지연하고 있던 마지막 두 문제가 실제로 해결되었다. 이미 진행된 제5항 의제 협상소조가 이미 정치회의 문제에 대해 협상을 이뤘기에 제4항 의제, 즉 전쟁포로 문제만 해결되면 한국 정전협상도 끝날 수 있었다.[71] 하지만 쌍방 모두 애초에 제일 쉽게 협상을 달성할 수 있다고 생각했던 전쟁포로 문제를 둘러싸고 정전협상은 막다른 골목에 들어섰다.

1951년 12월 11일 제4항 의제에 대한 협상이 시작된 다음, 미중 쌍방의 교섭은 여러 차례 매우 첨예하고 조정될 수 없는 상황에 직면했고, 협상에서 여러 차례 교착국면이 발생했고, 마지막에는 기한 없는 정회에 들어갔다. 그 원인은 이데올로기의 충돌이 있었고 문화배경의 차이도 있었다. 심리전에 대한 고려가 있었고 또 국제여론에 영향을 주려는 의도도 있었다. 그리고 또 쉽게 보아낼 수 있는 것은 중소가 한국전쟁문제에서 강경한 입장을 취하는 것으로 극동지역에서 대일강화의 완성으로 나타난 피동적인 상황을 돌이키려 했다는 점이다.

미국은 자신들의 군사적인 우세를 믿고 융단폭격과 핵으로 위협하는 것을 통해 중소의 양보를 얻으려고 했다. 강한 군사압력하에서 김일성은 미국의 조건을 받아들이는 것으로 기울었다. 북한의 입장에서 협상을 통해 얻는 포로의 수가 미국공군의 폭격에 의해 사상되는 인원에 많이 미치지 못한 수치였다. 그리하여 김일성은 1952년 북한대표 남일에게 지시하기를 리커눙의 명의로 전쟁포로문제에서 양보를 할 것을 건의하고, 마오쩌둥에게 직접적으로 "전쟁을 계속하는 것을 원치 않는다"[72]는 의견을 표시했다. 마오쩌둥은 김일성에게 적들의 융단폭격과 군사압력 앞에서 그들의 도전적이고 기만적인 건의를 받아들이는 것은 중국과 북한측에 정치적으로나 군사적으로 모두 매우 불리함을 열심히 설명했다. 전쟁을 계속하는 것은 북한인민과 인민지원군에 진일보한 손실을 가져다 주는 것이지만, 전쟁은 또 미국의 주요 역량을 극동에 묶어두어 그들에게 계속적으로 손실을 가져다 주는 것이다. 이것은 소련의 건설과 세계 여러 나라의 혁명운동의 발전을 보장하고, 또 "새로운 세계대전의 발발을 지연하는 것을 의미하는 것"[73]이라고 설득했다. 마오쩌둥의 이 말은 자연스럽게 스탈린의 마음을 전달한 것이고, 대일강화에서 손해를 본 뒤, 중국인들이 한반도전쟁을 계속해 나가는 것을 고무하고 지지하는 것은 소련이 극동에서 유일하게 미국과 대항하는 수단이 되었다.

8월 20일, 저우언라이와의 협상에서 스탈린은 중국에 전면적인 경제, 군사 원조를 주겠다고 약속했다. 전쟁포로 문제에 있어서도 스탈린은 중국이 반드시 전부의 전쟁포로를 송환하는 것을 견지해야 한다고 하면서 그는 마오쩌둥의 다음과 같은 생각—즉 전쟁을 계속하는 것은 우리에게 유리한 것이며, 이것은 미국의 제3차 세계대전의 준비를 교란하는 것이라는 생각에 매우 동의한다고 했다. 스탈린은 또 "미국에 반드시 강경해야 한다. 중국 동지들이 반드시 알아야 하는 것은 만약 미국이 이 전쟁에서 지지 않는다면, 그땐 중국은 대만을 영원히 수복하지 못할 것이라는 점이다"[74]고 극력 주장했다. 9월 4일 김일성과 펑더화이와의 회담에서 스탈린은 재차 다음과 같이 강조했다. 미국 사람들이 전쟁포로문제에 있어서 제기한 조건에 동의하지 말 것이며 다른 새로운 건의도 제기하지 말라고 했다.[75] 이 기간 동안 미국 합참과 새로 부임된 유엔군 클라크 총사령관은 빈번하게 전보를 오갔고, 전쟁포로 문제를 해결하는 여러 방안에 대해 상의했다.[76] 하지만 미국 사람들이 생각해낸 여러 방도들에서 자원송환의 방침을 포기하지 않고, 전부의 전쟁포로 석방하면, 특히 지원군포로를 석방하는 것은 그들의 모든 노력은 헛수고에 지나지 않게 하는 것이었다.[77] 클라크와 백악관, 국방부 모두 더 이상 중국의 강경한 입장을 용납할 수 없었기에 결연한 조치를 취하여 "유엔과 미국의 결연함과 존엄"[78]을 보여주기로 했다. 10월 8일 유엔대표단은 판문점정전협상을 무기한 정회한다고 선포했다.[79]

한국전쟁의 발발은 미국으로 하여금 단독으로 대일강화라는 새로운 방침을 확정하게 만들었다. 비록 반드시 전쟁을 끝내야 한다고 생각했고, 중국 측 역시 계속하여 양보를 했지만 미국은 중국이 샌프란시스코회의에 참석하는 것을 저지하기 위하여 대일강화조약이 체결되기 이전까지 협상을 지연하는 전략을 취했다. 샌프란시스코회의 이후 미국은 하루빨리 전쟁을 끝내려 했다.

이 시기 대일강화조약으로 인하여 극동에서 곤경에 처하고 피동적인 상황에 놓이게 된 소련과 중국은 전쟁협상과정에서 강경한 입장과 타협하지 않는 입장을 취하기로 하였고, 한반도에 미국의 힘을 끌어들이고 소모하려 했다. 이것은 냉전이라는 큰 배경하에서 대일강화와 한국전쟁협상 사이의 미묘한 관계였다.

『史學集刊』 2006 제1기에 발표

중국의 한반도 출병 정책결정에서의 시비와 득실을 논하다

50년 뒤 한국전쟁의 역사적 고찰과 반성

한국전쟁의 발발과 중국이 한반도로의 출병은 이미 50년이나 지났다. 하지만 10년 전까지만 해도 사료의 부족으로 중국이 전쟁에 개입한 문제에 대한 연구는 국제학술계에서 매우 어려운 문제였다.[1] 1987년부터 중국의 한국전쟁에 관련된 문서기록과 연구저서, 회고록이 속속 세상에 나오고 있었다. 특히 1994년부터 기밀 해제된 러시아문서들은 대량의 알지 못하고 있었던 사료를 보충했다.[2] 이것은 여러 나라 학자들이 다시 새로운 연구를 진행할 수 있도록 하였다. 이런 상황에서 중국의 한반도 출병에 대한 원인과 과정은 즉시 국제역사학계의 관심과제로 떠올랐고, 관련된 연구와 저서들이 이어지고 있다.[3]

문서자료들과 구술자료의 분석을 기초로 본문은 정책결정의 시각에서 중국이 한반도에 출병한 정책결정의 동기, 전략방침 및 지불한 대가에 대하여 역사적 고찰을 진행하려 한다.

중국이 하는 수 없이 한반도에 출병하게 된 합리적 동기

중국의 출병 동기에 대한 고찰에서 역사학자들은 이미 매우 많은 추론과 논술이 이미 있었다. 이 중에서 비교적 설득력이 있는 관점은 대체로 두 가지로 모아진다. 한 관점은 마오쩌둥이 주요하게 국가안전의 이익을 고려하였다는 것이다. 동북에 있는 공업기지를 보호하고 반동세력의 위협을 없애기 위해서 중국은 반드시 적을 나라 밖에서 저지하는 전쟁을 진행해야 했었다는 것이다.[4] 다른 관점은 마오쩌둥의 행동은 주요하게 혁명에 대한 신념과 의지에서 비롯된 것이며, 미국제국주의와 싸워 이기려는 열정과 이를 기초로 혁명의 동력을 지속하여 중국의 국제적 지위를 제고하는 수단으로 하려 했다는 것이다.[5] 지금까지의 사료로 볼 때, 마오쩌둥이 한반도에 출병을 한 고려에는 위의 두 가지 요소가 포함되어 있었다. 하지만 이 중의 한 측면만을 고려한 것이 아니었고, 그렇다고 이 두 가지 요소를 간단하게 합친 것 역시 아니었다. 당시 중국이 처한 복잡한 환경과 조건에서, 마오쩌둥의 정책결정동기는 일부 국외의 학자들이 생각하는 것처럼 "혼란하여 알 수 없는 것"[6]이 아니라, 여러 가지 요소들로 구성된 것이었고, 또 한반도정세의 변화에 따라 점차 성숙해진 것이었다.

첫째, 대만문제가 유발한 미국에 대항하는 혁명적 열정의 고조高潮 때문이었다.

북한인민군의 38선을 넘는 행동을 공산당국가가 전지구적인 범위에서 전개하는 총공세의 서막이라고 잘못 생각하고, 심지어 제3차 세계대전의 시작이라 생각했기에 미국정부의 반응은 신속하고 강렬했다. 하지만 사람들을 의아하게 한 점은 미국이 한국전쟁에서의 첫 반응이 제7함대를 대만해협에 진주시킨 점이었다.[7] 이것은 한국전쟁이 발발한 뒤, 트루먼이 북한이 아니라 중국을 미국의 대립된 측면에 위치했다는 것을 의미하는 것이었다. 이에 마오쩌둥은 매우 격렬한 반응을 보였다. 사람들이 주의해야 하는 대목은 전쟁 초기 며칠 동안 전쟁의 발발에 대한 뉴스보도를 제외하면 중국정부는 아무런 정식 선언이나 성명을 발표하지 않은 점이다. 하지만 미국이 대만해협에서 취한 무장행동에 대해, 중국정부는 즉시 엄정항의를 제기했다. 27일 마오쩌둥의 담화, 28일 저우언라이의 성명, 29일 『인민일보』의 사론, 그리고 이어진 여러 민주당파의 성명은 모두 공격의 초점을 미국의 대만에 대한 군사행동에 집중했다. 7월 중순에 이르기까지 전국의 항의활동은 모두 대만문제를 한반도 문제보다 앞에 위치했다.[8]

마오쩌둥은 분노하면서 미국이 "중국내정에 불간섭하는 모든 국제적 협정"[9]을 파괴했음을 지적했다. 이것은 그의 마음속에 있는 미국에 대한 원한의 감정을 표현한 것이었다. 국공내전이 시작된 이래, 미국은 적어도 표면상으로는 중국의 내정에 대해 불간섭하는 입장을 취했다. 중국혁명이 전면적인 승리를 거두었을 때에도, 중국과 소련을 분리하기 위해, 트루먼은 1월 5일 담화에서 심지어 미국이 대만을 포기할 수도 있다는 소식을 흘리기도 했다. 마찬가지로, 중공은 비록 "일변도"의 방침을 선포했고, 소련과 정치적 동맹을 결성했지만, 서방국가와의 연결을 단절한 것이 아니었고, 미국에 대하여 특별한 외교적 행동을 취한 것도 아니었다. 새로운 정권의 안정과 국제환경에서 자신들의 주동적인 위치를 위해서라도 마오쩌둥은 미국 사람들과 외교적인 여지를 보류할 필요가 있었다. 하지만 미국의 대만해협에서의 행동은 마오쩌둥이 국가를 통일하려는 숙원을 파괴했고, 대만을 해방하려는 계획을 막판에 수포로 돌아가게 만들었다. 마오쩌둥은 대만을 해방하는 것은 그의 전반생에서 중국을 위해 할 수 있는 마지막 큰 일이라 생각했다. 마오쩌둥의 보기에 미국이 대만에 대한 행동은 중국에 대한 선전포고와 다름이 없었다.[10] 이것은 제7함대의 침입이 군사적으로 대만을 해방하는 전투를 저지했을 뿐 아니라, 더욱 중요한 것은 "대만지위 미정론"이 법률적으로 중국통일의 합법성을 박탈하는 것을 의미하기 때문이었다. 마오쩌둥은 확실히 격노했고, 그의 본성에 있던 혁명열정과 투쟁하는 정신이 다시 불러 일으켜졌다. 물론, 서방학자들이 중국의 출병 원인을 분석할 때 지적한 것처럼 미국 사람들이 자신들이 압록강으로 접근하는 것에 대하여 중국이 느낄 압박의 정도를 낮게 평가한 측면이 있지만,[11] 미국정부가 더욱 생각해야 할 점은 중국영도자들의 미국에 대한 원한과 도전을 받아들이기로 결심한 것은 트루먼이 대만에 대한 새로운 정책을 선포하는 그때 이미 생겨났다는 점이다. 이 시점부터 마오쩌둥의 마음속에서 미국 사람과의 전쟁은 이미 시작되었다.

비록 7월 초까지 마오쩌둥은 아직 자신의 공격방향을 대만과 한반도 어디에 두어야 하는지를 결정하지 못했지만, 다음 세 가지는 매우 명확했다. 첫째, 이 두 방면의 도전 혹은 위협은 모두 미국으로부터 오는 것이라는 점이다. 둘째, 마오쩌둥은 이미 미국과 응전할 결심을 내렸다. 셋째, 마오쩌둥의 우세한 병력으로 소멸작전을 하는 일관의 전략사상에 비추어 볼 때, 그는 반드시 대만과 한반도 두 방향에서 선택을 해야만 했었다. 이로부터 유출할 수 있는 결론은, 마오쩌둥이 그 뒤 한반도 전쟁에서 미국 사람들과 한 판 겨루기로 한 정책결정을 내린 것이 애초에 대만문제에서 미국에 의해 발동된 혁명열정 때문이었다는 것이다. 뒷날 류사오치가 중국의 출병에 관련해 소련대사와 나눈 담화에서 중국영도자들의 정책결정에 있어서의 혁명적인 요소들을 표명하고 있다. "중국혁명은 아직 끝나지 않았다. 혁명을 완수하기 위해서는 아직 몇 년이 더 소요된다. 만약 미국침략자들과 부득이하게 작전하게 되는 것은 우리들이 혁명을 완성하는 날이 더욱 가까워짐을 의미하는 것이다. 우리에게는 굳건한 신념이 있으므로 미국침략자들은 끝내 패배하게 될 것이다."[12] 미국과 싸워 이기고, 혁명을 완성하고, 대외적으로 제국주의와 싸우고 대내적으로 사회주의 정권을 공고히하는 등 마오쩌둥의 이 시기의 충동을 모두 일종의 혁명에 대한 열정으로 귀결할 수 있다.

둘째, 국제 분업에 따라 사회주의 진영을 위해 책임과 의무를 다하는 것이었다.

미국의 지상부대가 작전에 개입됨에 따라 마오쩌둥의 관심도 점차 북방으로 옮겨졌다. 8월 11일 중앙군사위원회는 최종적으로 대만을 해방하는 전투를 1951년 이후로 미루기로 결정하였고, 9월 말 마오쩌둥은 심지어 국경절 기간 동안의 경축활동에서 대만을 해방하는 것에 기한을 약속하는 구호를 취소하도록 직접 지시했다.[13] 중국의 군사배치 조정은 우선적으로 동북지역의 안전에 대한 고려에서 출발한 것이었지만 이 중에서는 더욱 중요한 요소 즉 국제주의적인 책무와 의무도 있었다.

이미 1949년 여름 류사오치가 비밀리에 모스크바를 방문할 때, 중국과 소련은 일종의 컨센서스, 즉 국제혁명에서의 분담과 관련된 합의를 이루었다. 스탈린은 차후 중국이 일부 식민지, 반식민지부속국가와 민족의 혁명운동에 도움을 줌에 있어 더 큰 책임을 질 것을 희망했다. "응당 동아시아 각국 혁명에서 담당할 책임을 이행해야 한다"[14]고 했다. 비록 마오쩌둥이 중국동북의 인접된 국가에서 미국의 아시아 사무를 간섭하는 전쟁이 발생하는 것을 원치 않았다. 그리하여 계속하여 김일성에게 중국이 통일사업을 완성한 다음에야 북한에 군사적 원조를 제공할 수 있다고 했다. 1950년 5월 14일 김일성은 스탈린과 이미 군사수단으로 한반도를 통일하는 문제에서 일치된 의견을 이뤘다고 했다. 그러자 동아시아지역의 혁명사업에서의 "책임자"로서 마오쩌둥은 대만을 통일하기 이전 한반도통일문제를 해결하는 것에 동의했고, 북한에 여러 원조를 할 수 있다고 했다.[15] 실제로 북한의 혁명이 어려움에 부딪치게 되자 마오쩌둥은 자연히 자신의 약속과 의무를 어떻게 이행할지에 대해 고민하게 되었다. 7월 초, 저우언라이는 곧 북한에 가서 일하게 될 차이청원柴成文에게 중국은 있는 힘을 다하여 북한 인민을 돕고 지지할 것임을 표시했다. 동시에 중국정부는 동북군구東北軍區에 있던 200명 조선적 간부를 모았고, 이들을 북한에 보내어 북한인민군의 간부 능력을 강화했다.[16] 이것은 중국영도자들이 자신이 담당해야 할 책임을 고려하기 시작한 것임을 말해주는 것이다. 특히 모스크바에 중국의 전쟁개입에 대한 의향을 표명한 뒤, 이 방면의 요소는 더욱 돋보이게 되었다.

미국군대가 전쟁에 개입한 뒤, 스탈린은 즉각 중국을 전쟁에 끌어들여야겠다고 생각했다. 그 뒤 중국에게 즉시 9개의 사단을 중국과 북한 변경에 집중하여 한반도에 진입하여 작전할 준비를 할 것을 요구하였고 동시에 공중엄호를 제공할 것을 약속했다.[17] 마오쩌둥도 스탈린이 중국에게 요구하는 것이 중국으로 하여금 소련을 위해 불 속에서 밤을 취하는 것임을 생각하지 않은 것은 아니었지만, 모스크바가 가하는 압력이 사회주의 진영에서의 공작 분담의 측면에서 볼 때 당연히 지적될 수 없는 것이라 생각했다. 이것은 진일보로 중국에게 남북 두 전쟁의 선택에서 신속하게 판단을 내리도록 만들었다. 7월 초 동북변방군을 조직부터 8월 5일 마오쩌둥의 변방군에 대한 "각 부대는 이 달 내에 모든 준비공작을 마치고 출동하여 작전하는 것을 기다릴 것"에 대한 지시[18]까지, 이 시기 중국은 이미 한반도에 출병할 계획과 준비가 있었음을 충분히 설명하여 준다. 만약 국토를 수호하는 측면에서 문제를 고려하였다면 당시 북한이 군사대치에서 아직 패배가 없었기에 중국은 동북에 병사를 주둔하여 만일의 상황에 대비를 하면 되는 것이었다. 하지만 이 시기 한반도에 출병하는 문제를 고려한 것은 이미 사회주의진영에서의 국제주의 책임과 의무의 요소가 포함된 것이었다. 이것은 일단 북한정권의 존망이 위협을 받을 시 중국이 손을 놓고 방관한다면 신중국이 사회주의 진영에서의 지위와 중공의 마르크스-레닌주의정당 이미지는 의심할 나위 없이 크게 손상을 입게 되는 것이기 때문이었다. 마오쩌둥과 저우언라이가 8월 4일 정치국회의에서 해석이 설명하는 것은 중국영도자들은 이미 아시아혁명 영도자의 위치에 서 있었음을 말해주고 있다.[19]

마오쩌둥의 이 시기의 동기를 분석할 때, 더 많은 부분을 현실적인 기초가 아니라 이데올로기적 관점에서 고려해야 한다. 먼저, 신중국의 현실정치상황, 경제적 기초와 군사역량이 세계에서 실력이 가장 강대한 미국과 싸워 이길 수 있는 것을 보증할 수 있는지를 보자. 신중국은 정권이 아직 안정되지 못했고, 금방 시작한 경제건설 역시 엄중하게 파괴될 것이고, 여러 해 동안 이어졌던 전쟁은 전쟁에 대한 혐오정서를 조성했고, 중국과 미국의 군사실력은 매우 커다란 차이가 있었다. 다수의 중국영도자들이 처음에 전쟁 개입에 반대했던 것은 이러한 현실적인 문제에 대한 고려가 있었기 때문이었다.[20] 다음, 만약 필승의 보장이 없는 상황에서 중국은 무슨 이유로 혁명으로 이룩한 신정권을 괴멸의 심연에 빠뜨릴 수 있는 이 전쟁에 참가해야만 하는 것일까? 다시 말하면 중국 자신의 안전과 생존이 위협을 받지 않는 상황에서, 어떠한 신념을 위하여 국가의 존망을 두고 도박을 하는 정책결정을 내리는 것은 지혜로운 것은 아니었다. 마지막으로, 이번에 출병하여 작전하는 것은 국·공내전처럼 중앙이 마음대로 전쟁터를 결정 할 수 있는 상황도 아니었다. 북한은 하나의 주권국가로서 만약 중국에 원조의 요구를 하지 않는다면, 마오쩌둥 역시 아무것도 할 수 없는 상황이었다.[21] 때문에 단지 미국행위에 대한 혁명적 분노와 사회주의 진영에 대한 책임감으로 마오쩌둥은 이러한 최후의 정책결정을 내릴 수 는 없는 것이었다.

셋째, 국가의 안전과 주권의 완전성이 위협을 받는 것을 우려했다.

맥아더가 성공적으로 인천상륙을 완수했을 시, 특히 유엔군이 38선을 넘어 북진하는 추세가 날로 명확해지는 시점에서, 현실적인 환경과 조건에 급격한 변화가 발생했다. 모든 요소들이 마오쩌둥으로 하여금 신속하게 전쟁에 참여하는 최후의 결정을 내리도록 압박했다. 중국이 출병하지 않는다면, 국가의 안전과 주권의 완전성은 엄중한 위협을 받을 수 있는 상황이 되었다. 실제로, 중국영도자들은 일찍부터 미군이 38선을 넘는 행위를 이번 전쟁이 중국의 안전에 위협을 주는지 여부를 판단하는 표준으로 생각했다. 저우언라이는 7월 2일 로신과의 담화에서 이미 중국이 한반도에 출병하는 객관적인 조건은 미국이 38선을 넘는 것이라고 지적했다.[22] 인천상륙이 있은 3일 뒤, 중앙군사위원회는 북한에 선견소조를 파견하여 지형을 탐지하고 전쟁준비를 하는 것을 결정했다. 마오쩌둥은 가오강에게 편지를 보내어, "보아하니 출병하지 않으면 안 될 것 같다. 반드시 준비를 다그치기를 바란다"고 말했다.[23] 9월 25일 참모총장대리 네룽전은 중국주재 인도대사 파니커에게 아주 명확하게 말했다. "중국은 미국이 38선을 넘는 것에 절대로 방임하지 있지 않을 것이다." 9월 30일 저우언라이는 또 연설을 발표하여 공개적으로 미국정부에 엄정하게 경고했다.[24] 하지만 이 시기 백악관과 국방부는 이미 승리에 눈이 멀었고, 맥아더는 유엔군이 38선 이북에 진격하도록 했다. 중국의 경고는 전혀 받아들여지지 않았다.

9월 28일, 한국전쟁의 형세가 이미 매우 위급한 상황에 이르게 되자 북한노동당정치국은 회의를 열고 소련에 공군지원을 요청하고 동시에 마오쩌둥에게 편지를 보내어 중국이 직접적인 군사원조를 제공해 줄 것을 요청하기로 결정했다.[25] 모스크바는 당연히 이러한 시기에 공개적으로 한국전쟁에 개입하려 하지 않았다. 10월 1일 평양에 보낸 편지에서 스탈린은 한편으로 북한으로 하여금 신속하게 38선에 대한 방어를 조직할 것을 지시하면서 다른 한편으로 "인민지원군을 조직"하는 문제를 제기하면서 "반드시 먼저 중국동지와 협상"

해야 된다고 했다. 같은 날 스탈린은 협상의 여지가 없는 말투로 중국에 지원군을 파견하여 북한을 도울 것을 요구했다.[26] 곧이어 김일성의 편지도 베이징에 도착했다. 전쟁의 상황이 가장 위급한 상황에 이르게 되었을 때, 북한을 구원하는 책임을 마오쩌둥이 짊어지게 되었다. 이러한 배경 아래, 즉 중국의 안전이익이 이미 실제적인 위협을 받고 있고, 소련과 북한도 명확하게 중국에 출병을 요구하는 시점에서, 10월 2일 마오쩌둥은 덩화鄧華에게 전보를 보내어 "수시로 출동할 준비"를 할 것을 요구했다. 그리고 스탈린에게 보낼 전보의 초고에서, 중국은 12개 사단을 출동하여 한반도에서 작전할 것이라 했다.[27] 하지만 영도자들 사이의 의견분규로 인하여 마오쩌둥이 출병을 약속한 전보는 발송되지 않았다.[28] 국내의 매우 어려운 상황에서 10월 3일 저우언라이는 최후의 노력을 했다. 인도를 통해 미국에 재차 미군에게 38선을 넘지 말 것을 경고하는 소식을 전하는 것이었다.[29] 미국이 이에 대해 못 들은 체하고 동시에 한반도의 상황이 날마다 악화되자 중국영도자들은 부득이하게 최후의 결정을 내렸다. 10월 5일 오후에 있었던 정치국확대회의에서 미국이 북한을 점령하면 중국으로 하여금 안심하고 건설할 수 없게 하므로 이차에 모두 부숴버리고 다시 건설하자는 펑더화이의 격앙된 연설은 당일 오전 마오쩌둥이 그와 담화에서 표했던 결심을 말해주는 것이었다.[30] 마오쩌둥은 심지어 제3차 세계대전과 핵전쟁을 치를 최악의 상황까지 생각했다.[31] 다만 소련의 군사원조를 쟁취하는 전략적 사고에서 출발하여 마오쩌둥은 즉시 이 결정을 스탈린에게 알리지 않았고, 저우언라이와 린뱌오를 소련에 파견하여 협상케 했다.[32]

10월 13일 스탈린이 이미 한반도에서 전면적으로 철수하는 계획을 결정한 몇 시간 이후, 모스크바는 마오쩌둥이 출병을 결정한 통지를 받았다.[33] 북한을 원조하는 문제에 있어, 스탈린은 중국이 출병할 것을 요구했고 마오쩌둥은 소련이 공군지원을 해줄 것을 요구했다. 만약 이것이 두 동맹국 사이의 암투라면 그 결과는 스탈린이 우세를 점했다 할 수 있다. 하지만 마오쩌둥은 군사상에서 승리를 확신하지도 못하는 불리한 상황에서, 결연히 병사를 파병하여 한반도에서 작전할 것을 주장했다. 이것은 스탈린의 위협이나 압력 때문이 아니라, 주요하게는 국가안전과 주권에 대한 고려에서 출발한 것이었다. 맥아더가 압록강을 넘을 것을 떠들어 대고, 미국 비행기가 중국 동북 변경의 도시를 습격하는 상황에서, 중국영도자들이 전쟁이 중국 경내로 확대되는 것을 걱정한 것은 매우 현실적인 것이었다.[34] 지정학적인 측면에서 안전이익에 대한 걱정 이외에, 마오쩌둥은 또 중국의 주권완전성이 위협을 받는 더욱 깊은 층위에서의 우려도 했을 것이다. 만약 북한이 소련이 계획대로 중국동북지역에 망명정부를 수립하고, 남은 잔여부대를 동북에서 휴식 정돈하게 되면, 이로 인하여 전쟁이 중국동북 경내에 벌어지게 되고, 스탈린은 중소동맹조약에 근거하여 몇 십만의 소련 극동군을 동북에 진입시켜 중국을 도와 작전할 가능성이 매우 큰 것이었다.[35] 마오쩌둥은 1945년 스탈린이 대일작전을 핑계로 중국동북에 출병하여 장제스로 하여금 중국의 주권에 손해를 입게 한 성하지맹城下之盟을 잊지 않고 있었다. 마오쩌둥은 또 신중국 영도자가 동북문제를 두고 소련과 어려운 협상을 통해 스탈린으로 하여금 제한된 기간 안에 장춘철도와 뤼순, 다롄을 반환하는 협정을 맺은 것을 기억하고 있었다.[36] 또 "동북 왕" 가오강의 모스크바와의 특수한 관계 역시 마오쩌둥이 동북의 운명을 고려할 때 매우 걱정했던 것일 수 있다.[37] 때문에 일단 전쟁을 중국 경내로 끌어들이고, 소련이 재차 동북에 출병하게 된다면, 그 결과는 명료했다. 전쟁의 승패가 어떻게 되었든, 중국은 동북지역의 주권이 손해를 입게 되지 않는 것을 보증할 수 없었다. 이 문제를 해결하는 유일한 방법은 전쟁을 변경 밖에서 저지하는 것이었다. 당연히 마오쩌둥의 국가주권과 안전에 대한 고려에는 또 다른 여러 내용들이 포함되어 있었다. 예를 들면 대만문제, 일본 문제 등등이다. 스탈린은 10

월 초 중국의 출병을 설득하면서 그 결과는 미국으로 하여금 "소련과 동맹을 맺고 있는 중국에 양보를 하게 됨으로써" 북한을 미국이나 일본이 중국을 반대하는 군사기지로 할 수 없고, 나중에 미국은 부득이하게 "대만을 포기하고" "일본 반동세력과 단독으로 강화조약을 체결하는 것을 거절하게 되고, 일본 군국주의를 부활하는 활동과 일본이 그들의 극동에서 발판이 되도록 하는 계획을 포기" 할 수 있다고 이야기했다.[38] 설령 스탈린의 이 전보를 보지 않았더라도 마오쩌둥은 이러한 중국의 안정과 주권을 보증하는 일련의 이득을 생각했을 것이다.

종합하면, 당시 유행하는 한 마디의 구호 "항미원조, 보가위국"은 매우 명확하게 마오쩌둥이 출병문제에서의 모든 고려를 반영한 것이었다. 미 제국주의를 직접 상대로 하는 혁명열정, 사회주의진영에 대한 국제주의적 책무, 특히 신중국의 안전과 주권을 보호하려는 영수의 의식, 이 세 가지는 마오쩌둥이 출병을 결정한 기본동기와 목적을 구성했다. 총체적으로 중국은 하는 수 없이 자신들이 희망하지 않았던 이 전쟁에 말려들었지만, 당시 전쟁 상황의 추세가 명확하게 전체 사회주의진영에 불리하고, 또 신중국의 안전이익에 위협이 되자, 중국영도자는 최종적으로 이 전쟁에 참여할 결심을 하게 되었다. 대외전략의 정책결정에서 국가이익을 최고의 원칙으로 한다면, 마오쩌둥의 이러한 고려는 그 본인에게나, 아니면 그가 이끌고 있는 당이나, 나아가 그가 영도하는 전체 국가와 민족에 있어 의심할 나위 없이 적합한 것이었다. 최종적으로는 이것은 미국이 38선을 넘은 것에 대하여 하는 수 없이 내려야만 했던 합리적인 반응이라 할 수 있다. 중국이 한반도 전쟁에 개입하기로 정책결정을 내린 것을 합리적인 판단이라 한다면, 이것은 미국이 38선을 넘은 것이 하나의 재난을 초래한 행동이라고 생각하는 것이기도 하다.[39] 유엔군이 실제적으로 38선을 넘고 압록강에 접근한다면, 그 때, 미국이 중국을 위협하지 않는다는 어떠한 보증을 하든지 또는 완충지역을 만드는 건의를 하든지 아니면 폭격을 확대하고 심지어 핵무기로 위협을 하든지 모두 마오쩌둥의 미군에 대규모 진공을 발동하는 것을 막을 수 없었다.

마오쩌둥은 현실을 넘어선 전략방침을 설정했다

마오쩌둥은 그가 처음으로 출병을 결정할 때, 다음과 같은 전략방침을 명확하게 설정했다. "한반도 경내에서 미국과 여러 나라 침략군을 소멸하고 축출하며" 반드시 속전속결해야만 된다. 마오쩌둥은 국민당과의 작전경험에 기초하여 중국군대가 한 전투에서 미군 몇만 명을 소멸할 수 있다고 맹목적으로 생각했다.[40] 소련공군이 2개월 이후에야 출동한다는 소식을 접한 이후에도 마오쩌둥은 한반도에서의 작전 배치만을 조절했을 뿐이었다. 즉 남한군대와만 작전하고 혹은 평양에서 원산이북에 이르는 산지에서 방어를 조직하면서 시간과 장비를 쟁취하고 소련공군이 도래한 이후 다시 싸우는 것이었다. 하지만 이것은 마오쩌둥이 전략방침을 바꾸었음을 의미하는 것이 아니었다. 마오쩌둥은 곧이어 "6개월 이후 공격하는 문제" 즉 "공중과 지상에서 모두 압도적인 우세의 상황이 오면 다시 평양과 원산 등지를 공격"해야 한다고 지적했다. 마오쩌둥은 또 다음에 "큰 전투"[41]를 해야 한다고 말하기도 했다. 실제 전쟁 상황이 중국부대로 하여금 저지하면서 원조를 기다릴 수 없는 상황에 이르게 되자, 마오쩌둥과 펑더화이는 기동전으로 적군을 소멸하는 책략을 확정했다. 하지만 이것은 전체 전략을 바꾼 것은 아니었다. 평양, 원산, 한성서울, 대구, 부산 등 도시들을 침공하는 것을 아직 준비하지 말 것을 말하면서도 마오쩌둥은 동시에 "우리들의 비행기, 대포 등 조건이 만족한다면 이들 도시들을 하나하나 공략해야 한다"고 지적했다. 비록 마오쩌둥이 이 시기에 이미 뒷날 전쟁의 운명과 밀접하게 연관된 문제, 즉 미국으로 하여금 중국과 외교적으로 협상하는 가능성을 제기했지만, 그는 이러한 전망에 대해 별로 큰 기대를 갖고 있지 않았다. 마오쩌둥은 미국의 정책 변화가 몇 개의 미국 사단을 소멸한 다음에야 있을 것이라 생각했다.[42] 종합하여 보면, 환경과 조건이 어찌했든, 미국과 개전하기 전 마오쩌둥이 이미 확정한 명확한 전략방침은 가장 짧은 시간 안에 미국군대를 소멸하거나 축출하는 것이었다. 하지만 이러한 방침은 중국군대의 능력을 넘어선 것이고 또 자신의 안전을 목표로 하는 객관적인 한도를 벗어난 것이기도 했다.

중국군대가 조금 우연적으로 두 차례 매우 성공적인 기동작전을 수행한 뒤, 모스크바와 평양은 매우 고무되었고 마오쩌둥에게 이미 정한 전략을 끝까지 수행할 것을 요구했다. 마오쩌둥 본인에게도 맹목적인 낙관정서가 생겼다. 마치 인천상륙의 성공이 미국으로 하여금 적을 얕보는 사상이 생기게 했던 것처럼, 지원군이 첫 전투에서의 승리도 마오쩌둥으로 하여금 자신 전략의 정확성에 대해 추호의 의심도 하지 않게 만들었다. 하지만 이 시기 현실환경과 객관적인 조건이 말해주는 것은 마오쩌둥이 설정한 전략방침은 집행이 힘들다는 것이었다. 전방의 총지휘관으로서 펑더화이는 두 차례 전투 이후 부대는 매우 지쳤고, 부상자가 증가하고, 겨울 옷과 탄약, 식량의 보급도 이어지지 못하는 것을 보았다. 그리하여 12월 8일 전보에서 적들에 대해 "섬멸적인 타격을 할 수 없다면" 38선을 넘어 한성서울을 점령할 수 있다 하더라도 그렇게 하는 것이 적합하지 않다고 하면서, 38선 이북의 몇십 리 되는 곳에서 진군을 멈추고 내년 봄에 다시 싸울 것을 건의했다.[43] 네룽전도 펑더화이의 전보를 받은 뒤, 역시 부대는 휴식과 보충이 시급하고, 게다가 1선 병력에서 중국군대가 절대적 우위를 점하지 않고 있기에 2개월 미룬 뒤 다음 전투를 발동할 것을 건의했다.[44] 하지만 펑더화이가 전보를 발송한 같은 날, 김일성은 인민에게 알리는 글을 발표하여 "조국해방의 승리를 위한 총진군"을 호소하면서, "미국 침략자와 이승만 매국세력을 무덤에 보내야 한다"[45]고 했다. 모스크바 역시 중국에게 '쇠뿔도 단김에 빼'것을 건의하면서 계속 진공해야 한다고 했다.[46] 이때 유엔과 인도, 영국, 스웨덴 등 나라들은 계속하여 중국이 받아들일 수 있는 정전조건을 문의했다. 주동권을 잡기 위하여 저우언라이는 모스크바에 문의했고, 서면의 방식으로 중국정부가 작성한 5개 항의 정전조건을 넘길 준비를 했다.[47] 소련 정부는 즉시 답전을 보내와 스탈린은 중국이 제기한 조건에 "완전히 동의"한다고 했다. 동시에 "이들 조건을 만족하지 않는다면, 군사행동을 멈출 수 없음"을 강조했다. 다른 한편으로, 소련은 또 중국에게 이러한 조건을 잠시 제출하지 말 것을 건의하면서 미국과 유엔이 먼저 조건을 제기하는 것을 기다려야 한다고 했다. 스탈린은 심지어 중국에게 이 문제를 어떻게 답해야 하는지에 대해 구체적인 서술 방법까지 건의했다. 저우언라이는 정전협상에 대해 "상대가 급하면 우리측은 급해 하지 않는" 방침을 확정했다.[48]

이러한 배경에서 베이징은 당연히 펑더화이의 진공을 잠시 정지하는 의견에 동의할 리가 없었다. 마오쩌둥은 즉시 제3차 전투를 발동하여 신속하게 38선을 돌파할 것을 명령했다. 그는 펑더화이에게 보낸 전보에서 "목전 미국, 영국 등 나라들이 우리군대로 하여금 38선 이북에서 멈출 것을 요구하면서 그들이 군대를 정비할 수 있어 다시 전투하는 것에 이롭게 하려 한다. 때문에 우리 군대는 반드시 38선을 넘어야 한다. 또 38선 이북에서 정지하면, 정치적으로도 크게 불리하게 된다." "민주진영의 여러 나라들 역시 이상하게 생각하면서, 많은 의논이 생길 것이다"[49]고 했다. 마오쩌둥이 38선을 넘은 뒤, 전군의 주력이 몇십 리 후퇴하여 휴식과 조정하는 것을 완전히 동의한 것으로 볼 때,[50] 그가 38선을 넘는 명령을 내린 것이 얼마간은 소련과 북한 등 사회주의

국가의 압력 때문일 수 있다. 하지만 주의해야 하는 점은 마오쩌둥이 이 시기 전체 전략방침을 바꾸려는 생각이 없었다는 점이다. 지원군이 한성서울을 점령하고 휴식에 들어갔을 때, 마오쩌둥은 스탈린에게 인민군이 범했던 착오를 다시 범하지 않기 위해 반드시 2, 3개월의 휴식과 정돈을 해야만 "최종적으로 남한 문제를 해결할 수 있고", "최후의 승리를 보장 할 수 있다"[51]고 설명했다. 이것은 마오쩌둥이 기회를 기다리면서 마음속의 구상을 실현하려 했다는 것을 말해주고 있다. 마오쩌둥의 반드시 유엔부대를 소멸하거나 축출하려는 이러한 심리는 중국군대로 하여금 승리자로서 전쟁을 끝낼 수 있는 매우 유리한 기회를 잃게 만들었다.

1951년 1월 13일, 즉 중국군대가 제3차 전투에서 승리를 거둔 뒤, 유엔 정치위원회는 "한국 문제3인 위원회"가 13개국의 제안에 기초하여 제기한 한국 문제 기본원칙의 "보충보고"를 논의하고 통과했다. 이 보고는 다음과 같이 건의했다. 즉시 정전을 실현하고, 한 차례 정치회의를 통해 평화를 회복하며, 외국부대를 단계적으로 철수하며, 한반도 인민들이 선거를 치르도록 하며, 통일적으로 한반도를 관리하도록 안배하며, 정전 이후 영, 미, 소와 공산당 중국이 참가하는 회의를 열어 극동문제를 해결하도록 한다고 했다. 이 중에는 대만 지위와 중국의 유엔에서의 대표권문제도 포함되었다.[52] 몇 시간 전 미국정부에 통보한 이 새로운 의안은 백악관으로 하여금 진퇴양난에 처하게 하였다. 국무장관 애치슨이 지적한 것처럼, 이 안건에 동의하면 "한국 사람들의 신임을 잃게 되고, 국회와 여론의 분노를 일으키게 될 것이고", 동의하지 않는다면, "유엔에서 우리는 대다수의 지지를 잃게 될" 상황에 놓이게 되는 것이었다. 국무부는 최종적으로 이 의안에 동의하기로 결정했다. 그것은 "중국 사람들이 이 결의를 거절할 것을 절실히 희망했고 그렇게 될 것을 믿었기 때문이었다".[53] 중국의 입장에서 이것은 정전을 실현할 수 있는 절호의 기회였다.[54] 만약 중국군대가 38

선 부근에 머무르면서 유엔의 조건을 받아들이고 정전협상을 시작했다면, 정치적으로나, 외교, 군사적으로나 모두 중국에 매우 유리한 것이었다. 응당 지적되어야 하는 점은 마오쩌둥이 확정한 전략방침은 현실조건을 초월한 것에 있을 뿐 아니라 현실목표를 초월한 것에 있다는 점이다. 실제로, 중국이 한반도에 출병하는 정책결정을 내릴 시 걱정했던 세 가지 문제는 한반도에서 전체에서 미국군대를 소멸하고 축출할 필요가 없는 것이었다. 지원군이 미군을 38선 이남으로 밀어냈을 때, 마오쩌둥이 전쟁에 개입하려고 결심한 3개 층위의 고려는 이미 기본적으로 실현되었다. 미국이 이 시기 정전을 받아들이는 것은 패자의 신분으로 협상테이블에 안게 되는 것이고, 마오쩌둥의 혁명 열정과 신념 역시 충분하게 보여질 수 있는 것이었다. 북한 정권도 온전하게 보존되었고, 모스크바가 걱정했던 미국과 소련이 직접 충돌하는 극동에서의 위기 역시 구름같이 없어지게 되는 것이었다. 동시에 중국이 사회주의 진영에서 담당하고 있던 책임과 국제주의 의무를 이행한 것이 되었다. 북한을 완충지역으로 하면 마오쩌둥의 중국 안전과 주권의 위협을 걱정했던 것 역시 없던 것이 되고, 심지어 대만문제와 신중국의 유엔에서의 합법적 지위 역시 매우 유리하게 해결될 수 있었다.

하지만 애치슨이 기대한 것처럼 중국의 답변은 이번 유엔의 의안을 부정하는 것이었다. 1월 17일, 저우언라이는 중국의 정전을 거절하는 결정을 선포했다. 그 이유는 "먼저 정전하고 후 협상"하는 것은 미국에 숨돌릴 기회를 주는 것이며, 그들이 다시 전쟁을 하는 것에 이롭게 하기 위한 음모이기 때문이다[55]고 했다. 하지만 실제로, "숨돌림"을 필요로 한 것은 이미 강노지말強弩之末의 상황에 처한 중국군대였다.[56] 그리고 중국의 소위 먼저 철군하고 후 정전하자는 주장은 실행에 있어 분명히 현실적이지 못한 것이었다. 소위 "음모"라는 것은 다만 중국이 정전을 거절하는 빌미에 지나지 않은 것이었다. 쉽게 추론할 수 있듯이 13개국의 제안에 대해 찬성표를 던지는 것을 거절했던 결과와 마찬가지로 미국이 한반도에서 정전 이후 권토중래 한다면, 그들이 유엔과 다른 동맹국들로부터 받을 압력 역시 견디기가 쉬운 것이 아니었다. 한 발 물러서 생각해서 정전이 실패하더라도, 여러 연구자들이 지적한 것처럼, 지원군은 합법적으로 38선 이남 지역을 점령할 수 있었고 귀중한 시간을 얻어, 다시 진공할 수 있는 잠재력을 키울 수 있었다.[57] 이와 반대로 중국이 새로운 정전 건의를 거절한 것은 한편으로 유엔으로 하여금 중국을 "침략자"로 질책하는 제안을 즉시 통과하게 만들어, 중국이 정치, 외교상에서 매우 피동적이게 하였다. 동시에 미국군대가 계속 전쟁을 진행하는 것에 합리적인 구실을 제공하여 중국과 북한 군대가 군사적으로도 매우 위급한 처지에 처하게 만들었다. 유엔군이 즉시 발동한 대규모 반공에 맞서, 펑더화이는 유엔의 결의를 이용할 것을 생각했다. 그는 1월 27일 마오쩌둥에게 보낸 전보에서 "제국주의의 내부 모순을 증가하기 위하여, 중, 조북 양군이 일정 기간 동안의 정전을 지지하면서 인민군과 지원군이 오산, 태평리, 단구리 선에서 북으로 15내지 30킬로를 철수하는 소식을 발송할 수 없는지 물었다. 만약 동의한다면 베이징에서 발송하기를 바란다"고 했다. 하지만 마오쩌둥은 미군의 의도와 적과 아군의 역량대비에 매우 틀린 예측을 했다. 이미 기진맥진하고, 식량과 탄약 모두 부족한 중국군대가 응당 정전을 통하여 다른 기회를 도모해야 하는 시점에 마오쩌둥은 도리어 펑더화이에게 휴식과 정돈을 중지하고 즉시 제4차 전투를 일으킬 것을 명령했다. "그 목적은 2~3만 명의 미군과 괴뢰군을 소멸하고 대전-안동일선의 이북지역을 점령"하는 것이라 했다. 스탈린도 이 주장을 지지함을 표시했다.[58]

실제로 적군과 아군의 역량 대비가 너무 컸기에, 유엔군의 강대한 공세 아래 중국과 북한 군대는 부득이하게 북으로 철수하게 되었고 제4차 전투는 실패로 끝났다.[59] 펑더화이는 귀국하여 마오쩌둥을 만나 지원군의 어려운 상황을 설명했고 마오쩌둥도 "한국전쟁이 아마도 장기화될 가능성이 있음"을 인식하게 되었다. 또 적군을 38선 이남지역에 진입하도록 하고 지원군은 후속부대가 도착하는 시점을 기다려 다시 전쟁을 하기로 결정했다. 마오쩌둥은 이 결정을 모스크바와 상의했고, 스탈린 역시 동의를 표했다.[60]이때까지도 마오쩌둥은 원래의 계획을 바꾸려 하지 않았으며 자신의 미국을 소멸하는 전략방침을 실현할 수 있다고 생각했다. 그 결과 이후의 몇 개월 동안의 전투에서 지원군은 비록 모든 힘을 다했지만, 커다란 희생과 엄중한 손실을 피할 수 없었고, 적들의 공세를 38선 부근에서 저지하는 것에 그쳤다.[61] 1951년 6월, 조건이 중국에 매우 불리한 상황에서, 마오쩌둥은 부득이하게 모스크바가 나서서 정전협상을 제기할 것을 청구했다.[62]

사람들을 의아할 수도 있다. 마오쩌둥은 늘 전략적 시야가 있었고, 국민당과 투쟁하는 몇 십 년 동안 군사수단과 통일전선공작 두 가지 방법으로 동북지역에 있었던 삼 개국, 네 갈래의 역량과의 투쟁에서 여유 있게 일들을 처리했음을 기억하기 때문이다. 또 저우언라이도 국민당과의 장기간 협상과정에서 걸출한 외교적 재능을 보여주었음을 기억하고 있다. 왜 한국전쟁에서 오직 군사목표 한 가지에만 집중하고 동시에 외교전선에서 아무것도 하지 못했을까? 왜 중국은 잠시 전쟁에서 우세했을 때 제때에 그만두지 못했고 동시에 유엔에서 저우언라이에게 하나의 외교적 재능을 발휘할 무대를 창조하지 못했을까? 그 원인은 다음과 같다. 첫째, 중국혁명의 승리는 마오쩌둥으로 하여금 세계혁명을 지원하는 더욱 원대한 이상과 포부를 갖게 만들었고, 기대하지 않게 주어졌던 한국전쟁과, 전쟁초기의 승리는 마오쩌둥에게 이러한 기회를 제공했다. 둘째, 미국군대의 예상 밖의 "약한 모습"과 소련공군이 제때에 참전한 것[63]은 마오쩌둥으로 하여금 필승의 신심을 갖게 하였고, 이로 인하여 전쟁의 총체적인 형세에 대해 틀린 판단을 내리게 만들었다. 셋째, 소련과 북한이 가한 압력도 그로 하여금 눈앞의 성공에서 뒷걸음 치지 못하게 하였다. 넷째, 금방 산골짜기에서 대도시로 나온 중국영도자들이 국제무대에서의 외교적 경험과 지식이 부족했다. 이처럼 여러 가지 이유가 있을 수 있다. 생각할 수 있는 원인은 더 있을 수 있지만, 어찌되었든 이 시기 마오쩌둥은 마음속으로 그가 중국군대에 설정한 전략방침이 현실적이지 않다는 것을 인식하게 되었다.

동일한 목표를 실현하기 위해 지불한 여분의 대가

마오쩌둥은 하는 수 없이 장기전과 한편으로 싸우고 한편으로 협상하는 지구전의 방침을 취했다. 실제로 전쟁은 이미 그가 전쟁 이전에 극력 피하려고 했던 중국에 가장 불리한 대치 상황에 처하게 되었다. 개성협상부터 판문점협상, 그리고 최종적으로 정전협정을 체결하기까지 중국은 기본적으로 모두 방어를 하는 피동적인 위치에 처해 있었다. 최초의 정전분계선문제부터 최후의 포로송환문제에 이르기까지 그 결과는 대체적으로 모두 미국의 방안을 받아들인 것이었다.[64]

득실을 논한다면, 이 전쟁이 중국이 대국과 강국 이미지를 세계적으로 회복한 것이라 할 수 있다. 그 이전 굴욕적인 한 세기 동안, 중국은 서방과 일본과의 싸움에서 모두 졌고, 영토를 할양하지 않으면 거액의 배상금을 지불하였다. 하지만 33개월이나 되는 긴 시간 동안 세계에서 가장 강대한 미국과의 전쟁에서 중국은 약자가 강자에 저항하는 것이었지만 끝까지 버텼다. 또 미국대표와 평등한 위치에서 정전협정을 체결할 수 있었던 것은 세상사람들이 신중국을 다시 보지 않을 수 없게 하였다. 그 뒤 중국은 1954년 제네바회의에서 “국제무대에서의 중심 위치를 차지”할 수 있었고, 저우언라이는 또 얼마 후에 개최된 "아시아 아프리카 부흥"을 상징하는 반둥회의에서 "주인공"[65] 역할을 할 수 있었다. 이로부터 시작된 여정은 오랫동안 중화민족 마음속에 심어져 있던 굴욕감을 없애버렸고, 중국인민들은 진정으로 자랑스럽게 "지금부터 일어섰다"고 외칠 수 있게 되었다. 중국공산당의 영도와 통치지위 역시 정치적으로 공고화되었다. 이것 모두는 무시할 수 없는 사실이다. 하지만 반드시 보아야 하는 것은 중국은 이것을 위해 너무나 커다란 대가를 지불했다는 점이다. 게다가 소위 승리라 말하는 것은 전쟁 정책결정자가 확정한 전략 방침이 실현되었음을 말하는 것이다. 하지만 마오쩌둥은 그의 미국군대를 한반도에서 퇴출하는 전략방침을 실현하지도 못했다. 당초 출병한 정책결정의 최초의 원인을 생각할 때, 전쟁의 결과가 중국이 자신들이 예상했던 목표를 달성하지 못했다는 것을 증명하는 것은 아니다. 하지만 앞의 문장에서 말했듯이 이러한 목표는 2년 반 이전에 이미 달성된 것이었다. 문제는 중국이 이후 다시 이러한 목표를 실현하기 위하여 본래 지급하지 않아도 되는 여분의 대가를 지불했다는 점에 있다.

전쟁에서 지원군은 11.4만 명이 사망했고 25.2만 명이 부상을 입었고, 2.56만 명이 실종되었다(이 중에서 포로는 2.1만 명이었다). 부상으로 사망에 이른 인원은 3.46만 명이었다. 합치면 병력 손실은 42.62만 명이나 된다. 이 중에서 사단장급 지휘관은 200여 명이 희생되었다.[66] 비교해보면 보수적인 통계로 계산하더라도 중국군대의 손실은 미국을 훨씬 능가했다. 그 비례는 사망은 3.39 : 1, 부상은 2.47 : 1, 실종 혹은 포로는 5.02 : 1, 상병으로 인한 사망은 1.68 : 1, 병력손실은 2.62 : 1이었다.[67] 여기서 주목해야 하는 부분은 중국 측의 병력 손실 절대 대부분이 중국이 유엔 건의안을 거절한 다음 미국이 발동한 공세 이후에 발생했다는 점이다. 처음 3차례 전투를 볼 때, 중국과 북한 군대와 미국과 한국군대의 전쟁에서 병력 손실 비율은 0.7 : 1이었다. 이 시기 중국군대의 사망과 부상은 약 5.65만 명이었고, 동상으로 인한 5만 명을 더해도 전체 전투에서 손실된 병사의 1/4밖에 되지 않았다.[68] 제때에 전략방침을 바꾸지 못하여 전쟁이 길어졌기에, 중국은 3배나 되는 인원의 대가를 지불하게 되었고, 이 두 가지 대가가 도달한 목표는 거의 비슷한 결과였다.

정책결정의 착오는 군사적인 측면에서만 보여지는 것이 아니었다. 전쟁의 연장이 중국경제건설에 미친 영향은 더욱 엄중했다. 전쟁 발발 이전, 중국정부의 1951년 군비지출은 1950년 예산 총 지출의 43%에서 30%로 감소하고, 나머지 70%는 경제건설을 진행하려 했다.[69] 하지만 전쟁의 발발, 특히 지구전으로 전환하게 되면서 1951년 중국의 국가예산에서 군비지출 비율은 45.64%로 증가하게 되었다.[70] 정세가 위급했기에 중국이 소련으로부터 제공받은 3억 달러의 저금리대출 전부를 무기장비구매에(본래 계획은 4,000만 달러였다)[71] 사용한 것이 부득이 한 것이었다 하더라도, 1951년부터 대규모로 군비지출을 증가한 것은 완전히 전쟁이 장기화된 결과였다. 그해 총 예산은 전쟁으로 인하여 60%나 증가되었고, 총 예산 가운데 직접적으로 한국전쟁에 사용된 비율은 32%나 달했다.[72] 전쟁 발발 2년 뒤, 경제건설을 위한 대출은 여전히 비교적 긴박했다. 1952년 9월 저우언라이는 소련에 다음 5년 사이 다시 40억 루블의 차관을 빌려줄 것을 요청했고, 이 중 대부분을 군사와 국방에 사용하였고, 공업장비를 구매한 것은 8억 루블밖에 되지 않았다.[73] 중국이 한국전쟁 기간 동안 소모한 여러 작전 물자는 모두 560여만 톤에 달하였고 작전 비용은 중국 돈으로 62억 위안이었다.[74] 이것이 신중국 경제발전에 미친 부정적인 영향은 매우 뻔한 것이다.

중국이 제때에 전략방침을 바꾸지 않은 다른 결과는 자신을 국제정치에서 고립된 지위에 처하게 만든 것이었다. 한국전쟁 발발 이전, 유엔에서의 대표권 문제에서 이미 신중국에 유리한 경향이 나타났다. 특히 인도와의 수교, 영국과 수교협상을 진행하는 상황은 유엔의 다른 국가들에 매우 영향이 있었다. 그리하여 미국국무부가 거부권을 사용하여 유엔이 신중국의 대표권을 받아들이는 것을 막지 않겠다고 결정하게 만들었다.[75] 1951년 1월 8일 영국수상 애틀리Attlee는 트루먼에게 보낸 편지에서 영국정부는 "유엔이 중국을 침략자로 질책하는 결의안을 통과하는 것에 반대"[76]한다고 했다. 하지만 중국이 유엔의 제안을 거절한 다음 모든 것이 변했다. 13국의 제안특별히 보충 의견은 원래 중국에 동정적인 입장에서 제출된 것이었고, 유엔이 이 제안을 통과한 것은 대다수 국가들의 중국에 대한 우호적인 태도와 평화를 요구하는 염원을 담은 것이었다. 중국 정책결정의 근본적인 착오는 바로 이 제안을 거절한 것이었다. 게다가 이것을 미국의 음모라고 질책하면서 결과적으로 여러 나라들의 감정을 상하게 하였다. 1월 30일 유엔정치위원회는 44표 대 7표7표는 기권로 미국이 제기한 중국을 "침략자"로 규탄하는 제안을 통과했다. 이것이 표명하는 것은 유엔의 대다수 국가들이 중국에 대한 실망이었다.[77] 비록 이 중에 미국이 조종하는 요소가 있었겠지만, 사람들이 동정에서 반감으로 돌아선 마음은 명확한 사실이었다. 중국이 유엔에서의 의석 문제는 이때부터 오랜 기간 동안 보류되었다.

이뿐만 아니라 5월 18일 유엔대회는 또 미국의 요구를 기초로 한 결의안을 통과하여 중국대륙에 대해 금수조치를 취했다.[78] 대략 반년이 지난 뒤, 미국의 경제사무를 관장하는 국무차관보 소프Thorpe는 한 통의 성명에서 "이미 43개국이 유엔 결의를 받아들이고 적극적으로 이행한다. 이들은 원래 모두 중국에 전략물품을 수출하던 주요 나라들이다"[79]고 말했다. 경제봉쇄의 결과는 중국이 경제건설에서 부득이하게 소련과 다른 동유럽 위성국가들에 의존토록 하였다. 중국의 대외무역 총액에서 중국과 소련 그리고 기타 사회주의 국가들의 비중은 1950년대의 32.4%에서, 1952년에는 52.9%, 1953년에는 72%가 되었다. 그 뒤 50년대 말까지 계속하여 70% 이상이 되었고 이중에서 중국과 소련 사이의 무역은 무역총액의 50%를 점했다.[80] 공업발전의 기초가 되는 건국 초기 중국의 에너지와 원자재 주요 생산능력은 대체로 소련의 50개 항의 원조를 통해 실현되었다. 1950~1952년 중국의 전부 고정자산은 59억 위안이 새롭게 증가되었다. 당시 소련이 원조하여 건설한 일부 중점항목이 건설된 다음 새롭게 증가한 고정자산은 41.39억 위안에 달하였다.[81] 소련 요소가 중국 경제발전에 미친 관건적인 작용은 이런 수치로부터 알 수 있다. 하지만 일단 중국과 소련관계가 악화되면, 과도하게 소련에 기대던 중국의 경제는 필연적으로 중국으로 하여금 중대한 손실을 입게 만들었다.

신중국의 통일대업을 보면, 한국전쟁의 연장은 결정적으로 이것을 저지하는 작용을 했다. 중국인민해방군이 대만을 해방하는 것은 얼마 지나지 않아 실현될 수 있었던 것이었다. 제7함대가 대만해협에 진주한 것이 비록 이것을 지연했지만, 미국은 이 시기 여전히 의도적으로 대만의 장제스 정권과 일정한 거리를 유지하고 있었다. 만약 제때에 정전하고, 유엔의 건의에 따라 영, 미, 소, 중 4개국 회의에서 대만문제를 토의했다면, 당시 유엔의 구성원 다수의 경향으로 볼 때, 대만문제의 해결은 이후에 비하면 많이 쉬웠을 수 있다.[82] 하지만 중국이 유엔 건의를 거절한 다음, 상황은 매우 크게 변했다. 대다수 국가들을 중국에 불리한 입장으로 바꾸게 했을 뿐 아니라, 미국정부도 신속하게 장제스 정권에 대한 원조를 강화했다. 국무부의 요구에 다라 1951년 2월 트루먼은 5억 달러를 특별히 지급하여 국민당 육군에 무상원조 했다. 이 밖에 국방부 역시 대만에 520만 달러의 해군 장비와 1,600만 달러의 공군장비를 원조했다. 1952년 미국은 또 대만에 대략 3억 달러에 이르는 원조를 주었다.[83] 특히 1952년 3월 22일, 합참의장회의에서 작성한 국가안전위원회 제128호 문건 초안은 미국의 대만정책의 근본적인 변화를 의미하는 것이었다. 문건은 대만이 극동에서 미국에서 "극단적으로 중요한" 지위에 있음을 강조하면서 세 가지 정책성적인 주장을 제기했다. 첫째, 필요하면 일방적인 행동을 통하여 대만을 미국 군사지로서 작용하는 것을 보장해야 한다. 둘째, 제7함대는 계속하여 대만을 보호하는 사명을 완수해야 한다. 셋째, 대만의 군사적 잠재력을 발전시켜야 한다.[84] 이러한 정책의 전환은 전쟁의 지연과정에서 더욱 극단적으로 바뀌게 되었고, 급기야 전쟁 이후 대만과 미국은 "공동방어조약"을 체결하게 되었다. 대만해협양안의 통일은 기한이 없는 정치적 희망이 되고 말았다.

국제정치상황이라는 더욱 넓은 시야에서 관찰해도 사람들은 전쟁이 끝난 이후, 세계는 평화와 안녕을 얻지 못했음을 발견하게 된다. 한국전쟁은 미국과 소련 양대 진영의 대치를 특징으로 하는 냉전 상황을 더욱 심화했다. 중국이 한국전쟁에 개입한 것은 "국제냉전역사에서 하나의 중요한 전환점"으로 여겨진다. 하지만 충돌이 2년여 연장된 결과, 전쟁 발발 이후 나타났던 일부 걱정스러웠던 추세, 예를 들면 군비경쟁과 나토의 확장 및 군사화의 추세를 강화했다. 동시에 아직 일부 남아 있었던 중국과 미국 사이의 우호적인 희망을 무기한 소멸시켜 버렸다.[85] 전쟁은 미국의 대외정책을 더욱 깊고 경직된 냉전의 입장으로 빠져들게 만들었다. 그 결과 미국은 최종적으로 장제스라는 그들이 한때는 벗어버리고 싶어 했던 짐을 짊어 지도록 하였다. 미국은 계속하여 군비를 강화하고, 경제와 군사상에서 담당할 의무를 확대했다. 동시에 중국에 대해 억제의 방침을 실시한 것은, 베트남 전쟁으로 나아가게 되는 첫 걸음이 되었다. 이와 동시에 중국이 사람들의 마음속에서의 세계강국이 된 것의 부작용은, 이것이 "소련의 군사역량의 외연"의 결과로 받아들여지게 된 점이다.[86] 중국의 참전, 특히 완강하게 유엔의 결의안을 거절한 것은 서방에 사회주의 진영의 통일된 지휘의 걸작으로 받아들여지게 되었다. 이 모든 것이 모스크바의 명령의 결과로 받아들여졌다. 그 결과 서방국가들 마음속에 중국과 소련의 관계가 '강철처럼 튼튼'[87]하다고 생각되게 하였다. 중국은 마침내 미소의 대항을 핵심으로 하는 냉전의 전차 위에 굳건히 묶이게 되었다. 심지어 마오쩌둥의 전쟁에 의해 격발된 혁명적 충동으로 인하여 소련보다도 더 깊게 미국과의 적대적인 수렁에 빠지게 되었다.

종합하여 말하면, 중국의 한반도 출병은 주관적 동기와 객관적인 목적에서 합리적이고 모두 이해할 수 있는 것이었다. 하지만 마오쩌둥이 이것을 위해 설정한 전략적 목표와 방침은 현실조건을 벗어난 것이었다. 중국정책결정의 근본적인 착오는 유리한 조건에서 제때에 전쟁을 정지할 수 있는 역사적인 기회를 놓친 것에 있었다. 미국이 38선은 넘었을 때 범한 정책결정의 착오와 마찬가지로, 중국이 범한 착오의 주요 원인도 너무 높게 자신의 실력을 예상했기 때문이다. 정책결정의 실현과 결과로 놓고 보면, 중국은 나중에 자신들의 동기와 객관적인 목적에 도달했다고 할 수 있다. 하지만 지불하지 않아도 될 수 있는 너무나 큰 대가를 치렀고, 최종적으로 미국군대를 소멸하고 축출하는 것을 포기한 것 자체가 기존의 전략방침의 착오를 증명하는 것이기도 했다. 50년 이후 이 거대한 대가를 지불한 전쟁과 그 결과를 회고하여 볼 때 군사적 측면에서 사람들은 유한전쟁이라는 개념을 도출했다. 그렇다며 더 넓은 정치적 층면에서 우리가 말할 수 있는 것은 한국전쟁이 처음으로 세상사람들에게 "대국 사이에, 특히 그들이 핵무기를 장악한 이후 전쟁은 최후의 승자가 있을 수 없다"는 것을 알려준 것이 아닐까?

『21세기』(홍콩) 2000.10에 발표

위기가 닥쳤을 때의 선택

한국전쟁에서의 중국의 정책결정과정에 대한 논평

한국전쟁은 중화인민공화국이 성립된 이후 경험한 첫 번째 전쟁이자 신중국이 처음으로 마주한 주변안전의 엄중한 위기였다. 이 전쟁과 위기는 중국, 아시아, 나아가 전 세계에 모두 매우 중요한 정치적 의의와 역사적 의의가 있었다. 또 한국전쟁의 발발과 그 결과에 따라 전후 아시아와 세계정치구조가 근본적으로 변화하게 되었고, 한반도는 전후 세계에서 사람들로부터 잊혀진 지역에서 주목 받는 화약통으로 바뀌었다고 할 수 있다. 중국에게도 한국전쟁은 하나의 분계선이었고, 하나의 상징이었다. 최종적으로 새로운 정권의 미국과 소련의 관계 설정을 결정하였고 심지어 전체 국가와 사회의 발전방향을 확정하였다. 이러하기에 이 전쟁은 국제 학술계와 중국 학자들의 끊이지 않는 연구과제가 되었고, 중국 민간에서 역사에 관심 있는 사람들이 이야깃거리가 되고 있다.

20세기 80년대 후반부터 학계나 민간에서는 한국전쟁의 여러 문제에 대해, 특히 중국의 이 전쟁에서의 정책결정의 평가에 대해 지속적으로 서로 다른 관점이 존재하고 있다. 저자가 보기에 한국전쟁 기간 중국의 정책결정이 정확한 것이었는지를 토론하는 것에 매우 첨예하고 심지어 상반되는 의견이 있지만,

여기엔 잘못 인식되고 있는 부분도 있다. 즉 논쟁하고 있는 "정치적 결정"이 도대체 무엇을 지칭하는 것인가 하는 문제이다. 만약 이 전제를 확정하지 못한다면, 물음에 제대로 답하지 않는 것이고, 논제를 잘못 위치한 상황이 발생하게 된다. 실제로 한국전쟁 기간의 여러 다른 단계에서, 마주친 문제는 서로 다른 것이었고 중국 영도자들이 내린 것도 일련의 정책결정이었지 단일한 정책결정이 아니었다. 더욱이, 이러한 정책결정은 한 번에 내려진 것도 아니었다. 때문에 뭉뚱그려서 한 번에 논할 수 없다. 저자가 보기에 전쟁의 전개와 영향에서 생각할 때, 중국 영도자들이 네 가지 측면에서 중대한 정책결정을 내렸다고 생각할 수 있다. 한국전쟁의 발동을 지지할지 여부1949년 5월부터 1950년 5월까지, 병사를 보내어 북한을 원조할지 여부1950년 7월부터 10월까지, 유엔의 정전 제안을 받아들일지 여부1950년 11월부터 1951년 1월까지, 그리고 어떠한 정전방침을 확정할지 여부1951년 6월부터 1953년 7월까지로 나뉠 수 있다. 이 과정은 당시 정책결정자들이 공화국의 중대한 주변안전위기를 처리함에 있어서의 출발점, 중점적으로 고려한 부분, 논리구조를 반영한 것이었다. 결과적으로 정책결정 목표의 합리성과 객관성을 측량할 수 있게 한다.

한국전쟁에 대한 개입은 중화인민공화국이 처음으로 국제사무에 참여하고 처리하는 것이었다. 또 처음으로 주변의 중대한 위기를 해결하는 것이었다. 70년이 지났지만 한반도 문제는 비단 해결되지 못했을 뿐 아니라 중국 주변의 까다로운 문제가 되었다. 때문에 역사적 관점에서 중국이 이번 전쟁에서의 일련의 정책결정과정에 대해 검토할 필요가 있다. 특히 위기가 닥쳤을 시, 어떻게 군사와 외교적 수단을 바꿔가면서 사용하고, 어떻게 제때에 전쟁과 협상의 전환을 실현해야 하는지 등을 생각해 보아야 한다. 그리하여야만 기회를 잡고, 작은 대가를 지불하면서 위기를, 더 나아가 위기가 초래하는 소극적인 결과를 없앨 수 있다.

이런 점을 생각하면서 본문은 한국전쟁 기간 중국의 정책과정특히 이 중에서의 전환점 및, 그 결과에 대해 분석, 정리를 하고 평가를 내리는 것을 통해 역사의 참고로 하고자 한다.

한국전쟁의 발발을 지지한 정책결정 과정

한국전쟁의 발동자가 누구인지에 대하여 지금 학계에서 관점이 비교적 일치하다. 즉 이 전쟁은 소련의 동의, 지지와 방조 아래 북한이 발동한 것이다.[1] 지금 토론이 필요한 부분은 중국이 이 문제에서의 관점과 입장이 어떠했는지이다. 김일성과 스탈린의 주장에 대하여 마오쩌둥은 어떤 정책결정을 내렸고 이 정책결정은 어떻게 내려진 것이었을까?

조선민주주의인민공화국북한은 성립초기부터 민족통일을 실현한다는 신념을 품고 있었다. 그들은 헌법제103조에서 수도는 평양이 아니라 서울이라 했다.[2] 통일 방식에 대하여 선전상으로는 계속 평화통일을 이야기했지만 김일성은 오직 군사수단을 통해서만이 자신의 위업을 이룰 수 있다는 것을 알았다. 1949년 3월 모스크바를 방문했을 시, 김일성은 이런 뜻을 내비쳤다. 하지만 스탈린은 통일은 평화적인 방식으로 이뤄져야 하고, 남한이 먼저 침공을 발동한 상황에서만이 반격할 수 있다고 했다.[3] 아시아에서 미국과 직접충돌을 피하는 것은 전후 스탈린의 일관된 방침이었다.

1949년 4월 말, 김일성은 조선북한인민군정치부 주임 김일로 하여금 비밀리에 중국을 방문하게 했다. 마오쩌둥의 모스크바에 보낸 통보에 의하면, 이번 회담에서 조선북한사람들은 남측이 미군이 철수한 이후 일본의 도움을 받아 북측을 침공하는 것을 걱정했다. 하지만 중공은 "미국 사람들이 떠나고, 일본사람들이 오지 않는 상황에서도, 조선북한 동지들에게 남측을 향해 침공을 발동하지 말 것을 권고했다". 이는 중국의 전쟁이 아직 끝나지 않았고, 주력부대가 모두 장강 이남에 있기에 북한을 도울 수 없기 때문이라 했다. 하지만 북한의 방어력의 증강을 위하여 마오쩌둥은 린뱌오부대에 소속된 조선인부대가 북한에 가서 인민군에 편입하는 것에 동의했다.[4] 몇 개월 이후 김일성은 소련에 마오쩌둥이 당시 "북측은 지금 행동을 하지 말아야 한다"고 생각했음을 고백했다. 그 이유는 "정치적으로 불리"하고 또 "중국 친구들이 그들의 국내사무를 처리하기에 급급해 자신들에게 도움을 줄 수 없기"[5] 때문이라 했다. 이것은 마오쩌둥이 처음으로 북한이 무력으로 국가의 통일을 실현하는 것을 지지하지 않는다고 한 것이었다. 직접적인 이유는 중국이 제때에 도움을 줄 수 없다는 것이었다.

1949년 8월, 즉 미군이 한반도에서 철수한 지 2개월 되는 시점에 김일성은 정식으로 북한 주재소련대사에게 남한을 침공하는 문제를 제기했다.[6] 비록 소련대사관의 반대에 부딪쳤지만, 김일성은 옹진반도를 탈취하는 작전계획을 제기하면서, 먼저 국지적을 개시하려 했다.[7] 9월 24일 소공중앙정치국은 결의를 내려 북한의 군사침공계획을 부결했고, 이것을 북한에 통지했다.[8] 김일성은 좌절하지 않고 다시 중국 사람들을 찾았다. 10월 1일 중화인민공화국이 성립을 선포한 이후, 김일성은 마오쩌둥에게 편지를 보냈다. 러시아학자 레돕스키는 저자에게 마오쩌둥이 이 편지를 스탈린에게 전달했음을 알려주었다. 또 10월 21일 전보를 통해 조선북한동지들은 무력으로 남한문제를 해결하려 하지만, 중국 영도자는 그들이 그렇게 하지 말기를 권고했음을 알 수 있다.[9] 스탈린은 답전에서 마오쩌둥의 의견에 동의함을 표시하면서 "이러한 정신에 근거하여 조선북한친구들에게 우리들의 권고를 제기할 것이다"[10]고 답했다. 러시아 문서기록에는 1949년 11월 말까지 북한에 주재하고 있던 소련대사와 군사고문에게 38선 부근의 상황이 복잡화되는 것을 최대한 억제하고, 북한 사람들이 사단을 일으키지 못하게 해야 한다고 적혀 있었다.[11]

1949년 12월 16일 마오쩌둥은 모스크바에 도착했다. 그날 진행된 중·소영도자의 회담에서 스탈린과 마오쩌둥은 지금 "제일 중요한 문제는 평화를 보장"하는 것에 있고, 중소 두 나라가 "힘을 합치면 평화는 보장 될 수 있다"[12]는 점에 일치를 이뤘다. 12월 24일, 스탈린과 마오쩌둥은 두 번째 정식회담을 가졌고, 토론의 주요 내용은 아시아 각국의 공산당 문제였다.[13] 지금까지 비밀해제된 중·러 두 나라 기록문서에서 이번 회담에 관련된 자료를 찾을 수 없다. 하지만 스저의 회고에 따르면 스탈린은 마오쩌둥에게 김일성은 너무 젊고 용감하다고 하면서 김일성이 남측에 행동을 취하려 하지만 그가 유리한 요소를 너무 높게 평가했다고 말했다. 마오쩌둥은 그는 싸우는 의견만을 듣고 싸우지 말아야 한다는 의견을 듣지 않고 있지만 우리는 응당 김을 도와주어야 한다고 말했다.[14] 여기서 말하는 "도와 주는"것은 북한이 침공을 발동하는 것을 지지한다는 것이 아니었다. 이 점에 대해서 마오쩌둥은 1956년 유딘과 미코얀을 만났을 때 이야기했다. 그가 모스크바에서 스탈린을 만났을 때, 한반도의 상황은 북측이 남측을 침공하는 것이 아니라 남측이 북측을 침공하는 것이었다. 때문에 북측은 주동적이어야 하며 시시각각 준비가 있어야 했다. 스탈린은 당시 이 관점에 동의를 표시했다.[15] 또 성명을 밝히기를 원하지 않은 중국 외교관이 필자에게 알린 내용에 따르면, 그가 북한에 부임하기 전 외교부문서기록관에서 관련된 문서를 읽었고, 한 문건을 발견했다. 이 문건은 마오쩌둥이 소련을 방문했을 시 스탈린과의 담화를 기술한 것이었다. 그 내용은 대체적으로 마오쩌둥, 스탈린 모두가 김일성의 행태에 불만했고, 스탈린은 이 사람은 너무 젊고, 경험이 없다고 말했다고 적혀 있었다. 마오쩌둥이 경험이 있는 동지로서 그를 대체할 가능성을 이야기하자 스탈린은 동의하지 않았다.

저자는 여기서 말하고 있는 것이 12월 24일의 회담이라 생각된다. 그 이유는 다음과 같다. 마오쩌둥이 소련을 방문했던 기간 동안 스탈린과 세 차례 정식 회담을 가졌다. 이 중에서 두 차례 회담1949년 12월 16일과 1950년 1월 22일의 기록은 이미 공표되었고, 한반도 문제를 직접적으로 이야기하지 않고 있다. 마오쩌둥의 번역을 담당했던 스저의 회고에 따르면 1950년 1월 하순 스탈린과 마오쩌둥은 한 차례 소규모의 회담을 가졌고 여기서 애치슨 연설에 대해 이야기했다. 이번에도 한반도 문제는 언급이 없었다.[16] 이 밖에 비밀스러운 사적회담이 있었다 하더라도 중국은 문자기록을 남기지 않았을 것이다.

이처럼 1949년 말까지 마오쩌둥과 스탈린은 일치하게 북한이 전쟁을 발동하는 것에 동의하지 않았다.

이 시기 김일성은 이미 자신의 마음속의 우울함과 번뇌를 억제 할 수 없었다. 그는 1950년 1월 17일 한 차례 소규모 점심연회에서 술기운을 빌어 소련대사 시트코프에게 모스크바가 그의 조국통일 실현을 막고 있음을 원망했다. 그러면서 스탈린을 만나기를 요구했고, 만약 스탈린이 만나주지 않으면 자신은 베이징에 가서 마오쩌둥을 만날 것이라 했다. 시트코프가 이 일을 보고했지만 스탈린은 10여 일간 아무런 반응이 없었다.[17] 1월 30일 스탈린은 갑자기 평양에 전보를 보내어 그는 수시로 김일성을 만날 준비가 되어 있고, 그를 도우려 한다고 했다. 또 "남조선남한에 이토록 중대한 행동을 취하기 위해서는 충분한 준비가 필요하다"[18]고 귀띔했다. 2월 2일 또 이 사실을 "다른 북조선북한 영도자와 중국동지들에게" 알리지 말라고 보충 지시했다.[19] 여기서 스탈린은 소련의 동아시아와 태평양에서의 전략적 이익을 보장하기 위하여[20] 갑자기 생각을 바꾸었고, 북한에 파란 등을 켜주었다. 4월 8일 김일성은 비밀리에 모스크바에 도착했고, 대략 반달 동안 소련과 북한 영도자들은 남한에 침공을 발동하는 여러 가지에 대해 상세히 토론했다. 이후 스탈린은 김일성이 제기한 전략배치와 작전계획을 비준했다. 마지막에 스탈린은 김일성에게 이 일은 마오쩌둥의 동의를 얻어야 함을 일깨워주었다. 그것은 마오쩌둥이 아시아 혁명의 영도자이고, "당신들이 강한 저항에 부딪쳤을 시" 중국에 "필요한 도움을 제공할"것을 요청해야 되기 때문이라 했다. 김일성은 4월 25일 평양에 돌아간 이후 전쟁 준비공작을 착착 진행했다.[21]

이 시기 마오쩌둥은 아무것도 모르고 있었다. 5월 3일 스탈린은 전보를 통해 마오쩌둥에게 김일성이 모스크바에 왔었음을 알렸고, 회담의 상황을 "오늘 내에 당신에게 특별히 통보할 것"[22]이라 했다. 하지만 소련은 진일보한 통보를 하지 않았다. 김일성 일행은 5월 13일 베이징에 왔다. 그날 저녁에 있은 회담에서 김일성은 모스크바행의 결과를 통보하면서 자신이 스탈린의 완전한 지지를 취득했다고 말했다. 또 2, 3개월이면 문제를 해결할 수 있다고 장담하면서 이 일은 "반드시 중국동지와 마오쩌둥 본인과 토의"해야 한다고 했다. 마오쩌둥은 스탈린이 갑자기 입장을 바꾼 것이 믿어지지 않아 모스크바의 사실 확인을 요구했다.[23] 그날 밤 11시 30분 저우언라이는 소련대사관에 가서 마오쩌둥이 이 문제에 관련되어 스탈린의 설명을 요구한다고 했다. 동시에 "빨리 답전을 보내기를 바란다"[24]고 붙였다. 이튿날 오후 소련대사 로신은 마오쩌둥에게 스탈린의 답전을 전달했다. "국제 정세가 이미 변화됨을 감안"하여 소련 영도자들은 "조선북한인들의 통일을 실현하는 건의에 동의"한다고 했다. 하지만 "이 문제는 최종적으로 반드시 중국과 조선북한동지들이 함께 해결해야 한다. 만약 중국동지들이 동의하지 않으면 다시 이 문제를 토론해야 한다"[25]고 했다. 전보를 읽은 뒤, 마오쩌둥은 즉각 동의를 표시했다. 15일에 있은 북한 영도자와의 회담에서 마오쩌둥은 그는 원래 대만을 해방한 이후 북한이 통일을 실현하는 것을 돕고자 했지만 지금 조선북한이 싸우는 것이 결정되었고 이것이 중국과 조선북한의 공통된 일이므로 중국은 조선북한이 먼저 행동을 취하는 것에 동의하며 필요한 도움을 준비할 것이라 했다. 김일성은 감사를 표시하면서 동시에 북한은 중국의 도움이 필요하지 않음을 성명했다.[26]

이것은 중국, 소련, 북한 세 나라 영도자가 한국전쟁을 발동했던 정책결정의 대체적인 과정이다. 이로부터 이 문제에서 북한은 제일 주동적이었고, 소련은 중도에 입장을 바꾸었고, 중국은 최후의 시점에야 지지를 표했음을 알 수 있다.[27] 위에서 서술한 역사적 사실이 증명하는 것은 전쟁을 발동하는 문제에서 북한과 소련이 중국을 납치했고 마오쩌둥은 내키지 않은 상황에서 이 기정사실을 받아들였음을 알 수 있다. 마오쩌둥은 뒷날 다음과 같이 말했다. 나는 여러 번 싸워서는 안 된다. 응당 제국주의 간섭을 예상해야 한다고 말했다. 하지만 김일성은 "이미 싸울 결심을 내렸고" 스탈린도 동의했다. 두 나라기 이미 동의했기에 "내(마오쩌둥)가 결연히 반대하는 것도 불가한" 상황이 되었다.[28]

중국영도자로서 마오쩌둥은 국가이익에서 출발하여 북한이 전쟁을 발동하는 것을 원하지 않았다. 하지만 소련이 영도하는 사회주의 진영의 주요 책임자이고 아시아 혁명의 책임자로서 그는 또 모스크바의 생각을 따르지 않을 수 없었고 국제공산주의 운동 전체 이익을 생각하지 않을 수 없었다. 중국에게 이것은 자신이 내린 정책결정이라 하기보다 하는 수 없이 선택한 것이었다.

출병하여 북한을 원조하는 정책결정의 과정에 대하여

중국이 한반도에 출병하여 작전 하는 문제는 당시와 지금 모두 논쟁적인 화제이다. 이 정책결정은 중국 영도자들이 특히 마오쩌둥 본인이 주동적으로 내린 결정이었다. 그 과정은 여러 차례 번복이 있었던 매우 복잡한 과정이었다.

먼저 반드시 역사적 사실을 명확히 할 필요가 있다. 중국의 출병과정에 대해 기왕 소련에는 두 가지 관점이 있었다. 학자들의 관점은 중국이 주동적으로 출병을 요구한 것이고 스탈린은 전쟁의 확대를 무릅쓰고 중국의 주장에 동의했다는 주장이다.[29] 정부의 공식입장은 중국이 자신의 안전이 위협을 받게 되자 스탈린의 압력하에 하는 수 없이 내린 결정이라는 것이다.[30] 지금 많은 기록문서들이 세상에 나왔고, 이러한 두 가지 관점이 모두 틀렸음을 증명하고 있다. 하지만 지금도 중국이 한반도에 출병한 원인에 대해 연구자들은 각자 다르게 말하고 다르게 주장하고 있다.[31]

중국의 한반도에 출병하는 문제는 전쟁이 발발한 8일 이후 즉 7월 2일 중국이 주동적으로 제기한 것이었다. 그날 저우언라이는 로신을 만나, 미국이 참전을 선포한 상황에서 조선북한군대는 반드시 신속하게 인천 등 남측의 주요 항구도시를 점령하여 미국의 상륙을 방지해야 한다고 했다. 만약 미군이 38선을 넘으면 중국군대는 인민군으로 위장하여 한반도에 들어가 작전할 수 있다고 했다. 동시에 소련이 중국의 작전부대에 공중엄호를 제공할 수 있는지를 물었다.[32] 7월 5일 스탈린은 답전을 보내어 중국의 주장, 즉 "적들이 38선을 넘을 시 지원군이 북조선북한에 들어가 작전"하는 것에 동의하고, 소련은 "최선을 다해 이들 부대에 공중엄호를 제공할 것"[33]이라 했다. 7월 15일 김일성은 시트코프에게 중국이 하루빨리 조선북한지도와 인민군 군복의 양식을 제공할 것을 요구하면서 중국군대의 한반도 작전을 요청하는 문제를 문의했음을 보고했다. 소련사람들은 이 문제의 답변을 회피했다.[34] 19일 김일성은 또 중국이 약속한 조선북한에 제공하는 무기장비의 수송이 시작됐으며, 마오쩌둥이 주동적으로 중국의 4개 군 32만 명을 조선북한에 원조할 수 있음을 제기했다고 보고했다. 김일성은 이 문제에 대해 스탈린의 의견을 물었지만 시트코프는 "이에 대해 아무것도 알지 못한다"[35]고 답했다.

8월이 되어 미국의 군사개입이 점차 확대되었다. 북한의 전방부대는 손실이 매우 컸고 낙동강 일대에 대한 공격도 어려움에 직면하게 되었다. 이때 중국은 한편으로 북한에 미국이 후방의 해상에서 상륙하는 것에 대비할 것을 여러 번 알려 주었고, 다른 한편으로 한반도에 들어가 작전하는 준비와 부대의 동원을 가속화했다. 동시에 직접 소련에 출병하여 북한을 원조하는 것을 건의했다.[36] 소련대사는 모스크바에게 김일성은 근심이 매우 크고 정서가 매우 저조하며 인민군이 "전방에서 견지할 수 있는지를 매우 걱정한다"[37]고 보고했다. 8월 26일 김일성은 다시 사람을 소련대사관에 파견하여 스탈린의 중국출병에 대한 의견을 물었다.[38] 하지만 이에 대해서 스탈린은 여전히 답하지 않았다. 그러면서 지금 조선북한에게 필요한 것은 인내심이고, 굳건한 믿음과 견지하는 것이라 답하면서 소련은 전투기를 더 제공할 수 있다고 답했다.[39]

9월 15일 미군은 인천에서 성공적으로 상륙했고, 한반도 정세는 급격히 역전되었다. 9월 18일 저우언라이는 로신을 만나 조선북한의 주력부대의 신속한 철수를 건의하면서 중국이 한반도에 출병할 수 있음을 표시했다.[40] 답전에서 모스크바는 조선북한인민군이 철수하는 건의는 동의했지만 중국이 출병하는 문제는 답하지 않았다.[41] 이와 동시에 저우언라이는 조선북한대사를 만나 당시 상황과 조선북한 정부가 중국에 어떠한 요구가 있는지를 물었다.[42] 김일성은 즉각 소련대사에게 어떻게 중국 사람들에게 답해야 하는지를 물었다. 시트코프는 "아무것도 답할 수 없다"[43]고 말했다. 9월 21일 조선노동당은 정치국회의를 열고 어떻게 중국정부에 답할지를 토론했다. 김일성은 "중국에 출병을 요청할지 여부를 잠시 답하지 않고 다시 스탈린의 의견을 청취하기로 결정했다.[44] 같은 날 류사오치는 로신을 만나 "중국은 조선북한동지를 도울 의무가 있다"[45]고 말했다.

9월 29일 시트코프는 다음과 같이 보고했다. 인민군의 전선부대의 퇴로는 모두 끊겼고, 투지가 전무하고 이미 조직적인 행동을 기대할 수 없게 되었다. 한성서울은 이미 함락되었고, 38선 일대에는 수비부대가 전혀 없다. 조선북한노동당정치국은 스탈린에게 보내는 편지를 통과했고, 소련에게 공군원조를 요구했다. 동시에 마오쩌둥에게 편지를 보냈다. 편지는 구원을 암시하는 내용이었다.[46] 이 시기에 이르러 스탈린은 중국이 출병하여 북한을 원조하는 것을 결정했다. 김일성의 구원의 편지를 받은 이후 10월 1일 스탈린은 마오쩌둥에게 전보를 보내어 중국은 응당 지원부대를 파병하여 38선까지 밀고 나아가야 한다고 했다.[47] 그날 밤 김일성은 중국대사에게 직접 중국군대가 출동하여 조선북한을 원조할 것을 요청하는 친필서신을 전달했다.[48]

스탈린의 전보를 받은 후, 즉 10월 1일 밤 마오쩌둥은 중앙서기처 긴급회의를 소집하여 정세와 대책을 토론했다. 마오쩌둥은 출병을 주장했고 저우언라이는 지지를 표했다. 하지만 회의에서 다른 의견도 있어 다음 날 중앙서기처 확대회의를 열어 다시 논하기로 결정했다.[49] 회의 후 마오쩌둥은 동북변방군에게 수시로 출동할 수 있도록 준비를 잘 할 것을 명령했다. 동시에 그는 스탈린에게 보내는 한 통의 전보 초안을 작성했다. 이 초안에서 중국은 10월 15일 12개 사단의 군대를 출동하여 38선을 넘어 적군과 싸울 것이라고 했다. 동시에 소련에 무기장비와 공군의 지원을 제공할 것을 제기했다.[50]

그러나 10월 2일 오후의 회의에서 대다수 사람들은 한반도에 출병하는 문제는 조심스럽게 행동할 필요가 있다고 주장했다. 회의는 4일에 다시 정치국 확대회의를 열어 토론할 것을 결정했다. 그리하여 마오쩌둥은 이미 작성한 전보의 초고를 발송하지 않았고, 그날 밤 로신을 만나 그에게 자신의 의견을 이야기했다. 신중한 고려가 있은 뒤, 중공중앙의 다수 사람들은 지금 한반도에 출병하는 것이 시기적으로 불리하고, 만약 출병했지만 승리하지 못하게 되면 그 결과는 "극히 엄중"할 것이라 의견을 모았다. 이것은 중국과 미국 사이의

"공개적 충돌"을 초래할 뿐 아니라 소련을 전쟁에 끌어들이는 것이기 때문이었다. 하지만 마오쩌둥은 마지막에 또 이것은 "최종결정"이 아니고 중공중앙은 또 한 차례 회의를 소집하여 토론할 것이며 린뱌오와 저우언라이를 소련에 파견하여 직접 스탈린의 의견을 들으려 한다고 말했다.[51]

10월 3일 새벽, 저우언라이는 긴급하게 인도대사를 만나 그로 하여금 미국 사람들에게 만약 미군이 38선을 넘으면 중국이 "간섭"할 것임을 전달할 것을 요구했다.[52] 그 목적은 전쟁의 "범위를 제한"하는 것으로, 이를 통해 중국의 출병이 필요치 않는 상황을 희망했다. 10월 4~5일 중공중앙은 정치국확대회의를 소집했다. 마오쩌둥은 여전히 출병 의견을 견지했다. 동시에 펑더화이 원수를 설득하여 회의에서 삼두마차의 이야기를 하게 했다. 즉 두 필의 말이 앞으로 나아가려 하는 상황에서 우리가 끌지 않으면 어떻게 될 것인지를 이야기했다. 이후 회의에서 한반도에 출병하여 작전하는 것을 결정했다.[53] 10월 7일 유엔회의에서 결의안을 통과하여 유엔군이 전체 한반도를 점령하는 것을 비준했고, 미군은 38선을 넘기 시작했다.[54] 10월 8일 마오쩌둥은 스탈린에게 전보를 보내어 중국인민지원군은 이미 정식으로 조직되었고, 대략 10월 15일 전후 한반도에 들어갈 것임을 알렸다.[55]

소련의 무기장비와 공군지원을 얻기 위하여 저우언라이와 린뱌오는 소련의 소치로 날아가 스탈린을 만났다. 10월 11일 회담에서 양측은 의견 분규가 발생했다. 저우언라이는 소련이 무기장비를 제공함과 동시에 공군을 출동하여 협동작전을 진행할 것을 요구했다. 하지만 스탈린은 무기장비는 만족할 수 있지만 소련공군은 두 개월 내지 두 개월 반이 지나야 출동할 수 있다고 했다. 양측은 자신의 의견을 견지했고 결론이 나지 않았다. 최종적으로 양측은 다음과 같이 결정했다. 중국군대가 잠시 한반도에 들어가지 않기로 한다. 조선북한군대의 일부는 평양-원산 이북의 산지에서 방어를 조직하고 일부는 적의 후방에 들어가 유격활동을 벌이며, 중국의 동북 지역에 새로운 조선북한부대를 건립하기로 한다. 평양과 북부산지 이남의 중요한 거점은 신속하게 철수하기로 한다. 회의 후 스탈린과 저우언라이는 연명으로 마오쩌둥에게 전보를 보내어 이상의 결정을 알렸다. 하지만 마지막에 "당신의 결정을 기다린다"[56]고 적었다.

10월 12일 오후 마오쩌둥은 이 전보를 보았고, 즉시 스탈린과 저우언라이의 결정에 동의함을 표시했다. 그날 저녁 10시 12분 마오쩌둥은 또 스탈린에게 전보를 보내어 "중국군대에게 한반도 진입 계획의 집행을 정지할 것을 이미 명령했음"을 알렸다. 실제로 이 시기 소련공군은 이미 출동하여 작전하는 준비를 완전히 마친 상태였다. 하지만 미국 공군이 빈번히 소련의 극동지역에서의 도발하고 중국이 출병하는 문제에서 "우유부단한" 상황에서 스탈린은 전장에서의 불리한 상황이 소련이 직접적으로 미국과 대치하는 위험한 상황에 직면하게 하도록 하는 것을 걱정했다. 그는 중국군대가 먼저 나서기를 희망했다. 마오쩌둥의 답변은 여지를 남긴 것이었다. 그가 진정으로 내린 명령은 한반도 진입을 취소한 것이 아니라 잠시 정지한 것으로, 제자리에서 명령을 기다리라고 한 것이었다. 동시에 펑더화이와 가오강으로 하여금 베이징에 와서 논의하고자 했다. 소련공군의 도움이 없는 상황에서 중국의 군사지휘관에게 단독으로 미국과 작전하는 결심이 있는지에 대해 마오쩌둥 자신도 확신이 없었기 때문이었다.[57]

10월 13일의 정치국 회의에서 마오쩌둥은 펑더화이와 회의 참석자들에게 비록 소련공군이 처음에 한반도에 들어와 작전하지는 못하지만 스탈린이 중국 영토에 대한 공중보호와 중국에 대량의 무기장비를 제공하는 것을 약속했음을 설명했다. 회의는 어떠한 어려움이 있더라도 반드시 출병하여 북한을 원조해야 한다고 결정했다. 처음에는 한국군대와만 작전하고 주요하게 평양-원산 이북에 근거지를 수립함으로써 조선북한인민들의 사기를 진작시키고 군대를 재조직하고, 동시에 시간을 쟁취하여 소련의 무기장비와 공군을 기다리려 했다.[58] 그날 밤 마오쩌둥은 이상의 결정을 소련대사에게 통보했고, 저우언라이에게 보낼 전보의 초안을 작성했다. 그로 하여금 스탈린에게 주요 문제는 중국 작전부대에게 공군엄호가 필요하며 소련공군이 빨리 도착하기를 희망하며 아무리 늦어도 2개월을 초과해서는 안 됨을 알려줄 것을 요구했다.[59] 14일 밤, 마오쩌둥은 다시 저우언라에게 전보를 보내어 그로 하여금 스탈린에게 지원군 26만 명이 19일 전면적으로 출동하고 덕천, 녕원선 이남에서 군사공사를 구축할 것이며 소련 무기와 공군의 도착을 기다려 침공을 발동할 것임을 통보할 것을 요구했다.[60] 15일 새벽 미군이 평양을 침공하려 준비한다는 소식을 접한 뒤, 마오쩌둥은 또 급히 펑더화이에게 전보를 모내어 행동을 앞당겨 두 개의 군이 17일과 18일에 각각 도강할 것을 명령했다.[61]

하지만 이 시기 스탈린은 더욱 조심스러워졌다. 13일 오전 소련 해군은 평양-원산선 동쪽의 함흥지역의 해상에서 3척의 대형 항공모함을 포함한 미국의 혼합편성함대와 해병대를 발견했고, 함흥이 맹렬한 포격을 받고 있다고 보고했다.[62] 이런 정황에서 스탈린은 몰로토브로 하여금 저우언라이에게 소련공군은 중국 경내에서 수비를 담당할 것이며 2개월 이후에도 한반도에 들어가 작전하지 않을 것임을 전달하도록 했다.[63] 저우언라이가 보내온 소식은 중국 영도자의 머리에 찬물을 끼얹는 것과 다름이 없었다. 하지만 마오쩌둥의 결심은 이 때문에 흔들리지 않았다. 그는 17일 펑더화이, 가오강에게 전보를 보내어 함께 베이징에 와서 논의할 것을 요구했다. 동시에 부대에게 정식명령을 기다리면 "19일 출동할 수 있도록 준비할것"[64]을 지시했다. 18일 회의에서 중국영도자는 더는 흔들리지 않았고 마오쩌둥이 최종적으로 결정을 내렸다. 지원군이 도강하여 조선북한을 돕는 것은 바꿀 수 없고, 시간도 더는 미룰 수 없으며, 미국과 싸워 이기지 못하더라도 싸워야 한다는 결정을 내렸다. 회의

가 끝난 후 마오쩌둥은 직접 지원군에게 출국하여 작전하는 명령을 하달했다.[65]

이상에서 서술한 것처럼 6월 25일 전쟁이 발발한 후 10월 19일 중국의 출병까지 4개월이 되지 않는 시간 동안 중국이 북한을 원조할 것인지 어떻게 북한을 원조할 것인지에 관련하여 매우 복잡한 논의가 있었다. 총체적으로 볼 때, 중국영도 층에 의견분규와 우유부단한 상황이 출현했지만 마오쩌둥 본인은 시종 반드시 출병하여 북한을 원조해야 함을 주장했음을 알 수 있다. 지금 볼 수 있는 여러 역사 사료를 분석해 보면 중국주요하게 마오쩌둥 본인이 한반도에 출병한 정책동기는 대체적으로 네 가지 측면이 있었다. 첫째, 국제분업과 사회주의 진영특히 북한에 대한 책임과 의무였다. 둘째, 제7함대가 대만해협에 진입함으로 인하여 생긴 미 제국주의에 대항하는 혁명열정이었다. 셋째, 중국 변경의 안전과 주권의 완전성의 위협에 대한 고려였다. 넷째, 중소 동맹의 전략태세를 유지하며 중공의 정권공고를 보장하기 위해서였다. 전쟁상황과 소련의 태도에 변화가 발생함으로 중국이 출병하는 정책결정의 외부환경도 계속하여 변화되게 되었다. 때문에 정책결정자는 상황변화에 따라 수시로 정책결정의 목표를 조정해야 했다. 동시에 정책결정의 동기도 여러 방면의 요소를 고려하지 않을 수 없게 되었다. 이 중에서 첫 번째는 시종 일관된 것이고 나머지 세 가지는 서로 다른 시점에 집중적으로 출현된 것이었다.

첫 번째 포인트는 미국이 참전을 선포하면서부터 인천상륙 이전까지이다. 미국은 대만지위 미정론을 제기했고 제7함대를 파견하여 대만해협에 진주했다. 그리하여 마오쩌둥이 전중국을 해방하는 위업을 저지했다. 이것은 신중국에 선전포고를 하는 것과 다름이 없었다. 중국영도자들의 미국에 대한 증오와 도전을 받아들이기로 한 결심은 트루먼이 새로운 대만정책을 선포했을 시에 이미 생겨났다. 이 시기부터 마오쩌둥의 마음 속에 미국 사람들과의 전쟁은 이미 시작되었다. 미군이 인천상륙 이전 북한 인민군은 전장에서 우세를 차지하고 있었지만, 적군에 의해 퇴로가 막히는 위험도 있었다. 중국군대가 이 시기에 인민군으로 위장하여 한반도에 들어가 작전하면 군사상으로는 제일 유리한 시점이었다. 한반도 전쟁을 빨리 끝내는 것은 동북변경의 안전위협을 해제하는 것이고, 집중하여 중국 자신의 일을 처리할 수 있는 것이었다.

두 번째 포인트는 인천상륙의 성공에서부터 유엔군이 38선을 넘는 시점까지였다. 이 시기 인민군 주력은 겹겹이 포위되었고 전쟁상황도 역전되어 중국의 원조가 몹시 필요한 시점이었다. 만약 중국군대가 제때에 한반도에 들어가 작전하게 되면, 북한 인민들의 사기를 고무할 수 있고, 38선 부근에 방어선을 구축할 수 있어 유엔군이 계속하여 북진하는 것을 막을 수 있었다. 지금까지 공표된 미국의 문서기록을 보면[66] 만약 지원군이 공개적으로 한반도에 출병할 것임을 선포했으면, 미국이 38선을 넘는 생각도 취소할 수 있었다. 이렇게 되면 전쟁의 "국부화"를 이루어 북한을 위기에서 구하고 중국의 안전도 보장할 수 있었다.

이상의 두 기간 동안 출병하는 것은 크지 않는 위험을 감수하면 되는 것이었고 군사적으로도 중국에 비교적 유리했기에 정책결정자들도 명확하게 반대하지 않았다. 하지만 스탈린은 중국의 출병에 동의하지 않았다. 그 원인은 간단했다. 북한은 원래 소련의 위성국으로서 만약 몇십만의 중국군대가 주둔하게 된다면 승리를 취득한다고 해도 소련이 한반도에서의 통제와 주도권을 보증할 수 없었고, 소련의 극동에서의 전략이익을 실현할 수 없었다. 하지만 만약 38선이 돌파되고 북한이 미국의 세력범위에 포함되면 그 결과는 반드시 소련의 극동안전을 위협하게 되는 것이었다. 이런 상황에서 중국으로 하여금 출병하여 미국과 작전하게 하는 수밖에 없었다. 마오쩌둥의 명석함은 중국의 출병이 소련을 대신하여 화로에서 밤을 꺼내는 것임을 보아냈을 것이지만 그는 왜 다른 의견을 물리치고 지원군이 출국하여 작전하는 것을 견지했을까?

세 번째 포인트는 10월 1일부터 10월 10일까지이다. 북한인민군이 전면적으로 패퇴하고 38선이 돌파되었기에 중국이 출병하는 유리한 조건이 존재하지 않게 되었다. 때문에 대다수 중국영도자들은 걱정하고 망설였다. 하지만 마오쩌둥이 보기에 아시아혁명의 영도책임과 국제주의 의무가 여전히 존재하고 중국변경의 안전에 대한 위협을 해결하는 것에서 출발할 때, 중국은 반드시 출병해야 했다. 게다가 소련이 현대화된 무기장비를 제공하고 공군을 출동하여 협동작전 하는 조건하에 중국과 소련이 연합하여 미국과 싸운다면 군사상으로도 일정한 확신이 있었다. 마오쩌둥은 정치국회의에서 이런 점을 들어 다른 사람들을 설득했다.

네 번째 포인트는 10울 11일부터 10월 18일까지이다. 스탈린은 명확하게 북한을 포기하더라도 소련 공군을 출동하여 작전하지 않을 것임을 표시했다. 중국은 육군을 단독으로 출동하여 미국의 해육공 삼군과 싸워야 했고, 전혀 승리를 확신하지 못했다. 이 시기 마오쩌둥은 여전히 출병을 견지했다. 군사상에서 "출병하지만 싸우지 않고" 지원을 기다리는 방침을 취하려 했다. 이것은 "국경선"을 남쪽으로 밀어내어 변경의 안전을 보장하는 목적도 있었다. 하지만 만약 첫 전투에서 불리한 상황에 처하고 미군에 밀리게 된다면 "자신의 몸에 불을 지르는 것"이 되는 위험이 있었다. 때문에 마오쩌둥이 "미국과 싸워 이기지 못하더라도" 싸워야 한다고 주장한 것에는 동북변경의 안전문제만이 아니었다. 11일 연명으로 보낸 전보의 어투로 볼 때, 스탈린은 북한을 포기하는 것을 매우 원하지 않았고, 중국이 출병하지 않는 것은 스탈린의 신임을 잃게 되는 것이었다. 당시 중공이 신정권을 공고히 하는 관건은 소련의 지지와 방조를 얻는 것에 있었다. 생각해보자, 신중국이 이미 미국과 대적하는 상황에서 소련까지 척지게 되면 어떻게 생존과 발전할 수 있을까? 이 시기 국가안전 방면에서 작용하고 있던 것은 중국의 군사능력이 아니라 중소동맹조약의 억지력이었다. 뒷날 사실이 증명하듯이 스탈린이 중공을 신임하게 된 계기가 바로 지원군의 한반도 출병이었다.[67]

이상의 역사적 과정이 표명하는 것은 전장의 정세 변화와 소련의 태도변화에 따라 마오쩌둥의 중국이 출병하는 정책결정의 목표는 계속 변했고, 정책결정의 동기도 복합적이었다는 것이다. 하지만 출국하여 작전하고 항미원조하는 결심과 방침은 시종일관적이었다.

유엔의 정전 제안을 거절한 정책결정에 대하여

미국 사람들은 중국이 이토록 불리한 국제환경과 군사조건하에 한반도에 출병할 것을 생각하지 못했다. 게다가 빨리 전쟁을 끝내고 집에 돌아가 명절을 보내려 했기에 상대를 경시하고 대담하게 북진하였고 지원군에게 겹겹이 포위되었으며 연전연패 하게 되었다. 1951년 1월 초, 중국과 북한 연군은 쉽게 38선을 넘어 다시 한성서울을 점령했다. 이 시기 유엔은 중국에 매우 유리한 정전 제안을 제기했지만 중국은 이것을 거절했다.

한국전쟁이 발발하자 유엔은 조정에 나섰다. 비교적 적극적인 것은 인도와 영국이었다. 정전협상의 주동권은 군사상에서 우세한 측이 장악하게 되어 있었다. 유엔은 처음에 북한에 호소했고, 다음에는 미국에 호소했다. 중국이 출병하고 미군이 패퇴한 이후 정전조정을 받아들이는 관건은 중국의 태도에 결정되게 되었다. 중국과 미군이 군사장비에서 거대한 차이가 나는 실제 상황을 고려하여 중국의 정책결정자들은 애초에 미군과 작전하는 방침을 정할 때 매우 조심스럽고 냉정하게 정했다. 중국과 미군이 개전했을 시, 마오쩌둥은 명확하게 적들을 소멸하는 목적은 "미국으로 하여금 우리와 외교협상을 하게 하는 것에 있음"[68]을 지적했다. 저우언라이도 중국이 출병하는 목적은 미국 사람들로 하여금 "어려움을 알고 물러나게 하는 것"에 있고 "협상을 통해 문제를 해결하는 것"[69]에 있다고 했다. 하지만 처음 전투에서 승리를 취득한 이후, 중국 측의 정전협상에 대한 방침에 매우 큰 변화가 발생했다.

1950년 11월 23일, 인도대사 파니커가 중국 외교부에 영국의 건의를 전달했다. 평화적인 협상을 통해 한반도 문제를 해결하자는 내용이었다. 중국은 명확하게 거절하지 않았다. 하지만 대만문제를 한반도 문제와 묶는 요구를 제기했다.[70] 12월 4일 미국이 확정한 협상의 입장은 다음과 같았다. 38선을 기초로 정전한다. 유엔군의 안전을 위해하는 조건이 없어야 한다. 대만지위, 유엔에서의 대표문제 등을 토론하지 않아야 한다. 만약 유엔군이 부득이하게 한반도에서 철수하게 되면 반드시 중국에 제재를 실시해야 한다.[71] 이 시기 중국의 태도는 더욱 강경해 졌다. 마오쩌둥은 12월 3일 김일성과의 회담에서 다음과 같이 지적했다. 적들은 "반드시 한반도에서 철수함을 약속해야 하고 먼저 38선 이남으로 철수해야만 정전협상을 시작할 수 있다". "좋기는 우리가 평양을 되찾고, 한성서울을 차지하고 많은 양의 적들을 소멸한 상황에서 '미국이 군대를 철수 할 수 있을 것'이라고 말했다."[72] 저우언라이도 중국의 대표 우슈췐과 쵸관화에게 유엔에서 활동하는 방침은 "그들이 급해해도 우리는 급해하지 않는 것"이며, 한편으로 정전협상을 거절하지 않으면서 한편으로 대만문제를 놓지 않은 것이라 지시했다.[73]

이 시기 유엔에서의 인도, 영국, 스웨덴 등 대표들의 재촉 아래 중국정부는 5항의 정전협상의 조건을 제정했다. 그 내용은 다음과 같았다. 첫째, 모든 외국군대가 한반도에서 철수한다. 둘째, 미국군대가 대만해협과 대만에서 철수한다. 셋째, 조선(한)반도 문제는 조선한국 사람들이 자체로 해결한다. 넷째, 중화인민공화국대표가 유엔에 참가하며 유엔은 장제스의 대표를 축출한다. 다섯째, 4개 대국 외교부장관회의를 소집하여 대일강화를 준비한다.[74] 모스크바에 의견을 물었을 때, 스탈린은 이 5개 항의 조건에 완전히 동의하지만 한성서울을 점령하기 이전 "자신의 모든 패를 보여주지 말"고, 미국으로 하여금 먼저 조선을 제기하도록 해야 한다고 답했다.[75] 그리하여 중국은 "끌면서 판을 깨지 않는" 방침을 취했다.[76]

12월 7일 인도는 13국을 대표하여 중국에 한반도정전에 관련된 건의를 제기했다. 그 주요 내용은 중국을 포함한 여러 대국大國회의에서 한반도 문제를 토의하고 그 선결조건으로 양측이 38선을 분계선으로 정전하는 것이었다. 대국회의는 외국군대의 한반도철수문제와 독립적이고 통일된 한반도 문제를 논의하는 동시에 대만의 귀속문제, 미군의 대만철수문제, 중국의 유엔안보리 의석문제 등을 논하기로 했다. 파니커는 이 문건을 넘기는 동시에 이 건의는 모든 비유럽국가들이 처음으로 유엔에서 제기한 것이므로 미국을 지지하는 것이라 말할 수 없음을 지적했다. 이것은 중국에 유리한 것이었다. 만약 중국이 38선을 넘지 않을 것이라 선포했으면 이들 국가들의 환영과 도의상의 지지를 얻었을 것이다.[77] 소련과 협상한 뒤, 12월 12일 저우언라이는 파니커에게 답했다. 중국은 한반도에서의 군사행동이 신속히 정지되는 것을 희망한다. 하지만 지금 전쟁을 끝내는 관건은 미국에 있다. 우리는 미국과 유엔의 정전조건에 대한 전반적인 의견을 신속히 알고 싶다. 38선에서 정전하는 문제는 미국침략군의 파괴로 이미 존재하지 않는 문제가 되었다. 동시에 우슈췐에게 유엔의 3인위원회에서 만약 13국 제안의 입장을 묻게 되면 정전은 기만이 아니라 실제로 한반도 전쟁을 끝내는 것에 있다고 답해야 한다고 알려주었다.[78] 소련의 압박과 영향 아래 이 시기 중국 정책결정자들의 정전협상에 대한 방침은 경직되어 있었다.

12월 9일 필리핀 대표는 13개국의 건의를 미국에 넘겼다. 그 주요내용은 다음과 같았다. 즉시 정전을 실현한다. 중국과 미국 양국의 군대는 한반도에서 철수한다. 미국 함대는 대함 해협에서 철수한다. 유엔군축위원회에서 남북한의 군대해산과 무장해제를 감독한다. 6개의 유엔구성국으로 조직된 부대가 한반도에 남아 치안을 책임진다. 항구, 변경邊境은 유엔이 감시하고 지킴으로써 이상의 여러 항들이 집행됨을 보증한다. 정전을 실행한 6개월 이후 유엔의 한반도위원회는 선거를 조직한다. 선거 후 3개월 내에 유엔부대는 한반도에서 철수한다.[79] 11일 트루먼은 국가안전위원회를 소집하여 다음과 같이 결정했다. 정전을 받아들이는 원칙은 미군이 군사상에서 불리한 지위에 처하지 않게 해야 하고, 부가되는 정치적 조건이 없어야 하며 정전협상 이전에 정전의 구체적인 부분의 협상을 마쳐야 하며 유엔이 정전을 감독해야 하는 것이다.[80] 이로부터 진일보한 군사적 타격이나 국제여론의 압력이 없으면 미국의 강경한 태도는 변하지 않을 것임을 알 수 있다.

12월 14일 유엔대회는 수정을 거친 13개국의 제안을 통과했다. 그 주요내용은 먼저 정전하고 회의를 열어 평화를 실현하자는 것이었다. 소련과 동유럽 국가들은 반대표를 던졌다. 유엔은 또 3인 위원회를 성립하여 전문적으로 한반도정전문제를 처리하기로 했다. 이어 중국주재 인도 참사관과 대사는 돌아가면서 중국외교부에게 해석하고 권유했고, 중국이 이 제안을 받아들여 협상에 앉기를 희망했다. 동시에 인도와 기타 나라들은 계속하여 미국에 압력을 가할 것이라 했다. 하지만 중국은 매우 결연한 태도로 미국이 반드시 먼저 한반도와 대만해협에서 군대를 철수하지 않으면 절대로 협상을 하지 않을 것이라 했다. 그러면서 유엔이 통과한 결의안은 미국에 숨쉴 시간을 쟁취한 것이라 질책했다.[81] 마오쩌둥은 저우언라이의 (22일 발표) 성명을 수정할 때, 정전협상에서의 중국의 입장에 특별히 두 가지 조건을 더 적었다. 미군이 대만에서 철수하고, 중국이 유엔에서의 합법적 지위, 그리고 "한반도 문제와 아시아의 중요한 문제의 평화적 해결, 이 몇 가지를 떠나서는 불가한 것이다".[82] 이시기 중국과 북한 연합군은 38선을 넘는 제3차 전투를 계획하고 있었다. 이 시기에 어찌 멈출 수 있었겠는가?!

정전협상에 관련하여 중국과 미국의 주장은 첨예하게 대립했다. 미국은 원칙적으로 미군이 군사적으로 불리한 지위에 있어서는 안 되고, 정치적 조건을 부가하는 것이 불가하다고 했다. 하지만 중국의 주장은 반드시 정치적 조건을 부가해야 하고 중국과 북한 연합군이 반드시 38선을 넘어야 한다는 것이었다. 12월 8일 펑더화이는 이번 전투에서 적들에게 괴멸적인 타격을 줄 수 없다면 잠시 38선을 넘지 말 것을 제기했다. 저우언라이도 펑더화이의 의견에 동의하면서 한성서울을 침공하는 것을 되로 연기할 것을 건의했다.[83] 하지만 마오쩌둥은 "반드시 38선을 넘어야 한다"고 주장했다. 그렇지 않으면 정치적으로 매우 불리하다고 했다.[84] 소위 정치적으로 불리하다는 것은 한편으로 저우언라이가 앞서 말했듯이 중국이 지금 38선이 하나의 정치적 분계선임을 승인하지 않음을 말하는 것이고 다른 한편으로 동맹국들과 일치된 입장을 유지하는 것을 고려한 것이었다.[85] 이런 상황에서 정전협상을 시작하는 것은 불가능 한 것이었다. 12월 19일 펑더화이는 마오쩌둥의 의견을 받들어 "온건하게 전진"하는 전제 아래 38선을 넘어 작전하는 것에 동의했다.[86]

1951년 1월 4일, 중·조북연합군은 38선을 넘어 한성서울을 점령했다. 이것은 백악관의 혼란을 야기했을 뿐 아니라 유엔이 협상방안을 진일보 수정하게 만들었다. 1월 5일, 비록 미국의 대표가 자신의 정부는 체면이 서지 않는 조건을 담은 정정에 대한 안배를 받아들일 수 없음을 강조했지만 유엔정치위원회는 여전히 3인위원회가 새로운 건의를 제출하는 것에 동의했다.[87] 1월 11일, 3인위원회는 13국의 제안에 기초하여 정치위원회에 5항의 원칙적인 건의를 제기했다. 즉시 정전을 실현한다. 정치회의를 열어 평화를 회복한다. 외국군대는 단계적으로 한반도에서 철수하고, 한반도 인민들의 선거를 안배한다. 통일과 한반도 관리를 위해 안배한다. 정전 이후 영, 미, 소, 중이 참가하는 회의를 개최하여 극동문제를 해결한다. 이 중에는 대만지위와 중국의 유엔에서의 대표권문제도 포함되는 것이었다. 13일 정치위원회는 회의를 열어 표결했고 이 "보충보고"를 통과했다. 미국은 찬성표를 던졌고, 소련은 여전히 반대했다. 그 이유는 중국과 북한에 토론에 참여할 것을 요청하지 않았기 때문이라 했다. 회의는 즉시 중국정부에 이 제안을 전달하기로 결정했고 이상의 5개항 원칙을 극동문제를 해결하는 기초로 하는 것에 동의할 것인지 여부를 설명할 것을 요구했다.[88]

새로운 정전제안으로써 이 5개 항은 저우언라이 성명에서 중국이 제기한 모든 조건을 거의 만족한 것이고 근본적으로 미국이 반대했던 아무런 정치적 부가조건이 없어야 한다는 요구를 무시한 것이었다. 그렇다면 미국은 왜 갑자기 태도를 바꾸어 이러한 "미국의 체면을 세우지 않는 정전 안배"에 동의했을까? 실제로 이것은 미국이 진퇴양난의 상황에서 하는 수 없이 내린 선택이었다. 미국국무장관 애치슨이 분석한 것처럼 이 제안을 받아들이는 것은 한국의 믿음을 잃게 하는 것이고 "국회와 여론의 분노"를 일으키는 것이지만 이 제안을 반대하면 "우리는 유엔 대다수 나라들의 지지를 잃게" 되고 영국을 포함한 동맹국의 불만을 일으키는 것이었다. 중국의 13개국의 제안에 대한 태도를 감안하여 애치슨은 중국이 이 새로운 건의를 거절할 것이라 판단했고 그렇기 때문에 미국은 찬성표를 던졌다.[89] 이처럼 좌우로 난감한 상황에서 미국은 다른 선택지가 없었고, 한 차례 정치적인 도박을 하였다. 일단 중국이 거절하면 애치슨이 예측한 대로 미국은 곤경에서 벗어나게 되고 동맹국들로 하여금 미국을 따라 중국을 질책할 수 있게 할 수 있었다.

애치슨의 예상한 것처럼 중국은 또다시 유엔의 제안을 거절했다. 실제로 정치위원회가 투표하기 전 인도대사는 이미 11일 새로운 건의를 비망록의 형식으로 중국정부에 전달했고, 의견을 물었다. 중국은 즉시 소련에 이 비망록을 넘겼다. 만약 정치위원회가 이 제안을 통과하면 중국은 먼저 정전을 거절하는 전제 하에 주동적으로 4개항의 주장을 제기하기로 했다. 즉 한반도에서 모든 군대를 철수하고 한반도 사무를 한반도인민이 자체적으로 해결하는 기초 위에 관련된 여러 나라들이 협상을 통해 한국전쟁을 끝내는 것이다. 협상의 내용은 반드시 미국의 무장력이 대만과 대만해협에서 철수하고 극동의 관련 문제가 포함되어야 한다. 협상을 진행하는 나라는 응당 중화인민공화국, 소련, 영국, 미국, 프랑스, 인도와 이집트 등 7개국이 포함되어야 하고, 중화인민공화국의 유엔에서의 합법적 지위는 7개국 회의를 거행하는 시점에 확정되어야 한다. 그리고 7개국 회의 장소는 중국으로 할 수 있다는 내용이었다. 비망록은 또 7개국 회의가 있은 뒤, 제한된 시간예를 들면 1, 2개월 내에 정전문제를 토론할 수 있다고 했다.[90] 이것은 중국이 이미 양보를 고려했음을 의미하는 것이다. 즉 미국의 대만과 대만해협에서의 철수와 중국의 유엔에서의 대표권문제를 더 이상 정전협상의 전제로 하지 않았다. 하지만 여전히 먼저 협상이 있은 뒤, 정전하는 원칙을 견지했다. 이에 대해 스탈린은 13일 전보에서 동의를 표시하면서, 조선북한의 동의를 물을 것을 희망한다고 했다.[91] 저우언라이는 14일 비망록을 조선북한에게 보냈고, 소련이 이미 동의했음을 설명했다.[92] 15일 펑더화이는 답전에서 완전히 지지함을 표시했다.[93] 그리하여 17일 저녁 19시부터 22시 30분까지, 중국외교부는 각각 북한, 소련, 인도, 영국, 스웨덴 주중국 외교사절들에게 저우언라이가 유엔정치위원회에게 보내는 전보를 넘겼다.[94] 18일 『인민일보』는 1면에 이 전보를 실었다. 내용은 앞에서 서술한 비망록과 차이가 없었다.

1월 17일 저녁, 저우언라이는 인도 대사를 접견했고, 1월 18일 외교부 부부장 장한푸章漢夫는 영국대표와 덴마크 공사를 만났다. 또 유럽아프리카부의 책임자 환샹宦乡도 스웨덴 대사를 만나 그들에게 중국이 유엔의 제안을 거절한 이유를 설명했다.[95] 이 담화기록을 자세히 읽어보면 중국 영도자들의 정전협상에서의 정책결정과 동기를 이해하는 것에 도움이 된다.

"먼저 정전하고 후 협상"하는 것에 대해 중국이 유엔의 제안을 반대한 주요한 이유를 파니커는 다음과 같이 해석했다. 유엔의 건의가 겉으로는 이러한 인상을 남겼을 수 있다. 하지만 이것은 "먼저 원칙적으로 정전하는 것에 동의하고 다음 협상에서 구체적으로 정전의 조건을 규정하여 전쟁을 끝내는 것"을 의미한 것이었다. 저우언라는 "협상의 조건은 존재한다. 하지만 구체적인 실현은 반드시 협상을 통해 진행해야 한다" "협상의 목적은 정전을 이루기 위한 것"이라고 답변했다. 파니커는 "협상도 정전의 원칙을 가정한 것이고 이것은 매우 중요한 것이다" 중국은 응당 자신들의 입장을 진일보 해석할 필요가 있다고 말했다. 여기서 인도사람들은 "전투를 멈추는 것"과 "전쟁을 멈추는" 서로 다른 개념을 제기했다. 저우언라이가 "먼저 협상하고 후 정전"하는 것을 견지한 것의 본의는 먼저 중국이 제기한 정치적 조건을 동의한 뒤 정전문제를 논하는 것이었다. 하지만 만약 쌍방이 전투를 멈추지 않는다면 어떻게 협상에 나설 수 있는 것일까?

중국이 유엔의 제안을 반대한 다른 이유는 중국이 토론에 참가하지 않았다는 것이었다(이것은 소련이 반대한 이유이기도 하다). 파니커는 다음과 같이 말했다. 이 건의는 "중국에게 협상을 고려하도록 하는 제안이다. 만약 중국이 동의한다면 정식으로 협상할 수 있었다". 유엔이 교전하는 한 당사자로서 먼저 중국의 의견을 물어보고 건의를 제출할 수는 없는 상황이었다. 저우언라이는 한발 물러서면서 "이것은 형식의 문제이다. 우리는 유엔을 전쟁의 한 당사자로 보지 않는다"고 답했다. 또 문제는 중국이 유엔에서 응당 합법적인 지위가 있어야 하며 이러한 합법적 지위가 지금까지 승인받지 못한 것에 있다. 때문에 "우리는 수시로 이 점을 지적할 필요가 있다" 말했다. 저우언라이가 말한 것은 사실이고 이것은 중국이 중요하게 관심 가졌던 문제였다. 이로서 중국이 왜 먼저 7개국회의를 소집하고, 이 회의의 소집이 중국이 유엔에서의 합법적 지위를 승인하는 것을 의미함을 강조했음을 이해할 수 있다.

"먼저 정전하는 것이 미국 정부에게 숨쉴 시간을 주는 것이다"는 말에 대해 영국대표는 이렇게 설명했다. 이것은 중국의 계속된 태도이다. 하지만 영국정부는 이렇게 생각하지 않는다. "영국정부는 정전이 유엔군에게 다시 전쟁할 때 유리한 조건을 조성하는 것이 아니다고 했다. 영국외교부는 여러 번 전보를 보내와 나와 이 일을 논의했다." 하지만 장한푸는 미국정부가 숨쉴 시간을 쟁취하는 것이라는 주장을 계속하여 견지했다. 여기서 중국은 매우 중요한 정황, 즉 이 제안에 대해 미국이 찬성표를 던진 정황을 놓쳤다. 미국에게 "숨쉬는 것"이 필요한지를 논외로 하더라도 영국대표의 말과 유엔의 프로세스에 따르면, 찬성표를 던진 나라가 자신들이 이미 통과한 유엔의 제안에 대해 반대를 했을 시 맞닥칠 곤경은 그들이 투표할 때에 마주쳤던 난처한 상황에 비해 엄청 큰 것이었다.

중국이 계속하여 강조하는 "전투를 멈추는 것이 미국 사람들의 음모"라는 주장에 대해 파니커는 매우 중요한 정황을 알려주었다. "미국이 이 건의를 동의하지만 그것은 하는 수 없이 동의한 것이다. 인도정부가 알아본 바에 따르면 미국정부가 이 건의를 동의한 것은 그들이 중국정부가 이 건의를 거절할 것을 예견했기 때문이다." 이런 정황은 중국 정책결정자들에게 이 정전제안은 미국 사람들이 의도적으로 혹은 주동적으로 제기한 것이 아님을 인식하게 했을 것이다. 저우언라이의 간단한 답변—"일이 늘 미국의 예상대로 되는 것이 아니다”—에서 그 자신은 이런 정황을 알고 있었던 것처럼 보여진다.

국제회의의 개최지에 대하여 파니커는 계속하여 “반드시 중립적인 지점을 선택해야 한다. 그리하여야만 참석자들이 편안하고 난처해 하지 않게 된다”고 말했다. 지점으로 홍콩, 카이로와 인도 등을 들었다. 저우언라이는 “이 회의는 동방문제를 해결하는 것이기에 중국이 가장 적합한 것이다”고 견지했다. 이 요구는 분명히 합리적이지 못한 것이었다. 때문에 스웨덴대사는 외교부에서 중국의 문건을 보았을 때 혼자 다음과 같이 말했다. “아, 중국에서 열다니! 이것은 다른 사람들이 동의하지 못하겠군!”

저우언라이가 작성한 비망록의 초고와 이상의 담화기록에서 보아낼 수 있는 것은 중국이 유엔의 제안을 거절한 여러 이유들이 모두 설득력이 떨어진다는 점이다. 특히 영국, 인도 등 나라 대표들이 설명한 이후엔 더욱 그러했다. 진짜 원인은 중국 정책결정자들이 (소련의 지지와 압력 아래) 정전협상을 진행하려 하지 않았고, 적어도 당시는 그러한 시점이 아니라 생각했다. 한성서울을 점령한 이후 펑더화이는 김일성과 소련고문의 계속하여 남쪽으로 진군해야 한다는 압력을 이겨내 전군에 휴식과 조정을 명하였다.[96] 하지만 중국의 정책결정자들이 이렇게 안배했던 것은 그곳에서 멈추는 것이 아니라 다음의 결정적인 전투를 위하여 충분히 준비하여 미군을 철저하게 제압하기 위한 것이었다. 마오쩌둥은 1월 14일 펑더화이에게 보낸 전보에서 이것은 봄에 실시하려는 전투를 위해 충분히 준비하는 것이 그 목적이고, “최후의” 작전을 진행하기 위한 것이며, “최후의 승리를 보장”하기 위한 것이며, 4~5월에 “근본적으로 한반도 문제를 해결”하기 위한 것임을 반복하여 강조했다. 그 다음 날 마오쩌둥은 스탈린에게 이 전보를 전달했다.[97] 유엔군을 한반도에서 내쫓아야 하고, 지원군이 몇 개월 사이에 완전한 승리를 거둘 수 있다면 왜 지금 정전협상을 해야 하는 것일까? 이러한 이유로 중국은 먼저 정전전투를 멈추는 것, 후 협상의 원칙에 반대했고, 중국이 제기한 정치적 조건을 받아들인 이후 정전협상의 문제를 고려하는 것을 견지했다.

하지만 저우언라이는 중국이 이 문제를 처리함에 있어 책략이 틀렸음을 인식했다. 세계여론을 쟁취하기 위해 중국외교부는 인도대사에게 답하는 방식으로 1월 22일 하나의 수정안을 제기했고, 24일 『인민일보』에 실었다. 그 주요내용은 다음과 같다. 모든 외국군대가 한반도에서 철수한다는 원칙이 받아들여지게 되고 실시된다면 중국정부는 지원군을 귀국하도록 설득할 것이다. 정전협상의 문제는 두 단계로 나뉘어 진행할 수 있다. 먼저 7개국회의의 1차 회의에서 제한적으로 전투를 멈추는 것을 논의하고 행동에 옮겨 계속하여 협상할 수 있다고 했다. 다음 정전의 모든 조건은 반드시 정치문제와 연계되어 토론되어야 한다고 했다. 또 반드시 중화인민공화국이 유엔에서의 합법적 지위를 보증해야 함을 지적했다. 하지만 기회는 잃게 되면 다시 오지 않은 것으로 미국은 다시는 중국 사람들에게 더 이상의 해석할 시간과 공간을 주지 않았다. 저우언라이의 노력은 미국의 일련의 외교와 군사행동에 함몰되고 말았다.

중국의 답변을 접한 뒤, 1월 17일미국 동부시간 미국대표 오스틴은 유엔정치위원회에서 장편의 연설을 발표하였고 중국이 계속하여 국제사회의 평화노력을 거절하고 유엔의 평화에 대한 성의를 깔보고 있다고 했다. 오스틴은 중국을 침략자라 부르면서 정치위원회가 즉시 침략자에 대한 제재를 연구하고 제출할 것을 건의했다.[98] 20일 미국 하원은 유엔이 즉시 공산당 중국을 침략자라고 선포할 것을 요구하는 결의를 통과했다.[99] 22일 유엔주재 미국부대표 그로스는 미국은 장래에 그 어떠한 대문문제에 관련된 회의든지 반드시 국민정부 대표가 참가해야 됨을 강력하게 주장하고, 중화인민공화국이 유엔에 가입하는 문제에 대해 미국은 아무런 약속을 하지 않았음을 선포했다.[100] 30일 정치위원회는 인도 등 12개국이 제기한 중국에게 유엔의 1월 13일 결의에 대한 답변에 대해 진일보 보충과 해석을 하도록 하는 건의를 부결했다. 2월 1일 미국의 추동과 획책 아래, 유엔대회는 결의를 통해 중국정부가 "한반도에서 침략행위를 하고"[101] 있음을 인정했다. 5월 18일 유엔대회는 또 실제로 미국이 요구하는 내용을 기초로 하는 결의안을 통과시켰다. 즉 중국대륙에 금수조치를 실행하는 것이다.[102] 하지만 이러한 미국의 외교적 모략에 비해, 실제로 중국을 곤경에 빠뜨리게 한 것은 미군이 전장에서 취한 군사행동이었다.

지원군이 연이어 유엔군을 격파한 상황에서 미국은 처음에는 한반도에서 군대를 철수하는 문제를 고려했다. 하지만 리지웨이가 미군의 지상부대의 지휘를 이어받은 이후 미군은 비록 사기가 저조 했지만 중대한 손실을 별로 입지 않았다. 하지만 중국군대는 현대화된 장비와 배급의 부족으로 연속된 진공도 길어야 1주일간 유지할 수밖에 없었다. 때문에 미군은 소유하고 있는 진지를 지킬 수 있었고 심지어 반격을 조직할 수도 있게 되었다. 1월 15일 리지웨이는 시험적으로 반격을 시작했다. 중국이 유엔의 정전제안을 거절한 이후 1월 25일 리지웨이는 지상부대와 전부의 포병, 탱크부대를 집중하여 (총 병력 약 25만 명) 공군의 지원 아래 전면적인 반격을 발동했다.[103] 그 결과 중국과 북한 연군의 휴식과 조정을 한 뒤, 계속하여 작전하는 계획을 철저히 파괴했다. 동시에 인도 등 나라들이 중국으로 하여금 다시 한 번 해석하도록 하고 계속하여 정전과 협상을 호소하는 노력을 더 이상 의미가 없게 만들었다. 이시기 중국군대의 상황은 지원군 당부가 1월 8일 중앙에 보고한 내용처럼 "전투 단위의 병력이 부족하고 배급 상황이 매우 나쁘고, 체력이 떨어져 휴식과 조정, 보충을 하지 않고, 수송, 배급을 개선하지 않으면 계속 작전하기 어려운 상황"이었다.[104] 이런 정황에서 중국군대는 가까스로 제4차 전투를 발동했다. 2개월 넘는 어려운 전투에서 상대에게 중대한 손실을 입게 했지만, 중·조북연합군이 37선 이남으로 진군하는 작전목표는 근본적으로 달성할 수 없었다. 이와 반대로 유엔군은 인천, 김포와 한성서울 등 전략적 요충지를 점령했을 뿐 아니라, 전반적으로 중·조북연합군의 진지를 돌파했고 다시 38선 이북지역에 진입했다. 그 뒤 있었던 제5차 전투에서, 중·조북연합군은 비록 38선을 넘었고, 적의 여러 사단을 소멸했지만, "적들을 분쇄하여 주동권을 되찾는" 전투 목표를 이루지 못했고, 부득이하게 침공을 멈추고, 앞당겨 전투를 끝낼 수밖에 없었다. 유엔군이 5월 20일 전면적인 반격을 개시하자 중·조북연합군은 철수 할 수밖에 없었고, 막대한 손실을 입게 되었다.[105]

출병하는 정책결정과 다르게 중국이 정전협상에서의 정책결정은 전후 입장에 매우 큰 변화가 있었다. 처음 출국하여 작전할 때 목표는 38선까지 밀고 나아가 미국으로 하여금 협상하도록 하는 것이었다. 그 뒤 협상을 받아들이지 않은 원인은 중국과 북한 군대가 반드시 38선을 넘는 정치적 목표를 실현해야 한다는 것이었다. 나중에 유엔의 정전제안을 거절한 원인을 정책결정자들이 미국을 한반도에서 몰아낼 수 있다고 생각했기에 정전협상이 필요하지 않다고 생각했기 때문이었다.

한국전쟁 정전협상방침에 관련된 정책결정

한국전쟁은 3년간 싸웠다. 이중에서 2년은 "협상하면서 싸운 것"이고 싸우기도 하고 멈추기도 했다. 절반이 넘는 시간 동안 협상이 진행되었다. 전쟁에서 처한 환경, 조건과 목표의 변화에 따라 정전협상에서의 중국의 방침도 계속하여 변했다. 이것을 대체적으로 아래와 같이 세 단계로 나뉠 수 있다.

첫 번째 단계는 정전하여 화해를 요구하는 단계이다. 1951년 6월부터 1952년 3월 사이 군사, 외교상에서 수동적이고 불리한 상황에서 중국은 주동적으로 정전협상을 진행할 것을 제기했다. 협상과정에서 양보하면서 하루빨리 전쟁을 끝낼 것을 희망했다. 하지만 미국은 대일강화조약의 체결과 아시아태평양안전체계의 수립 등 전략적 고려에서 출발하여 이시기 정전하는 것을 원하지 않았고 의도적으로 전쟁을 지속했다.

1951년 5월 하순에 이르러 중국의 정책결정자들은 전쟁목표의 설정과 전쟁을 끝내는 방식을 고려하였고 다시 최초의 입장으로 선회했다. 제5차 전투가 끝나는 시점에 펑더화이는 전쟁을 계속 진행할 수 없다고 생각하여 중공중앙에 다음과 같이 보고했다. 지금 부대간부들의 정서가 저조하고 전쟁이 장기화된 것에 싫증을 느끼고 있으며 전쟁에서 승리할 수 있는지를 회의하고 있어 이후 작전하는 것은 더욱 어려울 것이다.[106] 중공중앙이 회의를 열고 토론한 결과, 다수인들은 "응당 38선에서 멈춰야 하고, 협상하면서 싸워야 하고 협상을 통해 전쟁을 끝내야 한다"고 주장했다. 적들을 북한에서 몰아내는 정치적 목적을 이미 이뤘고, 전쟁 이전의 상황을 회복하는 것은 모두가 받아들일 수 있는 것이기 때문이라 했다.[107] 여기서 "모두"는 자신들의 동맹까지 포함하는 것이었다. 하지만 이 시기 모스크바와 평양은 중국군대가 계속 작전할 것을 주장했다. 5월 29일 스탈린은 직접 마오쩌둥에게 전보를 보내와 지원군이 또 한 차례 중대한 전투를 준비할 것을 요구했다.[108] 김일성은 30일 펑더화이게 편지를 보내어 평화적으로 한반도 문제를 해결하는 것을 고려하지 말며, 38선에서 전쟁을 끝낼 수 없다고 하면서 6월 말 7월 초에 총공세를 발동할 것을 건의했다.[109]

마오쩌둥은 부득이하게 6월 3일 김일성을 베이징에 초청하여 직접 의논하였고 그로 하여금 중국의 주장을 받아들이도록 설득했다.[110] 이와 동시에 스탈린은 또다시 전보를 보내와 "한국전쟁을 급하게 끝내려 하지 말"고 계속하여 "적들에게 중대한 타격을 안길 것"[111]을 견지했다. 마오쩌둥은 하는 수 없이 가오강으로 하여금 김일성과 함께 모스크바로 가서 직접 스탈린에게 설명하도록 했다. 회담에서 스탈린은 여러 차례 중국과 북한의 의도와 원하는 것이 무엇인지에 대해 물었고 원하는 것이 정전이라는 답을 얻었다.[112] 중국의 명확하고 단호한 입장 때문에 스탈린은 정전과 협상의 방침을 받아들일 수밖에 없었다.[113] 정전협상을 어떻게 제기할지에 관하여 중국과 북한이 여러 번 협상을 거절했었기에, 소련정부가 나서서 조정을 시도할 수밖에 없었다. 정전협상의 조건에 관하여 마오쩌둥은 중국이 유엔에 가입하는 문제를 제기하지 않을 것임을 주동적으로 제기했고, 대만문제도 협상의 조건으로 제기할 뿐이라 했다.[114] 이로부터 중국에게 정전협상이 필요할 때 이미 협상을 진행하는 실력과 유리한 조건을 잃게 되었음을 알 수 있다. 이런 상황에서 중국은 정전협상에서의 방침을 결정했다.

마오쩌둥은 이 시기 한국전쟁에 대한 흥미를 잃었고 정전협상의 주연이 되려고 하지 않았다. 6월 29일 마오쩌둥은 스탈린에게 전보를 보내어 스탈린이 "직접 이번 협상을 지도 할 것"[115]을 희망한다고 했다. 그 다음 날 또 전보를 보내어 협상의 시간, 지점과 안배에 대해 "당신께서 직접 김일성 동지와 연락하고, 직접 이번 회의를 지도하며, 당신의 의견을 우리에게 알려만 주면 된다"고 말했다. 같은 날 마오쩌둥은 이 의견을 김일성에게 알렸고, 정전협상에서 북한대표가 중심이어야 하며, 문제가 있으면 직접 스탈린에게 물어보라고 명확하게 말했다.[116] 하지만 30일 그날 바로 스탈린은 전보를 보내와 마오쩌둥이 "협상을 영도할 것"을 지정하고 김일성과 연락을 유지하길 바란다고 했다. 스탈린은 소련사람이 나서서 협상을 책임지는 것은 "필요하지 않으며 아무런 의의도 없다"[117]고 했다. 심지어 김일성이 독자적으로 모스크바에 정전협상에 관련된 여러 문제를 제기했을 시, 스탈린은 그에게 이런 일들은 응당 "중국정부와 협상하여 공통된 방안을 제기해야 한다"[118]고 했다. 정전협상의 주도권

과 책임은 중국 정책결정 책임자의 어깨에 놓이게 되었다.[119]

아마 국제문제를 처리하는 경험이 부족해서였는지 중국 정책결정자는 처음에 중국이 어떠한 부가적인 정치조건을 제기하지 않았으므로 정전협상이 매우 쉽게 달성될 수 있을 것이라 생각했다. 마오쩌둥은 7월 2일 전보에서 펑더화이와 김일성에게 10일 동안의 무기와 탄약을 보충할 것만을 요구했다. 그것은 "적들의 대표와 협상을 준비하고 실제적으로 협상을 실행"하는 것에, 대략 10~14일의 시간만 남았다고 생각했기 때문이었다.[120] 심지어 중국은 협상을 시작하기 전 이미 '한반도에서 군사행동을 정지하는 협의(초안)'의 초안을 작성했다.[121] 하지만 실제 정황은 중국 정책결정자의 예상을 크게 벗어났다.

유엔주재 소련대표 말리크의 조정으로 1951년 7월 10일 개성에서 한반도 정전의 예비협상이 시작되었다. 중국과 북한은 협상에 대비하여 비교적 충분한 준비를 하였고, 회담의 첫 날 전쟁을 끝내는 것에 있어 실질적인 의의가 있는 다음과 같은 3항의 건의를 제기했다. 쌍방은 동시에 적군에 대한 군사행동을 중지할 것을 명령한다. 38선을 군사분계선으로 확정하고 쌍방의 무장부대는 각자 이로부터 10킬로를 철수한다. 모든 외국군대는 응당 가장 짧은 기한 안에 한반도에서 철수해야 한다. 하지만 미국대표단은 실질적인 문제를 토론하는 것에 급해 하지 않았다. 그들은 협상의 과정에 대하여 논의해야 한다고 하면서 9개항의 과정에 관련된 내용을 제기했다. 중국과 북한 대표단은 이 의견을 받아들였고, 즉시 5개 항의 과정에 관련된 내용을 제기했다. 협상의 과정을 확인하는 문제, 38선을 군사분계선으로 하여 비군사지역을 설립하는 문제, 모든 군대를 철수하는 문제, 정전을 실현하는 구체적인 조치와 관련된 문제, 전쟁포로에 대한 논의 등 과정이었다. 논쟁의 초점은 중국과 북한이 제기한 두 개의 문제에 집중되었다. 하나는 모든 외국군대를 철수시키는 문제와 다른 하나는 38선을 군사분계선으로 하는 문제에 대한 논의였다.[122] 그 뒤 있은 협상에서 이 두 개 상황에서 중국은 모두 양보를 했다.

외국군대를 철수하는 문제를 논의하는 것을 미국은 거절했다. 그 이유는 부대를 파견한 것은 유엔의 결의에 의한 것이기 때문에 쌍방의 협상범위에 속하지 않는 것이기 때문이라 했다. 이에 대해 마오쩌둥은 처음부터 양보할 생각이 있었다. 그는 스탈린에게 보낸 전보에서 외국군대가 한반도에서 철수하는 것은 "하나의 독립적인 과정을 통해 시행하도록 할 수 있다"고 말하면서 관건은 38선 문제를 해결하는 것이라 했다.[123] 스탈린은 답전을 보내 동의를 표했다.[124] 개성에 있던 리커눙도 그렇게 생각했다. 그는 7월 17일 마오쩌둥에게 보낸 전보에서 군대를 철수하는 문제를 너무 지나치게 견지할 필요가 없음을 건의했다. 만약 상대가 이후 적절한 회의에서 논할 것을 보증하면, 잠시 양보하여 38선에서의 정전과 휴전의 협정을 체결해야 한다고 했다. 이것은 마오쩌둥의 생각과 일치한 것이었다. 그러나 중국 측이 중립구역, 신문기자와 회의 과정 등 문제에서 모두 양보를 한 것을 감안하여 이 시기에 조금 더 "견지"하는 것으로 상대에게 중국이 이후에도 계속하여 양보할 것이라는 인상을 주지 않으려 했다.[125] 하지만 미국이 자신들의 의견을 견지하여 협상이 파열될 가능성이 있게 되자 마오쩌둥은 양보를 하는 것이 좋겠다고 결정했다. "장래에 병사를 철수하는 문제를 갖고 결과를 얻기 힘든 장기전을 하기보다 병사를 철수하는 문제를 즉각적으로 문제를 해결할 수 있는 정전협상의 조건으로 하고", "한반도에서 병사를 철수하는 문제는 정전 이후 토론하기로 했다."[126] 스탈린의 동의를 얻은 뒤, 마오쩌둥은 이 결정을 김일성에게 통보했다.[127] 이 양보 때문에 개성협상을 계속될 수 있었다. 7월 26일 쌍방은 5개항의 협상 과정의 내용에 대하여 협의를 이루었다. 협상 과정을 확인하는 문제, 군사분계선과 비군사지역에 대한 확정하는 문제, 감독기구를 포함한 전쟁을 멈추고 휴전을 실현하는 구체적인 배치에 관련된 문제, 전쟁 포로에 대한 문제, 쌍방이 관

련된 국가 정부에 건의하는 문제 등이 포함되었다.[128]

38선을 군사분계선으로 하여 정전을 실현하는 문제에 대하여 중국 정책결정자들의 고려는 비교적 간단했고, 큰 문제가 없을 것으로 생각했다. 중국외교부는 6월 26일 미국, 영국, 인도의 기왕의 38선에 대한 주장을 종합한 보고를 했다. 그 내용을 통해 미국이 38선을 전쟁을 멈추는 선으로 하는 건의를 받아들일 수 있을 것으로 생각 했다.[129] 펑더화이는 협상 이전, "38선을 경계로 하는 것은 쌍방 모두가 받아 들일 수 있을 것"[130]이라 생각했다. 때문에 중국이 계속하여 양보를 하는 정황에서 미국이 38선 문제를 반대하는 입장, 특히 미국 측 대표의 발언은 "황당하고 광망狂妄하여 마치 전쟁터에서 떠들어 대는 것"과 같았다. 이것은 마오쩌둥을 몹시 화나게 했고, 그는 리커눙에게 "결연한 태도로 무리한 요구를 물리칠 것을 요구했다". 마오쩌둥은 중국의 주장이 공개적이고, 합리적이어서 견지하면 미국이 최종적으로 양보할 것이라 생각했다.[131] 얼마 지나지 않아 중국은 다시 양보를 했다. 미국 측이 지금의 전선과 군사 상황을 기초로 군사분계선과 비군사지역을 토론하는 방안을 제기했을 때, 리커눙의 말처럼 중국은 한 가지 선택에 직면하게 되었다. 38선을 전쟁을 멈추게 하는 선으로 하는 것을 견지하여 협상이 파열되게 할지 아니면 협상의 파열을 피하고 정전을 쟁취하기 위하여 미국의 방안을 받아들일지를 고려해야 했다. 당시 군사상황에 따라 선을 그었을 때, 쌍방이 차지하고 있는 38선 남북의 지역이 대체로 비슷함을 고려하여 (중국과 북한 연군은 38선 이남의 영토 3,630제곱킬로미터를 차지했고, 유엔군은 38선 이북의 영토 4,630제곱킬로미터를 차지했다[132]) 마오쩌둥은 8월 13일 리커눙에게 전보를 보내어 이후의 토론에서 "38선과 지금의 전선을 연계시켜" 다음의 "절충방안을 위해 복선을 깔 것"[133]을 제기했다.

하지만 중국의 정책결정자들은 동맹의 입장을 생각하지 않을 수 없었다.

1951년 9월 북한주재 소련대사관은 “중국은 진공하는 성격의 전투를 거절한다. 그들은 빨리 전투를 끝내고 조선북한을 원조하는 부담에서 벗어나려 한다. 이것은 조선북한 측의 그들에 대한 명확하게 냉담한 태도를 야기했다”고 보고했다. 보고서는 또 미국 사람들은 중국이 협상과정에서의 양보를 “연약하고, 별 수 없어서 평화를 구걸하는 것의 표현”[134]으로 생각하고 있다고 했다. 김일성은 자신이 리커눙과 일련의 문제에서 모두 분규가 있다고 하면서 “리커눙이 미국인들에게 지나치게 관대하고 많이 양보하고 있다”고 원망했다. 비록 북한도 빨리 정전하기를 희망했지만 김일성은 마오쩌둥이 38선 문제에서 양보하려 하는 것을 명확하게 반대했다. 이러한 양보가 북한에게 “엄중한 정치적 타격”을 의미하는 것이기 때문이었다. 그는 사적으로 “중국인들의 도움 없는 상황에서 계속 전쟁을 하기를 원하며 이러한 양보를 하기를 원하지 않는다”[135]고 말했다. 동맹국의 방해와 미국의 중립지역에서의 파괴활동은 중국으로 하여금 정전협상을 잠시 중단함을 선포할 수밖에 없게 했다. 하지만 마오쩌둥은 여전히 미국이 “군사분계선 문제에서 타협할 수 있을 것”[136]이라 생각했다.

협상테이블에서 중국이 강경한 입장을 취할 수 없었던 관건은 전장에서 군사적 우세를 취득하지 못했기 때문이었다. 비록 유엔군이 발동한 “여름철 공세”와 공중의 “살육전”에 대해 맞설 수 있었지만, 반격을 발동하기에는 큰 어려움이 있었다. 지원군은 식량과 탄약의 부족, 교통운수의 불리, 그리고 공군이 한반도에서 참전하지 못함에 따라 예상했던 제6차 전투는 계속 미뤄지게 되었다. 9월이 되어서 중앙군위는 “준비를 빨리 마치도록 하지만 발동하지 않을 것”[137]을 건의했다. 이후부터 전쟁이 끝날 때까지 지원군은 주동적으로 전략적인 공세를 발동하지 못했다. 군사적으로 승리를 이룩할 희망이 없고, 국내의 거대한 경제압력 아래 중국영도자들은 자연스럽게 빨리 정전을 실현하려고 했다.

9월 17일 리지웨이는 김일성과 펑더화이에게 편지를 보내와 미군비행기가 개성의 중립지역에서 벌인 "만월리사건"에 대해 미안함을 표시했다. 중국 측은 즉시 이 기회에 협상을 회복할 것을 제기했고, 미국 측이 제기한 협상의 지점을 변형하는 조건을 받아들였다. 반복적인 교섭과 협상이 있은 뒤, 10월 25일 판문점에서 정식 협상이 다시 개시되었다.[138] 중국은 이 시기 38선 문제를 다시 제기하지 않았고 주동적으로 "현 시점에서 정전하는 것과 이를 기초로 조정위에서 군사분계선을 긋는" 것을 협상의 목표를 제기했다. 이를 통해 미국의 중국과 북한의 진지 내에 깊게 들어올 것을 요구하는 무리한 요구와 대항하기로 했다.[139] 11월 14일 마오쩌둥은 스탈린에게 전보로 중국의 정전협상에서의 방침에 관련된 결정을 알리면서 "정전협상을 연내에 달성하도록 노력할 것"[140]이라 했다. 스탈린은 중국이 계속하여 양보하는 것에 매우 만족해하지 않았다. 때문에 오래도록 마오쩌둥에게 답하지 않았다. 며칠이 지나 저우언라이가 다시 물으면서, 모스크바의 답변을 기다리기 위하여 "중국은 이미 두 차례나 한반도에서 미국의 대표와의 만남을 미루었다"고 설명한 뒤에야 스탈린은 답전을 보낼 것을 지시했다. 그 내용은 다음과 같았다. "중국과 조선북한은 응당 협상에서 계속하여 융통적인 전술을 취하면서 강경한 노선을 실행해야 한다. 급해 하면서 협상을 빨리 끝내려 해서는 안 된다."[141] 이전인 11월 16일 비신스키는 유엔대회의 발언에서 중국이 판문점에서 협상의 방침, 즉 "10일 내에 38선에서 군대를 철수하고 3개월 내에 모든 외국군대를 한반도에서 철수하도록 하는"[142] 방침을 어겼음을 다시 지적했다. 이것은 분명히 중국의 정책결정자에게 보내는 경고였다.[143]

하지만 중국과 북한 측에서 협상방침을 주도하는 것은 중국이었기에 판문점 협상은 계속될 수 있었다. 11월 22일, 중국과 북한이 다시 양보함으로써 분계선에 관련된 두 번째 항이 소위원회에서 원칙적인 협의를 이루었고 27일 쌍방 대표단의 비준을 받았다. 같은 날 세 번째 항의 협상–정쟁을 멈추는 구체적인 안배에 대한 논의로 접어들었다.[144] 이 시기 마오쩌둥은 매우 낙관적으로 생각했다. "전부 의사일정에서 합의를 이루는 것"이 한 달가량이면 될 수 있다고 생각했고 "성탄절 이전 정전을 실현할 가능성이 매우 크다"[145]고 생각했다. 마오쩌둥은 김일성에게 만약 연내에 정전협정을 타결하면 지원군은 응당 귀국하여 휴식과 정돈을 해야 함을 전달했다.[146] 12월 11일부터 네 번째 항인 포로문제에 관련한 협상이 시작되었다. 협상의 진도를 빨리 하기 위하여 중국은 지원군 대표단의 규모를 확대했다. 두핑杜平과 딩궈위丁國鈺를 인사 이동하여 협상을 영도하도록 했다.[147] 1952년 1월 31일에 제5항의 의제에 대해 토론을 시작 했고 2월 17일에 원칙적인 합의를 이루었다.[148] 이로써 한국전쟁의 정전협상의 5개 항 중에서 기본적으로 4개 항에 합의를 이루었고 포로문제의 해결만 남았다. 저우언라이는 심지어 리커눙에게 "정전협상이 협의를 이뤘을 시의 몇 가지 준비공작"에 대해 안배하기까지 했다.[149]

이 단계에서 협상이 장기화되면서 진척이 없었던 주요한 원인은 미국이 근본적으로 정전협상을 이룰 생각이 없었기 때문에 계속하여 사단을 일으켜 협상이 순조롭게 진행되는 것을 저지했기 때문이었다. 전장에서 우세를 점한 미국은 더욱 유리한 정전의 조건을 희망했다.[150] 이 밖에 다른 하나의 중요한 이유는 중국영도자들이 분석했듯이 미국인들은 "샌프란시스코회의"가 끝나기를 기다리려 했다.[151] 한국전쟁이 시작된 이후 미국은 일본에 대한 정책 변화를 가속화했다. 패전국을 동맹국으로 바꾸려 했고, 동시에 중국이 대만을 수복하는 문제를 해결하는 것을 막으려 했다. 그리하여 대일강화문제는 의사일정에 올려지게 되었고, 천방백계로 소련과 중화인민공화국을 대일강화에서 배제하려 했다. 이 시기 한반도에서 정전협정을 이루게 되면, 극동지역에는 평화의 국면이 초래하게 되고, 중국은 "침략자"의 모자를 벗게 되었고 "평화의 공신"이 되는 것이었다. 그렇게 되면 미국은 중국이 대일강화에 참가하는 것을 거절하기가 어렵게 되었으며, 동맹국을 설득하여 계속하여 일본에 군대를 주둔하고 일본을 재무장 하는 것에 동의할 수 없게 되는 상황이었다.[152] 1951년 9월 미국의 주도로 샌프란시스코회의에서 대일강화조약을 체결했다. 소련은 강화조약에 서명하는 것을 거절했고, 중국은 성명을 발표하여 강화를 승인하는 것을 거절했다. 1952년 4월 28일 대일강화조약의 효력이 시작되었다. 이미 그 전에 미국과 일본은 "안전조약"을 체결하였고, 요시다와 장제스도 미국의 압력 아래 "일화강화조약"을 체결했다. 이로써 미국 사람들은 그들이 원하는 동아시아 집단안전체계의 구상을 완성했다. 이제 해결해야 하는 문제는 한반도 정전문제만 남았다. 하지만, 극동의 외교무대에서 완전히 피동적인 상황에 처하게 된 소련과 중국은 판문점협상에서 매우 강경한 입장을 표출했다. 5월 5일 저우언라이 총리는 성명을 발표하여(5월 7일 『인민일보』에 실렸다) 중국의 "매우 분노하고 강렬하게 반대"[153]함을 전달했다.

두 번째 단계는 한편으로 협상하면서 한편으로 싸우는 단계이다. 1952년 4월부터 1953년 2월까지 중국은 전쟁포로를 처리하는 문제에서 양보하지 않음을 견지했고 한편으로 협상하면서 한편으로 싸우는 것을 견지하는 것으로 전쟁을 계속해 나가기로 결심했다.

누구도 생각지 못한 것은 중국 사람들이 처음에 제일 쉽게 해결될 것이라 생각 했던 문제[154]를 둘러싸고 판문점 협상이 멈추게 되었고, 중국의 정전협상의 방침에도 중대한 변화가 발생하게 된 점이다.

1952년 2월 중국영도자들은 정전협상의 전망에 대해 매우 낙관했고 정전협정에 체결하는 "시간은 빠르게는 2~3개월, 늦어도 5~6개월"이라 생각했다. 협상이 파열되고, 다시 전쟁을 시작하는 것도 "가능성이 없지는 않지만, 그렇게 크지 않을 것이고, 우리는 이미 충분한 군사적 준비를 하였다"[155]고 생각했다. 3월에 이르러 마오쩌둥은 모스크바에 사람을 파견하여 경제건설 5개년 계획과 소련이 이에 대해 어떠한 "체계적인 원조"를 줄 지에 대한 문제를 토의하는 것을 고려하기 시작했다.[156] 하지만 바로 이 시기에 판문점협상은 전쟁포로 문제 때문에 결렬되었다. 처음에는 적십자회가 전쟁포로수용소를 참관하는 문제에서, 이어서 전쟁포로 명단의 문제가 제기되었다. 이 문제가 해결되자 또 "자원적으로 송환"하는 문제가 제기되었고, 미국 사람들은 "일대일"로 전쟁포로를 교환할 것을 요구했고, 모자란 부분은 "평민"으로 대체할 것을 요구했다. 양측을 이를 둘러싸고 논쟁을 벌였고 결론이 나지 않았다. 4월 25일 중국과 북한이 실무성격의 회의를 중지함을 선포하자 상대는 아예 "무기한으로 정회"할 것을 제기했다.[157] 이 시기 마오쩌둥은 협상대표단에 "계속하여 강경한 태도를 취하라고 했다. 이렇게 해야만 자신은 주도적인 위치를 차지 하고 상대의 양보를 받아낼 수 있다"[158]고 지시했다. 하지만 이 방침을 동맹 내부로부터 오는 저항에 부딪치게 되었다.

이미 연초부터 북한영도자는 더는 참을 수 없다는 태도를 보였다. 1월 16일 북한의 부수상 박헌영은 펑더화이에게 "전체 조선북한 인민은 평화를 요구하며 계속하여 전쟁하는 것을 원치 않는다"[159]고 말했다. 1분기가 끝날 무렵 북한주재 소련대사 라주바예프는 모스크바에 다음과 같이 보고했다. 김일성은 조선북한대표 남일로 하여금 "정전협정을 체결하고 아직 해결되지 않은 모든 문제를 정치회의에 넘겨 연구할 것"을 건의하도록 했다. "김일성은 협상을 끄는 것이 불리하다고 하면서 그것은 미국의 공군이 계속하여 조선인민민주의공화국에 엄중한 손실을 초래하기 때문이다. 그는 포로문제를 둘러싸고 진행되는 논쟁의 합리성을 찾을 수 없다고 했다." 김일성은 또 중국지원군의 대다수 전쟁포로는 예전에 장제스부대의 사람들이기에 정치적으로도 믿을 수 없으므로 "그들을 위해 투쟁하는 것이 특별한 의의가 없다"고 했다. 그는 심지어 남일에게 "리커눙의 명의로 전쟁포로문제에서 양보할 할것"을 건의하도록 요구했다. 중국 측의 입장에 대해 라주바예프는 중국영도자는 "대량의 소련군사장비의 공급이 조선한국전쟁의 끝남으로 인하여 감소되거나 중단됨을 걱정"한다고 하면서 급하게 문제를 해결하는 것이 "중국과 북한 측의 역량을 상응하게 감소하게 되는 것"이라 생각한다고 했다. 또 리커눙은 "만약 장기적인 투쟁을 준비하지 않으면, 미국 사람들도 양보하지 않을 것"[160]이라 주장한다고 했다.

5월 2일에 이르러 정전협상의 다른 4개 항은 이미 최종적인 협의에 이르렀지만 전쟁포로문제만 아무런 진전이 없었다. 미국 측은 "자원적으로 송환"[161] 할 것을 견지했고, 중국 측은 반드시 전부 송환해야 함을 강조했다.[162] 정전협상은 그리하여 교착상태에 빠지게 되었다. 북한주재 소련대사관은 조선북한영도자들은 원래 5월이 지나지 않은 시점에 미국 사람들과 정전협정을 체결할 수 있다고 생각했고, 이를 기초로 1952년 하반기 경제임무와 정치임무를 배치했다고 했다고 보고했다. 하지만 협상이 끝나지 않은 상황이 "조선북한영도자들에게 거대한 실망을 안겼다. 김일성은 중국동지들에게 포로문제에서 양보하여 정전협정을 체결하는 것을 쟁취할 것을 건의했다".[163] 마오쩌둥은 5월 31일 스탈린에게 보낸 전보에서 중국의 방침과 대책을 더욱 명확히 했다. 상대가 4월 하순부터 태도가 나쁘게 변함에 따라 협상은 교착상태에 놓이게 되었다. 때문에 우리는 협상을 "금년까지 끌 준비를 마쳤다. 동시에 이미 공고화된 조선북한의 전방 진지를 지키기로 결심하고 제2의 방어선을 빨리 구축하기로 했다. 이로써 금년 여름과 가을 두 계절에 있을 적들의 새로운 공세를 대비하기로 했음"을 밝혔다. 이를 위해 중국 국내에서 공작 중심은 "한국전쟁에서의 승리를 보증하면서 국내시장의 온정을 보증하여, 군사, 경제, 문화 등 여러 방면에서 건설"[164]을 동시에 하기로 했다고 설명했다. 중국 정책결정자의 "한편으로 협상하고 한편으로 싸우는" 결심의 새로운 방침이 생겨 났다.

6월 2일에 이르러 중국은 제4항에 대하여 여전히 5월 2일의 방안을 견지했다. 이것이 전쟁포로를 해결하는 유일하고 합법적인 기초라고 했다.[165] 하지만 성의를 표시하기 위하여, 그리고 아마 북한사람들의 정서를 고려하여 중국은 일부 양보를 했다. 7월 3일 중국과 북한 대표단은 새로운 건의를 제기했다. 조선적이 아닌 전쟁포로는 전부를 송환함을 견지하고 조선적인 전쟁포로는 전부 송환할 필요가 없다고 했다. 하지만 미국 측은 중국과 북한의 계속되는 양보에도 불구하고 7월 13일 모두 83,000명즉 인민군포로의 80%와 지원군포로의 32%이라는 기본 수치를 제기하면서 이것이 "최종적이고 확고하며 바꿀 수 없는 방안"[166]이라고 했다. 이에 대해 중국과 북한의 협상을 담당하고 있던 리커눙은 이것은 중국이 요구하는 숫자와 차이가 크지 않기에 응당 이 기회를 잡아 하루속히 정전을 실현해야 한다고 생각했다. 하지만 마오쩌둥은 근본적인 문제는 숫자에 있지 않고, 정치적으로, 군사적으로 유리한 정황에서 정전하여야 한다고 생각했다.[167] 김일성도 미국 측의 방안을 받아들일 생각이 있었기에 14일 자신의 의견을 마오쩌둥에게 전보로 알렸다. 하지만 중국 영도자의 태도는 매우 확고했다. 마오쩌둥은 7월 15일 전보에서 적들의 무차별 폭격이라는 군사압력하에 도발적이고 유혹의 성격을 띤 진짜로 양보하지 않는 방안을 받아들이는 것은 중국과 북한 모두에게 정치적으로나 군사적으로 매우 불리하다고 했다. 중국과 조선북한인민들은 전쟁을 통해 더욱 강해질 것이고 소련의 건설도 더욱 강화되어 여러 나라 인민들의 운동과 발전에 영향을 줄 것이라 했다. 이것은 또 세계대전의 발발을 미루게 되는 것이라 했다. 때문에 "계속하여 끌며, 나는 양보하지 않을 것을 견지한다"고 하면서 "응당 적들과 싸우는 것을 결심"[168]해야 한다고 했다. 같은 날 마오쩌둥은 스탈린에게 전보를 보내어 미국의 방안이 중국과 북한의 포로를 석방하는 문제에 있어 "쌍방의 비례가 매우 일치하지 않으며, 적들은 이를 통해 조선북한과 중국인민의 단결하여

투쟁하는 것을 갈라놓으려 한다"고 했다. "적들의 압력 아래 굴복하면 우리들에게 매우 불리하다"고 했다. 그러면서 협상이 파열되더라도 절대로 양보할 수 없다고 했다. "이것은 정치문제로서 중국과 조선북한 두 나라뿐 아니라 전체 혁명진영에 영향이 있기 때문이다"고 했다. 그 다음 날 스탈린은 답전을 보내어 "당신들이 평화협상에서 견지하는 입장은 완전히 정확하다"[169]고 했다. 이것은 조금도 이상한 것이 아니었다. 마오쩌둥이 말하는 협상을 지연한 결과 즉 제3차 세계대전을 미루고 소련에게 발전시간을 벌게 하는 것은 스탈린이 2년 전에 이야기했던 미국을 아시아에 묶어두는 목표와 일치했기 때문이다.[170]

1952년 8월 4일, 마오쩌둥은 전국정치협상회의 상무회의에서 담화를 발표하여 이 시기 중국의 정책방침에 대해 개괄했다. 그것은 "한편으로 싸우고, 한편으로 협상하면서, 한편으로 안정화하는 것이었다".[171] 이것은 중국이 급하게 평화를 요구하지 않음을 말하는 것이다. 이런 방침이 변화게 된 주요 원인은 미국이 단독으로 대일강화를 한 것이 중국이 대만을 수복하는 근본이익을 침해한 것이었고, 미일조약의 체결은 중국의 안전에 장기적인 위협을 가져왔고, 이에 더해 미국 사람들의 협상에서의 오만하고 무리한 태도는 마오쩌둥을 격노케 했기 때문이었다. 이 점은 저우언라이의 성명에서의 강도 높은 어휘에서 보여지고 또 마오쩌둥이 5월 23일 리커눙에게 보낸 전보에서도 보여진다. 전보는 미국 사람들의 "망나니 같은 태도"에 대해 응당 "그들의 방식으로 그들에게 갚아주어야 한다"[172]고 적혀 있었다. 다른 한편으로 이 시기 중국이 강경한 입장을 취할 수 있었던 객관적인 조건이 갖춰졌다. 마오쩌둥의 8월 4일의 담화에서 세 가지를 보아낼 수 있다. 국내경제가 안정화되었고, 무기장비가 강화되었고, 병참 보급도 보장이 있게 되었다. 때문에 "협상을 계속 하고, 전투도 계속 하면서, 평화도 쟁취할 수 있게"[173] 되었다. 이런 것 모두는 소련의 원조와 지지 속에 이뤄진 것이었고, 때문에 마오쩌둥은 중국이 왜 강경한 입장을 취해야 하는지를 이야기할 때, 소련의 건설과 혁명진영의 이익을 위해서임을 이야기했다. 중국의 이러한 입장은 스탈린의 칭찬과 지지를 받았다. 중국이 한반도에 출병한 이후 중국과 북한 사이의 중대한 의견분규에서, 예를 들면 군대의 지휘권문제, 철로의 관리권 문제, 38선을 돌파한 이후 남하하는 전략문제 등에서 소련은 모두 중국의 의견을 지지했다.[174] 정전협상의 방침과 책략에서도 스탈린의 지지가 있었기에 중국의 정책결정자들은 김일성의 간섭을 배제하고 자신들의 방침을 관철시킬 수 있었다.

저우언라이는 8월 중순부터 9월까지 소련을 방문했고 스탈린과 여러 차례 회담을 가졌다. 중간에 도착한 김일성, 박헌영, 펑더화이도 후기 회담에 참가했다. 중국의 경제건설문제 외에 회담의 중점은 이후 전쟁에서 취해야 하는 방침을 확정하는 것이었다. 저우언라이는 전방에서 중국과 북한의 역량을 설명하면서 "지금 우리는 충분히 더욱 오랜 기간 동안 작전할 수 있음을 확신한다. 견고한 방어시설을 구축했기에 폭격도 견딜 수 있다"고 말했다. 전쟁포로 문제에 대해 저우언라이는 "조선북한사람들은 계속하여 싸우는 것이 불리하다고 생각한다. 그것은 매일 입는 손해의 수가 송환에서 다투고 있는 포로의 수를 초과하고 정전하는 것이 미국에게 불리하기 때문이라고 한다. 마오쩌둥은 전쟁을 계속하는 것일 우리에게 유리하다고 생각한다. 그것은 이것이 미국이 제3차 세계대전에 대한 준비를 흐트려뜨리는 것이기 때문이다"고 설명했다. 스탈린은 즉시 "마오쩌둥이 정확하다. 이 전쟁이 미국의 원기를 상하게 했다. 북조선북한은 전쟁에서 희생을 입은 것 이외에 아무것도 잃지 않았다. 미국 사람들은 이 전쟁이 그들에게 불리하므로 반드시 끝내야 함을 인식했다. 특히 그들이 우리 군대가 중국에 있음을 안 이후에 말이다. 필요한 것은 의지력과 인내이다"고 긍정했다. 스탈린은 또 중국영도자의 신경을 건드리는 문제를 제기했다. 그는 저우언라이에게 "미국에 반드시 강경해야 한다. 중국동지들이 반드시 알아야 하는 점은 만약 미국이 이 전쟁에서 지지 않게 되면, 중국은 영원히 대만을 수복할 수 없을 것이다"고 지적했다. 전쟁포로문제의 구체적인 방법에 대해 저우언라이는 만약 미국 사람들이 일부 양보를 하면 다음 중의 한 방안으로 계속 협상할 수 있다고 했다. 첫째, 미국이 여전히 부분포로만을 송환하는 것을 견지하면, 같은 비례의 미국과 남한포로를 억류함을 선포하는 것이다. 둘째, 전쟁포로문제는 중립국예를 들면 인도에 넘겨 조정케 하는 것이다. 셋째, 먼저 정전협정을 체결한 이후 전쟁포로문제를 이후에 다시 해결하는 것이다. 회담 중에 저우언라이는 중점적으로 두 번째 방안을 이야기했지만 스탈린은 처음 방안에 더 기울였다. 하지만 그들이 일치하게 동의한 전제는 전부의 전쟁포로를 송환하는 것을 우선 견지하는 것이고 미국이 먼저 양보할 것을 요구하며 미국의 공갈에 물러서지 않는 것이었다.[175]

평양을 설득하는 일은 자연스럽게 모스크바가 나서서 하게 되었다. 9월 1일 저우, 펑, 김 회담에서 김일성은 "협상을 전환하는" 문제를 제기했다. 저우언라이는 "오직 견지해야만, 상대를 협상에서 전환하도록 할 수 있다"고 했고, 펑더화이는 "2, 3년을 더 싸울 준비를 해야 한다"[176]고 강조했다. 9월 4일, 스탈린은 김일성, 펑더화이와 회담을 가졌다. 김일성이 말하는 북한이 "정전협정을 조속히 체결하는 것을 더욱 원하는" 태도에 대해 스탈린은 "우리는 여기서 이미 중국대표단과 이 문제를 토의했고, 이러한 건의를 했다. 미국 사람들이 제기한 전쟁포로에 관련된 조건에 동의하지 않으며 자신의 조건을 견지하는 것이다". "만약 미국 사람들이 20%의 중국과 조선북한 전쟁포로를 송환하려 하지 않는다면 …… 그들의 20%에 달하는 전쟁포로도 돌려줄 수 없다. 그들이 더 이상 중국과 조선북한 전쟁포로를 억류하지 않을 때까지 말이다." 스탈린은 마지막에 긍정적인 어투로 이 담화를 끝냈다. "이것이 우리의 이 문제에 대한 생각이다."[177] 이후 스탈린이 서거하기까지 김일성은 즉각 정전하자는 주장을 꺼내지 않았고 어떻게 소련물자와 지원을 더 많이 쟁취하여 북한의 경제를 회복하는 문제에 집중했다.

이 기간 동안 미국 합참과 새로 부임된 유엔군총사령관 클라크사이에는 빈번한 전보교류를 통해 전쟁포로문제를 해결하는 여러 가지 방안에 대해 논의했다.[178] 하지만 미국 사람들이 어떠한 제안을 하든지 자원으로 송환한다는 원칙과 전부의 포로, 특히 지원군의 포로를 석방한다는 원칙을 포기하지 않는 상황에서 그들의 모든 노력은 소용이 없는 것이었다.[179] 클라크와 합참 국방부 모두는 중국의 강경한 태도를 더는 참을 수 없었고 다시 결단 있는 조치를 취하여 "유엔과 미국의 입장의 견고함과 그들의 존엄"을 표현하기로 했다.[180] 1952년 10월 8일, 미국협상대표는 무기한 정회를 선포했다. 이후 전쟁포로문제는 유엔에서 토의되었다. 11월 10일 소련대표는 유엔에서 한반도 문제를 해결하는 새로운 제안을 제기했고, 24일 또 보충건의를 제기했다. 11월 28일 저우언라이는 중국정부를 대표하여 성명을 발표하였고, 소련의 제안과 건의, 즉 먼저 정전하고 다시 전체전쟁포로를 송환하는 문제를 해결하는 것에 대해 완전히 동의함을 표시했다. 그러면서 "전쟁포로를 전부 송환하는 문제는 제네바공약의 원칙과 국제적으로 전쟁포로를 처리하는 관례에 따라 해결되어야 한다. 이것은 동요할 수 없는 원칙이다"[181]고 성명했다.

이 시기 중국영도자의 관심은 이미 전쟁이 확대되는 위협을 어떻게 대처할 것인가로 옮겨졌다. 11월 24일, 총참모부의 작전부서는 펑더화이에게 한 보고에서 비록 지금 미국이 선거와 계절적인 요인 때문에 "한반도 정책에서 큰 변화가 없을 것"이지만, 새로운 대통령이 선출된 이후, 군사상에서 일부 행동이 있을 수 있다고 했다. 연구와 토론을 거친 뒤, 중국 정책결정자들은 미군의 다음 작전의 중심은 "배후에서 상륙"[182]하는 것일 수 있다고 했다. 중국은 "이것은 적과의 싸움에서 승리하는 관건적인 것"으로 "배후에서 모험적으로 상륙하는 전투"에서 승리하면 미국의 "최종적인 실패를 확정하는 것"[183]이라 생각했다. 지원군의 여러 방면에서 충분한 준비가 있었고, 동맹국과 국제여론의 압력이 있었기에 미국의 새롭게 선출된 대통령 아이젠하워의 전면적인 침공을 통하여 중국으로 하여금 미국의 정전조건을 받아들이게 하는 계획은 실현되지 못했다.[184] 1952년 말에서 1953년 초까지 전쟁과 협상은 모두 냉혹한 대치상태에 놓이게 되었다.

이런 정황하에서 중국은 협상에 관심을 잃었다. 협상대표단의 인원을 압축했을 뿐 아니라(리커눙, 밴장우边章五, 쎄펑解放, 두핑 등 주요 영도자들은 모두 귀국하거나 부대로 돌아갔다) 협상대표단의 당위원회를 해제했고 인도와 접촉하여 전쟁포로 문제를 논하지도 않았다.[185] 이와 반대로 중국영도자들은 전쟁의 장기화를 준비했다. 저우언라이는 1952년 12월 12일 정무원회의에서 "내년의 항미원조투쟁은 더욱 강화되어야 하고, 계속하여 '한편으로 싸우고, 한편으로 안정화하고, 한편으로 건설하는'방침을 실시해야 한다. 그들이 손을 떼는 시점까지 계속 싸워야 한다"[186]고 말했다. 1953년 1월 하순에 이르러 지원군이 전장에서의 배치와 이동이 기본적으로 완수되었다. 부대를 재배치한 것 이외에 국내에서 새롭게 병사를 징집하여 한반도 전장에 25만 명을 새롭게 보냈다. 한반도의 동해안과 서해안에 새롭게 방어선을 구축했고, 새로운 철도노선을 깔고, 기존의 철도 상황을 개선했으며 새롭게 도로를 수리하고 기존의 도로를 넓게 하는 등 조치를 취했다.[187] 이 시기 중국의 한반도에서의 군사실력은 병력이나, 장비, 훈련, 진지구축과 교통, 탄약과 식량비축에서 모두 전쟁이 시작된 이래 최상의 상태에 있게 되었다.[188] 그리하여 미국의 새로운 정부가 떠드는 "장제스를 다시 동원"하고 중국을 봉쇄하겠다고 위협하는 정책에 대해 마오쩌둥은 1953년 2월 7일에 힘있게 배격했다. 중국은 전쟁을 계속할 준비가 되었다고 하면서 "미 제국주의가 그만둘 시점까지, 중국과 조선북한인민이 완전히 승리할 때까지 싸울 것이다"[189]고 말했다.

하지만 바로 이 시기에 스탈린이 서거했다. 크레믈린궁의 새로운 주인의 대외정책에서의 첫 번째 결정이 바로 한국전쟁을 끝내는 것이었다.

세 번째는 싸우는 것으로 협상을 촉진하는 단계였다. 1953년 3월부터 7월까지 중국은 소련의 빨리 전쟁을 끝내야 한다는 결정을 받아들였고 미국의 건의대로 전쟁포로문제를 해결하는 것을 어쩔 수 없이 받아들였다. 하지만 기회를 놓지 않고 전쟁의 성과를 확대했고, 싸우는 것을 통해 협상을 촉진했다.

1953년 3월 12일, 새롭게 부임된 소련부장회의 주석 말렌코프는 공개적인 담화에서 "평화적인 방식으로 해결할 수 없는 문제가 없다"[190]고 말했다. 다음날 말렌코프는 또 최고소비에트회의에서 "모든 논쟁적이고 해결되지 못한 문제는 모두 관련국가들이 함께 협상의 기초 위에 평화적으로 해결될 수 있다. 이것은 우리가 모든 국가와의 관계를 처리하는 것에 적용될 수 있다. 미국과의 관계도 여기에 포함된다"[191]고 말했다. 3월 18일, 몰로토프는 베리야와 말렌코프에게 그가 작성한 한국전쟁문제를 해결하는 새로운 방침을 제기했다.[192] 3월 19일 소련부장회의는 결의를 내려 마오쩌둥과 김일성에게 보내는 편지와 유엔의 소련대표에게 보내느 지시를 비준했다. 그 핵심 내용은 "빠른 시기에 한국전쟁을 끝내는 것"이었다. 구체적인 방법으로 미국이 제기한 부상자 포로를 교환하는 건의를 이용하여 판문점 협상을 회복하고 전쟁포로문제를 해결하는 새로운 방안, 즉 확고하게 송환을 요구하면서 전부의 전쟁포로를 송환하지만 기타 전쟁포로는 중립국으로 하여금 처리하도록 하는 안을 제기했다.[193] 이것은 실제적으로 미국의 "자원 송환"의 원칙을 받아들인 것이었다. 3월 21일 저녁, 소련영도자는 저우언라이를 만나 마오쩌둥에게 보내는 편지를 넘겼다. 동시에 모스크바의 새로운 입장을 설명했다. 저우언라이는 즉시 마오쩌둥에게 전보로 이것을 알렸다.[194]

2월 22일 미국이 제기한 먼저 부상포로를 교환하는 건의에 대해 스탈린은 2월 28일(그 다음 날 그는 의식을 잃었고 다시는 회복하지 못했다) 다음과 같이 지시했다. 비록 최종적으로 군사행동을 중지하는 것에 동의해야 하지만 협상에서는 여전히 "끝까지 투쟁해야 한다".[195] 그리하여 중국영도자는 "계속 관망하는" 방침을 취했다.[196] 마오쩌둥은 3월 18일 협상 장에 나서는 두핑에게 다음과 같이 말했다. 움직이는 것은 정지하는 것만 못하다. 현 상황을 끌어, 미국 사람들이 더 이상 끌기를 원하지 않을 시점까지 끌어 그들이 행동을 멈추도록 해야 한다. 이 밖에 마오쩌둥은 저우언라이로 하여금 크레믈린궁의 새로운 주인의 의견을 묻도록 했다.[197] 이 상황에서 소련의 입장은 갑자기 변경되었다.

마오쩌둥은 빠르게 모스크바의 의견을 받아들였고, 판문점협상대표에게 다음과 같이 지시했다. 구체적인 문제에서 "상대가 정식으로 태도를 표시할 수 있도록 하여 협상이 파열되지 않게 하고" 특히 최근 1주일 사이에 중대한 사건이 없다면 상대에게 항의하지 말것을 지시했다.[198] 3월 26일, 저우언라이는 마오쩌둥에게 소공영도자와의 협상 정황을 회보했고 중국정부가 취해야 하는 방침과 행동을 확정했다.[199] 모든 배치는 모스크바의 계획에 따라 진행된 것이었다. 김일성에게 협상을 재개할 것을 준비하도록 통지하고, 리커농, 쵸오관화는 개성으로 출발시켰다. 3월 28일 클라크에게 답하는 편지를 넘겼다. 3월 30일 저우언라이는『한반도정전협상문제에 관한 성명』을 발표했다.[200] 하지만 소련의 건의를 받아들여 주동적으로 미국에 양보하는 것은 마오쩌둥이 원하는 것이 아니었다. 그는 최대한 유리한 결과를 쟁취하려 했다. 스탈린 계승자 중에서 경험이나 자격, 이론수준이나 실제능력에서 그 누구도 마오쩌둥과 비할 바가 못 되었다. 때문에 스탈린의 서거는 중소관계에 일정한 영향을 주었다. 지금 밝혀진 중국과 러시아 기록문서로 볼 때, 과거 전쟁의 협상문제에서 마오쩌둥은 사사건건 모스크바에 물어보고 보고했다. 이 중 다수의 전보는 저우언라이가 작성한 것이었다. 하지만 소련이 새로운 방침을 제기한 이후 마오쩌둥은 정전문제를 처리함에 있어 소련영도자의 의견을 거의 물어보지 않았고 자신이 직접 연락한 것은 더욱 없었다. 정전을 실현하는 총 방침에서 마오쩌둥은 모스크바의 의견을 존중했고, 주동적으로 양보를 했다. 하지만 구체적인 협상 결과와 전쟁을 끝내는 과정에서 중국은 완전히 자주적으로 행동했다. 그리하여 한편으로 싸우고 한편으로 협상하면서 싸우는 것과 협상하는 것을 결합하는 책략을 취하게 되었다. 이 방면에서 오히려 소련영도자가 마오쩌둥의 결정에 따랐다.

4월 1일 성명에서 몰로토프가 특별히 병든 전쟁포로를 교환하는 것뿐만이 아니라 쌍방은 협상을 다시 시작하여 전쟁포로 문제 전반을 해결하여 정전협정을 체결하고 조선한국전쟁을 끝내야 함을 강조했다.[201] 하지만 중국영도자는 이 문제에서 계속하여 전장에서 유엔군을 타격하는 것을 우선순위에 놓았다. 저우언라이는 4월 3일 정무원보고에서 다음과 같이 말했다. "협상을 다시 시작하는 것은 정해졌다. 전쟁을 끝내는 가능성도 크게 증가되었다. 하지만 싸울 가능성이 여전히 존재한다. 우리는 여전히 이렇게 주장한다. 평화를 쟁취하지만 우리는 전쟁을 두려워하는 것이 아니다" 1953년 4월에 이르러 지원군 병력은 20개 군에 이르렀고, 여러 특전병사들과 병참을 책임지는 병사까지 더하면 그 인원과 규모는 135만 명인민군은 6개 군단, 45만 명에 이르렀다. 화력도 전례 없이 강화되었으며 진지도 더욱 공고화되었고 작전물자도 매우 충족했다. 이에 더해 상륙에 대비하는 전투준비를 마쳤기에 걱정이 없게 되었다. 전략적으로 더욱 주동적이게 되었고 진공할 수도 방어할 수도 있게 되었다. 때문에 전군은 사기가 충만하고 싸우기를 적극적으로 원했다.[202] 마오쩌둥은 지원군에게 다음과 같이 지시했다. 평화를 쟁취하지만 전쟁이 이어지는 것도 준비한다. 군대는 응당 전쟁이 이어지는 것을 생각하면서 전투에만 집중하고 협상을 고려할 필요가 없다. 흔들리지 말며 모든 것은 원래의 계획대로 진행하면 된다.[203] 4월 30일 펑더화이는 다음과 같이 지시했다. 만약 협상에서 결과가 없다면 6월에 계획대로 진공을 발동할 것이다. 5월 11일 지원군사령관 덩화는 여러 부대에 다음과 같이 지시했다. 6월 이전 정전협정을 체결할 가능성이 크지 않다. 때문에 여러 작전부대의 모든 준비를 반드시 5월 30일 이전에 마쳐야 한다. 6월 1일부터 원래의 작전계획에 따라 예정된 목표를 향해 동시에 진공을 발동한다. 바로 이 시점인 5월 13일에 미국은 중국이 절대로 받아들일 수 없는 건의, 즉 모든 직접 송환하지 않는 조선적의 전쟁포로를 "즉석에서 석방"하는 건의를 내놓았다. 이것은 중국에게 협상을 중지하는 이유를 제공하는 것과 같았다. 지원군은 바로 그날 여름철 반격전을 시작했다. 5월 16일, 중앙군위는 다음과 같이 지시했다. "지금 정전협상은 여전히 지연되고 있다. 언제 끝날지는 아직 판단하기 어렵다. 때문에 우리의 한반도에서의 작전방침은 여전히 과거에 제기했던 "장기적이고 온건하게 작전하는" 방침을 견지하는 것이다."[204] 같은 날, 판문점 협상은 다시 중단되었다.

군사타격 앞에서 미국이 양보 했다. 유엔군대표는 즉석에서 조선적 전쟁포로를 석방하는 주장을 거두어 들이고 중국과 북한측이 전쟁포로에 대해 작업하는 시간을 연장하는 것에 동의했고, 중립국위원회에서 전쟁포로문제를 결의할 때 반드시 전체의 동의를 획득해야 한다는 원칙도 포기했다.[205] 중국은 미국의 새로운 제안을 받아들였다. 그것은 "새로운 제안이 우리측의 5월 7일 제안의 기본방침에 부합하는 것이기 때문이었다".[206] 그리하여 6월 16일 이번 진공을 멈추었다. 이번 진공에서 진지의 면적을 58평방킬로미터 확대했고, 적군 41,000명을 사상했다.[207] 하지만 이승만이 6월 17일 사적으로 "전쟁포로를 석방"하는 행동은 중국이 전쟁성과를 진일보 확대하는 것에 기회를 제공했다. 사건이 발생한 이후 중국은 한편으로 클라크에게 강경한 어조의 편지를 보냈고, 다른 한편으로 협상을 중지하고 군사행동을 다시 취할 것을 준비했다. 사인하려 한반도에 출발하려던 펑더화이도 6월 20일 마오쩌둥에게 전보를 보내어 정전에 대한 사인을 미루고 이승만 군대 15,000명을 소멸할 것을 건의했다. 마오쩌둥은 다음 날 전보에서 동의를 표했다.[208] 클라크도 6월 29일 편지를 보내와 "포로를 석방"한 것은 매우 엄중한 사건이고 유엔군은 계속하여 전쟁포로를 찾는 노력을 할 것이라 했다. 동시에 쌍방 대표단이 협상을 다시 회복하여 정전협상의 효력이 발생하는 날짜를 확정하자고 했다. 중국은 여전히 원래의 계획대로 새로운 공세를 발동했다. 7월 7일 중앙군위는 지원군 제20병단의 작전방안을 비준했다. 7월 13일 저녁 진공을 발동했고 전투는 10일간 지속되었다.[209]

정전협정의 사인이 임박했기에, 이 시기에 새로운 전투를 발동하는 것은 소련의 의심을 일으키게 되었다. 때문에 이번에 중국 영도자는 사전에 자신의 정치적 고려와 대책을 모스크바에 통지했다. 소련대사관의 보고에 따르면 7월 3일 새벽 우슈췌앤은 중국정부의 한 통의 보고를 넘겼다. 이 중에는 다음과 같은 설명이 들어 있었다. 7월 5일 클라크의 편지에 답할 예정이며 협상을 회복하는 것에 동의할 것이다. 협정에 사인하기 이전 이승만 군대를 타격하고 남쪽으로 전선을 밀고 나아가고 작전결과에 따라 분계선을 다시 수정할 것을 건의할 것이다. 정전협정의 사인은 아마 7월 15일 좌우에 진행할 것이다.[210] 7월 4일 소공중앙주석단은 결의를 내려 중국의 "조선한국전쟁 협상문제에서의 생각과 예정된 조치에 대해 동의"[211]한다고 했다. 하지만 몰로토프는 답전에서 미국의 상황과 의도를 분석함에 있어 다른 생각을 제기했다. 전보에서 이승만이 도발한 행위는 "미국통치집단의 기정된 임무를 집행"하는 것이고 미국의 목적은 중국이 말하는 것처럼 급히 정전협정을 체결하는 것에 있지 않고 "불안하고 반 전쟁상태인 정치적 상황을 유지하여 정전협정의 체결을 지연하는 것"[212]이라 했다. 이런 분석은 소련이 중국의 군사행동이 한반도에서의 정전에 영향 줄 것을 걱정하고 있음을 표명하는 것이었다. 여기서 분규는 명확했다. 소련은 정치적인 양보를 통해 하루빨리 정전을 이루기를 바랬고, 중국은 군사타격을 견지하는 것으로 최선의 결과를 얻으려 했다는 점이다. 중국 영도자는 더 이상 모스크바에 해석하지 않았고 계속하여 군사적 진공을 준비했다.

7월 8일 마오쩌둥은 지원군 협상대표단에 전보를 보내어 협상을 다시 시작한 이후 잠시 상대에게 군사분계선을 수정하는 문제를 제기하지 말 것을 요구했고, 18일 정도 군사상에서의 진전을 보면서 다시 결정할 것을 요구했다. 정전협정을 실시하는 구체적인 문제에서 상대의 긍정적인 답변을 최대한 얻도록 하고, 정전협정의 사인을 7월 20일 이후로 미룰 것을 요구했다. 마오쩌둥의 보기에 이 시기 정전협정에 사인 할지 여부는 계속 상대를 타격하는 수단일 뿐이었다.[213] 7월 13일, 즉 협상이 재개된 3일 이후 지원군은 금성전투를 발동했다. 7월 27일 즉 정전협정이 체결되는 그날에야 전투는 끝났다. 중국과 북한 군대는 이 전투에서 적군 7만 8천여 명을 사상하고, 영토 192.6평방킬로미터를 수복했다.[214] 마오쩌둥은 이 결과에 매우 만족했고, 뒷날 이렇게 이야기했다. "만약 이렇게 싸워나가고, 2, 3, 4차를 싸우면 적들의 전체 방어선은 돌파되었을 것이다."[215] 이러한 마음가짐 때문에 마오쩌둥은 소련대사에게 아쉬워하면서 말했다. "군사적인 관점에서 대체적으로 1년의 시간 동안 계속하여 미국과 싸워 한강에서의 더욱 유리한 지역을 변계로 하는 것도 가능한 것이었다."[216]

한국전쟁의 정전은 끝내 실현되었다. 1951년 7월 시작된 정전협상은 만 2년이라는 시간이 지나 마침내 결과가 있게 되었다.

한국전쟁 기간동안 중국의 정책결정에 대한 평가

위에서 한국전쟁 기간 동안 중국의 정책결정의 과정에 대해 정리했다. 그 근거는 기본적으로 중국과 러시아가 공표한 문서기록이고 대체적으로 그 과정을 명확히 설명했다. 여기서의 난점은 정책결정의 동기에 대한 판단이다. 이것은 당시 중국의 정책결정 과정이 미국처럼 투명하지 않았고, 지금도 중국의 문서기록이 미국처럼 규정에 따라 처리되지 않기 때문이다. 지금 한국전쟁에 대한 연구에서 미국의 정책결정 동기는 일목요연하다. 하지만 중국의 정책결정 동기는 지금 볼 수 있는 역사 자료와 그들 사이의 논리적 연계를 통해서 분석하고 판단해야 한다. 이것은 꼭 필요한 과정이다. 그렇지 않으면 정책결정과정에 대해 객관적으로 판단할 수 없기 때문이다.

정책결정이 정확한 지 여부를 판단하는 매우 중요한 지표는 이 정책결정의 결과가 당시 정책결정자가 설정한 목표에 부합되는지 여부이다. 정책결정의 합리성은 정책결정의 목표가 기본적이고 객관적인 조건에 부합되는지 여부를 보면 된다. 이로부터 출발하여 중국이 전쟁 기간 동안 4개 방면에서의 정책결정에 대해 저자는 평가를 내릴 것이다.

첫째, 북한이 전쟁을 발동하는 것을 지지할지 여부에 대한 정책결정.

지금까지 찾을 수 있는 역사 자료에서 중국이 하는 수 없이 스탈린과 김일성이 발동하는 전쟁을 받아들이기로 결정했을 때, 영도층의 토론이 있었는지, 어떤 고려를 했는지에 대해서 알 수 없다. 하지만 당시 중국이 처한 환경에서 볼 때, 수령이나 영도 집단이, 즉 중공이 최종적으로 정책결정을 내린 것은 두 가지 원인 때문이었다. 중국이 이미 사회주의 진영에 가입했기에 모스크바의 영도에 복종해야 했다. 또 마오쩌둥은 스탈린이 중국이 혁명을 하지 못하게 하는 것에 매우 불만하고 있었기에 북한의 혁명을 저지하지 말아야 한다고 생각했다. 더욱이 중공은 아시아 혁명의 영도자였다.

스탈린이 결정권을 중국에 넘길 시, 마오쩌둥이 직면한 선택은 다음과 같았다. 만약 거절하면 소련과 북한 동지와 척지게 되는 것이었고, 만약 받아들이면 중국의 경제건설과 안전은 위협을 받게 되었다. 두 가지 해로운 것에서 가벼운 것을 취한다고 마오쩌둥은 후자를 선택했다. 이후 중국의 목표는 이러한 위험을 가장 축소 하는 것이었고 이것은 마오쩌둥과 저우언라이가 처음에 전쟁을 "지역화" 혹은 "국부화"하려 했던 원인이었다. 또 이것은 마오쩌둥이 왜 전쟁이 발발한 이후 여러 번 중국군대가 옷을 갈아입고 한반도에 들어가 비밀리에 작전을 수행할 것을 요구한 원인이었다.

마오쩌둥이 생각하지 못했던 것은 스탈린이 극동에서의 소련의 이익을 수호하기 위하여 중국이 가장 유리한 시기에 북한을 원조하는 것을 계속하여 막는 것이었다. 그 결과 중국은 직접적인 위협을 받게 되었다. 마오쩌둥이 하는 수 없이 내린 첫 번째 정책결정에 대해 맞고 틀리고를 논할 필요가 없는 것이다. 다만 중국의 극동지역에서의 소련의 이익에 대해 잘못 예측했고, 스탈린이 관심을 가진 것이 전쟁의 과정이지 결과가 아니었음을 생각하지 못했다.

둘째, 출병하여 북한을 원조하여 작전하는 문제에서의 정책결정.

중국이 출병하는 과정과 동기의 복잡성을 떠나 사람들이 인정하지 않을 수 없는 것은 이것이 본질적으로 마오쩌둥과 스탈린 사이에서 상대의 진실한 의도와 상대의 실력과 지위에 대한 한 차례 심리적인 경쟁이었다는 점이다. 사실이 증명하듯이 마오쩌둥의 판단은 정확했고 내린 정책결정도 정확했다. 마오쩌둥의 정확함은 중국과 미국이 개전한 3일째 되는 날, 스탈린이 소련항공군에게 신속하게 출동하여 압록강을 넘어 한반도에서 작전할 것을 명령함에서 보여진다. 소련의 제64항공군은 미국과 공중전을 벌이는 주력부대가 되었다. 이후 소련의 군사와 경제원조가 몰려와 한반도 전선에서의 군사배급을 보장했을 뿐 아니라 중국 내지의 경제회복과 건설을 지원했다.[217] 마오쩌둥의 정확함은 지원군이 제3차 전투를 마쳤을 시, 위에서 마오쩌둥이 생각했던 네 가지 고려가 모두 실현된 것에 보여진다. 중국은 북한을 구했고, 아시아혁명의 영도자로서 담당하고 있던 국제주의 책임과 의무를 이행했고 자신이 사회주의 진영에서의 지위를 크게 높였다. 유엔군을 38선 이남으로 내쫓음으로 하여 북한을 완충지역으로 하였고, 중국의 주권과 주변 안전에 대한 위협은 자연스럽게 해소되었다. 심지어 대만문제와 중국이 유엔의 합법적 의석문제도 유리하게 해결될 기회가 있었다. 제일 중요한 것은 중국이 한반도에 출병함으로써 스탈린의 중공과 마오쩌둥에 대한 의심을 해소한 점에 있었다.[218] 그리하여 중소동맹은 더욱 굳건해 졌고 새롭게 태어난 혁명정권을 공고해 졌다.

지원군이 처음 전투에서 승리한 것에는 일정한 우연성이 있었다(맥아더는 중국이 출병할 것을 예상하지 못했고, 미군은 적을 가볍게 여겨 너무 경솔하게 진군했다). 하지만 중국군대가 원래의 계획대로 평양 이북의 산골짜기에서 방어공사를 구축하고 근거지를 건설하는 것으로 미군을 저지한다고 해도,[219] 중국이 출병시의 정책구상에서의 몇 가지 목표는 이룰 수 있었다. 다만 정치적으로 영향이 조금 적었을 뿐이었다. "잃은 것이 더 많다"는 주장에 대해 반드시 보아야 하는 것은 쌍방이 공표한 사망자와 실종자의 수치이다. 지원군의 전체 전쟁에서의 병력손실은 43.62만 명으로서 미군14.2만 명에 비해 월등히 높다. 하지만 처음 3차례 전투에서 4.72만 명(동상자를 포함하지 않았음)의 손실을 보았다.[220] 즉 중국군대의 90%의 병력손실은 한반도에 출병하여 발생한 것이 아니라 제때에 병력을 거두어 들이지 않아서 발생한 것이었다. 군사비용 지출 정황도 이러했다. 전쟁의 장기화 때문에 중국정부의 1951년 총 예산은 60%가 증가되었다. 이 중에서 직접적으로 한반도 전쟁에 투입된 것은 32%였다.[221] 1952년 9월 저우언라이가 소련을 방문했을 시, 소련에 이후 5년 동안 40억 루블의 차관을 대출해줄 것을 요구했고, 이중에서 대부분을 군사와 국방에 사용했다. 공업설비에 사용된 금액은 8억 루블밖에 되지 않았다.[222]

때문에 중국이 한반도에 출병하는 정책결정은 틀리지 않았다고 할 수 있다. 틀린 점은 이미 출병의 목표를 이뤘음에도 제때에 정전의 정책결정을 내리지 못한 것이었다.

셋째, 유엔의 정전제안을 받을지 여부에 대한 정책결정에 대하여.

1951년 1월 중국이 유엔의 정전제안을 거절한 것은 한 차례 정책결정의 착오였다. 이번 정책결정으로 인하여 중국은 한반도 전장에서, 그리고 국제무대에서의 유리한 기회를 잃게 되었다. 그리하여 정치적으로, 외교적으로 군사적으로 수동적인 처지에 놓이게 되었다. 이러한 틀린 정책결정을 내린 원인은 여러 가지가 있었다. 먼저 상대와 자신의 역량에 대한 틀린 판단이었다. 실제로 당시 지원군은 이미 "강노지말"의 상황에 있었다. 진짜로 "숨쉴 기회가 필요한 것"은 미군이 아니라 지원군이었다. 다음은 정보의 부정확함에 있었다. 중국 정책결정자들은 미국이 이 제안을 반대했을 시 백악관이 직면하게 되는 난처한 상황을 알지 못했기에 유엔의 이 정전제안을 미국 사람들의 "음모"라 했다. 이것은 억측에 지나지 않은 것이었다. 또 국제무대의 유희 규칙에 익숙하지 못했고, 국제사무를 처리하는 관례와 과정에 대한 이해가 부족했다. "유엔의 제안을 거절"한다는 용어가 틀리게 사용된 것임을 저우언라이가 알게 되었을 때에는 이미 기회를 놓친 이후였다. 마지막으로 그리고 제일 중요한 것은 중국 정책결정자들은 자신들의 능력범위를 벗어난 전략목표를 설정했었다. 지원군이 군사목표를 "미국군대를 38선까지 내쫓는 것"에서 "미국군대를 한반도에서 내쫓는 것"으로 전환했을 시, 클라우제비츠의 이론에 따르면 중국 영도자는 "진공의 정점"을 초과하는 틀린 정책결정을 내린 것이었다.[223] 이

"정점"은 중국군대가 소망하는 것이지만 이룰 수 없는 것이었다. 이것은 지원군의 전술이 처음에는 미군 몇 개 사단을 소멸하는 것에서 몇 개의 중대를 소멸하는 것으로, 나중에는 "소규모 부대"를 소멸하는 것[224]으로 바뀐 것에서 명확하게 보아낼 수 있다.

그렇다면 중국이 유엔의 제안을 받아들이면 원하는 대로 정전협상을 이룰 수 있었을까? 다시 말하면 이렇게 생각하는 것은 "한쪽만이 원하는 것"이었을까? 이것은 내부와 외부 두 측면에서 분석할 필요가 있다. 내부적인 측면에서 전쟁 중에 동맹관계가 중국의 선택을 제약했음을 부정하지 못한다. 마오쩌둥이 스탈린과 김일성이 전쟁을 발동하는 것에 하는 수 없이 동의한 것도 이와 무관하지 않았다. 하지만 반드시 보아야 하는 것은 중국이 출병한 이후 자신의 진영내부에서의 지위를 크게 높였고, 전쟁의 정책결정에 있어 발언권과 주도권을 장악했다는 점이다. 뒷날 사실이 증명하는 것은 만약 중국이 결심을 했으면 모스크바와 평양은 중국의 결정을 받아들였을 것이라는 점이다. 외부적인 측면에서 미군은 당시 즉각 정전협상을 진행하는 것을 원치 않았다. 적어도 기회를 찾아 체면을 세우려 했다. 하지만 반드시 보아야 하는 것은 미국이 지휘하는 것은 "유엔군"이고 그 행동은 법리적으로는 유엔의 비준을 받게 되어 있었다. 때문에 다시 전쟁하는 것은 거의 불가능 한 것이었다. 한 발 물러서 생각해서, 미국 사람들이 다시 사단을 일으켰을 시 중국은 도의적으로나 여론상으로 우위를 점하게 되었고, 군사적으로도 원기를 회복하여 배급을 보충할 수 있었기에 다시 싸울 수 있었다.

넷째, 한국전쟁의 정전협상방침의 정책결정에 대하여.

1951년 6월 이후 중국 정책결정자들은 소련과 북한으로부터 오는 내부 압력을 물리치고 정전협상을 시작했다. 비록 외교적으로나 군사적으로 모두 불리했지만 전선이 다시 38선으로 돌아간 현상을 놓고 볼 때, 기본적으로 중국과 미국 쌍방의 역량대비의 실제 정황에 맞는 것이었다. 이것은 "소를 잃고 외양간을 고치는 것이지만 너무 늦은 것은 아닌" 조치였다. 중국이 계속하여 양보를 했지만 협상이 지연되었다. 이것은 주요하게 미국 사람들의 책임이었다. 대일강화조약이 체결되고 효력이 발생하기 전, 한국전쟁의 정전으로 인하여 "침략자"라는 불리한 모자를 벗은 중국이 워싱턴의 단독으로 대일강화를 실현하려던 구상을 파괴할 것을 미국은 걱정했다.

1952년 5월 이후 중국은 이전의 협상방침을 바꾸었다. 전쟁포로 문제에서 강경하고 물러서지 않는 입장을 취했다. 미국의 태도 역시 매우 강경해졌다. 판문점협상이 대치국면에 놓이게 된 객관적인 원인은 양측의 군사력이 1952년 봄에 균형을 이뤘기 때문이다. 양측 모두 자신들에게 유리한 조건하에 정전을 실현하려 했고, 또 전쟁을 계속하는 책임을 지려 하지 않았다. 이 시기에 정전협정의 체결에 영향을 주었던 가장 중요한 요소는 이데올로기였다. 양측의 협상은 서로에 대한 신뢰, 소통, 이해가 부족했다. 하지만 건국한 지 얼마 되지 않았고 실력이 약한 중국이 "지연"하는 것을 협상의 방침으로 정한 목적은 어디에 있었을까? 전장의 조건 개선과 국내 경제의 안정이 중국으로 하여금 "한편으로 싸우고 한편으로 협상"하는 책략을 취할 수 있게 했다. 하지만 중국이 전쟁을 이렇게 지연하는 것은 자신들의 인력, 물력, 재력을 장기한 한반도 전장에서 소모하게 되는 것이었다. 이것의 전략적 목표는 무엇이었을까? 이렇게 하는 것은 미국을 아시아에 묶어두어 소련이 유럽에서의 압력을 완화하고 소련이 경제건설을 하는 것에는 자연히 유리한 것이었다. 하지만 중국에는 어떠한 실질적인 의의가 있는 것일까? 중국이 이렇게 한 것은 계속하여 스탈린을 위해 "불 속에서 밤을 줍는 것"이었다. 단지 미국의 관심을 극동에 묶어두고, 사회주의 진영에서의 중국의 공헌을 표시하기 위해서였다면 한반도에서 군사대치의 긴장된 상황이 이미 형성되었기에 정전협정을 체결한다고 해서 근본적으로 바뀌게 되는 것이 아니었다(그 이후의 상황이 바로 이러했다). 이러한 정책결정에 대한 동기는 명확치 않다. 아시아혁명의 영도자로서의 책임 이외에, 마치 감정적으로 일을 처리하는 것처럼 보인다. 미국의 샌프란시스코조약과 미일안전조약에 대해 극도로 분노하여 협상테이블에서 미국 사람과 반드시 한 판 겨루려 했던 것 같아 보인다. 또 중국 영도자가 전쟁의 과정을 연장하는 것을 통해 소련으로부터 더욱 많은 군사와 경제원조를 획득하여 군사와 국방 현대화를 실현하고 국민경제의 기초적인 목표를 실현하는 것일 수 있다. 하지만 이것은 단지 추측에 의한 것일 뿐 아무런 직접적인 증거가 없다.[225]

1953년 3월 이후, 중국은 원하지 않는 상태에서 모스크바의 새로운 영도자의 결정에 따랐다. 전쟁포로 문제에서 미국의 협상조건을 받아들였고 정전협정이 최종적으로 체결되었다. 정전의 최후단계에서 지원군의 군사적 노력을 확실히 매우 성공적이었다. 마오쩌둥은 이를 충분히 자랑스럽게 생각할 수 있었다. 비록 이런 행동이 모스크바를 매우 놀라게 했지만 말이다. 하지만 중국이 이렇게 한 목적은 무엇이었을까? 용맹함을 자랑하고두 차례 주동적인 진공, 분발한 것200여 평방킬로미터에 달하는 영토를 수복 외에 어떠한 전략적 고려가 있었을까? 정전협정이 체결된 이후 미국의 한반도 정책 목표는 매우 명확한 것이었다. 1953년 7월 7일 국가안전위원회문건NSC 157/1에서 제시한 목표는 "공산당 측이 동의하에 미국의 정치지향에 따라 한반도 통일을 실현"하는 것을 전제로 한반도에서 미국의 군대와 기지를 철수하는 것에 동의하고 한국과 공동안보조약을 체결하지 않는 것임을 강조했다. 이 문건은 응당 "한국이 주도하는 통일을 보증하여 한반도 영토와 정치의 완전성을 보증하고 한국이 유엔에 가입하는 것을 보증해야 함"[226]을 지적했다. 이와 비교하면 중국은 차후 극동에서의 전략적 이익을 어떻게 보증해야 하는지에 대해 정책결정자는 아무런 고려를 하지 않았다.

또 한 가지는 반드시 짚을 필요가 있다. 정전협상의 마지막 단계에서 중국이 두 차례 주동적으로 군사상에서 공세를 발동했을 당시 이렇게 하는 것이 전쟁을 격화하는 결과를 초래할지에 대해 생각했는지 여부이다. 중국군대가 계속하여 공세를 발동하자 7월 23일, 즉 정전협정이 체결되기 4일 전, 국가안전위원회 회의에서 미국 대통령 아이젠하워는 "정전이 아마 매우 위험한 사기일 수 있다"는 생각을 내비쳤다. 동시에 클라크에게 정전협정이 체결된 이후에도 반드시 강대한 군사적 배치 유지를 보증할 것을 요구했다. 회의에 참석한 인사들은 모두 다음의 내용에 동의했다. "만약 정전협정이 파괴된다면 우리는 반드시 중국공산당에게 원자탄을 사용해야 한다." 어떤 학자는 아이젠하워가 "국가안전위원회에서 한 연설은 공산당이 정전협정을 체결하는 것에 동의한 것은 이러한 위협의 결과가 아니라는 점을 암시하고 있다. 하지만 많은 흔적이 표명하는 것은 미국의 인내가 점차 소진되었고 만약 전쟁이 계속된다면 반드시 격화되었을 것이라는 점이다."[227] 이 분석을 매우 주의할 필요가 있다. 모스크바의 걱정도 도리가 없는 것이 아니었다. 이 시기 미국의 정책결정자들에게 생겨난 상대를 믿지 못하고 복수하고 싶은 마음은 이후 제네바회의에서 한반도 문제가 해결되지 못하게 했고 한반도 통일문제가 여전히 해결되지 못하는 단초를 심어두었다.

부록/ 주요 외국인 이름 번역 대조표

艾德礼, 애틀리, C. R. Attlee
艾奇逊, 애치슨, D. Acheson
奥斯汀, 오스틴, W. R. Austin
巴季茨基, 바티츠키, P. F. Batitskii
贝利亚, 베리야, L. P. Beria
别洛夫, 벨로프, P. D. Belov
布莱德雷, 브래들리, O. N. Bradley
布尔加宁, 볼가닌, N. A. Bulganin
德田秋一, 도쿠다 규이치, Tokuda Kyuichi
邓华, 덩화, Deng Hua
杜勒斯, 델러스, J. F. Dulles
杜鲁门, 트루먼, H. S. Truman
范登堡, 반덴버그, H. Vandenberg
方虎山, 방호산, Pan Kho-san
菲利波夫, 필리포프, Filippov
费德林, 페도렌코, N. T. Fedorenko
冯西, 폰시, Fonsi
冈察洛夫, 곤차로프, S. Goncharov
高岗, 가오강, Gao Gang
哥特瓦尔德, 고트왈드, K. Goottwald
格罗斯, 그로스, E. A. Gross
葛罗米柯, 그로미코, A. A. Gromyko
顾维钧, 구웨이쥔, Gu Weijun
哈里曼, 해리먼, A. W. Harriman
和田春树, 와다 하루키, Wada Haruki
赫鲁晓夫, 후루시초프, N. S. Khruschchev
华西列夫斯基, 바실렙스키, A. M. Vasilevskii
霍奇, 호지, J. R. Hodge
贾丕才, 카피차, M. S. Kapitsa
金日成, 김일성, Kim Il-sung
金一(朴德山), 김일, Kim Il
凯南, 케넌, G. Kennan
柯克, 커크, A. G. Kirk
柯林斯, 코린스, J. L. Collins
科瓦廖夫, 코발료프, I. V. Kovalev
克拉克, 클라크, M. W. Clark
克拉索夫斯基, 클라소브스키, S. A. Krasovskii
库兹涅佐夫, 쿠즈네초프, Kuznetsov
腊欧, 라오, C. R. Rao
赖伊, 리, T. Lie
李承晚, 이승만, Lee Syngman
李奇微, 리지웨이, M. B. Ridgway
李相朝, 리상조, Lee Sang-cho
李周渊, 이주연, Yi Chu-yon
列多夫斯基, 레돕스키, A. M. Ledovskii
刘少奇, 류사오치, Liu Shaoqi
罗慕洛, 로뮬로, C. P. Romulo
罗申, 로신, N. Roshchin
马兰金, 말란딘, Malandin
马立克, 말리크, Ia, A. Malik
马歇尔, 마샬, G. Marshall
麦卡锡, 매카시, J. McCarthy
麦克阿瑟, 맥아더, D. MacArthur
毛泽东, 마오쩌둥, Mao Zedong
米高扬, 미코얀, A. I. Mikoyan
莫洛托夫, 몰로토프, V. V. Molotov
穆乔, 무초, J. Muccio
聂荣臻, 네룽전, Nie Rongzhen
潘尼迦, 파니커, K. M. Panikkar
彭德怀, 펑더화이, Peng Dehuai
朴明林, 박명림, Park Myeong-lim
朴宪永, 박헌영, Pak Hen-yong
佩斯, 페이스, Pace
切乔特金娜, 체체트키나, O. Chechetkina
什捷缅科, 시테멘코, S. M. Shtemenko
什特科夫, 시트코프, T. F. Shtykov

斯大林, 스탈린, J. V. Stalin
希克森, 힉슨, Hickson
文日, 문일, Mun Il
维辛斯基, 비신스키, A. Y. Vyshinskii
伊豆见元, 이즈미 하지메, Izumi Hajine
叶剑英, 예젠잉, Ye Jianying
尤金, 유딘, P. F. Iudin
扎哈罗夫, 자하로프, S. E. Zakharov
周恩来, 저우언라이, Zhou Enlai

주석

38선의 유래

1 세계지식출판사 편집, 『국제조약집(1934-1944)』, 베이징 : 세계지식출판사, 1961, 407쪽.
2 해리 트루먼, 『트루먼 회고록, 시련과 희망의 시대(1946-1953)』, 리스 역, 베이징 : 삼련서점, 1974(1956년 영문판 번역), 374쪽. 「카이로선언」은 스탈린이 동의를 얻은 후 12월 1일에 발표되었다.
3 『테헤란, 얄타, 포츠담회의기록 발췌편집』, 상하이 : 상하이인민출판사, 1975, 163~164·225쪽.
4 해리 트루먼, 앞의 책, 375쪽.
5 김기조, 「38선 획정의 주범은 일본이다」, 『신동아』 1993.12.
6 제임스 슈나벨(James F. Schnabel), 왕치 외역, 『한국전쟁에서의 미국 육군』 제2권, 베이징 : 국방대학출판사, 1990, 9쪽.
7 해리 트루먼, 앞의 책, 375쪽.; 조셉 굴든, 위빈 외역, 『한국전쟁의 비화』, 베이징 : 해방군출판사, 1990(1982년 영문판 번역), 9쪽. 미국이 소련에 이 문제를 제기하지 않았음을 알 수 있다. 그 원인은 아마 트루먼이 말했던 정황과 비슷했을 것이다.
8 소련의 출병은 8월 9일이고 일본천황이 투항조서를 발표한 것은 8월 15일이다. 하지만 소련이 출병한 시점에 일본천황은 이미 포츠담공고를 받아들이기로 결심했다. 필자의 「소련의 중국동북지역으로의 출병, 목적과 결과」, 『역사연구』, 1994 제5권에 이 문제에 대한 서술이 있다.
9 김기조, 앞의 글.
10 슈나벨, 앞의 책, 10~11쪽.
11 *Department of State, Foreign Relations of the United States* 1945, Vol.6, Washington D.C. : GPO, 1969, 1039쪽; 딘 애치슨, 우세리 외역, 『애치슨회고록』 상하이 : 상하이역문출판사, 1978(1969년 영문판 번역), 302쪽; 클레이 블래어, 자쯔하이 역, 『맥아더』, 베이징 : 전사출판사, 1983(1977년 영문판 번역), 315쪽; 고든, 앞의 책, 9쪽.
12 38선의 초안이 참모들에게 전달된 뒤, 투항지역을 북쪽의 39도선까지 올리는 건의를 하였다. 하지만 전략과 정책위원회의 링컨 준장은 39도선이 다롄과 랴오둥반도까지를 미국의 점령지역 내에 놓이게 하므로 소련이 받아들이지 않을 것이라 했고 미국 국무부도 이 관점을 받아들였다. 그리하여 초안에서 38선이 여전히 보류되었다. 슈나벨, 앞의 책, 11쪽.
13 소련외교부 편, 『1941-1945년 소련 위대한 국가보위전쟁시기 소련부장회의주석과 미국대통령과 영국총리 통신자료』 제2권, 베이징 : 세계지식출판사, 1963, 262~264쪽; 한국국방부전쟁사편찬위원회, 『한국전쟁－중공군참전과 연합국군의 새로운 반격』, 하얼빈 : 흑룡강조선민족출판사, 1987, 23쪽.

38선의 역사적 작용

1 슈나벨, 앞의 책, 13쪽.
2 한국국방부전쟁사편찬위원회, 앞의 책, 23쪽.
3 김기조, 앞의 글.
4 *Славинскний Ь* Корейская Война 1950-1953 гг. Современное Переосмысление.(1950~53년 한국전쟁의 현재적 반성)// Проблемы Дальнего Востока 1991, no.2, c.80.
5 *Торунов А.*, Уфимцев Е. Корейская Проблема : Новын Взгляд Москвва(한국 문제, 모스크바의 새로운 모습), 1995, c.6.

6 굴든, 앞의 책, 3~4쪽.
7 위의 책, 9쪽.
8 *Foreign Relations of the United States* 1945, Vol.6, p.1,039.
9 Ibid, 1039쪽.
10 미국 펜실베니아대학교 이정식 교수는 논문에서 이 문제를 제기했다. Lee Jeong-Sik, "Why did Stalin agree for the 38th parallel", *Journal Northeast Asian Studies* 1985, Vol.4, No.14.
11 질라스(Milovan Djilas), 『스탈린과의 담화』, 베이징 : 세계지식출판사, 1989(1962년 영문판 번역).
12 소련외교부 편, 앞의 책, 267~268쪽.
13 위의 책, 268쪽.
14 위의 책, 269쪽; 한국국방부전쟁사편찬위원회, 앞의 책, 580~581쪽.

한국전쟁 발발의 역사적 진실–새로운 러시아 기밀 해제 문서를 중심으로

1 이 네 개의 학파에 대한 소개는 다음의 글에서 찾을 수 있다. Kim Hakjoon, "North Korean Leaders and the Origins of the Korean War", *Paper for the International Conference*, Hong Kong, 1996.1.
2 선즈화, 「한국전쟁 연구 총술–새로운 자료와 새로운 관점」, 『중공당사연구』, 1996 제6기, 1997 제1기 참조.
3 국외학자들의 연구논저들은 Волкогонов Д. Следует л.этого бояться?//Огонёк, 1993, No.26; Торкунов А. уфимцеь Е. Корейская Прблема : Новый Вэгляд.Москва, 1995; E. Bajnanov, "Assessing the Politics of the Korean War 1949-51", Woodrow Wilson International Center for Scholars ed., *Cold War International History Project Bulletin*, Issue 6-7, 1996/96; A Mansourov, "Soviet-North Korean Relations and the Origins of the Korean War", *Paper for the International Conference*, Hong Kong, 1996.1; Park Mun Sun, "Stalin's Foreign Policy and the Korean War : History Revisited", *Korean Observer* Vol.25, No.3, 1994; V. Petrov, "Mao, Stalin, and Kim Il Sung : An Interpretative Essay", *Journal Northeast Asian Studies*, Vol.13, No.3, 1994; K. Weatherby, "The Soviet Role in the Early Phase of the Korean War : New Documentary Evidence", *The Journal of American-East Relations*, Vol.2, No.4, 1993; "Soviet Aims in Korea and the Outbreak of the Korean War, 1945-1950 : New Evidence from the Russian Archives", *CWIHP Working Paper*, No.8, 1993; "Korean, 1949-50 : To Attack, or Not to Attack? Stalin, Kim Il Sung, and the Prelude to War", *CWIHP Bulletin*, Issue 5, 1995.
4 소련, 북한, 중국 공산주의 집단이 공동으로 한국전쟁을 획책했다는 "공모파"이론은 다음의 글을 보기 바란다. Mineo Nakajima, "The Sino-Soviet Confrontation : Its Roots in the International Background of the Korean War", *Australian Journal of Chinese Affairs*, 1979, No.1. 한국신문에서 한국전쟁에 관련된 러시아 문서를 발표할 때 그 제목이 "세 악마가 공모하여 발동한 전쟁"이었는데, 이것은 편집자들이 러시아의 기밀 해제 문서들이 "공모파" 이론을 실증했다고 생각했기 때문이다. 필자가 본 것은 중국어로 번역된 문장이다.
5 처음으로 이 문제를 논의한 중국학자의 문징은 홍콩의 『명보월보』 1994년 7월과 9월호에 실렸다. 즉 칭스의 「김일성이 마오쩌둥의 대민 침공계획을 지지하다–리시아 외교부 기밀 해제 문서에서」와 칭웨의 「한국전쟁 비밀해제 문서의 공개, 칭스의 '김일성이 마오쩌둥의 대만 침공계획을 저지하다'의 보론」이다. 하지만 저자들이 당시 이용한 번역본은 한국신문에 발표된

김영상 대통령이 러시아 방문에서 가져온 200여 건의 러시아 문서의 번역에 의한 것이었다. 뒷날 러시아가 공표한 문서정황으로 볼 때, 이들 문서는 그 중의 아주 작은 부분이었고, 다만 요약을 번역하여 엮은 것이었다. 때문에 문장의 저자들은 많은 문제에 대해 깊은 연구를 전개할 수 없었다.

6 필자가 근년에 수집한 한국전쟁 관련된 러시아 문서는 500여 건에 달한다. 이 중 절대 대다수는 원시 자료의 복사본이다. 지금 편역하여 책으로 만들었다. 선즈화 수집정리, 『러시아 문서 원본 복사본 묶음– 한국전쟁』(이하 약칭으로 『한국전쟁 러시아 문서』로 함), 모두 17권, 아직 출판되지 않았음.

7 상세한 내용은 졸저 『한국전쟁비밀해제』를 참조, 홍콩: 홍콩천지도서유한회사, 1995, 42~46쪽.

8 졸저 『한국전쟁비밀해제』 제2장의 "38선 획정과 그 작용" 제1절 참조.

9 1945년 9월 외교부의 일본식민지와 탁치 문제에 대한 의견, 외교부 한국 문제에 대한 건의, АВПРФ(러시아연방 대외정책 문서기록관), ф.4311, оп.1, п.8, д.40~43·44~45; *Soviet Aims in Korea and the Outbreak OF THE Korean War*, 9~11쪽. 1945; 马立克의 통일 조선(한국)임시정부에 대한 보고, АВПРФ, ф.0102, оп.1, п.15, д.1, л.18~21.

10 구체적인 내용은 졸저 『마오쩌둥, 스탈린과 한국전쟁』 제2장의 "소련의 한반도에서의 전략과 정책" 1절을 참조.

11 1949년 1월 27일, 2월 3일 시트코프가 몰로토프에게 보낸 전보, 『한국전쟁 러시아 문서』 제1권, pp.120~122·125; 1949년 2월 4일 시트코프가 몰로토프에게 보낸 전보, 『한국전쟁 러시아 문서』 제1권, 138~139쪽.

12 1949년 1월 19일 스트코프가 몰로토프에게 보낸 전보, SD00206.

13 구체적인 내용은 졸문 「1948년 소련과 유고의 출동 기원에 대한 역사적 고찰」, 『역사연구』 1994 제5기를 참조.

14 베를린 위기에 관련된 최신 연구성과는 *Наринский М. М.*, Берлинский криэис 1948-1949гг. : Новые документы иэ российских архивов//Новая и новейшая история, 1995, No.3.

15 1949년 3월 5일 스탈린과 북한정부대표단의 담화기록, АПРФ(러시아연방 대통령 문서기록관), ф.45, оп.1, п.346, д.13~23. 응당 지적해야 할 부분은 문서기록으로 볼 때, 스탈린과 김일성은 직접 전쟁발동의 문제를 논의한 것은 아니었다는 점이다.

16 시트코프가 몰로토프에게 보낸 전보, 1949년 2월 3일, 『한국전쟁 러시아 문서』 제1권, pp.133~134, 비류조프가 시트코프에게 보낸 전보, 1949년 2월 4일, 『한국전쟁 러시아 문서』 제1권, 136~137쪽.

17 소련공산당 중앙정치국회의 제68호 기록, 1949년 3월 18일, 『한국전쟁 러시아 문서』 제2권, 205~207쪽.

18 바실렙스키와 시테멘코가 스탈린에게 보낸 보고, 1949년 4월 20일, АПРФ, ф.3, оп.65, д.839, л.13~14.

19 1949년 5월 28일 시트코프가 그로미코와 시테멘코에게 보낸 전보. 『한국전쟁 러시아 문서』 제2권, 245~246쪽; 1949년 6월 18일·7월 13일 시트코프가 비신스키에게 보낸 전보, 『한국전쟁 러시아 문서』 제2권, 258~261·280-282쪽.

20 1949년 5월 1일 시트코프가 스탈린에게 보낸 전보, АПРФ, ф.3, оп.65, д.839, л.13~14; 1949년 6월 22일, 시트코프가 비신스키에게 보낸 전보, 『한국전쟁 러시아 문서』 제2권, pp.262~269. 이 시기 소련이 북한에 제공한 대량의 무기들은 모두 방어적인 성격이었다. 무기의 구체적인 내용은 1949년 6월 4일, 멘쉬코프와 세테멘코가 시트코프와 골로빈에게 보낸 전보를 참고할 수 있다. АПРФ, ф.6, оп.9, д.14, л.57. 6월 25일 시트코프는 보고에서 북한군대의 전투력을 강화하는 것의 전제는 "남측의 위협"이라고 이야기했다. 구체적인 내용은 *Торкунов*

Уфимцев Корейская проблема : Новый взгляд.c.20-21.

21 1949년 7월 2일 시트코프가 비신스키에게 보낸 전보, 『한국전쟁 러시아 문서』 제2권, 275~276쪽.

22 1949년 6월 5일 시트코프가 비신스키에게 보낸 전보, 『한국전쟁 러시아 문서』 제2권, 253~257쪽; 1949년 6월 24일 비신스키가 시트코프에게 보낸 전보, 『한국전쟁 러시아 문서』 제2권, 270쪽; 1949년 6월 28일 시트코프가 비신스키에게 보낸 전보, 『한국전쟁 러시아 문서』 제2권, 271~274쪽.

23 1949년 5월 15일 시트코프가 비신스키에게 보낸 전보, 『한국전쟁 러시아 문서』 제2권, 236~239쪽; 1949년 5월 18일 코발료프가 비신스키에게 보낸 전보, 『한국전쟁 러시아 문서』 제2권, 271~274쪽.

24 조선인민군 배치의 상세한 상황은 1949년 6월 22일·7월 13일 시트코프가 비신스키에게 보낸 전보를 참조. 『한국전쟁 러시아 문서』 제2권, 262~269·280~282쪽.

25 1949년 9월 3일 툰킨이 비신스키에게 보낸 전보, АВПРФ, ф.059а, оп.5а, п.4, д.11, л.136~138.

26 1949년 9월 11일 비신스키가 툰킨에게 보낸 전보, АВПРФ, ф.059а, оп.5а, л.3, д.11, л.45.

27 1949년 9월 14일 툰킨이 비신스키에게 보낸 전보, АВПРФ, ф.059а, оп.5а, л.3, д.11, л.46~53.

28 1949년 9월 15일 시트코프가 스탈린에게 보낸 전보, АПРФ, ф.3, оп.6, д.776, л.1~21.

29 지금 찾을 수 있는 모스크바가 평양에 보낸 지시는 적어도 네 가지 초안이 있다. 몰로토프가 스탈린에게 보낸 보고를 참조. АПРФ, ф.3, оп.6, д.776, л.33~38.

30 1949년 9월 24일 소공중앙정치국회의 제71호 기록, АПРФ, ф.3, оп.6, д.776, л.30~32.

31 1949년 10월 4일 시트코프가 스탈린에게 보낸 전보, 『한국전쟁 러시아 문서』 제3권, 352쪽.

32 1949년 10월 26일 그로미코가 시트코프에게 보낸 전보, 10월 31일 시트코프가 그로미코에게 보낸 전보, 11월 20일 그로미코가 시트코프에게 보낸 전보, 『한국전쟁 러시아 문서』 제3권, 371·372~374·377쪽.

33 1950년 1월 19일 시트코프가 비신스키에게 보낸 전보, АВПРФ, ф.059а, оп.5а, л.3, д.11, л.87~91.

34 1950년 1월 30일 스탈린이 시트코프에게 보낸 전보, АВПРФ, ф.059а, оп.5а, л.3, д.11, л.92.

35 1950년 1월 31일 시트코프가 스탈린에게 보낸 전보, АВПРФ, ф.059а, оп.5а, л.3, д.11, л.93.

36 명확한 점은, 아주 짧은 몇 개월 동안, 9월 24일 정치국결의에서 제기된 조건이 근본적으로 달성된 것이 아니었다.

37 중소조약의 협상과정에 대한 상세한 서술은 졸문 「중소우호동맹조약의 체결 : 희망과 결과」, 『중공당사연구』, 1998, 제2, 3기 참조.

38 이 관점에 대한 상세한 서술은 필자가 "냉전과 국제관계" 국제학술회의(1997년 10월 베이징)에 제기한 논문 「중소조약과 소련의 극동에서의 전략목표」(『당사연구자료』 1997 제9기에 발표)를 참조.

39 1950년 2월 17일 시트코프가 비신스키에게 보낸 전보, 2월 9일 비신스키가 시트코프에게 보낸 전보, АПРФ, ф.45, оп.1, д.346, л.74~75·76; 2월 23일 시트코프가 바실렙스키에게 보낸 전보, АВПРФ, ф.059а, оп.5а, л.4, д.11, л.148.

40 1950년 3월 9일·3월 16일 시트코프가 비신스키에게 보낸 전보, АВПРФ, ф.059а, оп.5а, л.4, д.11, л.149~150, АПРФ, ф.45, оп.1, д.346, л.133~140.

41 1950년 3월 12일 비신스키가 시트코프에게 보낸 전보, 3월 18일 스탈린이 김일성에게 보낸 전보, АПРФ, ф.45, оп.1, д.346, л.141 · 142.

42 1950년 3월 21일 시트코프가 비신스키에게 보낸 전보, АВПРФ, ф.059а, оп.5а, л.3, д.11, л.94~95. 문서 원본에서 적혀 있는 목록은 수기로 표시되어 있고, 서명이나 날짜가 적혀 있지 않았다. 내용으로 판단할 때, 시트코프가 보낸 전보의 첨부자료라 판단 할 수 있다.

43 볼코보노프(Volkogonov)는 김일성이 1950년 2월에 한 차례 모스크바에 다녀왔다고 했지만(Kim Chull-baum ed., *The Truth about the Korean War, Testimony 40 Years Later*, Seoul, 1991) 지금 보면 이런 주장은 정확하지 못한 것이다.

44 Kim Chull-baum ed., op.cit., 105~106쪽; "The Soviet Role in the Early Phase of the Korean War : New Documentary Evidence", *The Journal of American-East Relations*, p.433.

45 1966년 8월 9일 소련외교부의 보고, ЦХСД(당대문서보관중심), ф.5, оп.58, д.266, л.122~131; *The Soviet Role in the Early Phase of the Korean War : New Documentary Evidence*, pp.441~442. 중국어 번역은 졸저, 『한국전쟁 비밀해제』의 부록 참조.

46 중국어 기록은 1949년 7월 27일 류사오치가 중공중앙서기처에 보낸 전보, 스저, 『역사의 거인 옆에서 – 스저 회고록』, 리하이원 정리, 베이징 : 중앙문서출판사, 1991, p.412, 소련 측 기록은 *Ковалев И. В.* Диалог Сталина с Мао Цзэдуном.// Проблемы Дальнего Востока, 1992, no.1~3, с.78~79.

47 필자의 이 문제에 대한 상세한 분석은 졸저, 『한국전재비밀해제』, 284~296쪽 참조.

48 1949년 7월 25일 마오쩌둥이 류사오치에게 보내어 스탈린에게 전달한 전보, АПРФ, ф.45, оп.1, д.328, л.137-140. *Ковалев* Диалог Сталина с Мао Цзэдуном.// Проблемы Дальнег о Востока, 1991, no.6, с.88.; 1949년 12월 16일 스탈린과 마오쩌둥의 회담기록, АПРФ, ф.45, оп.1, д.329, л.9~17.

49 1996년 7월 31일 필자가 모스크바의 러시아과학원극동연구소의 레도프스키(Ледовский)교수를 만났을 때의 기록에서 인용. 그에 따르면, 1949년 10월 중순 마오쩌둥과 스탈린 사이에서 오간 두 통의 전보는 대통령기록관에 보존되어 있다고 했다. 비록 레도프스키는 직접 필자에게 문서의 원문을 보여주지 않았지만, 그는 직접 눈으로 이 두 가지 문서를 보았음을 보증했다.

50 이 관점의 상세한 논증은 『마오쩌둥, 스탈린과 한국전쟁』, 217~218쪽 참조.

51 Kim Chull-baum, *The Truth about the Korean War*, 105~106쪽.

52 1950년 4월 10일 이그나기예프가 비신스키에게 보낸 전보, АВПРФ, ф.059а, оп.5а, л.4, д.11, л.98~99.

53 1950년 5월 12일 시트코프가 비신스키에게 보낸 전보, АВПРФ, ф.059а, оп.5а, л.3, д.11, л.100~103.

54 1949년 5월 18일 코발료프가 스탈린에게 보낸 전보, АПРФ, ф.45, оп.1, д.331, л.59~61, 1949년 5월 15일 시트코프가 비신스키에게 보낸 전보, 『한국전쟁 러시아문서』 제2권, 236~239쪽.

55 러시아 문서 기재, 1950년 5월 3일, 스탈린은 로신으로 하여금 마오쩌둥에게 "조선(북한)동지들이 우리한테 왔다 갔다. 그들과 회담한 결과를 오늘 이내 특별히 당신에게 통보할 것이다"라고 전했다(АПРФ, ф.45, оп.1, д.331, л.54). 그러나 이후 스탈린은 통보하지 않았다.

56 1950년 5월 12일 시트코프가 비신스키에게 보낸 전보, АВПРФ, ф.059а, оп.5а, л.3, д.11, л.100~103.

57 1950년 5월 13일 로신이 모스크바에 보낸 전보(문서 원본에 받는 사람이 기재되지 않았음), 『한국전쟁 러시아문서』 제4건, 572~573쪽.

58 이것은 다른 측면에서, 스탈린이 모스크바에서 마오쩌둥에게 김일성의 요구와 계획을 제기하지 않았음을 말해주고 있다.

59 1950년 5월 14일 스탈린이 마오쩌둥에게 보낸 전보, АПРФ, ф.45, оп.1, д.331, л.55.

60 5월 14~16일 마오쩌둥과 김일성의 회담에 대한 상세한 정황은 졸저 『한국전재 비밀해제』의 284~288쪽 참조.

61 필자는 강의할 때 이와 같은 질문을 여러 번 받았다. 연구자들 중에도 적지 않은 사람들이 이런 관점을 갖고 있다. Mineo Nakajima, *The Sino-soviet Confrontation*을 참조.

62 미국에 있는 중국학자 천잰(陳兼)은 전문적으로 이에 대해 연구했다. Chen Jian, *China Road to the Korean War : The Making of the Sino-American Confrontation*, N.Y. 1994, pp.109~110.

63 박명림, 「한국전쟁 발발과 기원」, 미발표 박사논문(정인갑의 한글 번역), Paik Nak-chung, "From the Korean War to a Unified Korea, An interview with Bruce Cummings", Nov. 19, 1991, *Korea Journal*, 1992.win; 정커린(曾克林), 『융마(戎馬)생애의 회고』, 베이징 : 해방군출판사, 1992, 252쪽.

64 1949년 5월 15일 시트코프가 비신스키에게 보낸 전보, 『한국전쟁 러시아문서』 제2권, 236~239쪽.

65 구체적인 내용은 중국인민해방군 동북군구사령부 편, 『동북3년해방전쟁군사자료』, 1949.10, 76~77쪽; 1949년 9월 15일 시트코프가 스탈린에게 보낸 전보, АПРФ, ф.3, оп.65, д.776, л.30~32.

66 1950년 1월 8일 모스크바가 시트코프에게 보낸 전보, 『한국전쟁 러시아문서』 제3권, 381쪽; 1950년 1월 11일 시트코프가 모스크바에게 보낸 전보, 『한국전쟁 러시아문서』 제3권, 382~383쪽; 중공중앙문헌연구실 편, 『건국이래 류사오치 문고』 베이징 : 중앙문헌출판사, 1999, 249~250쪽; 네룽전, 『네룽전회고록』, 베이징 : 해방군출판사, 1982, 744쪽.

67 1949년 중국재정지출에서, 군비가 1위를 차지했다. 직접적으로 부대에 사용된 지출은 전체지출의 60%를 차지했다. 만약 여기에 전쟁을 지원하기 위한 식량수송 등 지출을 더한다면 그 비율을 더 높아지게 된다. 마오쩌둥은 1949년 12월 이미 군대가 생산에 종사하는 문제를 고려했고, 1950년 4월에는 군대의 복원문제를 제기했다. 구체적인 내용은 중국사회과학원, 중앙문서기록관 편, 『1949-1951년 중화인민공화국 경제문서자료선집(종합편)』, 베이징 : 중국도시경제사회출판사, 1990, 제114~115, 120쪽; 중공중앙문헌연구실 편, 『건국이래 마오쩌둥 문고』 제1책, 베이징 : 중앙문헌출판사, 1987, 182~183·310쪽.

68 Allen S. Whiting, *China Crosses the Yalu : The Decision to Enter the Korean War*, Stanford, 1960.

69 박명림, 앞의 글.

70 남한을 침공하는 군사계획의 구체적인 내용과 제정과정에 대한 여러 가지 논의들은 졸저 『한국전재비밀해제』, 167~171쪽 참조.

71 1950 제408호와 468호 전보, 1966년 8월 9일 소련외교부의 보고를 참조.

72 시트코프가 자하로프에게 보낸 전보, 1950년 6월 26일, *CWIHP Bulletin* Issue 6~7, 1997, p.39 참조. 군사상에서, Д는 전쟁 개시일의 암호였고, Ч는 군사행동을 개시하는 날짜의 암호였다. 남한군대가 "38선을 침범"했다는 말은 북한이 만들어낸 가짜 정보였다. 6월 20일 그로미코는 스탈린에게 북한이 남한군대가 침공 준비를 하고 있다는 정보를 보고했다. 하지만 "이 사건은 조금 의심스럽다"고 시트코프가 지적했음을 보고 했다. 구체적인 내용은 1950년 6월 20일 그로미코가 스탈린에게 한 보고를 참조, 『한국전쟁 러시아문서』 제4권, 615쪽.

73 *Волкогонов* Следует л.этого бояться? с.29.

74 Kim Chull-baum, *The Truth about the Korean War*, 105~106쪽; 후루시초프, 장다이윈(張岱云) 외역, 『후루시초프회고록』, 베이징 : 동방출판사, 1988, 534쪽. 시트코프의 6월 26일

전보에서 이 정황을 실증되었다. 소련고문들의 철수로 38선을 넘은 인민군은 통신연락과 조직지휘에서 혼란이 초래되었다.

75 Sergei N. Goncharov, John W. Lewis, *Xue Litai, Uncertain Parter : Stalin, Mao, and the Korean War*, Standford, 1993, pp.153·163.

76 리하이원, 「중공중앙은 어떻게 지원군의 작전을 결정했을까?」, 『당의 문헌』, 1993 제5기, 85쪽.

중소조약과 소련의 극동에서의 전략목표

1 1950년 5월 14일 필리포프가 마오쩌둥에게 보낸 전보, АПРФ(러시아연방대통령기록관) ф.45, оп.1, д.331, л.554. 필리포프는 스탈린의 가명이다. 본문에서 직접적으로 인용한 러시아 문서는 필자가 보존하고 있는 러시아문서의 복사본에서 나온 것이다. 일부 문서는 복사 시에 기록번호를 빼놓은 것도 있다. 원문은 선즈화가 수집하고 정리한 『러시아문서 원본 복사본 모음집 : 한국전쟁』(『한국전쟁 러시아문서』로 약칭). 여기서 미국국가안전기록관과 윌슨국제학자연구센터 그리고 천잰(陳兼), 캐스린 웨더스비(Kathryn Weathersby), 오드 베스타(Odd Westad), 세르게이 곤차로프(Сергей Гончарóв) 등이 제공한 도움에 감사를 드린다.

2 이상의 관점은 1995년 7월 워싱턴에서 있었던 한국전쟁국제학술회의의 토론에서 논의된 것이다. 웨더스비가 나(선즈화)에게 그 자신이 정리한 "회의보고"를 제공했다.

3 Sergei N. Goncharov, John W. Lewis, Xue Litai, *Uncertain Parter : Stalin, Mao, and the Korean War*, Standford, 1993, pp.151~152.

4 John Garver, "Polemics, Paradigms, Responsibility and the Origins of the U.S.-PRC Confrontation in the 1950s", *The Journal of American-East Relations* Vol.3, No.1, 1994, 27~28쪽.

5 *Товкунов А. Уфимцев Е* Корейская проблема : Новый вэгляд.Москва, 1995, с.32. 유필체프는 데니소프의 필명이다.

6 이상에 대한 관점에 대한 상세한 논술은 선즈화, 장성파(張盛發)의 「대국합작에서 집단대항으로–스탈린의 전후 정책의 전환」, 『東歐中亞硏究』 1996 제6기를 참조.

7 새로운 자료를 이용하여 베를린 위기를 연구한 학술성과는 다음에서 알 수 있다. *Наринский ММ*, Берлинский криэис 1948-1949гг. : Новые документы иэ российских архивов//Новая и новейшая история, 1995, No.3.

8 상세한 자료는 1949년 4월 20일 바실렙스키와 시테멘코가 스탈린에게 한 보고에서 알 수 있다. АПРФ, ф.3, оп.65, д.839, л.13~14; 1949년 5월 2일 시트코프가 스탈린에게 보낸 전보, 『한국전쟁 러시아문서』 제2권, pp.230~233; 1949년 6월 18일 시트코프가 비신스키에게 보낸 전보, 『한국전쟁 러시아문서』 제2권, pp.258~261; 1949년 7월 13일 시트코프가 비신스키에게 보낸 전보, 『한국전쟁 러시아문서』 제2권, 280~282쪽. 1949년 봄, 여름에 38선을 따라 발생한 소규모 충돌의 상세한 정황은 다음에서 알 수 있다. Merrill, John, *Korea : The Peninsula Origins of the War*, Cranbury, N.J. : Associated Univ. Pr, 1989, pp.130~151.

9 1949년 4월 17일 비신스키가 시트코프에게 보낸 전보, 『한국전쟁 러시아문서』 제2권, p.211; 1949년 6월 18일 시트코프가 비신스키에게 보낸 전보, 『한국전쟁 러시아문서』 제2권, 258~261쪽.

10 1949년 5월 1일 시트코프가 스탈린에게 보낸 전보, 『한국전쟁 러시아문서』 제2권, pp.219~229; 1949년 6월 4일 멘쉬코프가 시트코프에게 보낸 전보, АПРФ, ф.6, оп.9, д.14, л.57. 소련의 군사원조에 관련된 정황은 다음 글을 참고할 수 있다. Park Mun Sun, "Stalin's Foreign Policy and The Korean War : History Revisited", *Korea Observer*,

p.348; *Товкунов Уфимцев* Корейская проблема : Новый вэгляд, c.20~21.

11 시트코프는 여러 번 모스크바에 보고하기를, 북한인민군은 무기가 부족하여 전투에서 "저항할 수 없고" "전투 준비에서도 매우 엄중한 허점이 있다"고 했다. 1949년 2월 3일 시트코프가 몰로토프에게 보낸 전보, 『한국전쟁 러시아문서』 제1권, 133~134쪽; 1949년 4월 20일 시트코프가 비신스키에게 보낸 전보, 『한국전쟁 러시아문서』 제2권, 214~216쪽; 1949년 6월 25일 시트코프의 보고에서도 북한군대의 전투력을 강화하는 것의 전제는 "남측으로부터의 위협"이 존재하는 것이라 했다. *Товкунов Уфимцев* Корейская проблема : Новый вэгляд, c.20~21.

12 1949년 7월 2일 시트코프가 비신스키에게 보낸 전보, 『한국전쟁 러시아문서』 제2권, 275~276쪽, 문서에는 소련무장력 제1부부장 소콜로우스키는 7월 4일 "동의"한다고 적었다.

13 1949년 6월 5일, 6월 28일 시트코프가 비신스키에게 보낸 전보, 『한국전쟁 러시아문서』 제2권, 253~257·271~274쪽.

14 1949년 9월 3일 툰킨이 비신스키에게 보낸 전보, АВПРФ(러시아연방대외정책기록관), ф.059a, оп.5a, л.4, д.11, л.136~138.

15 1949년 9월 15일 시트코프가 스탈린에게 보낸 전보, АПРФ, ф.3, оп.65 д.776, л.1~21.

16 1949년 9월 24일 소련공산당중앙정치국 제71차 회의 결의, АПРФ, ф.3, оп.65 д.776, л.30~32.

17 1949년 9월 23일 북한주재 소련대사에게 내린 지시문(2), АПРФ, ф.3, оп.65 д.776, л.33~38.

18 1949년 10월 4일 시트코프가 스탈린에게 보낸 전보, 『한국전쟁 러시아문서』 제3권, 352쪽.

19 1949년 10월 26일·11월 20일 그로미코가 시트코프에게 보낸 전보, 『한국전쟁 러시아문서』 제3권, 371·377쪽.

20 연구자는 이 문제에 대해 다른 관점이 있다. 선즈화의 「한국전쟁 연구 종합서술, 새로운 자료와 새로운 관점」, 『중공당사연구』, 1996 제6기를 참조.

21 예를 들면 남한유격대가 가장 활약적인 시기는 오히려 1949년 가을이었다. 이 시기 유격대는 이미 정면으로 대도시를 공격할 정도로 발전했고, 한국군대의 사단급 병력과 작전할 수 있는 규모가 되었다. 하지만 1950년 봄에 이르러 남한의 유격활동은 진압을 받아 이미 대부분 평정되었다. 구체적 내용은 일본육전사(陸戰史)연구보급회에서 편집한 『한국전쟁』 상권, 베이징 : 국방대학출판사, 1990, 4쪽을 참조.

22 1950년 1월 19일 시트코프가 비신크키에게 보낸 전보, АВПРФ, ф.059a, оп.5a, л.3, д.11, л.87~91.

23 1950년 1월 30일 스탈린이 시트코프에게 보낸 전보, АВПРФ, ф.059a, оп.5a, л.3, д.11, л.92.

24 1950년 1월 31일 시트코프가 스탈린에게 보낸 전보, АВПРФ, ф.059a, оп.5a, л.3, д.11, л.93; 1950년 2월 7일 시트코프가 비신스키에게 보낸 전보, АВПРФ, ф.059a, оп.5a, л.4, д.11, л.145~146; 1950년 2월 9일 비신스키가 시트코프에게 보낸 전보, АПРФ, ф.45, оп.1 д.346, л.76.

25 구체적 내용은 1950년 2월 23일 시트코프가 바실렙스키에게 보낸 전보를 참조. АВПРФ, ф.059a, оп.5a, л.4, д.11, л.148, 1950년 3월 16일 시트코프가 비신스키에게 보낸 전보, 『한국전쟁 러시아문서』 제3권, pp.472·479; 1950년 3월 18일 스탈린이 시트코프에게 보낸 전보, 『한국전쟁 러시아 문서』 제3권, 480쪽.

26 Weathersby, "The Soviet Role in the Early Phase of the Korean War : New Documentary Evidence", *The Journal of American-East Relations* Vol.2, No.4, 1993, p.433;

Kim Chull-baum ed., op.cit., 105~106쪽.

27 Weathersby, op.cit., 441쪽.

28 나의 이 문제에 대한 논술은 「소련의 중국동북에 출병－목적과 결과」, 『역사연구』 1994 제5기 참조.

29 *Ковалев И.В.* Диалог Сталина с Мао Цзздуном.// Проблемы Дальнего Востока, 1992, No.1~3, c.87; *Ледовский А. М.* Секретная миссия А. И., Микояна в Китай, январъ-феврал.1949г. //Проблемы Дальнего Востока, 1995, No.2, c.107. 비록 스저(師哲)는 마오쩌둥이 서백파에서 몽골문제를 제기했음을 부인하고 있지만 그는 류사오치가 1949년 7월 소련을 방문할 때 중국민주인사의 입을 빌어 이 문제를 제기했음을 시인하고 있다. 리하이원(李海文), 「코발료프회고의 정확하지 않은 점－스저 인터뷰」, 『국사연구참고자료』, 1993 제1기, 92~93쪽.

30 *Ледовский А.М.* Секретная миссия А.И., Микояна в Китай, январъ-феврал.1949г.//Проблемы Дальнего Востока, 1995, No.2, c.108; *Ковалев И.В.*, Диалог Сталина с Мао Цзздуном.// Проблемы Дальнего Востока, 1992, No.1~3, c.87.

31 덩리췬(鄧力群), 「신강의 평화적 해방 전후－중소관계의 한 페이지」, 『근대사연구』, 1989 제5기, pp.143~150. 소련이 신강해방과정에서의 작용은 덩리췬, 「'리췬방송'이 주고받은 전보 선집」, 『중공당사자료』 1990 제36기, pp.1~38, Goncharov, Lewis and Xue Litai, *Uncertain Partner : Stalin, Mao, and the Korean War*, Stanford : Stanford University Press, 1993, p.70.

32 *Ледовский А.М.* Секретная миссия А.И., Микояна в Китай, январъ-феврал.1949г.//Проблемы Дальнего Востока, 1995, No.2, c.101.

33 후챠무(胡喬木), 『후챠무의 마오쩌둥 회고』, 베이징 : 인민출판사, 1994, 551쪽.

34 Goncharov, Lewis and Xue Litai, op.cit., 68쪽.

35 АВПРФ, ф.0100, оп.42, п.19, д.288, л.81~85. 다음의 글에서 인용, *Кулик Б.* Китайская Народная Республика в период становления.// Проблемы Дальнего Востока, 1994, No.6, c.76; Goncharov, Lewis and Xue Litai, op.cit., 83쪽.

36 1949년 12월 16일 스탈린과 마오쩌둥 회담기록, АПРФ, ф.45, оп.1 д.329, л.9~17.

37 페이잰장(裴堅章) 편, 『중화인민공화국외교사(1949-1956)』, 베이징 : 세계지식출판사, 1994, 17~18쪽.

38 *Ковалев И.В.* Диалог Сталина с Мао Цзздуном.// Проблемы Дальнего Востока, 1992, No.1~3, c.88~89.

39 페이잰장 편, 『중화인민공화국외교사(1949-1956)』, p.19.

40 스저, 『역사의 거인 옆에서, 스저회고록』, 리하이원 정리, 베이징 : 중앙문헌출판사, 1991, 440쪽; 중공중앙문헌연구실 편, 『건국이래 마오쩌둥문고』 제1책, 212쪽.

41 АВПРФ, ф.0100, оп.43, л.8, д.302, л.4~6; *Проблемы Дальнего Востока*, 1994, no.6, c.77에서 인용.

42 Goncharov, Lewis and Xue Litai, op.cit., pp.247~248.

43 1950년 1월 22일 스탈린과 마오쩌둥의 회담기록, АПРФ, ф.45, оп.1, д.329, л.29~38.

44 협상의 과정에 관해서는 페이잰장 편, 『중화인민공화국외교사(1949-1956)』, pp.21~25 참조. Goncharov, Lewis and Xue Litai, op.cit., 126·127쪽. 우슈췌엔(伍修權), 『외교부에서의 8년 경력』, 베이징 : 세계지식출판사, 1983, 11~12·17~18쪽.

45 페이잰장 편, 위의 책, 25쪽.

46 『스탈린문선』, 베이징 : 인민출판사, 1962 중문판, 438~439쪽. 실제로 당시 "선배들", 즉볼쉐비키와 멘쉐비키 모두가 1905년 짜르가 일러전쟁에서 실패한 것에 대해 고무되었다. 이에 굴욕이라 생각한 것은 짜르정부와 유럽 자본가계급들이었다. 레닌의 「여순항의 함락」, 『레닌전

집』 제9권, 베이징 : 인민출판사, 1986 중문제2판, 134~142쪽.

47 1949년 3월 5일 스탈린과 조선(북한)정부대표단의 회담기록을 참조, АПРФ, ф.45, оп.1, д.346, л.13~23.

48 1945년 6월 29일 주코프와 자보르프의 한국 문제에 관련된 간단한 보고, АВПРФ, ф.0430, оп.2, л.18, д.5, л.18~30.

49 1945년 9월 일본식민지와 신탁문제에 관한 의견, АВПРФ, ф.0430, оп.1, л.52, д.8 л.40~43; Weathersby, "Soviet Aims in Korea and the Outbreak of the Korean War, 1945-1950 : New Evidence from the Russian Archives", *Cold War International History Project Bulletin* 1993, Vol.8, 9~10쪽.

50 1945년 9월 한국 문제에 대한 건의, АВПРФ, ф.0430, оп.1, л.52, д.8, л.44~45, 『소련의 한반도에서의 목표』, 10~11쪽에서 인용.

51 레닌의 말, 『레닌 전집』 제54권, 베이징 : 인민출판사, 1990 중문제2판, 777쪽.

52 *Foreign Relations of the United States* 1945, Vol.6, Washington D.C. : GPO, 1969, 1039쪽.

53 소련외교부 편, 『1941-1945년 소련 위대한 위국전쟁 기간 소련부장회의 주석이 미국대통령과 영국수상과 왕래한 통신집』 제2권, 베이징 : 세계지식출판사, 1963 중문판, 267~268쪽.

54 *Волкогонов* Следует л.этого бояться? с.29.

55 구체적인 내용은 선즈화의 다음 논문을 참조, 「중소동맹과 중국의 한반도 출병의 정책결정-중국과 러시아문서기록 비교연구」, 『당대중국사연구』 1996 제5기.

56 1949년 9월 11일 비신스키가 툰킨에게 보낸 전보, 『한국전쟁 러시아문서』 제2권, 315쪽; 1949년 9월 14일 툰킨이 비신스키에게 보낸 전보, 『한국전쟁 러시아문서』 제2권, 316~323쪽.

57 Goncharov, Lewis and Xue Litai, op.cit., p.101.

58 Weathersby, "The Soviet Role in the Early Phase of the Korean War", p.433.

59 Goncharov, Lewis and Xue Litai, op.cit., p.145; Kim Chull-baum ed., op.cit., p.106.

60 1950년 5월 14일 필리포프가 마오쩌둥에게 보낸 전보, АПРФ, ф.45, оп.1, д.331, л.554.

61 1949년 10월 진먼전투의 상황에 대해서는 다음 글을 참조, 『당대중국군대의 군사공작』 제9장, 베이징 : 중국사회과학출판사, 1989; 쇼평(肖鋒), 리만춘(李蔓村), 저우윈첸(朱云謙) 등, 『진먼상륙작전회고』, 베이징 : 인민출판사, 1994.

62 1949년 5월 15일 시트코프가 비신스키에게 보낸 전보, 『한국전쟁 러시아문서』 제2권, 236~239쪽; 1949년 5월 18일 코발료프가 필리포프에게 보낸 전보, АПРФ, ф.45, оп.1, д.331, л.59~61.

63 1949년 9월 14일 툰킨이 비신스키에게 보낸 전보, АВПРФ, ф.059а, оп.5а, л.3, д.11, л.46~53.

64 과거 일부 학자들은 일부 중국인민해방군에 소속되어 있던 조선인 군대가 북한 군대로 전입된 것을 두고 "공모"이론의 유력한 증거라고 했다. Mineo Nakajima, "The Sino-Soviet Confrontation : Its Roots in the International Background of the Korean War", *Australian Journal of Chinese Affairs* Vol.1, 1979, 19~47쪽.

65 구체적인 내용은 1950년 1월 8일 모스크바가 시트코프에게 보낸 전보를 참조, 『한국전쟁 러시아문서』 제3권, 318쪽; 1950년 1월 11일 시트크프가 모스크바에 보낸 전보, 『한국전쟁 러시아문서』 제3권, 382~383쪽; 네룽전(聂榮臻), 『네룽전회고록』, 베이징 : 해방군출판사, 1982, p.744; Chen Jian, *China's Road to the Korean War : The Making of the Sino-American Confrontation*, New York, 1994, pp.109~110; 박명림, 앞의 글 등.

66 천윈(陣雲), 「재정경제의 엄중한 곤난을 극복」, 1949.8.8; 천윈, 「공채를 발행하여 재정적자를 줄이다」, 1949.12.2; 중국사회과학원, 중앙기록관 편, 『1949-1951년 중화인민공화국경제

기록자료 선편(選編)』, 베이징 : 중국도시경제사회출판사, 1990, 117·114~115·120쪽.

67 1996년 7월 31일 필자자 모스크바를 방문할 때 만났던 레도프스키 교수와의 회담기록.

68 1950년 5월 12일 시트코프가 비신스키에게 보낸 전보, АВПРФ, ф.059а, оп.5а, л.3, д.11, л.100~103.

69 1950년 5월 13일 로신이 스탈린에게 보낸 전보, 『한국전쟁 러시아문서』 제4권, pp.572~573.

70 1950년 5월 14일 필리포프가 마오쩌둥에게 보낸 전보, АПРФ, ф.45, оп.1, д.331, л.554.

71 저우쥔(周軍), 「신중국초기 인민해방군이 대만전투계획을 집행하지 못한 원인에 대한 탐구」, 『중공당사연구』 1991 제1기, 67~69쪽.

72 소련외교관 카피차의 회고가 증명한다. 「소련은 중공정치국이 김의 주장을 반대함을 알고 있었다」, Goncharov, Lewis and Xue Litai, op.cit., 147쪽 참조.

73 스탈린은 다만 5월3일 마오쩌둥에 알리기를 김일성이 모스크바를 방문했다고 했다. 하지만 아무런 구체적인 내용이 없었다. 1950년 5월 3일 필리포프가 마오쩌둥에게 보낸 전보를 참고, АПРФ, ф.45, оп.1, д.331, л.54.

74 북한의 한 고위급 군수관의 회고에 따르면, 전쟁이 발발하기 이전 소련의 원조한 무기는 중국을 통과하는 철로를 이용하여 북한에 도달한 것이 아니라 모두 해상을 통해 운수되었다. 이렇게 한 특별한 목적은 중국이 북한의 준비공작을 알지 못하게 하기 위해서였다. Goncharov, Lewis and Xue Litai, op.cit., 153·163쪽 참조.

극동에서 소련의 전략이익을 보장－한국전쟁 발발 원인과 스탈린의 정책결정의 동기

1 상세한 내용은 선즈화, 『마오쩌둥, 스탈린과 조선(한국)전쟁』, 광저우 : 광둥인민출판사, 2007 수정판, 제3장 참고.

2 스탈린이 시트코프에게 보낸 전보, 1950년 1월 30일, АВПРФ, ф.059а, оп.5а, л.3, д.11, л.92.

3 시트코프가 스탈린에게 보낸 전보, 1950년 1월 31일, АВПРФ, ф.059а, оп.5а, л.3, д.11, л.92~93; 스탈린이 시트코프에게 보낸 전보, 1950년 2월 2일, АПРФ, ф.45, оп.1, д.347, л.12; *Торкунов А. В*, Загадочная войиа : корейский конфликт 1950-1953годов, Москва : Российская политическая энциклопедия, 2000, с.56에서 재인용.

4 예를 들면 80년대 미국학자의 관점은 다음 글들을 참고, William W. Stueck, *The Road to Confrontation : American Foreign Policy toward China and Korea, 1947-1950*, Chapel Hill : University of North Carolina Press, 1981, p.161; Charles M. Dobbs, *The Unwanted Symbol : American Foreign Policy, the Cold War, and Korea, 1945-1950*, Kent, OH : Kent State University Press, 1981, pp.180~81. 냉전이 끝난 뒤, 이런 관점을 미국의 일부 사람들은 여전히 견지하고 있다. 예를 들면, John Lewis Gaddis, *We Now Know : Rethinking Cold War History*, New York : Oxford University Press Inc., 1997, p.72.

5 Dean Acheson, *Present at the Creation : My Years in the State Department*, New York : W.W. Norton & Company, Inc., 1969, p.357. 이 밖에 1949년 12월 30일 국가안전위원회 문건(NSC 48/2)에서도 미국이 일본, 류큐와 필리핀과의 관계를 강화하고, 그들과의 상호조약을 강화하는 문제가 제기되었다. 상세한 내용은 다음 글을 참조. *Foreign Relations of the United States : Diplomatic Papers* 1949, *Vol.7*; *The Far East and Australia*, Washington, D.C. : GPO, 1976, 1216쪽.

6 마오쩌둥과 미코얀의 담화기록, 1956년 9월 23일.

7 이미 서방학자들이 애치슨의 담화는 북한이 침공계획에 아무런 영향을 주지 않았음을 증명

했다. James I. Matray, "Dean Acheson's National Press Speech Reexamined", *Journal of Conflict Studies* Vol.22, No.1, Spring 2002, pp.28~55.

8 선즈화, 「중공이 대만을 침공하는 전투에서의 정책결정의 변화와 그 제약 요소(1949-1950)」, 『사회과학연구』 2009 제3기, 34~53쪽.

9 구체적인 내용은 『인민일보』, 1950.6.28·7.7 제1면, *Peter Calvocoressi, Survey of International Affairs, 1949-1950,* London : Oxford University Press, 1953, pp.479~480.

10 이즈미 겐이치(伊豆見元), 「한국전쟁을 둘러싼 중소대립 : 소련이 유엔안보리에 결석한 배경」 (일본어), 『군사연구』 1975 제3기, 100쪽; David Horowitz, *From Yalta to Vietnam : American Foreign Policy in the Cold War*, Harmondsworth : Penguin Books Ltd., 1969, 120쪽; Sergei Goncharov, John Lewis, Xue Litai, op.cit., 161쪽; *Лебедев С.Н.(гла. ред.)*, Очерки истории российской веншией раэведки, Т.5, 1945-1965 годы, Москва : Международные отншения, 2003, с.388.

11 스탈린이 고트왈드에게 보낸 전보, 1950년 8월 27일, РГАСПИ, ф.558, оп.11, д.62, л.71~72. 다음 글에서 인용, *Ледовский А.М.* Сталин, Мао Цзэдун и корейская// Новая и новейшая история, 2005, No.5, с.96~97.

12 *Ледовский А.М.* Сталин, *Мао Цзэдун и корейская*, с.97~98.

13 *Самохин А.В.* Военнопо-литические планы И.В. Сталина в корейской войне// Власть и управление на Востоке России, 2010, No.3, с.103~105.

14 상세한 내용은 선즈화의 다음 글 참조. 「중소조약 협상에서의 이익충돌 및 그 해결」, 『역사연구』 2001 제2기, pp.39~55; 「중소조약 협상연구에서의 몇 가지 문제에 대하여」, 『사학월간』 2004 제8기, 57~68쪽.

15 비신스키와 마오쩌둥 회담의 비망록, 1950년 1월 6일, АВПРФ, ф.0100, оп.43, л.302, д.8, л.1~5. *Ледовский А.М. · Мировицкая Р.А., Мясников В.С.*(сост.) Русско-китайские отношения в XXвеке, Документы и материалы, Том V, Советско-китайские отношения, 1946-феврал.1950, Книга2 : 1949-феврал.1950гг., Москва : Памятники Памятники исторической мысли, 2005, с.257~259.

16 중공장앙문헌연구실 편, 『건국이래 마오쩌둥 문고』 제1책, 베이징 : 중앙문헌출판사, 1987, 219~220쪽; 중공중앙문헌연구실 편, 『저우언라이 연보(1949-1976)』, 베이징 : 중앙문헌출판사, 1997.

17 류퉁순(劉同舜), 가오원판(高文凡) 주요 편집, 『전후세계사장편(1950-1951)』 제6분책, 상하이 : 상하이인민출판사, 1980, 455~456쪽; 『인민일보』, 1950.1.16, 1면. 말리크의 발언 전문은 다음에서 볼 수 있다. Внешняя политика Советского Союза, Документы и материалы, 1950год,Москва : Государственное издательство политической литературы, 1953, с.288~289.

18 비신스키와 마오쩌둥 회담의 비망록, 1950년 1월 13일, АПРФ, ф.3, оп.65, д.364, л.94~97, Русско-китайские отношения вXXвеке, Т. V, К. 2, с.261~263.

19 선즈화, 「한국전쟁초기 소중조(북한)3각 동맹의 형성-중국과 러시아기밀 해제 문서를 기초로 연구」, 『국립정치대학역사학보』 제31기(2009.5), 165~198쪽.

20 *FRUS*, 1950, Vol.7, 148쪽.

21 라이가 소련외교부에 보낸 전보, 1950년 6월 26일, 선즈화수집정리, 『러시아문서관 원문복사자료묶음 : 한국전쟁』 제4권, 화동사범대학국제냉전사연구중심소장, 2004, 미간, 617~618쪽.

22 Joseph C. Goulden, *Korea, the Untold Story of the War*, New York : McGraw-Hill, 1982, p.87.

23 FRUS, 1950, Vol.7, 207쪽.

24 Внешняя политика Советского Союза, с.189.

25 АВПРФ, ф.07, оп.2, п.51, д.362, л.28. ф.07, оп.23, п.24, д.318, л.12-13, *Севостьянова Г.Н.(под ред.)*Советско-американские отношения, 1949-1952, Документы, Москва : МФД, 2006, с.216~218. 6월 30일 『소식보』에 성명의 전문이 기재되어 있다.

26 Внешняя политика Советского Союза, с.190.

27 Goncharov, Lewis and Xue, op.cit., 161쪽.

28 스탈린은 매우 신중했다. 소련이 원조하는 군함이 전쟁 발발 5일 전에 북한에 도착했을 시, 김일성은 10명의 소련 조종사를 제공해 줄 것을 요구했지만 스탈린은 즉각 거절했다. Волкогонов Д. *Следует л. этого бояться?*// Огоиёк, 1993, No.26, с.29. 침공이 개시된 뒤, 스탈린은 북한인민군전전부대에 있는 모든 소련고문을 불러들이는 명령을 내렸다. 후루시초프가 그 원인을 물었을 때, 스탈린은 "우리는 증거가 남겨져 사람들로부터 우리가 이 사건에 참여했음을 지적 받기가 싫어서이다"고 답했다. Kim Chull-baum(ed.), *The Truth about the Korean War : Testimony 40 Years Later*, Seoul : Eulyoo Publishing Co., Lrd., 1991, 25~26쪽; Strobe Talbott(trans. and ed.), *Khrushchev Remembers*, London : Andre Doutsch Ltd, 1971, p.370.

29 스탈린의 이러한 행위에 대한 다른 해석은 다음 글을 참조, Goncharov, Lewis and Xue, op.cit., 161~162쪽.

30 상세한 내용은 다음 글을 참조. *Почтарев А.Н.* Нз истории советско-корейских в 1920-1950-е годы// Новая и новейшая история, 1999, No.5, С156; *Орлов А.С.* Гаврилов В.А. Тайны Корейской войны, Мосва : Вече, 2003, с.48~49. *Дроговоз И.Г.* Необ ъ явленные войны СССР, Минск : Харвест, 2004, с.17~23. *Ледовский А.М.*Сталин, Мао Цзэдун и корейская война, с.82~94; *Самохин А.В.* Военнопо-литические планы И.В. Сталина, с.103~105. 양퀴이쑹(楊奎松), 「스탈린은 왜 한국전쟁을 지지했을까? 선즈화 저 『마오쩌둥, 스탈린과 한국전쟁』을 읽고」, 『21세기』 2004.2, 제81기, 136~141쪽.

31 상세한 내용은 선즈화, 「1948년 소련과 유고충돌의 기인의 역사적 고찰」, 『역사연구』 1999 제4기, 5~26쪽; 「공산당정보국의 건립 및 목표」, 『중국사회과학』 2002 제3기, 172~187쪽 참조.

32 RSASPH, f17, o.128, d.249, l.23-52, Larisa Efimova, "Did the Soviet Union instruct Southeast Asian communists to revolt? New Russian evidence on the Calcutta Youth Conference of February 1948", *Journal of Southeast Asian Studies* Vol.40, No.3, October 2009, 455~463쪽.

33 RSASPH, f17, o.128, d.432, l.21-24, Larisa Efimova, "Did the Soviet Union instruct Southeast Asian communists to revolt?", 463~465쪽.

34 Адибеков Г.М., *Коминформ и послевоенная Европа. 1947-1956гг.*, Москва : Росия молодая, 1994, с.80~81.

35 Leon Comber, "The Origins of the Cold Word in Southeast Asia : The Case of the Communist Part of Malaya(1948-1960), A Special Branch Perspective", *ISEAS Working Paper : Politics & Security Series*, No.1, 2009, pp.2~10.

36 *Огнетов И.А.*, Малоизвестные аспекты советско-въетнамских отношений// Вопросы истории, 2001, No.8, с.137.

37 다음 글을 참조, Larisa Efimova, "Did the Soviet Union instruct Southeast Asian communists to revolt?", 468~469쪽; Karl Hack and Geoff Wade, "The Origins of the Southeast

Asia Cold Word", *Journal of Southeast Asian Studies*, Vol.40, No.3, 2009, 441~448쪽.

38 상세한 배경은 선즈화의 다음 글 참조. 「마오쩌둥과 동방정보국, 아시아혁명 주도권의 전이」, 『화동사범대학학보』, 2011 제6기, 27~37쪽.

39 스탈린이 코발료프에게 보낸 전보, 1949년 5월 26일, АПРФ, ф.45, оп.1, д.331, л.73~75.

40 이 문제에 대한 상세한 토론은 다음 글을 참조. *Батюк В* План Баруха и СССР//Институт Всеобщей Истории РАН Холодная война : ноые подходы, ноые документы, Москва : ИВИ РАН, 1995, с. 85~98. 자오쉐궁(趙學功), 「미국이 소련의 첫 핵실험 성공에 대한 반응」, 『역사교학』 2010 제10기, 50~52쪽.

41 V.M. Zubok, "Stalin and the Nuclear Age", in J.L. Gaddis, P.H. Gordon and E.R May(eds.), *Cold War Statesmen Confront the Bomb : Nuclear Diplomacy since 1945*, Oxford : Oxford University Press, 1999, pp.58~61; 『인민일보』, 1949.9.26, 제1면.

42 Thomas B. Cochran, William M. Arkin, Robert S. Norris, and Jeffrey I. Sands, *Nuclear Weapons Databook, Volume IV : Soviet Nuclear Weapons*, New York : Harper & Row, Ballinger Divison, 1989, 7~10쪽.

43 상세한 내용은 선즈화의 다음 글 참조. 「중소동맹조약 후기 협상의 정황과 결과」, 『러시아연구』 2010 제1기, 11~30쪽.

44 『인민일보』, 1949.10.9, 3면.

45 다음 글 참조. Правда, 5октября 1949г.

46 『인민일보』, 1949년 11월 17일 제1면, 11월 22일 제1면.

47 시바예프와 류소기의 회담 비망록, 1949년 12월 25일, АВПРФ, ф.0100, оп.43, л.302, д.10, л.18~30. 러시아 노동자대표단 단장 솔로브요프의 베이징에서의 자료, 1950년 1월, 선즈화, 리단휘이(李丹慧) 수집 정리 자료, 『러시아문서관 원문 복사자료 묶음-중소관계』 제7권, 화동사범대학냉전사연구중심소 소장, 2005, 미간, pp.1615~1620; 『인민일보』, 1949.11.19, 제3면·11.22, 제1~2면·12.2, 제1~2면; Правда, 4января 1950г., 3-й стр; 류닝이(劉寧一), 『역사회고』, 베이징 : 인민일보출판사, 1996, 140~144·374~376쪽.

48 *Ледовский А.М.* Сталин, Мао Цзэдун и корейская война, с.82~83.

49 상세한 내용은 최피(崔丕), 『미국의 단독 대일강화정책과 일본의 선택』, 미간. 선즈화, 「중소동맹, 한국전쟁과 대일강화-동아시아 냉전 형성의 3부곡 및 상호 관계」, 『중국사회과학』 2005 제5기, 172~188쪽.

50 *Тишков В.А.*, Вынужденные мигранты и государство, Москва : ИЭИА РАН, 1998, с.6.

51 『인민일보』, 1950.1.11, 1면.

52 차오톈루(曺天祿), 『일본공산당의 "일본식사회주의 이념과 실천』, 베이징 : 중국사회과학출판사, 2004, pp.75~76; 일본공산당중앙위원회 편, 단웨인페(段元培) 외역, 『일본공산당의 60년』, 베이징 : 인민출판사, 1986, 145~148쪽.

53 『인민일보』, 1950.2.3, 제1면.

54 Gene D. Overstreet and Marshal Windmiller, *Communism in India*, Berkeley and Los Angeles : University of California Press, 1959, 245~305쪽; 『인민일보』, 1950.3.13, 제1면.

55 스탈린과 인도공산당 영도자의 담화기록, 1951년 2월 9일, РГАСПИ, ф.558, оп.11, д.310, л,85, 78~79.

56 무라비요프가 니콜라이2세에게 보낸 편지, 1897년 11월 11일(러시아력), 다롄개항건시(建市)문서전시, 2011년 9월.

57 Notes of a Conversation with Admiral Leahy, April 11, 1945, box 77, No.5, V. K.

Wellington Koo Papers, Butler Library, The Columbia University.

58 주코프와 잽로딘의 한국 문제에 관한 보고, 1945년 6월 29일, АВПРФ, ф.0430, оп.2, л.18, д.5, л.1~7.

59 АВПРФ, ф.0411, оп.1, л.52, д.8, л.40~43. Kathryn Weatherby, "Soviet Aims in Korea and the Outlook of the Korean War, 1945~1950 : New Evidence from the Russian Archives", CWIHP Working Paper, 1993, No.8, 9~11쪽.

60 스탈린과 마오쩌둥의 회담기록, 1950년 1월 22일, АПРФ, ф.45, оп.1, д.329, л.29~38.

61 「레닌의 말」, 중공중앙 편역국(編譯局) 편역, 『레닌전집』 제54권, 베이징 : 인민출판사, 1990, 777쪽.

62 상세한 내용은 『사료(史料)』 잡지 편집위원회, 「처칠과 스탈린이 남유럽세력 세력범위 분할 : 러시아 문서기록관에 있는 협정」, 뤼세봉(呂雪峰) 역, 『냉전국제사연구』 제3집(2006.가을), 261~278쪽.

63 상세한 내용은 선즈화, 「38선의 유래 및 그 정치적 작용」, 『상하이사범대학학보』 1997 제4기, 57~60쪽 참조.

64 스탈린과 북한정부대표단의 회담기록, 1949년 3월 5일, АПРФ, ф.45, оп.1, д.346, л.13~23.

65 중공중앙문헌연구실, 중앙문서기록관 편, 『건국이래 저우언라이 문고』 제3책, 베이징 : 중앙문헌출판사, 2008, 31~32쪽.

66 스탈린과 저우언라이의 회담기록, 1952년 8월 20일, АПРФ, ф.45, оп.1, д.329, л.54~72. 스탈린과 저우언라이의 회담기록, 1952년 9월 3일, АПРФ, ф.45, оп.1, д.329, л.75~87.

67 저우언라이가 비신스키에게 넘긴 조서, 1952년 9월 15일, 비신스키가 저우언라이에게 답한 조서, 1952년 9월 15일, 『러시아문서관 원문복사자료 묶음－중소관계』 제9권, 2184·2185쪽.

68 중소양국정부대표단 회담기록, 1952년 9월 8일, РГАСПИ, ф.82, оп.2, д.1258, л.59~64, *Мясников В.С.(под ред.)* Китайская народная республика в 1950~е годы, .Сборник документов, т. 2, Друг с союзником ового Китая, Москва : Памятники исторической мысли, 2010, с.184~187.

69 Thomas J. Christensen, "Worse Than a Monolith : Disorganization and Rivalry within Asian Communist Alliances and U.S. Containment Challenges, 1949~69", *Asian Security*, Vol.1, No.1, Jan. 2005, pp.80~88. 중국어 번역은 커칭성(柯慶生), 「동아사회주의 동맹과 미국의 억제전략」, 『냉전국제사연구』 제4집(2007.봄), 33~34쪽. 이 문장에서 이른 시기 "아시아에서의 레닌"이라는 말을 사용한 사람은 중국 주재 미국대사 스튜어트였다고 지적했다. 그는 1949년 6월 6일 국무장관에게 보내는 비망록에서 "중소분열 나아가 전쟁으로 향하는 여러 원인 중에서 가장 중요한 것은 다른 사람 아래에 있기를 원하지 않은 마오쩌둥이 아시아의 레닌이 되기를 원하기 때문이다"라고 적었다.

미국은 한국전쟁에 어떻게 개입하게 되었을까? 그 과정과 근거

1 상세한 내용은 애치슨의 『애치슨 회고록』 참조, 우세리(伍協力) 외역, 상하이 : 상하이역문출판사, 1978, 227~229·233쪽; *Foreign Relations of the United States* 1950, Vol. 7, Washington D.C. : GPO, 1977, 237·292쪽; 블래어 정리, 『백전 장군의 회귀－브래들리자서전』, 베이징 : 군사역문출판사, 1985(1983년 영문판의 번역), p.679; 조셉 굴든(Joseph C. Goulden), 『한국전쟁－밝히지 않은 속사정(*Korea : The Untold Story of the War*)』, 99쪽.

2 시간표는 미국 동부시간을 기준으로 하고 있다(인용된 시간은 서울 시간이다). 워싱턴과 서울은 약 14시간의 시차가 있다. 이 과정에 대한 서술은 주요하게 *Foreign Relations of the United States*

1950, Vol.7, 125~269쪽을 참조; 트루먼, 『트루먼 회고록 – 시험과 희망의 시기(1946~1953)』, 三聯書店, 1974(1956년 영문판 번역), pp.393~413; 애치슨, 『애치슨 회고록』, 261~278쪽; Glenn D. Paige, *The Korean Decision : June 24-30, 1950*, New York, 1968, 90~241쪽; 조셉 굴든, 앞의 책, 34~114쪽; 존 톨런드, 멍칭룽(孟慶龍) 역, 『오랜 전투 – 미국인들의 안중의 한국전쟁』, 베이징 : 중국사회과학출판사, 1993(1991년 영문판 번역), 21~56쪽. 이상의 자료들에 대하여 종합하여 처리했다. 즉 자료들을 선택적으로 취하고, 일부 조정을 가했다. 때문에 전문을 인용한 것 이외에 일일이 출처를 표하지 않을 것이다.

3 트루먼, 리스(李石) 역, 『트루먼 회고록 – 시험과 희망의 시기(1946-1953)』, 베이징 : 三聯書店, 1974(1956년 영문판 번역), 395쪽; *Foreign Relations of the United States* 1950, Vol.7, 125~126쪽.

4 일부 저서에서는 이 두 명의 군부 주요 영도자들이 이미 미국에 돌아갔지만 여러 이유로 그들이 그날 저녁에 있었던 논의와 정책 결정에 참여하지 못했다고 한다.

5 트루먼, 『트루먼 회고록』, 399~400쪽.

6 애치슨, 『애치슨 회고록』 269~270쪽.

7 『한국전쟁에 관련된 정책 결정』, 240~241쪽.

8 *Foreign Relations of the United States* 1950, Vol.7, p.263.

9 *Foreign Relations of the United States* 1950, Vol.7, p.140.

10 *Foreign Relations of the United States* 1950, Vol.7, p.140.

11 매슈 리지웨이, 『한국전쟁』, 군사과학원 외국군사연구부 역, 베이징 : 군사과학출판사, 1983(1967년 영문판 번역), 3 · 20쪽.

12 존 톨런드, 『오랜 전투 – 미국인들의 안중의 한국전쟁』, 19쪽.

13 트루먼, 『트루먼 회고록』, 403쪽.

14 애치슨, 『애치슨 회고록』 266쪽.

15 구웨이쥔(顧維鈞), 중국사회과학원근대사연구소 역, 『구웨이쥔 회고록』 제8분책, 베이징 : 중화서국, 1989, 649쪽.

16 조셉 고든, 앞의 책, 55쪽.

17 애치슨, 『애치슨 회고록』 265쪽.

18 트루먼, 『트루먼 회고록』, 398쪽.

19 트루먼, 『트루먼 회고록』, 400쪽.

20 블래어 정리, 『백전 장군의 회귀 – 브래들리자서전』, 693쪽.

21 John W. Spanier, *The Truman-Macarthur Controversy and the Korean War*, New York, 1965, pp.31~32.

22 애치슨, 『애지슨 회고록』, 268쪽.

23 구웨이쥔, 『구웨이쥔 회고록』 제8분책, 649쪽.

24 존 톨런드, 『오랜 전투 – 미국인들의 안중의 한국전쟁』, 39쪽.

25 조셉 고든, 앞의 책, 55쪽.

26 *Foreign Relations of the United States* 1950, Vol.7, p.329.

27 John W. Spanier, *The Truman –Macarthur Controversy and the Korean War*, 33쪽.

28 유엔주재 미국 부대사 그로스의 회고에 따르면, 6월 25일 새벽 그는 유엔사무총장과 그의 조수와 상의했었다. 만약 소련대표가 오후에 안보리에 돌아와 거부권을 행사한다면, 그들은 48시간 내에 유엔에서 긴급특별회의를 소집하여 이 문제를 해결해야 한다는 것에 의견을 함께했다. 상세한 내용은 다음 글을 참조. Frances H. Heller ed., *The Korean War : A 25-Year Perspective*, Lawrence, 1977, p.22.

29 조셉 굴든, 앞의 책, 86쪽.

30 R. Foot, "Making Known the Unknown War : Policy Analysis of the Korean Conflict in the Last Decade", *Diplomatic History, Vol. 15*, No.4, 1991, 416쪽; Goncharov, Lewis, Xue Litai, Uncertain Parter : Stalin, Mao, and the Korean War, Standford, 1993, 161쪽. 스탈린이 당시 어떤 고려를 했는지를 알 수 없다. 혹시 그는 이렇게 할 필요가 없다고 생각했을 수 있다. 북한이 전쟁에서 승리할 가능성이 있는 상황에서, 그는 소련이 유엔에서 거부권을 행사하여 여론의 의심과 질책을 받는 것을 피하고 싶었을 수도 있다. 하지만 어떠한 경우에도 그로미코가 생각하는 것처럼 스탈린의 결정은 "일시적인 감정으로 내려진 것"은 아니었다.

38선을 넘다 – 미국이 한국전쟁을 확대한 전략적 결정

1 트루먼, 『트루먼 회고록 : 시험과 희망의 시기(1946-1953)』, 리스(李石)역, 베이징 : 三聯書店, 1974년, p.405. *Foreign Relations of the United States* 1950, Vol.1, National Security Affairs, Foreign Economic Policy, Washington D.C., GPO : 1977, pp.327~335.

2 블래어 정리, 『백전 장군의 회귀 – 브래들리자서전』, 724쪽. 톨런드, 『오랜 전투 – 미국인들의 안중의 한국전쟁』, 83쪽.

3 애치슨 : 『애치슨 회고록』, 우세리(俉協力) 등 역, 상하이, 상하이역문출판사, 1978년, 305쪽.

4 *Foreign Relations of the United States* 1950, Vol.7, Korea, Washington D.C., GPO : 1976, pp.386~387.

5 *Foreign Relations of the United States* 1950, Vol.7, p.373. 애치슨 : 『애치슨 회고록』, 305쪽.

6 애치슨, 『애치슨 회고록』, 305쪽; 블래어 정리, 『백전 장군의 회귀 – 브래들리자서전』, 724쪽.

7 *Foreign Relations of the United States* 1950, Vol.7, pp.449~454.

8 블래어 정리, 『백전 장군의 회귀 – 브래들리자서전』, p.724.

9 *Foreign Relations of the United States* 1950, Vol.7, pp.453~454.

10 *Foreign Relations of the United States* 1950, Vol.7, pp.458~461.

11 블래어 정리, 『백전 장군의 회귀 – 브래들리자서전』, 724쪽.

12 *Foreign Relations of the United States* 1950, Vol.7, pp.508~509. 애치슨 : 『애치슨 회고록』, 306쪽.

13 *Foreign Relations of the United States* 1950, Vol.7, pp.625~627.

14 표트르 캘보크레 편저, 『국제사무개람(1949-1950)』, 상하이 : 상하이역문출판사, 1991(1953년 영문판 번역), 658쪽.

15 『국제사무개람(1949-1950)』, 658쪽. 스톤, 『한국전쟁 내막』, 난줘민(南佐民) 외역, 항주 : 절강인민출판사, 1989(1971년 영문판 번역), 112~113쪽.

16 구웨이쥔(顧維鈞), 앞의 책, 94~95쪽.

17 *Foreign Relations of the United States* 1950, Vol.7, pp.646~650.

18 *Foreign Relations of the United States* 1950, Vol.7, pp.712~721.

19 매슈 리지웨이, 『한국전쟁』, 군사과학원 외국군사연구부 역, 베이징 : 군사과학출판사, 1983년, 57쪽.

20 류퉁순(劉同舜), 가오원판(高文凡) 주편, 『전후세계역사장편』 제6분책, 상하이 : 상하이인민출판사, 1985, 78쪽.

21 구웨이쥔(顧維鈞), 앞의 책, 155쪽.

22 애치슨 : 『애치슨 회고록』, 307~308쪽.

23 블래어 정리, 『백전 장군의 회귀 – 브래들리자서전』, 734쪽; 맥아더, 『맥아더회고록』, 대만왕가출판사유한공사, 1990 중역본(中譯本), 341쪽.

24 *Foreign Relations of the United States* 1950, Vol.7, p.826; 블래어 정리, 『백전 장군의 회귀－브래들리자서전』, 734쪽.

25 Mineo Nakajima, "The Sino-Soviet Confrontation : Its Roots in the International Background of the Korean War", *The Australian Journal of Chinese Studies* No.1, 1979, p.25.

26 실제로 맥아더는 이후 이렇게 했다. 그리고 사전에 합참에 통지한 것이 거절되지 않았음을 이유로 자신을 변호했다.

27 블래어 정리, 『백전 장군의 회귀－브래들리자서전』, 735쪽; John W. Spanier, *The Truman－MacArthur Controversy and the Korean War*, New York, 1965, pp.100~101.

28 남한국방부전사편찬위원회, 『한국전쟁(중공참군 및 유엔군재반격)』, 30~33쪽.

29 뒷날 애치슨 본인도 "이 결의안이 대표하는 것은 8월 중에 국무부극동부서와 유엔부서가 형성한 의견이고, 인천의 성공으로 인하여 큰 진전이 있었다. (…중략…) 이 결의안 자체는 문제가 있었고 그것은 맥아더로 하여금 진일보로 모험적으로 행동하도록 격려했다. 이 모든 것은 철저한 고려가 결여된 상황에서, 그리고 이 결의안의 모호한 언어들은 이미 앞에서 다루었던 케넌 비망록에서 주의했던 어려움과 위험들을 덮어버렸다"고 승인했다. 애치슨, 『애치슨 회고록』, 310쪽.

30 트루먼, 『트루먼 회고록』, 432쪽. 트루먼은 회고록에서 이 건의는 그 자신이 합참으로 하여금 준비토록 한 것이었다고 말했다. 하지만 브래들리는 이것이 정확하지 않다고 지적한다. 또 다른 문건은 이 건의는 국방부 부부장 뢰비트가 작성한 것이라 설명하고 있다. 블래어 정리, 『백전 장군의 회귀－브래들리자서전』, 741쪽 참조. 화칭자오(華慶昭), 『얄타에서 판문점까지－미국과 중, 소, 영 : 1945-1953』, 베이징 : 중국사회과학출판사, 1992, 211쪽.

31 해리먼, 복단대학자본주의국가경제연구소 편역소조(編譯小組) 역, 『해리먼 회고록』, 상하이 : 상하이인민출판사, 1975(1971년 영문판 역), 58쪽.

32 근래 러시아가 공포한 소련의 한국전쟁에 관련된 대량의 기밀문서가 이것을 충분히 증명하고 있다.

33 Волкогонов Д. Следует л.этого бояться?// Огонёк, No.26(июня 1993), с.29.

34 Kim Chull-baum ed., op.cit., pp.105~106; 후루시초프, 『후루시초프회고록』, 베이징 : 동방출판사, 1988(1971년 영문판 번역), 534쪽.

35 Kathryn Weathersby, "The Soviet Role in the Early Phase of the Korean War : New Documentary Evidence", p.448; Волкогонов Д. Следует л.этого бояться? с.29.

36 미국 국무부 전보 개요, 1950년 7월 28일, 화칭자오의 『얄타에서 판문점까지－미국과 중, 소, 영 : 1945-1953』, 205쪽에서 재인용.

37 미국 국무부 전보 개요, 1950년 7월 28일, 화칭자오의 『얄타에서 판문점까지－미국과 중, 소, 영 : 1945-1953』, 210쪽에서 재인용.

38 조셉 굴든, 위빈(於濱) 외역, 앞의 책, 베이징 : 해방군출판사, 1990, 323쪽.

39 Walter LaFeber, *America, Russia, and the Cold War, 1945-66*, New York, 1967, p.116.

40 블래어 정리, 『백전 장군의 회귀－브래들리자서전』, 728쪽.

41 위의 책, 731쪽.

42 굴든, 앞의 책, 325쪽.

43 "The Sino-Soviet Confrontation : Its Roots in the International Background of the Korean War", p.27.

44 미국 국무부 진보 개요, 1950년 7월 28일, 화칭자오의 『얄타에서 판문점까지－미국과 중, 소, 영 : 1945-1953』, 207쪽에서 재인용.

45 블래어 정리, 앞의 책, 731쪽.

46 Frances H. Heller ed., *The Korean War : A 25-Year Perspective. Lawrence*, 1977, p.26.

47 에드워드 마틴, 장중차이(姜中才) 외역, 『선택과 분규 : 영미가 공산당 중국의 승리에 대한 반응』, 베이징 : 중공당사자료출판사, 1990(1986년 영문판 번역), 204~205쪽.

48 『중미관계(문건과 자료선편(選編))』, 베이징 : 인민출판사, 1971, 242쪽.

49 블래어 정리, 앞의 책, 731쪽. 굴든, 앞의 책, 326쪽.

50 *Foreign Relations of the United States* 1950, Vol.1, pp.363~364.

51 *Foreign Relations of the United States* 1950, Vol.6, Far East and Pacific, Washington D.C., GPO : 1976, p.429; 트루먼, 『트루먼 회고록』, 420쪽.

52 *Foreign Relations of the United States* 1950, Vol.1, 530~531쪽.

53 *Foreign Relations of the United States* 1950, Vol.1, 742쪽.

54 스톤, 『한국전쟁내막』, 118쪽.

55 굴든, 앞의 책, 331쪽; 톨런드, 『오랜 전투 – 미국인들의 안중의 한국전쟁』, 228쪽.

56 중화인민공화국외교부, 중공중앙문헌연구실 편, 『저우언라이 외교문선』, 베이징 : 중앙문헌출판사, 1990, 24쪽.

57 트루먼, 『트루먼 회고록』, 431~432쪽; 『맥아더 회고록』, 307쪽. 저우언라이와 파니카 담화의 상세한 정황은 『저우언라이 외교문선』 25~27쪽 참고.

58 미국 국무부 전보 개요, 1950년 7월 28일, 화칭자오의 『얄타에서 판문점까지 – 미국과 중, 소, 영 : 1945-1953』, 211쪽에서 재인용.

59 굴든, 앞의 책, 326쪽.

60 블래어 정리, 앞의 책, 740쪽.

61 트루먼, 『트루먼 회고록』, 347쪽; *The Truman-MacArthur Controversy and Korean War*, p.104.

62 *The Truman-MacArthur Controversy and Korean War*, p.105.

63 블래어 정리, 앞의 책, 740쪽.

중국의 한반도 출병의 정책결정 과정

1 나카지마 미네오(中島嶺雄)는 이러한 관점을 "베이징 – 모스크바 – 평양 공모이론"이라 귀납하고 여러 관점을 서술했다. 다음 글 참조. Mineo Nakajima, "The Sino-Soviet Confrontation : Its Roots in the International Background of the Korean War", *The Australian Journal of Chinese Studies* 1979, No.1.

2 1994년 7월 한국정부는 신문에 김영삼 대통령이 러시아에서 가져온 구소련문서를 공표했다. 『중앙일보』의 편집은 분명히 이러한 관점을 전달하고 있다. 또 한국 고려대학교 박명림의 1994년 박사논문 「한국전쟁의 발발과 기원」 제1장을 참조할 수 있다.

3 저자는 최근 출판한 『한국전쟁 비밀해제』(홍콩천지도서유한공사, 1995) 제3장에서 이에 대해 상세히 설명했다.

4 Chen Jian, *China's Road to the Korean War : The Making of the Sino-American Confrontation*, 109~110쪽; *Товкунов А.* Уфимцев Е. Корейская проблема : Новый вэгляд.Москва, 1995, c.15~16. 또 일부 글에서 이들 전사들이 인민군 제5사단과 제6사단을 구성했다고 한다. 상세한 내용은 박명림의 「한국전쟁의 발발과 기원」 참조.

5 네룽전(聂荣臻), 『네룽전회고록』, 베이징 : 해방군출판사, 1982, p.744; 박명림, 앞의 글, 제1장. 이로부터 계산하면 북한에 돌아간 병사는 모두 4만여 명이었다. 천잰(陳兼)이 중국군사연구자들을 방문하고, 문서를 조사한 결과에 따르면 1950년 봄 귀국한 조선적 병사의 총수는 23,000명이었다.(Chen Jian, *China's Road to the Korean War : The Making of the Sino-American Confrontation*, pp.109~110)

6 Kathryn Weathersby, "To Attack, or Not to Attack? Stalin, Kim Ill Sung, and the Prelude to War", *Cold War International History Project Bulletin*, p.2. Goncharov, Lewis, Xue Litai, *Uncertain Parter : Stalin, Mao, and the Korean War*, Standford, 1993, 135·328쪽.

7 박명림, 앞의 글, 제1장, 필자가 1995년 10월 스저(師哲)를 인터뷰하면서 알게 된 것은 마오쩌둥과 김일성은 아주 간단한 이야기만 오갔고, 몇 마디 말을 한 뒤 그를 보냈다.

8 Goncharov, Lewis, Xue Litai, op.cit., p.326.

9 칭스(青石), 「김일성이 마오쩌둥의 대만침공 계획을 저지했다」, 『명보월간』 1994.7, 86쪽.

10 V. Petrov, "Mao, Stalin, and Kim Il Sung : An Interpretative Essay", *Journal Northeast Asian Studies* Vol.13, No.2, 1994, 21쪽.

11 Goncharov, Lewis, Xue Litai, op.cit., pp.130·325. 필자가 1995년 10월 스저를 인터뷰할 때 위의 정황을 확인했다. 스저에 따르면, 마오쩌둥은 모스크바에서 김일성을 만나지 않았으며, 한국 문제에 대해서도 관심이 없었다.

12 *Волкогонов* Следует л.этого бояться? c.28~29.

13 Kim Chull-baum ed., op.cit., 106쪽.

14 박명림, 앞의 글, 제1장. 칭스; 「김일성이 마오쩌둥의 대만침공 계획을 저지했다」, 87~88쪽.

15 구소련 외교관 카피차와 전인민군 작전부 부부장 유성철 모두 당시 김일성과 중국의 관계는 좋지 않았기에 베이징을 방문할 가능성이 없다고 했다. Goncharov, Lewis, Xue Litai, op.cit., 330쪽.

16 Zhai Zhihai, Hao Yufan, "China's Decision to Enter the Korean War : History Revisited", *China Quarterly* 1990, Vol.121, No.3, p.100; Goncharov, Lewis, Xue Litai, op.cit., 330쪽.

17 스저의 다음 문장 참고, 「항미원조 시기 비밀외교」, 『법제문췌보』, 1995.1.5, 6쪽. Weathersby, "The Soviet Role in the Early Phase of the Korean War : New Documentary Evidence"; Goncharov, Lewis, Xue Litai, op.cit., 330쪽. 칭스, "김일성이 마오쩌둥의 대만침공 계획을 저지했다", 88~89쪽. 또 일부 자료에서는 김일성이 5월 12일 베이징에 도착했다고 말하고 있다. 칭웬(清源), 『한국전쟁비밀문서의 공개』, 68쪽.

18 칭스, 「김일성이 마오쩌둥의 대만침공 계획을 저지했다」, 88쪽. 칭웬, 『한국전쟁비밀문서의 공개』, 68쪽. 곤차로프는 비밀문서를 알고 있는 옛 소련외교관의 말을 통해 이 점을 실증했다. 즉 김일성이 마오쩌둥에게 스탈린이 다시 북한이 남한에 한 차례 성공적인 침공을 발동할 가능성을 평가했다고 알렸을 시, 마오쩌둥은 최초에 매우 회의적인 태도를 보였다고 했다 (Goncharov, Lewis, Xue Litai, op.cit., p.146). 여기서 이상조는 아마도 당시 중국주재 북한대사 이주원을 말하는 것 같다.

19 *Волкогонов Д.* Следует л.этого бояться? 필리포프는 스탈린의 가명이다.

20 칭스, 「김일성이 마오쩌둥의 대만침공 계획을 저지했다」, 88쪽.

21 위의 글, 81쪽. 칭웬, 『한국전쟁비밀문서의 공개』, 68쪽.

22 곤차로프는 스저와 레잉푸(雷英夫)의 회고를 인용하면서 지적하기를, 마오쩌둥이 김일성에게 묻기를 만약 미국이 개입한다면 북한이 중국이 부대를 중조변경에 파병하는 것을 원하는지 묻자 김일성은 그는 1개월 이내에 승리를 거둘 것이며, 미국 사람들은 그 이전에 부대를 배치할 수 없을 것이라 답했다. 그는 중국의 군대를 변경에 파견하는 것을 거절했다. 그는 지금 이미 확보하고 있고 또 계속하여 공급되고 있는 소련의 원조만으로 충분하다고 확신했다. Gon-charov, Lewis, Xue Litai, op.cit., p.146.

23 리하이원(李海文), 「중공중앙은 어떻게 지원군의 출국작전을 결정했을까?」, 85쪽.

24 7월 초에 이르러서야 중국외교부는 주북한대사관에 사람들을 배치하기 시작했다. 7월 8일,

평양에 파견하는 정무참사관, 임시대사 차잉청원(柴成文) 일행이 북한으로 출발했다. 차이청원·자오융톈(趙勇田), 『판문점협상』, 베이징 : 해방군출판사, 1989 제24, 6~40쪽.

25 1950년 봄, 중앙군사위원회는 소련이 제공한 3억 달러의 절반을 해군이 무기장비를 구매토록 결정했다. 4월, 저우언라이는 소련의 부장회의 부주석 볼가닌에게 전보를 보내어 긴급하게 함정, 비행기와 해안포에 대한 수요를 제기했고, 소련이 1950년 여름, 늦어도 1951년 봄 이전에 제공해 줄 것을 요구했다. 한국전쟁이 발발하기 이틀 전, 중앙군사위원회는 제3야전부대의 보고에 따라 재차 전투계획을 변경하고, 대만을 침공하는 병력을 16개 군단이상으로 증가했다. 저우쥔(周軍), 「신중국초기 인민해방군이 대만전투 계획을 시행하지 못한 원인에 대한 탐구」, 『중공당사연구』 1991 제1기, 67~70쪽.

26 당시 전체 동북3성에는 이미 집단적인 복원이 확정된 제42군이 흑룡강성에서 개황과 생산을 진행하고 있었다. 이 밖에 독립적인 5개의 사단과 한 개의 공안 사단이 지방의 경비임무를 담당하고 있었고, 전부의 병력은 20만 명이 되지 않았다. 이는 당시 중국 정규군 총 병력의 1/27밖에 되지 않았다. 쉬옌(徐焰), 『첫 번째 겨룸 - 항미원조전쟁의 역사적 회고와 반성』, 베이징 : 중국광파전시(廣播電視)출판사, 1990, 16쪽.

27 중공중앙문헌연구실 편, 『건국이래 마오쩌둥 문고』 제1책, 391·416쪽.

28 저우쥔, 「신중국초기 인민해방군이 대만전투 계획을 시행하지 못한 원인에 대한 탐구」, 72쪽.

29 레이잉푸, 「항미원조전쟁의 몇 가지 중대한 정책결정에 대한 회고」, 『당의 문헌』 1993 제6기, 76쪽.

30 존 톨런드, 『오랜 전투 - 미국인들의 안중의 한국전쟁』, 61쪽.

31 레이잉푸, 「항미원조전쟁의 몇 가지 중대한 정책결정에 대한 회고」, 76쪽.

32 중공중앙문헌연구실 편, 『건국이래 마오쩌둥 문고』 제1책, 428쪽.

33 리하이원, 「중공중앙은 어떻게 지원군의 출국작전을 결정했을까?」, 86쪽; 레이잉푸, 앞의 글, 77~78쪽. 그 뒤 상황의 변화 때문에 동북변방군의 지휘기관은 성립되지 않았고, 그들이 관리하는 부대는 직접 중국인민지원군으로 개편되었다.

34 버이버(薄一波), 『여러 중대한 정책결정과 사건에 대한 회고』 상권, 베이징 : 중공중앙당교출판사, 1991, 43쪽.

35 중공중앙문헌연구실 편, 『건국이래 마오쩌둥 문고』 제1책, 454·469쪽.

36 레이잉푸, 앞의 글, 80쪽; 레이잉푸, 「항미원조전쟁의 몇 가지 중대한 정책결정에 대한 회고(속편1)」, 『당의 문헌』 1994 제1기, 24쪽. 일부 자료에서는 이에 앞서 마오쩌둥은 이미 미국이 해상에서 우회하여 북한인민군의 배후에서 상륙을 실시하는 것을 걱정했고, 이상조로 하여금 속히 김일성에 보고하여 미군의 상륙을 방지하는 조치를 취하도록 할 것을 요구했다. 순바오성(孫寶升), 「마오쩌둥은 미군의 인청상륙의 가능성을 예언했다」, 『군사사림』 1990 제5기, 13쪽.

37 레이잉푸, 「항미원조전쟁의 몇 가지 중대한 정책결정에 대한 회고(속편1)」, 24~25쪽.

38 중공중앙문헌연구실 편, 『건국이래 마오쩌둥 문고』 제1책, 485쪽.

39 쉬옌, 『첫 번째 겨룸 - 항미원조전쟁의 역사적 회고와 반성』, 20쪽; 군사과학원군사사연구부 편저, 『중국인민지원군항미원조전자』, 베이징 : 군사과학출판사, 1990, 6쪽.

40 리하이원, 「중공중앙은 어떻게 지원군의 출국작전을 결정했을까?」, 86쪽.

41 레이잉푸, 「항미원조전쟁의 몇 가지 중대한 정책결정에 대한 회고(속편1)」, 25쪽.

42 중공중앙문헌연구실 편, 『건국이래 마오쩌둥 문고』 제1책, 484쪽.

43 Goncharov, Lewis, Xue Litai, op.cit., p.154.

44 Ibid., 153·163쪽.

45 저자의 1995년 차이청원에 대한 인터뷰 기록에서 인용. 무정이 김일성에 진입된 뒤, 서휘는 중국에서 정치적 피난을 했다.

46 차이청원·자오융톈, 『판문점협상』, 79쪽.
47 Weathersby, "The Soviet Role in the Early Phase of the Korean War : New Documentary Evidence", 448~449·453~454쪽. 마트베에프의 본명은 자하로프이다.
48 Weathersby, "The Soviet Role in the Early Phase of the Korean War : New Documentary Evidence", pp.454~456.
49 스저, 『역사의 거인 옆에서 – 스저 회고록』, 리하이원 정리, 베이징 : 중앙문헌출판사, 1991, 492~493쪽.
50 АПРФ(러시아연방대통령문서관), ф.45, оп.1, д.334, л.98.
51 홍쉐즈(洪學智), 『항미원조전쟁회고』, 베이징 : 해방군문예출판사, 1991, 14~15쪽.
52 중공중앙문헌연구실 편, 『건국이래 마오쩌둥 문고』 제1책, 제538, 39~540쪽. 최근 러시아 학자 만수로프는 미국에서 있은 세미나에서 러시아 문서에 중국이 공표한 이 전보가 없다고 말했다. 존재하는 것은 내용이 완전히 상반된 전보라고 했다. 필자가 이를 두고 조사한 결과, 중국이 보존하고 있는 문서에 마오쩌둥이 직접 작성한 이 전보의 초고가 존재하고 있었다. 이것은 적어도 당시 마오쩌둥 본인은 출병을 결심했음을 말해주고 있다. 이 두 전보의 차이 문제에 대해 필자는 다른 글에서 서술할 것이다.
53 왕옌(王焰) 외편저, 『펑더화이전』, 베이징 : 당대중국출판사, 1993, 400쪽.
54 위의 책, pp.401~402; 펑더화이 전기(傳記) 편찬소조 편, 『펑더화이군사문선』, 베이징 : 중앙문헌출판사, 1988, 321쪽.
55 하오위판(郝雨凡) 외, 『중국이 한반도 전쟁에 개입을 결정 – 역사의 재고찰』, p.105; 칭웬, 『한국전쟁비밀문서의 공개』, 89쪽.
56 네룽전, 『네룽전회고록』, 735쪽.
57 왕옌 외편저, 『펑더화이전』, 401~403쪽.
58 쉬옌, 『첫 번째 겨룸 – 항미원조전쟁의 역사적 회고와 반성』, 24쪽; 레이잉푸, 「항미원조전쟁의 몇 가지 중대한 정책결정에 대한 회고(속편1)」, 27쪽.
59 АПРФ, ф.45, оп.1, д.337, л.67. 일부 자료에서는 이 전보에서 스탈린은 형세의 엄중함을 이야기한 뒤, 직접적으로 중국의 출병하여 원조할 것을 요구했다고 한다. 스탈린은 또 만약 인민해방군이 패전하게 되면, 소련은 직접적으로 개입할 용의가 있다고도 했다. 다음 글 참조. Goncharov, Lewis, Xue Litai, op.cit., pp.174·339; Zhai Zhihai, Hao Yufan, "China's Decision to Enter the Korean War : History Revisited", p.1.
60 АПРФ, ф.45, оп.1, д.337, л.67.
61 중공중앙문헌연구실 편, 『건국이래 마오쩌둥 문고』 제1책, 543~545쪽.
62 10월 9일 펑더화이가 소집한 지원군 군단이상의 간부특별회의에서 공군지원문제를 제기했다. 펑, 가오는 즉시 마오쩌둥에게 긴급 전보를 보내어 "우리 군이 나라 밖에서 작전 할 때, 군사위원회가 파견할 수 있는 전투기와 폭격기는 얼마나 되며, 언제 출동할 수 있고, 누가 지휘하는지" 등을 물었다.(왕옌 외편저, 『펑더화이전』, 404쪽.) 마오쩌둥은 11일 회신에서 "아마도 공군은 잠시 출동할 수 없을 것 같다"고 답했다(중공중앙문헌연구실 편, 『건국이래 마오쩌둥 문고』 제1책, 548쪽).
63 Chen Jian, *China's Road to the Korean War*, p.177.
64 스저, 『역사의 거인 옆에서 – 스저 회고록』, 495~498쪽; 스저, 『항미원조시기의 비밀외교』.
65 리하이원, 「중공중앙은 어떻게 지원군의 출국작전을 결정했을까?」, 88쪽; 장시(張希), 「중국인민지원군이 한반도 진입하기 전 '갑사기 범춘' 과정」, 『당사연구자료』, 1993 제1기, 3쪽.
66 왕야즈(王亞志), 「항미원조전쟁에서의 펑더화이, 네룽전」, 『군사사림』 1994 제1기, 9쪽.
67 중공중앙문헌연구실 편, 『건국이래 마오쩌둥 문고』 제1책, 552~553쪽.

68 왕야즈, 「항미원조전쟁에서의 펑더화이, 네룽전」, 8~9쪽.

69 Chen Jian, China's Road to the Korean War, 201~202쪽; 왕옌 외편저, 『펑더화이전』, 405~406쪽.

70 중공중앙문헌연구실 편, 『건국이래 마오쩌둥 문고』 제1책, 제556, 58~560쪽.

71 왕옌 외편저, 『펑더화이전』, 406쪽; 중공중앙문헌연구실 편, 『건국이래 마오쩌둥 문고』 제1책, 564쪽.

72 왕옌 외편저, 『펑더화이전』, 406~407쪽.

73 Park Mun Su, "Stalin's Foreign Policy and the Korean War : History Revisited", pp.369~370.

74 리하이원, 「중공중앙은 어떻게 지원군의 출국작전을 결정했을까?」, p.88. 슝화웨엔(熊華源), 「항미원조 이전 저우언라이의 비밀 소련 방문」, 『당의 문헌』 1994 제3기, p.86. 로신의 1950년 10월 14일 스탈린에 보낸 전보를 참조. АПРФ, ф.45, оп.1, д.335, л.1~2.

75 스저, 『역사의 거인 옆에서 – 스저 회고록』, p.502; 슝화웨엔, 「항미원조 이전 저우언라이의 비밀 소련 방문」, 86~87쪽.

76 슝화웨엔, 「항미원조 이전 저우언라이의 비밀 소련 방문」, 85쪽.

77 중공중앙문헌연구실 편, 『건국이래 마오쩌둥 문고』 제1책, 567쪽. 다른 저서에서 인용한 전보문은 "출병 시간에 대하여 주(은래)가 18일 귀경한 뒤 중앙에 한 보고를 보고 결정하는 것이 좋겠다"는 것이었다. 왕옌 외편저, 『펑더화이전』, 407쪽.

78 왕옌 외편저, 『펑더화이전』, 407쪽. 슝화웨엔, 「항미원조 이전 저우언라이의 비밀 소련 방문」, 87쪽.

79 중공중앙문헌연구실 편, 『건국이래 마오쩌둥 문고』 제1책, 568쪽. 일반은 모두 중국이 출병한 시간은 10월 19일이라 생각한다. 하지만 가장 일찍 한반도 작전에 참여한 제42군 군장 우뤄이린(吳瑞林)의 회고에 따르면, 그의 부대는 10월 17일과 19일 두 차례 나뉘어 지안에서 한반도로 진출했다. 둥위룽(董玉榮), 「지원군 42군의 한반도 출병 전후」, 『군사사림』 1994 제5기, 10쪽.

80 후챠무(胡喬木)은 회고록에서 그는 여러 차례 중앙회의에 참가했고, 중국이 "북한으로 하여금 전쟁을 발동하도록 고무"하지 않았음을 증명할 수 있다고 말했다. 또 "출병은 부득이한 것이며, 매우 원하지 않는 것이었다"고 했다. 후챠무, 『후챠무의 마오쩌둥 회고』, pp.87 참조. 지원군의 정위였던 두핑(杜平)의 회고에 따르면, 작전부대는 전방에서 오직 절반만이 출병에 대해 적극적인 태도를 취하고 있었다. 출병하기 이틀 전, 13병단의 몇몇 책임자들은 연명으로 펑더화이에게 전보를 보내어 "두세 달 사이에 새로운 장비가 보증된다면 (특히 공군이 출동할 수 있다면) 원 계획대로 진행할 수 있지만, 그렇지 않다면, 출동 시간을 미루는 의견도 고려해볼 만하다"고 했다. 지원군은 이러한 "더 이상 참을 수 없고, 더 이상 기다릴 수 없는 상황"에서 출동한 것이다. 두핑, 『지원군 총본부에서』, 베이징 : 해방군출판사, 1989, 23·41쪽.

81 후챠무, 『후챠무의 마오쩌둥 회고』 87쪽.

82 필자가 1995년 7월 룽즈(榮植)의 인터뷰에서 인용.

83 『마오쩌둥 외교문선』, 중앙문헌출판사&세계지식출판사, 1994, 252·326쪽.

84 레이잉푸, 「항미원조전쟁의 몇 가지 중대한 정책결정에 대한 회고(속편1)」, 25쪽.

85 필자의 『한국전재 비밀해제』 제5, 6장의 서술을 참조.

86 리하이원, 「중공중앙은 어떻게 지원군의 출국작전을 결정했을까?」, 86쪽.

87 Kim Chull-baum ed., op.cit., p.107.

88 스저, 『역사의 거인 옆에서 – 스저 회고록』, 497쪽.

89 쉬옌, 『첫 번째 겨룸 – 항미원조전쟁의 역사적 회고와 반성』, 22쪽; 존 톨런드, 『오랜 전투 – 미국인들의 안중의 한국전쟁』, 250쪽.

90 디안 애치슨, 『애치슨 회고록』, 331쪽.

항미원조전쟁 정책결정에 있어서의 소련 요소

1 중국의 출병 결정에 있어서의 소련요소에 대해 필자는 논술한 적 있다. 졸문, 「중국의 한반도 출병 정책과정」, 『당사연구자료』 1996 제1기; 「중소동맹과 중국의 한반도 출병」 1996 제5기·1997 제1기; 「중소조약과 소련의 극동에서의 전략목표」, 『당사연구자료』 1997 제9기 등이다.

2 필자가 장악하고 있는 500여 건의 러시아 문서기록에서 전보가 약 90%를 차지하고 있다.

3 두핑(杜平), 『지원군 총본부에서』, 베이징 : 해방군출판사, 1989, 141쪽; 왕옌(王焰) 주편, 『펑더화이 연보』, 베이징 : 인민출판사, 1998, 453~454쪽.

4 네룽전(聂榮臻), 『네룽전회고록』, 베이징 : 해방군출판사, 1982, 740쪽.

5 그로미코와 왕자샹(王稼祥)회담기록, 1950년 12월 5일, АПРФ(러시아연방대통령문서관), ф.3, оп.65, д.515, л.35~37.

6 소련공산당중앙정치국회의 제79호 기록 발췌, 1950년 12월 5일, АПРФ, ф.3, оп.65, д.828, л.20~21.

7 로신이 모스크바에 보낸 전보, 1950년 12월 7일, АПРФ, ф.3, оп.65, д.336, л.17~19.

8 로신이 그로미코에게 보낸 전보, 1950년 12월 7일, АПРФ, ф.3, оп.65, д.336, л.20~21.

9 소련공산당중앙정치국회의 제79호 기록 발취, 1950년 12월 7일, АПРФ, ф.3, оп.65, д.828, л.23~24.

10 중공중앙문헌연구실, 중국인민해방군군사과학원 편, 『저우언라이 군사문선』 제4권, 베이징 : 인민출판사, 1997 125쪽.

11 중공중앙문헌연구실 편, 『건국이래 마오쩌둥 문고』 제1책, 722쪽.

12 위의 책, 741~742쪽.

13 두핑, 『지원군 총본부에서』, 99쪽.

14 왕옌 주편, 『펑더화이 연보』, 456쪽.

15 『마오쩌둥군사문집』 제6권, 베이징 : 군사과학출판사, 중앙문헌출판사, 1993년, 제 45~246·249~250쪽.

16 왕옌 주편, 『펑더화이 연보』, 463쪽.

17 『펑더화이군사문선』, 383쪽 참조.

18 왕야즈(王亞志), 「네룽전 장군의 항미원조전쟁에서의 두 차례 담화」, 『당사연구자료』 1992 제11기, pp.1~2; 왕야지, 「항미원조전쟁에서의 펑더화이, 네룽전」 p.11. 『펑더화이 연보』, pp.465~466; 마오쩌둥이 필리포프에게 보낸 전보, 1951년 1월 15일, АПРФ, ф.45, оп.1, д.337, л.1~3, 왕옌 주편, 『펑더화이전』, 444쪽. 필리포프는 스탈린을 지칭하는 것이다.

19 마오쩌둥이 필리포프에게 보낸 전보, 1951년 1월 26일, АПРФ, ф.45, оп.1, д.337, л.37~40.

20 디안 애치슨, 『애치슨 회고록』 381쪽.

21 천잰(陳兼), 「중국이 한국전쟁을 끝내는 전략(China's Strategy to End the Korean War)」, 『아시아에서의 냉전』 홍콩국제학술토론회(1996년 1월) 논문.

22 왕옌 주편, 『펑더화이전』, p.446; 마오쩌둥이 필리포프에게 보낸 전보, 1951년 1월 28일; 필리포프가 마오쩌둥에게 보낸 전보, 1951년 1월 30일, АПРФ, ф.45, оп.1, д.337, л.41~44.

23 중공중앙문헌연구실 편, 『건국이래 마오쩌둥 문고』 제1책, pp.151~153; 마오쩌둥이 필리포프에게 보낸 전보, 1951년 3월 1일; 필리포프가 마오쩌둥에게 보낸 전보, 1951년 3월 3일, АПРФ, ф.45, оп.1, д.337, л.78~82·89.

24 상세한 내용은 왕옌 주편, 『펑더화이 연보』, 481~505쪽 참조.

25 *Foreign Relations of the United States* 1951, Vol.7, 462·507~511쪽; 차이청원·자오융텐, 『판문

점협상』, pp.123~125; 디안 애치슨, 『애치슨 회고록』 409~411쪽.

26 네룽전, 『네룽전회고록』, 741~742쪽.

27 마오쩌둥이 필리포프에게 보낸 전보, 1951년 6월 5일, 6월 9일, АПРФ, ф.45, оп.1, д.339, л.23, 28~29.

28 필리포프가 마오쩌둥에게 보낸 전보, 1951년 6월 13일, АПРФ, ф.45, оп.1, д.339, л.31~32.

29 마오쩌둥이 가오강, 김일성에게 보낸 전보, 1951년 6월 13일, АПРФ, ф.45, оп.1, д.339, л.57~59.

30 가오강, 김일성이 스탈린에게 보낸 편지, 1951년 6월 14일, АПРФ, ф.45, оп.1, д.339, л.60.

31 필리포프가 크라소브스키로 하여금 마오쩌둥에게 전달하도록 한 전보, 1951년 6월 24일, АПРФ, ф.45, оп.1, д.339, л.78.

32 상세한 내용은 그로미코가 커크를 회견한 일기 발취를 참조. 1951년 6월 27일, АПРФ, ф.3, оп.65, д.828, л.202~203. 차이청원·자오융텐, 『판문점협상』, 122~128쪽.

33 마오쩌둥이 필리포프에게 보낸 전보, 1951년 6월 30일, АПРФ, ф.45, оп.1, д.339, л.90~91.

34 마오쩌둥이 필리포프에게 보낸 전보, 1952년 2월 8일, АПРФ, ф.45, оп.1, д.342, л.81~83.

35 마오쩌둥이 필리포프에게 보낸 전보, 1952년 7월 18일. 라주바예프가 바실렙스키에게 보낸 전보, 1952년 7월 17일, АПРФ, ф.45, оп.1, д.343, л.72~75, 65~68.

36 필리포프가 클라소브스키에게 보낸 전보, 1952년 7월 16일, АПРФ, ф.45, оп.1, д.343, л.69.

37 스탈린과 저우언라이회담기록, 1952년 8월 20일, АПРФ, ф.45, оп.1, д.329, л.54~72. 일본학자 와다 하루키는 다른 관점을 갖고 있다. Wada Haruki, Stalin and the Japanese Communist Party, 1945-1953, 『아시아에서의 냉전』 홍콩국제학술토론회논문(1996년 1월). 하지만 이런 관점은 논거가 많이 부족하다.

38 왕옌 주편, 『펑더화이 연보』, 538쪽.

39 마오쩌둥이 세묘노프에게 보낸 전보, 1952년 12월 17일, 1953년 1월 7일. 세묘노프가 마오쩌둥에게 보낸 전보, 1952년 12월 27일, 1953년 1월 27일, АПРФ, ф.45, оп.1, д.343, л.105~114, 125~128, 115~116, 139. 세묘노프는 스탈린을 다르게 부르는 것이다.

40 『건국이래 마오쩌둥문고』 제4책, 베이징 : 중앙문헌출판사, 1990년, 45쪽.

41 라주바예프가 모스크바에 보낸 편지, 1953년 3월 14일, АПРФ, ф.3, оп.65, д.830, л.58~59.

42 소련부장회의 결의, 1953년 3월 19일, АПРФ, ф.3, оп.65, д.830, л.60~71.

43 중공중앙문헌연구실 편, 『저우언라이연보(1949-1976)』 상권, 베이징 : 중앙문헌출판사, 1997년, 290~291쪽.

44 쿠즈네초프와 페도렌코가 몰로토프에게 보낸 전보, 1953년 3월 29일, АВПРФ(러시아연방대외정책문서관), ф.059а, оп.5а, л.11, д.5, л.120~122.

45 탄징쵸(譚旌樵) 주편, 『항미원조전쟁』, 베이징 : 중국사회과학출판사, 1990, 제289, pp.25~326; 차이청원·자오융텐, 『판문점협상』, 261~262쪽.

46 『마오쩌둥선집』 제5권, 베이징 : 인민출판사, 1977년, 102쪽.

47 쿠즈네초프가 외교부에 보낸 전보, 1953년 7월 29일, АВПРФ, ф.059а, оп.5а, л.11, д.5, л.156~158.

항미원조전쟁에서의 소련공군

1 저자가 이 문제에 관련된 논술은 졸문 「중국이 한반도 출병의 정책결정과정」, 『당사연구자료』, 1996 제1기. 「중소동맹과 중국의 한반도 출병」, 『당대중국사연구』, 1996 제5기, 1997 제1기 참조.

2 *Юдин П. Ф.* Мао Цзэдун о китайской политике Коминтерна и Сталина.// Проблемы Проблемы Далъьнего Востока, 1994, No5, с.17.

3 1950년 10월 13일 마오쩌둥이 저우언라이에게 보낸 전보, 리하이원, "중공중앙은 어떻게 지원군의 출국작전을 결정했을까?" 88쪽에서 인용.

4 1950년 10월 13일 마오쩌둥이 스탈린에게 보낸 전보, АПРФ(러시아연방대통령문서관), ф.45, оп.1, д.335, л.1~2.

5 슝화웨앤(熊華源)·료신원(廖心文), 『저우언라이 총리의 총리생애』, 베이징 : 인민출판사, 1997, 53~54쪽.

6 *Орлов А.С.* Советская авиация в Корейской войне 1950-1953гг.// Новая и новейшая, история, 1998, No.4, с.130. 중국 측의 통계에 따르면, 1950년 10월 말, 미국이 한국전쟁에 투입한 공군병력은 총 14개 대대, 1,100여 대의 작전 비행기였다. 왕딩례(王定烈) 주편, 『당대 중국의 공군』, 베이징 : 중국사회과학출판사, 1989, 127쪽.

7 1950년 6월 19일 중국공군 제4혼성여단이 정식으로 성립되었다(이후 사단으로 개편했다). 주요임무는 비행 훈련이었다. 1950년 12월 21일에 이르러 한 대대가 안동(지금의 단동)에 있는 랑터우기지에 진주했고 소련공군과 함께 실전비행훈련을 했다. 1개월 이후 중국공군은 처음으로 몇 대의 비행기를 출동하여 공중전에 참가했다. 『당대 중국의 공군』 제79, 30~131쪽.

8 장시, 「중국인민지원군이 한반도 진입하기 전 '갑자기 멈춘' 과정」, 3쪽. 『당대 중국의 공군』, 78~79쪽. 필리포프가 로신에게 보낸 전보, 1950년 7월 13일. 로신이 마오쩌둥에게 필리포프의 전보를 전달, 1950년 7월 22일, АПРФ, ф.45, оп.1, д.334, л.85·88~89. 하지만 중국 측의 자료에는 벨로프사단에 비행기가 모두 138대가 있었고 스탈린이 전보에서 말한 124대가 아니었다.

9 자하로프가 폰시(스탈린)에게 보낸 전보, 1950년 11월 2일, АПРФ, ф.45, оп.1, д.335, л.71~72.

10 *Орлов* Советская авиация в Корейской войне 1950-1953гг.// Новая и новейшая, истори я, 1998, No.4, с.130. 제15사단 즉 벨로프사단, 제324사단이 동북에 진주한 구체적인 날자는 알지 못하고 있다.

11 마오쩌둥이 필리포프에게 보낸 전보, 1950년 11월 15일, АПРФ, ф.45, оп.1, д.335, л.116.

12 *Орлов* Советская авиация, с.132~134.

13 군사과학원군사역사연구실편저, 『중국인민지원군 항미원조전사』, 94쪽.

14 *Орлов* Советская авиация, с.138~139.

15 1951년 5월 연합공군의 전투보고, 1951년 7월 18일. ЦАМОРФ(러시아연방국방부중앙기록관), ф.35, оп.173543сс, д.69, л.45~46.

16 펑더화이, 김일성이 마오쩌둥에 보낸 전보, 1951년 1월 27일. 왕옌 주편, 『펑더황이연보』, 469쪽. 펑더화이가 마오쩌둥에게 보낸 전보, 1951년 1월 31일. 『펑더화이군사문선』, 372쪽.

17 왕옌 주편, 『펑더황이연보』, 480쪽.

18 중공중앙문헌연구실, 중국인민해방군군사과학원 편, 『저우언라이 군사문선』 제4권, 164쪽. 러시아문서기록 참조, 마오쩌둥이 필리포프에게 보낸 전보, 1951년 3월 1일, АПРФ, ф.45, оп.1, д.337, л.78~82.

19 필리포프가 마오쩌둥에게 보낸 전보, 1951년 3월 5일, 3월 15일, 마오쩌둥이 필리포프에게 보낸 전보, 1951년 3월 18일, АПРФ, ф.45, оп.1, д.337, л. 89·118·126.

20 이후 지원군 공군도 중국경내의 비행장에서 이륙하여 한반도 상공에서 작전했다. 1951년 12월 중앙군위는 한반도경내의 비행장에 진주하는 것을 포기했다. 『당대 중국의 공군』, 141·205쪽.

21 ЦАМОРФ, ф.16иак, оп.178612, д.88, л.21. ф.35, оп.173543, д.73, л.52.

22 *Орлов* Советская авиация, с. 131.

23 1951년 8월 연합공군의 전투보고, 1951년 10월 18일. ЦАМОРФ, ф.35, оп.173543сс, д.69, л.253~254.

24 로보프, 「한반도상공에서의 미구주랑(Аллея Мигов в Корейском парке)」, 『항공병과 항공학』 1990 제11기, p.31; Орлов Советская авиация, с.130~131·139~140.

25 시테멘코가 포스크로비셰프에게 한 보고, 1951년 12월 9일, АПРФ, ф.3, оп.65, д.829, л.69~70.

26 *Орлов* Советская авиация, с. 142~143.

27 Halliday, "Air Operation in Korea : The Soviet Side of Story", p.154. *Орлов* Советская авиация, с.133·146.

28 필리포프가 클라소브스키에게 보낸 전보, 1951년 6월 13일, АПРФ, ф.45, оп.1, д.339, л.47.

29 제64전투기 항공군의 1951년 4~5월 전투에 대한 평가, 1951년(날짜 불상), ЦАМОРФ, ф.35, оп.173543сс, д.99, л.245~251.

30 Halliday, "Air Operation in Korea : The Soviet Side of Story", pp.154, 161. 곤차로프가 진행한 인터뷰에서도 이 점이 증명되었다. Goncharov, Lewis, Xue Litai, *Uncertain Parter : Stalin, Mao, and the Korean War*, Stanford, 1993, 199~200쪽.

31 중국인민해방군역사자료총서편집위원회, 『공군회고사료』, 309쪽.

32 1951년 7월 연합공군의 전투보고, 1951년(날짜 불상), ЦАМОРФ, ф.20571, оп.174045сс, д.188, л.73~74. 1952년 말에 이르러 지원군 공군 700여 조종사 중, 28인만 야간의 간단한 기후조건하에서 비행하는 작전기능을 장악했다. 『당대 중국의 공군』, 190쪽.

33 왕딩례 주편, 『당대 중국의 공군』, 베이징 : 중국사회과학출판사, 1989, 205~206쪽.

34 *Орлов* Советская авиация, сс.133·146. Halliday, "Air Operation in Korea", 159~160쪽.

35 *Орлов* Советская авиация, сс.145. Halliday, Air Operation in Korea, 149~150쪽.

한국전쟁 초기 소련공군출동 문제에 대한 재고찰―러시아연방 국방부 기밀 해제 문서를 기초로 ―

1 이러한 연구가 가장 처음으로 나타난 것의 주요 근거는 구술사였다(Jon. Hallidy, "Air Operation in Korea : The Soviet Side of Story", William J. Williams(ed.), *A Revolutionary War : Korea and the Transformation of the Post World*, Chicago : Imprint Publications, 1993, pp.149~170). 그 뒤, 러시아 학자들이 일부 문서기록을 밝혔다(*Орлов А. С.* Советская авиация в Корейской войне 1950-1953гг.// Новая и новейшая, история, 1998, No.4, с. 121~146 참조). 필자도 예전에 이 문제에 대한 토론에 참여했다(「항미원조전쟁에서의 소련공군」, 『중공당사연구』 2000 제2기, pp.69~74). 그 뒤, 미국에서 전문적으로 한국에서의 공중전을 토론한 전문서적이 출판되었다. Zhang xiaoming, *Red Wings over the Yalu : China, The Soviet Union, and the Air War in Korea*, Texas A&M University Press, 2002.

2 실제로, 미국중앙정보국은 이미 1950년 11월 27일 "만약 유엔공군이 만주의 목표를 공격하면" 소련은 비밀리에 참전할 가능성이 매우 크다고 추론했다(Fiche 22, Item 100, NIE 2/2, The National Archives, U.S.). 1952년 7월 30일, 중앙정보국은 "대량의 흔적"에 근거하여 소련은 "이토록 넓고 광범위하게 적들의 공중전에 참가"했다고 단정했다(Folder, PSF Intelligence File, NIE 55/1, Truman Library).

3 슝화웨앤(熊華源), 『항미원조전쟁에 앞서 저우은라이의 비밀 소련 방문』, pp.83~87. Alexandre Mansourov, "Stalin, Mao, Kim, and China's Decision to Enter the Korean War, Sept. 16-Oct. 15, 1950 : New Evidence from the Russian Archives", *CWIHP*

Bulletin Issues 6~7, Winter 1995/1996, pp.94~107. 선즈화 "저우언라이의 소련을 방문하여 협상한 목적과 결과 – 1950년 10월 중소회담 문제의 논쟁", 『당사자료연구』 1996 제4기, 7~12쪽.

4 문서기록이 부족하여 역사 흐름의 끊김이 있었고 필자 역시 예전에 일부 역사의 세세한 부분에 판단 착오가 있었다. 예를 들면, 마오쩌둥이 출병을 주장한 시기, 김일성이 중국의 출병을 거절한 원인, 그리고 스탈린이 공군의 출동을 약속한 제한 등이다. 때문에 새로운 기록문서의 기초 위에 끊어졌던 역사의 흐름을 다시 잇게 할 필요가 매우 강하게 제기된다.

5 АВПРФ(러시아연방 대외정책기록관), ф.0100, оп.43, д.722, л.313, л.201~203. АВПРФ, ф.0100, оп.43, д.138 л.314, л.43~47, *Кулик Б.Т.* США и Тайвань против КНР, 1949-1952, Новые архивные материалы// Новая и новейшая нстория, 1995, No.5, с.32~33.

6 중공중앙문헌연구실, 중앙당안관 편, 『건국이래 류사오치(劉小奇) 문고』 제1책, 베이징 : 중앙문헌출판사, 2005년, 472쪽; 팡세엔즈(逄先知), 진충지(金沖急) 주편, 『마오쩌둥 전(1949-1976)』, 베이징 : 중앙문헌출판사, 2003년, 49쪽.

7 ЦАМОРФ(러시아연방 국방부 중앙문서기록관), ф.50 ИБД, оп.152677, д.4, л.3~4, 91, 133~134, *Набока В.* П. Советские летчики-истребител.в Китае в 1950 году.// Вопросы истории, 2002, No.3, с. 139~141.

8 소련 영도자의 전쟁 이전 미국에 대한 입장과 예측에 대해서는 선즈화의 『마오쩌둥, 스탈린과 한국전쟁』 수정판, 광저우 : 광둥인민출판사, 2007, pp.147~158 참조. 미국이 참전한 정책 결정의 과정에 대해서는 뉴쥔(牛軍), "미국의 한국전쟁 정책의 변화(1950.6-1951.6)", 『미국연구』 1991 제1기. 선즈화, "미국은 어떻게 한국전쟁에 개입하게 되었을까?", 『세계역사』 1995 제3기.

9 북한인민군 손실정황 보고, 1950년 7월 3일, ЦАМОРФ, ф.16, оп.3139, д.17, л.37.

10 *Волкогонов* Следует л.этого бояться? с. 29. Хронологня основных событий кануна иначального период.корейской войны(январь 1949-октябръ 1950гг), 러시아연방대외정책문서기록실편 : 『한국전쟁대사연표』, 미간, 33~34쪽.

11 Kim Chull-baum(ed.), *The Truth about the Korean War, Testimony 40 Years Later*, Seoul : Eulyoo Publishing Co., 1991, 25~26쪽; 후루시초프, 『후루시초프회고록』, 장다이윈(張岱云) 외역, 534쪽.

12 시트코프가 스탈린에게 보낸 전보, 1950년 7월 1일, 7월 4일, АПРФ(러시아연방 대통령 문서기록관), ф.45, оп.1, д.346, л.105~107, 136~139..

13 스탈린이 시트코프에게 보낸 전보, 1950년 7월 6일, АПРФ, ф.45, оп.1, д.346, л.140.

14 시트코프가 스탈린에게 보낸 전보, 1950년 7월 8일, АПРФ, ф.45, оп.1, д.346, л.143~144. *Волкогонов* Следует л.этого бояться? с. 29.

15 스탈린은 일찍 전쟁을 획책할 때 여러 번 김일성으로 하여금 마오쩌둥과 상의할 것을 독촉했다. 그는 "만약 당신들이 거대한 저항에 부딪쳤을 시, 나는 아무것도 도와줄 수 없다. 당신들은 반드시 마오쩌둥에게 필요한 도움을 요청해야만 한다." Goncharov, Lewis, Xue Litai, op.cit., Standford : Standford University Press, 1993, p.145. Kim Chull-baum, *The Truth about the Korean War*, 106쪽 참조.

16 러시아연방 대외정책 문서기록관 편, 『한국전쟁대사연표』, 35~37쪽.

17 중공중앙문헌연구실 편, 『건국이래 마오쩌둥문고』 제1책, 428쪽.

18 중국정보총서 책임자였던 저우다펑(鄒大鵬)은 심지어 로신에게 어떻게 중국산동반도의 항구를 이용하여 북한군대를 남한에 수송할지, 그리고 중국의 군사전문가를 어떻게 남한의 전장(戰

場)에 보내어 북한인민군을 도울지에 대한 구체적인 계획을 이야기했다. 로신과 저우다펑 대화 비망록, 1950년 7월 4일, O.A. Westad, “The Sino-Soviet Alliance and the United States : Wars, Polices, and Perceptions, 1950-1961”, *The Paper for An International Conference : The Cold War in Asia, Hong Kong,* January 1996.

19 스탈린이 로신에게 보낸 전보, 1950년 7월 5일, АПРФ, ф.45, оп.1, д.334, л.79.

20 스탈린이 로신에게 보낸 전보, 1950년 7월 13일, АПРФ, ф.45, оп.1, д.334, л.85.

21 러시아 학자 대다수는 이 판단에 동의한다. 다음 글을 참조. *Ледовский А.М.* Сталин, Мао Цзэдун и корейская война, 1950-1953 годов.// Новая и новейшая история, 2005, No.5, c.100~101. Mansourov, Stalin, Mao, Kim (…중략…), *CWIHP Bulletin Issues 6-7,* Winter 1995/1996, p.105.

22 시트코프가 스탈린에게 보낸 전보, 1950년 7월 8일, ЦАМОРФ, ф.5, оп.918795, д.122, л.193~194.

23 스탈린이 로신에게 보낸 전보, 1950년 7월 8일, АПРФ, ф.45, оп.1, д.334, л.82.

24 시트코프가 스탈린에게 보낸 전보, 1950년 7월 8일, ЦАМОРФ, ф.5, оп.918795, д.122, л.303~305.

25 시트코프가 스탈린에게 보낸 전보, 1950년 7월 8일, ЦАМОРФ, ф.5, оп.918795, д.122, л.352~355.

26 시트코프가 그로미코에게 보낸 전보, 1950년 7월 18일, АВПРФ, ф.0102, оп.6, л.21, д.47, л.29~40.

27 시트코프가 그로미코에게 보낸 전보, 1950년 8월(날짜 불상), АВПРФ, ф.0102, оп.6, л.21, д.48, л.109~169.

28 위에서 서술한 두 통의 전보와 다른 정치보고에서, 대사관은 모두 소련의 북한에서의 지위와 영향문제를 중점적으로 보고했다. 이로부터 모스크바가 이 문제를 매우 주목했음을 알 수 있다.

29 로신이 스탈린에게 보낸 전보, 1950년 7월 22일. 비신스키가 로신에게 보낸 전보, 1950년 7월 25일, АПРФ, ф.45, оп.1, д.334, л.88~89, 90.

30 바실렙스키가 볼가닌에게 한 보고, 1950년 8월 28일, ЦАМОРФ, ф.16, оп.3139, д.16, л.1~2. 로신이 스탈린에게 보낸 전보, 1950년 7월 22일, АПРФ, ф.45, оп.1, д.334, л.88~89. *Набока* Советские летчики-истребители// Вопросы истории, 2002, No.3, c. 141.

31 러시아연방 대외정책 문서기록관 편, 『한국전쟁대사연표』, 45·47쪽.

32 중국의 출병 의도에 대해 여기서는 다만 마오쩌둥의 소련과 북한에 표시한 의견만을 서술했다. 중국의 국내에서 동원하고 참전을 배치한 상황은 선즈화의 『마오쩌둥, 스탈린과 한국전쟁』, 169~176쪽 참조.

33 시트코프가 비신스키에게 보낸 전보, 1950년 8월 19일, ЦАМОРФ, ф.5, оп.918795, д.122, л.621~623.

34 8월 24일까지, 북한인민군 공군은 전투기와 공격기 109대를 손실 보았고, 전투기 36대만 남았다. 소련총참모부작전관리총국의 북한인민군공군정황보고, 1950년 8월 26일, ЦАМОРФ, ф.16, оп.3139, д.17, л.126.

35 시트코프가 비신스키에게 보낸 전보, 1950년 8월 28일, ЦАМОРФ, ф.5, оп.918795, д.1227, л.666~669.

36 펑셴즈, 리제(李捷), “마오쩌둥과 항미원조”, 『당의 문헌』 2000 제5기, 39쪽에서 재인용.

37 스탈린이 시트코프에게 보낸 전보, 1950년 8월 28일, АПРФ, ф.45, оп.1, д.347, л.5~6, 10~11.

38 시트코프가 스탈린에게 보낸 전보, 1950년 8월 30일, АПРФ, ф.45, оп.1, д.347, л.12~13.

39 시트코프가 스탈린에게 보낸 전보, 1950년 8월 30일, АПРФ, ф.45, оп.1, д.347, л.14~15.

40 김일성의 인천상륙이전 중국의 원조를 거절한 정황은 다음 글 참조. Shen Zhihua, "Sino-North Korean Conflict and its Resolution during the Korean War", *CWIHP Bulletin*, Winter 2003~Spring 2004, Issues 14/15, pp.9~24.

41 바실렙스키가 볼가닌에 한 보고, 1950년 8월 28일, ЦАМОРФ, ф.16, оп.3139, д.16, л.1~2.

42 바실렙스키가 볼가닌에 한 보고, 1950년 8월 31일, ЦАМОРФ, ф.16, оп.3139, д.16, л.4~5.

43 바실렙스키가 스탈린에 한 보고, 1950년 9월 13일, ЦАМОРФ, ф.16, оп.3139, д.16, л.170~171.

44 Внешняя политика Советского Союза, Документы и материалы, 1950год.Москва : Государственное издательство политической литературы, 1953, с.214~216. 스톤 : 『한국전쟁내막』, 131쪽.

45 여순기지와 스탈린의 한국전쟁 정책결정과정의 관계는 선즈화, 『마오쩌둥, 스탈린과 한국전쟁』, 143~146쪽에 상세하게 기술되어 있다.

46 말란딘이 스탈린에게 한 보고, 1950년 9월 14, 15, 16, 17일. 로보프가 스탈린에게 한 보고, 1950년 9월 18일, ЦАМОРФ, ф.16, оп.3139, д.17, л.156~157, 158, 159~160, 161~162, 163~164.

47 로신이 스탈린에게 보낸 전보, 1950년 9월 18일, АПРФ, ф.45, оп.1, д.331, л.123~126, *Торкунов А. В.* Загадочная войиа : корейский конфликт 1950-1953годов, Москва : Российская политическая энциклопедия, 2000, с.106~108.

48 그로미코가 로신에게 보낸 전보, 1950년 9월 20일, 선즈화 편집 : 『한국전쟁 : 러시아문서기록과 기밀 해제 문건』, 타이베이 : 중앙연구원근대사연구소, 2003년, 542~545쪽.

49 로신이 스탈린에게 보낸 전보, 1950년 9월 22일, АПРФ, ф.45, оп.1, д.331, л.133~135, Торкунов Загадочная войиа, с. 109~111.

50 로신이 스탈린에게 보낸 전보, 1950년 9월 21일, АПРФ, ф.45, оп.1, д.331, л.131, Торкунов Загадочная войиа, с. 109.

51 시트코프가 그로미코에게 보낸 전보, 1950년 9월 21일, ЦАМОРФ, ф.5, оп.918795, д.125, л.86~88.

52 시트코프가 그로미코에게 보낸 전보, 1950년 9월 22일, ЦАМОРФ, ф.5, оп.918795, д.125, л.89~91.

53 헝가리 총서기 라커시의 회고에 따르면, 인천상륙이 있는 그 며칠 동안 그는 스탈린과 함께 있었다. 스탈린의 반응은 매우 평온했으며, 소련은 이미 필요한 계획 — 중국지원군부대를 전투에 투입하는 것 — 을 만들었다고 했다. *Ракоши М.* Людям свойственно ошибаться, Из воспоминаний М. Ракоши// Исторический Архив, 1997, No.4, с. 3~63, 번역문은 선즈화 주편, 『소련역사문서기록선편』 제26권, 베이징 : 사회과학출판사, 2002년, 304쪽 참조.

54 마트베에프가 스탈린에게보낸 전보, 1950년 9월 26일. 볼가닌이 마트베에프에게 보낸 전보, 1950년 9월 30일, АПРФ, ф.3, оп.65, д.827, л.103~106, 101.

55 바실렙스키가 스탈린에 한 보고, 1950년 9월 21일, АПРФ, ф.3, оп.65, д.827, л.79~80.

56 바실렙스키가 스탈린에 한 보고, 1950년 9월 21일, АПРФ, ф.3, оп.65, д.827, л.81~82.

57 시트코프가 그로미코에게 보낸 전보, 1950년 9월 30일, АПРФ, ф.45, оп.1, д.347, л.46~49.

58 시트코프가 그로미코에게 보낸 전보, 1950년 9월 30일, АПРФ, ф.45, оп.1, д.347, л.41~45.

59 스탈린이 로신에게 보낸 전보, 1950년 10월 1일, АПРФ, ф.45, оп.1, д.334, л.97~98.

60 상세한 내용은 선즈화, 『마오쩌둥, 스탈린과 한국전쟁』, 179~190쪽 참조.

61 *Foreign Relations of the United States* 1950, Vol.7, Korea, Washington D.C., : GPD, 1976,

pp.954~955. Papers of DA, 1950. 10. 15, Memoranda of Conversation, Box 67, Truman Library.

62 중공중앙문헌연구실 편, 『건국이래 마오쩌둥문고』 제1책, 540쪽. 필자가 1996년 1월 이 책을 책임 편집한 진충지(金沖及)선생과 대화에서 알게 된 것은 따옴표를 한 구절 이외에 전보의 다른 내용은 발표 시 삭제되거나 축소되었다는 점이다.

63 마트베에프가 스탈린에게 보낸 전보, 1950년 10월 7일, ЦАМОРФ, ф.5, оп.918795, д.121, л.705~706.

64 로신이 스탈린에게 보낸 전보, 1950년 10월 7일, РГАСПИ(러시아 사회정치사 국가문서기록관), ф.558, оп.11, д.334, л.126~128, *Ледовский* Сталин, Мао Цзэдун и корейская война, 1950-1953 годов, с. 106~107. 선즈화, 『한국전쟁 : 러시아문서기록관의 기밀 해제 문건』, 588~590쪽.

65 마오쩌둥이 김일성에게 보낸 전보, 1950년 10월 8일, 『당의 문헌』 2000 제5기, 3~4쪽. 로신이 스탈린에게 보낸 전보, 1950년 10월 8일, РГАСПИ, ф.558, оп.11, д.334, л.132, *Ледовский* Сталин, Мао Цзэдун и корейская война, 1950-1953 годов, с. 107~108. 시트코프가 스탈린에게 보낸 전보, 1950년 10월 8일, ЦАМОРФ, ф.5, оп.918795, д.121, л.711. 마트베에프가 스탈린에게 보낸 전보, 1950년 10월 8일, ЦАМОРФ, ф.5, оп.918795, д.121, л.712~713. 스탈린은 베이징에 보낸 답전에서 지원군은 응당 중국인이 지휘해야 한다고 말했다. 하지만 김일성에게 이 문제를 말한 것 같지는 않다. 이것은 나중에 펑더화이와 김일성이 지휘권을 둘러싸고 분규가 발생하게 하였다.

66 스저 : 『역사의 거인 옆에서－스저 회고록』, 1991년, 495~498쪽. 마오쩌둥, 저우언라이와 김일성 회담기록, 1970년 10월 10일, 『당의 문헌』 2000 제5기, 13~14쪽. Mansourov, Stalin, Mao, Kim...", *CWIHP Bulletin*, Issues 6~7, Winter 1995/1996, p.94~107. РГАСПИ, ф.558, оп.11, д.334, л.134~135, *Ледовский А. М* Сталин, Мао Цзэдун и корейская война, 1950-1953 годов, с. 108~109, 동시에 선즈화 『마오쩌둥, 스탈린과 한국전쟁』, 192~197쪽 참조.

67 펑더화이, 가오강이 마오쩌둥에게 보낸 전보, 1950년 10월 9일, 『당의 문헌』 2000 제5기, p.4. 왕옌 등 편 저 : 『펑더화이 전』, p.404. 두핑 : 『지원군 총분부에서』, p.41.

68 바실렙스키가 스탈린에게 한 보고, 1950년 9월 23일, АПРФ, ф.3, оп.65, д.827, л.81~82.

69 말란딘이 스탈린에게 한 보고, 1950년 10월 2일, ЦАМОРФ, ф.16, оп.3139, д.17, л.185~186.

70 바실렙스키의 보고, 1950년 10월 8일, ЦАМОРФ, ф.16, оп.3139, д.16, л.102~103. 이 일의 상세한 정황은 선즈화의 다음 글 "스탈린, 마어저둥과 한국전쟁 재논의", 『사학집간』, 2007 제1기, 62~65쪽 참조.

71 마오쩌둥, 저우언라이와 김일성의 회담기록, 1970년 10월 10일, 『당의 문헌』 2000 제5기, 13~14쪽.

72 비신스키가 그로미코에게 보낸 전보, 1950년 9월 27일. 소련공산당중앙정치국회의 결의, 1950년 9월 27일, АПРФ, ф.3, оп.65, д.827, л.86~87, 84~85.

73 FRUS, 1950, Vol. 7, 877~878쪽.

74 로신이 스탈린에게 보낸 전보, 1950년 10월 12일, 스탈린이 시트코프에게 보낸 전보, 1950년 10월 12일, РГАСПИ, ф.558, оп.11, д.334, л.140, 141, 142~143, *Ледовский* Сталин, Мао Цзэдун и корейская война, 1950-1953 годов, с. 109~110.

75 마오쩌둥이 펑더화이 등에게 보낸 전보, 1950년 10월 12일, 『당의 문헌』 2000 제5기, 5~6쪽, 중공중앙문헌연구실 편 : 『건국이래 마오쩌둥문고』 제1책, 552~553쪽.

76 로신이 스탈린에게 보낸 전보, 1950년 10월 13일, РГАСПИ, ф.558, оп.11, д.334, л.145, Ледовский Сталин, Мао Цзэдун и корейская война, 1950~1953 годов, с. 110~111.

77 시트코프가 스탈린에게 보낸 전보, 1950년 10월 14일, АПРФ, ф.45, оп.1, д.335, л.3.

78 시트코프가 그로미코에게 보낸 전보, 1950년 10월 13일, ЦАМОРФ, ф.5, оп.918795, д.124, л.136~140.

79 스탈린이 시트코프에게 보낸 전보, 1950년 10월 13일, АПРФ, ф.45, оп.1, д.347, л.75.

80 스탈린이 시트코프에게 보낸 전보, 1950년 10월 14일, АПРФ, ф.45, оп.1, д.347, л.77.

81 로신이 스탈린에게 보낸 전보, 1950년 10월 13일, АПРФ, ф.45, оп.1, д.335, л.1~2.

82 마오쩌둥이 저우언라에게 보낸 전보, 1950년 10월 13일, 『당의 문헌』 2000 제5기, 6~7쪽.

83 마오쩌둥이 저우언라에게 보낸 전보, 1950년 10월 14일, 『당의 문헌』 2000 제5기, 7~8쪽.

84 마오쩌둥이 저우언라에게 보낸 전보, 1950년 10월 14일, 『당의 문헌』 2000 제5기, 8쪽.

85 마오쩌둥이 펑더화이에게 보낸 전보, 1950년 10월 15일, 『당의 문헌』 2000 제5기, 10쪽. 중공중앙문헌연구실 편 : 『건국이래 마오쩌둥문고』 제1책, 564쪽.

86 스저 : 『역사의 거인 옆에서』, 502쪽 참조. 마오쩌둥, 저우언라이와 김일성의 회담기록, 1970년 10월 10일, 『당의 문헌』 2000 제5기, 14쪽. 저우은라이가 스탈린에게 보낸 편지, 1950년 10월 14일, 『당의 문헌』 2000 제5기, 9쪽. 중공중앙문헌연구실 편 : 『저우언라이 연보(1949-1976)』 상권, 86~87쪽.

87 마오쩌둥이 펑더황이, 가오강에게 보낸 전보, 1950년 10월 17일, 마오쩌둥이 덩화 등에게 보낸 전보, 1950년 10월 18일, 『당의 문헌』 2000 제5기, 11쪽.

88 왕옌 등 편저 : 『펑더화이 전』, 47쪽. 펑더화이의 가오강문제에 대한 한 차례 담화, 1955년 2월 8일, 펑더화이 판공실 주임 왕옌 필기, 미간. 20년 이후 마오쩌둥은 김일성에게 중국이 조선(북한)에 출병한 것은 "들어 갔지만 또 미국 사람들에 의해 쫓겨난 것이다. 적어도 우리는 한 번 들어가 싸워는 보았다. 그들에 의해 압록강 이서로 쫓겨났고 그들 미국 사람들이 압록강 이동을 다시 점령했다. 그들은 늘 안심하지 못할 것이고 우리들은 언제든 다시 들어갈 수 있지 않는가. 이후 우리 두 나라가 힘을 합쳐 유격대를 조직하여 압록강 이동을 점령할 수 도 있지 않는가. 만약 아무것도 하지 않았다면, 이후에 아무런 이유를 찾을 수 없게 된다"고 말했다. 마오쩌둥, 저우언라이와 김일성의 회담기록, 1970년 10월 10일, 『당의 문헌』 2000 제5기, 13쪽. 필자의 마오쩌둥의 출병 동기에 대한 분석은 『마오쩌둥, 스탈린과 한국전쟁』, 제 278~287쪽 참조.

89 바티트스카의 보고, 1950년 10월 28일, ЦАМОРФ, ф.16, оп.3139, д.16, л.54.

90 바실렙스키가 스탈린에게 보낸 전보, 1950년 10월 19일, ЦАМОРФ, ф.16, оп.3139, д.16, л.15~18.

91 바실렙스키가 스탈린에게 한 보고, 1950년 10월 30일, ЦАМОРФ, ф.16, оп.3139, д.16, л.174.

92 Victor Gobarev, "Soviet Policy Toward China : Developing Nuclear Weapons 1949-1969", *The Journal of Slavic Military Studies*, Vol. 12, No. 4,(December 1999), 13~14쪽.

93 이 점에 대해, 마오쩌둥과 저우언라이 모두 직접 경험했다. АВПРФ, ф.0100, оп.50а, л.423 д.1, л.19. Кулик Б.Т. Советско-китайский раскол : причины и последствия, Москва, 2000, с.95. 『저우언라이 선집』 하권, 베이징 : 인민출판사, 1980년, 302쪽.

94 자하로프가 스탈린에게 보낸 전보, 1950년 11월 2일, АПРФ, ф.45, оп.1, д.335, л.71~72.

95 시테멘코가 스탈린에게 보낸 보고, 1950년 11월 13일, ЦАМОРФ, ф.16, оп.3139, д.18, л.25~26.

96 시테멘코가 스탈린에게 보낸 보고, 1950년 11월 2, 6일, ЦАМОРФ, ф.16, оп.3139, д.18,

л.4~5, 12~13.

97 『저우언라이 연보(1949-1976)』 상권, p.97. 자하로프가 스탈린에게 보낸 전보, 1950년 11월 16일, АПРФ, ф.45, оп.1, д.335, л.116. АВПРФ, ф.059а, оп.5а, л.11 д.4, л.189. 소련부장회의 결의, 1950년 11월 20일, ЦАМОРФ, ф.16, оп.3139, д.16, л.167~169.

98 소콜로프의 보고, 1950년 11월 30일, ЦАМОРФ, ф.16, оп.3139, д.56, л.231.

99 시트멘코가 스탈린에게 한 보고, 1950년 11월 30일, ЦАМОРФ, ф.16, оп.3139, д.16, л.181~183.

100 카트니킨과 솔니리니크의 보고, 1950년 12워 4일, ЦАМОРФ, ф.16, оп.3139, д.16, л.130~132.

101 제64전투기항공군의 1950년 11-12월 작전상황에 관련된 보고, 1951년 1월 19일, ЦАМОРФ, ф.64иак, оп.173543, д.95, л.138~147. 클라소브스키가 제64전투기항공군에 내린 지시, 1951년 1월 16일, ЦАМОРФ, ф.64иак, оп.173543, д., л67. 1~6.

102 저우언라이가 스탈린에게 보낸 전보를 참조, 1951년 2월 23일, АПРФ, ф.45, оп.1, д.337, л.62~65. 클라소브스키가 스탈린에게 보낸 전보, 1951년 6월 15일, АПРФ, ф.45, оп.1, д.339, л.61~63. 로보프가 비행전술회의에서의 발언, 1951년 7월 25일, ЦАМОРФ, ф.64иак, оп.173543, д.100, л.168~172. 벨로프가 제64항공군 전투상황에 대한 보고, 1951년 10월, (?), ЦАМОРФ, ф.64иак, оп.173543, д.73, л.22~69.

103 미국 소련의 공중전 상황의 상세한 내용은 선즈화 『마오쩌둥, 스탈린과 한국전쟁』, 268~277쪽 참조.

104 벨로프가 비행전술회의에서 한 보고, 1951년 9월, ЦАМОРФ, ф.64иак, оп.174045, д.49, л.38~41.

105 스탈린이 클라소브스키에게 보낸 전보, 1951년 6월 13일, АПРФ, ф.45, оп.1, д.339, л.47. 약속에 따라 평양- 원산 선 이남과 동, 서해안 이외는 중국과 북한군 작전 구역이었다.

106 총참모부작전권리총국의 공중전상황에 대한 종합보고, 1953년 11월 3일, ЦАМОРФ, ф.16, оп.3139, д.157, л.280~283.

스탈린, 마오쩌둥과 한국전쟁 재논의-러시아 문서 기록의 최신 증거에 근거하여

1 여기서 이용된 것은 주요하게 러시아 학자가 공표한 문서들이다. *Ледовский А. М.* Сталин, Мао Цзэдун и корейская война, 1950-1953 годов, с. 79~113. *Севостьянова Г.Н.(под ред.)* Совестско-американские отношения 1949-1952, Россия, XX век, Докуменсы, Москва : МФД, 2006, 이외에 필자가 수집한 일부 러시아 문서 원본과 중국이 근래에 공표한 관련 기록 문서가 있다.

2 비신스키가 시트코프에게 보낸 전보, 1949년 4월 17일, 바실렙스키와 시테멘코가 스탈린에게 한 보고, 1949년 4월 20일, 선즈화 편, 『한국전쟁- 러시아 문서기록관의 기밀 해제 문건』, 170·172~173쪽.

3 시트코프가 스탈린에게 보낸 전보, 1949년 5월 1일, 멘쉬코프와 시테멘코가 시트코프와 골로빈에게 보낸 전보, 1949년 6월 4일, 『한국전쟁- 러시아 문서기록관의 기밀 해제 문건』, 176~182·193~199쪽.

4 시트코프가 비신스키에게 보낸 전보, 1949년 5월 15일. 코발료프가 스탈린에게 보낸 전보, 1949년 5월 18일, 『한국전쟁- 러시아 문서기록관의 기밀 해제 문건』, 187~190쪽.

5 시트코프가 비신스키에게 보낸 전보, 1949년 7월 13일. 북한주재 소련대사관의 북한 정치정서에 대한 조사보고, 1949년 7월 24일. 툰킨과 박헌영의 회담 비망록, 1949년 8월 27일, 『한국전

쟁 : 러시아 문서기록관의 기밀 해제 문건』, 제215~225, 28~229쪽.

6 툰킨이 비신스키에게 보낸 전보, 1949년 9월 3일, 9월 14일, 시트코프가 스탈린에게 보낸 전보, 1949년 9월 14일, 『한국전쟁 – 러시아 문서기록관의 기밀 해제 문건』, 230·238~254쪽.

7 몰로토프가 제출한 김일성에 답변하는 지시초안, 1949년 9월 23일 : 소련공산당중앙정치국회의의 시트코프의 지시에 대한 결의, 1949년 9월 24일, 『한국전쟁 – 러시아 문서기록관의 기밀 해제 문건』, 250~260쪽.

8 선즈화 편, 『한국전쟁 – 러시아문서기록관의 기밀 해제 문건』, 타이베이 : 중앙연구원근대사연구소, 2003년, 276쪽.

9 АПРФ(러시아연방대통령문서기록관), ф.45, оп.1, д.332, л.47~48// Новая и новейшая история, 2005, No.5, с. 92~93. 레돕스키의 해석에 따르면, 괄호 중에 있는 "또" 라는 글씨는 스탈린이 보탠 것이었다. 이것이 설명하는 것은 스탈린이 마오쩌둥의 원칙적으로는 군사행동을 취하는 것을 반대하지 않았고 다만 침공의 시기에 대하여 고려가 있었던 점을 알고 있었다는 것이다.

10 여기에 또 작은 "역사의 단절이 있다. 즉 10월 21일 마오쩌둥이 스탈린에게 보낸 전보에 대해, 중국이나 러시아 모두 아직 공표하지 않고 있다.

11 지금까지 본 문서기록에 따르면 1950년 1월 17이 김일성이 또다시 무력으로 한반도를 통일하는 요구를 제기할 때, 소련측의 태도는 여전히 매우 조심스러웠다. 시트코프가 비신스케에게 보낸 전보, 1950년 1월 19일, 『한국전쟁 – 러시아 문서기록관의 기밀 해제 문건』, 305~306쪽.

12 시트코프가 비신스키에게 보낸 전보, 1949년 5월 15일. 시트코프가 비신스키에게 보낸 전보, 1949년 7월 13일, 『한국전쟁 – 러시아 문서기록관의 기밀 해제 문건』, 187~188·215쪽. 선즈화, 『마오쩌둥, 스탈린과 한국전쟁』, 제3장 참조. 김동길, "중국인민해방군의 조선인사단의 조선(북한)으로 돌아간 문제에 대한 새로운 탐구", 『역사연구』 2006 제6기, 103~114쪽.

13 상세한 내용은 『마오쩌둥, 스탈린과 한국전쟁』, 제3장 참조. 예를 들면, 두 번째 조선인부대의 귀국문제에 대해 누가 언제, 어떤 이유로 제기되었는지에 학자들은 명확하게 설명하지 못하고 있다.

14 네룽전이 마오쩌둥에게 보낸 전보, 1949년 12월 29일, АПРФ, ф.45, оп.1, д.334, л.8~9// Новая и новейшая история, 2005, No.5, с. 89~90.

15 스탈린이 시트코프에게 보낸 전보, 1950년 1월 8일, 『한국전쟁 : 러시아 문서기록관의 기밀 해제 문건』, 280쪽.

16 중공중앙문헌연구실, 중앙문서기록관 편, 『건국이래 류사오치문고』 제1책, 319~320쪽.

17 네룽전 : 『네룽전회고록』, 744쪽.

18 『건국이래 류사오치문고』 제1책, 320쪽. 러시아문서기록은 АПРФ, ф.45, оп.1, д.334, л.22// Новая и новейшая история, 2005, No.5, с. 90. 참조.

19 박명림 : 『한국전쟁 발발과 기원』, 미발표박사논문(한글), 1994년 8월.

20 *Почтавев А.Н.* Из нстории советско-корейских отношений в 1920-1950-е годы.//Новая и новейшая история, 1999, No.5, с.144.

21 캘보코레시(Calvocoressi) 편저, 『국제사무개람(1949-1950)』, 왕시룽(王希榮) 등 역, 상하이 : 상하이역문출판사, 1991년, 624~625쪽.

22 이즈미 겐이치(伊豆見元), 「한국전쟁을 둘러싼 중소대립 – 소련이 유엔안보리에 결석한 배경」(일본어), 『군사연구』 1975 제3기, 100쪽. 호로비츠(Horowitz) : 『미국냉전시기의 외교정책 – 얄타에서부터 베트남까지』, 번역소조 역, 상하이 : 상하이인민출판사, 1974년, 100쪽. Sergei N. Goncharov, John W. Lewis, Xue Litai, op.cit., p.161; *Лебедев С.Н.(главный редактор)* Очерки истории российской веншией раэведки : В6тт. Т.5, 1945-1965 годы,

Москва : Международные отншения, 2003, с.388.

23 스탈린이 고트왈드에게 보낸 전보, 1950년 8월 27일, РГАСПИ, ф.558, оп.11, д.62, л.71~72// Новая и новейшая история, 2005, No.5, с.96~97.

24 Новая и новейшая история, 2005, No.5, с.97~98.

25 이즈미 겐이치(伊豆見元), 앞의 글, 106~107쪽; 페어 뱅크, 맥파쿼 편집, 왕젠랑(王建朗) 외역, 『캠브리지중화인민공화국사(1949-1965)』, 상하이 : 상하이인민출판사 1990년, 297쪽.

26 상세한 내용은 선즈화의 다음 글 참조. 「중소조약 협상에서의 이익충돌 및 그 해결」, 『역사연구』 2001 제2기; 「중소조약 협상연구에서의 몇 가지 문제에 대하여」, 『사학월간』 2004 제8기.

27 상세한 내용은 다음 글을 참조. 캘보코레시 편저, 『국제사무개람(1949-1950)』, 451·561~562쪽; 선즈화, 「50년대 초 미국의 대만정책 변화와 무장으로 대만을 점령하는 정책결정 과정」, 『당대중국사연구』 1995 제5기.

28 비신스키와 마오쩌둥 회담의 비망록, 1950년 1월 6일, АВПРФ, ф.0100, оп.43, л.302, д.8, л.1~5. *Ледовский А.М., Мировицкая Р.А., Мясников В.С.(сост.)* Русско-китайские отношения в XXвеке, Документы и материалы, Том V, Советско-китайские отношен ия, 1946-феврал.1950, Книга2 : 1949-феврал.1950гг., Москва : Памятники Памятн ики исторической мысли, 2005, с.257~259.

29 중공중앙문헌연구실 편, 『건국이래 마오쩌둥 문고』 제1책, 219~220쪽; 『저우언라이 연보(1949~1976)』, 20쪽.

30 류퉁순(劉同舜), 가오원판(高文凡) 주요 편집, 『전후세계사장편(1950-1951)』 제6분책, 상하이 : 상하이인민출판사, 1980, 455~456쪽. 말리크의 발언 전문은 다음에서 볼 수 있다. Внешняя политика Советского Союза, Документы и материалы, 1950год.Москва : Государственное издательство политической литературы, 1953, с.288-289; 『인민일보』, 1950.1.16, 1면.

31 비신스키와 마오쩌둥 회담의 비망록, 1950년 1월 13일, АПРФ, ф.3, оп.65, д.364, л.94~97; Русско-китайские отношения вXXвеке, Т.V, К.2, с.261~263.

32 상세한 내용은 선즈화 「1950년 중소조약협상에서의 이익충돌 및 해결」, 「중소조약 협상연구에서 몇 가지 논쟁문제」, 『마오쩌둥, 스탈린과 한국전쟁』, 제3장 참조.

33 선즈화, 『마오쩌둥, 스탈린과 한국전쟁』, 176~180쪽.

34 *Foreign Relations of the United States* 1950, Vol. VII, Washington D.C. GPO, 1976, 148쪽.

35 조셉 굴든, 앞의 책, 86쪽.

36 *Foreign Relations of the United States*, Vol.VII, p.204.

37 Внешняя политика Советского Союза, Документы и материалы, 1950год.Москва : Государственное издательство политической литературы, 1953, с.189.

38 АВПРФ, ф.07, оп.2, п.51, д.362, л.28.ф.07, оп.23, п.24, д.318, л.12~13, *Севостьянова Г.Н.(под ред.)*Советско-американские отношения, 1949-1952, Документы, Москва : МФД, 2006, с.216~218. 6월 30일 『소식보』에 성명의 전문이 기재되어 있다.

39 Внешняя политика Советского Союза, с.190.

40 상세한 내용은 『마오쩌둥, 스탈린과 한국전쟁』, 제4장 참조.

41 시트코프가 그로미코에게 보낸 전보, 1950년 9월 21일, ЦАМОРФ(러시아연방 국방부 중앙문서기록관), ф.5, оп.918795, д.125, л.86~88.

42 시트코프가 그로미코에게 보낸 전보, 1950년 9월 22일, ЦАМОРФ, ф.5, оп.918795, д.125, л.89~91.

43 차이청원·자오융톈, 『판문점협상』, 79쪽.

44 시트코프가 그로미코에게 보낸 전보, 1950년 9월 21일, ЦАМОРФ, ф.5, оп.918795, д.125, л.86~88.

45 상세한 내용은 선즈화의『마오쩌둥, 스탈린과 한국전쟁』, 220~232쪽 참조.

46 로신이 스탈린에게 보낸 전보, 1950년 10월 7일,『한국전쟁 : 러시아문서기록관 비밀해제문건』588~590쪽.

47 РГАСПИ(러시아 사회정치사 국가문서관), ф.558, оп.11, д.334, л.132//Новая и новейшая история, 2005, No.5, с.107~108.

48 선즈화,『마오쩌둥, 스탈린과 한국전쟁』, 237~244쪽.

49 РГАСПИ, ф.558, оп.11, д.334, л.134~135// Новая и новейшая история, 2005, No.5, с.108~109.

50 РГАСПИ, ф.558, оп.11, д.334, л.140, 141// Новая и новейшая история, 2005, No.5, с.109.

51 РГАСПИ, ф.558, оп.11, д.334, л.142~144// Новая и новейшая история, 2005, No.5, с.110. 예전에 필자는 스탈린이 김일성에게 철수하는 지시를 발송한 것은 13일에 해군으로부터 얻은 정보, 함흥방면에서 미국특수혼성함대와 해병부대를 발견했기 때문이라 판단했다(선즈화,『마오쩌둥, 스탈린과 한국전쟁』, 243~244쪽). 지금 다시 볼 때, 이 추론은 틀린 것이었다. 스탈린은 이미 12일에 북한에 철수방안을 통지했었다.

52 РГАСПИ, ф.558, оп.11, д.334, л.145// Новая и новейшая история, 2005, No.5, с.110~111. 전보에서 말하고 있는 "담화의 상세한 내용"은『한국전쟁 : 러시아문서기록관 기밀 해제문건』, 597~598쪽 참조.

53 선즈화,『마오쩌둥, 스탈린과 한국전쟁』, 330쪽. 그 뒤 실제 상황이 설명하는 것은 소련 공군이 준비를 하지 않은 것이 아니었다.

54 Архив Внешней Политики Российской Федерщии, Хронология основных событий кану на инчалыного период.корейской войны(январъ октябръ 1950гг.), с.36.

55 스탈린이 로신에게 보낸 전보, 1950년 7월 8일,『한국전쟁 : 러시아문서기록관 비밀해제문건』, 439쪽.

56 스탈린이 로신에게 보낸 전보, 1950년 7월 13일,『한국전쟁 : 러시아문서기록관 비밀해제문건』, 450쪽.

57 로신이 스탈린에게 보낸 전보, 1950년 7월 22일,『한국전쟁 : 러시아문서기록관 비밀해제문건』, 483~484쪽.

58 Jon Hallidy, "Air Operation in Korea : The Soviet Side of the Story", Williams, William J.(ed.), *A Revolutionary War : Korea and the Transformation of the Postwar World*, Chicago, 1993, 149~170쪽; Park Mun Su, "Stalin's Foreign Policy and The Korean War : History Revisited", *Korea Observer* Vol.25, No.3, 1994, 341~381쪽.

59 АВПРФ, ф.0129, оп.34, л.231, д.56, л.71~73, Севостьянова Г.Н.(под ред.) Советско-американские отношения, с.268~270.

60 Внешняя политика Советского Союза, с.214~216; 스톤,『한국전쟁 내막』, 131쪽.

61 АВПРФ, ф.0129, оп.34, л.231, д.56, л.65, Севостьянова Г.Н.(под ред.) Советско-американские отношения, с.268.

62 *Севостьянова Г. Н.(под ред.)* Советско-американские отношения, с. 277~279; 스톤,『한국전쟁 내막』, 129쪽.

63 *Foreign Relations of the United States* 1950, Vol.7, 917쪽.

64 АВПРФ, ф.07, оп.23, л.32, д.27, л.54~56, *Севостьянова Г.Н.(под ред.) Советско-американ*

ские отношения с.277~279. 미국대사관은 "소련의 외교조회가 상대적으로 온화한 어조"라 판단하고, 이것은 미국의 "위협" 정책의 결과라 판단했다. *Foreign Relations of the United States* 1950, Vol.4, 1260~1261쪽. Vol.7, 920~921쪽.

65 АВПРФ, ф.0129, оп.34, л.56, д.231, л.82, *Севостьянова Г.Н.(под ред.)* Советско-американские отношения, с.279~280; 슈나벨, 『한국전쟁에서의 미국사병 : 전쟁 발발 전후』 제2권, 베이징 : 국방대학출판사, 1994, 218쪽.

66 상세한 내용은 선즈화의 『마오쩌둥, 스탈린과 한국전쟁』, 246~247·330~331쪽 참조.

대일강화와 한반도정전협상

1 저자가 보건대 비교적 중요한 연구성과는 다음과 같다. Michael Yoshitsu, *Japan and the San Francisco Peace Settlement*, New York : Columbia University Press, 1983; Michael Schaller, *The American Occupation of Japan : The Origin of the Cold War in Asia*, Oxford University Press, Inc, 1985; Howard Schonberger, "Peacemaking in Asia : the United States, Great Britain, and the Japanese Decision to Recognize Nationalist China, 1951-1952, 1951-1952", *Diplomatic History* 10:1(Winter 1986); 펑자오쿼(冯昭奎) 외, 『전후 일본외교 : 1945-1995』, 베이징 : 중국사회과학출판사, 1996; 장쑤야(張淑雅), "델러스와 대일강화에서의 대만문제(1950-1952)", 중화민국전문사문제논문집, 1996; 쉬유전(徐友珍), 「미국, 영국의 신중국의 대일강화문제에 참여문제에 대한 분규」, 『세계역사』 2004 제2기, 그리고 츠위피(崔丕)가 미국국가안전위원회의 문건에 의거한 신작 『미국의 단독 대일강화정책과 일본의 선택』(미간) 등이다.

2 이 방면의 연구는 자연스럽게 러시아학자들로부터 시작되었다. *Славинский Б.Н.* Сан-Франпузская конференция 1951г. л.мирному урегулированию с Японией и советская дипломатия// Проблемы Дальнего Востока, 1994, No.1. *Тихвинский С.Л.* Россия-Япония, Обречены на добрососедство, Воспоминания дипломата изаметки историка, Москва : ПИМ, 1996. *Тихвинский С.Л.* Вмшательство американской дипломатии в процесс нормализации отношений СССР и КНР с Японией посл.окончания второй мировой войны, 「중소관계와 냉전」, 국제학술토론회논문, 베이징, 199). 러시아 문서기록을 갖고 토론에 참가한 것은 또 Vojtech Mastny, *The Cold War and Soviet Insecurity : The Stalin Years*, New York, Oxford : Oxford University Press, 1996. 장성파(張盛發), 「50년대초기 중소가 공동으로 대일강화를 보이콧한 것과 소련의 샌프란시스코강화조약 싸인 거절」, 『세계역사』 2001 제2기.

3 정전문제에 관련하여 1996년 1월 "아시아에서의 냉전" 홍콩국제학술회의에서 3명의 학자들이 관련된 논문을 제기했다. Chen Jian, "China's Strategy to End the Korean War"; K. Weathersby, "Stalin and a Negotiated Settlement in Korea, 1950-53"; F. Orlandi, "The Alliance : Beijing, Moscow, the Korean War and its End". 그 뒤, 또 일부 연구들이 이 문제를 다루고 있다. 예를 들면, Conrad C. Crane, "To Avert Impending Disaster : American Military Plants to Use Atomic Weapons During the Korean War", *The Journal of Strategic Studies* Vol.23, No.2, June 2000; Волохова Переговоры о перемирии в Корее 1951-1953гг.//Проблемы Дальнего Востка, 2000, No.2; 차이청원, 「마오쩌둥, 저우언라이가 한국전쟁 정전협정 정책결정과정」, 『당대중국사연구』 2000년 제6기. 선즈화, 「1953년 한국전쟁전정-중소영도자들의 정치적 고려」, 『세계사』 2001 제2기, 뉴쥔(牛軍), 「항미원조전쟁 중의 정전협상 정책결정과정 연구」, 『상하이행정학원학보』 2005 제1기.

4 베트남정전에 관련된 파리회담은 4년(1969~1973)이 안 되게 진행되었다. 하지만 전쟁은

9년(1964~1973)이나 지속되었다. 상대적으로 한국전쟁의 협상과정이 더욱 길다고 할 수 있다.

5 츠위피, 「미국의 동아시아 억제정책과 사우전드군도 귀속문제」, 『사회과학전선』 1993 제4기; 류웨이카(劉維開), 「장중정과 중일강화조약의 체결」, 『1950년대의 중국』, 학술토론회(상하이, 2004)논문; 평자오쿼 외, 『전후일본외교』.

6 CCS 381, Formosa(11-8-48), JCS Records, RG 218, in Schaller, *The American Occupation of Japan*, 283~284쪽.

7 류퉁순, 가오원판 편집, 『전후세계역사장편(6)』, 상하이 : 상하이인민출판사, 1985, p.385; 평자오쿼 외, 『전후일본외교』, 93쪽.

8 Department of State, *Foreign Relations of the United States* 1950, Vol.6, Far East and Pacific, Washington : U.S. Government Printing Office, 1976, 1243, 1247~1248쪽.

9 *Foreign Relations of the United States* 1950, Vol.6, 1278~1282·1293~1296·1297~1304쪽.

10 *Тихвинский* Россия-Япония, с.43, 또 『인민일보』, 1950.11.26 보도 참조.

11 *Foreign Relations of the United States* 1950, Vol.6, 1332~1336쪽; Mastny, The Cold War and Soviet Insecurity, 108쪽; 류퉁순, 야오춘링(姚椿齡) 편집, 『전후세계역사장편(7)』, 상하이 : 상하이인민출판사, 1989, 76~77쪽.

12 *Капица М.С.* На разных параллелях, запломатаэ, Москва, 1996, с.123~124.

13 중국외교부문서기록관, 105-00022-01, pp.1~8. 톈환(田桓) 주편, 『전후중일관계사연표(1945-1993)』, 베이징 : 중국사회과학출판사, 1994, 13쪽.

14 Архив Внешней Политики Российской Федерации, Хронология основных событий кану на иначалъного период.корейской войны(январъ 1949-октябръ 1950гг.), с.49~50.

15 중국외교부문서기록관, 105-00019-01, 1~10쪽.

16 번역의 어조를 제외하면 훗날 공개된 문건과 중국이 당시 획득한 초안은 별 다른 차이가 없었다. 『인민일보』, 1950.11.26 참조.

17 *Foreign Relations of the United States* 1950, Vol.6, 1352~1354쪽.

18 *Капица* На разных параллелях, с.124.

19 팡셴즈, 진충지 주편, 『마오쩌둥전(1949-1976)』, 135쪽.

20 선즈화 편, 『한국전쟁 : 러시아문서기록관 비밀해제문건』, 635~636쪽.

21 세계지식출판사 편, 『국제조약집(1950-1952)』, 베이징 : 세계지식출판사, 1961, 354~357쪽.

22 선즈화 편, 『한국전쟁 : 러시아문서기록관 비밀해제문건』, 639·641쪽.

23 중국외교부문서기록관, 105-00086-02, 13~20쪽.

24 애치슨, 『애치슨회고록』, p.333; Department of State, *Foreign Relations of the United States 1950 Vol.7, Korea,* Washington : U.S. Government Printing Office, 1976, pp.1324~1328.

25 상세한 내용은 선즈화, 『마오쩌둥, 스탈린과 한국전쟁』, pp.324~368 참조.

26 *Кошкин А* Вступление СССР в войну с Японией и территориалъный вопрос// Азия и Африка сегодня, 2000, No.12, с.58.

27 Department of State, *Foreign Relations of the United States* 1951, Vol. 6,Asia and Pacific, Washington : U.S. Government Printing Office, 1977, p.908. *Славинский* Сан-Франпузская конференщия, с.84.

28 *Славинский* Сан-Франпузская конференщия, с.89.

29 *Foreign Relations of the United States* 1951, Vol.6, pp.942~943; 츠위피, 「미국의 동아시아 억제정책과 사우전드군도 귀속문제」, p.199.

30 Haruki Wada, *Stalin and the Japanese Communist Party, 1945-1953*, 『아시아에서의 냉전』, 학술토

론회논문(홍콩, 1996). 스탈린과 일본공산당영도자의 회담정황은 관련된 회고록을 참고할 수 있다. *Дырхаев Н.А.* Встреча Сталина с японскими коммунистами－Глазами очевидца // Проблемы Далвнего Востока, 1990, No.2, c.140~144.

31 ЦХСД(현대사료보관중심), ф.89, оп.50, д.3, л.1.

32 『한국전쟁 : 러시아문서기록관 비밀해제문건』, pp.755~756·757. 중공중앙문헌연구실 편, 『건국이래 마오쩌둥문고』 제2책, 베이징 : 중앙문헌출판사, 1988, p.274.

33 『국제조약집(1950-1952)』, 358·360·361쪽. 중국외교부문서기록관, 105-00019-01, 86~87쪽.

34 『인민일보』, 1951.5.25. 영문은 MF2527245-0990, Main Library, University of Hong Kong.

35 인민출판사 편집, 『대일강화문제사료』, 베이징 : 인민출판사, 1951, 95·100·107쪽. *Славинский* Сан-Франпузская конференция, c.87 참조.

36 АВПРФ(당대문헌보관중심), ф.0102, оп.7, л.25, д.2, л.26~31.

37 관련된 러시아 문서는 『한국전쟁 : 러시아문서기록관 비밀해제문건』, 777~786·804~811·835~840쪽 참조.

38 타오원자오(陶文钊) 주편, 『미국의 중국정책문건집(1949-1972)』 제1권, 베이징 : 세계지식출판사, 2003, 629~630쪽.

39 상세한 내용은 『전후세계역사장편(7)』, pp.78~81; 쉬유전, 「미국, 영국의 신중국의 대일강화문제에 참여문제에 대한 분규」, 144~145쪽 참조.

40 이 점에 대해서는 당시 미국의 신문잡지들도 매우 정확하게 읽고 있었다. 스톤, 『한국전쟁 내막』, p.286.

41 『한국전쟁 : 러시아문서기록관 비밀해제문건』, 941~1007쪽, 차이청원·자오융톈, 『판문점 협상』, 144~145쪽 참조.

42 *Славинский* Сан－Франпузская конференция, c.89~91.

43 *Славинский* Сан－Франпузская конференция, c.91~93, 95.

44 중국외교부문서기록관, 105-00086-02, pp.6~7.

45 중공중앙문헌연구실 편, 『저우언라이 연보(1949-1976)』 상권, 171쪽; 『국제조약집(1950-1952)』, 362~364·366~367쪽. 인도와 미얀마는 최종적으로 미국과 영국의 조약문본에 동의하지 않았기에 샌프란시스코회의 참가를 거절했다. *Тихвинский* Вмшательство американской, c.9를 참조.

46 상세한 내용은 『국제조약집(1950-1952)』, 368~386쪽. Славинский Сан－Франпузская конференция, c.98. Тихвинский Вмшательство американской, c. 9를 참조.

47 『저우언라이 연보(1949-1976)』 상권, 178쪽.

48 *Капица На* разных параллелях, c.130.

49 『국제조약집(1950-1952)』, pp.393~394; 『전후세계역사장편(7)』, 105~110쪽.

50 그로미코가 스탈린에게 한 보고, 1952년 2월 21일, 선즈화, 리단휘이(李丹慧) 수집과 정리, 『중소관계 : 러시아기록문서 원본복사자료묶음』 제9권, 화동사범대학국제냉전사연구중심, 2004, 2118~2127쪽.

51 소련공산당중앙결의, 1952년 2월 23일, 선즈화, 리단휘이(李丹慧) 수집과 정리, 『중소관계 : 러시아기록문서원본복사자료묶음』(이하 『소련역사문건』이라 약칭) 제27권, 화동사범대학국제냉전사연구중심, 2004, 131~132쪽.

52 캘보코레시(Calvocoressi) 편저, 우스민(吳世民) 외역, 『국제사무개람(1952)』, 상하이 : 상하이역문출판사, 1989, 485쪽; 『인민일보』, 1952.4.30.

53 비신스키가 스탈린에게 한 보고, 1952년 4월 26일, 『소련역사문건』 제27권, 137~139쪽.

54 상세한 내용은 비신스키가 스탈린에게 한 보고를 참조, 1952년 5월 17일, 『소련역사문건』 제27권, 143~145쪽.
55 소련공산당중앙결의, 1952년 5월 20일, 『소련역사문건』 제27권, 146쪽.
56 캘보코레시 편저, 『국제사무개람(1952)』, 486~487쪽.
57 평자오쿼 외, 『전후 일본외교』, 100쪽.
58 비신스키가 스탈린에게 한 보고, 1952년 3월 20일, 『소련역사문건』 제27권, 133~134쪽.
59 소련공산당중앙결의, 1952년 3월 22일, 『소련역사문건』 제27권, 135쪽.
60 캘보코레시 편저, 『국제사무개람(1952)』, 487쪽.
61 스탈린은 1952년 9월 저우언라이와의 회담에서 명확하게 지적하기를 소련이 뤼순항의 조차를 연장한 것은 "미국이 대만에 함대를 주재하고 있고 대만을 이용하고 있기 때문"이라 했다. 동시에 강조하기로, 일본과 장제스의 강화조약이 존재하는 한, "중화인민공화국과 일본의 강화가 있을 수 없다"고 했다. 『한국전쟁 : 러시아문서기록관 기밀 해제 문건』, 1222·1227~1232쪽.
62 『한국전쟁 : 러시아문서기록관 기밀 해제 문건』, 1058~1061쪽.
63 차이청원·자오융톈, 『판문점협상』, 181쪽.
64 『저우언라이 연보(1949-1976)』 상권, 207쪽.
65 중공중앙문헌연구실, 중국인민해방군 군사과학원 편, 『저우언라이 군사문선』 제4권, 265~266쪽.
66 중공중앙문헌연구실 편, 『건국이래 마오쩌둥 문고』 제3책, 베이징 : 중앙문헌출판사, 1989, 49·54~55쪽 참조.
67 JCS 91600, From JCS to Ridgway, 10 Jan. 1952, Selected Record Relating to the Korean War, Harry S Truman Library. 월터 홈스, 『미국 병사의 한국전쟁(제1권) : 정전협상 텐트와 전투 전방에서』, 베이징 : 국방대학출판사, 1994, 181~182쪽.
68 『저우언라이 연보(1949-1976)』 상권, 220쪽.
69 АВПРФ, ф.0102, оп.8, л.35, д.10, л.158, *Волохва А.* Переговоры о перемирии в Корее 1951-1953гг., л.материалам Архива Внешней Политики России// Проблемы Дальнего Востока, 2000, No.2, с.104.
70 『한국전쟁 : 러시아문서기록관 기밀 해제 문건』, 1151쪽.
71 군사과학원 군사역사연구부, 『항미원조전쟁사』 제3권, 베이징 : 군사과학출판사, 2000, pp.227~230. 차이청원·자오융톈, 『판문점협상』, 203쪽.
72 АВПРФ, ф.0102, оп.8, л.35, д.10, л.157~158, *Волохва* Переговоры о перемирии в Корее, с.104; 『한국전쟁 : 러시아문서기록관 기밀 해제 문건』, 1152~1153쪽.
73 『한국전쟁 : 러시아문서기록관 기밀 해제 문건』, 1187~1189쪽.
74 위의 책, 1200~1204쪽.
75 위의 책, 1216쪽.
76 C 51562, From Clark to JCS, 8 July 1952. CX 55003, From Clark to JCS, 11 Sep. 1952, Selected Record Relating to the Korean War, Harry S Truman Library; 『미국의 대중국정책문건』 제1권, 831~835쪽.
77 『저우언라이 연보(1949-1976)』 상권, 248~249쪽 참조. 『저우언라이 군사문선』 제4권, 289~290쪽.
78 CX 55003, From Clark to JCS, 11 Sep. 1952. JCS 919368, From JCS to Clark, 25 Sep. 1952, Selected Record Relating to the Korean War, Harry S Truman Library. 『미국의 대중국정책문건』 제1권, 831~835쪽.
79 한국전쟁 정전협상의 교착은 스탈린이 서거한 다음에야 풀렸다. 상세한 내용은 선즈화의 「1953년 한국전쟁 정전－중소영도자들의 정치적 고려」를 참조.

중국의 한반도 출병 정책결정에서의 시비와 득실을 논하다-50년 뒤 한국전쟁의 역사적 고찰과 반성

1 한 국외학자는 가장 비관적인 생각을 보여주었다. 중국의 기록은 이미 소실되었거나 영원히 비밀에 부쳐질 것이기에 "베이징의 한반도 출병의 정책결정 과정을 정확하게 묘사하는 것은 영원히 가능하지 않을 수도 있다". M Hunt, "Beijing and the Korean Crisis, June 1950~June 1951", *Political Science Quarterly*, V.107, No.3, 1992에서 재인용.

2 필자가 근년에 수집한 기록문서는 500여 건에 이르고 차례로 정리하여 책으로 엮었다. 선즈화가 수집 정리한 『러시아 문서기록원문 복사본 묶음 : 한국전쟁』(이하 『한국전쟁러시아 문서기록』으로 약칭) 미간.

3 중국의 출병에 관련된 문서기록에 대한 연구와 저작에 대한 상세한 소개는 졸저 『마오쩌둥, 스탈린과 한국전쟁』(홍콩천지도서유한공사, 1998)의 서론을 참조.

4 앨런 파이팅은 이미 60년대에 당시 공개된 자료에 의거해 이러한 판단을 내렸다. *Allen Whiting China Crosses the Yalu : The Decision to Enter the Korean War*, Stanford, 1960. 지금 많은 학자들이 사료에 근거하여 이러한 관점을 지지하거나 보충하고 있다. T. Christenson "Threats Assurances and the Last Chance for Peace : The Lessons of Mao's Korean War Telegrams", *International Security* Vol.17, No.1, 1992.

5 Chen Jian, *China's Road to the Korean War : The Making of the Sino-American Confrontation*, New York, 1994, 이 책에 멋지게 논술되어 있다.

6 M Hunt, *Beijing and the Korean Crisis.*를 참조.

7 필자의 이 문제에 대한 분석은 「미국은 어떻게 한국전쟁에 개입하게 되었는가?」, 『세계역사』 1995 제3기; 「50년대 초 미국의 대만정책 변화와 무장으로 대만을 점령하는 정책결정과정」, 『당대중국사연구』 1995 제5기 참조.

8 1950년 6월 26~30일과 7월 15일 『인민일보』 참고.

9 중공중앙문헌연구실 편, 『건국이래 마오쩌둥 문고』 제1책, 423쪽.

10 1950년 11월 30일 『인민일보』에 실린 우슈췌엔(伍修權)의 유엔안보리회의에서의 발언을 참고.

11 R. Jervis, "The Impact of the Korean War on the Cold War", *Journal of Conflict Resolution* Vol.24, No.4, 1980.

12 1950년 9월 21일 류사오치와 로신의 담화기록, *Кулик Б.* Китайская Народоая Республика влериод становления(1949-1952гг)// Проблемы Дальнего Востока, 1994, No.6, c.79에서 인용.

13 『당대중국해군』, 베이징 : 중국사회과학출판사, 1987, 41쪽; 저우쥔(周軍), 「신중국초기 인민해방군이 대만전투계획을 수행하지 못한 원인에 대한 탐구」, 72쪽; 중공중앙문헌연구실 편, 『건국이래 마오쩌둥 문고』 제1책, 536쪽.

14 중소양당회담기록 중국 측 기록은 1949년 7월 27일 류사오치가 중공중앙서기처에 보낸 전보를 참조, 스저, 『역사의 거인 옆에서-스저 회고록』, 412쪽. 소련측 기록은 *Ковалев И.В.* Диалог Сталина с Мао Цзэдуном.// Проблемы Дальнего Востока, 1992г., No.1~3, c.78~79에서 읽을 수 있다.

15 1949년 5월 18일 코발료프가 스탈린에게 보낸 전보, 1950년 5월 14일 스탈린이 마오쩌둥에게 보낸 전보, 상세한 내용은 졸저 『한국전쟁 비밀해제』, 284~288쪽 참조.

16 중공중앙문헌연구실 편, 『저우언라이 연보(1949-1976)』 상권, 51·54쪽.

17 E. Bajanov, "Assessing the Politics of the Korean War, 1949-51", *Cold War International*

History Project Bulletin Issue 6~7, 1995/96, pp.88~89. 1950년 7월 1일, 7월 4일 시트코프가 폰시(스탈린)에게 보낸 전보, АПРФ(러시아연방 대통령문서기록관), ф.45, оп.1, д.346, л.105~107·136~139. 1950년 7월 5일, 7월 8일, 필리포프(스탈린)이 로신에게 보낸 전보, АПРФ, ф.45, оп.1, д.331, л.78~79.

18 중공중앙문헌연구실 편, 『건국이래 마오쩌둥 문고』 제1책, 428·454·469·485쪽.

19 버이버, 『약간의 중대정책결정과 사건에 대한 회고』 상권, 43쪽.

20 마오쩌둥은 10월 2일 로신과의 회담에서 "중공중앙의 여러 동지들이"이 모두 이러한 걱정이 있다고 말했다. 1950년 10월 3일 로신이 필리포프에게 보낸 전보, АПРФ, ф.45, оп.1, д.334, л.105~106.

21 저우언라이는 가오강에게 "어떠한 측에도 우리군이 출국할 의도가 있음을 표시하지 말"(1950년9월 20일 전보)것을 귀띔했다. 이것은 한 차례 국제전쟁에 참가하는 것의 복잡한 상황을 말해주고 있다. 상세한 내용은 『저우언라이 군사문선』 제4권, 56~57쪽 참조.

22 E. Bajanov, *Assessing the Politics of the Korean War*, 88~89쪽을 참조.

23 차이청원·자오융텐, 『판문점협상』, 79쪽 참조.

24 한국국방부 전사편찬위원회, 『한국전쟁』 제1권, 28쪽; 『인민일보』, 1950.10.1.

25 1950년 9월 30일 김일성, 박헌영의 스탈린에게 보낸 전보, 시트코프가 그로미코에게 보낸 전보, АПРФ, ф.45, оп.1, д.347, л.41~45·46~49.

26 V. Petrov Sel. & com., "Soviet Role in the Korean War Confirmed : Selected Documents Declassified, Yu Song-chol Reminiscences", *Journal of Northeast Asian Studies*, Vol.13, No.3, 1994, 60~61쪽. 1950년 10월 1일 폰세가 시트코프와 마트베에프에게 보낸 전보, 필리포프가 로신에게 보낸 전보, 『한국전쟁 러시아문서기록』 제7권, 896~897·900~901쪽.

27 중공중앙문헌연구실 편, 『건국이래 마오쩌둥 문고』 제1책, 538·539~540쪽.

28 국제학술계를 떠들썩하게 했던 중국과 러시아가 공표한 내용이 상반된 10월 2일 전보에 대한 논쟁에 대해 필자가 상세하게 소개하고 분석했다. 「마오쩌둥이 병사를 한반도에 파견하여 작전하기로 결심-10월 2일 전보에 대한 러시아 학자들의 의문에 대하여」, 『국외중공당사연구동태』 1996 제2기, 영문판은 *Cold War International History Project Bulletin* 1997, Issue 8~9 참조.

29 『저우언라이 외교문선』, 25쪽.

30 왕옌 등 편저, 『펑더화이전』, 401~403쪽. 마오쩌둥은 10월 13일 저우언라이에게 보낸 전보에서도 같은 이유를 말했다. 중공중앙문헌연구실 편, 『건국이래 마오쩌둥 문고』 제1책, 556쪽.

31 『마오쩌둥문집』 제6권, 베이징 : 인민출판사, 1999, 93~94쪽.

32 흑해회담과 중국의 출병정책과정의 반복된 과정에 대해서는 『마오쩌둥, 스탈린과 한국전쟁』, 제5장을 참조.

33 A. Y. Masourov, "Stalin, Mao, Kim and China's Decision to Enter the Korean War : New Evidence from the Russian Archives", *Cold War International History Project Bulletin* No.6~7, 1995/96, 104쪽; 1950년 10월 13일 로신이 필리포프에게 보낸 전보, 10월 14일 시트코프가 폰세에게 보낸 전보, АПРФ, ф.45, оп.1, д.335, л.1~2·3.

34 1986년 9~10월, 워런 코헨이 한네엔룽(韓念龍), 황화(黄華) 등 저우언라이의 예전 조수들을 인터뷰할 때, 그들은 계속하여 중국군대가 개입한 원인은 미국의 비행기가 만주를 폭격했고, 미국의 지상부대가 압록강에 접근했기 때문이라 했다. W.I. Cohen, "Conversation with Chinese Friends : Zhou Enlai's Associates Reflect on Chinese-American Relations in the 1940s and the Korean War", *Diplomatic History*, Vol.11, No.3, 1987, 288쪽.

35 실제로 스탈린은 이러한 고려가 있었다. 1950년 10월 8일 폰세가 김일성에게 보낸 전보, АПРФ, ф.45, оп.1, д.347, л.65~67. 다만 마오쩌둥의 당시 스탈린의 전보를 보았는지에 대해서는 아직 확정할 수 없다.

36 상세한 내용은 선즈화·곤차로프, 「1950년 중소조약의 체결 : 희망과 결과」, 『중공당사연구』 1998 제2, 3기 참조.

37 가오강이 진짜로 동북을 소련의 한 공화국으로 해야 한다는 말을 했는지 여부와 관계없이 이러한 소문자체와 가오강과 소련의 밀접한 관계는 마오쩌둥의 걱정이었다. *Ковалев И.В* Диалог Сталина с Мао Цзэдуном.// Проблемы Дальнего Востока, 1991, No.6·1992, No.1; 리하이원, 「코발료프회고록의 정확하지 않는 부분– 스저 인터뷰를 통해」, 『국사연구참고자료』 1993 제1기.

38 1950년 10월 8일 폰세가 김일성에게 보낸 전보, АПРФ, ф.45, оп.1, д.347, л.65~67.

39 비록 미국정부의 이러한 멀리 바라보지 못한 행동에 대하여 여러 가지 해석이 있지만, 여러 서방학자들의 일치한 견해는 만약 미국이 38선 앞에서 멈출 수 있었다면 베이징의 개입은 피할 수 있었고, 전쟁은 1950년 가을에 끝날 수 있었다는 것이다. W. Stueck, *The Road to Confrontation : American Foreign policy toward China and Korea, 1947-1950*, Chapel Hill, 1981, pp.254~255; B. I. Kaufman, *The Korean War : Challenges in Crisis Credibility and Command, Philadelphia*, 1986, pp.83~85; R. Foot, *The Wrong War : American Policy and the Dimensions of the Korean Conflict*, 1950-1953, Ithaca, 1985, 67~74쪽.

40 중공중앙문헌연구실 편, 『건국이래 마오쩌둥 문고』 제1책, 538·539쪽.

41 위의 책, 556·559~560쪽.

42 위의 책, 588~589쪽.

43 두핑, 『지원군 총본부에서』, p.141; 왕옌 주편, 『평더화이연보』, 453~454쪽.

44 네룽전, 『네룽전회고록』 740쪽.

45 1950년 12월 10일 『인민일보』 참조.

46 1950년 그로미코와 왕자샹회담 기록발췌, АПРФ, ф.3, оп.65, д.515, л.35~37.

47 1950년 로신이 모스크바에 보낸 전보, АПРФ, ф.3, оп.65, д.336 л.17~19.

48 1950년 12월 7일 그로미코가 로신에게 보낸 전보, АПРФ, ф.45, оп.1, д.336, л.20~21; 『저우언라이군사문선』 제4권, 125쪽.

49 중공중앙문헌연구실 편, 위의 책, 722·741~742쪽.

50 『마오쩌둥군사문집』 제6권, 245~246·249~250쪽.

51 1951년 1월 15일 마오쩌둥이 필리포프에게 보낸 전보, АПРФ, ф.45, оп.1, д.337, л.1~3.

52 유엔에서의 변론과 투표의 상세한 정황은 1950년 12월 17일, 1951년 1월 18일 『인민일보』 참조.

53 디안 애치슨, 『애치슨 회고록』, 381쪽.

54 정전 협상의 시기 선택문제에 대해 중국군부의 학자들은 서로 다른 견해를 갖고 있다. 치더쉐(齊德學)·류잉웨이(劉穎僞), 「한국전쟁 정전협상 시기문제에 대한 분석」, 『군사역사』 1998 제2기, 35~38쪽.

55 1951년 1월 18일 『인민일보』 참조.

56 네룽전은 당시 소련고문에게 중국군대가 한반도에 진출한 뒤, 10만 명에 달하는 병력손실을 입었고, 전방에 수송하는 물자는 적들의 공군폭격으로 인하여 30~40%의 손실을 보고 있고, 식량은 부대가 소요하는 25%만 공급할 수 있다. 제2차 전투에서만 5만여 명이 동상을 입었다고 말했다. 왕야즈, 『항미원조전쟁 중의 평더화이, 네룽전』, 11쪽.

57 천잰이 1996년 1월 『아시아에서의 냉전』, 홍콩국제학술토론회에 제기한 논문, "China's

Strategy to End the Korean War".
58 왕옌 외편저, 『펑더화이전』, p.446. 1951년 1월 28일 마오쩌둥이 필리포프에게 보낸 전보, 1월 30일 필리포프가 마오쩌둥에게 보낸 전보.
59 1월 31일 펑더화이는 예측하기를 "제3차 전투는 여러 어려움(피로)을 동반하지만, 이번 전투는 더욱 큰 어려움을 띠고 있다. 만약 주력부대가 저항에 직면하게 된다면 한반도 전세는 피동으로 전환될 가능성이 있다". 『펑더화이 군사무선』, 373쪽.
60 『건국이래 마오쩌둥 문고』 제1책, 151~153쪽. 1951년 3월 1일 마오쩌둥이 필리포프에게 보낸 전보, 3월 3일 필리포프가 마오쩌둥에게 보낸 전보.
61 상세한 내용은 왕옌 주편, 『펑더화이 연보』, 481~505쪽 참조.
62 네룽전, 『네룽전 회고록』, 741~742쪽. 1951년 6월 13일 마오쩌둥이 가오강, 김일성에게 보낸 전보, 6월 24일 필리포프가 마오쩌둥에게 보낸 전보, АПРФ, ф.45, оп.1, д.339, л.57~60 ·78.
63 스탈린은 마오쩌둥의 출병 결정에 감격하여 1950년 11월 1일 선양기지에 주둔하고 있던 소련 제64항공집단군이 비행기를 출동하여 한반도 공중전에 참가토록 명령했다. 상세한 내용은 졸문, 「항미원조전쟁에서의 소련공군」, 『중공당사연구』 2000년 제2기.
64 필자의 이 문제에 대한 서술은 「항미원조전쟁 정책 결정과정에서의 소련요소」, 『당대중국사연구』 2000 제1기 참조.
65 인용된 학자의 말은 V. Petrov, "Mao, Stalin, and Kim Il Sung : An Interpretative Essay", *Journal of Northeast Asian Studies* Vol.13, No.2, 1994에서 인용.
66 쉬옌, 『제1차 힘 겨루기 – 항미원조전쟁의 역사적 회고와 반성』, 332쪽.
67 미국의 사상자 숫자는 애치슨, 『애치슨 회고록』, p.556; 조셉 고든, 『한국전쟁 –밝히지 않은 속사정』, 754쪽. 비율은 필자가 계산하여 얻은 것이다.
68 쉬옌, 『제1차 힘 겨루기』, 47·59~60·67쪽.
69 『당대중국재정』(상), 베이징 : 중국사회과학출판사, 1988, 69쪽.
70 『1949-1952년 중화인민공화국 경제문서기록자료 선편』 종합권, 베이징 : 중국도시경제사회출판사, 1990, 891쪽.
71 진충지 주편, 『저우언라이전』 하권, 베이징 : 중앙문헌출판사, 1998, p.996; Sergei Gonch-arov, John Lewis, Xue Litai, op.cit., 99~100쪽.
72 1951년 11월 14일 마오쩌둥이 스탈린에게 보낸 전보.
73 『저우언라이연보(1949-1976)』 상권, 258쪽. 1952년 9월 3일 스탈린과 저우언라이의 회담 기록.
74 탄징챠오(譚旌樵) 주편, 『항미원조전쟁사』, 333쪽.
75 1950년 1월 6일 미국국무원 전보 개요, 화칭자오, 『얄타에서 판문점까지 – 미국과 중, 소, 영 : 1945-1953』, 185쪽.
76 *Foreign Relations of the United States* 1951, Vol.7, Part 1, Korea and China, Washington D.C. : GPO, 1983, 37~38쪽.
77 투표과정은 1951년 2월 2일 『인민일보』 참고, 이 상황과 대조적인 것은 1950년 6월 27일 미국이 제기한 한국 문제방안은 유엔에서 7장의 찬성표밖에 얻지 못했다. 이 중의 한 표는 "중화민국"의 대표가 찬성한 것이다.
78 1951년 5월 23일 『인민일보』를 참고.
79 1951년 11월 12일 미국국무부 공보, 마틴의 『선택과 분규 – 영미가 공산당의 중국에서 승리에 대한 반응』, 쟝중차이(姜中才) 위잔제(于占杰) 역, p.225.
80 『1949-1952년 중화인민공화국 경제문서기록자료 선편』 대외무역편, 베이징 : 경제관리출판

사, 1994, pp.499~500; 『당대중국의 대외무역』 상, 베이징 : 당대중국출판사, 1992, 19쪽.

81 『1949-1952년 중화인민공화국 경제문서기록자료 선편』 기본건설투자와 건축업편, 베이징 : 중국도시경제사회출판사, 1989, 266·268·270쪽 참조.

82 1950년 12월 12~13일 유엔대회에서, 13개국 제안의 발기자인 인도정부는 "대만문제는 응당 대만이 반드시 중국에 귀환되어야 한다는 카이로와 포츠담 두 개의 협정에 따라 해결되어야 한다"고 생각했다. 1950년 12월 16일 『인민일보』를 참조.

83 *Foreign Relations of the United States* 1951, Vol.7, Part 1, Korea and China, Washington D.C. : GPO, 1983, pp.1584~1585; 마틴, 『선택과 분규 - 영미가 공산당의 중국에서 승리에 대한 반응』, 226~267쪽.

84 즈중쥔(資中筠), 허디(何迪) 편, 『미국 대만관계 40년(1949-1989)』, 베이징 : 인민출판사, 1991, 65쪽.

85 W. Stueck, "The Korean War as International History", *Diplomatic History* Vol.10, No.4, 1986.

86 P. West, "Confronting the West : China and Goliath in the Korean War", *The Journal of American -East Asian Relations*, Vol.2, No.1, 1993.

87 R. Jervis, "The Impact of the Korean War on the Cold War".

위기가 닥쳤을 때의 선택 - 한국전쟁에서의 중국의 정책결정과정에 대한 논평

1 이 문제에 대한 저자의 상세한 설명이 있다. 졸저 『마오쩌둥, 스탈린과 한국전쟁』 수정판.

2 조선중앙통신사, 『조선중앙연감』, 1950년판, 11쪽.

3 시트코프가 몰로토프에게 보낸 전보, 1949년 8월 12일, АПРФ(러시아연방대통령문서기록관), ф.3, оп.65, д.775, л.102~106, *Торкунов А. В* Загадочная война : корейский конфликт 1950-1953 годов, Москва : Российская политическая энциклопедия, 2000, с.30~31.

4 시트코프가 비신스키에게 보낸 전보, 1949년 5월 15일, АПРФ, ф.3, оп.65, д.9, л.51~55. 코발료프가 스타린에게 보낸 전보, 1949년 5월 18일, АПРФ, ф.45, оп.1, д.331, л.59~61.

5 통킨이 비신스키에게 보낸 전보, 1949년 9월 14일, АВПРФ(러시아연방대외정책문서기록관), ф.059а, оп.5а, п.11, д.3, л.46~53.

6 시트코프가 모스크바에 보낸 전보, 1949년 8월 12일, АПРФ, ф.3, оп.65, д.775, л.102~106, *Торкунов А.В* Загадочная война, с.30~31.

7 시트코프가 모스크바에 보낸 전보, 1949년 8월 14일, АПРФ, ф.3, оп.65, д.775, л.108~111, *Торкунов А.В* Загадочная война, с.31~32.

8 소공중앙정치국회의 제71호 문건 발췌, 1949년 9월 24일, АПРФ, ф.3, оп.65, д.776, л.30~32.

9 저자가 1996년 7월 31일 모스크바에서 레돕스키와 진행한 인터뷰.

10 그로미코가 코발료프에게 보낸 전보, 1949년 11월 5일, 선즈화 수집 정리, 『러시아문서기록 복사본 묶음, 한국전쟁』 제3권, 화동사범대학 냉전사연구센터 소장, 2004년, pp.375~376. 이 전보의 초고(10월 26일), АПРФ, ф.45, оп.1, д.332, л.47~48, *Ледовский А.М* Сталин, Мао Цзэдун и корейская война, 1950-1953 годов// Новая и новейшая история, 2005, No.5, с.92~93.

11 구체적 내용은 『마오쩌둥, 스탈린과 한국전쟁』 수정판, pp.206~207 참조.

12 스탈린과 마오쩌둥의 회담기록, 1949년 12월 16일, АПРФ, ф.45, оп.1, д.329, л.9~17.

13 페이잰장 편, 『중화인민공화국외교사(1949-1956)』, 베이징 : 세계지식출판사, 1994, 18쪽.

14 자자가 1996~1999년 사이 첸잰 교수와의 여러 차례 담화, 그는 90년대 초 스저의 집에 머물면

서 그와 인터뷰를 진행했다.

15 유딘이 모스크바에 보낸 전보, 1956년 4월 20일, Woodrow Wilson International Center for Scholars(WWICS)Digital Archive Record ID : 113651, 마오쩌둥과 미코얀의 회담기록, 1956.9.23(개인 소장).

16 스저 회고, 리하이원 정리, 『거인의 옆에서 - 스저 회고록』(수정판), 베이징 : 중앙문헌출판사, 1995, 455~457쪽.

17 시트코프가 비신스키에게 보낸 전보, 1950년 1월 19일, АПРФ, ф.45, оп.1, д.346, л.62~65. 다음 글을 참조, Волкогонов Д. Следует л.этого бояться ? // Огонёк, 1993, No.26, с.28~29.

18 스탈린이 시트코프에게 보낸 전보, 1950년 1월 30일, АПРФ, ф.45, оп.1, д.346, л.70.

19 스탈린이 시트코프에게 보낸 전보, 1950년 2월 2일, АПРФ, ф.45, оп.1, д.347, л.12, *Торкуно в А.В.* Загадочная война, с.56.

20 스탈린이 북한의 전쟁발동에 동의한 원인을 필자는 중국이 소련에 뤼순, 다롄, 중장철도를 돌려달라고 한 것과 직접적으로 연관되었다고 추론한다. 그 결과 소련은 태평양에서의 해군기지를 잃게 되었고, 스탈린의 전후 극동에서 소련의 전략을 파괴했기 대문이다. 만약 이 시기에 동북아에서 위기 상황이 나타나면 중국은 협정에 따라 소련이 계속하여 뤼순항과 중장철도를 사용하는 것에 동의하지 않을 수 없었다. 상세한 내용은 『마오쩌둥, 스탈린과 한국전쟁』 수정판, 247~252쪽 참조.

21 위의 책, 214~218쪽 참조.

22 스탈린이 로신에게 보낸 전보, 1950년 5월 3일, АПРФ, ф.45, оп.1, д.331, л.54.

23 Chen Jian, *China's Road to the Korean War : The Making of the Sino-American Confrontation*, New York : Columbia University Press, 1994, pp.112·263; Sergei N. Goncharov, John W. Lewis, and Xue Litai, op.cit., pp.146~147.

24 로신이 외교부에 보낸 전보, 1950년 5월 13일, АПРФ, ф.45, оп.1, д.331, л.52~53.

25 스탈린이 마오쩌둥에게 보낸 전보, 1950년 5월 14일, АПРФ, ф.45, оп.1, д.331, л.55.

26 『마오쩌둥, 스탈린과 한국전쟁』 수정판, 222~223쪽 참조.

27 이 점에 대해 러시아 학자는 완전히 다른 견해를 보였다. 그들은 스탈린이 베이징과 평양으로부터 오는 압력 때문에 원래의 입장을 포기했다고 했다. *Ледовский А.М.* Сталин, Мао Цзэдун и корейская война, с.93~94. *Самохин А.В.* Военно-политические планы И. В. Сталина в корейской войне//Власть и управление на Востоке России, 2010, No.3, с.104 참조.

28 마오쩌둥과 미코얀의 회담기록, 1956년 9월 23일(개인소장).

29 볼코그노프(Volkogonov), 장주우(张祖武) 외역, 『승리와 비극 : 스탈린의 정치초상』 제2권, 베이징 : 세계지식출판사, 1990, 541쪽.

30 소련외교부의 한국전쟁 배경 보고, 1966년 8월 9일, ЦХСД(당대문헌보관중심), ф.5, оп.58, д.266, л.122~131, *Cold War International History Project Bulletin* Issue 3, Fall 1993, 15~17쪽에 수록.

31 이 방면의 최근 연구는 다음 글 참조. James I. Matray, "Korea's War at 60 : A Survey of the Literature", *Cold War History* Vol.11, No.1, February 2011.Xia Yafeng, "The Study of Cold War International History in China : A Review of the Last Twenty Years", *Journal of Cold War Studies* Vol.10, No.1, Winter 2008.

32 로신이 모스크바에 보낸 전보, 1950년 7월 2일, АПРФ, ф.45, оп.1, д.331, л.75~77, *Торкуно в А.В.* Загадочная война, с.103~104.

33 스탈린이 로신에게 보낸 전보, 1950년 7월 5일, АПРФ, ф.45, оп.1, д.334, л.79.

34 시트코프가 스탈린에게 보낸 전보, 1950년 7월 15일, ЦАМОРФ(러시연방국방부중앙문서기록관), ф.5, оп.918795, д.122, л.303~305.

35 시트코프가 스탈린에게 보낸 전보, 1950년 7월 20일, ЦАМОРФ, ф.5, оп.918795, д.122, л.352~355.

36 『마오쩌둥, 스탈린과 한국전쟁』 수정판, 264~266 · 268~269쪽 참조.

37 시트코프가 비신스키에게 보낸 전보, 1950년 8월 19일, ЦАМОРФ, ф.5, оп.918795, д.122, л.621~623.

38 시트코프가 비신스키에게 보낸 전보, 1950년 8월 28일, ЦАМОРФ, ф.5, оп.918795, д.127, л.666~669. 또 차이청원이 귀국 시 회보한 정황에 따르면 조선(북한)영도자는 어려움에 대한 예상이 부족하고 장애에 부딪치게 되자 정서가 우울해 졌다. 소련과 중국에 기대는 사상이 있었고, 주동적으로 중국이 대만전투를 시작하고(미군을 견제) 조선(북한)에 비행기 조종사를 제공할 것을 요구했다. 마오쩌둥이 차이쥔우의 보고에 대한 지시와 전달, 1950년 9월 8일.(개인소장) 차이쥔우는 차이청원의 옛이름이었다.

39 스탈린이 시트코프에게 보낸 전보, 1950년 8월 28일, АПРФ, ф.45, оп.1, д.347, л.5~6, 10~11.

40 로신이 스탈린에게 보낸 전보, 1950년 9월 18일, АПРФ, ф.45, оп.1, д.331, л.123~126, *Торкунов А. В.* Загадочная война, с.106~108.

41 그로미코가 로신에게 보낸 전보, 1950년 9월 20일, 『러시아문서기록 복사문건 묶음』 제6권, 841~847쪽.

42 로신이 스탈린에게 보낸 전보, 1950년 9월 21일, АПРФ, ф.45, оп.1, д.331, л.131, *Торкунов А. В.* Загадочная война, с.109.

43 시트코프가 그로미코에게 보낸 전보, 1950년 9월 21일, ЦАМОРФ, ф.5, оп.918795, д.125, л.86~88.

44 시트코프가 그로미코에게 보낸 전보, 1950년 9월 22일, ЦАМОРФ, ф.5, оп.918795, д.125, л.89~91.

45 로신이 스탈린에게 보낸 전보, 1950년 9월 22일, АПРФ, ф.45, оп.1, д.331, л.133~135, *Торкунов А. В.* Загадочная война, с.109~111.

46 시트코프가 그로미코에게 보낸 전보, 1950년 9월 29일, АПРФ, ф.45, оп.1, д.347, л.46~49.

47 스탈린이 로신에게 보낸 전보, 1950년 10월 1일, АПРФ, ф.45, оп.1, д.334, л.97~98.

48 김일성, 박헌영이 마오쩌둥에게 보낸 편지(중국어 번역본), 1950년 10월 1일, 중국군사박물관, "항미원조전쟁전시"에서 베낌, 2000년 9월.

49 『마오쩌둥, 스탈린과 한국전쟁』 수정판, 278~287쪽 참조.

50 중공중앙문헌연구실 편, 『건국이래 마오쩌둥문고』 제1책, 베이징 : 중앙문헌출판사, 1987년, 539~540쪽.

51 로신이 스탈린에게 보낸 전보, 1950년 10월 3일, АПРФ, ф.45, оп.1, д.334, л.105~106. 이 과정에 대한 토론은 『마오쩌둥, 스탈린과 한국전쟁』 수정판, 278~287쪽 참조.

52 중공중앙문헌연구실 편, 『저우언라이 외교문선』, 베이징 : 중앙문헌출판사, 1990, 25~27쪽.

53 『마오쩌둥, 스탈린과 한국전쟁』 수정판, 287~288 · 295~297쪽 참조.

54 소련외교부 제1극동사의 요점보고, 1953년 3월 14일, 한국국방부전쟁사편찬연구소 편, 『소련군사고문단 단장 라주바예프의 전쟁보고서』 제1편(러시아문서기록 영인본), 서울, 2001.6, 103~126쪽.

55 마오쩌둥이 스탈린에게 보낸 전보, 1950년 10월 8일, РГАСПИ(러시아국가사회정치사 문서기록관), ф.558, оп.11, д.334, л.132, Новая и новейшая история, 2005, № 5, с.107~108.

56 『마오쩌둥, 스탈린과 한국전쟁』 수정판, pp.301~311 참조. 스탈린, 저우언라이의 마오쩌둥에게 보낸 전보는 1950년 10월 11일, РГАСПИ, ф.558, оп.11, д.334, л.134~135, Новая и новейшая история, 2005, No.5, с.108~109.

57 『마오쩌둥, 스탈린과 한국전쟁』 수정판, 306~312쪽 참조.

58 위의 책, 312쪽 참조.

59 로신이 스탈린에게 보낸 전보(No.2406), 1950년 10월 13일, АПРФ, ф.45, оп.1, д.335, л.1~2, 로신이 스탈린에게 보낸 전보(No.2408), 1950년 10월 13일, РГАСПИ, ф.558, оп.11, д.334, л.145, Новая и новейшая история, 2005, № 5, с.110~111.

60 중공중앙문헌연구실, 중국인민해방군군사과학원 편, 『건국이래 마오쩌둥 군사문고』 상권, 베이징 : 중앙문헌출판사, 2010, pp.258~259.

61 위의 책, 263쪽.

62 고르쉬코가 스탈린에게 보낸 전보, 1950년 10월 13일, АПРФ, ф.3, оп.65, д.827, л.139.

63 중공중앙문헌연구실 편, 『저우언라이 연보(1949-1976)』 상권, 베이징 : 중앙문헌출판사, 1997, p.87; 『건국이래 마오쩌둥 군사문고』 하권, 372~374쪽.

64 『건국이래 마오쩌둥 군사문고』 상권, 265쪽.

65 『마오쩌둥, 스탈린과 한국전쟁』 수정판, 316~317쪽 참조.

66 1959년 9월 27일 미국 합참회의의 명령은 만약 북한에 소련과 중국군대가 나타나고, 만약 소련 혹은 중국이 성명을 발표하여 출병하려 한다면 미군은 지상에서의 군사행동을 지속하지 말아야 한다는 것이었다. JCS message 92801 sent to MacArthur, 27 September 1950, Harry S. Truman Papers, Staff Member and Korean War Files, Box 13, Truman Library. 중국어 번역은 애치슨, 『애치슨회고록』, 상하이; 『국제문제자료』 편집진 외역, 상하이 : 상하이역문출판사, 1978, pp.307~308.

67 중공중앙문헌편찬위원회, 『저우언라이선집』 하권, 베이징 : 인민출판사, 1984, 302쪽.

68 『건국이래 마오쩌둥문고』 제1책, 577·589쪽.

69 중공중앙문헌연구실, 중국인민해방군군사과학원 편, 『저우언라이 군사문선』 제4권, 72~77쪽.

70 장한푸와 파니커의 담화기록, 1950년 11월 23일, 중국외교부 문서기록과, 105-00009-01, 31~33쪽.

71 Bradley to Marshall, 4 December 1950; United States Delegation Minutes of the First Meeting of President Truman and Prime Minister Attlee, December 4, 1950, *Foreign Relations of the United States(FRUS)*, 1950, Vol.7, Korea, Washington D.C; : GPO, 1976, pp.1348~1349·1371~1372. 또 다음 글 참조. Harry S. Truman, *Memoirs by Harry S. Truman, Volume Two, Year of Trial and Hope, 1946-1953*, New York : Doubleday & Company, Inc., 1956, pp.400~401.

72 『건국이래 마오쩌둥 군사문고』 상권, 388쪽.

73 중공중앙문헌연구실, 중앙문서기록과 편, 『건국이래 저우언라이 문고』 제3권, 575~576쪽.

74 로신이 그로미코에게 보낸 전보, 1950년 12월 7일, АПРФ, ф.3, оп.65, д.336, л.17~19.

75 그로미코가 로신에게 보낸 전보, 1950년 12월 7일, АПРФ, ф.3, оп.65, д.336, л.20~21.

76 『건국이래 저우언라이 문고』 제3권, 606·607~608쪽.

77 장한푸와 파니커의 담화기록, 1950년 11월 23일, 중국외교부 문서기록과, 105-00009-01, pp.34~37. 차이청원·자오융톈, 『판문점협상』, 베이징 : 해방군출판사, 1989년, 103쪽.

78 『건국이래 저우언라이 문고』 제3권, 635~636쪽.

79 Austin to the Secretary of State, December 10, 1950, FRUS, 1950, Vol.7, pp.1500~1503.

80 Memorandum by Rusk, December 11, 1950, FRUS, 1950, Vol.7, pp.1518~1520.

Truman, Memoirs by Harry S. *Truman, Volume* Two, 417~420쪽.

81 『마오쩌둥, 스탈린과 한국전쟁』 수정판, 429~431쪽 참조.

82 『건국이래 마오쩌둥 군사문고』 상권, 417쪽.

83 위의 책, pp.609 각주; 『건국이래 저우언라이 문고』 제3권, 615쪽.

84 『건국이래 마오쩌둥 군사문고』 상권, 408~409쪽.

85 소련과 북한 모두 중국이 이 시기 진공을 멈추는 것을 원하지 않았다. 12월 5일 그로미코는 중국대사에게 응당 "쇠뿔도 단김에 빼라고" 말했다.(АПРФ, ф.3, оп.65, д.515, л.35~37)12월 7일 소공중앙정치국은 결의를 내려, 한반도에서 군사행동을 멈추는 것은 미국 사람들이 원하는 것이며 유엔주재소련대표단이 이에 대해 제기해야 하는 조건은 "모든 군대가 즉시 한반도에서 철수하는 것"이어야 한다고 했다. (АПРФ, ф.3, оп.65, д.828, л.23~24)12월 13일 김일성은 소련대사에게 명확하게 그 자신은 중국군대의 작전속도에 매우 불만하고 있다고 말했다. (ЦАМОРФ, ф.5, оп.918795, д.124, л.667~668)

86 『건국이래 마오쩌둥 군사문고』 상권, 416쪽.

87 Peter Calvocoressi, *Survey of International Affairs*, 1951, London : Oxford University Press, 1954, pp.338~339.

88 『인민일보』 1951년 1월 18일 제4면을 참조, 세계지식출판사 편, 『중미관계자료 묶음』 제2집, 베이징 : 세계지식출판사, 1960년, pp.367~371, National Intelligence Special Estimate, January 11, 1951(Editorial Note).The Secretary of State to the United States Mission at the United Nations, January 13, 1951, *FRUS, 1951, Vol.7*, pp.64, 76.

89 Dean Acheson, *Present at the Creation : My Years in the State Department*, New York : W.W. Norton & Company, Inc. , 1969, pp.512~513.

90 중공중앙문헌연구실, 중앙문서기록관 편, 『건국이래 저우언라이문고』 제4권, 베이징 : 중앙문헌출판사, 2018년, 34~35쪽.

91 『건국이래 저우언라이문고』 제4권, 37쪽 각주.

92 저우언라이가 차이쥔우에게 보낸 전보, 1951년 1월 14일(개인소장), 『저우언라이 연보(1949-1976)』 상권, 117쪽.

93 왕옌 주편, 『펑더화이 연보』, 467쪽. 지금까지 북한 측에서 어떻게 답했는지에 대한 자료는 발견되지 않고 있다. 아마 반대를 하지 않았을 것이다.

94 중국외교부문서기록관, 113-00068-01, 26쪽.

95 저우언라이와 파니커의 담화기록, 1951년 1월 17일, 장한푸와 후제선(胡阶森)의 담화기록, 장한푸와 머크와의 담화기록, 환썅과 하마스트론(Hammarstrom) 회담 요약, 1951년 1월 18일, 중국외교부 문서기록과, 113-00068-01, 26~34·35~37·41~45·38~40쪽.

96 『마오쩌둥, 스탈린과 한국전쟁』 수정판, 368~373쪽 참조.

97 마오쩌둥이 스탈린에게 보낸 전보, 1951년 1월 15일, АПРФ, ф.45, оп.1, д.337, л.1~3.

98 『중미관계자료 묶음』 제2집, 377~381쪽.

99 구웨이쥔, 중국사회과학원근대사연구소 역, 『구웨이쥔 회고록』 제8권, 베이징 : 중화서국, 1989년, 197·201쪽.

100 『구웨이쥔 회고록』 제8권, 200쪽.

101 『중미관계자료 묶음』 제2집, 391쪽.

102 『인민일보』, 1951.5.23, 1면.

103 『마오쩌둥, 스탈린과 한국전쟁』 수정판, 441~442쪽 참조.

104 군사과학원 군사역사연구부, 『항미원조전쟁사』 제2권, 베이징 : 군사과학출판사, 2000, 190쪽.

105 『항미원조전쟁사』 제2권, 228~238·254~268·305~358쪽, Matthew B. Ridgway, *The*

Korean War, New York : Doubleday & Company, Inc., 1967, pp.179~183.

106 왕옌 편, 『펑더화이 연보』, 498쪽.

107 네룽전, 『네룽전회고록』, 베이징 : 해방군출판사, 1982, 741~742쪽.

108 스탈린이 마오쩌둥에게 보낸 전보, 1951년 5월 29일, АПРФ, ф.45, оп.1, д.338, л.98~99.

109 김일성이 펑더화이에게 보낸 편지, 1951년 5월 30일; 왕옌 편, 『펑더화이 연보』, 500쪽 참조.

110 차이청원·자오융톈, 『판문점협상』, 115쪽; 중공중앙문헌연구실 편, 『건국이래 마오쩌둥 문고』 제2권, 베이징 : 중앙문헌출판사, 1988년, 355쪽, 2000년 9월 12일 필자가 진행한 차이청원과의 인터뷰 기록.

111 클라소브스키가 스탈린에게 보낸 전보, 1951년 6월 4일, 스탈린이 마오쩌둥에게 보낸 전보, 1951년 6월 5일, АПРФ, ф.45, оп.1, д.339, л.4~6·10~16·17~18.

112 스저, 『역사의 거인 옆에서』, 506~508쪽.

113 스탈린이 마오쩌둥에게 보낸 전보, 1951년 6월 13일, АПРФ, ф.45, оп.1, д.339, л.31~32.

114 마오쩌둥이 스탈린에게 보낸 전보, 1951년 6월 13일, АПРФ, ф.45, оп.1, д.339, л.57~60.

115 『건국이래 마오쩌둥 군사문고』 상권, 511~512쪽.

116 위의 책, 제513, 15~516쪽.

117 스탈린이 마오쩌둥에에게 보낸 전보, 1951년 6월 30일, АПРФ, ф.45, оп.1, д.339, л.95~96.

118 스탈린이 라주바예프에게 보낸 전보, 1951년 7월 2일, АПРФ, ф.45, оп.1, д.340, л.5.

119 중국에서 출판된 문서기록, 특히 2018년 출판된 몇 권의 『건국이래 저우언라이 문고』를 볼 때, 한반도정전협상의 전체 과정은 마오쩌둥이 영도한 것이었고, 심지어 모든 구체적인 세부내용까지 그의 비준을 받았다.

120 『건국이래 마오쩌둥 군사문고』 상권, pp.520~521. 러시아 문은 АПРФ, ф.45, оп.1, д.339, л.14~15를 참조.

121 마오쩌둥이 스탈린에게 보낸 전보, 1951년 7월 5일, АПРФ, ф.45, оп.1, д.340, л.19~20.

122 뻬투호프가 한국전쟁 정전협상에 대한 보고, 1951년 9월, АВПРФ, ф.0102, оп.7, п.32, д.65, л.24~54; 차이청원·자오융톈, 『판문점협상』, pp.139~142·149.

123 마오쩌둥이 스탈린에게 보낸 전보, 1951년 7월 13일, АПРФ, ф.45, оп.1, д.340, л.43~45.

124 스탈린이 마오쩌둥에게 보낸 전보, 1951년 7월 14일, АПРФ, ф.45, оп.1, д.340, л.48.

125 『건국이래 저우언라이 문고』 제5권, p.17, 러시아문은 АПРФ, ф.45, оп.1, д.340, л.68~70 참조.

126 『건국이래 저우언라이 문고』 제5권, pp.26~29, 러시아문은 АПРФ, ф.45, оп.1, д.340, л.88~91 참조.

127 스탈린이 마오쩌둥에게 보낸 전보, 1951년 7월 21일, АПРФ, ф.45, оп.1, д.340, л.92, 마오쩌둥이 김일성에게 보낸 전보, 1951년 7월 22일, 『건국이래 저우언라이 문고』 제5권, 35~36쪽.

128 차이청원·자오융톈, 『판문점협상』, 150~151쪽.

129 중국외교부 문서기록관, 113-00105-01, 1~8쪽.

130 펑더화이가 중앙군위에 보낸 전보, 1951년 7월 3일, 펑더화이 전기 편찬소조 편, 『펑더화이군사문선』, 411~413쪽.

131 『건국이래 저우언라이 문고』 제5권, 66~67·209~210쪽, 러시아문은 АПРФ, ф.45, оп.1, д.341, л.5~8 참조.

132 뻬투호프가 한국전쟁 정전협상에 대한 보고, 1951년 9월, АВПРФ, ф.0102, оп.7, п.32, д.65, л.41.

133 『건국이래 저우언라이 문고』 제5권, pp.123~126, 러시아문은 АПРФ, ф.45, оп.1, д.341,

л.53~55 참조.

134 빼투호프가 한국전쟁 정전협상에 대한 보고, 1951년 9월, АВПРФ, ф.0102, оп.7, п.32, д.65, л.24~54.

135 라주바예프의 보고, 1951년 9월 10일, 『러시아문서기록관 복사자료 묶음 — 한국전쟁』 제12권, 1592~1598쪽.

136 마오쩌둥이 스탈린에게 보낸 전보, 1951년 8월 27일, АПРФ, ф.45, оп.1, д.340, л.86~88.

137 차이청원·자오융톈, 『판문점협상』, pp.162~164·181~182; 『건국이래 저우언라이 문고』 제5권, 115~116·157~160쪽.

138 차이청원·자오융톈, 『판문점협상』, pp.168~175; 『건국이래 저우언라이 문고』 제5권, 297~298쪽.

139 『건국이래 저우언라이 문고』 제5권, pp.358~365. 러시아문은 АПРФ, ф.45, оп.1, д.341, л.147~149 참조.

140 『저우언라이 군사문선』 제4권, pp.249~253, 러시아문은 АПРФ, ф.45, оп.1, д.342, л.16~19 참조.

141 로신이 모스크바에 보낸 전보, 스탈린이 마오쩌둥에게 보낸 전보, 1951년 11월 19일, АПРФ, ф.45, оп.1, д.342, л.22·23.

142 Правда, 16 ноября 1951г., 3-й стр.

143 11월 19일, 소련과 협상이 없이 북한정부는 유엔에 각국 군대가 전선에서 철수하는 (38선이 아닌) 호소문을 발송했다. 이에 모스크바는 극히 화를 냈고, 소련주재 북한 대사를 질책했다. 그로미코가 라주바예프에게 보낸 전보, 1951년 11월 20일, АПРФ, ф.3, оп.65, д.829, л.46~48.

144 차이청원·자오융톈, 『판문점협상』, 184·192쪽.

145 『건국이래 마오쩌둥 군사문고』 상권, 560~561·562쪽.

146 김일성이 스탈린에게 보낸 전보, 1951년 11월 27일, АПРФ, ф.45, оп.1, д.348, л.51~52.

147 차이청원, 「한반도 정전협상의 전선 영도체계의 형성과 연혁」, 『당대중국사연구』 2000 제6기, 23쪽.

148 『건국이래 저우언라이 문고』 제6권, pp.119~122; 차이청원·자오융톈, 『판문점협상』, 202~203쪽.

149 『건국이래 저우언라이 문고』 제6권, 127~128쪽.

150 미국주재소련외교관의 정보에 따르면 1951년 4월 미국정부는 이미 중국과 북한 측에서 주동적으로 화해의 건의를 한 이후, "미국은 쉽게 승자가 될 것이고 자신들의 조건을 제기할 것"이라 생각했다. АВПРФ, ф.0102, оп.7, п.32, д.65, л.67, *Волохова А.* Переговоры о перемирииив Корее 1951-1953гг. // Проблемы дальнего востока, 2000, №2, с.97~98.

151 『건국이래 저우언라이 문고』 제5권, 157쪽; 『저우언라이 군사문선』 제4권, 234~237쪽.

152 상세한 토론은 선즈화, 「중소동맹, 한국전쟁과 대일강화 — 동아시아냉전 형성의 3부곡 및 그 상호관계」, 172~188쪽.

153 『건국이래 저우언라이 문고』 제6권, 320~326쪽.

154 1952년 1월 말까지 마오쩌둥은 여전히 "적들은 원칙적으로 전부의 전쟁포로를 석방하는 것을 반대할 수 없다고 생각했다. 때문에 협상을 오래 끌지 않을 것이라 생각했다". 『건국이래 저우언라이 문고』 제6권, 57~63쪽, 러시아문은 АПРФ, ф.45, оп.1, д.342, л.73~77 참조.

155 『건국이래 저우언라이 문고』 제6권, 96~97·123~124쪽.

156 마오쩌둥이 스탈린에게 보낸 전보, 1952년 3월 28일, АПРФ, ф.45, оп.1, д.342, л.126~130.

157 전쟁포로 전기 협상에 대한 상세한 내용은 차이청원·자오융톈, 『판문점협상』, 204~219쪽

참조; 두핑, 『지원군 총본부에서』, 베이징 : 해방군출판사, 1989, 322~324쪽.

158 『건국이래 마오쩌둥 군사 문고』 중권, 30~31쪽.

159 마오쩌둥이 스탈린에게 보낸 전보, 1952년 2월 8일, АПРФ, ф.45, оп.1, д.342, л.81~83.

160 АВПРФ, ф.0102, оп.8, п.35, д.10, л.157~158, *Волохова А.* Переговоры о перемирии в Корее, 1951-1953гг.// Проблемы дальнего востока, 2000, №2, с.104.

161 이미 1952년 2월 말, 미국은 "자원 송환"을 "최종 입장"으로 획정했다. *FRUS*, 1952~1954, Vol.15, Part 1, pp.68~69. 미국 측의 전쟁포로 협상에 대해서 자오쒜궁(赵学功), 「미국, 중국과 한반도정전협상중의 전쟁포로 송환문제」, 『사천대학학보』 2015 제1기, 62~74쪽 참조.

162 비록 중국이 인민군 전쟁포로 중 남한출신에 대해 "특수한 상황"으로 송환하지 않는 것에 동의했지만, 지원군과 인민군의 북한출신의 전쟁포로에 대해 "반드시 전부 송환"하는 방침을 정했다. 마오쩌둥이 리커눙에게 보낸 전보, 1952년 3월 26·27일. 왕위창(王玉强), 「저우언라이와 한국전쟁 전쟁포로 송환 문제」, 『당의 문헌』, 1999 제4기, 29쪽.

163 АВПРФ, ф.0102, оп.8, п.36, д.11, л.19, *Волохова А.* Переговоры о перемирии в Корее, 1951-1953гг.// Проблемы дальнего востока, 2000, No.2, с. 104.

164 『저우언라이 연보(1949-1976)』 상권, 239~240쪽.

165 『건국이래 저우언라이 문고』 제6권, 377~378쪽.

166 『저우언라이 연보(1949-1976)』 상권, 249~250쪽; 『저우언라이 군사문선』 제4권, pp.289~291; 비신스키가 몰로토프에게 보낸 전보, 1952년 7월 7일, 『러시아 문서기록 복사자료 묶음』, 제14권, 1876~1880쪽.

167 두핑, 『지원군 총분부에서』, 349~350쪽.

168 『저우언라이 군사문선』 제4권, 289~291쪽; 『저우언라이 군사활동 기사(1918-1975)』 하권, 베이징 : 중앙문헌출판사, 2000, 280쪽.

169 『저우언라이 연보(1949-1976)』 상권, 250쪽; 스탈린이 마오쩌둥에게 보낸 전보, 1952년 7월 16일, АПРФ, ф.45, оп.1, д.343, л.69.

170 스탈린이 체코슬로바키아주재 소련 대사에게 보낸 전보, 1950년 8월 27일, РГАСПИ, ф.558, оп.11, д.62, л.71~72

171 『건국이래 마오쩌둥 군사문고』 중권, 50~52쪽.

172 『건국이래 저우언라이 문고』 제6권, 350~352쪽.

173 『건국이래 마오쩌둥 군사문고』 중권, 50~52쪽.

174 상세한 내용은 『마오쩌둥 스탈린과 한국전쟁』 358~380쪽 참조.

175 스탈린과 저우언라이의 회담 기록, 1952년 8월 20일·9월 19일, АПРФ, ф.45, оп.1, д.329, л.54~72·75~87.

176 『건국이래 저우언라이 문고』 제7권, 106~107쪽.

177 스탈린과 김일성, 펑더화이의 담화 기록, 1952년 9월 14일, 『러시아 문서기록 복사자료 묶음』 제15권, 1932~1943쪽.

178 C 51562, From Clark to JCS, 8 July 1952.CX 55003, From Clark to JCS, 11 Sep. 1952, Selected Records Relating to the Korean War, Harry S. Truman Library. 타위자오, 뉴쥔 편집, 『미국의 대중국정책 문건집(1949-1972)』 제1권, 베이징 : 세계지식출판사, 2003, 831~835쪽.

179 『저우언라이 연보(1949-1976)』 상권, 248~249쪽 참조; 『저우언라이 군사문선』 제4권, 289~290쪽.

180 CX 55003, From Clark to JCS, 11 Sep. 1952.JCS 919368, From JCS to Clark, 25

Spe. 1952, Selected Records Relating to the Korean War, Harry S. Truman Library; 『미국의 대중국정책 문건집』 제1권, 831~835쪽.

181 저우언라이의 소련의 건의를 지지하는 성명, 1952년 11월 28일, 중국외교부 문서기록관, 113-00118-01, 3~5쪽.

182 『항미원조전쟁사』 제3권, pp.345~348; 중공중앙문헌연구실 편, 『건국이래 마오쩌둥 문고』 제3권, 베이징 : 중앙문헌출판사, 1989, 638~639·632·640~641쪽.

183 『건국이래 마오쩌둥 군사문고』 중권, 95~97쪽.

184 상세한 내용은 『항미원조전쟁사』 제3권, 338~373쪽 참조.

185 『저우언라이 연보(1949-1976)』 상권, 279쪽; 『건국이래 저우언라이 문고』 제8책, pp.21~22; 차이청원, 「한국전쟁 협상 제1선 영도집단의 형성과 연혁」, 『당대중국사연구』 2000 제6기, 23쪽; 중공중앙문헌연구실 편, 『건국이래 마오쩌둥 문고』 제4권, 베이징 : 중앙문헌출판사, 1990, 31쪽.

186 『저우언라이 군사문선』 제4권, 305쪽; 『저우언라이 연보(194901976)』 상권, pp.272~273.

187 『항미원조전쟁사』 제3권, 359쪽.

188 상세한 내용은 『항미원조전쟁사』 제3권, 358~372쪽 참조.

189 『건국이래 마오쩌둥 군사문고』 중권, 121쪽.

190 Правда, 12 марта1953 г., 1-й стр..

191 Правда, 16 марта1953 г., 1-й стр..

192 몰로토프가 마린코프와 베리야에게, 1953년 3월 18일, Vladislav Zubok and Constantine Pleshakov, *Inside the Kremlin's Cold War : From Stalin to Khrushev*, Cambridge and London : Harvard University Press, 1996, p.155.

193 소련부장회의 결의, 1953년 3월 19일, АПРФ, ф.3, оп.65, д.830, л.60~71.

194 『건국이래 저우언라이 문고』 제8권, 200~202쪽.

195 볼코크노프, 장무량 외역, 『스탈린-승리와 비극』, 베이징 : 국제문화출판공사, 2009, 891쪽.

196 『건국이래 저우언라이 문고』 제8권, 173쪽.

197 중공중앙문헌연구실 편, 『마오쩌둥연보(1949-1976)』 제2권, 베이징 : 중앙문헌출판사, 2013, 61·63~64쪽.

198 『건국이래 마오쩌둥 군사문고』 중권, 133·134~135쪽.

199 『저우언라이 연보(1949-1976)』 상권, 291쪽.

200 위의 책, 291~292쪽.

201 『인민일보』, 1953.4.2, 1면.

202 『항미원조전쟁사』 제3권, 397·372·369·393쪽.

203 왕옌 주편, 『펑더화이 연보』 547쪽. 『건국이래 마오쩌둥 군사문고』 중권, 137쪽.

204 『항미원조전쟁사』 제3권, 제395, 99~401쪽.

205 몰로토프와 볼런의 회담 비망록, 1953년 5월 28일, АПРФ, ф.3, оп.65, д.830, л.6~13.

206 『저우언라이연보(1949-1976)』 상권, 304~305쪽.

207 『항미원조전쟁사』 제3권, 406·411쪽.

208 왕옌 주편, 『펑더화이 연보』 553쪽; 『건국이래 마오쩌둥 군사문고』 중권, 148쪽.

209 『항미원조전쟁사』 제3권, 451~452·432쪽.

210 바슈꼬브가 외교부에 보낸 전보, 1953년 7월 3일, АПРФ, ф.3, оп.65, д.830, л.136~147, WWICS Digital Archive Record ID : 114956.

211 소공중앙주석단회의 제14호 기록 발취, 1953년 7월 4일, АПРФ, ф.3, оп.65, д.830, л.135.

212 몰로토프가 쿠즈네초프에게 보낸 전보, 1953년 7월 5일, АПРФ, ф.3, оп.65, д.830,

л.148~150

213 『건국이래 마오쩌둥 군사문고』 중권, 149쪽.

214 『항미원조전쟁사』 제3권, 448쪽.

215 『건국이래 마오쩌둥 군사문고』 중권, 173~174쪽.

216 쿠즈네초프가 외교부에 보낸 전보, 1953년 7월 29일, АПРФ, ф.3, оп.65, д.830, л.187~189.

217 상세한 내용은 『마오쩌둥, 스탈린과 한국전쟁』, 331~356쪽 참조.

218 이 점에 대해 뒷날 마오쩌둥 본인은 여러 차례 이야기했다. 유딘과 마오쩌둥의 담화기요를 참조, 1956년 3월 31일, ЦХСД, ф.5, оп.30, д.163, л.88~99// Проблемы дальнего востока, 1994, No.5, с.107; 그로미코와 마오쩌둥의 담화기요, 1957년 11월 19일, АВПРФ, ф.0100, оп.50а, п.1, д.423, л.1~22; 첼보렌코(Chervorenko)와 마오쩌둥의 회담기요, 1963년 2월 23일, АВПРФ, ф.0100, оп.56, д.7, л.98~121.

219 마오쩌둥의 말에 따르면, "이것은 확신이 있는 것이었다". 『건국이래 마오쩌둥 군사문고』 상권, pp.258~259.

220 『항미원조전쟁사』 제2권, pp.44·132·188. 『항미원조전쟁사』 제3권, p.462. 쉬옌 : 『첫 번째 겨룸— 항미원조전쟁의 역사적 회고와 반성』 수정본, 베이징 : 중국광파전시출판사, 1998, 제47·59~60, pp.7·322. Dean Acheson, *Present at the Creation*, p.652.

221 마오쩌둥이 스탈린에게 보낸 전보, 1951년 11월 14일, АПРФ, ф.45, оп.1, д.342, л.16~19.

222 『저우언라이 연보(1949-1976)』 상권, p.258. 스탈린과 저우언라이의 회담기록, 1952년 9월 3일, АПРФ, ф.45, оп.1, д.329, л.75~87.

223 클라우제비츠은 이렇게 해석했다. "대다수 전략적 침공은 그 힘이 방어를 할 수 있는 상황까지 진행된 이후 강화의 시간을 기다려 멈춘다. 이 시점을 넘으면 상황이 급변하게 되고 반격을 받게 된다." 클라우제비츠, 『전쟁론』 제3권, 중국인민해방군군사과학원 역, 베이징 : 해방군출판사, 2005, p.833.

224 『건국이래 마오쩌둥 군사문고』 상권, pp.490~491·492~493.

225 한국전쟁 기간 중·소는 소련이 중국에 60개의 보병사단과 공군, 해군과 특전사의 무기와 장비를 제공하는 문제를 두고 반복적인 논의와 협상이 있었다. 이것이 이 문제를 설명할 수 있다. 초보적인 결과가 있은 시점, 즉 1952년 12월에야 중앙군위는 "강대하고 현대화되고 규범화된 국방군을 건립"하는 방침을 제기했다(『건국이래 저우언라이 문고』 제5권, p.476). 소련이 중국을 원조하여 5개년 국민경제건설을 완수할 것에 대한 전면적인 협상은 1952년 8~9월에 시작되었다. 이 시점은 중국이 미국의 전쟁포로에 대한 "최종방안"을 거절한 이후였다(상세한 내용은 스탈린과 저우언라이의 회담기록 참조, 1952년 8월 20일·9월 3일, АПРФ, ф.45, оп.1, д.329, л.54~72·75~87).

226 U.S. Objective With Respect To Korea Following an Armistice, July 7, 1953, *FRUS*, 1952-1954, Vol.15, pp.1344~1346.

227 Conrad C. Crane, "To Avert Impending Disaster : American Military Plans to Use Atomic Weapons During the Korean War", *The Journal of Strategic Studies*, Vol.23, No.2, June 2000, pp.84~85.